JEAN DE JOINVILLE

ET

LES SEIGNEURS DE JOINVILLE

SUIVI

D'UN CATALOGUE DE LEURS ACTES

PAR

H.-FRANÇOIS DELABORDE

PARIS

IMPRIMERIE NATIONALE

LIBRAIRIE PICARD ET FILS, RUE BONAPARTE, N° 82

M DCCC XCIV

JEAN DE JOINVILLE

ET

LES SEIGNEURS DE JOINVILLE

IMPRIMÉ

PAR AUTORISATION DU GOUVERNEMENT

SUR L'AVIS

DU COMITÉ DES IMPRESSIONS GRATUITES

JEAN DE JOINVILLE

ET

LES SEIGNEURS DE JOINVILLE

SUIVI

D'UN CATALOGUE DE LEURS ACTES

PAR

H.-FRANÇOIS DELABORDE

PARIS

IMPRIMERIE NATIONALE

—

LIBRAIRIE PICARD ET FILS, RUE BONAPARTE, N° 82

—

M DCCC XCIV

A LA MÉMOIRE

DE

NATALIS DE WAILLY

En inscrivant en tête de ce volume un nom désormais inséparable de celui de Joinville, je n'ai pas cru seulement rendre hommage au savant éminent qui a su mener à bien l'énorme tâche de la restitution du texte de notre vieil historien; j'ai voulu surtout remplir un devoir de reconnaissance. C'est M. de Wailly qui, dès mon entrée à l'École des chartes, m'a proposé pour sujet de thèse la biographie de Jean de Joinville, que de nouveaux travaux ne lui laissaient pas le temps d'entreprendre; c'est lui, c'est, avec lui, M. Léopold Delisle qui m'ont guidé dans les premières recherches que, tout novice encore dans les choses de l'érudition, j'aurais alors difficilement faites à moi seul. Depuis, occupé d'autres études, j'avais laissé de côté, durant de longues années, le travail esquissé pendant mon temps d'école. L'amicale insistance de M. Gaston Paris m'a amené à le reprendre et à en faire le point de départ du livre que j'ose aujourd'hui présenter au public. Je crains, malgré mes efforts, de n'avoir pas su le rendre digne des maîtres qui en ont été les inspirateurs, non plus que de tous ceux qui, à Paris comme dans les départements, m'ont obligeamment secondé dans mes recherches. Je dois un témoignage particulier de gratitude à

M. d'Arbois de Jubainville, qui m'a libéralement communiqué des notes réunies par lui lorsqu'il préparait son *Histoire des comtes de Champagne;* à M. Menjot d'Elbenne, qui a bien voulu me faire profiter des pièces que lui et mon regretté confrère, M. Jean Kaulek, avaient découvertes aux archives des Affaires étrangères; à M. Horace Gillet de Joinville, ainsi qu'à M. Roserot, archiviste de la Haute-Marne.

LISTE DES OUVRAGES
LE PLUS FRÉQUEMMENT CITÉS.

La présente liste n'ayant d'autre but que de faciliter l'intelligence des renvois, il va sans dire qu'on n'y a point mentionné des ouvrages ou des recueils d'un usage courant, tels que les *Ordonnances des Rois de France*, la *Gallia Christiana* ou les *Fœdera* de Rymer; on n'y a pas non plus fait entrer les ouvrages qui ne sont cités qu'une fois, et dont on s'est attaché à donner le titre intégral dans les notes.

Arbois de Jubainville (L. d'). *Histoire des ducs et des comtes de Champagne*. Paris, Durand, 1859-1869, 7 volumes en 8 tomes in-8°.

Barthélemy (Ed. de). *Diocèse ancien de Châlons-sur-Marne. Histoire et monuments*. Paris, Aubry, 1861, 2 vol. in-8°.

Bouillevaux (Abbé R.-A.). *Notice historique sur Benoîtevaux*. Chaumont, Cavaniol, 1851, in-8°.

Bourquelot (Félix). *Histoire de Provins*. Provins, Lebeau, 1839-1840, 2 vol. in-8°.

Boutaric (E.). *Actes du Parlement de Paris*. Paris, Plon, 1863-1867, 2 vol. in-4°. (Inventaires et documents des Archives de l'Empire.)

Bruel (A.). *Chartes de pariage de Jean, sire de Joinville, avec l'abbé de Saint-Mansuy, de Toul (décembre 1264)*. Bibliothèque de l'École des chartes, 1884, p. 655-660.

Brussel. *Nouvel examen de l'usage général des fiefs en France*. Paris, Prudhomme et Robustel, 1727, 2 vol. in-4°.

Calmet (D. Augustin). *Histoire ecclésiastique et civile de Lorraine*. Nancy, Cusson, 1728, 4 vol. in-fol.

CHAMPOLLION-FIGEAC. *Documents inédits relatifs à Jean, sire de Joinville, historien de saint Louis*, publiés dans le tome Ier des *Documents historiques inédits tirés des collections manuscrites de la Bibliothèque royale* (p. 615-645). Paris, Didot, 1841, in-8°. (Collection des documents inédits.)

CHANTEREAU LE FÈVRE (Louis). *Traité des fiefs et de leur origine.* Paris, Billaine, 1662, in-fol.

CHEZJEAN (A.). *Notice historique sur Jean, sire de Joinville.* Chaumont, Cavaniol, 1853, in-8°. Pièce.

CHIFFLET (Le P. Pierre-François). *Lettre touchant Béatrix, comtesse de Chalon.* Dijon, Chavance, 1656, in-4°.

CHIFFLET (Le P. Pierre-François). *Sancti Bernardi Clarevallensis abbatis genus illustre assertum.* Dijon, 1660, in-4°.

COLLIN (J.). *Tablettes historiques de Joinville.* Chaumont, veuve Miot-Dadant, 1857, in-8°.

DELABORDE (H.-François). *Recherches critiques sur les premiers seigneurs de Joinville.* Bibliothèque de l'École des chartes, 1891, p. 618-629.

DELABORDE (H.-François). *Jean de Joinville. L'homme et l'écrivain.* Revue des Deux-Mondes, livraison du 1er décembre 1892, p. 602-636.

DELABORDE (H.-François). *Un frère de Joinville au service de l'Angleterre. Geoffroy, sire de Vaucouleurs.* Bibliothèque de l'École des chartes, 1893, p. 334-343.

DE LELLIS (Charles). *Discorsi delle famiglie nobili del regno di Napoli.* Naples, 1654-1671, 3 vol. in-fol.

DELISLE (Léopold). *Catalogue des actes de Philippe Auguste.* Paris, Durand, 1856, in-8°.

DIDOT (Ambroise-Firmin). *Études sur la vie et les travaux de Jean, sire de Joinville.....* 1re partie, accompagnée d'une notice sur les manuscrits du sire de Joinville, par Paulin Paris. Paris, Didot, 1870, in-8°.

DIDOT (Ambroise-Firmin). *Credo de Joinville*, fac-similé d'un manuscrit unique, précédé d'une dissertation, par Ambroise-Firmin Didot, et suivi d'une traduction en français moderne, par le chevalier Artaud de Montor (2e partie des *Études sur..... Joinville*). Paris, Didot, 1870, in-8°.

DU CANGE (Charles DU FRESNE, sieur). *Généalogie de la maison de Joinville,* placée en tête de la 2e partie de l'*Histoire de S. Louys.* Voir JOINVILLE (Éditions de).

LISTE DES OUVRAGES CITÉS.

Du Chesne (André). *Histoire généalogique de la maison de Vergy.* Paris, Sébastien Cramoisy, 1625, in-fol.

Eltester et Goerz. *Urkundenbuch der jetzt die Preussischen Regierungsbezirke Coblenz und Trier bildenden mittelrheinischen Territorien.* Tome III, Coblenz, Hœlscher, 1874, in-8°. Le premier volume parut sous le nom de Heinrich Beyer.

Fériel (Jules). *Notes historiques sur la ville et les seigneurs de Joinville.* Paris, Ladrange, 1835, in-8°.

Fériel (Jules). *Jean, sire de Joinville, sénéchal de Champagne.* Chaumont, veuve Miot-Dadant, 1853, in-8°. Pièce.

Finot (Jules). *Héluyse de Joinville, sœur de l'historien Jean de Joinville (1264-1312).* Bibliothèque de l'École des chartes, tome XXXVII.

Francisque-Michel. *Rôles gascons.* Tome Ier. Paris, Imprimerie nationale, 1885, in-8°. (Collection des documents inédits.)

Germain (Léon). *Jean de Bourgogne et Pierre de Genève, comtes de Vaudémont (1368-1392).* Mémoires de la Société d'archéologie lorraine, tome XXIX, p. 357-432.

Germain (Léon). *Ferry de Lorraine, comte de ' audémont.* Mémoires de la Société d'archéologie lorraine, tome XXXI, p. 84.

Germain (Léon). *Fragment d'études historiques sur le comté de Vaudémont. Ancel de Joinville.* Mémoires de la Société d'archéologie lorraine, tome XXXIV, p. 225-257.

Gilbert (John T.). *Chartularies of Saint Mary's abbey Dublin.* London, Longman, 1884, 2 vol. in-8°. (Collection du Maître des Rôles.)

Gillet (H.). *Deux chartes inédites de Jean, sire de Joinville.* Joinville, Rosenstiel, 1894, in-8°.

Héquet (Charles). *Essai biographique. Le sire Jean de Joinville (1223-1318).* Châlons-sur-Marne, Le Roy, 1869, in-8°.

Jacob (A.). *Chartes inédites des sires de Joinville concernant l'abbaye de Saint-Mihiel et le village de Bure (Meuse).* Nancy, Crépin-Leblond, 1879, in-8°. (Extrait du manuel de la *Société d'archéologie lorraine*, septembre-octobre 1879.)

JOINVILLE (Principales éditions de) :

— Anthoine (Pierre de Rieux). *L'histoire et chronique du très chrestien roy S. Loys IXe du nom..... escripte par feu messire Jean, sire seigneur de Jionville.....* Poitiers, J. et Enguilbert de Marnef, 1547 et 1561, in-4°.

— Ménard (Claude). *Histoire de S. Loys IXe du nom, roy de France, par messire Jean, sire de Joinville, seneschal de Champagne.* Paris, S. Cramoisy, 1617, in-4°.

— Du Cange (Charles du Fresne, sieur). *Histoire de S. Louys IXe du nom, roy de France, écrite par Jean, sire de Joinville, sénéchal de Champagne, enrichie de nouvelles observations et dissertations historiques.* Paris, Sébastien Mabre-Cramoisy, 1668. Trois parties en un volume in-fol. (La *Généalogie de la maison de Joinville* est en tête de la 2e partie.)

— [Melot, Sallier et Capperonnier.] *Histoire de saint Louis, par Jehan, sire de Joinville; les annales de son règne, par Guillaume de Nangis; sa vie et ses miracles, par le confesseur de la reine Marguerite; le tout publié d'après les manuscrits de la bibliothèque du Roi et accompagné d'un glossaire.* Paris, Imprimerie royale, 1761, in-fol.

— [Artaud de Montor.] *Credo du sire de Joinville* (Mélanges de la Société des bibliophiles). Paris, Firmin-Didot, 1837, 2 parties in-4°, contenant l'une un fac-similé, l'autre une traduction avec introduction.

— Daunou et Naudet. *Histoire de saint Louis, par Joinville.* Recueil des historiens des Gaules et de la France, tome XX (p. 190-304). Paris, Imprimerie royale, 1840, in-fol.

— Francisque-Michel. *Mémoires de Jean, sire de Joinville, publiés par M. Francisque-Michel, précédés de dissertations par M. Ambroise-Firmin Didot et d'une notice sur les manuscrits de Jean de Joinville, par M. Paulin Paris.* Paris, Firmin-Didot frères, 1859, in-12.

— Wailly (Natalis de). *Jean, sire de Joinville. OEuvres comprenant l'histoire de saint Louis, le Credo et la lettre à Louis X, avec un texte rapproché du français moderne.* Paris, Adrien Le Clère et Cie, 1866, in-8°.

— Wailly (Natalis de). *Histoire de saint Louis, par Jean, sire de Joinville, suivie du Credo et de la lettre à Louis X....., texte ramené à l'orthographe des chartes du sire de Joinville.* Paris, Renouard, 1868, in-8°. (Société de l'Histoire de France.)

LISTE DES OUVRAGES CITÉS.

Joinville (Principales éditions de). — *Suite.*

— Wailly (Natalis de). *Jean, sire de Joinville. Histoire de saint Louis, Credo et lettre à Louis X, texte original, accompagné d'une traduction.* Paris, Didot, 1874, gr. in-8°.

— Wailly (Natalis de). *Histoire de saint Louis, par Joinville.* Paris, Hachette, 1881, in-18.

Jolibois (Émile). *La Haute-Marne ancienne et moderne.* Chaumont, veuve Miot-Dadant, 1858, in-4°.

La Bastie (J. Bimard de). *Dissertation sur la vie de saint Louis, écrite par le sire de Joinville.* Mémoires de l'Académie des inscriptions, tome XV (p. 692-745), 1743, in-4°.

Lalore (Abbé Ch.). *Cartulaire de l'abbaye de Boulancourt.* Troyes, Dufour-Bouquot, 1869, in-8°.

Lalore (Abbé Ch.). *Collection des principaux cartulaires du diocèse de Troyes.* Paris, Thorin, 1875-1880, 5 vol. in-8°.

Langlois (Charles-V.). *Le règne de Philippe III le Hardi.* Paris, Hachette, 1887, in-8°.

Lemercier de Morière. *Chartes et sceaux de Jean, sire de Joinville, et de Robert, sire de Sailly.* Bulletin archéologique du Comité des travaux historiques, année 1884, p. 477-481.

Le Mire (Aubert). *Auberti Miræi cathedralis ecclesiæ Autverpiensis decani opera diplomatica et historica.* 2ᵉ édition, Bruxelles, Foppens, 1723-1748, 4 vol. in-fol.

Lemoine (C.). *Notice historique sur Jean, sire de Joinville..... et généalogie de sa famille.* Joinville, A. Lebrun, 1861, in-8°. Pièce.

Le Nain de Tillemont. *Vie de saint Louis, roi de France,* publiée par J. de Gaulle. Paris, Renouard, 1847-1851, 6 vol. in-8°. (Société de l'Histoire de France.)

Lévesque de la Ravalière. *La vie du sire de Joinville, auteur d'une histoire de saint Louis.* Mémoires de l'Académie des inscriptions et belles-lettres, t. XX (p. 310-351), 1753, in-4°.

Luce (Siméon). *Histoire de la Jacquerie, d'après des documents inédits.* Paris, Durand, 1859, in-8°.

PARIS (Gaston) et JEANROY (A.). *Extraits des chroniqueurs français, Villehardouin, Joinville, Froissart, Commines.* Paris, Hachette, 1892, in-16.

    La notice sur Joinville, par M. Jeanroy (p. 87-110), est, aussi bien pour l'exactitude des faits que pour la justesse des jugements, la meilleure qui ait été publiée.

PÉRARD (Estienne). *Recueil de plusieurs pièces curieuses servant à l'histoire de Bourgogne.* Paris, Claude Cramoisy, 1664, in-fol.

PICARD (Le P. Benoît). *Histoire ecclésiastique et politique de la ville de Toul.* Toul, 1707, in-4°.

RÉGESTE GÉNEVOIS ou *Répertoire chronologique et analytique des documents imprimés relatifs à l'histoire de la ville et du diocèse de Genève avant l'année 1312.* Genève, chez les principaux libraires, 1866, in-4°. (Publié par la Société d'histoire et d'archéologie de Genève.)

ROSEROT (Alphonse). *Seize chartes originales inédites de Jean de Joinville, avec un autographe.* Paris, A. Picard, 1894, in-8°.

SAIGE (Gustave). *Une charte française de Jean de Joinville, en double exemplaire scellé.* Bibliothèque de l'École des chartes, année 1886, p. 5 à 16.

SAINTE-CATHERINE (Dom Pierre DE), religieux feuillant. *Table historique et généalogique de l'ancienne et illustre maison de Joinville et de ses alliées.* Paris, Georges Josse, 1667, une feuille grand format.

SERVAIS (Victor). *Annales historiques du Barrois de 1352 à 1411.* Bar-le-Duc, Contant-Laguerre et Cie, 1865-1867, 2 vol. in-8°.

SIMONNET (Jules). *Treize chartes inédites de Jean, sire de Joinville.* Dijon, Darantière, 1874, in-8°. (Extrait des Mémoires de l'Académie de Dijon, année 1874.)

SIMONNET (Jules). *Essai sur l'histoire et la généalogie des sires de Joinville (1008-1386).* Langres, Firmin Dangient, 1875, in-8°.

SWEETMAN (H.-S.). *Calendar of documents relating to Ireland preserved in Her Majesty's public Record office London 1171-1307.* London, Longman, 1875-1886, 5 vol. in-8°. (Collection du Maître des Rôles.)

TAMIZEY DE LARROQUE. *Note sur un passage de l'Histoire d'Aix. Lettre de M. Natalis de Wailly, commentant un passage de Joinville qui semble être contredit par un passage de l'Histoire d'Aix, de P.-J. de Haitze.* (Revue Sextienne, 3° année [p. 32]. Aix, Makaire, 1882, in-8°.)

LISTE DES OUVRAGES CITÉS.

Tardif (Jules). *Monuments historiques.* Paris, Claye, 1866, in-4°. (Inventaires et documents des Archives de l'Empire.)

Teulet (Alexandre) et Laborde (Joseph de). *Layettes du Trésor des chartes.* Paris, Plon, 1863-1875, 3 vol. in-4°. (Inventaires et documents des Archives nationales.)

Thomas (Antoine). *Francesco de Barberino et la littérature provençale en Italie au moyen âge.* Paris, Thorin, 1883, in-8°. (Bibliothèque des Écoles d'Athènes et de Rome, fascicule 35.)

Viollet (Paul). *Les enseignements de saint Louis à son fils. Réponse à M. Natalis de Wailly.* Bibliothèque de l'École des chartes, 1874, p. 5 à 56.

Wailly (Natalis de). Voir Joinville (Éditions de).

Wailly (Natalis de). *Recueil des chartes originales de Joinville en langue vulgaire.* Bibliothèque de l'École des chartes, 1867, p. 557-608.

Wailly (Natalis de). *Mémoire sur la langue de Joinville.* Bibliothèque de l'École des chartes, 1868, p. 329-478.

Wailly (Natalis de). *Charte originale de Joinville du 27 juillet 1264.* Bibliothèque de l'École des chartes, 1870, p. 133-134.

Wailly (Natalis de). *Joinville et les enseignements de saint Louis à son fils.* Bibliothèque de l'École des chartes, 1872, p. 386-442.

Wailly (Natalis de). *Mémoire sur le romant ou chronique en langue vulgaire dont Joinville a reproduit plusieurs passages.* Bibliothèque de l'École des chartes, 1874, p. 217-248.

Wailly (Natalis de). *Addition au mémoire sur la langue de Joinville.* Bibliothèque de l'École des chartes, 1883, p. 12-25.

Wassebourg (Richard de). *Antiquitez de la Gaule Belgique, royaulme de France, Austrasie et Lorraine.* Paris, Sertenas, 1549, 2 vol. in-fol.

PREMIÈRE PARTIE

JEAN DE JOINVILLE

ET

LES SEIGNEURS DE JOINVILLE

I

LES ANCÊTRES DE JEAN DE JOINVILLE.

ÉTIENNE.

Dans l'œuvre charmante de Joinville, il est peu de passages qui inspirent autant de sympathie pour la personne de l'écrivain que ceux où il raconte son départ pour la Croisade et la peine qu'il avait à quitter sa jeune femme, ses deux enfants, dont l'un venait de naître, et son beau château vers lequel il n'osait, dit-il, tourner les yeux de peur de s'attendrir. Certes le sentiment du devoir était bien puissant chez cet homme de vingt-cinq ans pour triompher ainsi de ses affections les plus profondes et de ses regrets les plus légitimes. Ce sentiment, on le retrouve dans tous les actes qui précédèrent son départ. Au milieu même des fêtes qui suivirent la naissance de son fils Jean, sire d'Ancerville, le bon sénéchal ne pensait qu'à mettre sa conscience en repos et à réparer les torts qu'il avait pu causer.

Ses ancêtres ne paraissent pas avoir connu les mêmes scrupules. C'est comme spoliateur du prieuré de Saint-Blin, comme usurpateur des biens de l'abbaye de Montiérender que le fondateur de sa maison, Étienne, apparaît pour la première fois dans l'histoire. Les origines des Joinville se trouvent d'ailleurs étroitement liées à celles d'une autre grande maison champenoise, la maison de Brienne, dont les premiers représentants ne furent pas non plus des modèles de probité. Au dire des chroniqueurs, lorsque, en 951, Louis d'Outre-Mer ramenait en France l'armée qu'il avait conduite à Besançon, parvenu aux frontières de Bourgogne, il apprit que deux frères, Engelbert et Gozbert, avaient bâti un château appelé Brienne d'où ils infestaient le pays de leurs brigandages. Le roi vint mettre le siège devant la forteresse, la prit et la détruisit; quant aux deux seigneurs, il leur permit de s'éloigner sous serment [1].

Malgré ce châtiment, la maison de Brienne ne tarda pas à se relever; elle redevint assez puissante pour contracter une brillante alliance. Renard, comte de Joigny du chef de sa femme, était mort; sa veuve Adélaïde n'était sans doute plus de la première jeunesse; elle avait déjà de son défunt mari des enfants à qui le comté de Joigny devait revenir après elle. Mais elle était fille du comte de Sens, au moins usufruitière d'un fief considérable; Engelbert obtint sa main et l'honneur était grand pour celui que Flodoard appelle sans périphrase un brigand.

L'un des moyens de s'enrichir les plus répandus alors parmi les parvenus du genre des Brienne était d'imposer leur protection aux établissements religieux du voisinage en s'en faisant donner l'avouerie. L'abbaye de Montiérender, distante de quelques lieues du château de Brienne, s'était vue contrainte de mettre ainsi une partie de ses biens sous la garde de ses trop puissants voisins. Les avoués en étaient venus à regarder leurs fonctions comme une propriété qu'ils ne se faisaient aucun scrupule de transmettre; telle fut l'une des origines de la fortune des seigneurs de Joinville.

Au début du XIe siècle, il y avait, parmi les commensaux d'Engelbert, un brave chevalier nommé Étienne, originaire de Vaux-sur-Saint-Urbain. Suivant l'exemple de son patron, il s'était fait attribuer l'avouerie de l'abbaye de Saint-Urbain près de laquelle il était né, et, avec l'appui de la maison de Brienne, il avait commencé, non loin de son lieu de naissance, sur un coteau dominant la Marne, la construction du château qui fut plus tard appelé le château de Joinville. Telle ne fut pas cependant la première appel-

---

[1] Richer, livre II, chapitre 100. — Flodoard, dans les *Historiens de France*, VIII, 207 C.

lation de cette maison forte : soit qu'elle remplaçât un édifice plus ancien, soit qu'on voulût la distinguer de la demeure patrimoniale de Vaux où Étienne avait vu le jour, elle fut connue d'abord sous le nom de Nouveau Château, *Novum Castellum.* C'est en qualité de seigneur de ce lieu que figure le compagnon des Brienne dans deux pièces où l'on trouve, avec la première mention de sa personne, le premier souvenir de ses violences envers l'Église.

En 1005, les religieux de Saint-Blin, prieuré dépendant de Saint-Bénigne de Dijon, avaient reçu de l'évêque Bertold de Toul la faculté de nommer le desservant d'Augéville ; mais des difficultés surgirent quelques années plus tard au sujet de cette concession : l'archidiacre de la région refusait de reconnaître le droit d'officier au desservant nommé par les moines. L'abbé de Saint-Urbain, prenant fait et cause pour l'archidiacre, avait interdit à ceux de ses hommes qui vivaient sur le territoire d'Augéville de payer la dîme à la paroisse, et un certain Étienne *de Novo Castello* avait envahi la grange de Saint-Blin, chassé et maltraité les ouvriers. Hermann, successeur de Bertold au siège de Toul, s'interposa en faveur des religieux et somma ceux qui contrevenaient aux prescriptions de son prédécesseur et aux siennes de cesser leur opposition. Étienne, *Novi Castelli dominus,* fut pour sa part menacé des foudres ecclésiastiques s'il persistait dans ses excès [1].

Qu'il s'agisse ici du fondateur de la maison de Joinville, cela ne paraît guère douteux. Les lettres d'Hermann qui permettent de retrouver la trace de cette contestation sont contemporaines d'Étienne [2]. De plus, le propre fils du compagnon des Brienne porte ce même nom de *de Novo Castello* dans un document qui ne laisse aucune place à l'équivoque [3].

Enfin quel autre personnage pouvait plus naturellement que l'avoué de Saint-Urbain prendre le parti de l'abbaye, alors surtout

---

[1] *Recueil de Pérard,* p. 174 et 175.
[2] Hermann fut évêque de Toul de 1019 à 1026.
[3] Voir la lettre de l'évêque de Toul sous le n° 7 du *Catalogue des acte* qui termine le présent volume.

qu'il trouvait une occasion de donner cours à sa turbulence et de piller quelque peu des granges monastiques?

Quelles qu'aient été les conséquences de cette affaire[1], il est certain que le cours de la fortune d'Étienne n'en fut pas entravé. De pareils excès n'avaient d'ailleurs rien qui pût scandaliser les patrons d'Étienne. Le fils du comte de Brienne, nommé Engelbert, comme son père, avait une sœur non mariée. Aussi désireux que son prédécesseur de s'attacher le nouveau seigneur de Joinville, il la lui donna pour femme et lui céda l'avouerie du pays de la Blaise qu'il tenait de l'abbaye de Montiérender; cession qui lui coûtait peu, paraît-il, car il ne s'agissait que d'une petite partie de l'avouerie de ce territoire, *tantillum advocarie Blesensis pagi*. Étienne, trouvant bien maigres les profits qu'il en retirait, déclara candidement à l'abbé Dudon qu'il défendrait assurément mieux les terres des religieux si ceux-ci consentaient à augmenter ses revenus. Une rente annuelle de quarante béliers, quarante truies, six repas et les corvées nécessaires au charroi des matériaux destinés aux fortifications et à l'entretien du château de Joinville furent tout ce qu'il put obtenir[2].

En vain Dudon avait-il spécifié que c'étaient là les dernières concessions auxquelles l'avoué pouvait prétendre, et que, s'il les dépassait en quoi que ce fût, son avouerie lui serait irrévocablement retirée; le seigneur de Joinville n'était pas homme à se préoccuper beaucoup des termes d'un engagement pris vis-à-vis de clercs pacifiques. Loin d'employer ses compagnons à garder les terres de l'abbaye, il leur faisait occuper pour son compte les villages environnants. Ragecourt-sur-Blaise, Vaux[3], Fays, Trémilly, Ville-sur-

---

[1] Si l'on en croit la *Gallia Christiana*, (XIII, 984 BC et 985 A), Étienne aurait donné satisfaction aux religieux, et Hermann se serait même suffisamment réconcilié avec lui pour lui concéder le château de Rorthey qu'il venait de faire achever. On ne trouve dans les *Gesta episcoporum Tullensium* (VIII, 643, l. 26) que la mention de l'achèvement de Rorthey sans la moindre allusion à une concession quelconque.

[2] Cat. n° 3.

[3] *Vallis que et Milperarius dicitur*. Aujourd'hui Vaux-sur-Blaise.

Terre, Saint-Christophe, Lassicourt tombèrent ainsi en sa possession.

Que pouvaient les moines dépouillés par celui-là même qui aurait dû défendre leurs propriétés, alors surtout que le spoliateur était maître d'un château fortifié, garantie d'indépendance presque complète en ce temps? Un seul recours leur restait : l'appel au suzerain ou au roi. Le bonheur voulut que, vers le printemps de 1027, le roi Robert se trouvât à une assez petite distance de Montiérender, à Reims, où il était allé faire sacrer son fils Henri; le concours extraordinaire de prélats et de barons réunis pour cette cérémonie fournissait à l'abbé Dudon une occasion de faire connaître à la France entière les injustices d'Étienne et d'exposer le délinquant aussi bien aux châtiments séculiers qu'aux anathèmes des évêques.

Les châtiments séculiers étaient peu redoutables de la part de ces rois qui, pour assurer leur couronne à leurs fils, se croyaient obligés de les faire associer au trône de leur vivant. Que pouvaient-ils contre un seigneur éloigné, peu connu, ne relevant pas du duché de France et qui, fort sagement, s'était abstenu d'aller se défendre à Reims? Robert employa une arme plus forte que celle de son autorité souveraine, arme contre laquelle les murailles du château de Joinville ne pouvaient rien : « Vu l'absence du chevalier qui avait usurpé les biens de cette église, dit-il, vu aussi l'impossibilité où nous sommes à présent d'en faire justice, les évêques et les barons ont décidé que ce chevalier serait frappé du glaive de l'anathème. » A la demande de Robert, le prononcé de la sentence fut remis au lendemain 15 mai, le roi ne voulant pas « que l'on maudît qui que ce fût le jour de la bénédiction de son fils [1] ».

Étienne ne céda qu'en partie : dans l'acte de renonciation qui nous est parvenu, on ne trouve mentionnés que les villages de Ragecourt et de Vaux [2]; et, après lui, son fils Geoffroy Ier était encore

---

[1] Cat. n° 4. — [2] Cat. n° 5.

en possession de plusieurs des paroisses usurpées sur l'abbaye de Montiérender[1]. Quelques-unes même, telles que Dommartin et Gourzon, ne figurent pas dans la liste des terres réclamées en 1027 par les religieux. Étienne s'en était-il emparé depuis cette époque? On ne sait. D'ailleurs l'autorité de l'avoué de Saint-Urbain s'étendait encore sur d'autres domaines ecclésiastiques : il tenait l'église de Vassy de l'évêque de Châlons. Pour cette église cependant, on peut se demander s'il ne l'occupait pas en vertu d'un héritage légitime, car son fils s'exprime en des termes qui feraient croire qu'elle était depuis plusieurs générations dans la famille[2].

Tel est le peu que l'on sait sur le fondateur de la maison de Joinville; on ignore aussi bien sa fin que l'on ignore ses origines. De son temps, d'ailleurs, on se préoccupait peu de semblables questions. La force avait encore une importance principale. Engelbert de Brienne a sans doute connu la naissance d'Étienne; il semble toutefois avoir attaché bien plus de prix à ses qualités guerrières. Deux siècles plus tard, Aubry de Trois-Fontaines, tout en donnant dans sa chronique quelques détails sur les premiers Joinville, a encore gardé le silence sur les origines du fondateur de la maison. En revanche, il a mis le premier en circulation la tradition suivant laquelle Étienne et ses deux premiers successeurs auraient été en possession d'un titre et d'un fief qu'ils ne possédèrent jamais.

On sait qu'Adélaïde, mère d'Engelbert II de Brienne et de la première dame de Joinville, était comtesse de Joigny de son propre chef. Selon Aubry, la femme d'Étienne de Vaux aurait hérité du comté maternel et son époux, son fils et son petit-fils auraient, par suite, porté le titre de comtes de Joigny en même temps que celui de sires de Joinville[3]. Cette tradition, toujours acceptée jusqu'ici, n'est pas conciliable avec les données des actes qui nous sont parvenus. La dame de Joinville, en effet, n'aurait pu recueillir la succession de sa mère qu'après la mort de ses trois frères du premier

---

[1] Cat. n° 7.
[2] Cat. n° 9.
[3] Aubry de Trois-Fontaines, *M. G.*, *Scriptores*, XXIII, 790, l. 44-53.

lit : Geoffroy, qui était encore comte de Joigny en 1042, Gédouin, archevêque de Sens, et Renard; voire même après celle de son frère du second lit : Engelbert II, et après l'extinction de toute leur descendance. De plus, en 1085, au moment même où, suivant Aubry, Geoffroy II, sire de Joinville, aurait dû être comte de Joigny, on est certain que le véritable comte de Joigny s'appelait Renard. Enfin, dans tous les actes où figurent les premiers seigneurs de Joinville, ceux-ci n'ont jamais pris le titre de comtes. Tout au contraire, Geoffroy Ier se qualifie lui-même, non pas *comes*, mais *miles*, dans l'acte de donation de l'église de Vassy [1]. Il y a donc des raisons suffisantes pour repousser l'affirmation d'Aubry, motivée peut-être par l'usage des mêmes prénoms dans les deux familles, et par le fait qu'un Joinville a, comme on le verra plus tard, très certainement porté le titre de comte vers la fin du XIe siècle. Ce n'est qu'à l'époque moderne que les historiens, moins aisément satisfaits que leurs devanciers du moyen âge, ont presque tous eu la prétention de faire sortir Étienne de quelque grande maison.

Le premier en date, Wassebourg, archidiacre de Verdun, supprime complètement Étienne et fait descendre les sires de Joinville d'un certain Guillaume, troisième frère de Godefroy de Bouillon, et quatrième fils d'Eustache II, comte de Boulogne, et d'Ide, sœur de Godefroy le Bossu, duc de Lothier [2].

Or l'existence de ce Guillaume est fort problématique. Guillaume de Tyr, qui n'écrivit que vers 1170, est, abstraction faite de ses imitateurs, seul à le mentionner, tandis que l'auteur d'une *Vie de la comtesse de Boulogne*, écrite avant 1125, c'est-à-dire moins de douze ans après la mort d'Ide [3], ne lui donne que trois fils : Gode-

---

[1] La question a été discutée avec plus de détails dans un article que j'ai publié dans la *Bibliothèque de l'École des chartes*, année 1890, p. 618, sous le titre de *Recherches critiques sur les premiers seigneurs de Joinville*.

[2] *Antiquités de la Gaule Belgique*, Paris, Sertenas, 1549, fol. cclxxj.

[3] Cette mort arriva le 13 août 1113. — Cette *Vie de la comtesse de Boulogne* est citée par l'*Art de vérifier les dates* (III, 762).

froy, Eustache et Baudouin. Bien plus, la comtesse elle-même les nomme tous trois dans une charte de 1096 [1] et passe complètement sous silence le prétendu fondateur de la maison de Joinville qui, au dire de Guillaume de Tyr, serait cependant resté en France pendant que ses frères étaient en Terre-Sainte. L'opinion de Wassebourg n'est d'ailleurs guère soutenable du moment que l'existence d'Étienne est prouvée; il y avait cependant lieu de la discuter, afin de réfuter du même coup certains systèmes qui en procèdent plus ou moins directement [2].

Baugier, par exemple, dans ses *Mémoires historiques de la province de Champagne* [3], tout en reconnaissant l'existence d'Étienne de Joinville, fait de lui un fils de Guillaume de Boulogne, ce prétendu frère cadet de Godefroy de Bouillon. Or on peut constater l'existence d'Étienne en 1027, et il était certainement mort avant le 1er août 1057 [4], c'est-à-dire plus d'un an avant la naissance de celui que Baugier nous présente comme le frère aîné de son père.

On ne peut citer que pour mémoire le système de dom Pierre de Sainte-Catherine, car il ne repose sur aucune donnée positive. Pour lui, Étienne descendrait, par les comtes d'Arcis-sur-Aube, de Guillaume, comte de Ponthieu, Boulogne et Saint-Pol, qui vivait en 940. « C'est, dit-il, une de mes pensées que j'appuieray de beaucoup de raisons en attendant que j'en découvre quelques preuves littérales, ou par des titres, ou par quelque histoire [5]. » Il ne mentionne d'ailleurs aucune de ces « raisons », et Du Cange, qui a connu et même utilisé le travail de dom Pierre pour rectifier sa propre généalogie des Joinville, n'accepte ni ne mentionne cette origine hasardée. Il n'est, au reste, pas beaucoup plus heureux

---

[1] *Auberti Miræi.... opera diplomatica*, 1, 77.

[2] La *Généalogie* et l'*Histoire* attribuée à Fisseux, insérées dans le ms. fr. 11559, suivent exactement Wassebourg.

[3] Tome I, p. 337.

[4] Cat. n° 8.

[5] *Table généalogique de la maison de Joinville*, par Pierre de Sainte-Catherine-de-Sienne, feuillant.

dans ses hypothèses, en cherchant à faire de la maison de Joinville une branche cadette de celle de Broyes. « Les armes que cette famille porte, qui sont semblables à celles de la maison de Broyes au même comté, à la réserve du chef de celles de Joinville, peuvent persuader que ces deux maisons ont une même source et une même origine, et qu'Estienne, premier seigneur de Joinville, fut frère puîné d'Isambart, seigneur de Broyes et de Beaufort et fils de Renaud de Broyes et d'Helvise. Car l'une et l'autre portaient pour armes d'azur à trois broyes d'or, ce que quelques hérauts estiment estre certains instruments de bois dont on se sert pour rompre et broyer le chanvre et le lin, celles de Joinville ayant pour différence un chef d'argent à un demy lion de gueules, qui est une briseure assez commune et une marque de puîné ; et même il est probable que le lion des armes des Joinville est le blazon des anciens comtes de Joigny : outre qu'Estienne peut avoir été surnommé de Vaux pour avoir peut-estre possédé la vicomté de Vaux près de Pithiviers, qui est une place qui a appartenu à la maison de Broyes[1]. »

Rien, dans cette argumentation, ne résiste à l'examen. Étienne ne tirait nullement son nom d'un lieu voisin de Pithiviers, car le seul chroniqueur qui l'appelle Étienne de Vaux dit expressément qu'il s'agit de Vaux-sur-Saint-Urbain : *Stephanus de Vallibus juxta abbatiam Sancti Urbani*[2].

Quant aux armoiries des Joinville, on n'en connaît pas d'exemple avant une époque beaucoup plus moderne. D'ailleurs on s'expliquerait difficilement que les Joinville portassent les armoiries des Broyes à un moment où il est probable que ceux-ci n'en avaient point, l'usage des armoiries n'étant pas antérieur à la fin du XIIe siècle. Enfin on exposera plus loin que c'est en effet vers cette époque que Geoffroy IV, frère utérin d'Hugues de Broyes, prit les mêmes armes que son frère, et que le chef, brisure de concession par excellence, fut ajouté par Richard Cœur de lion. Rien n'autorise

[1] Du Cange, *Généalogie de la maison de Joinville*, p. 6. — [2] Aubry de Trois-Fontaines, p. 790, l. 46.

donc l'hypothèse qui consiste à faire d'Étienne un frère puîné d'Isambard de Broyes.

Aubry de Trois-Fontaines est — on l'a déjà dit — l'unique chroniqueur qui parle des premiers Joinville; mais on ne doit l'employer qu'avec une grande circonspection lorsqu'il traite de faits aussi antérieurs au moment où il écrivait. C'est ainsi que, contrairement à l'acte de Dudon qui, par sa date, doit lui être préféré, il fait épouser à Étienne la fille du comte Engelbert de Brienne, erreur facilement explicable par une confusion entre Engelbert Ier et Engelbert II; c'est lui encore qui a fait des premiers Joinville des comtes de Joigny, erreur que nous avons déjà eu l'occasion de réfuter. Toutefois on lui doit une indication que rien ne vient démentir, c'est qu'Étienne était originaire de Vaux-sur-Saint-Urbain.

Sans négliger cette indication, M. Simonnet, auteur de la dernière histoire des sires de Joinville, a cru pouvoir conclure du titre de *dominus de Novo Castello* porté par Étienne et par son fils que les seigneurs de Vaux « venaient d'une branche cadette de la maison de Neufchâteau ou même qu'ils ont pendant quelque temps possédé cette ville ainsi que la seigneurie de Joinville [1] ».

La première hypothèse est tout d'abord à écarter. On ne saurait faire de *Stephanus de Novo Castello* un cadet d'une maison de Neufchâteau, car les noms patronymiques n'étant pas encore en usage, nul autre que le seigneur actuel de Neufchâteau n'eût été en droit d'être ainsi désigné. Quant à la seconde, elle n'est guère plus admissible. Dom Calmet prétend, il est vrai, que Neufchâteau a eu, vers le début du XIe siècle, des seigneurs particuliers [2], mais il ne s'appuie pour cela que sur les actes où paraissent ces seigneurs *de Novo Castello*, que nous avons identifiés avec Étienne et Geoffroy Ier de Joinville. D'ailleurs il cite lui-même une pièce de laquelle il résulte que, dès 1097, Neufchâteau appartenait bien

---

[1] Simonnet, p. 10. — [2] Dom Calmet, *Notice de la Lorraine*, II, 122.

au duc de Lorraine, puisque celui-ci y faisait bâtir un nouveau faubourg [1].

Pour expliquer ce changement, M. Simonnet ne présente que des hypothèses. Il suppose qu'Étienne dut prendre part aux guerres de Widric, comte de Clefmont, en 1017, et d'Eudes, comte de Champagne, en 1037, toutes deux dirigées contre le duc de Lorraine qui se serait vengé en s'emparant de Neufchâteau après sa victoire : explications que M. Simonnet n'aurait certes pas proposées s'il se fût rappelé que, dans l'un des actes qui ont donné naissance à ces conjectures, Geoffroy de Joinville est encore qualifié *Gozfridus de Novo Castello*, et cela à une époque très postérieure à la plus récente de ces deux guerres [2]. Quoi de plus naturel, d'ailleurs, que ce nom de *Nouveau Château* donné à la forteresse récemment construite par Étienne ?

Si l'on ne parvient pas à démêler les origines du fondateur de la maison de Joinville, on n'est pas beaucoup plus heureux lorsqu'on recherche quelle a pu être l'étendue de ses domaines. On sait positivement qu'il posséda le château de Joinville, l'avouerie de Saint-Urbain, une partie de celle de Montiérender et les villages usurpés sur cette dernière abbaye, mais rien ne prouve que son autorité ne se soit pas exercée sur d'autres territoires. On a même quelque raison de soupçonner qu'il a été maître du château de Vaucouleurs, et que, fidèle à ses habitudes de violence envers l'Église, il profita de sa situation pour inquiéter les évêques de Toul. Le fait a même été positivement affirmé il y a bientôt deux siècles. Dans son *Histoire ecclésiastique de Toul*, le P. Benoît Picard, d'après un manuscrit de Saint-Mansuy sur lequel il néglige malheureusement de donner des détails suffisants, prétend attribuer à Étienne la seigneurie de Vaucouleurs. Après avoir cherché à faire de cette localité le chef-lieu du pays des Vaux, en latin *de Vallibus*, il ajoute : « Notre manuscrit marque qu'Étienne de Vaucouleurs eut

---

[1] Dom Calmet, *Notice de la Lorraine*, II, 122. — [2] Cat. n° 7.

guerre avec l'évêque Udon, que ce prélat fit assiéger la forteresse de Vaucouleurs et qu'après l'avoir prise il la fit raser. Cet Étienne est le même que celui dont parle Albéric [1]. » Quelque positive que soit cette affirmation, on ne sait trop sur quoi elle repose. Il n'y a pas moyen, en effet, d'identifier le château de Vaux-sur-Saint-Urbain, expressément désigné par Aubry, avec ce pays de Vaux dont Vaucouleurs aurait été le centre. De plus, Udon ne devint évêque de Toul qu'en 1051, c'est-à-dire à une époque où Geoffroy Ier de Joinville avait déjà succédé à Étienne. Toutefois son prédécesseur Brunon, qui occupa le siège de Toul depuis 1026 jusqu'en 1049, année où il fut proclamé pape sous le nom de Léon IX, avait déjà dirigé des expéditions contre Vaucouleurs à une époque où Étienne de Joinville devait être encore vivant; le P. Benoît le raconte en un autre endroit de son livre, et il assure même que les troupes de l'évêque auraient été battues par les comtes de Reynel et de la Fauche venus au secours du seigneur de Vaucouleurs [2].

On ne doit sans doute accepter tous ces détails que sous bénéfice d'inventaire, mais les *Gesta episcoporum Tullensium* ne laissent aucun doute sur la réalité des méfaits des châtelains de Vaucouleurs, non plus que sur les vains efforts de répression tentés par Brunon [3]. Il est certain, d'ailleurs, que Geoffroy Ier a été en possession de ce château [4]; il n'y a, par conséquent, rien d'impossible à ce que son père en ait été déjà le maître. Le tenait-il en vertu d'un héritage de famille? Le défaut de documents ne permet pas d'approfondir cette question, et l'obscurité continue de régner sur les origines du premier seigneur de Joinville. Les textes certains ne nous ont guère conservé que le souvenir de ses actes de violence

---

[1] Le P. Benoît Picard, *Histoire ecclésiastique et politique de la ville de Toul*. Toul, 1707, in-4°, p. 81.

[2] *Ibidem*, p. 380-381. — Les deux alliés du seigneur de Vaucouleurs y sont appelés «les comtes de Rinel et de Fliste». La dernière dénomination s'applique certainement à la Fauche, qui se dit en latin *Flisca*.

[3] *Monumenta Germaniæ historica, Scriptores*, VIII, 645 et 646.

[4] Voir plus bas, p. 18.

et, bon gré mal gré, nous devons ne pas nous montrer plus exigeants que ne le furent les comtes de Brienne envers leur compagnon, c'est-à-dire nous contenter de reconnaître en lui un puissant guerrier (*miles strenuus*), sans nous préoccuper autrement de lui constituer une généalogie dont les éléments nous échappent.

GEOFFROY Ier.

Les violences des seigneurs de Joinville n'étaient pas les seules que l'abbaye de Montiérender eût à redouter. Bien que fondée en dehors des limites du diocèse de Toul, elle relevait de l'évêque de cette ville qui nommait et consacrait les abbés, lorsqu'Eudes II, comte de Champagne, s'en empara par la force. Le siège abbatial venant à vaquer, le comte le vendit, plus ou moins ouvertement, à un moine appelé Milon qu'il fit consacrer par l'évêque de Châlons, Roger [1].

Le moment, d'ailleurs, était propice à cette usurpation. Eudes était monté sur le trône de Champagne en même temps que l'évêque de Toul, Brunon, avait été choisi par l'empereur Henri III pour succéder au pape Damase II. Le nouveau pontife, qui prit le nom de Léon IX, était allé à Rome où il tenait à se faire élire par le clergé et le peuple; personne ne le remplaçait dans son évêché qu'il ne consentit à céder à un successeur que deux ans après [2].

C'est que Léon IX restait très attaché à son ancien diocèse, et lorsqu'au mois d'octobre 1049, il revint tenir à Reims un concile solennel, il réclama hautement, pour Toul, l'autorité sur Montiérender. De son côté, l'archevêque de Reims, métropolitain de Châlons, revendiqua des droits qu'il prétendait fondés sur des actes authentiques. On fit des recherches dans les archives, et les documents donnèrent raison à l'archevêque [3].

---

[1] *Gesta episcoporum Tullensium*, dans les *Monumenta Germaniæ, Scriptores*, VIII, 643, l. 50.

[2] *Ibidem*, p. 645, l. 17-24.

[3] Anselme de Reims, dans les *Acta S. S. O. S. Benedicti*, VI, 1, 722-723.

Cependant Milon, pris de repentir, renonça volontairement à la dignité qu'il ne devait qu'à la simonie, fit amende honorable devant le pape et se retira dans le monastère de Cluny. Wandreger, appelé à lui succéder par le suffrage unanime des moines, demanda à l'évêque de Châlons de le consacrer; mais celui-ci ayant différé la cérémonie, le nouvel abbé se rendit à Rome pour exposer sa situation au souverain pontife. Léon IX, qui ne s'était pas encore démis de l'évêché de Toul et qui tenait fort à tout ce qui touchait son ancien diocèse, à l'issue du synode où il avait proclamé la canonisation de saint Gérard, consacra Wandreger auquel il donna son ancien nom de Brunon. En même temps, il confirma divers privilèges de l'abbaye[1] et s'occupa aussi de lui faire restituer les biens usurpés par ses voisins.

Il paraît que le fils d'Étienne de Vaux, Geoffroy de Joinville, avait continué, vis-à-vis de l'abbaye de Montiérender, les traditions paternelles. Léon IX était déjà intervenu en faveur des religieux; il avait même arraché au seigneur de Joinville l'engagement de réparer ses torts envers eux. Mais la réalisation de la promesse se faisait attendre; le pape dut adresser au réfractaire une bulle sévère dans laquelle il le menaçait des foudres de l'Église au cas où une seconde plainte serait portée contre lui[2].

A la suite de ces menaces, le coupable parvint à s'accommoder avec l'abbaye sans lui faire une restitution complète. Des églises enlevées par Étienne de Vaux à Montiérender, deux seulement avaient été rendues. Quant aux autres, Geoffroy demanda à l'abbé Brunon de lui en abandonner régulièrement quelques-unes et, pour mieux disposer les religieux, il restitua tout d'abord celle de Dommartin. Trop heureux peut-être de rentrer en possession d'une partie de leurs anciennes propriétés, ceux-ci lui accordèrent, pour la durée de sa vie et de celle de deux de ses héritiers, les églises

[1] *Gesta episcoporum Tullensium*, p. 644, l. 33 à 43.
[2] Cat. n° 6. — Voir aussi dans la *Gallia Christiana* (IX, 917, B) une bulle analogue adressée par Léon IX au comte de Nevers.

de Trémilly, Ragecourt, Fays, ainsi que l'église et le village de Gourzon. La générosité des moines était-elle entièrement volontaire? On se prend à en douter en lisant la souscription de Geoffroy apposée au bas de l'acte de concession. Au milieu de l'énumération des clercs dont les signatures individuelles se succèdent en longues colonnes, on trouve cette mention collective : *Signum Goffridi cum fidelibus suis*. Au risque de paraître céder à une fantaisie d'imagination, il nous semble que la présence de ces fidèles anonymes, mais portant l'épée, dut être pour quelque chose dans la condescendance des pauvres moines qui n'avaient pour se défendre que les menaces d'excommunication pontificale[1].

Cependant, vers la fin de sa vie, Geoffroy se montra libéral envers les églises. Peut-être les revers qu'il subit en 1055 eurent-ils quelque influence sur son changement de conduite? Ces revers ne nous sont d'ailleurs connus que par une brève mention d'Aubry: *Item*, dit-il sous la date de 1055, *Bolonie bellum, captio Gaufridi, mors Holdoini filii ejus*. Puis, à ce propos, il fait un court résumé de l'origine des Joinville qu'il termine par cette mention relative à Geoffroy Ier : *Iste est igitur de quo hic annotatur « captio Gaufridi » qui liber dimissus invenitur abhinc vixisse per annos 26. Et ista est brevis narratio de antiquitate Joneville*[2]. Malgré la confusion faite par le chroniqueur entre les seigneurs de Joinville et les comtes de Joigny, il s'agit bien ici de Geoffroy de Joinville et non de son homonyme le comte de Joigny; car Aubry explique ailleurs que cet Houdouin tué à Bologne laissa trois enfants en bas âge : Gautier et Witier qui s'éteignirent sans postérité, puis Hesceline, mariée à Gui d'Aigremont, à qui elle apporta, dit-il, la seigneurie de Nully[3].

Or un acte du cartulaire de Boulancourt a conservé le souvenir d'une fondation faite à Boulancourt par les fils de Geoffroy Ier pour le repos de l'âme de leur neveu, Witier, fils d'Houdouin, seigneur de Nully[4]. Il n'est pas étonnant de voir Houdouin porter le nom

---

[1] Cat. n° 7. — [2] *Monumenta Germaniæ, Scriptores*, XXIII, 790, l. 51-53. — [3] *Ibidem*, p. 818, l. 14. — [4] Cat. n° 21.

d'un village tout voisin de Trémilly jadis usurpé par son grand-père sur l'abbaye de Montiérender. Quant à Geoffroy, sa captivité fut de peu de durée; deux ans après le combat de Bologne, le 1er août 1057, on le voit figurer parmi les témoins d'une constitution de précaire faite par l'abbaye de Montiérender en faveur d'un chevalier nommé Bérouard[1].

Bologne est situé à quelques lieues de Joinville. Le combat qui s'y livra doit être un épisode de quelque guerre locale, car l'histoire n'a conservé à cette date le souvenir d'aucune grande expédition dans ces contrées. En l'absence de renseignements positifs, certains indices donneraient à croire qu'il s'agit ici de la continuation de la lutte entre les évêques de Toul et les hargneux seigneurs de Vaucouleurs, lutte qui sévissait déjà au temps d'Étienne de Vaux. Plus heureux ou plus habile que son prédécesseur, Udon, qui occupa le siège épiscopal de 1051 à 1069, parvint, à force de prières et de présents, à ameuter contre ses ennemis les seigneurs du voisinage. Deux fois le château fut rasé, et cependant l'année même de la mort de l'évêque, en 1069, on le vit encore une fois se relever de ses ruines[2]. Or, sans vouloir affirmer absolument que Geoffroy Ier fut l'adversaire d'Udon, on doit remarquer que, quelques années plus tard, il était certainement en possession de la forteresse rebâtie, puisqu'il y appelait des moines de Molesme, et qu'entre autres marques de sa munificence, il leur donnait la chapelle même du château. Qui sait si, dans ces largesses envers l'Église dont la date est certainement postérieure à 1069 [3], Geoffroy ne cherchait pas un moyen de se faire pardonner la reconstruction du château de Vaucouleurs?

D'ailleurs, ainsi que nous l'avons dit, les revers de 1055 amenèrent, dans la conduite du sire de Joinville, un changement complet. Dorénavant on le voit obéir à des scrupules que ni lui ni

---

[1] Cat. n° 8.

[2] *Gesta epis coporum Tullensium*, p. 645, l. 43, et p. 646, l. 16.

[3] Cat. n° 10. — L'acte est ainsi daté : «..... *in tempore Philippi regis Francorum et Pibonis Tullensis episcopi*».

son père n'avaient encore connus. S'apercevant un beau jour que les laïques n'ont pas le droit de posséder des églises, il ne veut plus garder celle de Vassy que ses aïeux avaient tenue des évêques de Châlons, et, profitant de la présence de Roger, évêque de ce diocèse, à Thonnance, dans le voisinage de Joinville, il obtient du prélat que celui-ci reprenne l'église en question et la cède à perpétuité à l'abbaye de Montiérender [1].

On trouve dans cet acte quelques renseignements sur la famille de Geoffroy Ier : sa femme, Blanche, et deux de ses fils, Geoffroy et Renard, sont au nombre des signataires. Le premier figure en même temps que sa femme, Hodierne, dans la charte de donation de la chapelle de Vaucouleurs [2]; on y voit que, pour se distinguer de lui, son père prit le surnom de *senex* [3]. Mais le sire de Joinville eut encore d'autres enfants : sans parler d'Houdouin de Nully tué en 1055, il paraît avoir été le père d'Étienne, abbé de Bèze [4], et de Roger qui fut sire de Joinville après Geoffroy II. Aubry de Trois-Fontaines n'a pas connu Étienne; il cite bien Renard et Roger, mais il a commis deux erreurs qui sont restées accréditées jusqu'ici : l'une en leur donnant pour père leur frère aîné, Geoffroy II, l'autre en prétendant que Renard aurait hérité du comté de Joigny, tandis que Roger aurait reçu la seigneurie de Joinville.

Pour la première erreur, la réfutation est facile : Renard figure déjà en même temps que Geoffroy II, comme fils de Geoffroy Ier et de Blanche, dans la restitution de l'église de Vassy [5]. De plus, un acte déjà cité du cartulaire de Boulancourt rappelle de la manière la plus précise une fondation faite en commun par Geoffroy, Renard et Roger de Joinville « frères » pour le repos de l'âme de leur neveu, Witier, fils d'Houdouin de Nully [6]. Si Roger a succédé à Geoffroy II

---

[1] Cat. n° 9.
[2] Cat. n° 10.
[3] Simonnet, p. 36.
[4] Voir plus bas, p. 21.
[5] Voir plus haut, n. 1.

[6] Sentence des commissaires du pape rendue en 1124 et mettant fin à une contestation pendante entre les abbayes de Boulancourt et de Montiérender au sujet de la fondation faite par « Walfroy de

comme seigneur de Joinville, c'est que celui-ci sera mort sans postérité masculine. Quant à la seconde erreur, elle est beaucoup plus excusable, car on ne peut nier que Renard, frère de Geoffroy II et de Roger, ait été qualifié comte dans quelques pièces, notamment dans deux autres chartes de ce même cartulaire de Boulancourt. Par la première, Philippe, évêque de Troyes, fait savoir que Roger de Joinville a confirmé à l'abbaye de Boulancourt le don que le *comes Rainardus* avait fait vingt-cinq ans auparavant du consentement de Hugues Bardoul II[1]. L'acte n'est pas daté, mais l'évêque Philippe ayant occupé le siège de Troyes de 1083 à 1121, le don auquel il est fait allusion ne peut pas être postérieur à 1096.

La seconde pièce, qui n'est autre que la grande charte de confirmation des biens de l'abbaye de Boulancourt donnée en 1155, ne laisse subsister aucun doute sur l'identité de ce Renard. On y lit en effet : « ...locum videlicet ipsum de Bullencuria cum parte territorii Longeville sicut vestris predecessoribus contulerunt et determinaverunt *comes Rainaldus de Joinville et Rogerus frater ejus*[2]. »

La parenté du comte Renard est d'ailleurs établie d'une façon certaine dans une charte donnée en 1103 par Pibon, évêque de Toul, pour confirmer les largesses faites à l'abbaye de Saint-Mansuy. *Arnulphus, clericus Verdunensis*, y est-il dit, *et soror ejus Blanca, assentientibus heredibus suis, Stephano abbate, Rainardo comite, Rogero juniore fratre, quod habebant apud Holdelincourt dederunt pro animabus suis*[3]. Les auteurs de cette donation sont faciles à identifier; le *Rogerus junior frater* n'est autre que Roger de Joinville. Les deux donateurs sont Blanche, femme de Geoffroy Ier, et Arnoul, chanoine

Joinville, Rainard et Roger ses frères », pour le repos de l'âme de « Witier, fils d'Hilduin de Nuilly », mentionnée par D. Villevieille (Cabinet des manuscrits, *Trésor généalogique*, fol. 86 v°), d'après le cartulaire de Boulancourt, fol. 23. — Cat. n° 21. — Du Cange, *Généalogie de la maison de Joinville*, p. 7.

[1] Ce texte forme le n° 2 du cartulaire de Boulancourt. (Voir Lalore, *Cartulaire de l'abbaye de Boulancourt*, p. 18.) Il en existe une copie à la Bibliothèque nationale, collection Duchesne, vol. 20, fol. 329 r°.
[2] Lalore, *loco cit.*, p 18, n. 3.
[3] Cat. n° 15.

de Verdun, que. Du Cange savait avoir été son frère[1]. Quant au *Stephanus abbas*, il nous paraît évident que c'est encore un autre frère de Renard. On lit, en effet, dans la *Chronique de Bèze*, qu'Étienne, abbé de Bèze à la fin du xie siècle, était fils d'un seigneur nommé Geoffroy et que sa mère était fille d'Arnoul, comte de Reynel[2]. Or ce prénom d'Arnoul, particulier à la famille de Reynel, se trouve être précisément celui du chanoine de Verdun qui est, avec sa sœur Blanche, l'un des auteurs de la donation d'Houdelaincourt. N'en doit-on pas conclure que l'abbé de Bèze et le *Stephanus abbas*, héritier d'Arnoul et de Blanche, sont un seul et même personnage? Si l'on accepte cette identification, on saura dorénavant à quelle famille appartenait la femme de Geoffroy Ier dont on ne connaissait jusqu'ici que le nom de baptême; et pour ce qui est du *comes Rainardus*, il n'y a plus de place pour le doute : il est bien le frère d'Étienne et de Roger de Joinville et le fils de Geoffroy Ier.

Cependant il y a encore plus d'un point obscur. D'où vient, par exemple, que Roger étant positivement désigné comme le plus jeune fils de Geoffroy Ier, ses frères n'aient pas eu à la succession de leur aîné, Geoffroy II, des droits supérieurs aux siens? L'exclusion d'Étienne se trouve justifiée par sa qualité de clerc, mais celle de Renard s'expliquerait moins aisément si l'on ne savait que l'ordre des successions était alors beaucoup moins immuable qu'il ne l'a été par la suite. Il peut se faire que Renard fût déjà dans une situation assez avantageuse pour que, plutôt que d'y renoncer, il ait abandonné l'héritage patrimonial à son frère cadet.

---

[1] *Généalogie de la maison de Joinville*, p. 6. — Ce n'est pas dans la pièce qui nous occupe que Du Cange avait puisé cette indication : car il ne mentionne nulle part l'abbé Étienne qui y figure parmi les héritiers de Blanche et d'Arnoul, et que l'on va reconnaître tout à l'heure pour un membre de la famille de Joinville.

[2] *Historiens de France*, XII, 308. — Dans ce texte, les parents de l'abbé de Bèze, Étienne, sont qualifiés *consules*, titre réservé aux personnages de race comtale, mais dont certains chroniqueurs de ce temps se montrent trop prodigues pour qu'on y attache beaucoup d'importance.

D'où peut venir en effet ce titre de comte donné au frère de Roger de Joinville? On doit noter tout d'abord que Renard est qualifié *comes Rainaldus de Joinvilla* et non *comes de Joviniaco*. Ce titre, il ne le doit donc pas à la possession du comté de Joigny. A coup sûr, il le doit encore moins à la possession de la seigneurie de Joinville qui appartenait alors à son frère et qui n'a d'ailleurs été qualifiée comté à aucune époque. On est donc porté à croire que cette appellation implique ici quelque chose comme une dignité personnelle.

Il se trouve justement que le titre de comte n'a pas été réservé d'une manière exclusive aux seigneurs qui tenaient un comté en fief, il a été quelquefois attribué dans certains sièges épiscopaux du nord-est de la France, tels que Metz, Toul, Verdun ou Cambrai, à des officiers analogues aux vidames des autres évêchés. Ceux de Toul, notamment, sont bien connus; le P. Benoît Picard en a donné une longue liste où nous voyons figurer plusieurs Renard, et l'un de ceux-ci a précisément été en fonctions à la fin du XIe siècle [1]. On pourrait donc être tenté de l'identifier avec le comte Renard de Joinville, si l'on n'avait la certitude que le comte dont il s'agit était fils de Ferry, déjà comte de Toul avant lui [2]. Il y eut bien aussi vers le même temps un comte épiscopal ou, comme on le disait dans ces régions, un «voué» de Verdun qui portait le même nom. Mais, pour celui-ci, l'hésitation n'est pas possible : c'est le comte Renaud de Bar, dit *le Borgne*, bien connu par ses démêlés avec les évêques de Verdun. Toul et Verdun étant mis hors de cause, on ne sait vraiment pas dans quelle ville épiscopale Renard de Joinville aurait pu remplir les fonctions de comte.

---

[1] *Histoire ecclésiastique de Toul*, p. 129-137.

[2] Trompé par une chronique du XIe siècle où figure un *Guido de Junvilla, frater comitis Tullensis* (*Historiens de France*, XIV, 8), j'avais moi-même proposé cette identification, non sans en signaler les difficultés (*Bibliothèque de l'École des chartes*, 1890, p. 623-629). Une obligeante communication de M. le comte de Pange m'a permis de reconnaître que le personnage en question était non pas un Joinville, mais Gui de Jonvelle-sur-Saône.

Il faut sans doute chercher ailleurs la raison du titre sous lequel il figure; on peut supposer par exemple qu'il tint, à un titre quelconque, le bail d'un comté.

La discussion de ces questions nous a conduits jusqu'à une époque postérieure à la mort de Geoffroy Ier qu'Aubry de Trois-Fontaines rapporte à l'année 1080 [1].

GEOFFROY II.

Comme son père et comme son aïeul, Geoffroy II fut avoué de Montiérender pour le pays de la Blaise; comme eux aussi, au lieu d'employer le pouvoir qui lui avait été confié à défendre les intérêts de l'abbaye, il se regardait comme le maître de son avouerie et il y percevait des contributions autres que celles qu'il avait le droit de lever. L'abbé Dudon II en appela au comte de Champagne, Thibaut Ier, qui, en 1088, cita les deux parties à comparaître devant lui à Meaux. Au jour dit, l'abbé et le sire de Joinville étaient présents, mais le comte manquait. Son fils, Étienne-Henri, s'étant révolté contre le roi de France, avait été fait prisonnier et Thibaut, trop occupé (*vehementer occupatus*) d'un événement qui aurait pu avoir pour son comté de graves conséquences, avait négligé le rendez-vous.

Revenu chez lui, Geoffroy, jugeant sans doute que la sentence du comte ne pouvait manquer d'être sévère, profita de son absence pour faire avec l'abbaye un accord par lequel il promit de s'en tenir aux droits reconnus à son aïeul Étienne. Les conditions de l'acte que Geoffroy et son prévôt Bourdin s'obligèrent à observer sont identiques à celles de l'accord conclu entre Étienne et Dudon Ier [2]; toutefois les moines, instruits par l'expérience, exigèrent des garanties qu'ils n'avaient pas osé imposer à Étienne. Dix des hommes libres du seigneur de Joinville durent jurer de veiller à l'exécution

---

[1] Aubry de Trois-Fontaines, p. 799, l. 21. — [2] Cat. n° 3.

du pacte et de réparer sous quarante jours les dommages que leur suzerain pourrait causer à l'abbaye. De plus, ces dix pleiges étant perpétuels, à la mort de chacun d'eux, le sire de Joinville devait en désigner un autre également solvable [1].

Si l'on mentionne encore qu'à une date inconnue, Geoffroy II fit, de concert avec ses frères Renard et Roger, une fondation à Boulancourt pour le repos de l'âme de leur neveu Witier de Nully, fondation dont il a été déjà question plus haut [2], qu'il confirma et compléta vers 1090 les donations faites par son père au prieuré de Vaucouleurs [3] et qu'il apparaît comme témoin d'une donation faite à Molesme pour le salut de l'âme du comte Thibaut de Champagne et de celle de son fils Eudes [4], entre 1094 et 1100, on aura épuisé les renseignements biographiques que l'on possède sur le troisième seigneur de Joinville. Le dernier acte cité permet cependant de juger des progrès accomplis en trois quarts de siècle par la maison de Joinville. Tandis qu'Étienne de Vaux ne figura que parmi les compagnons et presque dans la dépendance d'un comte de Brienne, son petit-fils Geoffroy tenait un rang dans l'entourage du comte de Champagne. Toutefois c'est à tort que La Ravalière a prétendu décerner à Geoffroy II le titre de sénéchal de Champagne porté plus tard par les seigneurs de Joinville. On trouve bien dans les deux actes auxquels il renvoie un « Geoffroy sénéchal »; mais, outre que rien ne prouverait qu'il s'agît là du sire de Joinville, les dates de ces deux pièces, 1104 et 1114, montrent qu'elles sont contemporaines, non de Geoffroy II, mais de son successeur Roger. D'ailleurs Roger lui-même ne fut pas en possession de la sénéchaussée de Champagne, car dans une pièce de 1101 où il figure, le titre de sénéchal est porté par un certain Gaubert [5].

On a déjà dit dans le chapitre précédent que la femme de Geoffroy s'appelait Hodierne [6].

---

[1] Cat. n° 11.
[2] Voir plus haut, p. 17.
[3] Cat. n°˙ 12 et 17.
[4] Cat. n° 13.
[5] Cat. n° 14.
[6] Du Cange la dit fille de Josselin de

Nous n'avons pas non plus à démontrer de nouveau que Geoffroy dut mourir sans postérité et qu'il eut pour successeur son frère Roger que l'on considérait jusqu'ici comme son fils[1].

ROGER.

Bien que l'on sache déjà que Roger de Joinville ne remplit point les fonctions de sénéchal, on doit remarquer qu'il parut plus fréquemment que son frère à la cour de Champagne, et même que sa présence y avait quelque chose, sinon d'habituel, du moins d'obligatoire. Non seulement il signait, en 1101, un acte du comte Hugues donné à Bar en faveur de l'abbaye de Saint-Oyen de Joux [2] et, en 1108, une charte du comte Thibaut en faveur de Molesme [3], mais on voit qu'en cas d'empêchement, il se faisait remplacer par son fils. En 1127, par exemple, le comte, étant à Sézanne, mit fin par un règlement aux vexations qu'Arnoul, comte de Reynel, faisait subir aux villages de l'abbaye de Montiérender dont il avait la garde; la première signature apposée à ce règlement fut celle du «jeune Geoffroy[4]», fils de Roger, de celui-là même que, comme jadis son aïeul Geoffroy Ier, on devait appeler un jour Geoffroy le Vieux, pour le distinguer de son fils [5].

Arnoul de Reynel n'était pas seul à molester les moines de Montiérender. Érard Ier, comte de Brienne, renchérissant encore sur l'exemple de Gautier, son père, pillait leurs églises et brûlait leurs villages; Roger de Joinville n'avait pas craint de s'associer à ses méfaits en recevant de lui l'église de Saint-Rémy de Ceffonds qu'il avait enlevée aux religieux. Cependant, au moment de partir pour

---

Courtenay. Mais le passage du continuateur d'Aimoin, où il a sans doute puisé ce renseignement, s'applique non pas à la femme de Geoffroy II de Joinville, mais à celle d'un comte de Joigny. (*Historiens de France*, XI, 276 A.)

[1] Voir plus haut, p. 19.
[2] Aujourd'hui Saint-Claude-sur-Bienne. — Cat. n° 14.
[3] Cat. n° 16.
[4] *S. Joffridi pueri de Joinvilla.*
[5] Cat. n° 23.

la Terre-Sainte, Érard, cédant à un ordre général du Saint-Siège, rendit l'église à ses légitimes possesseurs; de son côté, Roger approuva cet abandon et se dévêtit de son fief [1].

Le sire de Joinville était d'ailleurs assez docile aux ordres du Saint-Siège. En 1131, les moines de Saint-Urbain obtinrent du pape une bulle confirmant tous leurs biens et prononçant l'excommunication de quiconque en détiendrait indûment quelque partie. Dès l'année suivante, Roger, du consentement de sa femme Audiard et de son fils Geoffroy, déclara renoncer à tous les droits qu'il prétendait sur Saint-Urbain, *Profonde-Fontaine*, Landéville, Poissons, Blécourt, Autigny et Maizières. Par contre, les moines lui reconnurent l'avouerie et la justice du marché de la ville depuis neuf heures, le lundi, jusqu'à la même heure le lendemain, tout en stipulant l'inviolabilité des délinquants qui parviendraient à se réfugier dans l'église [2].

La date de la mort de Roger ne nous est pas connue; elle est en tout cas postérieure à 1137 [3].

Audiard survécut à son mari [4]; elle était sœur de Gui, seigneur de Vignory [5], et n'eut pas moins de quatre enfants :

1° Geoffroy III;

2° Gui, archidiacre de Langres, puis évêque de Châlons [6];

3° Robert [7];

4° Une fille que Du Cange appelle Béatrix [8] et qui épousa Henri, fils du comte de Grandpré, et qui en eut un fils nommé Henri et surnommé Waflart [9];

5° Guillemette de Joinville, abbesse d'Avenay, figurant dans un acte de 1176-1204 comme tante d'un Geoffroy de Joinville [10] qui

---

[1] Cat. n° 19.
[2] Cat. n° 24.
[3] Cat. n° 26.
[4] Cat. n° 28.
[5] Aubry de Trois-Fontaines, *Monumenta Germaniæ*, *Scriptores*, XXIII, 818, l. 26.
[6] Cat. n°° 28, 45, 46, 47, 49, 50, 51, 55, 59, 62 et 66.
[7] Cat. n°° 28 et 58.
[8] *Généal. des sires de Joinville*, p. 7.
[9] *Genealogia regum Francorum*, dans les *Historiens de France*, XIV, 9 A.
[10] Cat. n° 125.

peut être Geoffroy IV ou Geoffroy V, serait, dans le premier cas, fille de Roger.

GEOFFROY III.

Avec Roger disparaissent la plupart des obscurités qui enveloppent les origines de sa maison. A partir de Geoffroy III, les confusions entre les sires de Joinville et les comtes de Joigny deviennent impossibles; les documents se multiplient, les dates sont moins rares et, si l'on ne peut pas encore établir de biographies suivies, tout au moins n'en est-on plus réduit à l'énumération décousue de quelques mentions éparses et sans dates précises.

Plusieurs années avant la mort de son père, en 1127, Geoffroy III, qu'Aubry de Trois-Fontaines appelle Geoffroy le Gros, figurait déjà à la cour de Thibaut II[1], mais ses rapports furent encore plus étroits avec le fils du comte, Henri, qu'il accompagna en Terre-Sainte en 1147. Ses prouesses lui gagnèrent à ce point l'estime du jeune prince que celui-ci lui donna, dès son avènement, la sénéchaussée de Champagne[2].

Son arrière-petit-fils, le célèbre confident de saint Louis, a lui-même donné les motifs de cette distinction dans l'épitaphe qu'il fit graver à Clairvaux en mémoire de Geoffroy III. Ce fut, dit Jean de Joinville, « pour les grands faits qu'il fist deçà mer et au delà »; par malheur on ignore dans quelles occasions le sénéchal de Champagne fut appelé à déployer ses qualités militaires. Sans doute, en vertu même de sa charge, il dut prendre part à l'expédition peu heureuse que son suzerain dirigea en 1152 contre Neufmarché conjointement avec Louis VII. Il dut aussi suivre Henri le Libéral au siège de Saint-Aignan contre Geoffroy de Donzy[3], mais l'épitaphe, pas plus que les autres textes à consulter pour l'histoire de Geoffroy,

---

[1] Cat. n° 23.

[2] Épitaphe de Clairvaux, dans l'édition de Joinville de M. de Wailly, p. 546. — Cat. n° 35.

[3] Voir l'*Histoire des ducs et des comtes de Champagne*, par H. d'Arbois de Jubainville, livre VII, chapitre I, t. III, p. 35.

ne donnent nulle part le détail de ses actions guerrières, tandis que les renseignements abondent pour tout ce qui regarde ses libéralités envers des établissements religieux.

L'inscription de Clairvaux a conservé les noms de ceux qu'il avait fondés : l'abbaye cistercienne d'Écurey; l'abbaye de Jovilliers, de l'ordre de Prémontré; la maison de Mathons, de l'ordre de Grandmont; le prieuré du Val d'Osne, relevant de Molesme; enfin la collégiale de Saint-Laurent dans l'enceinte du château de Joinville. Les chartes permettent d'ailleurs de déterminer, à quelques années près, la date de presque toutes ces fondations.

L'abbaye d'Écurey fut créée entre 1144 et 1147 du consentement du fils du seigneur de Joinville appelé Geoffroy comme lui. L'acte scellé par Gui, évêque de Châlons[1], fut confirmé, en 1168, par l'évêque de Toul. A diverses reprises, Geoffroy renouvela ses largesses envers l'abbaye[2].

Le dernier historien des Joinville, M. Simonnet, rapporte à 1132 la fondation de Jovilliers[3] et, pour justifier son assertion, il renvoie à un passage de la *Gallia Christiana*, d'où il résulte simplement qu'à une époque antérieure à 1141, Geoffroy III, avec sa femme Félicité et son frère Robert, avait donné à Herbert, abbé de Riéval, le lieu même de Jovilliers[4]. Cette donation se trouve mentionnée dans la bulle de confirmation de tous les biens de l'abbaye donnée par Alexandre III en 1178[5], ainsi que dans une autre confirmation donnée par Lucius III[6].

Le prieuré de religieuses du Val d'Osne, sous la dépendance de

---

[1] Cat. n° 30. — Je ne sais pourquoi Du Cange (*Généalogie*, p. 8) en fixe la date exactement à 1144.

[2] Cat. *passim*.

[3] *Essai sur l'histoire..... des sires de Joinville*, p. 309.

[4] Cat. n° 29.

La *Gallia Christiana* ajoute : «Quanquam hæc donatio facta fuerit anno 1131 vel 1132 qui fuit Gaufridi vitæ supremus, non inde sequitur eo vivente abbatiam Jovillaris fuisse decretam.» On peut voir par notre catalogue d'actes que, loin d'être mort en 1132, Geoffroy III n'avait pas encore succédé à son père Roger en 1137.

[5] Cat. n° 58.

[6] Cat. n° 65.

Molesme, fut établi entre 1140 et 1146 [1]. Geoffroy figure déjà dans l'acte de fondation sous le surnom de *senex*, à côté de sa femme Félicité, de son fils Geoffroy le Jeune et de sa fille, en même temps que sa mère Audiard et que ses frères Gui, archidiacre de Langres, et Robert [2]. A peine fondée, la maison eut avec Saint-Urbain, au sujet de certaines terres incultes, un conflit qui, grâce à l'intervention du sire de Joinville, se termina en 1146 devant l'évêque de Châlons [3]. De nombreuses donations, tant de la part des fondateurs que du comte de Champagne, vinrent bientôt enrichir ce prieuré que concerne encore le dernier acte de Geoffroy III dont le souvenir ait été conservé [4].

Quant aux fondations du couvent de Mathons et de la collégiale de Saint-Laurent au château de Joinville, nous ne possédons aucuns renseignements autres que ceux que contient l'épitaphe de Clairvaux.

Indépendamment des établissements qu'il avait créés, Geoffroy fit encore des largesses à l'abbaye de Vaux-en-Ornois [5], à celle de la Crête [6], à la Chapelle-aux-Planches [7] à laquelle il donna, en 1157, sa terre de Longeville du consentement de sa femme Félicité, de son fils Geoffroy et de sa fille Gertrude; enfin à la Maison-Dieu de Vaucouleurs dont, en 1164, il confirma la fondation faite par un certain Hugues le Blanc [8]. En revanche, il continua vis-à-vis de Saint-Urbain la tradition de mauvais procédés inaugurée par son bisaïeul; il dut, en effet, donner à cette abbaye une femme d'Autigny avec ses enfants, pour compenser les déprédations qu'il avait commises à Maizières *ex consilio hominum iniquorum* [9].

La participation de Geoffroy III aux troubles qui accompagnèrent

---

[1] Girard, abbé de Molesme, de 1140 à 1148, figure dans l'acte de fondation, et l'on trouve, dès 1146, des actes concernant le Val d'Osne.

[2] Cat. n° 28.

[3] Cat. n° 32.

[4] Cat. n° 72.

[5] Cat. n° 25.

[6] Cat. n° 27.

[7] Cat. n° 39.

[8] Cat. n° 48.

[9] Cat. n° 64.

l'élévation de son frère à l'évêché de Châlons est l'épisode de sa vie que les documents permettent de reconstituer le moins incomplètement. Le siège épiscopal de Châlons étant venu à vaquer en 1162, deux candidats se trouvèrent en présence : l'un, Gui de Dampierre, était soutenu par Henri, archevêque de Reims, frère du roi de France, Louis VII ; l'autre, Gui de Joinville, archidiacre de Langres et frère de Geoffroy III, avait le roi lui-même pour protecteur. Ce fut Gui de Dampierre qui l'emporta ; « mais comme il était indigne, raconte Aubry de Trois-Fontaines, la justice divine le fit périr la veille même du jour où il allait être consacré [1] ».

Pendant la période qui s'écoula entre l'élévation et la mort de Gui de Dampierre, le sire de Joinville, prenant sans doute trop chaudement les intérêts de son frère, avait eu le tort d'enlever à l'abbaye de Saint-Rémy de Reims le village de Courcelles [2]. Aussi lorsque Gui de Joinville fut élu au siège redevenu vacant, l'archevêque de Reims lui fit attendre près d'un an la consécration. Dans le courant de 1163, Gui sollicita de Louis VII une intervention qui ne lui fit pas défaut, car son frère et lui en remerciaient le roi peu de temps après [3]. Cependant l'archevêque ne cédait point, prétendant que l'élection n'avait pas été régulière. Gui fit mine de s'humilier et déclara s'en remettre à la décision de son métropolitain. Cet acte de discipline était aussi un acte de bonne politique ; le pape se prononça en sa faveur et recommanda au chapitre de Reims d'agir auprès de l'archevêque pour qu'il confiât le diocèse de Châlons au frère de Geoffroy III [4]. Henri dut s'exécuter avant la fin de l'année 1164.

Mais les moments de paix étaient rares à cette époque, et, sans

---

[1] Aubry de Trois-Fontaines, *M. G., Scriptores*, XXIII, 846, l. 43.

[2] Lettre d'Alexandre III à Gui, évêque élu de Châlons (10 février 1163). [*Historiens de France*, XV, 793 C.] Les termes de cette lettre donnent à croire qu'elle est adressée à Gui de Dampierre plutôt qu'à Gui de Joinville. Geoffroy III y est appelé *parochianus tuus* et non *frater tuus*.

[3] Cat. n°ˢ 46 et 47.

[4] Cat. n° 49.

la sage intervention de Geoffroy III, des troubles graves auraient peu de temps après agité la ville épiscopale. Un des vassaux de l'évêque, Girard de Châlons, demandait à son suzerain de lui rendre un de ses hommes arrêté en flagrant délit de vol. « Je ne pus le lui refuser, dit Gui dans une lettre à Louis VII où l'on trouve le récit de tout cet épisode, parce que j'avais pris depuis peu possession de mon siège et parce que c'était mon homme lige qui m'en priait. » Le voleur fut rendu, à condition qu'il ne remettrait plus le pied dans la cité de Châlons; s'étant permis de rentrer dans la ville, il fut arrêté de nouveau et mis aux fers. Profitant de l'absence de l'évêque alors appelé auprès du roi, Girard, avec l'aide du vidame lui-même, délivra le coupable par la force, puis, craignant le retour de Gui, il s'entoura d'hommes armés et envahit l'église de Saint-Germain dont il démolit le toit pour s'y fortifier.

Gui n'apprit ces événements qu'à son arrivée; dès le lendemain, Girard l'envoyait défier. Peu préparé à une lutte armée et bien que les bourgeois lui eussent promis leur concours, l'évêque sortit de la ville pour rassembler les forces de ses amis qui ne tardèrent point à arriver en grande foule. Mais Geoffroy de Joinville, « voyant que tout cela tournerait à la ruine du pays », parvint à terminer pacifiquement les choses; le vassal rebelle, intimidé peut-être par le grand nombre de chevaliers (*multa militum frequentia*) accourus à l'appel de Gui, consentit à évacuer l'église et à payer la rançon de l'homme qu'il avait délivré[1].

L'année même de la consécration du nouvel évêque et de la révolte de Girard, en 1164, le fils de Geoffroy III, Geoffroy le Jeune, comme on l'appelait pour le distinguer de son père, profitant sans doute de ces troubles, se livrait à des violences assez inexplicables contre les partisans mêmes de son oncle, les chanoines de Châlons. Ceux-ci se plaignirent à Louis VII. « Geoffroy le Jeune de Joinville, lui écrivaient-ils, neveu de notre archevêque, de la part de qui nous n'attendions rien de semblable et qui, s'il n'avait respecté ni Dieu

[1] Cat. n° 50.

ni vous-même, aurait dû tout au moins respecter ses amis et votre église », viola la maison capitulaire, s'empara d'un homme et leva des contributions forcées dans les villages appartenant aux chanoines[1]. On ne sait s'il fut châtié; en tout cas, son père et lui détenaient encore, dix ans plus tard, le village de Courcelles injustement conquis à cette époque. Ce n'est, en effet, qu'en 1174, qu'une lettre du pape Alexandre III enjoignit à l'archevêque de Reims de les contraindre à en faire la restitution[2].

A partir de 1179, Geoffroy III, sans doute affaibli par l'âge, ne figure presque jamais dans les actes sans que son nom y soit accompagné de celui de son fils, Geoffroy le Jeune. Dans plusieurs pièces même, celui-ci agit seul, mais au nom de son père, entre autres en 1179, dans un accord réglé par ses soins entre l'abbaye de la Crête et Arnoul de Doulevant[3]. Cependant, en 1184, Geoffroy le Vieux conclut lui-même un accord important avec Montiérender, accord par lequel il reconnut à l'abbaye le droit de posséder les terres de Doulevant-le-Petit, Doulevant-le-Grand et Dommartin-le-Franc en toute indépendance; toutefois les religieux ne pouvaient choisir, pour ces villages, d'autre avoué que le seigneur de Joinville. Quant au pays de la Blaise, ils en gardaient la justice, mais ils en maintenaient, au seigneur de Joinville, l'avouerie qu'ils n'avaient jadis concédée à Geoffroy Ier que pour lui-même et deux générations après lui[4]. Ailleurs le vieux chevalier n'apparaît plus que comme le témoin silencieux d'un acte délivré par son fils[5]; ailleurs encore, Geoffroy le Jeune figure seul[6]. Cependant, en 1187[7], et en 1188[8], qui fut l'année même de sa mort, Geoffroy III se passait encore du concours de son fils pour faire un échange avec l'abbaye de Vaux-en-Ornois, et pour notifier une donation faite au Val d'Osne par la mère d'une religieuse.

[1] Cat. n° 5i.
[2] Cat. n° 56.
[3] Cat. n° 61.
[4] Cat. n° 67. — Cf. n° 7.
[5] Cat. n° 70.
[6] Cat. n°' 68 et 71.
[7] Cat. n° 69.
[8] Cat. n° 72.

La femme de Geoffroy le Vieux, Félicité de Brienne, était veuve en premières noces de Simon de Broyes, mort vers 1132, et mère de Hugues de Broyes[1]. Elle était remariée au sire de Joinville, et mère de Geoffroy le Jeune avant 1141[2]. On ne trouve plus son nom après 1178. Elle eut encore de sa seconde union une fille, Gertrude, qui n'était pas mariée en 1157[3] et qui devint plus tard comtesse de Vaudémont[4].

Sous Geoffroy III commence, pour la maison de Joinville, une nouvelle période bien autrement brillante que celle qui l'a précédée. Parvenus peu à peu jusqu'aux premiers rangs de la noblesse champenoise, les descendants d'Étienne de Vaux franchirent un nouveau degré en recevant cette sénéchaussée de Champagne, qui ne devait plus désormais sortir de leur famille. Geoffroy III est donc le véritable fondateur de leur puissance; tel paraît avoir été d'ailleurs le sentiment de ses successeurs, sentiment dont Jean de Joinville s'est fait l'interprète lorsqu'il a composé, pour le tombeau de son bisaïeul, une inscription qui est moins une épitaphe qu'un panégyrique de Geoffroy III et une généalogie de sa postérité.

GEOFFROY IV.

La sénéchaussée de Champagne fut-elle, dès l'origine, héréditaire dans la maison de Joinville? La chose n'est pas certaine. Geoffroy IV, en effet, ne prit jamais le titre de sénéchal dans le petit nombre d'actes émanés de lui que l'on peut retrouver, et les chartes du comte de Champagne ne fournissent aucun éclaircissement à ce sujet, car on n'en rencontre pas une où il figure[5]. Il est vrai qu'on ne peut citer aucun autre personnage qui ait rempli le même office à cette époque et que son fils Geoffroy V en prit

---

[1] *Genealogia regum Francorum*, dans les *Historiens de France*, XIV, 6 B. C. — Aubry de Trois-Fontaines, p. 831, l. 12.

[2] Cat. n°⁸ 28 et 29.

[3] Cat. n° 39.

[4] Cat. n° 53.

[5] D'Arbois de Jubainville, *Histoire des comtes de Champagne*, IV, 487.

le titre aussitôt qu'il eut recueilli l'héritage paternel[1]; mais on ne peut nier qu'au temps de Simon, son autre fils, la comtesse Blanche contesta formellement le droit héréditaire des Joinville et ne consentit à le reconnaître que sous la pression des plus graves nécessités. Force nous est donc de laisser la question en suspens.

Dès l'année 1188, Geoffroy IV, à qui Aubry donne le surnom de *Valet,* est qualifié sire de Joinville dans une charte où apparaissent avec lui sa femme Héluis, ses enfants, et, parmi eux, son fils aîné Geoffroy. C'est une déclaration par laquelle tous s'engagent à considérer la collégiale de Saint-Laurent comme leur chapelle particulière et renoncent pour toujours à se faire construire une autre chapelle dans l'intérieur du château de Joinville[2]. Dans ce document, comme dans presque tous ceux qui sont émanés de lui, Geoffroy prend le titre de «frère de Hugues de Broyes». Cette insistance à faire montre de sa parenté avec le chef d'une puissante maison explique la similitude qui se trouve entre l'écu des Joinville et celui des Broyes : lorsqu'à la fin du xiie siècle, l'usage des armoiries se généralisa, le fils de Félicité de Brienne, obéissant toujours au même sentiment de vanité, ou peut-être d'affection, aura pris les armes de son frère[3]. Ainsi se trouverait réduite à néant une hypothèse de Du Cange qui, à cause de cette similitude d'armes qu'il croyait avoir existé dès l'origine de la maison de Joinville — c'est-à-dire dès une époque où les armoiries n'étaient pas encore en usage — supposa qu'Étienne de Vaux pouvait être un frère puîné d'Isembard, seigneur de Broyes.

En 1189, du consentement de ses fils, Geoffroy et Robert, le sire de Joinville fit don à Saint-Urbain de sa vigne de Mussey, pour quo l'on célébrât tous les ans l'anniversaire de son père[4], et con-

[1] Cat. n° 88.
[2] Cat. n° 73.
[3] Les armoiries des Broyes sont *d'azur à trois broyes d'or;* celles des Joinville sont semblables, sauf *un chef d'argent chargé d'un lion issant de gueules.* Or ce chef ayant été concédé à Geoffroy V par Richard Cœur de lion (voir plus loin, p. 41, n. 1), il en résulte que les armes des deux familles durent être d'abord identiques.
[4] Cat. n° 78.

firma la donation que Geoffroy III avait faite lors de la fondation du prieuré de Saint-Jacques[1]. En même temps, il donnait à Saint-Laurent tout ce qu'il avait des dîmes de Charmes-en-l'Angle, pour constituer une prébende que sa femme devait compléter au besoin, à la condition de célébrer leurs anniversaires[2], et peu après il en fondait deux nouvelles : l'une pour Acelin, « maître de son fils Guillaume », l'autre pour un certain maître Constant[3]. La même année, il réglait en faveur de l'abbaye de Vaux-en-Ornois un différend qui s'était élevé entre elle et les hommes de Vaucouleurs au sujet d'une prairie sise derrière la maison du Saint-Esprit de Vaucouleurs[4]; enfin il réparait libéralement le tort qu'il avait fait aux religieuses du Val d'Osne, en établissant un moulin qui mettait le leur hors de service[5].

Ces pieuses largesses annonçaient ordinairement le départ pour la Croisade. Geoffroy IV fit en effet partie de ce corps de Croisés qui, fatigués des retards apportés au départ pour la Terre-Sainte, précédèrent le comte Henri de Champagne à ce terrible siège d'Acre où les Croisés assiégeants étaient eux-mêmes investis par l'armée de Saladin[6]. On sait quelles furent les souffrances de l'armée chrétienne avant la venue du roi de France[7]. Geoffroy IV, certainement arrivé avant la défaite du 4 octobre 1189 où périt André de Rameru qui avait quitté la Champagne avec lui, ne devait pas voir tomber Acre; il mourut au mois d'août 1190[8],

[1] Cat. n° 74.
[2] Cat. n° 75.
[3] Cat. n° 79.
[4] Cat. n° 77.
[5] Cat. n° 81.
[6] Gui de Bazoches cité par Aubry, p. 864, l. 7. — *Itinerarium Ricardi*, éd. Stubbs, p. 74.
[7] Ernoul, éd. Mas-Latrie, p. 265-268.
[8] La date du mois est fournie par l'épitaphe de Clairvaux, composée par Jean de Joinville (éd. de Wailly, p. 547); celle de l'année, par les actes 84 et 85 de notre catalogue. Le chiffre 1190 se rapproche d'ailleurs beaucoup de la leçon proposée par M. de Wailly : *mil ix^{xx} et xii*. Il existe dans le ms. fr. 11559 (fol. 150 v°) un texte latin de cette épitaphe suivi d'un texte français, qui n'en est donné que comme la traduction. Ceci permettrait de croire que l'inscription était rédigée en latin et en français; le P. Merlin n'en aurait alors connu que la

emporté sans doute par une maladie ou par les suites d'une blessure, car il eut le temps d'abandonner à Montiérender et à Saint-Urbain ce qu'il disputait à ces deux abbayes, c'est-à-dire une partie du pays de la Blaise et le droit de gîte à Landéville. Les témoins de ces actes de réparation devaient être les personnages composant sa maison; c'était d'abord un chapelain, Dreu, puis des chevaliers, Hugues de Landricourt, Raoul de Dommartin, Eudes de Vaucouleurs, Étienne de la Côte, Hugues de Colombey, tous portant des noms de fiefs relevant de Joinville[1].

Héluis de Dampierre, à qui son mari paraît avoir confié le gouvernement de ses terres pendant son absence[2], survécut plusieurs années; elle faisait encore des aumônes en 1195[3]. Ses six fils, tous nommés par Aubry de Trois-Fontaines, furent :

1° Geoffroy V, qui, avant de succéder à son père, figure dans des chartes de 1188[4];

2° Robert, qui paraît déjà dans les mêmes actes. Il était sire de Sailly en 1201[5]; il accompagna Gautier de Brienne dans la Pouille où il mourut probablement sans laisser de postérité, car, dès l'année 1203, son frère Simon avait hérité de sa seigneurie de Sailly[6];

3° Guillaume, archidiacre de Châlons en 1191[7], évêque de Langres en 1208, enfin archevêque de Reims en 1219, mort en 1226;

4° Simon, sire de Sailly à la mort de Robert, puis sire de Joinville à celle de Geoffroy V, ne se trouve pas mentionné avant 1195[8];

---

rédaction française. Dans le texte latin, tel qu'il est conservé dans ce manuscrit, on revient, pour la date finale, à Geoffroy III dont on place la mort en 1182. *Alter primus Godefridus, qui jacet hic, decessit anno millesimo centesimo octuagesimo secundo, mense Augusti. Requiescant in pace.*

[1] Cat. n°s 84, 85 et 90.
[2] Cat. n° 81.
[3] Cat. n° 97.
[4] Cat. n°s 73 et 74.
[5] Cat. n° 121.
[6] Cat. n° 122.
[7] Cat. n° 89.
[8] Cat. n° 100.

5° Gui, à qui fut encore une fois transmise la seigneurie de Sailly, lorsque Simon devint sire de Joinville [1];

6° André, templier [2].

Quant aux filles, on en compte au moins deux :

7° Félicité, nommée en même temps que ses frères dans un acte de 1195 [3], épousa Pierre de Bourlémont et vivait encore en 1237 [4];

8° Yoland, femme de Raoul de Nesle, comte de Soissons, morte en 1223 [5].

GEOFFROY V.

Lorsque l'on étudie la vie de Geoffroy V, il semble que l'on ressent pour lui, sinon cette sympathie personnelle éprouvée pour Jean de Joinville par tous les lecteurs de ses attachants Mémoires, du moins l'attrait exercé par une âme vaillante et fidèle à ses devoirs. C'est en Terre-Sainte qu'on le rencontre d'abord, sur ce sol lointain où il avait accompagné son père, et le premier de ses actes est un acte de piété envers la mémoire de Geoffroy IV, en même temps que la réparation d'une injustice commise par ses ancêtres; avant même de quitter Acre, il se hâta d'exécuter les dernières volontés du défunt en confirmant l'abandon fait par lui, à Montiérender, de ses prétentions sur le territoire de la Blaise, croyant ainsi mettre fin à ce conflit séculaire qui remontait jusqu'à l'origine de la maison de Joinville [6]. Sa nouvelle situation, le soin de son fief, ses devoirs envers ses frères ne lui permettaient pas de rester en Orient. Sans attendre la fin du siège d'Acre, laissant ses compatriotes sur cette terre d'où leur suzerain, le comte Henri, ne devait plus jamais revenir, le nouveau sire de Joinville partit presque aussitôt et l'année 1190 n'était pas encore achevée qu'il était de

---

[1] Cat. nos 138 et 139.
[2] Aubry de Trois-Fontaines, p. 879.
[3] Cat. n° 100.
[4] Du Cange, p. 10.
[5] *Ibidem*.
[6] Cat. n° 85.

retour dans son château et en possession de la charge de sénéchal de Champagne⁽¹⁾. Il avait retrouvé sa mère Héluis, et l'un de ses premiers soins fut de donner, de concert avec elle, la Maison-Dieu de Joinville au prieuré de Saint-Jacques⁽²⁾. Quelle que fût l'autorité de la veuve de Geoffroy IV, la présence du chef de la famille était bien nécessaire. Le second fils, Robert, sire de Sailly, ne devait pas être dès lors en âge de desservir son fief, car il n'avait pas encore de sceau et recourait à son aîné pour authentiquer les actes où il était appelé à figurer ⁽³⁾. Quant aux autres, l'un, Guillaume, était déjà archidiacre de Châlons; mais les derniers, Simon et André, ne portant encore aucun titre dans les chartes, devaient être tous deux fort jeunes et ne pouvaient sans doute, non plus que leurs sœurs Yoland et Félicité, se passer de la protection de leur frère. Enfin il y avait encore à exécuter le testament de Geoffroy IV, testament dont certaines dispositions ne purent être réglées que deux ans plus tard ⁽⁴⁾.

Si le nouveau sire de Joinville apportait tant de diligence à effacer les injustices de ses ancêtres, il ne mettait pas moins de zèle à réparer les torts qu'il pouvait avoir causés lui-même. Pour dédommager l'église de Saint-Étienne de Châlons avec laquelle il avait un conflit, dont les détails nous sont inconnus, mais qui devait avoir pour prétexte des biens apportés par sa mère, il y fonda l'anniversaire d'Héluis et le sien, et abandonna au chapitre la terre de Soudé. Sa mère, ses frères et un certain Miles de Moélain, son parent, approuvèrent cette donation, dont Renaud, comte de Dampierre, et Rotrou, évêque élu de Châlons, se portèrent garants ⁽⁵⁾. D'ailleurs la charité de Geoffroy V n'avait pas besoin d'être excitée par des scrupules de conscience : dans les années qui suivirent, l'abbaye de la Crête⁽⁶⁾, les prieurés du Val d'Osne⁽⁷⁾ et de Sainte-

---

⁽¹⁾ Cat. n° 88, pièce inexactement attribuée à Geoffroy IV par M. Simonnet.
⁽²⁾ Cat. n° 87.
⁽³⁾ Cat. n° 88.
⁽⁴⁾ Cat. n° 90.
⁽⁵⁾ Cat. nᵒˢ 94 à 97.
⁽⁶⁾ Cat. n° 100.
⁽⁷⁾ Cat. n° 101.

Ame[1], les abbayes de Clairvaux[2] et d'Écurey[3], le chapitre de Toul[4] reçurent des marques de sa munificence.

Cependant le comte Henri de Champagne, devenu souverain de Jérusalem par son mariage avec Isabelle de Lusignan, ne quittait pas la Terre-Sainte et laissait à sa mère, la comtesse Marie, le gouvernement de ses États d'Occident. Ce fut donc auprès d'elle que Geoffroy V fut appelé à exercer ses fonctions de sénéchal. Toutefois, malgré l'empressement qu'il avait mis à se parer de ce titre dès 1190[5], il ne paraît pas avoir vécu habituellement dans l'entourage de la comtesse. La raison en peut-être dans la contradiction qui existait entre la politique de la mère et celle du fils, contradiction qu'il n'est pas inutile d'exposer ici, car elle est de nature à éclairer un point resté obscur dans la biographie de Geoffroy V.

Nul n'ignore quelles discordes régnaient alors entre Philippe Auguste et Richard Cœur de lion. La Croisade les avait vus naître et, dès l'origine, les Croisés s'étaient divisés en deux partis. Bien que vassal du roi de France, Henri, qui se trouvait être le neveu des deux adversaires, était tout dévoué à Richard à qui il avait les plus grandes obligations; à bout de ressources dès les premiers temps du siège d'Acre, le comte n'avait pu obtenir de Philippe qu'un maigre prêt de 100 livres; par contre, il avait reçu du souverain anglais un magnifique présent de 4,000 livres et des vivres en abondance. Depuis, l'amitié d'Henri et de Richard n'avait fait que s'accroître en même temps que croissait la rivalité des deux rois. Tout, d'ailleurs, donnait matière à des divisions : la question de la succession au trône de Jérusalem avait été déjà soulevée durant le séjour de Philippe Auguste. Tandis que les Français soutenaient Conrad de Montferrat, époux d'Isabelle de Lusignan, Richard, suivi par le comte de Champagne, appuyait les droits de Gui de Lusignan. Les choses en vinrent à ce point qu'un conteur du

---

[1] Cat. n° 102.
[2] Cat. n° 104.
[3] Cat. n° 107.
[4] Cat. n° 112.
[5] Voir l'acte cité dans la note 1 de la page précédente.

xiii⁰ siècle a pu, sans trop d'invraisemblance, accuser Henri d'être entré dans un complot formé par le roi Richard et le comte de Flandre pour faire périr Philippe Auguste[1], complot qui aurait déterminé celui-ci à retourner en France. Après son départ, les liens qui unissaient le comte et Richard se resserrèrent encore ; tandis que le duc de Bourgogne se retirait à Tyr auprès de Conrad, Henri accompagnait le roi d'Angleterre à la solde duquel il passait même pour s'être mis. La récompense de son dévouement ne se fit pas attendre. Le comte de Champagne avait jadis intrigué pour obtenir la main d'Isabelle de Lusignan, il s'était même employé à l'enlever à Humfroy de Toron, son premier mari, mais ses efforts n'avaient abouti qu'à faciliter l'union de l'héritière de Jérusalem avec Conrad de Montferrat, union qui durait déjà depuis dix-huit mois lorsque le marquis de Montferrat périt assassiné. Sans perdre de temps, Henri, fort de l'appui de Richard, arracha un consentement à la malheureuse veuve et l'épousa huit jours après la mort tragique de Conrad. Le roi d'Angleterre compléta son œuvre en imposant à Gui de Lusignan l'abandon de ses droits à la couronne de Jérusalem, comme condition de la vente de Chypre, et en cédant au comte toutes ses conquêtes de Syrie[2].

On voit combien étaient étroits les liens qui attachaient Henri au monarque anglais ; comment s'étonner après cela que plusieurs de ses vassaux de Champagne aient pris parti pour Richard lors de la ligue formée par ce prince, en 1197, contre Philippe Auguste, avec l'aide des comtes de Flandre, de Toulouse et de Boulogne[3] ? Nous avons tout lieu de croire que Geoffroy V fut de ce nombre. On sait, en effet, par un passage de l'épitaphe composée plus tard par Jean de Joinville, que Richard Cœur de lion fit au sénéchal de Champagne l'honneur de partir ses armes de celles d'An-

---

[1] *Récits d'un ménestrel de Reims* publiés par M. de Wailly pour la *Société de l'Histoire de France*, § 61, 63, 64.

[2] D'Arbois de Jubainville, *Histoire des comtes de Champagne*, t. IV, p. 33 à 46.

[3] Roger de Hoveden, éd. Stubbs, IV, 19.

gleterre en témoignage d'estime pour ses prouesses[1]. Or on se demande à quel moment le souverain anglais aurait eu l'occasion d'apprécier par lui-même les qualités militaires du sire de Joinville, si ce n'est durant cette campagne. Ce ne fut certainement pas en Terre-Sainte, car il n'arriva devant Acre que le 8 juin 1191[2], et l'acte d'une fondation faite par Geoffroy V et par sa mère Héluis, acte auquel est encore appendu un fragment du sceau de Geoffroy, montre que le chevalier champenois était de retour auprès de sa mère avant la fin de 1190[3]. L'inspection même des armoiries des Joinville permet de déterminer, à peu de chose près, la date à laquelle fut concédée la brisure dont il s'agit. Cette brisure n'est autre que le chef chargé d'un lion issant qui surmonte l'ancien écu des Broyes jusque-là porté par les Joinville, chef qui n'est lui-même que la partie supérieure du vieux lion des Plantegenêts, auquel Richard substitua pour la première fois, sur son sceau, les léopards en 1198[4]. Comme, d'autre part, l'épitaphe mentionne expressément les exploits de Geoffroy « deçà mer et delà », ce sont là autant d'indices qui viennent confirmer notre supposition[5].

Mais si le sénéchal était, en se prononçant contre le roi de France, le fidèle instrument des préférences de son suzerain, la comtesse Marie suivait une politique toute différente de celle de son fils aîné. Par sa mère, Aliénor de Guyenne, elle était sœur de Richard; néanmoins elle n'oubliait pas qu'elle était, avant tout, la fille de Louis VII et la sœur de Philippe Auguste. Elle remplissait ses devoirs envers

---

[1] « ..... ouquel escu apert la prouesse doudit Jofroi et l'onnour que li rois Richars d'Aingleterre ly fist en ce qu'il parti ses armes as seues..... » (Épitaphe de Clairvaux, éd. de Wailly, p. 546-547.)

[2] Boha-Eddin, dans la *Bibliothèque des Croisades*, 2ᵉ édition, IV, 305. — *Itinerarium Ricardi*, livre III, chap. II.

[3] Cat. n° 87.

[4] Voir un article de Germain Demay, *Le type chevaleresque*, dans la *Gazette des beaux-arts*, deuxième période, année 1876, XIV, 312.

[5] Les sceaux de Geoffroy V ne peuvent malheureusement fournir aucun éclaircissement. Il en existe bien deux antérieurs à 1197 (Cat. nᵒˢ 87 et 98), mais, dans le mieux conservé, l'empreinte de l'écu embrassé par le sénéchal est devenue si fruste qu'on n'aperçoit plus aucune trace des armoiries qu'il a dû porter.

le roi, suzerain de la Champagne, avec quelque chose de plus que
le dévouement forcé d'une vassale. Sa présence à Compiègne en
1196, lors de l'hommage rendu à Philippe Auguste par son gendre
Baudouin, comte de Flandre, n'a sans doute rien que de très naturel, mais celle de son jeune fils Thibaut, à peine âgé de quatorze
ans, parmi les hauts barons qui prêtèrent les mains à la scandaleuse
rupture avec Ingeburge, est la preuve d'un attachement voisin de
la servilité [1]. D'ailleurs le désaccord entre la politique du comte et
celle de la régente devait bientôt disparaître : en 1197, Henri II
mourait à Acre d'une chute inopinée, et son comté passait aux mains
de son frère cadet, Thibaut III. Celui-ci n'ayant encore que dix-
huit ans, sa mère conserva l'administration de la Champagne; au
bout de quelques mois, elle expirait, mais son fils persévérait dans
ses idées. Philippe Auguste admit à l'hommage le jeune comte encore mineur et s'assura de la sorte son appui dans la lutte qu'il continuait à soutenir contre le roi d'Angleterre.

En loyal vassal, Geoffroy de Joinville suivit fidèlement son nouveau suzerain dans le parti du roi de France. On le vit alors paraître
à la cour de Champagne et intervenir, en vertu de sa charge, dans
plusieurs actes importants. C'est ainsi que, le 1ᵉʳ juillet 1199, il
fut témoin de la constitution de douaire faite par Thibaut à sa
femme Blanche de Navarre [2]; plus tard, après que le jeune comte
eut été prématurément enlevé par la mort, il assista en mai 1201
à l'hommage rendu par Blanche à Philippe Auguste, et fut même
un des barons qui se portèrent garants de la fidèle observation de
cet hommage [3].

Cependant les libéralités de Geoffroy envers les établissements
religieux ne se ralentissaient pas; en 1201, elles prirent un nouveau caractère : celui des aumônes que l'on faisait avant de partir
pour la Croisade [4]. Il y avait deux ans déjà que le sire de Joinville

---

[1] D'Arbois de Jubainville, IV, 72 et 76.
[2] Cat. n° 110.
[3] Cat. n° 115.
[4] « ... ad Sepulcrum Domini et loca sancta proficisci desiderans... » (Cat.

et son frère, Robert de Sailly, s'étaient croisés au célèbre tournoi d'Écly organisé par Baudouin de Flandre [1].

Dès le début de cette Croisade, les intérêts temporels les plus divers se trouvèrent étrangement mêlés aux pensées religieuses qui auraient dû l'inspirer sans partage. Le premier à s'ébranler fut le comte Gautier de Brienne qui, tout en ayant juré d'aller en Terre-Sainte, trouvait bon de conquérir, chemin faisant, le comté de Lecce et la principauté de Tarente, qui constituaient l'héritage de sa femme Albira, fille du roi Tancrède de Sicile. A la tête d'un certain nombre de chevaliers champenois, parmi lesquels se trouvait Robert de Sailly, il passait le mont Cenis au printemps de 1201, lorsqu'il rencontra Villehardouin revenant de Venise où le comte de Champagne l'avait envoyé avec Miles le Breton négocier les conditions du passage outre-mer. On se donna rendez-vous à Venise [2]; mais Robert mourut peu de temps après. En 1203, le titre de sire de Sailly avait déjà passé à son frère Simon [3].

Quant à Geoffroy V, il était resté auprès du comte de Champagne; celui-ci, atteint du mal dont il devait mourir, vécut assez pour apprendre de Villehardouin la conclusion des arrangements avec les Vénitiens et pour s'entendre nommer chef général des Croisés à l'assemblée de Corbeil. Peu de jours après, le 24 mai 1201, il expirait [4] et le commandement en chef se trouvait de nouveau vacant. Mathieu de Montmorency, Simon de Montfort et les deux grands officiers militaires du feu comte, le sénéchal Geoffroy de Joinville et le maréchal Geoffroy de Villehardouin, allèrent offrir ce poste au duc Eudes de Bourgogne. Sur le refus du duc, Geoffroy de Joinville fut chargé par les trois seigneurs qui avaient fait avec lui cette première démarche d'aller faire les mêmes offres au comte de Bar [5]. On sait comment, après le refus du comte, Boniface de Montferrat

---

n° 118.) « ...Jherosolimitarum iter arripiens... » (Cat. n° 119.)
[1] Villehardouin, éd. de Wailly, § 5.
[2] Villehardouin, § 33.
[3] Cat. n° 122.
[4] D'Arbois de Jubainville, vol. IV, première partie, p. 8 et suiv.
[5] Villehardouin, § 38 et 39.

fut, à l'assemblée de Soissons, mis à la tête de la Croisade, et comment, par suite des intrigues vénitiennes, il conduisit à la conquête du trône de Constantin les Croisés qui avaient juré de combattre pour délivrer le tombeau du Christ[1].

Geoffroy de Joinville, au moins, ne trahit pas son vœu; laissant son fief sous la garde de ses frères, Guillaume et Simon, chargés, le premier de l'administration, le second de l'exécution des mesures prises par son frère[2], il avait certainement été du nombre de ces vaillants Champenois qui, sous la conduite de Renaud de Dampierre, gagnèrent directement la Terre-Sainte par Plaisance et la Pouille, sans s'arrêter en route à se conquérir des duchés d'Athènes ou des principautés d'Achaïe. Beaucoup, il est vrai, périrent obscurément; mais on ne peut voir sans un mouvement d'indignation l'hypocrite pitié avec laquelle Villehardouin, devenu maréchal de Romanie et l'un des plus riches barons de Thessalie, parle de la *mult bone gent* qui périt en Palestine. « Or, oiez quex domages fu quant il ne furent avec cels josté, quar toz jorz mais fust la crestientez alcie. Mais Diex nel volt por lor pechiez; li un furent mort de l'enfermeté de la terre, li autre tornerent en lor païs arriere. Onques nul esploit ne firent ne nul bien là où il alerent en la terre..........................

« Et bien tesmoigne li livres que onques nus n'eschiva l'ost de Venise que maus ou honte ne li avenist; et por ce si fait que sages qui se tient devers le mielx[3]. »

Le sénéchal de Champagne était de ceux à qui s'appliquent les étranges paroles du Champenois Villehardouin. Dès la fin de 1203 ou le début de 1204, Geoffroy V avait payé de sa vie sa fidélité à ses devoirs de croisé : il était mort au Krak des Hospitaliers[4].

---

[1] Riant, *Innocent III, Philippe de Souabe et Boniface de Montferrat*, dans la *Revue des Questions historiques*, 1875, XVII, 321, et XVIII, 5.

[2] Cat. n° 122.

[3] Villehardouin, § 229-231.

[4] Aujourd'hui Kalaat-el-Hosn. Le lieu de sa mort nous est connu par deux chartes de Simon de Joinville. (Cat. n°ˢ 124 et 125.) M. Simonnet, qui en a publié une

Ce fut sans doute dans la chapelle de cette forteresse, dont les ruines imposantes subsistent encore aujourd'hui[1], que fut suspendu son écu parti des armes d'Angleterre. Cette glorieuse relique, pieusement recueillie au bout d'un demi-siècle par Jean de Joinville, fut déposée par lui dans l'église de Saint-Laurent, d'où elle ne fut enlevée que par les lansquenets de Charles-Quint en 1544[2]. Son neveu, d'ailleurs, n'était pas seul à garder le souvenir de ses hauts faits. Guyot de Provins ne faisait qu'exprimer le jugement unanime de ses contemporains, lorsqu'il le citait dans sa *Bible* parmi les plus braves chevaliers de son temps[3]. Serait-ce à quelqu'une de ses prouesses qu'il faudrait faire remonter l'origine du surnom de *Trouillard* qui lui est donné par Aubry de Trois-Fontaines[4] et par Jean de Joinville dans l'épitaphe de Clairvaux[5]? On ne sait malheureusement rien là-dessus que par quelques vers de date trop moderne pour qu'on ajoute foi à la tradition, du reste peu vraisemblable, qu'ils répètent[6]. Le sens de ce surnom nous échappe, mais on doit remarquer qu'il ne dut pas être rare en Champagne,

(p. 110) et qui a connu l'autre, a lu *apud Acram* alors qu'on voit très distinctement *apud Crac* dans la première et *apud Chrac* dans la seconde.

[1] Voir G. Rey, *Étude sur les monuments de l'architecture militaire des Croisés en Syrie*, p. 38.

[2] Champollion, p. 636.

[3] Qui refu Jufroiz de Joinville ?
 Meillor chevalier par saint Gile
 N'avoit de lui de ça le Far.
  Bible de Guyot de Provins, v. 472-474, dans Barbazan, *Fabliaux et contes des poètes françois*, II, 323.

[4] «Gaufridus vero major natu, cognomento Trullardus, titulis militie famosissimus...»
Aubry de Trois-Fontaines, *M. G., Scriptores*, XXIII, 879, l. 17.

[5] «...Joffroy Troulart qui refu sires de Joinville...» (Éd. de Wailly, p. 546.)

[6] Le nom Trouillard lui fut lors imposé
 Pour un patron génevois dit Trouillard;
 Pirate estoit, lequel fut si osé
 D'ardre les naus des chrestiens sur le tard.
 Geoffroi peschant et estant à l'escart,
 La trahison du pirate aperçut,
 Et d'un trouble qu'il tenoit le tua :
 Dont par ce fait le nom lui est échu.

On ignorait la provenance de ces vers cités dans le ms. fr. 11559 de la Bibliothèque nationale et publiés par M. Didot (p. 216). Je les ai retrouvés dans un ouvrage en vers sur les origines de la maison de Lorraine composé pour le duc René II, après 1498, ouvrage dont l'existence à la bibliothèque de l'Institut m'avait été signalée par M. Ludovic Lalanne (ms. 199, in-4°, fol. 10 r°).

car il fut également porté dans la maison de Villehardouin par plusieurs seigneurs de la branche de Lisignes au commencement du xive siècle [1]. Par un singulier hasard, ce nom fut rapporté dans la maison de Joinville par une Villehardouin, issue de la branche de Lisignes, Mabille de Nanteuil. Ayant épousé un fils de l'ami de saint Louis, Geoffroy de Briquenay, elle transmit à l'un de ses enfants, Jean *Trouillard* de Joinville, maréchal de Sicile, l'étrange surnom illustré jadis par son arrière-grand-oncle.

SIMON.

Geoffroy V était mort sans enfants et même, à ce qu'il semble, sans avoir jamais pris femme. Son héritier Simon, qui paraît avoir été le quatrième fils de Geoffroy IV [2], avait récemment succédé à son frère Robert dans la seigneurie de Sailly, mais se trouvant déjà chargé par Geoffroy V du gouvernement du fief de Joinville [3], il n'eut qu'à changer de titre pour se trouver en pleine possession de l'héritage fraternel. Dès le mois de juin 1204, il se qualifiait sire de Joinville dans les actes par lesquels il fondait l'anniversaire de Geoffroy et confirmait les aumônes faites par le défunt [4]. Quant à la seigneurie de Sailly, elle passa aux mains de Guy, cinquième fils de Geoffroy IV [5]. Il s'en faut de beaucoup que la prise de possession de la sénéchaussée de Champagne s'accomplit aussi facilement. Simon apparaît bien une fois avec le titre de sénéchal dans un acte de mai 1206 [6], mais huit années se passèrent avant qu'il le prît de nouveau.

L'explication de cette anomalie n'est pas difficile à trouver. Tous

[1] Du Cange, *Observations sur l'histoire de Villehardouin*, dans l'*Histoire de l'empire de Constantinople sous les empereurs françois*, p. 240.

[2] Dans les actes, il est toujours nommé après ses frères Geoffroy, Robert et Guillaume.

[3] Cat. n° 122.

[4] Cat. nos 127 et 128.

[5] Cat. nos 138, 140, etc.

[6] Cat. n° 137. — Il est à noter que nous ne connaissons de cet acte qu'une transcription rapide et qui ne reproduit peut-être pas exactement l'original.

les grands offices de Champagne étaient viagers. Si, plus d'une fois, l'un d'eux parut s'immobiliser dans une famille, comme par exemple la connétablie dans la maison de Dampierre, les titulaires durent déclarer solennellement qu'ils n'y avaient qu'un droit personnel et viager [1]. Tout autre était cependant la prétention des Joinville : à les entendre, la concession faite par le comte Henri s'appliquait non seulement à Geoffroy III, mais à tous ses descendants, ainsi que l'affirma encore Jean de Joinville dans la célèbre épitaphe de Clairvaux. Le témoignage d'un intéressé est toutefois trop suspect pour faire autorité en l'absence d'autres, et on ne s'expliquerait guère cette exception en faveur d'une seule des grandes charges champenoises. Quoi qu'il en soit, Simon se croyant en mesure d'imposer ses prétentions, la comtesse Blanche refusa de les accueillir, et il ne fallut pas moins que la pressante nécessité où elle se trouva plus tard de détacher le sire de Joinville du parti d'Érard de Brienne pour qu'elle se décidât à lui donner satisfaction. La reconnaissance de ces prétentions fut d'ailleurs le but unique des efforts de Simon durant toute sa carrière.

A la mort de Geoffroy V, le nouveau sire de Joinville n'était pas encore marié : en 1205, il déclarait n'avoir ni femme ni enfants [2].

D'après les chartes qui permettent de le suivre ensuite d'année en année, on peut croire qu'il ne se maria pas avant 1209 [3], époque à partir de laquelle sa femme, Ermengard de Montclair, apparaît plusieurs fois. Ce n'était pas dans son voisinage que Simon avait

---

[1] D'Arbois de Jubainville, *Histoire des comtes de Champagne*, IV, 492-493.

[2] Cat. n° 133.

[3] Du Cange place vers 1206 le mariage du sire de Joinville, «comme il se reconnaît, dit-il, par des lettres du mois de juin de cette année-là par lesquelles Simon, mari d'Ermengard, déclare qu'il a accordé à celle-ci en douaire la moitié de tous les biens qu'il avoit, lesquels relevoient de Blanche, comtesse de Champagne, qui l'en reçoit à femme et sans préjudice de ses droits, sa vie durant». (Du Cange, p. 12.) Nous connaissons en effet ces lettres, mais elles sont fort clairement datées de juin 1209 et non de juin 1206. (Cat. n° 147.) Le douaire d'Ermengard se composait de Vaucouleurs et sa châtellenie, Montiers-sur-Saulx et Osne-le-Val. (Cat. n° 200.)

été chercher une compagne; on peut voir encore aujourd'hui dans le diocèse de Trèves, sur la Sarre, près de Merzig, les ruines du château dont la dame de Joinville était l'unique héritière. Devenu, grâce à cette union, seigneur de Montclair, Simon en prit quelquefois le titre [1], jusqu'au jour où la mort de sa femme le fit passer à son fils aîné Geoffroy.

Durant les premières années qui suivirent son avènement, Simon s'occupa surtout de l'administration de son fief et de donations aux couvents du voisinage; il n'avait pas cependant moins de penchant que son frère pour les choses de la guerre, penchant que les circonstances ne lui donnèrent que trop l'occasion de satisfaire. Durant l'année 1208, par exemple, le duc Ferry Ier de Lorraine, en représailles de ravages que le comte Thibaut de Bar, son beau-père, avait faits un an auparavant sur les terres de son allié, l'évêque Bertrand de Metz, dévasta les domaines de l'abbaye de Gorze placée sous la garde de Thibaut. Mais surpris par le comte de Bar, fait prisonnier avec deux de ses frères, Ferry fut contraint d'accepter les conditions du vainqueur [2]. Le traité fut conclu le 2 novembre 1208; d'après le rôle important qu'il y joue, Simon doit certainement avoir pris part à la guerre. Il y figure comme pleige pour 200 marcs d'argent sur les 2,000 que Ferry se vit réduit à payer; il y paraît encore comme l'un de ceux qui, se trouvant sans doute dans une situation particulière vis-à-vis du duc de Lorraine, pourront faire tort au comte de Bar sans que ses méfaits entraînent une rupture de la paix entre les deux princes; cette situation cependant n'équivalait pas à l'indépendance, car le duc le désigne comme l'un des otages choisis parmi ses hommes. Il est de plus à noter que, dans ce traité, Simon est toujours nommé à côté des plus grands seigneurs tels que le duc de Bourgogne ou le comte de Deux-Ponts [3].

Le mariage ne changea rien aux habitudes guerrières de Simon.

---

[1] Cat. n° 193.
[2] Aubry de Trois-Fontaines, dans les *Monumenta Germaniæ*, XXIII, 887, l. 17 et suiv. — D. Calmet, *Histoire de Lorraine*, II, 540-541.
[3] Cat. n° 143.

L'année même de son union avec Ermengard, en 1209, il prit la croix contre les Albigeois [1]. On ne sait si cet engagement fut suivi d'effet, mais la participation du sire de Joinville à la croisade ne peut se placer qu'entre le 25 juin 1209 et le mois de mars 1210 [2]. Le temps, d'ailleurs, allait bientôt venir où il n'aurait pas même à quitter sa province pour exercer ses talents militaires et, dès cette époque, on avait à la cour de Champagne de graves motifs d'inquiétude.

Trois ans à peine après la mort de Marie de France, le comté était retombé de nouveau sous la régence d'une femme; Thibaut III était mort en ne laissant qu'une fille, mais quelques jours plus tard sa veuve, Blanche de Navarre, mettait au monde Thibaut IV au nom de qui elle prit le gouvernement. Il n'y avait pas de doute à avoir sur la légitimité des droits du petit comte, Thibaut III ayant été formellement désigné par Henri III, lors de son départ pour la Terre-Sainte, comme son héritier présomptif. Cependant Henri n'avait pas fait de testament écrit; il avait laissé en Syrie deux filles issues de son mariage avec la reine de Jérusalem, et, quelque peu fondées que fussent leurs prétentions à la succession de Champagne, on pouvait toujours redouter qu'un ambitieux ne profitât, pour les faire valoir, du moment où le pouvoir était aux faibles mains d'une femme. Blanche s'y attendait, paraît-il; car, au moment même où Simon de Joinville parlait d'aller combattre les Albigeois, en juillet et août 1209, elle concluait avec Philippe Auguste un traité par lequel celui-ci s'engageait, entre autres conditions, à recevoir l'hommage de Thibaut IV, lorsqu'il aurait vingt et un ans, et lui accordait jusqu'à cet âge le droit d'opposer une exception dilatoire à quiconque le traduirait en justice à cause du comté de Champagne [3].

---

[1] «In profectu peregrinationis mee ad Albigenses», dit-il dans une donation aux frères de la Crête. (Cat. n° 148.)

[2] Cat. n°s 149 et 154.

[3] D'Arbois de Jubainville, *Histoire des ducs et des comtes de Champagne*, tome V, p. 53, catalogue des actes, n°s 707 et 708.

Blanche ne s'inquiétait pas à tort. Un cousin du roi Jean de Brienne, Érard de Brienne, seigneur de Venisy, voulut exploiter la situation où se trouvait Philippe, fille du comte Henri. Il quitta la France en 1213, gagna Acre où elle résidait alors auprès de son beau-frère, le roi de Jérusalem, et parvint à l'épouser en 1215. Blanche, qui savait dans quel dessein Érard était parti pour la Terre-Sainte, conclut, dès 1213, un nouveau traité avec Philippe Auguste qui admit le jeune comte à l'hommage, bien qu'il n'eût que treize ans. Les autres suzerains du comte de Champagne firent de même ; à son tour, Thibaut IV reçut les hommages de ses plus puissants vassaux et obtint d'eux la promesse qu'ils l'aideraient contre les filles du comte Henri.

En tête de ces vassaux figure Simon de Joinville ; la nécessité où se trouvait la comtesse d'avoir recours à lui tourna au profit de ses prétentions : une transaction intervint sur la question de la sénéchaussée. Au mois d'août 1214, le frère de Geoffroy V fut provisoirement admis à faire hommage pour sa charge à la régente jusqu'à ce que Thibaut eût atteint sa vingt et unième année, époque à laquelle le comte déciderait s'il y aurait lieu d'accorder ou de refuser l'investiture définitive. « Dans ce cas, je resterai, disait Simon, au point où j'en étais avant que Madame m'investît de ladite sénéchaussée, sauf les droits du comte et les miens. Je prétendais en effet avoir un droit héréditaire que Madame la comtesse se refusait à me reconnaître. » Par contre, Simon jura d'aider Thibaut contre les filles du comte Henri et contre toute créature en général, et fit hommage lige de Joinville et des autres fiefs qu'il tenait du comté de Champagne[1]. En échange de la concession qu'elle avait accordée, Blanche tenait sans doute à être assurée de la fidélité de son sénéchal. Simon dut prier son frère Guillaume, évêque de Langres, de déclarer que si le sire de Joinville n'aidait pas Thibaut contre les filles du comte Henri, il frapperait sa terre d'in-

[1] Cat. n° 165.

terdit et sa personne d'excommunication [1]. Cette garantie ne suffisait pas encore à la comtesse; il fallut encore que Simon de Joinville donnât un second pleige : Gautier, seigneur de Vignory, qui le mois suivant se porta caution de la bonne foi du sénéchal et s'engagea, dans le cas où il manquerait à son serment, à venir en aide au comte contre lui [2]. Enfin, l'année suivante, le sire de Joinville approuva pleinement l'acte par lequel son frère, Gui de Sailly, fit hommage de Donjeux à Thibaut IV [3].

Il avait eu quelque tracas à essuyer de la part de ce frère. Après la mort de Geoffroy V, Gui avait reçu en partage la seigneurie de Sailly successivement tenue par Robert et par Simon; mais son ambition allait encore plus loin : il eut querelle avec Simon au sujet de l'héritage de leur frère aîné, et ses prétentions s'étendirent, paraît-il, jusqu'à la sénéchaussée de Champagne. La dispute se termina trois mois après que le sire de Sailly eut fait hommage de Donjeux au comte Thibaut. Par un accord daté de septembre 1215, Simon lui céda, pour lui et ses hoirs, la moitié de toutes ses possessions de Champagne, plus quarante livrées de terre. A ce prix, Gui renonçait, aussi bien pour lui que pour ses descendants, à toute réclamation sur la sénéchaussée de Champagne et sur les terres que Simon avait reçues de son père [4]. Deux ans après, en juin 1217, le sire de Sailly se déclarait l'homme lige de son frère avant tous, sauf le comte de Champagne [5].

Malgré tous ses engagements, Simon livra son château de Joinville à Érard de Brienne, lorsque celui-ci, au commencement de 1216, eut recours à la force pour revendiquer le comté de Champagne [6]. Les hostilités furent interrompues en avril par l'intervention du roi, qui obtint des deux parties une trêve pendant laquelle

---

[1] Cat. n° 166.
[2] 1214, septembre. (Cat. n° 168.)
[3] 1215, juin. (Cat. n° 173.)
[4] Cat. n° 174.
[5] Cat. n° 181.

[6] Aubry de Trois-Fontaines, *Monumenta Germaniæ*, XXIII, 903, l. 20. — Le chroniqueur cherche à excuser la défection de Simon en rappelant la parenté qui l'unissait à Érard de Brienne.

elles comparurent devant lui et ses pairs qui apprécièrent leurs droits respectifs au mois de juillet suivant. Parmi les juges siégeait Guillaume de Joinville en sa qualité d'évêque de Langres. On décida que, tant que le comte Thibaut et sa mère se soumettraient aux décisions de la Cour du roi, la trêve se continuerait; Érard jura de l'observer.

Le pape Honorius, favorable à la comtesse Blanche, envoya vers la même époque, à Simon de Joinville, une lettre dont l'objet paraît avoir été de l'éloigner de la lutte. Par cette lettre, semblable à d'autres que le pontife adressait en même temps à plusieurs évêques et grands seigneurs français, il l'engageait vivement à partir pour exécuter son vœu de croisé, et entraîner, par son exemple, les croisés hésitants[1]. Les exhortations pontificales restèrent sans effet. Érard ayant rompu la trêve, Simon n'abandonna point les rebelles. Il avait même, à ce moment, quitté la Champagne : le 18 avril 1217, on le trouve à Trèves dans l'entourage de l'archevêque, son suzerain pour Montclair[2]. Quelques jours plus tard, le 16 mai 1217, il était auprès d'un puissant allié d'Érard, du duc de Lorraine, Thibaut, lorsque ce duc tua son oncle Macher, évêque déposé de Toul. C'est même de ses mains que Thibaut arracha la lance dont il frappa l'odieux brigand qui avait assassiné son successeur[3].

La guerre fut bientôt interrompue, au mois de septembre, par une suspension d'armes qui devait durer jusqu'au 15 octobre. A l'expiration de cette trêve, le prétendant la prolongea jusqu'au 5 novembre et désigna le sire de Joinville comme l'un des arbitres chargés d'en assurer l'exécution[4]. Le 5 décembre, on conclut encore une nouvelle trêve de vingt-six jours, dans laquelle le sénéchal de Champagne apparaît, non plus comme arbitre, mais comme belligérant à côté d'Érard de Brienne et de Renard de Choi-

[1] 1216, 7 août (Cat. n° 177.)
[2] Cat. n° 180.
[3] *Chronicon Senoniensis abbatiæ in Vo-sago*, dans les *Historiens de France*, XVIII, 686.
[4] Cat. n° 183.

seul [1]. Il faut croire qu'à ce moment les armées en présence étaient voisines de Joinville, car les hommes de l'abbaye de Saint-Urbain vinrent faire le guet sur les remparts du château de Joinville, comme le prouvent les lettres de non-préjudice que Simon dut donner à ce sujet à l'abbé, lettres qui sont datées de décembre 1217 [2].

Le souverain pontife, se décidant à intervenir plus directement dans la lutte, avait frappé d'excommunication les partisans d'Érard, qui ne l'auraient pas abandonné après les monitions canoniques. Trois évêques se refusèrent à faire ces monitions dans leurs diocèses. L'un d'eux était Guillaume, évêque de Langres, frère de Simon de Joinville. Menacé de suspension par les commissaires du pape en 1217 [3], il invita bien les rebelles à faire une trêve avec Blanche; mais, sur leur refus, il ne les frappa ni d'excommunication ni d'interdit malgré l'ordre qu'il en avait reçu, ce qui amena le 27 juin suivant, une lettre irritée d'Honorius, réitérant les menaces de suspension et enjoignant aux commissaires pontificaux d'exiger une complète obéissance [4]. Les trêves, d'ailleurs, se succédaient à de très courts intervalles. Dès le 24 février 1218, Érard et ses partisans, parmi lesquels figurent nommément le duc de Lorraine et Simon de Joinville, accordaient à Blanche un nouvel armistice qui devait durer jusqu'au 22 avril [5].

Au moment où la trêve expirait, Blanche rejoignait l'empereur. Frédéric II assiégeait dans Amance le plus redoutable allié d'Érard, le duc de Lorraine, qui se rendait le 1er juin 1218 et faisait sa paix avec la comtesse. Celle-ci ne perdit pas de temps; débarrassée de ce puissant ennemi, elle revint attaquer l'un de ses alliés, qui n'était autre que le sire de Joinville. Simon, avant la fin de la trêve, avait, paraît-il, fait au duc certaines promesses dont nous ignorons

---

[1] Cat. n° 184.
[2] Cat. n° 185.
[3] D'Arbois de Jubainville, *Histoire des ducs et des comtes de Champagne*, tome V, catalogue des actes, p. 116, n° 1072.
[4] *Ibidem*, n° 1097.
[5] Cat. n° 186.

le détail, mais dont le souvenir a été conservé dans une pièce où le comte de Montbéliard se portait pleige de 100 marcs au cas où, «sur la réquisition dudit duc, ledit Simon de Joinville ne garderait pas la foi qu'il lui avait promise [1] ».

Aubry de Trois-Fontaines parle en termes généraux de l'incendie de Sermaise et des combats livrés à cette époque autour de Joinville [2], combats malheureux sans doute, car le seul épisode dont on retrouve la trace est la prise, par les troupes de la comtesse, du château de Doulevant, qui appartenait à Simon [3]. Enfin, le 7 juin 1218, le sire de Joinville était contraint de faire sa soumission [4].

Dans le traité qui en fut la conséquence, il déclara ne s'être révolté contre la comtesse Blanche et le comte Thibaut IV que parce qu'ils refusaient injustement de reconnaître son droit héréditaire à la sénéchaussée. A entendre le langage qu'il tient dans son préambule, on serait tenté de croire qu'il n'a eu aucun rapport avec Érard de Brienne, et qu'il s'est occupé seul de vider une querelle personnelle.

Quant aux conditions du traité, elles peuvent se résumer ainsi : d'un côté, reconnaissance de l'hérédité de la sénéchaussée; de l'autre, promesse de fidélité accompagnée de sûres garanties, telles que la remise du fief de la Fauche entre les mains de la comtesse, en échange de ceux de Pierre de Bourlémont, de Geoffroy de Cirey et d'Arnoul de Reynel. De la part du sire de Joinville, toute infraction à ses engagements, non réparée au bout de quarante jours, serait punie de la perte de la Fauche et des fiefs remis en échange; au bout de quatre-vingts jours, la maison de Joinville serait déclarée déchue de tout droit à la sénéchaussée.

De plus, Simon promettait de partir pour la Terre-Sainte, mais

---

[1] Cat. n° 188.
[2] Page 907, l. 1.
[3] Cat. n° 193.
[4] L'acte de soumission a été publié plusieurs fois, mais d'après des transcriptions; l'original existe aux Archives nationales (J 1035, n° 11). — Voir cat. n° 189.

tant que durerait la lutte de Thibaut contre les héritiers du comte Henri, il devait, pendant son absence, donner comme otage son fils aîné Geoffroy et mettre le château de Joinville entre les mains de son frère, l'évêque de Langres. L'un et l'autre lui seraient restitués à son retour, mais il lui faudrait alors donner de nouvelles sûretés, soit en confiant Vaucouleurs au comte, soit autrement.

Blanche et Thibaut ratifièrent ce traité le même jour et permirent à Simon de remettre le château de Doulevant dans l'état où il se trouvait lorsqu'ils s'en étaient emparés; ils l'autorisèrent même à le rendre plus fort encore, pourvu qu'il le leur déclarât rendable et jurable [1]. Des actes complémentaires du seigneur de la Fauche et de l'évêque de Langres montrent que les conditions du traité furent aussitôt exécutées [2]; en cas de décès, l'évêque devait être suppléé dans la garde du château de Joinville par Simon de Châteauvilain [3]. Simon ne tarda pas à reprendre son rôle de vassal fidèle, car, Érard de Brienne et Renard de Choiseul ayant conclu une nouvelle suspension d'armes qui devait durer jusqu'au 1er juillet, ce fut lui qui reçut d'eux, au nom de la comtesse Blanche, le serment d'observer la trêve [4].

Ne négligeant aucune des obligations qu'il venait de contracter, le sénéchal de Champagne s'occupa immédiatement de régler ses affaires en vue de son prochain départ pour la Croisade et des périls qui pouvaient l'y attendre. Il prit soin d'assurer à sa femme l'usufruit de tous ses biens, sauf le château de Joinville, qui resterait confié aux hommes mêmes de Joinville, jusqu'au jour où son fils Geoffroy, ayant atteint l'âge de quinze ans, pourrait être mis en possession de son héritage; Ermengard serait alors réduite à son douaire. Douaire et usufruit auraient d'ailleurs été perdus pour elle si elle était venue à se remarier. Les dispositions de Simon sur ce point étaient arrêtées dès le mois de juillet 1218 [5].

---

[1] Cat. nos 190 et 193.
[2] Cat. nos 191 et 194. — Ces actes sont tous datés de juin 1218.
[3] Cat. n° 192.
[4] Cat. n° 196.
[5] Cat. n° 200.

Mais le sire de Joinville se trouvait sous le coup d'une double excommunication : celle dont le pape avait frappé tous les partisans d'Érard de Brienne, et celle qu'il s'était attirée de la part de l'évêque de Châlons, Guillaume, en enlevant, pendant la dernière campagne, du vin, du blé, des fourrages et d'autres objets mobiliers sur les terres du prélat, à Thonnance et à Suzannecourt. L'abandon complet de tout ce qu'il pouvait prétendre sur ces deux seigneuries lui valut la révocation de sa sentence en juillet 1218 [1]. Quant à l'anathème pontifical, il ne fut levé que le 20 décembre [2].

Ce que l'on sait du rôle de Simon à la Croisade se réduit à bien peu de chose. Aux environs de Pâques 1219, il rejoignit le roi Jean de Brienne devant Damiette, en même temps qu'Érard de Chacenay, André d'Époisses et plusieurs autres anciens partisans d'Érard de Brienne [3]. Pendant le siège, il fut témoin du testament d'un chevalier champenois, Jean de Nully [4], mais son séjour en Égypte ne dut pas être prolongé fort au delà de la prise de la ville. On sait que Damiette tomba aux mains des Croisés dès le mois de novembre et que le château résista encore jusqu'en janvier 1220. En septembre suivant, Simon était de retour à Joinville [5].

La rébellion durait encore en Champagne, mais la comtesse Blanche, désormais sûre du sénéchal, ne craignit pas de l'accepter pour arbitre dans un différend qui avait surgi entre elle et Hugues, fils aîné du comte de Rethel [6]. D'ailleurs la révolte se termina en novembre 1221 par la renonciation d'Érard et de sa femme à toutes leurs prétentions.

Quelque étroites que fussent ses obligations féodales envers le comte de Champagne, et bien qu'elles primassent toutes les autres, le sire de Joinville reconnaissait plus d'un suzerain. Dans le mois

---

[1] Cat. nᵒˢ 202, 203, 214 et 215.
[2] Cat. nº 209.
[3] *Estoire d'Éracles*, dans les *Historiens occidentaux des Croisades*, II, 331. — Aubry de Trois-Fontaines, dans les *Monumenta Germaniæ, Scriptores*, XXIII, 908, l. 3.
[4] Cat. nº 213.
[5] Cat. nº 217.
[6] Cat. nº 218.

qui suivit la renonciation d'Érard de Brienne, Simon, qui avait déjà des liens de vassalité avec le comte de Bar, reçut de lui tout ce que ce comte possédait à Boncourt, Robécourt, Biencourt, Germay et Juvigny[1]. Il se trouvait aussi dans des devoirs de dépendance envers le duc de Lorraine[2]; ces devoirs, il y était tenu, disait-il, au nom de son fils Geoffroy, qui les avait sans doute hérités de sa mère avec la seigneurie de Montclair. On pourrait donc conclure des termes dans lesquels il les mentionne qu'il était devenu veuf entre le mois de juillet 1218, date du dernier acte où apparaisse Ermengard, et le mois de décembre 1221. Son veuvage ne se prolongea pas plus de quelques années : en 1224, le sénéchal était remarié à Béatrix, fille d'Étienne, comte de Bourgogne et d'Auxonne, et de Béatrix, comtesse de Chalon[3]. La nouvelle dame de Joinville était la sœur du comte Jean de Chalon que Jean de Joinville appelle son oncle dans ses Mémoires et que Simon appelle son frère dans un accord au sujet du château de Marnay, apporté en dot par Béatrix[4]. Celle-ci se trouvait dans une situation qui, tout étrange qu'elle fût, était cependant assez fréquente au moyen âge. Mariée déjà depuis un certain temps à Aimon de Faucigny, de qui elle avait eu deux filles, elle avait vu son mariage rompu dans des circonstances que nous ignorons, et ce fut du vivant de son premier mari, mort seulement en 1253, qu'elle contracta une seconde union avec Simon de Joinville[5]. Il semble, d'ailleurs, que la singularité de la situation ne fît naître aucune gêne dans les rapports réciproques des familles issues de ces mariages successifs : non seulement le fils de Simon, Jean, traitait de neveux les petits-fils d'Aimon de Faucigny[6], mais trois autres de ses fils, Geoffroy, sire de Vaucouleurs, Simon, sire de Marnay, et Guillaume, qui avait em-

---

[1] Cat. n° 221.

[2] Cat. n° 222. — Cet acte est, comme le précédent, daté de décembre 1221.

[3] Cat. n° 242.

[4] Cat. n° 245.

[5] Le fait a été démontré par les éditeurs du Régeste génevois, p. 218.

[6] Béatrix de Savoie, dauphine de Viennois, et Henri de Villars, archevêque de Lyon. (Joinville, § 663 et 762.)

brassé l'état ecclésiastique, durent leur fortune aux relations que le mariage d'une de leurs sœurs utérines, Agnès, leur donnait avec la maison de Savoie.

Serait-ce par les dépenses nécessitées par le second mariage de Simon qu'on pourrait expliquer les embarras d'argent où se trouvait le sire de Joinville, en 1222? En septembre, il engageait aux moines de Clairvaux, pour 400 livres, ses revenus de Charmes et de Colombey[1]; quelques semaines auparavant, il empruntait 500 livres à l'évêque de Châlons sous la caution du comte de Champagne, alors majeur[2].

Les conditions auxquelles le jeune suzerain se portait pleige de pareille somme n'impliquent pas, de sa part, une grande confiance envers Simon. Au cas où, en raison de cette garantie, le comte aurait eu à souffrir quelque dommage, il avait le droit de s'indemniser en saisissant des biens de son vassal jusqu'à concurrence de la somme qu'il aurait perdue. C'est que le brandon de discorde, qui avait jadis causé la rébellion du sire de Joinville, n'était pas encore bien éteint; par le traité du 8 juin 1218, Blanche avait, on le sait, déclaré la sénéchaussée de Champagne héréditaire. Ce traité, Thibaut refusait de le reconnaître et, se reportant à celui d'août 1214[3], qui renvoyait la solution définitive à l'époque de sa majorité, il investit de nouveau Simon de cette fonction, à charge d'hommage lige, le 9 juin 1224, en réservant le jugement de la question d'hérédité au jour où la charge se trouverait vacante par la mort du titulaire actuel[4]. Cette fois, l'attitude du sire de Joinville paraît avoir été celle de la soumission. Son frère Guillaume, archevêque de Reims, qui avait assisté à son investiture, dut même s'engager à restituer à Thibaut certaines lettres par lesquelles le feu comte Eudes de Bourgogne se portait témoin de la convention du 7 juin 1218, et à déclarer, au cas où elles ne se retrouveraient pas, qu'elles ne pourraient

---

[1] Cat. n° 229.
[2] Cat. n° 227.
[3] Cat. n° 165.
[4] Cat. n° 237.

dorénavant être opposées à Thibaut[1]. A Noël suivant, le sénéchal était auprès du comte à Sézanne et signait le règlement promulgué par ce jeune prince sur le partage des fiefs entre mâles.

Cependant, malgré son apparente résignation, on doit croire qu'il n'attendait qu'une occasion pour s'insurger de nouveau contre un suzerain si peu fidèle aux engagements pris en son nom. Il semble même que Thibaut ne se fît pas beaucoup d'illusions sur ce point, car, aussitôt qu'il eut à craindre les attaques d'un adversaire bien autrement redoutable qu'Érard de Brienne, il se hâta de s'assurer, par une opportune concession, la fidélité de son vassal. Deux ans plus tard, en effet, les rapports du comte s'aigrirent avec Louis VIII : on sait comment, en dépit de l'insistance et des menaces du roi, Thibaut quitta brusquement le siège d'Avignon aussitôt qu'expirèrent les quarante jours de son service féodal[2]. Deux ou trois jours après, le 28 juillet 1226, il concéda enfin au sire de Joinville la sénéchaussée à titre héréditaire[3]. Le but de toute la vie de Simon était atteint; les droits de sa famille ne pouvant plus être mis en question, sa fidélité devait désormais résister à toutes les épreuves. Il n'avait, d'ailleurs, depuis sa soumission de 1218, jamais manqué de remplir aucun des devoirs de sa charge et l'on a lieu de croire qu'il avait accompagné le comte dans le Midi. La date même de l'acte de Thibaut vient confirmer cette présomption : on y voit que le sénéchal était auprès du comte, alors que celui-ci ne se trouvait pas à plus de trois journées de marche d'Avignon, et n'avait pas encore pu regagner ses États.

Il est, à plus forte raison, probable que le sire de Joinville suivit son suzerain à Thouars, lorsque celui-ci alla, au commencement de 1227, rejoindre les barons révoltés contre Blanche de Castille. On sait comment Thibaut et le comte de Bar se rapprochèrent de la régente et comment leur défection rendit inévitable une trêve, bientôt suivie de la soumission des principaux confédérés[4] et de la

[1] Cat. n° 238.
[2] D'Arbois de Jubainville, IV, 205.
[3] Cat. n° 249.
[4] D'Arbois de Jubainville, IV, 213.

signature du traité de Vendôme. Dix jours après la conclusion, le 12 mars 1227, Simon était de retour à Joinville[1].

Cependant le traité de Vendôme était à peine signé que déjà les barons recommençaient à s'agiter; mais Thibaut, qu'un sentiment plus tendre que la foi féodale attachait désormais à la régente, resta inébranlable. Pour se venger de lui, ses anciens associés firent mine de soutenir les prétentions d'Alix, reine de Chypre, fille aînée de Henri II, comte de Champagne, et sœur de Philippe, femme d'Érard de Brienne, et les hostilités commencèrent dans les derniers jours de 1229. Dans cette lutte, les deux seuls alliés importants de Thibaut étaient, outre la reine Blanche et le roi, le comte de Flandre et le duc de Lorraine. Ce fut celui-ci qui reçut le premier choc. Le comte de Bar pénétra en Lorraine et y brûla un grand nombre de villages; le duc de Lorraine, avec le comte de Champagne, Simon de Joinville et beaucoup d'autres seigneurs, ravagea les terres du comte de Bar. Le sire de Joinville était tout particulièrement intéressé dans cette guerre, car, outre que des liens féodaux l'unissaient aux principaux combattants, c'était en partie sur ses terres que la guerre avait lieu. Ainsi Montiers-sur-Saulx, qui faisait partie de ses domaines, fut d'abord fortifié par le duc de Lorraine, puis rasé par le comte de Bar[2]. Mais le sénéchal allait bientôt jouer dans la lutte un rôle principal.

Pendant ce temps, en effet, le comte de Flandre, venant en aide au comte de Champagne, envahissait les États des comtes de Boulogne et de Saint-Pol. De leur côté, les alliés, reprenant l'offensive, entraient en Champagne et mettaient Thibaut en fuite à Provins; tandis qu'il courait à Paris demander secours à Louis IX, ils passaient quinze jours à Rameru et arrivaient devant Troyes vers le mois d'août 1230. C'est alors que Simon de Joinville sauva la capitale, et peut-être la cause de son suzerain, par cette belle marche de nuit que son fils rapporte avec un juste orgueil. Les habitants

---

[1] Cat. n° 251. — [2] Aubry de Trois-Fontaines, p. 626, l. 14.

n'avaient plus là leur comte pour les défendre; à son défaut, ils eurent recours au sénéchal qui, par bonheur, avait réuni tous ses hommes d'armes dans son château. Malgré les vingt lieues qui le séparaient de Troyes, il se mit en route au crépuscule, dès qu'il eut reçu la nouvelle du danger, et, à l'aube, les bourgeois le voyaient paraître à leurs portes. « Par ce faillirent les barons à lour esme que ils avoient de penre la dite citée [1]. »

Peu après, le roi arriva avec le duc de Lorraine; les barons reculèrent devant lui et, le 25 septembre, on arrêtait les préliminaires de la paix [2]. La veille déjà, Simon, qui du chef de sa femme, Béatrix d'Auxonne, se trouvait être vassal du duc de Bourgogne, l'un des plus puissants ennemis de Thibaut, lui fit hommage du château de Marnay et déclara qu'excepté contre le comte de Champagne, il devait lui venir en aide contre tous, depuis Langres jusque vers la Bourgogne, et, en particulier, contre Jean, comte de Chalon-sur-Saône, son beau-frère [3].

Les quatre dernières années de Simon paraissent s'être écoulées dans le calme. Il n'avait d'ailleurs plus rien à ambitionner depuis que, profitant des embarras de son suzerain, il avait consommé la grandeur de sa maison en se faisant concéder la sénéchaussée de Champagne à titre héréditaire. Il avait, de plus, assuré de belles alliances à ses fils. Vers le moment, en effet, où le sénéchal de Champagne marchait au secours de Troyes, son fils aîné Geoffroy contractait mariage avec Marie de Garlande, veuve du comte Henri V de Grandpré, cet allié de Thibaut qui vivait encore au commencement de l'année [4]. Le 11 août 1230, le comte de Champagne cautionnait la constitution de douaire faite par Simon, et par son fils, à Marie et recevait l'hommage fait par celle-ci pour son douaire [5]. Geoffroy fit également hommage de la part qui devait lui revenir dans la succession de son père, ainsi que de la survi-

---

[1] Joinville, § 84.
[2] D'Arbois de Jubainville, IV, 1re partie, 249-253.
[3] Cat. nos 269 et 270.
[4] Cf. cat. n° 265.
[5] Cat. n° 267.

vance de la sénéchaussée, du bail du comté de Grandpré et du douaire de la comtesse; enfin il se déclara son homme lige, sauf l'hommage dû au roi de France pour l'héritage de sa femme[1].

À la même époque, Simon faisait constater par lettres patentes de Thibaut les conventions d'un second mariage entre l'aîné de ses fils du deuxième lit, Jean, encore tout enfant, et Alix, fille de la même comtesse Marie de Grandpré, mariage qui restait subordonné à l'approbation du frère d'Alix, Henri VI, comte de Grandpré[2]. Vu l'âge des fiancés, cette union ne pouvait être consommée que longtemps après. Rien n'en vint cependant entraver l'accomplissement, tandis que celle de Geoffroy se trouvait déjà dissoute, lorsqu'au mois de juin de l'année suivante, Thibaut faisait connaître solennellement les conditions du mariage projeté entre Jean et Alix[3]. Celle-ci recevait deux cents livrées de terre à condition de ne plus rien prétendre aux héritages paternel ou maternel; en cas de rupture, la fiancée devait être rendue à sa mère ou à son frère; enfin Jean devait constituer à sa femme un douaire, suivant la coutume de Champagne. De plus, Simon s'obligeait à faire en sorte que Geoffroy ratifiât la sentence définitive de divorce rendue entre lui et Marie. En dernier lieu, le sire de Joinville se déclarait responsable des dettes de Geoffroy, si par hasard la comtesse ou son fils recevaient à ce sujet quelque réclamation[4].

[1] Cat. n° 268.
[2] Cat. n° 266.
[3] Marie de Garlande épousa bientôt après Anséric IV, sire de Montréal, avec qui elle vivait en 1236. (P. Anselme, I, 318 C, et VI, 33.)
[4] Cat. n° 273. — M. d'Arbois de Jubainville reporte cet acte à juin 1232 (n° 2195 de son catalogue d'actes) et semble s'étonner que M. Didot l'ait publié avec la date de 1231. Telle est pourtant la date donnée dans l'unique source à laquelle renvoie M. d'Arbois de Jubainville. Il en est de même de l'acte du 11 août 1230 (Cat. n° 258) auquel le même historien attribue la date de 1231 (*Hist. des comtes de Champagne*, catalogue des actes, n° 2138). La source à laquelle il renvoie, et qui est une copie du *Liber principum* aujourd'hui détruit, donne 1230; et ce n'est pas là une erreur de copiste, car on trouve la même date dans Du Cange (p. 13) et dans dom Villevieille (*Trésor généalogique*, tome XLIX, fol. 90 v°) qui citaient le *Liber principum* original.

LES ANCÊTRES DE JEAN DE JOINVILLE. 63

Tel fut le dernier acte de quelque importance de la vie de Simon. Il couronnait ainsi une existence qui, si elle n'avait pas toujours été irréprochable, n'avait du moins jamais cessé d'être active; car en dehors de sa carrière politique et militaire, un seigneur de son rang trouvait facilement, dans le gouvernement de ses domaines, une occupation de tous les instants. Mais de ce gouvernement nous ne savons rien ou presque rien, si ce n'est la fondation de deux villes neuves : Mathons, en 1208[1], et Burey-la-Côte, en 1229[2], auxquelles il donna la loi de Beaumont. En revanche, de nombreux actes nous ont conservé le souvenir de ses transactions avec les établissements religieux.

Parmi ces établissements, le premier qui doive attirer notre attention est assurément celui qui se trouvait enclos dans les murs du château de Joinville : la collégiale de Saint-Laurent. Les seigneurs s'étaient engagés à considérer cette église comme leur chapelle et à ne pas avoir d'oratoire dans leur logis. Les chanoines tenaient si fort à ce privilège que l'un d'entre eux ayant été dire la messe chez Simon à une époque où il s'était cassé la jambe, celui-ci dut leur donner des lettres de non-préjudice[3]. Un différend de peu d'importance terminé par l'arbitrage de Guillaume de Joinville, archevêque de Reims, ne paraît pas avoir troublé les bons rapports que venaient entretenir les fréquentes libéralités du sénéchal de Champagne[4].

Les relations de Simon avec ses voisins, les moines de Saint-Urbain, furent loin de présenter un caractère aussi pacifique. Il semble d'ailleurs qu'en vertu d'une sorte de tradition de famille, les sires de Joinville dussent toujours être dans de mauvais termes avec les abbayes dont ils avaient la garde. Avec le temps, les choses en vinrent à ce point que, sous Jean de Joinville, le roi lui-même fut obligé d'intervenir; mais, bien que semblable intervention ne se soit pas produite du vivant de Simon, son attitude

---

[1] Cat. n° 142.
[2] Cat. n° 263.
[3] Cat. n° 276.
[4] Cat. n°° 127, 130, 217 et 252.

vis-à-vis de Saint-Urbain ne fut guère moins hargneuse que celle de son fils. En succédant à Geoffroy V, le nouveau sénéchal fit, il est vrai, un don de 20 sous de rente pour fonder l'anniversaire de son frère, au prieuré de Saint-Jacques [1]; toutefois cette libéralité, qui ne s'adressait même pas à l'abbaye mère, mais à sa dépendance, ne provenait pas d'une préférence particulière : d'autres établissements religieux, Saint-Laurent par exemple, avaient, pour le même objet, reçu une égale aumône, et le souvenir de cette unique largesse dut être vite effacé. Contestations à tout propos [2], prétentions injustes [3], exactions abusivement levées sur les terres abbatiales [4], violences commises par les officiers seigneuriaux [5], tels sont — sans parler de ceux dont le souvenir n'a pas été conservé par des actes de réparation ou d'indemnité — les procédés qui, répétés pendant vingt-cinq ans, aboutirent à une sentence d'excommunication et d'interdit fulminée par l'évêque de Toul, le 4 mars 1229 [6].

Il paraît que, suivant l'exemple du fondateur de sa maison, Simon avait également outrepassé les droits d'avouerie qu'il tenait de l'abbaye de Montiérender sur le pays de la Blaise. Ayant construit sur cette rivière un moulin qui portait préjudice à celui des religieux, il se vit déférer à des arbitres nommés par le pape. Il fut reconnu que la rive de la Blaise appartenait à l'abbaye, depuis Doulevant-le-Grand jusqu'au moulin de la Saulx, sauf pourtant les droits d'avouerie du sire de Joinville. En conséquence, Simon dut livrer aux moines, en 1214, le moulin qu'il avait construit et fit avec eux un accord concernant une garenne qu'il s'était réservée pour ses chasses [7]. Depuis ce jour, d'ailleurs, il n'eut plus avec Montiérender d'autres rapports que des rapports pacifiques, soit pour confirmer des transactions passées entre ses hommes et l'abbaye, soit pour lui donner des marques de sa munificence [8].

[1] Cat. n° 128.
[2] Cat. n°° 208 et 236.
[3] Cat. n° 126.
[4] Cat. n° 164.
[5] Cat. n° 162.
[6] Cat. n° 262.
[7] Cat. n° 170.
[8] Cat. n°° 210, 247 et 248.

La sentence des commissaires pontificaux rappelant les droits de Montiérender sur le pays de la Blaise venait peut-être trop tard pour avoir beaucoup d'effet. En fait, cette région était si complètement tombée sous la domination des sires de Joinville que ce fut presque toujours là que Simon prit la matière de ses largesses aux abbayes de Clairvaux [1] et d'Écurey [2].

Il est à remarquer que la plupart des aumônes faites à cette époque consistent en concessions de terres ou de revenus en nature; la cause en est sans doute à la rareté de l'argent. Faut-il attribuer le même motif au retard apporté par Simon à l'exécution d'une des dernières volontés de son frère? On le croirait; car, tandis qu'il concédait sans difficulté aux moines de Boulancourt ce qu'ils avaient indûment acquis du vivant de son prédécesseur [3], il tarda jusqu'au moment de partir pour la croisade contre les Albigeois en 1209, avant de se décider à payer aux frères de la Crête le montant d'un legs de 120 livres jadis fait par Geoffroy V [4]. Geoffroy avait aussi donné aux mêmes religieux une charbonnière, pour laquelle Simon leur accorda un droit d'usage dans la forêt de Mathons [5], plus tard échangé contre des terres en 1228 [6].

Pour clore l'énumération des actes concernant les rapports du sénéchal avec les établissements religieux, il ne reste plus à citer qu'un accord avec les templiers de Ruetz, autorisant les achats réciproques entre ses hommes de Chevillon et ceux des templiers [7]; l'abandon à Molesme, en 1224, d'une grange et d'une bouverie à Vaucouleurs, pour la construction, sur ce terrain, d'une chapelle de Saint-Laurent [8]; enfin la fondation du propre anniversaire de Simon à Saint-Étienne de Châlons en 1210 [9].

C'était prévoir les choses de loin. Le sire de Joinville vécut en-

---

[1] Cat. nos 131, 152, 178, 204, 205 et 255.
[2] Cat. nos 133, 149, 150 et 277.
[3] Cat. n° 156.
[4] Cat. n° 151.
[5] Cat. n° 207.
[6] Cat. n° 260.
[7] Cat. n° 154.
[8] Cat. n° 242.
[9] Cat. n° 157.

suite vingt-trois années. Quelques jours avant sa mort, il eut encore une preuve de la solidité de la conquête à laquelle il avait consacré sa vie. Au mois de mars 1233, Thibaut IV, ayant adopté un nouveau type de sceau, renouvela celui de la charte du 28 juillet 1226 par laquelle il déclarait la sénéchaussée de Champagne héréditaire[1]. Deux mois après, Simon avait cessé de vivre; mais sa veuve, tutrice de leur fils mineur, prenait le titre de *senescalissa Campanie*[2], donnant ainsi la marque la plus éclatante de l'impersonnalité de cette grande charge[3].

De son mariage avec Ermengard de Montclair, Simon avait eu trois enfants :

1° Geoffroy, qui paraît pour la première fois en 1216[4], hérita de sa mère la seigneurie de Montclair[5]. Il épousa, en août 1230, Marie de Grandpré[6], dont il était déjà séparé en juin 1232[7], mourut avant son père et fut enterré dans l'abbaye d'Écurey[8]. Comme il ne laissait pas d'enfants, la seigneurie de Montclair paraît avoir fait retour à son père[9];

2° Isabelle ou Élisabeth, nommée en 1216 dans le même acte que son frère[10], avait épousé Simon de Clefmont avant la mort de son père[11]. Déjà veuve en 1242[12], elle se qualifiait, en 1249[13] et en 1268[14], dame d'Is-en-Bassigny;

[1] Cat. n° 280.

[2] Cat. n° 283.

[3] M. Simonnet (p. 105 et n. 1) avait déjà indiqué l'année de la mort de Simon, que Du Cange faisait mourir en 1235. Mais la charte de Béatrix, sur laquelle M. Simonnet fondait son raisonnement, est certainement fausse. Elle provient de ce fonds de l'abbaye d'Évaux, dans lequel M. Paul Meyer a déjà signalé un grand nombre de falsifications. (*Bibliothèque de l'École des chartes*, XXIII, 125.) Un coup d'œil jeté sur le texte publié par M. Simonnet (p. 194-195) suffit à reconnaître que le faussaire qui l'a rédigée était absolument étranger aux règles grammaticales du xiii° siècle, notamment à celle de la déclinaison, et qu'il emploie l'article *li* indifféremment à tous les cas.

[4] Cat. n° 178.

[5] Cat. n° 253.

[6] Cat. n°˚ 265 et 268.

[7] Cat. n° 273.

[8] Cat. n° 305.

[9] Cat. n° 281.

[10] Cat. n° 178.

[11] Cat. n° 290.

[12] Cat. n° 305.

[13] Cat. n° 332.

[14] Cat. n° 462.

3° Béatrix, nommée après son frère et sa sœur dans l'acte de 1216, épousa Guermond, vidame de Châlons[1]. Elle devait être morte en mai 1249, époque où son fils Hugues, vidame de Châlons, eut des contestations avec sa tante et ses cousins, au sujet de la moitié de la seigneurie de Montclair qui lui revenait[2].

De la seconde union que le sire de Joinville avait contractée avec Béatrix d'Auxonne, étaient issus quatre fils et deux filles :

1° Jean, qui succéda à son père dans la seigneurie de Joinville;

2° Geoffroy, tige de la branche de Vaucouleurs, qui se maria et vécut en Angleterre;

3° Simon, sire de Marnay, puis de Gex par son mariage, tige de la branche de ce nom;

4° Guillaume, archidiacre de Salins en 1258[3], suivit en Angleterre son frère de Vaucouleurs[4]; il avait, en 1259-1260, la cure d'Arthimurchir, en Irlande[5], et le doyenné de Besançon en 1261 et 1268[6];

5° Marie, dite Simonette, était, en 1246 et 1247, femme de Jean, seigneur de Thil-Châtel[7], avec qui elle vivait encore en juin 1256[8];

6° Héluis était mariée en février 1255 à Jean, sire de Faucogney, vicomte de Vesoul[9], portait, en 1301, le titre de dame de Montigny[10], fit son testament en 1312[11], mourut quelques mois après et fut inhumée dans la chapelle du monastère de Montigny qu'elle avait fondé[12].

[1] Du Cange, p. 13.
[2] Cat. n° 332.
[3] Cat. n° 375.
[4] Cat. n° 389.
[5] Cat. n° 390.
[6] Cat. n°⁵ 395 et 464.
[7] Cat. n°⁵ 317 et 320.
[8] Simonnet, p. 135.
[9] Cat. n° 358.
[10] Cat. n° 667.
[11] Cat. n° 737.
[12] Voir *Héluyse de Joinville, sœur de l'historien Jean de Joinville (1264-1312)*, par Jules Finot, dans la *Bibliothèque de l'École des chartes*, année 1876, XXVII, 528.

II

JEAN DE JOINVILLE.

JEAN DE JOINVILLE ET SAINT LOUIS.

Les Mémoires de Jean de Joinville sont si universellement connus qu'on a peine à s'imaginer sa vie en dehors de la période embrassée par ses écrits, et que le nom de l'auteur est, pour nous, inséparable de celui de saint Louis. Il y a plus : Joinville ayant fait, dans son livre, la part la plus large à ce qui fut l'événement capital de son existence : sa participation à la Croisade, et le reste étant consacré bien moins au récit de sa propre vie qu'au panégyrique du saint roi, nos souvenirs, comme les siens, se concentrent presque uniquement sur les six années qu'il vécut en Orient. La majeure partie de sa carrière est rejetée dans l'ombre. On oublie qu'il n'avait guère plus de trente ans lorsqu'il revint en France; on ne se souvient pas davantage qu'il survécut près d'un demi-siècle au roi dont il avait été l'ami, et que, loin d'avoir été terminé en 1270, son rôle politique fut peut-être, sous les règnes suivants, plus considérable qu'il ne l'avait été jusque-là. Cependant, au point de vue psychologique tout au moins, cette disproportion dans nos souvenirs est moins regrettable qu'on pourrait le croire au premier abord; la fermeté des principes dont Joinville s'était imbu en vivant dans l'intimité de saint Louis en Égypte et en Palestine ayant fixé pour toujours les traits dominants de son caractère, ce qu'il était à son retour de Terre-Sainte, il le fut jusqu'à sa mort. Par suite, l'idée que l'on se fait de lui est assez voisine de la vérité.

Quelque nombreux que soient les documents d'archives concernant l'ami de saint Louis, les indications que l'on en peut tirer sont loin, cela va sans dire, de se présenter sous une forme aussi attrayante que celles qu'il a lui-même données dans ses écrits ; elles permettent, du moins, de compléter la reconstitution de sa personnalité en fixant les points de repère de sa longue existence.

C'est dans l'étude des documents d'archives qu'on doit chercher la solution d'une question jusqu'ici restée indécise : quelle est la date de la naissance de Joinville?

Bimard de la Bastie proposait 1228 ou 1229 [1]; d'autres acceptaient les données d'une épitaphe trouvée en 1627 sur le tombeau du sire de Joinville, épitaphe qui ne peut pas être antérieure au XVI⁰ siècle, et d'après laquelle la naissance de Jean se placerait en 1224 et sa mort en 1319 [2]. Or, de ces deux dates, la seconde est certainement fausse, et l'on n'a guère plus de raisons d'accepter la première. Lévesque de la Ravalière, tout en rejetant l'autorité de l'épitaphe, rapportait la naissance de Joinville à une date très peu différente, c'est-à-dire à la fin de 1223 ou au commencement de 1224 [3]. Enfin M. Simonnet, par un raisonnement plus ingénieux que juste, avait cru pouvoir désigner le 25 décembre 1223 [4]. Parmi tous ces auteurs, La Ravalière avait eu tout au moins le mérite d'indiquer le moyen le plus sûr d'arriver à une date précise : c'était de rechercher à quelle époque Joinville avait atteint l'âge de la majorité féodale.

---

[1] *Mémoires de l'Académie des inscriptions et belles-lettres*, XV, 692.

[2] *Art de vérifier les dates*, II, 601.

[3] *Mémoires de l'Académie des inscriptions et belles-lettres*, XX, 313.

[4] «Dans une charte en date du 1ᵉʳ mai 1239, dit M. Simonnet, Jean s'engage à laisser à sa mère pendant quatre années à dater de Noël prochain la jouissance des fiefs qu'il tient du comte de Champagne. Il faut en conclure que Jean devait atteindre sa vingt et unième année à l'expiration de ce terme de quatre ans qui devait échoir le 25 décembre 1244 (sic), et par suite qu'il est né le 25 décembre 1223.» (*Essai sur l'histoire... des sires de Joinville*, p. 142.) — En admettant que le raisonnement fût juste, il y aurait toujours une erreur de chiffres : quatre années commençant à Noël 1239 expirent à Noël 1243 et non à Noël 1244; par suite, Jean serait né le 25 décembre 1222 et non le 25 décembre 1223.

Cependant quel était cet âge? La réponse se trouve sans peine dans la *Très ancienne coutume* de Champagne : «Se il y a hoir masle, si tost comme il est ou quinziesme an, il doit reprenre du seigneur [1].» Mais ce texte si clair en apparence prêtait, paraît-il, à l'interprétation, car sur les quatre coutumes dérivées de l'ancienne coutume champenoise, l'une, celle de Vitry, fixe la fin du bail à quinze ans révolus [2]; les autres, celles de Troyes [3], de Meaux [4] et de Chaumont [5], à l'entrée dans la quinzième année, c'est-à-dire à quatorze ans révolus. La dernière, qui était d'ailleurs celle que l'on suivait à Joinville, ne laisse aucune place à l'équivoque. «L'enfant masle noble, y est-il dit, est réputé aagé pour estre hors de garde et bail à quatorze ans.» Jusqu'à cet âge, le bail devait appartenir à la mère [6].

A peine Simon de Joinville est-il mort que l'on voit sa veuve se qualifier, dès le mois de mai 1233, non seulement dame de Joinville, mais encore sénéchale de Champagne, *senescalissa Campanie*. Ces titres, Béatrix ne cessa pas de les porter jusqu'au mois de juin 1238 [7]; et pendant toute cette période, son fils n'apparaît jamais dans les actes. Lorsqu'enfin elle le nomme pour la première fois, le 1ᵉʳ mai 1239, elle le désigne par les titres de sire de Joinville et de sénéchal de Champagne, tandis qu'elle-même ne figure que sous la dénomination de dame de Vaucouleurs [8]. Il est donc évident que Jean avait atteint l'âge de quatorze ans entre le mois de juin 1238 et le 1ᵉʳ mai 1239, et, par suite, qu'il était né après juin 1224 et avant le 1ᵉʳ mai 1225.

Il est sans doute possible d'arriver à une détermination encore plus précise. Deux actes du 1ᵉʳ mai 1239 sont de telle nature que

---

[1] *Li droict et li coustumes de Champagne et de Brie*, article 5.
[2] Article 65.
[3] Article 18.
[4] Articles 152 et 145.
[5] Article 12.
[6] *Abrégé champenois*, article C dans Viollet, *Établissements de saint Louis*, édition de la *Société de l'Histoire de France*, III, 165.
[7] Cat. nᵒˢ 282 à 294.
[8] Cat. nᵒ 296.

l'on n'en pouvait sans inconvénients retarder la publication beaucoup au delà du jour où le jeune sire de Joinville était parvenu à la majorité, jour qui doit par conséquent être, sinon le 1er mai lui-même, au moins un jour très voisin. L'un de ces actes, en effet, était une promesse par laquelle Jean s'engageait, envers Thibaut de Champagne, à ne pas épouser sans son consentement la fille du comte de Bar [1]. Quoiqu'il eût été admis à faire hommage de son fief, le fils de Simon n'était pas cependant complètement affranchi de la tutelle de sa mère, car celle-ci, qui pourtant quittait, ce jour-là même, le titre de dame de Joinville pour prendre celui de dame de Vaucouleurs, se croyait encore obligée de confirmer l'acte de son fils par une notification officielle [2]. D'ailleurs la majorité de quatorze ou de quinze ans n'impliquait pas, d'une manière absolue, l'affranchissement de toute tutelle; celui-ci ne paraît avoir été que facultatif et même subordonné à la volonté du pupille. On le voit par les termes d'un document émané de la première femme de Simon de Joinville, Ermengard de Montclair. Lorsque Simon était parti pour Damiette, il avait, en prévision de sa mort, assuré à sa femme la jouissance de tous ses biens jusqu'au jour où leur fils aîné, Geoffroy, aurait atteint sa quinzième année. En déclarant ce fait, Ermengard ajoutait : « Et il est à savoir que, lorsque Geoffroy, mon fils aîné, sera dans l'âge de quinze ans, s'il veut, par hasard, se séparer de moi (*si forte velid a me recedere*), je lui abandonnerai tout ce qui lui appartient par droit héréditaire, et je reviendrai à mon propre douaire [3]. » Un enfant de cet âge était, en effet, si peu en état d'administrer ses domaines que, par le second des actes du 1er mai 1239, Jean déclarait confier à sa mère, pour quatre ans encore, à partir de la prochaine fête de Noël, le gouvernement des fiefs qu'il tenait du comte de Champagne, et priait Thibaut de se porter garant de ses engagements [4]. Depuis ce moment, Béatrix se qualifia de nouveau

---

[1] Cat. n° 295.
[2] Cat. n° 296.
[3] Cat. n° 200.
[4] Cat. n° 297.

dame de Joinville, sans reprendre toutefois le titre de sénéchale de Champagne [1].

Quant à son fils, tout en étant sorti de l'enfance, il ne jouissait pas encore de la plénitude des droits d'un adulte, qui ne s'acquérait, sans doute, que lorsqu'on avait atteint l'âge du service militaire. Joinville ne déclare-t-il pas lui-même qu'en 1243, à une époque où il remplissait déjà auprès de son suzerain les fonctions de sa charge, il n'avait pas encore « vêtu le haubert [2] »? Enfin, dans tous les actes publiés entre 1239 et 1245, on voit qu'il n'avait pas encore de sceau et qu'il était obligé d'emprunter celui de sa mère ou même celui de son oncle, Gui de Sailly [3]. Or cet état de choses cessa entre le mois de décembre 1244 [4] et le mois de juin 1245 [5]. Sa mère lui remit alors son fief et n'apparut plus que sous le nom de dame de Marnay. Était-ce simplement que la période de quatre années, pendant laquelle Joinville avait abandonné à Béatrix le gouvernement de ses domaines, était expirée dans cet intervalle? Assurément non; car cette période, commençant au 25 décembre 1239, aurait dû être terminée le 25 décembre 1243, c'est-à-dire depuis un an. Il est plus naturel de croire que Jean était arrivé à l'âge de la pleine majorité et du service militaire, âge que *Li livres de justice et de plet* fixe à vingt ans révolus [6]. En combinant ces indications avec celles qui avaient permis de déterminer l'époque de la première majorité de Joinville, on est amené à placer la date de sa naissance dans les cent vingt et un premiers jours de 1225, peut-être même au 1er mai.

Joinville n'avait pas attendu l'âge de sa pleine majorité pour se marier. A un certain moment, il avait été question pour lui d'une alliance avec la fille du comte de Bar, alliance qu'il s'était engagé en 1239, par son premier acte public, à ne pas contracter; néan-

---

[1] Cat. nos 299 et 331.
[2] Joinville, éd. de Wailly, Paris, Didot, 1874, § 93 et 103.
[3] Cat. nos 299 à 307.
[4] Cat. n° 307.
[5] Cat. n° 308.
[6] *Li livres de jostice et de plet*, éd. Rapetti, p. 238.

moins, un an plus tard, le traité conclu par Simon, en 1230, avait reçu son exécution, et Jean était devenu l'époux d'Alix de Grandpré[1]. Presque en même temps commençait pour lui la vie publique. Dès 1241, il eut à tenir son rang dans l'une des plus brillantes assemblées du règne de Louis IX, en accompagnant son suzerain aux fêtes données à Saumur, lorsque Alfonse de Poitiers fut armé chevalier. A plus de soixante ans de distance, il se rappelait encore avec une singulière netteté le grand festin qui eut lieu dans les halles de la ville, l'affluence des chevaliers, l'incroyable profusion de vêtements de drap d'or, la place où siégeait le roi Thibaut de Navarre devant lequel le jeune sénéchal avait l'honneur de trancher, l'éclat de ses joyaux. Au milieu de ce faste auquel saint Louis avait contribué pour près d'un million, l'indifférence du roi pour tout ce qui touchait à sa personne se montrait, dès cette époque, dans la simplicité de ses habits. Joinville, qui n'avait guère dû rencontrer jusque-là le souverain dont il allait devenir l'ami, décrit, avec une minutie presque attendrie, sa cotte de samit bleu, son surcot et son manteau de samit vermeil doublé d'hermine, et jusqu'au modeste « chapel de coton qui moult mal lui séoit[2] ».

Le précoce observateur suivit ensuite saint Louis à Poitiers. Là il remarqua les allées et les venues du comte de la Marche, Hugues de Lusignan; mais son âge ne lui permettait pas encore d'être initié aux grandes affaires, et il ne paraît pas s'en être expliqué clairement les motifs. Il s'agissait d'amener le comte à céder à Alfonse l'Aunis, qu'il tenait en vertu d'une donation irrégulièrement accordée par la reine Blanche. L'affaire réussit; mais, excité par sa femme, l'ancienne reine d'Angleterre, qui n'avait pas pris son parti de se voir confondue parmi les autres dames à la cour du roi de France, il prit la tête d'une ligue de barons poitevins, appela Henri III, son beau-fils, à venir reconquérir les fiefs dont Philippe

---

[1] Du Cange, p. 17. — [2] Joinville, § 93-97.

Auguste s'était jadis emparé, et, vers Noël, rompit avec Alfonse d'une manière insultante [1]. Saint Louis l'ayant inutilement sommé de rentrer dans le devoir, la guerre éclata au printemps suivant.

On sait combien fut brillante cette campagne de 1242, où le roi paya vaillamment de sa personne au pont de Taillebourg. Les Champenois avaient suivi l'oriflamme sous la conduite de leur comte [2]. Bien que Joinville ne fût pas encore en âge de prendre part aux combats, ses fonctions auprès de Thibaut lui permirent du moins d'en voir les résultats. C'est ainsi qu'il était à Poitiers lorsque Hugues de Lusignan, vaincu, dut venir implorer à genoux la clémence du roi qu'il avait bravé [3].

Cependant Jean put bientôt après ceindre lui-même l'épée. En 1245, il atteignit l'âge de la chevalerie; mais les circonstances ne lui donnèrent pas, tout d'abord, l'occasion de manifester sa valeur dans de grands combats. Ses Mémoires rappellent seulement, pour cette époque, un épisode d'une guerre privée à laquelle le comte de Chalon prenait part. Sous la conduite de son oncle, Josserand de Brancion, il aida, ainsi que son frère de Vaucouleurs, à expulser des Allemands qui avaient envahi une église, sur les confins de la Franche-Comté [4]. L'église une fois dégagée, le brave Josserand avait prié le ciel de lui épargner ces guerres entre Chrétiens, en lui permettant de mourir pour le service de la foi; le temps allait arriver où lui-même et le jeune chevalier qui venait de donner auprès de lui des preuves de son ardeur seraient appelés à combattre les Infidèles. Saint Louis se préparait à accomplir le vœu de croisé qu'il avait fait en 1244, et Joinville était trop profondément chrétien pour ne pas suivre l'exemple de son père, de son oncle et de ses aïeux,

---

[1] Boutaric, *Saint Louis et Alfonse de Poitiers*, p. 43-53.

[2] La présence de Thibaut, que l'on ne considère pas jusqu'ici comme tout à fait certaine, me paraît résulter de la présence de son sénéchal dans l'entourage de saint Louis. Comment expliquer, en effet, que Joinville, «qui n'avait pas encore vêtu le haubert», se trouvât à Poitiers à ce moment, à moins d'y avoir été appelé par le service de cour qu'il remplissait auprès de son suzerain?

[3] Joinville, § 103 et 104.

[4] Joinville, § 277-278.

en allant lutter en Orient pour la foi chrétienne. D'ailleurs il entretenait déjà des rapports assez étroits avec le roi pour que celui-ci, malgré l'absence de tout lien féodal entre eux, tînt à le faire venir à Paris avant son départ, en même temps que ses propres barons.

Si c'est encore aujourd'hui une grande affaire que de se préparer à une campagne lointaine, on a peine à s'imaginer ce que pouvait être, il y a six siècles, un départ pour la Croisade, alors que le seul trajet demandait des mois et que les campagnes duraient plusieurs années. Un seigneur du rang de Joinville traînait après lui une suite considérable. De plus, il n'apportait pas à la cause de la Chrétienté le seul concours de son bras; il ne pouvait se dispenser d'engager à sa solde un certain nombre de chevaliers; on juge de ce que devaient être les préparatifs matériels. Outre tout ce qui se rapportait à l'expédition projetée, il y avait encore à donner ordre aux affaires que le maître allait quitter pour si longtemps. Enfin — et c'était là le plus important pour un homme aussi scrupuleux que Joinville qui ne voulait « emporter nuls deniers à tort [1] » — il y avait à se mettre en règle avec tous ceux à qui il avait pu causer quelque dommage. A cet effet, Jean convoqua dans son château ses hommes et ceux qui tenaient des fiefs de lui. Tous se trouvaient réunis la veille de Pâques 1248, lorsque la dame de Joinville mit au monde son second fils, Jean, plus tard sire d'Ancerville. Des fêtes prolongées pendant une semaine furent la conséquence de cet heureux événement. Le frère de Joinville, Geoffroy, sire de Vaucouleurs, et les plus marquants parmi les personnages présents, offrirent des banquets tour à tour; mais au milieu de ces réjouissances Jean n'oubliait point ses devoirs, et, le vendredi, il tint à rappeler à ses hôtes l'objet de leur réunion. «Je ne sais si je reviendrai, leur dit-il, mais si je vous ai fait le moindre tort, dites-le, et je vous en donnerai réparation. » L'es-

---

[1] Joinville, § 112.

timation du dommage était laissée à l'assemblée des vassaux, et, pour ne pas paraître influencer leur délibération, Joinville quitta le conseil et accepta tout ce qu'il leur plut de décider [1].

Pareille délicatesse était d'autant plus méritoire de la part de Joinville que sa fortune n'était pas au niveau de son rang; sa mère vivait toujours, sa femme n'avait encore rien reçu des cinq cents livrées de terre qu'on lui avait assurées en dot, et ses revenus fonciers ne se montaient pas à 1,000 livres de rentes. Pour subvenir au règlement de ses affaires, aux frais de son équipage, à l'engagement de neuf chevaliers qu'il prit à sa solde, il dut aller à Metz engager une grande partie de ses terres [2]. Henri de Grandpré consentit à mettre sa sœur en possession de trois cents livrées, promettant de donner le reste après la mort de leur mère. Il fallut se contenter de cet acompte; le 24 mai 1248, Jean envoya sa femme donner, devant le comte de Bar, quittance du tout à son frère [3].

Le voyage à Metz ne fut pas le seul que le sénéchal dut entreprendre dans les derniers temps de son séjour en France. Saint Louis l'avait convoqué à Paris en même temps que tous les vassaux de la couronne à qui, en prévision des dangers de la Croisade, il faisait jurer de rester fidèles à ses enfants. Joinville, obéissant plutôt à un sentiment d'amitié qu'à un devoir féodal, répondit à cet appel avant le 12 juin, jour où le roi quitta Paris; mais, quant au serment, il ne le voulut point prêter, « car, dit-il, je n'estoie pas ses hom » [4]. Son voyage ne dut pas se prolonger beaucoup; au mois de juillet, il était de retour dans son château, où bien peu de jours lui restaient à passer. Ses derniers actes furent des aumônes aux établissements religieux du voisinage, à Montiérender, par exemple [5], la fondation de son anniversaire à Saint-Laurent [6], au Val d'Osne [7], à Écurey [8], et l'instant du départ arriva.

---

[1] Joinville, § 111.
[2] Joinville, § 112.
[3] Cat. n° 322.
[4] Joinville, § 114.
[5] Cat. n° 328.
[6] Cat. n° 329.
[7] Cat. n° 330.
[8] Cat. n° 331.

Joinville avait consenti à s'associer avec ses cousins Geoffroy d'Apremont, comte de Sarrebrück, et Gobert d'Apremont, pour partager les frais de la traversée. Déjà leurs gens avaient loué un vaisseau à Marseille; leurs bagages avaient été expédiés à Auxonne. Jean n'avait plus qu'à partir pour ce long voyage que les Croisés de son temps envisageaient, quoi qu'on en dise, bien moins comme une aventure guerrière que comme une œuvre de piété : c'était avec les insignes de pèlerin qu'on l'entreprenait, c'était par des aumônes, par des visites aux sanctuaires de son pays, que l'on préludait au grand pèlerinage de Terre-Sainte. Le jour même où il se mit en route, le sénéchal reçut l'écharpe et le bourdon des mains de l'abbé de Cheminon, le plus vénéré des moines de Cîteaux, et, suivi de ses neuf chevaliers, il se rendit immédiatement à Blécourt, à Saint-Urbain et à d'autres lieux de dévotion du voisinage. Durant ces pieuses visites, le château de Joinville était toujours en vue; mais, dit Jean dans des termes si touchants qu'on ne se lasse pas de les citer : «je ne voz onques retourner mes yex vers Joinville, pour ce que li cuers ne me attendrisist dou biau chastel que je lessoie et de mes dous enfants»[1]. A Auxonne, on prit passage sur des barques où les bagages étaient déjà chargés, et, tandis que les chevaux de guerre suivaient menés en main sur la rive, on descendit par la Saône et le Rhône jusqu'à Arles. C'était la route que saint Louis venait de suivre; comme un témoignage de son passage, Joinville aperçut au confluent de l'Isère les murailles d'un château démantelé, la Roche-de-Glun, repaire d'un seigneur oppresseur des pèlerins que le roi venait de réduire à l'impuissance[2]. Mais au lieu d'aller prendre la mer à Aigues-Mortes, le sénéchal et ses compagnons se dirigèrent vers Marseille.

A partir de ce moment, et pour toute la durée de la Croisade, la tâche du biographe de Joinville devient embarrassante; non pas que les renseignements fassent défaut — chacun sait s'ils abondent

---

[1] Joinville, § 122. — [2] Joinville, § 124. — Lenain de Tillemont, III, 199.

dans les Mémoires, et la source, pour être à peu près unique, n'en est pas moins féconde — mais le charme des récits de Joinville est si grand qu'il est difficile de se résoudre à les paraphraser. Quant à citer textuellement, c'est l'ouvrage presque entier qu'il faudrait reproduire; nous devrons donc recourir au premier parti, espérant que l'œuvre du compagnon de saint Louis est assez présente à l'esprit de nos lecteurs pour que le bref résumé que nous en donnerons ici puisse réveiller en eux le souvenir de ces pages attachantes.

Ce n'est pas sans regrets, par exemple, que nous renonçons à citer le passage touchant où Joinville raconte son embarquement. On était au mois d'août; un vaisseau à deux mâts attendait au pied d'une éminence, la Roche de Marseille, qui occupait l'emplacement de la cathédrale actuelle. Bien que le jeune sénéchal eût déjà fait d'assez longs voyages en France, bien que certains indices puissent même donner à croire qu'il avait fait un pèlerinage à Compostelle[1], il ne semble pas qu'il eût déjà vu la mer, ou du moins qu'il eût déjà navigué. On fit entrer d'abord les chevaux par une porte pratiquée dans le flanc du navire et que l'on calfatait ensuite avec soin, car, le chargement une fois achevé, elle se trouvait complètement immergée. L'observation de ce détail, l'idée que les habitants des basses cales n'étaient séparés que par l'épaisseur d'une planche des flots qui s'agitaient autour d'eux, cause à Joinville un certain émoi; mais cet émoi naïvement avoué ne lui inspirait que de pieuses réflexions sur l'audace de ceux qui bravent de semblables périls en état de péché.

Et, d'ailleurs, qui ne se sent profondément ému à ce moment solennel du départ, dont le signal est encore de nos jours un appel

---

[1] « ... le jour de la Saint-Jacques *dont j'étais le pèlerin*, et qui m'avait fait maint bien », dit Joinville en parlant du conseil tenu à Acre pour discuter le retour des frères du roi. (Joinville, § 438.)

Ce fut l'intercession de saint Jacques que le sénéchal invoqua lorsqu'il fut serré de si près par les Sarrasins à la bataille de Mansourah. « Biaus sire sains Jacques, aidiés-moy... » (Joinville, § 225.)

à la protection divine? Mais, en ce temps, on ne se bornait pas au bref : *A Dieu vat!* qui suit aujourd'hui l'ordre de larguer les amarres; les voiles se haussèrent au chant du *Veni creator* et au milieu des bénédictions des prêtres. Le vent favorisa les croisés champenois, et chaque jour, dit Joinville, « nous éloigna des pays où nous étions nés »[1].

Cependant la traversée ne se fit pas sans encombre : d'abord le pauvre sénéchal paraît avoir cruellement souffert de son inexpérience maritime; puis un calme inattendu le retint trois jours en vue d'une île mystérieuse, dans des eaux exposées aux courses des pirates barbaresques. Un prêtre du pays de Joinville, le doyen de Maurupt, proposa d'agir comme il le faisait dans son village. Quelle que fût l'épreuve que traversât sa paroisse : sécheresse, épidémie ou disette, jamais, disait-il, elle n'avait résisté à une procession répétée trois samedis de suite. On était justement un samedi; la procession se fit autour des mâts, et Joinville, tout malade qu'il était, tint à s'y faire porter. L'île fut bientôt perdue de vue, et, le troisième samedi, on était à Chypre [2].

Dès le 18 septembre, le roi avait précédé les Champenois dans cette île, où il avait fait réunir depuis deux ans d'immenses approvisionnements. A l'arrivée par mer, on croyait voir sur le rivage des granges et des collines verdoyantes; c'étaient des pyramides de tonneaux et des monceaux de grains, dont on avait laissé germer la surface, de manière à protéger l'intérieur sous une croûte herbeuse. Malgré son impatience de courir sus aux Infidèles, Louis IX, cédant aux conseils de ses barons, s'était décidé à passer l'hiver en Chypre pour y attendre le rassemblement de tous les Croisés. Joinville pouvait se demander comment, pendant ce temps d'inaction, il pourrait subvenir à son entretien et à celui de ses chevaliers; son vaisseau payé, il ne lui restait plus que 240 livres, mais l'amitié du roi ne lui fit pas défaut. Saint Louis l'envoya chercher, lui

---

[1] Joinville, § 125-127. — [2] Joinville, § 128-129.

donna 800 livres et le prit à ses gages. Cette générosité devait bientôt permettre à Joinville de faire à son tour preuve de libéralité.

La fille de Jean de Brienne, Marie, impératrice de Constantinople, vint supplier le roi de France de secourir son mari, Baudouin. Elle comptait des parents parmi les Champenois ; Joinville et Érard de Brienne[1], qui étaient du nombre, reçurent un jour une lettre par laquelle elle annonçait son arrivée à Paphos et leur demandait de venir l'y chercher. Le sénéchal trouva sa cousine dans le plus complet dénuement : un coup de vent avait rompu les câbles des ancres de son navire et l'avait chassé jusqu'à Acre avec tous ses bagages. La pauvre impératrice, qui n'avait plus que les habits qu'elle portait au moment de l'accident, fut brillamment accueillie à Limisso par le roi, la reine et les barons, mais personne ne pensait à réparer les pertes qu'elle avait subies. Joinville seul lui envoya le lendemain des étoffes et des fourrures pour qu'elle pût se faire faire un vêtement digne d'elle ; il ne résiste pas, d'ailleurs, au plaisir de déclarer dans ses Mémoires que, parmi l'entourage du roi, on reconnut qu'il avait donné aux plus hauts seigneurs, et au souverain lui-même, une leçon de courtoisie.

Marie de Brienne resta en Chypre jusqu'au départ de saint Louis pour l'Égypte. Tout ce qu'elle obtint, ce fut, de la part d'une centaine de ses amis, la promesse écrite d'aller à son secours si, la Croisade une fois terminée, le roi ou le légat voulait envoyer trois cents chevaliers à Constantinople ; il va sans dire que Joinville fut un des premiers à s'inscrire. Plus tard, lorsqu'il s'agit de revenir en France, malgré le désir qu'il devait avoir de retrouver son pays et les siens, il se déclara prêt à tenir sa promesse ; mais l'épuisement du trésor royal ne permettait pas de faire les frais d'une expédition de ce genre, et Joinville revint avec le roi[2].

[1] Érard de Brienne, seigneur de Rameru, était le fils d'Érard de Brienne, seigneur de Venisy, que Simon de Joinville avait un moment soutenu dans sa lutte contre la comtesse Blanche.

[2] Joinville, § 137-140.

Le sénéchal de Champagne dictait ses souvenirs à une époque si éloignée de son séjour en Orient qu'il n'est pas étonnant de rencontrer dans ses Mémoires certaines inexactitudes de dates. Il semble, entre autres, qu'on ne doive guère se fier à celles qu'il donne pour le départ de Chypre et pour l'arrivée en Égypte [1]. Après sept mois de séjour dans l'île, le roi, suivi de tous les Croisés, mit à la voile le 22 mai 1249. Contraint de relâcher à la pointe de Limisso, le jour de la Pentecôte, Louis descendit à terre pour y entendre la messe; mais, pendant ce temps, l'énorme flotte, qui comprenait, dit-on, plus de mille huit cents vaisseaux, fut dispersée de telle sorte par un coup de vent que, sur deux mille huit cents chevaliers, il n'en resta que sept cents auprès du roi. Joinville, qui était à terre avec saint Louis, eut le bonheur d'être de ce nombre. Les autres Croisés furent jetés sur les côtes de Syrie ou plus loin encore. Après quelques jours passés dans l'espoir de les voir revenir, on se décida à partir sans eux pour l'Égypte. Geoffroy et Gobert d'Apremont furent peut-être de ceux que la tempête chassa vers l'Asie; toujours est-il que Joinville ne les eut pas pour compagnons dans sa nouvelle traversée, tandis qu'il paraît avoir fait route avec un autre de ses parents, Érard de Brienne, seigneur de Rameru, propre fils de cet Érard de Brienne dont Simon de Joinville avait été successivement le partisan et l'adversaire.

Le 4 juin, on était en vue de Damiette ou, plus exactement, de la côte qui s'étend à l'ouest de cette ville et qui en est séparée par l'une des embouchures du Nil; mais le débarquement s'annonçait mal. L'armée était singulièrement réduite; de grandes forces ennemies se distinguaient sur la rive défendue par des bas-fonds inaccessibles aux gros navires et que des galères ou de petites embarcations pouvaient seules franchir. Néanmoins, dans un conseil de guerre tenu sur la nef royale, saint Louis fit valoir que si l'on attendait le reste de la flotte sur cette rade sans abri, on courrait

---

[1] Voir, dans l'édition de M. de Wailly, le résumé chronologique, p. 505.

risque de subir une seconde dispersion; le débarquement fut fixé au lendemain. Joinville, qui avait assisté à la délibération, regagna son navire, où une galère de moindre tirant d'eau, que le roi avait commandé au chambrier Jean de Beaumont de lui donner, devait venir le prendre avec ses gens.

Il était venu, l'instant solennel, où l'on allait enfin tirer l'épée pour la foi. On sait combien était grande l'impatience de saint Louis; l'ardeur n'était pas moindre chez les Croisés de tout rang; Jean avait à son bord deux vaillants bacheliers, divisés par une haine si violente qu'ils s'étaient pris aux cheveux en Morée; il suffit de la menace de ne pas les laisser débarquer pour les amener à s'embrasser sur l'heure. Suivant un noble usage qui dura autant que la chevalerie, le sénéchal arma chevalier, en vue des ennemis, un brave écuyer, Hugues de Vaucouleurs.

Cependant la galère promise n'arrivait pas; Joinville et Érard, déjà tout armés, allèrent la réclamer à Jean de Beaumont, qui la leur refusa tout net. L'embarras des deux Champenois était grand; l'empressement des leurs était tel que, sans plus attendre, ils se jetèrent dans la chaloupe de leur vaisseau et la remplirent à couler bas. Dans ces conditions, le trajet jusqu'à la côte eût été impossible; mais le bonheur voulut que Joinville eût été rejoint la veille par une petite nef que sa cousine, la dame de Baruth [1], lui avait donnée et qui portait huit de ses chevaux. On déchargea la chaloupe d'une partie de ceux qui l'avaient occupée, puis, en trois voyages, le sénéchal conduisit tous ses hommes sur la petite nef, et celle-ci fit voile vers la rive.

L'ordre était de se rallier à l'Oriflamme que portait un vaisseau précédant l'embarcation royale. Mais on rivalisait de vitesse; les Champenois dépassèrent la chaloupe du roi et, sans tenir compte des cris de l'équipage qui leur recommandait d'aborder là où se trouverait la bannière de saint Denis, ils prirent terre devant un corps

[1] Eschive de Montbéliard, fille de Gautier de Montbéliard, femme de Balian d'Ibelin.

d'environ six mille cavaliers turcs qui les chargèrent aussitôt. L'attitude résolue des Croisés, qui attendaient de pied ferme en enfonçant dans le sable la pointe de leurs écus et la hampe de leurs lances inclinées, suffit à leur faire tourner bride. Débarqué l'un des premiers, Joinville n'avait alors auprès de lui personne qu'il eût amené de son pays. Rejoint par ses chevaliers [1] et par un prud'homme appelé Baudouin de Reims, il vit ensuite arriver sur sa gauche, en magnifique appareil, son parent Jean d'Ibelin, comte de Jaffa; enfin, sur la droite, à une portée d'arbalète, aborda l'Oriflamme, et bientôt après, le roi.

L'action qui suivit paraît n'avoir été qu'une suite d'escarmouches où les Croisés, obligés de combattre à pied contre la plus impétueuse des cavaleries, infligèrent, malgré l'infériorité de leur situation, des pertes sérieuses aux Sarrasins [2]. Toutefois il serait difficile de se faire une idée de cette journée si l'on n'avait pas d'autres témoignages que celui de Joinville; car, par une singulière contradiction, cet homme, qui donna en tant d'occasions des preuves de l'opiniâtreté de son courage et de la fermeté de son sens, n'avait ni goût ni coup d'œil militaire. Tandis que les chroniqueurs les plus froids, les trouvères les plus dénués d'inspiration, ne sortent de leur apathie ordinaire que lorsqu'ils ont des combats à raconter, Joinville, dans ses récits de batailles, s'en tient à la plus incolore des narrations et tombe dans la plus inextricable des confusions. Lui qui rapporte, en termes si touchants, les moindres traits de piété ou de bonté de son roi, qui dépeint avec tant de sobriété et de charme certaines scènes imposantes, comme le festin de Saumur, ou familières et émouvantes en même temps, comme son entretien avec le roi à la suite du conseil dans lequel fut discutée l'opportunité du retour de saint Louis, il est hors d'état de raconter clairement le plus simple combat. Pour lui, la guerre n'est pas,

---

[1] Cf. la correction du § 157 proposée par M. Gaston Paris (*Romania*, 1874, p. 406) et adoptée par M. de Wailly.

dans la petite édition de Joinville, publiée chez Hachette, en 1881.

[2] Lenain de Tillemont, III, 246.

comme pour la plupart des hommes de son temps et de sa classe, le plus enivrant des plaisirs et le plus passionnant des spectacles; c'est un devoir qu'il ne fuit jamais, au devant duquel il va quelquefois et qu'il accomplit jusqu'au bout avec une ténacité d'autant plus digne d'admiration qu'elle n'est due ni à l'enthousiasme, ni à la seule conscience d'une obligation morale. Cette ténacité, il ne semble pas, d'ailleurs, qu'il ait eu grande occasion de la déployer le jour de l'arrivée en Égypte. Les Musulmans, n'ayant pu empêcher le débarquement et voyant la flotte française forcer l'entrée du Nil, lâchèrent pied, repassèrent le fleuve et abandonnèrent Damiette, sans même prendre la peine de couper le pont derrière eux. Ils n'oublièrent pas, néanmoins, d'incendier le bazar, ce qui fut, dit Joinville, une aussi grande perte que si l'on avait mis le feu au Petit-Pont de Paris.

Ainsi se trouva prise, sans coup férir, cette puissante cité qui, jadis, avait arrêté Jean de Brienne pendant un an et demi; aux yeux du sénéchal de Champagne, qui se souvenait sans doute des longs mois que son père avait alors passés sous les murs de la ville, le fait parut miraculeux [1]. On était, d'ailleurs, si loin de s'attendre à ce rapide succès qu'il semble qu'on n'ait guère su d'abord comment en profiter. La crue du Nil était commencée et on n'avait pas oublié quel danger avait couru Jean de Brienne en se risquant au milieu des campagnes inondées. D'ailleurs on n'avait ni assez d'hommes, ni assez d'argent, pour tenter une marche en avant. Louis IX résolut d'attendre les renforts de troupes et les subsides que son frère Alfonse devait lui amener directement de France, en se maintenant, jusqu'à l'automne, dans les positions si facilement conquises. La reine et les non-combattants s'établirent dans Damiette, tandis que le roi, les chevaliers et tous les hommes d'armes campèrent en dehors de la ville, pour la protéger contre les retours offensifs de l'ennemi.

[1] Joinville, § 165.

Ceux-ci, d'ailleurs, ne se firent pas attendre : vers la fin de juin, les Sarrasins tentèrent une attaque générale du camp chrétien; l'attaque fut repoussée malgré l'imprudence de quelques croisés. On s'imagine avec peine quelles pouvaient être alors les difficultés du commandement. Braver inutilement le danger, se lancer à corps perdu sur l'ennemi dès qu'on le voyait paraître, sans se préoccuper d'attendre ses compagnons, frapper le plus fort possible, telle était l'idée que se faisaient du devoir militaire la plupart des chevaliers, ou plutôt le grossier idéal que poursuivait leur vanité. Cependant saint Louis et quelques-uns de ses conseillers militaires avaient compris quels désastres pouvait amener cette témérité irréfléchie qui, dans le siècle suivant, causa toutes les grandes défaites de la guerre de Cent ans. Ordre avait été donné de ne jamais attaquer sans commandement, mais plusieurs n'en tinrent pas compte. Le roi se montra très sévère pour eux, alors même que, comme Gautier d'Autrèche, leur audace leur avait coûté la vie. « Je ne voudrais pas, dit-il à ceux qui vantaient la vaillance du défunt, en avoir mille pareils, car ils voudraient agir sans mon commandement comme a fait celui-là. »

Joinville avait plus de sagesse; comme il tenait fort à remplir dignement son devoir de croisé, il aurait bien voulu mener ses gens au combat. N'osant pas toutefois se passer de l'autorisation royale, il alla lui-même la demander. Le connétable Humbert de Beaujeu et le maître des arbalétriers, avec la plupart des sergents d'armes du roi, suffisaient alors à tenir tête à l'ennemi. Louis, armé à tout événement, n'avait pas quitté son pavillon où il se tenait tranquillement assis au milieu des prud'hommes de son conseil militaire. Pour toute réponse, Joinville essuya une violente apostrophe de Jean de Beaumont, qui lui commanda, avec la même rudesse qu'il avait mise à lui refuser sa galère lors du débarquement, de rentrer dans sa tente au plus vite et d'y attendre en repos les ordres du roi.

Les Sarrasins repoussés ne s'étaient pas éloignés. Toutes les nuits, quelques-uns d'entre eux se glissaient au milieu des tentes et venaient décapiter les Chrétiens qu'ils surprenaient endormis. On redoubla de précautions; tout le camp fut entouré de retranchements. Mais avec la sécurité et l'inaction qui en résulta, la démoralisation et la débauche s'introduisirent parmi les Croisés. Cinq mois se passèrent ainsi pendant lesquels ces maux étendirent leurs ravages jusque sous les yeux du roi. Celui-ci attendait impatiemment l'arrivée de son frère Alfonse pour mettre fin à cette oisiveté énervante, mais Alfonse n'apparaissait pas. L'anxiété croissait : Joinville, qui n'avait pas oublié comment, durant la traversée, le doyen de Maurupt l'avait arraché au terrible voisinage de l'île mystérieuse, proposa au légat de faire des processions trois samedis de suite. Le conseil fut écouté, et, avant le troisième samedi, l'arrivée du comte de Poitiers en avait confirmé l'efficacité [1].

Enfin, le 20 novembre 1249, on commença la marche vers le Caire en suivant la rive droite de la branche de Damiette, marche difficile, sur un terrain resserré et fréquemment coupé par les canaux qui relient entre elles les différentes bouches du Nil. On dut même franchir l'un d'eux en construisant une chaussée au point où il se séparait de la branche principale. Au bout de trente jours, bien que l'on n'eût eu sur la route que des escarmouches sans importance, on n'avait avancé que de dix-huit lieues et on se trouvait arrêté en face de Mansourah par l'importante branche d'Aschmoun qu'on appelait alors le fleuve de Tanis [2]. On voulut user du procédé qui avait réussi quelques jours plus tôt et la barrer par une levée; mais le point où ce travail devait être exécuté se trouvait assez éloigné de la branche principale, et, ainsi que le remarque judicieusement Joinville, ce qui avait pu réussir, tant qu'on n'avait

---

[1] Joinville, § 172-182.

[2] Par une singulière confusion, Joinville donne constamment à cette branche le nom de «fleuve de Rexi», c'est-à-dire de Rosette, au lieu de celui de «fleuve de Tanis». — Voir la *Note explicative des cartes* rédigée par M. Auguste Longnon à la suite de l'édition de Joinville donnée par M. de Wailly, en 1874, p. 557.

eu qu'à empêcher les eaux de se déverser dans un canal secondaire, n'était guère praticable lorsqu'on essayait de les arrêter au milieu de leur cours. Profitant de cette circonstance, les Sarrasins rendaient inutile le travail des Croisés en élargissant le fleuve d'un côté à mesure que la chaussée avançait de l'autre. Les travailleurs étant fort exposés, le roi fit faire, pour les protéger, des engins et ces deux *chats-châteaux* dont parle le sénéchal de Champagne. Mais d'autres dangers menaçaient les Chrétiens. Un corps musulman qui les avait tournés en traversant le fleuve en aval fondit sur eux à l'improviste le jour de Noël. L'attaque fut repoussée, et Joinville eut le bonheur de sauver la vie à Pierre d'Avallon, chez qui il dînait peu d'instants auparavant, lorsque l'alerte avait été donnée. Il fallut isoler le camp du côté du nord en construisant une ligne de retranchements, depuis la branche de Damiette jusqu'à celle d'Aschmoun. De plus, la garde du camp fut ainsi réglée : le roi se réserva le côté du Caire; le côté de Damiette fut confié au comte de Poitiers et aux Champenois, tandis que le comte d'Artois devait défendre les chats et les engins. Une brillante attaque de Charles d'Anjou coûta la vie à un grand nombre de Musulmans qui avaient passé le fleuve; mais le tir des engins ennemis établis sur l'autre rive empêcha de poursuivre l'avantage. Joinville contribua en ce jour à repousser une diversion tentée par les Mamelucks sur le côté qu'il défendait avec le comte de Poitiers [1].

Ces attaques, d'ailleurs assez facilement repoussées, n'avaient pas, à ce qu'il semble, affecté le moral des Croisés; mais leur courage allait être mis à une plus grave épreuve. Une nuit que le sénéchal était de garde aux chats-châteaux, il vit, sur la rive ennemie, avancer une pierrière et s'aperçut qu'au lieu de projectile, on plaçait dans la fronde de l'engin quelque chose d'enflammé. C'était ce terrible feu grégeois si redouté des Occidentaux. A cinquante ans de distance, tandis qu'assis à son foyer natal, Join-

---

[1] Joinville, § 199-202.

ville dictait à ses clercs ses souvenirs de la Croisade, l'angoisse de cette effrayante nuit était toujours présente à son esprit. Ce feu « faisait un tel bruit en venant, dit-il, qu'il semblait que ce fût la foudre du ciel; il semblait un dragon qui volât dans les airs ». Gautier de Curel, un de ses chevaliers, en connaissait bien les effets. « Nul, s'écria-t-il, ne peut nous défendre de ce péril, excepté Dieu. » Et, à chaque coup, les pieux Champenois se prosternaient pour implorer le secours de Celui qui tenait leur vie entre ses mains. Ils n'étaient pas seuls à prier : dans sa tente, lorsque le sifflement du feu lancé dans les airs parvenait à ses oreilles, saint Louis se dressait sur son lit, levait les mains au ciel et, les yeux baignés de larmes, s'écriait : « Beau sire Dieu, gardez-moi mes gens ! »

Après que le feu était tombé, une pluie de traits venait s'abattre sur ceux qui essayaient de l'éteindre. Malgré leur effroi, Joinville et ses compagnons firent vaillamment leur devoir. Et cependant le sénéchal avoue naïvement le malaise de cœur qu'il éprouvait le jour où devait revenir son tour de veiller dans les chats de plus en plus endommagés, et même le soulagement avec lequel il apprit qu'ils avaient été incendiés quelques heures avant qu'il eût à en prendre la garde. Charles d'Anjou, qui était de service à ce moment, « en était si hors de sens qu'il se voulait aller lancer dans le feu pour l'éteindre; et s'il en fut courroucé, moi et mes chevaliers, nous en louâmes Dieu; car si nous eussions fait le guet le soir, nous eussions été tous brûlés [1] ».

Un autre chat qu'on se hâta de fabriquer avec le bois des vaisseaux qui avaient amené les bagages eut le même sort [2]. Il fallut renoncer à continuer la chaussée; enfin un Bédouin indiqua un gué et le passage du fleuve fut décidé pour le jour de carême-prenant, 8 février.

Plus qu'aucune autre peut-être, la bataille qui eut lieu à cette

---

[1] Joinville, § 203-210. — [2] Joinville, § 213.

date et que l'on a appelée la bataille de Mansourah met l'historien à même d'apprécier combien était grand le désordre des cohues chevaleresques qui constituaient les armées du moyen âge. Chacun y combat pour son compte, presque au hasard. Le roi, qui, malgré son courage, n'avait rien de ce coup d'œil ni de ce talent d'organisation qui permettaient à un Simon de Montfort ou à un Philippe Auguste de manier ces masses confuses, le roi comprenait du moins la nécessité de n'attaquer qu'en nombre et le danger des témérités isolées. Déjà, devant Damiette, il avait interdit aux chevaliers de courir sus aux Sarrasins sans son ordre; cette fois, il donna à son frère d'Artois le commandement du deuxième corps, en lui faisant jurer de ne pas attaquer avant le passage du troisième, qu'il commandait en personne. Mais, à la vue des Musulmans en retraite, le jeune prince oublia son serment; avec les Templiers qui ne voulurent point céder leur place à l'avant-garde, il se lança à la poursuite des ennemis, pénétra dans Mansourah et périt massacré avec presque tous ceux qui l'avaient suivi.

Joinville aurait peut-être été entraîné dans le mouvement du comte d'Artois, s'il ne s'était trouvé un peu séparé du gros de son corps au passage du fleuve. Voyant que la rive était si glissante au point où on l'avait abordée que plusieurs chevaux s'abattaient avec leurs cavaliers et les noyaient, il dirigea sa troupe sur la gauche, vers un point plus accessible; mais, sans plus attendre le roi, les Champenois fondirent sur quelques Turcs occupés à plier bagage. Joinville venait d'en tuer un, lorsqu'il reçut dans le dos un coup de lance qui le tint un instant couché sur le cou de son cheval, sans toutefois transpercer son armure. Il put cependant se dégager et traverser tout le camp abandonné par les ennemis; mais, en arrivant en rase campagne, il vint tomber dans un corps de six mille Turcs et vit tuer l'un de ses chevaliers, Hugues de Thil-Châtel, tandis qu'un autre, Raoul de Vanault, était jeté à terre. Il n'y avait plus qu'à se retirer.

Joinville et sa poignée d'hommes parvinrent à délivrer Raoul de

Vanault, mais, pendant la retraite, le sénéchal, frappé de plusieurs coups de lance, fut lui-même jeté à bas de son cheval; il se releva presque aussitôt l'écu au cou et l'épée à la main; son cas semblait désespéré, quand l'un de ses chevaliers, Érard de Sivry, lui montra près de là une maison ruinée où ils pourraient peut-être se défendre, en attendant que le roi vînt à leur secours. La vaillante petite troupe, moitié à pied, moitié à cheval, s'efforçait de la gagner, lorsqu'un second corps turc, qui marchait sans doute au-devant de saint Louis, vint la heurter, renversa le sénéchal, le foula aux pieds et fit voler son écu de son cou.

Les hommes de ce temps avaient une force de résistance que nous avons peine à nous figurer aujourd'hui. Tout meurtri qu'il était par les pieds des chevaux, Joinville se releva et, avec l'aide d'Érard de Sivry, il put gagner la maison ruinée, au pied de laquelle il fut rejoint par Hugues d'Écot, Ferry de Louppy et Renaud de Menoncourt. Là commença une lutte effroyable. L'indomptable courage que montraient en de pareilles occasions les chevaliers français, s'il ne peut faire oublier leur folle témérité, méritera toujours l'admiration. Ils étaient une poignée de cavaliers adossés à la maison, du haut de laquelle des Turcs les piquaient de leurs lances, tandis que, de trois côtés, d'autres les harcelaient; Joinville, à pied au milieu d'eux, tenait leurs chevaux par les freins de peur qu'ils ne se séparassent. Tous étaient blessés, et de quelle manière! Hugues d'Écot avait trois coups de lance au visage; Raoul de Vanault, un coup de lance entre les deux épaules; chez Ferry de Louppy, blessé de même, la plaie était si large que le sang en jaillissait comme par la bonde d'un tonneau; Érard de Sivry, frappé d'une épée en pleine figure, avait le nez qui lui retombait sur les lèvres. Dans ce péril, Joinville se souvint qu'il était pèlerin de Compostelle, et dans une fervente prière il implora l'intercession de saint Jacques.

Le point d'honneur était tel chez ces vaillants chevaliers que peu s'en fallait qu'ils ne considérassent comme une honte de chercher un secours humain. « Aussitôt que j'eus fait ma prière, Monseigneur Érard de Sivry me dit : Sire, si vous pensiez que ni moi « ni mes héritiers n'en eussions de reproche, je vous irais quérir du « secours au comte d'Anjou, que je vois là au milieu des champs. » Et je lui dis : « Messire Érard, il me semble que vous vous feriez « grand honneur, si vous nous alliez quérir de l'aide pour sauver nos « vies; car la vôtre est bien en aventure. » « Et je disais bien vrai; car il mourut de cette blessure. Il demanda conseil à tous nos chevaliers qui étaient là, et tous lui conseillèrent ce que je lui avais conseillé; et comme il ouït cela, il me pria de lui laisser aller son cheval que je tenais par le frein avec les autres; et ainsi fis-je [1]. »

Quelques instants après, une charge du comte d'Anjou dégagea les braves Champenois. Ils aperçurent alors le roi qui venait de traverser le canal avec son corps de bataille. Fort étonné de ne pas trouver le comte d'Artois qui avait promis de l'attendre, il fit halte sur un chemin en chaussée, pendant qu'une partie des siens se lançaient sur les rangs ennemis. Joinville, ayant retrouvé un cheval qu'un de ses écuyers avait emmené avec sa bannière dès le commencement de l'action, vint prendre place à côté de saint Louis : « Jamais, dit-il, je ne vis si beau chevalier; car il paraissait au-dessus de tous ses gens, les dépassant des épaules, un heaume doré sur la tête, une épée d'Allemagne à la main. »

L'absence du comte d'Artois avait jeté le roi dans l'incertitude; il voulut avoir l'avis de ses prud'hommes chevaliers, qui lui formaient une sorte de conseil militaire. Les sergents les allèrent chercher dans la mêlée, et tous opinèrent pour qu'on se rabattît à droite, vers le canal, de manière à se mettre à portée du duc de Bourgogne, resté de l'autre côté à la garde du camp. Ce mouvement était à peine commencé que le comte de Poitiers et le comte de Flandre, serrés de près par les Turcs, faisaient dire qu'ils ne pouvaient le suivre. Louis fit suspendre la marche et tint un nouveau conseil, à

---

[1] Joinville, § 226.

la suite duquel le mouvement fut repris. C'est alors que le connétable Humbert de Beaujeu vint annoncer que le comte d'Artois était bloqué dans une maison de Mansourah. « Allez toujours, connétable, dit le roi, et je vous suivrai. » Joinville s'offrit bravement à accompagner le sire de Beaujeu, et tous deux prirent les devants en se dirigeant vers la ville.

Mais les hésitations de saint Louis faillirent lui coûter cher. Le connétable et son compagnon, avec quatre cavaliers, s'étaient à peine éloignés qu'un sergent terrifié vint leur dire que le roi était arrêté.

En se retournant, ils virent, en effet, entre eux et le corps de bataille qu'ils venaient de quitter, une grande foule de Sarrasins qui rejetaient vers le fleuve tout le gros de l'armée croisée. Renonçant alors à secourir le comte d'Artois, la petite troupe du connétable essaya d'abord de rejoindre le roi, mais, parvenue à un ponceau jeté sur un ruisseau, elle resta à l'occuper, de manière à empêcher de nouveaux corps turcs d'aller grossir ceux qui attaquaient le roi. Bientôt rejoint par le comte de Soissons, Joinville garda cette position toute la journée, pendant que le connétable allait retrouver saint Louis, tenant en respect les Musulmans et assurant ainsi la retraite de ceux qui, comme le comte de Bretagne, parvinrent à s'échapper de Mansourah. Les courageux chevaliers étaient couverts de traits. Pour s'en garantir, le sénéchal, privé de son écu depuis le matin, improvisa un bouclier d'une veste rembourrée sarrasine, « de sorte, dit-il simplement, que je ne fus blessé de leurs traits qu'en cinq endroits et mon roussin en quinze endroits ». Pour remplacer sa lance, un de ses bourgeois lui remit une bannière terminée par une pointe, et, ainsi armé, il put plusieurs fois courir sus aux Turcs qui faisaient mine de s'approcher. Quiconque a lu les Mémoires de Joinville sait avec quelle martiale gaieté le comte de Soissons entretint pendant cette journée le courage de ses compagnons : « Sénéchal, disait-il en riant, laissons huer cette canaille; car, par la coiffe-Dieu ! (c'était son juron), nous en parlerons encore, vous et moi, de cette journée, dans les chambres des dames[1]. »

Cependant saint Louis avait déconfit lui-même, à grands coups d'épée, les Sarrasins qui avaient déjà saisi la bride de son cheval; sa ferme contenance avait arrêté la déroute mise dans son armée par la violente attaque des Infidèles et transformé en victoire cette bataille qui avait été si près d'être une défaite. Sans doute, Mansourah n'avait pu être prise et le comte d'Artois y avait trouvé la mort ; mais le camp ennemi était aux mains des Croisés, qui allaient y dormir sur les positions conquises. Au coucher du soleil, le connétable vint, avec les arbalétriers royaux, chasser les derniers Turcs qui avaient jusque-là harcelé Joinville, et celui-ci put aller retrouver le roi. La température avait été brûlante; saint Louis étouffait sous son heaume fermé, et le premier soin de son ami fut de lui donner, à la place, son propre chapeau de fer pour qu'il pût respirer à l'aise. Aux fatigues de la journée s'ajoutaient les « mout grosses larmes » que faisait couler la nouvelle de la mort du comte d'Artois; que n'eût pas donné Joinville pour soulager la douleur du saint roi[2] ! Marchant à ses côtés, il se dirigea en même temps que lui vers le camp ennemi que les Bédouins avaient pillé aussitôt qu'ils l'avaient vu abandonné par les Turcs; plusieurs butinaient encore à l'arrivée du roi et disputaient jusqu'aux tentes aux valets des Croisés qui venaient préparer le logis de leurs maîtres[3].

Le sénéchal et les siens avaient été terriblement éprouvés. Leur nombre se trouvait déjà réduit avant la bataille, car la veille même Joinville avait fait célébrer les obsèques d'un de ses bannerets, Hugues de Landricourt. Comme il s'était aperçu que, pendant le service, six autres de ses chevaliers causaient à haute voix et troublaient l'officiant, il leur avait reproché cette conduite indigne de gentilshommes : « Nous remarions la femme du défunt », répondirent-ils en riant. Le lendemain soir, tous étaient tués ou blessés

---

[1] Joinville, § 242. — [2] Joinville, § 244. — [3] Joinville, § 245.

à mort, et leurs veuves durent, elles aussi, se remarier toutes les six[1]. Quant à leur chef, frappé de plusieurs coups de lance, foulé aux pieds des chevaux ennemis, atteint de cinq traits à la défense du ponceau, il n'avait guère moins besoin de repos que ses compagnons. Cependant, avant le jour, on entendit appeler aux armes. C'étaient les Musulmans qui, par une attaque imprévue, avaient défait les sergents du roi et pénétraient jusqu'au milieu des tentes. Joinville retrouva assez de forces pour jeter une veste rembourrée sur ses épaules meurtries, un chapeau de fer sur sa tête, et sortit en appelant ses chevaliers. On vit alors ces braves, qui devaient bientôt mourir de leurs blessures, se relever et courir au-devant des assaillants, sans revêtir le haubert que leurs plaies les empêchaient d'endosser, et tenir tête assez longtemps pour permettre à Gaucher de Châtillon et au renfort envoyé par le roi de venir prendre leur place. Mais les Sarrasins s'étaient à peine éloignés : huit d'entre eux se retranchèrent dans un amas de pierres de taille d'où ils tiraient à toute volée sur le camp. Le courage était, paraît-il, universel dans l'entourage de Joinville. Un de ses chapelains, Jean de Voisey, eut l'audace de s'approcher seul, à pied, de ces huit Sarrasins et de leur courir sus. La vue de ce seul chrétien arrivant sur eux la lance basse suffit à leur faire prendre la fuite, et les Croisés purent emporter les pierres qui leur servaient d'abri[2].

Deux jours après, le vendredi, eut lieu une nouvelle et sanglante bataille; les deux frères de saint Louis faillirent y être pris; le roi lui-même y montra, comme toujours, la plus haute bravoure et les Musulmans furent encore repoussés. Le bonheur voulut qu'ils n'attaquassent point le camp du côté où Joinville et les siens étaient postés : aucun d'eux n'était en état de supporter le poids d'une armure ou d'un écu[3].

Quoique victorieuse, l'armée chrétienne était épuisée et Mansourah lui barrait toujours le passage. Aux fatigues, aux blessures

---

[1] Joinville, § 297-298. — [2] Joinville, § 254-260. — [3] Joinville, § 272.

allaient s'ajouter les plus terribles épreuves. Au bout de neuf jours, les cadavres charriés par le fleuve revinrent à la surface et s'amassèrent contre le pont de bateaux construit par les Croisés, depuis la bataille, pour faire communiquer leur nouveau campement avec l'ancien. On se trouvait en carême et on n'avait pas d'autres poissons que ceux qui s'étaient nourris des corps morts. Les Turcs, ayant traîné par terre des vaisseaux qu'ils avaient remis à flot en aval, affamaient le camp en interceptant les convois envoyés de Damiette. On comprend que, dans ces conditions, les maladies ne tardèrent pas à éclater. Dès la mi-carême, Joinville fut obligé de se mettre au lit; son vaillant chapelain tomba évanoui en célébrant la messe devant lui « et onque puis ne chanta [1] ». Le scorbut surtout faisait de tels ravages que le camp était rempli des cris des malades à qui les barbiers enlevaient la chair décomposée de leurs gencives [2]. Le siège de Mansourah devenant impossible, il n'y avait plus qu'à se retirer vers Damiette. On repassa d'abord le fleuve pour s'établir de nouveau dans l'ancien campement resté confié au duc de Bourgogne, puis on essaya, sans succès, de négocier une trêve. Enfin, le 5 avril 1250, on commença la retraite à la fois par terre et par eau. Les navires portant les malades devaient descendre le fleuve, tandis que les troupes valides suivraient le long de la rive, de manière à pouvoir se secourir mutuellement; on sait comment le roi, qui n'avait pas voulu se séparer de ceux qui restaient à terre, tomba dès la nuit suivante aux mains des Sarrasins. Quant à Joinville, il fut pris sur un vaisseau, le lendemain matin, avec sa maison et les deux seuls chevaliers qui lui restassent encore.

Le départ s'était opéré au milieu du tumulte. A la vue des Sarrasins qui commençaient à envahir le camp, les matelots des galères du roi abandonnèrent les malades qu'ils étaient chargés de recueillir et, prenant le large au plus vite, ils faillirent couler bas

---

[1] Joinville, § 299-300. — [2] Joinville, § 303.

le petit vaisseau de Joinville. Un peu avant l'aube, on arriva au point gardé par les galères du Soudan. Bien qu'elles tirassent sur les vaisseaux chrétiens et sur les cavaliers qui les accompagnaient le long du fleuve, il semble que la plupart des vaisseaux du roi parvinrent à forcer le passage et à s'enfuir vers Damiette [1]; mais Joinville n'eut pas le même bonheur. Ses mariniers, ayant perdu le courant, s'étaient laissé acculer dans une anse. Ce retard les perdit : au moment où ils parvenaient à s'éloigner de la rive, un vent contraire vint paralyser leurs efforts. Ils pouvaient voir les Musulmans piller les nefs qu'ils avaient arrêtées et en massacrer les équipages. Déjà les traits pleuvaient autour du sénéchal, et ses gens lui revêtirent un haubert de tournoi de peur qu'il n'en fût blessé. Les matelots affolés voulaient aller à terre, et Joinville, tout faible qu'il était, dut mettre l'épée à la main pour les obliger à rester au milieu du fleuve. Mais tout était en vain; quatre grandes galères du Soudan, chargées de plus de mille hommes, s'avançaient déjà vers eux. Il n'y avait plus qu'à se rendre. Tel n'était pas cependant l'avis d'un cellérier du sénéchal qui ne parlait de rien moins que de se laisser tous tuer pour être plus sûrs de gagner le Paradis; « mais, dit Joinville, nous ne le crûmes pas [2] ».

Le danger était pressant. Jean avait déjà jeté dans l'eau ses joyaux et ses reliques, lorsqu'un de ses mariniers eut l'idée de le faire passer pour un cousin du roi. Cette feinte ne l'aurait peut-être pas sauvé si le ciel ne lui eût fait rencontrer un Sarrasin, sujet de l'empereur, qui le fit sauter sur l'une des galères du Soudan. Là le malheureux Champenois fut renversé, deux fois on lui mit le poignard sur la gorge; mais son Sarrasin, le tenant toujours embrassé, ne cessait de crier : « Cousin du roi ! » et parvint ainsi à le remettre entre les mains des officiers musulmans réunis sur le château de poupe. Ceux-ci, moins cruels que leurs hommes ou plus capables de discerner l'importance de leur prisonnier, le traitèrent

---

[1] Joinville, § 315. — [2] Joinville, § 319.

humainement. Ils lui ôtèrent son haubert et le revêtirent d'une couverture écarlate fourrée de vair que sa mère lui avait donnée jadis; ils lui firent donner à boire, mais, comme sa gorge serrée par l'émotion ne lui permettait pas d'avaler, Joinville, croyant avoir un abcès dans la gorge, se jugeait perdu quand un chevalier sarrasin lui promit de le guérir en deux jours. L'amiral, qui le fit amener bientôt après, le traita plus courtoisement encore; lorsqu'il sut que le prisonnier n'était pas cousin du roi, il lui déclara que, sans cette invention du marinier, tous ceux qui l'accompagnaient auraient été massacrés sans merci; il se félicita d'apprendre que Joinville était fils de la propre cousine de l'empereur et le fit dîner avec lui.

Ces égards ne s'adressaient qu'à ceux qui pouvaient valoir une riche rançon. Le sénéchal le comprit lorsque, le lendemain, on fit débarquer tous les prisonniers pour les joindre à ceux qu'on avait déjà conduits à Mansourah. Les malades qui ne pouvaient se tenir debout étaient impitoyablement égorgés. Il vit ainsi tuer sous ses yeux son vaillant chapelain, ce Jean de Voisey qui avait à lui seul déconfit huit Sarrasins et qui, quelques jours auparavant, était tombé malade en chantant sa messe. Il s'évanouit en sortant de la galère; on le tua et on le jeta dans le fleuve.

L'amiral fit ensuite monter Joinville sur un palefroi et le conduisit lui-même à Mansourah. Ce fut là que prit congé de lui le bon Sarrasin qui l'avait sauvé; pour toute récompense, il lui demanda de se charger d'un pauvre enfant chrétien qu'il avait également sauvé : c'était un bâtard du seigneur de Montfaucon, appelé Barthélemi[1]. Quelques instants après, le sénéchal se trouvait réuni aux autres barons captifs qui l'accueillirent avec tant de joie «qu'on ne pouvait entendre goutte».

La vie des prisonniers était toujours en grand péril; beaucoup des moindres chevaliers se trouvaient mis dans l'alternative de renier

---

[1] Joinville, § 332.

ou d'être décapités. Les barons eux-mêmes coururent grand risque d'avoir le même sort, lorsqu'ils refusèrent de s'engager à donner pour leur rançon les châteaux de Terre-Sainte qui ne leur appartenaient pas. Les conseillers du Soudan s'étaient retirés en prononçant des paroles menaçantes; déjà paraissaient une foule de jeunes Sarrasins, l'épée à la main. Mais, de même que les menaces de torture qu'on avait faites à saint Louis, ce n'était sans doute qu'un moyen d'intimidation; au lieu de la mort, les Croisés reçurent un réconfort inattendu. Au milieu des mécréants s'avança, sur deux béquilles, un petit vieillard à la barbe et aux cheveux blancs, qui passait, paraît-il, pour fou. Il demanda aux Chrétiens s'ils croyaient en un Dieu pris, blessé, mis à mort pour eux et ressuscité au troisième jour. « Et, dit Joinville, nous répondîmes : « Oui ». Et alors il nous dit que nous ne nous devions pas déconforter si nous avions souffert ces persécutions pour lui; car, dit-il, vous n'êtes pas encore morts pour lui, ainsi qu'il est mort pour vous; et s'il a eu le pouvoir de se ressusciter, soyez certains qu'il vous délivrera quand il lui plaira. Alors il s'en alla, et tous les autres jeunes gens après lui, de quoi je fus très content, car je croyais certainement qu'ils nous étaient venus trancher la tête [1]... Et vraiment je crois encore que Dieu nous l'envoya; car il se passa bien peu de temps après qu'il s'en fut allé, quand les conseillers du Soudan revinrent qui nous dirent que nous envoyassions quatre des nôtres parler au roi, lequel nous avait (par la grâce que Dieu lui avait donnée) tout seul négocié notre délivrance [2]. » Cet épisode frappa tout particulièrement le sénéchal; sa foi déjà profonde et sa confiance en Dieu s'en accrurent, et ses souvenirs s'y reportèrent souvent dans la suite.

Mais, au moment même où les prisonniers pouvaient se croire hors de tout danger, ils se trouvèrent courir le plus grand péril auquel ils eussent encore été exposés. Le 28 avril, les galères qui les ramenaient à Damiette mouillaient devant le campement du soudan

---

[1] Joinville, § 337-338. — [2] *Credo*, § 812.

Touran-Schah, lorsque éclata la révolte des émirs. De son vaisseau Joinville put voir le malheureux Touran-Schah, déjà transpercé d'un coup de lance, poursuivi jusque dans le fleuve par les assassins, qui s'acharnèrent ensuite sur son cadavre. Sa galère fut alors envahie par plus de trente Musulmans armés de haches et d'épées, et proférant des cris de mort. Les Chrétiens éperdus se confessaient les uns aux autres. A ce moment, Joinville se montra le digne ami du saint roi. « A mon endroit, dit-il, il ne me souvint pas de péché que j'eusse fait; mais je réfléchis que plus je me voudrais défendre et esquiver et pis cela me vaudrait. Et alors je me signai et m'agenouillai aux pieds de l'un d'eux qui tenait une hache danoise à charpentier, et je dis : « Ainsi mourut sainte Agnès[1]. » L'absence complète de toute forfanterie dans le récit qu'il fait de sa conduite en ce jour est une nouvelle preuve de la réalité de son courage et de la simplicité de sa foi.

Cependant les prisonniers ne devaient pas encore mourir. On les jeta au fond de leurs vaisseaux où ils passèrent une nuit terrible, pressés les uns contre les autres à tel point, dit Joinville, « que mes pieds étaient contre le bon comte Pierre de Bretagne, et les siens étaient contre mon visage ». On les en tira le lendemain, mais le sénéchal, le comte de Bretagne et le comte de Flandre étaient si malades qu'ils ne purent quitter le navire. Enfin, après de nouvelles négociations, pendant lesquelles le massacre des prisonniers fut encore remis en question, les émirs ratifièrent le traité; Damiette fut livrée le 6 mai et le roi et les prisonniers se virent rendus à la liberté le soir même[2].

Restait le payement de l'immense rançon : deux jours entiers se passèrent à en peser le montant. Comme on s'aperçut, au dernier moment, qu'il manquait encore 30,000 livres, Joinville conseilla de les emprunter aux grands banquiers de l'époque, aux Templiers. Le commandeur, frère Étienne d'Autricourt, ne voulait pas y con-

---

[1] Joinville, § 354. — [2] Joinville, § 275.

sentir, sous prétexte que les Frères n'avaient là que des dépôts appartenant à des particuliers, et que leur serment leur interdisait d'y toucher. En fait, l'excuse était plus spécieuse que réelle, car ils avaient en Acre des fonds consignés par le roi, qui leur auraient permis de rétablir facilement la somme avancée. La dispute entre Joinville et le commandeur s'échauffait, quand un autre templier, le maréchal Renaud de Vichiers, donna à entendre que leur conscience serait en repos pour peu qu'ils eussent l'air de céder à la violence. Joinville courut prendre les ordres du roi et se rendit sur la galère où était le trésor du Temple. Une coignée se trouvait là; il la brandit, malgré sa faiblesse, en s'écriant qu'il en ferait la clef du roi. Cette fois, on lui donna tout l'argent qu'il voulut. Le payement était fini, lorsque Philippe de Nemours s'avisa de dire au roi qu'on avait fait tort de 10,000 livres aux Sarrasins. Saint Louis, dont la conscience ne pouvait souffrir la moindre infraction à la parole donnée, se courrouça; mais Joinville, dont les scrupules étaient moins facilement éveillés lorsqu'il s'agissait des Infidèles, toucha du pied Philippe de Nemours et fit tourner la chose en plaisanterie. Le roi s'apaisa, tout en réitérant l'ordre de payer les 10,000 livres si elles n'étaient pas encore versées [1].

Enfin, le soir même du 8 mai, Louis IX mit à la voile pour Acre et prit Joinville sur son navire. La misère était grande à bord : saint Louis n'avait pas d'autre couchage ni d'autres vêtements que le lit et les habits que le Soudan lui avait donnés. Jean, encore plus dénué, n'avait que sa couverture fourrée et un corset qu'on avait trouvé moyen de tailler dans la même étoffe. De ses chevaliers, de ses valets, il ne lui restait personne. Il était encore bien malade; et cependant ce temps de souffrances paraît avoir été l'une des époques où se reportaient le plus volontiers ses souvenirs, car c'est alors que le roi, en lui ouvrant entièrement son cœur, le prit pour confident de ses épanchements les plus intimes. Les six jours que

---

[1] Joinville, § 380-387.

dura la traversée, Jean les passa assis auprès de son royal ami, malade comme lui. Ils se racontaient comment ils étaient tombés aux mains des Infidèles. Louis parlait de la mort du comte d'Artois, son frère préféré; il comparait son affection à la tiédeur de ses autres frères qui, tout occupés de leurs affaires ou de leurs plaisirs, le laissaient dans une sorte d'abandon [1]. Depuis lors, l'amitié du roi et du sénéchal devint une de ces affections profondes, une de ces fraternités d'élection qui, en dépit de toutes les différences d'état, unissent deux hommes l'un à l'autre par un lien plus fort que celui du sang. L'amitié, en effet, pas plus que l'amour, n'exige l'égalité des conditions. Bien plus, de même qu'entre deux frères il y a forcément toujours un aîné, de même qu'en amour il y a toujours un côté qui conquiert et un côté qui se livre, il semble que, dans toute amitié de ce genre, il faille que l'un des amis domine l'autre et exerce sur lui, en vertu de la supériorité de sa situation, de son âge ou de son intelligence, une influence acceptée avec joie. Cette influence, qui se concilie avec une affection égale des deux parts, le roi l'exerça sur Joinville. Elle se prolongea même au delà de la mort, et l'élévation de Louis IX au rang des saints ne diminua rien des sentiments de tendresse confiante que le sénéchal avait portée au souverain vivant.

A l'arrivée en Acre, Joinville était si faible qu'on dut le soutenir pour l'empêcher de tomber du palefroi sur lequel on l'avait mis en débarquant et qu'il fallut le porter jusqu'à la salle où était le roi. Il était assis près d'une fenêtre, sans autre compagnon que ce petit garçon que le Sarrasin lui avait confié, sans doute fort en peine de savoir comment trouver à s'établir et à se monter une maison, lorsque le hasard le mit en présence d'un valet champenois qui s'offrit à le servir en lui disant qu'il était d'Oiselay, le château de son oncle, et qu'il se rappelait l'avoir vu en France. L'offre était si opportune que la scène resta gravée dans la mémoire de Join-

---

[1] Joinville, § 404-405.

ville et qu'il n'eut garde d'oublier la « cotte vermeille à deux raies jaunes » sous laquelle son nouveau serviteur s'était présenté devant lui. Guillemin — c'était son nom — entra en fonctions sur l'heure. La maladie, la négligence résultant de plusieurs semaines passées sans serviteurs, donnaient au pauvre Joinville un aspect que ses vêtements de rencontre devaient rendre plus piteux encore. Quelques instants après, Guillemin, avec toute la célérité d'un bon domestique, l'avait peigné, lui avait procuré des coiffes blanches et l'avait mis en état de paraître à la table du roi où il vint trancher devant lui. Ce n'est pas tout : il avait en même temps trouvé moyen de faire dîner le petit Barthélemy et, avant le soir, il avait retenu une maison auprès des bains dont il jugeait, non sans raison, que son maître ne trouverait pas le voisinage inutile après sa captivité et sa maladie. Ce précieux valet poussait l'empressement jusqu'à voler les objets qu'on lui demandait de procurer. Malheureusement il volait aussi ses maîtres, et Joinville dut bientôt le chasser, en s'apercevant qu'il lui avait fait tort de plus de 10 livres tournois. Mais, dit-il, « je lui donnai congé et lui dis que je lui donnais ce qu'il me devait, car il l'avait bien mérité ».

Dès le lendemain de son arrivée, Joinville fit une autre rencontre plus heureuse; ce fut celle d'un vieux chevalier de son pays, Pierre de Bourbonne, qu'il prit à son service et que, faute d'argent comptant, il cautionna de ce qui lui était nécessaire pour se vêtir et s'équiper. Il fallait bien recourir à ces expédients, car le sénéchal de Champagne n'avait pas un denier. Cependant on lui devait encore 400 livres sur ses gages; il obtint du roi qu'on les lui payât, et il les déposa entre les mains des Templiers, qui ne les lui restituèrent plus tard qu'avec de grandes difficultés. Bientôt il eut remonté sa maison. Les hommes d'une même province se groupaient instinctivement : c'était ainsi que Guillemin d'Oiselay et Pierre de Bourbonne étaient venus s'offrir à Joinville. Celui-ci engagea encore un certain Jean Caym de Sainte-Menehould, dont il se loue fort dans ses Mémoires, et quelques autres serviteurs. Ce fut, à un autre degré, par ce même instinct provincial que l'évêque d'Acre, qui était de Provins, lui fit prêter l'hôtel du curé de Saint-Michel.

Mais la santé du pauvre Joinville était loin de se rétablir. Il se sentait si faible qu'il passa les quatre premières journées de son séjour en Acre sans aller voir le roi. Saint Louis le lui reprocha tendrement et exigea « autant que son amitié lui était chère » qu'il n'eût d'autre table que la sienne. Jean fut longtemps sans pouvoir obéir à l'ordre de son ami. Son mal redoubla; une fièvre continue s'empara de lui, et l'épidémie gagna toute sa maison, de sorte qu'il n'avait plus personne pour le soigner. Chaque jour il entendait apporter jusqu'à vingt morts dans l'église voisine de sa demeure. Mais il savait où chercher un secours : tout son temps se passait en prières, et Dieu permit qu'il se guérît [1].

De si rudes épreuves, les pertes matérielles qu'il avait subies, auraient déterminé un homme moins fidèle à ses devoirs à saisir la première occasion de rentrer en France. Certes Joinville n'avait oublié ni son château, ni sa jeune femme, ni les deux enfants qui y grandissaient loin de lui, ni sa mère; il avoue même sincèrement la joie qu'il aurait eue à les aller rejoindre, mais il n'avait pas moins présentes à l'esprit les paroles que son cousin de Bourlémont lui avait adressées avant son départ : « Vous vous en allez outre-mer; or prenez garde au retour; car nul chevalier, ni pauvre, ni riche, ne peut revenir qu'il ne soit honni, s'il laisse aux mains des Sarrasins le menu peuple de Notre-Seigneur, en compagnie duquel il est allé [2]. » Ce sentiment était loin d'être général; le légat tout le premier travaillait à faire décider le retour. On sait avec quelle fermeté Joinville insista pour que le roi restât. A l'en croire, les frères du roi, le légat, le comte de Flandre, le conseil entier étaient d'un avis contraire. Un instant, le maréchal de France, Guillaume de Beaumont, eut le courage de soutenir le

---

[1] Joinville, § 407-417. — [2] Joinville, § 421.

sénéchal, mais une violente apostrophe de son oncle, l'irascible Jean de Beaumont, que la présence de saint Louis n'empêcha point de se répandre en grossières injures, lui ferma la bouche, et Joinville n'eut plus d'autre partisan que le sire de Châtenay. Le roi laissa dire et déclara qu'il ferait connaître sa décision dans huit jours.

Le récit de la scène qui suivit est peut-être le plus charmant de l'œuvre de Joinville; quelque connu qu'il soit, il faut le citer tout entier, car il ne souffre pas d'être abrégé.

« Quand nous fûmes partis de là, l'assaut commença contre moi de toutes parts : « Or le roi est fou, sire de Joinville, s'il ne vous « croit contre tout le conseil du royaume de France! » Quand les tables furent mises, le roi me fit asseoir près de lui pendant le repas, là où il me faisait toujours asseoir quand ses frères n'y étaient pas. Il ne me parla pas du tout tant que le repas dura : ce qu'il n'avait pas coutume de faire, car il ne manquait pas de prendre toujours garde à moi en mangeant. Et je pensais vraiment qu'il était fâché contre moi, parce que j'avais dit qu'il n'avait encore rien dépensé de ses deniers, et qu'il dépensât largement.

« Tandis que le roi ouït ses grâces, j'allai à une fenêtre grillée qui était en un renfoncement vers le chevet du lit du roi, et je tenais mes bras passés parmi les barreaux de la fenêtre, et je pensais que si le roi s'en venait en France, je m'en irais vers le prince d'Antioche (qui me tenait pour parent et qui m'avait envoyé quérir), jusques à tant qu'une autre croisade me vînt rejoindre, ou qu'une paix fût conclue, par quoi les prisonniers fussent délivrés selon le conseil que le sire de Bourlémont m'avait donné.

« Au moment où j'étais là, le roi se vint appuyer sur mes épaules et me tint ses deux mains sur la tête. Et je pensais que c'était monseigneur Philippe de Nemours, qui m'avait causé trop d'ennui ce jour-là pour le conseil que j'avais donné au roi; et je dis ainsi : « Laissez-moi en paix, monseigneur Philippe! » Par aventure, en faisant tourner ma tête, la main du roi me tomba au milieu du visage, et je reconnus que c'était le roi à une émeraude qu'il avait au doigt. Et il me dit : « Tenez-vous coi; car je vous veux demander « comment vous, qui êtes un jeune homme, vous fûtes si hardi « que vous m'osâtes conseiller de demeurer, contre tous les grands « hommes et les sages de France qui me conseillaient de m'en « aller. »

— « Sire, fis-je, si j'avais le mal dans le cœur, je ne vous conseil- « lerais à aucun prix que vous le fissiez. » — « Dites-vous, fit-il, que « je ferais une mauvaise action si je m'en allais? » — « Oui, sire, « fis-je; ainsi Dieu me soit en aide ! » Et il me dit : « Si je demeure, « demeurerez-vous? » Et je lui dis que oui, « si je puis, ou à mes « frais ou aux frais d'autrui ». — « Or soyez tout aise, me dit-il, « car je vous sais bien bon gré de ce que vous m'avez conseillé; mais « ne le dites à personne toute cette semaine. »

« Je fus plus à l'aise de cette parole, et je me défendais plus hardiment contre ceux qui m'assaillaient . . . . . [1]. » Peut-être même le sénéchal trouva-t-il moyen de manifester ses sentiments d'une manière plus éclatante encore qu'il ne les avait déclarés dans le conseil? Il courut alors dans Acre une chanson où l'on suppliait le roi de ne pas quitter la Terre-Sainte, avec une insistance et des arguments tellement identiques à ceux que l'on remarque dans la partie correspondante des Mémoires que M. Gaston Paris n'a pas cru trop s'aventurer en l'attribuant à Joinville [2]. Mais son ardeur n'était guère partagée, et lorsque, au bout d'une semaine, saint Louis déclara sa volonté de rester en Terre-Sainte pour empêcher la ruine du royaume de Jérusalem, « il y en eut beaucoup qui ouïrent cette parole qui furent ébahis et il y en eut beaucoup qui pleurèrent [3] ».

A en croire Joinville, il semblerait que le roi eût agi contre le sentiment presque unanime de son conseil. Cependant des textes dont il est impossible de contester l'autorité, tels que la lettre offi-

---

[1] Joinville, § 430-434. — [2] *Romania*, XXII, 547. — [3] Joinville, § 437.

cielle adressée par le roi à ses sujets en août 1250 ou la célèbre lettre de Jean Sarrasin, mentionnent en termes exprès que la résolution de rester en Terre-Sainte fut conseillée par « presque tous » les membres de l'assemblée, à l'exception d'un petit nombre. Une pareille contradiction serait de nature à porter une grave atteinte à la véracité de Joinville en faisant croire qu'il a voulu grandir son rôle aux dépens de la vérité. Cette véracité pourtant, comment la mettre en doute quand on voit le sénéchal citer les noms de chacun de ceux qui prirent la parole, indiquer l'ordre dans lequel ils étaient assis, rapporter les termes dans lesquels ils formulèrent leur opinion? Si c'étaient là des détails inventés, il faudrait reconnaître à Joinville une puissance d'imagination tout à fait extraordinaire de la part d'un homme chez qui les facultés créatrices étaient beaucoup moins développées que les facultés d'observation. Nous croyons d'ailleurs pouvoir tout éclaircir en montrant que, loin d'altérer la vérité de parti pris, Joinville n'a fait qu'une confusion très excusable lorsqu'elle est commise à près de soixante ans de distance des événements qu'il s'agit de raconter.

Il importe de noter avant tout que, dans la lettre du roi comme dans celle de Jean Sarrasin, il est dit que, jusqu'au jour où l'on sut que les émirs devaient rompre la trêve, Louis était si bien résolu à revenir en France qu'il avait même déjà commencé ses préparatifs de retour[1]. De cette première résolution, comme de la rupture de la trêve, Joinville ne dit pas un mot. Or, pour qui connaît les habitudes des princes du moyen âge et particulièrement celles de saint Louis, il est inadmissible qu'une résolution de cette gravité ait été prise sans que le roi ait demandé ce « service de conseil » qui était l'une des premières obligations des vassaux envers leur suzerain. Ce serait, selon nous, dans ce premier conseil que Joinville aurait été presque seul à combattre l'idée du retour en France.

---

[1] « Voluntatem et propositum habuimus ad partes regni Franciæ revertendi : et jam disponi feceramus de navigio et aliis quæ ad nostrum passagium necessaria videbantur. » (Du Cange, *Dissertations sur l'Histoire de saint Louis*, p. 387.)

L'attitude prise par le sénéchal, la rigueur de son sentiment du devoir, tout cela n'avait rien que de respectable et l'on s'explique très bien que le roi ait tenu à l'assurer après le conseil qu'il « lui savait bien bon gré » du langage qu'il avait tenu en même temps qu'à lui recommander le silence; cette seconde recommandation avait sans doute pour but d'éviter les discussions dans lesquelles il semble que le chevalier champenois apportât parfois plus de chaleur qu'il ne convenait. On remarquera du reste que, dans le récit de cet entretien, tel que le rapporte Joinville lui-même, on ne voit pas que le roi ait prononcé une parole d'où l'on puisse induire que sa première résolution fût le moins du monde ébranlée.

C'est sans doute sur ces entrefaites que l'on connut la déloyauté des émirs. La situation entièrement changée nécessitait la réunion d'un nouveau conseil. Qui pouvait avoir le cœur assez dur pour abandonner de gaieté de cœur les Chrétiens qui se trouvaient encore aux mains des Infidèles? Les mêmes hommes qui avaient dû naguère soutenir le projet de retour en France, conseillé par la reine Blanche et universellement souhaité par les Croisés, opinèrent cette fois pour qu'on restât. Joinville lui-même ne cite-t-il pas un exemple de ce changement d'opinion? Après avoir nommé Charles d'Anjou parmi ceux qui, dans le premier conseil, se déclarèrent les partisans les plus décidés du retour, il nous le montre quand, au bout de quelques jours, on le fit partir pour la France « menant tel deuil que tuit s'en merveillèrent[1] ». Joinville, toujours plus vivement frappé de ce qui se passait sous ses yeux que préoccupé d'en pénétrer les motifs, ne paraît pas avoir été curieux de savoir d'où provenait ce changement. Tout cela, d'ailleurs, s'était écoulé dans le court espace de temps compris entre le jour de l'arrivée du roi à Acre et le jour où il publia sa résolution de rester en Syrie, c'est-à-dire entre le 14 mai et le 20 juin 1250[2]. Quand, sur ses vieux jours, Jean se mit à dicter ses souvenirs de cette

---

[1] Joinville, § 442. — [2] N. de Wailly, *Résumé chronologique*, p. 506 de l'édition de Joinville.

époque, il y en avait deux qui devaient assurément primer et facilement effacer tous les autres : le rôle important qu'il avait joué dans cette journée mémorable où il s'était seul opposé au retour, et le fait que le roi avait fini par prendre le parti qu'il avait conseillé. De là, entre les divers conseils tenus avant et après le jour où l'on apprit la rupture des trêves, une confusion toute naturelle et qui, portant uniquement sur la succession des événements, n'autorise en aucune façon à douter de l'exactitude des détails rapportés par Joinville d'une manière si précise.

Parmi ces détails, il en est un d'ailleurs sur lequel le récit de Jean Sarrasin concorde avec celui de l'ami de saint Louis : c'est sur la tristesse avec laquelle ceux-là mêmes qui avaient opiné pour qu'on restât en Terre-Sainte accueillirent la décision du roi. « Assés y ot de pitié, de larmes plorées quand ils oïrent ainsi le roi parler », dit Sarrasin; c'est que ce n'étaient pas seulement les hauts barons qui souhaitaient le retour; tous les Croisés y étaient si enclins que ceux que le roi voulut engager mettaient leurs services à un prix exorbitant. Joinville trouva cependant Pierre de Pontmolin et deux autres bannerets qui consentirent à servir sous ses ordres moyennant chacun 400 livres pour huit mois; et lui-même se vit obligé de demander une somme de 2,000 livres pour sa solde et celle des cinquante chevaliers formant sa compagnie [1].

L'intérêt du royaume de Jérusalem paraît, en dépit des déclarations officielles, avoir eu moins de part à la détermination de saint Louis que des scrupules analogues à ceux auxquels obéissait Joinville. On retrouve en effet, dans les entretiens où Louis IX découvrait à ses frères ses véritables pensées, ce sentiment du devoir envers le « menu peuple » chrétien qui inspirait à Pierre de Bourlémont les recommandations qu'il adressait au sénéchal. « La compassion pour les captifs, disait trente-deux ans plus tard Charles d'Anjou lors de l'enquête pour la canonisation de son frère, ce fut

[1] Joinville, § 439-441 et 504.

là, plus que toute autre chose, ce qui le détermina à rester afin de les délivrer, comme il les délivra en effet; s'il fût revenu, ils n'auraient jamais recouvré la liberté [1]. » Sans doute, on doit regretter que cette pensée toute chrétienne ait privé pendant quatre ans encore la France de son roi. Comme souverain, saint Louis commit peut-être une faute, de même que Jean en commit une autre comme seigneur de Joinville en abandonnant ses domaines pendant le même temps. Mais si, au point de vue humain, il y eut faute de part et d'autre, on ne peut s'empêcher d'admirer la conformité de ces deux nobles âmes qui sacrifiaient tous les intérêts au devoir. D'ailleurs le royaume de France pas plus que les domaines de Joinville n'étaient complètement abandonnés, puisque le roi et le sénéchal avaient l'un et l'autre laissé derrière eux une mère sage et prudente; de plus, les frères du roi allaient revenir en France. On put voir, en cette occasion, quelle confiance ils avaient dans l'attachement de Joinville pour saint Louis. « L'un et l'autre frères, dit-il, me prièrent beaucoup que je prisse garde au roi; et ils me disaient qu'il ne demeurait personne sur qui ils comptassent autant [2]. » Au moment du départ, le comte d'Anjou s'abandonna au plus violent désespoir; était-ce le regret de n'avoir pu trouver l'occasion de s'illustrer? Était-ce simplement la douleur qu'il ressentait à se séparer de son frère? La situation de ceux qui restaient n'était pourtant pas bien enviable. Trop peu nombreux pour agir d'une manière efficace, ils allaient consumer leur temps en longs repos, en combats sans éclat, en négociations presque toujours stériles. Plus d'un dut regretter de n'avoir pas suivi les princes dans leur retour. Quant à Joinville, il trouvait dans sa foi le plus sûr des réconforts, et dans les conseils de son maître le plus puissant soutien de sa foi.

---

[1] C¹ᵉ Paul Riant, *Déposition de Charles d'Anjou pour la canonisation de saint Louis*, dans les *Notices et documents publiés pour la Société de l'Histoire de France à l'occasion du cinquantième anniversaire de sa fondation*, p. 174-175. Paris, Renouard, 1884.

[2] Joinville, § 442.

Certes on a vu combien cette vertu était déjà profondément enracinée chez lui; mais, à partir de cette traversée où se resserra si fort l'intimité du roi et du jeune sénéchal, elle s'échauffa et devint plus féconde au contact de celle de saint Louis. « Faire de bonnes œuvres et croire fermement », telle était la règle de conduite que celui-ci donnait à son ami, et le commentaire qu'il y ajoutait était presque aussi simple. Faire de bonnes œuvres, c'était ne faire et ne dire que ce qu'on ne craindrait ni de faire ni de dire devant tous; croire fermement, c'était mettre toute sa volonté à accepter sans réserve les vérités prophétisées et prêchées aux croyants et aux mécréants. Hors de là, point de salut.

Sous l'influence de ces idées, « pour exciter, comme il le dit lui-même, les gens à croire ce dont ils ne se peuvent dispenser », Joinville employa les loisirs de son séjour en Acre, après le départ des princes, à composer une sorte d'illustration du *Credo* par des rapprochements avec les prophéties et par des commentaires. Afin de mettre son ouvrage à la portée de tous, il le fit accompagner de peintures destinées moins à l'orner qu'à frapper l'esprit de ses lecteurs en attirant leurs regards. Bien que, dans quelques-unes de ces peintures, l'auteur ait fait représenter des scènes telles que le Jugement dernier ou la séparation des bons anges et des mauvais anges, il était loin de se former des choses surnaturelles la conception grossière et toute matérielle qu'en ont les esprits les moins éclairés. On n'en peut douter en lisant le début de son œuvre : « Vous pouvez, y est-il dit, voir ci-après peints et écrits les articles de notre foi par lettres et par images, comme on peut peindre selon l'humanité de Jésus-Christ et selon la nôtre. Car la Divinité et la Trinité et le Saint-Esprit, main d'homme ne les peut peindre[1]. » Quelle que fût néanmoins l'impuissance des moyens dont l'homme peut disposer, Jean reconnaissait la nécessité d'agir sur les sens pour parvenir jusqu'à l'âme.

[1] *Credo*, § 771.

Sans doute, en concevant un tel plan, il ne faisait que suivre l'usage courant à cette époque pour les ouvrages de grande vulgarisation; les résumés de l'Histoire sainte et de l'Histoire ecclésiastique, les Bibles moralisées, les légendes de saints populaires étaient présentés sous la forme de recueils d'images dans lesquels le texte ne jouait qu'un rôle secondaire; mais il est aussi permis de croire, avec M. de Wailly, qu'il y trouvait également la satisfaction de ce penchant naturel pour tout ce qui parle aux yeux qui le portait à faire peindre, soit dans les livres qu'il parcourait habituellement, soit sur les verrières de ses chapelles, les scènes dont il avait été le témoin, goût inspiré certainement par cette singulière faculté d'observation qui, jusque dans les circonstances les plus tragiques, lui permettait de noter des détails insignifiants en apparence [1]. Cette précision dans l'observation est une garantie de l'importance historique de certaines des miniatures en question; car s'il résulte du texte même du *Credo* que les figures qui l'accompagnent forment un complément nécessaire de l'œuvre de l'écrivain, on en doit conclure qu'elles ont été composées sur ses indications, et l'une d'elles prend en ce cas la valeur d'un document biographique.

Joinville, en effet, rapproche de l'article du symbole relatif à la résurrection du Sauveur les paroles si chrétiennes qu'il avait entendues tomber des lèvres d'un vieillard infidèle, au moment où les Croisés prisonniers croyaient leur dernière heure arrivée. La représentation de cette scène est assurément la plus curieuse de toutes les miniatures du *Credo*. On y voit, au milieu des jeunes Sarrasins, « les espées traites », le vieillard reconnaissable à sa petite taille, à sa barbe, à ses « treces chenues », à ses béquilles [2]. Malheureuse-

---

[1] *Histoire de saint Louis*, § 492-493.
[2] Voir l'Éclaircissement XV° consacré aux miniatures du *Credo*, dans l'édition de M. de Wailly, p. 493. La miniature en question y est reproduite page 498 sous le n° 13. Il résulte des termes employés par M. de Wailly que M. A.-F. Didot avait cru pouvoir reconnaître le sénéchal dans le seul personnage coiffé d'un chaperon qui se voie parmi les Chrétiens. Cette identification paraît arbitraire, car il n'y a pas de raison de croire que cette coiffure fût particulière à Joinville. Il est d'ailleurs inexact de dire qu'il « était re-

ment aucun indice certain ne permet de distinguer Joinville dans le groupe des Croisés. Tous portent des surcots à manches, et le sénéchal n'avait alors — c'est lui-même qui le dit — d'autre vêtement qu'une couverture fourrée où il avait fait un trou pour y passer la tête. En tout cas, cette peinture contribue à rendre très précieux l'ouvrage qu'elle sert à illustrer; car, en même temps qu'on y trouve la reproduction figurée d'une des scènes les plus importantes de la vie de Joinville, ce petit livret contient comme le portrait moral de l'auteur, l'expression la plus complète de ses doctrines en matière religieuse : doctrines où l'on peut à bon droit chercher un reflet de celles de Louis IX, mais qui cependant avaient guidé toutes les actions du sénéchal, même avant le temps où elles parvinrent à leur plein épanouissement sous l'influence du saint roi. Loin de céder en les formulant à une exaltation sans lendemain, Joinville dut reprendre plus d'une fois l'opuscule composé en Acre, et il est certain qu'il en donna au moins une autre édition en 1287, alors que depuis dix-sept ans saint Louis reposait sous les voûtes de Saint-Denis.

La vie que le sénéchal allait mener pendant le reste de son séjour en Terre-Sainte n'avait plus rien de l'incertitude d'un service en campagne et lui-même en a laissé un curieux tableau. Son train de maison était considérable, car, outre les dix chevaliers à ses gages[1], le roi lui en avait donné quarante autres à commander, de sorte que, toutes les fois qu'on appelait aux armes, il n'en mettait pas en ligne moins de cinquante[2]. Chaque jour, il recevait à sa table ses dix chevaliers et dix autres chevaliers de son corps de bataille. Suivant l'usage du pays, tous étaient assis par terre, sur des

---

présenté avec la même coiffure sur la pierre de son tombeau», sur laquelle il est figuré avec un capuchon de mailles. (Voir Champollion-Figeac, pl. II, et Didot, p. 106.)

[1] A ce moment, Joinville dit positivement qu'il avait dix chevaliers (§ 504), tandis qu'il semble n'en avoir eu que neuf à son départ de France. «Je, qui n'avoie pas mil livrées de terre, dit-il au § 136, me chargeai, quand j'allai outremer, de moy dixiesme de chevaliers.»

[2] Cf. la correction au § 504 des Mémoires de Joinville proposée par M. Gaston Paris (*Romania*, année 1874, p. 408-409).

nattes, en face les uns des autres. Au retour des chevauchées en armes, il traitait les soixante chevaliers tous ensemble; enfin il ne manquait pas d'inviter tous les riches hommes de l'armée à venir célébrer avec lui les grandes fêtes; on juge par là de ce que devaient être ses dépenses. Aussi avait-il grand soin de faire ses approvisionnements en moutons et en porcs sur pied, en farine et en vin dès la Saint-Rémy, car le mauvais état de la mer rendait les arrivages plus rares, et par suite les denrées plus chères pendant l'hiver. Pour le vin, il ne fallait pas moins de cent tonneaux; et pourtant, en bon ménager, il faisait tremper d'eau le vin des valets et tremper un peu moins celui des écuyers. Quant aux chevaliers, on leur servait séparément du vin et de l'eau qu'ils mélangeaient comme ils l'entendaient[1]. Leur chef lui-même n'était pas trop enclin à leur donner l'exemple. En Chypre, tout au moins, il buvait son vin pur, prétendant agir en cela par l'ordonnance des médecins qui lui auraient dit qu'il avait une grosse tête et un froid estomac, et qu'il ne pouvait s'enivrer. Comme il donnait un jour cette belle raison au roi, celui-ci lui démontra que s'il continuait dans sa vieillesse l'usage du vin pur, il serait ivre tous les soirs, et que « c'était trop laide chose à un vieil homme de s'enivrer »; et que, s'il essayait alors de tremper son vin sans en avoir pris l'habitude, sa santé en serait perdue[2]. Mais Joinville ne dit pas s'il suivit le conseil du roi.

Sa vie cependant était bien celle d'un homme que saint Louis honorait de son amitié : au camp, son lit était disposé de manière à frapper les yeux de quiconque entrait dans sa tente, « et ce fesoie-je, dit-il, pour oster toutes mes créances de femmes ». A l'aube, l'un de ses deux chapelains lui disait sa messe, tandis que l'autre attendait que ses chevaliers et ceux de son corps de bataille fussent levés. Après sa messe, il se rendait chez le roi et lui tenait compagnie les jours où celui-ci voulait chevaucher, ou bien il passait la matinée à travailler avec lui lorsqu'il arrivait des dépêches[3].

---

[1] Joinville, § 502-504. — [2] Joinville, § 23 de l'édition Hachette. — [3] Joinville, § 501.

On murmurait bien un peu, parmi les barons, de la bienveillance marquée avec laquelle le roi acceptait les propositions du sénéchal de Champagne. Lorsque Jean de Valenciennes, qu'on avait envoyé en Égypte pour y négocier la libération des captifs, ramena deux cents chevaliers français, il s'en trouva une quarantaine de la cour de Champagne. Joinville, après les avoir fait habiller à ses frais, demanda au roi de les retenir à son service, et comme un membre du conseil objectait la dépense qu'entraînerait cet engagement, il soutint son avis avec tant de passion qu'il se mit « à pleurer très fortement ». Le roi le calma, prit les chevaliers à ses gages et les mit sous les ordres de Joinville [1].

Il ne paraît pas, d'ailleurs, que le sénéchal ait eu, pendant le séjour en Acre, l'occasion de conduire sa troupe à l'ennemi, car il déclare lui-même qu'il ne sait comment il se fit que jamais les Sarrasins ne les attaquèrent de toute cette année [2]; mais il espérait toujours que le moment arriverait où ses services pourraient être utiles, et il ne demandait qu'à les continuer après le jour de Pâques 1251, terme de son premier engagement. A cette époque, il se trouvait à Césarée auprès de saint Louis, qui s'y était établi depuis quelque temps pour la fortifier. Quand il s'agit de faire savoir ses conditions de rengagement, il repoussa l'idée d'une augmentation de ses appointements, en déclarant vouloir faire un autre marché. Plusieurs passages des Mémoires de Joinville [3] prouvent que, malgré la sainteté de son caractère, Louis IX s'emportait facilement : « Parce que, lui dit son ami, vous vous fâchez quand l'on vous demande quelque chose, je veux que vous conveniez avec moi que, si je vous demande quelque chose pendant toute cette année, vous ne vous fâcherez pas; et si vous me refusez, je ne me fâcherai pas non plus. Quand il ouït cela, il commença à rire aux éclats et me dit qu'il me retenait à cette condition [4]. » Il semble que le pacte ne

---

[1] Joinville, § 467-468.
[2] Joinville, § 470.
[3] Entre autres, l'épisode où il est question de Ponce, l'ancien écuyer de Philippe Auguste, § 661-662.
[4] Joinville, § 500.

fut très exactement observé ni d'une part ni de l'autre; car, peu de temps après, le roi accueillit assez mal une demande de son ami[1], et, dans une autre occasion, ce fut Joinville qui s'emporta au point de menacer saint Louis de quitter son service, s'il ne faisait justice à un chevalier champenois maltraité par un sergent royal[2]. D'ailleurs, bien qu'il arrivât quelques chevaliers, tels que Philippe de Toucy, ou même des gentilshommes norvégiens[3], ces renforts n'avaient guère d'importance et Joinville restait le personnage le plus considérable qu'il y eût dans le camp[4]. Aussi le ménageait-on fort et le maître de l'Hôpital infligeait, sans se faire prier, une humiliante punition à plusieurs Frères qui avaient brutalement coupé la chasse à des chevaliers de son corps lancés à la poursuite d'une gazelle, punition qu'il fallut toute la bonne grâce de Joinville pour faire lever[5].

On pouvait enfin espérer sortir de l'inaction: les émirs d'Égypte, dont le sultan d'Alep et de Damas avait secoué le joug, offrirent au roi de lui abandonner le royaume de Jérusalem s'il consentait à les aider contre le sultan. Saint Louis accepta; une trêve de quinze ans fut signée. Croisés et Égyptiens promirent de se trouver en même temps, au mois de mai 1252, les premiers à Jaffa, les autres à Gaza. Mais, au jour dit, le sultan d'Alep ayant fait occuper Gaza par quatre mille hommes, les émirs n'osèrent s'en approcher et les Chrétiens, déjà arrivés à Jaffa, étaient trop faibles pour agir seuls. Le roi profita de son séjour pour fortifier un bourg neuf autour de l'ancien château; Joinville l'y vit plus d'une fois porter lui-même la hotte pour gagner les indulgences[6]. Il y eut cependant quelques affaires dans lesquelles le sénéchal contribua à repousser les gens du sultan[7]. Ses services étaient d'ailleurs assez appréciés pour que le roi crût devoir les reconnaître en lui accordant, dès le mois

---

[1] Au sujet du cheval d'un chevalier dégradé, Joinville, § 506.
[2] Joinville, § 509-510.
[3] Joinville, § 493-495.
[4] Joinville, § 500.
[5] Joinville, § 507-508.
[6] Joinville, § 517.
[7] Joinville, § 519.

d'avril 1253, une rente héréditaire de 200 livres[1]. Il joua surtout un rôle considérable dans les escarmouches qui eurent lieu vers la fin du séjour; sur sa demande, le roi le chargea d'aller, avec le Temple et l'Hôpital, poursuivre un corps musulman qui venait de déconfire les chevaliers de Saint-Lazare près de Ramleh[2]. Mais ces combats restaient sans conséquences profitables; les Égyptiens firent la paix avec le sultan d'Alep et celui-ci rappela ses gens de Gaza.

La garnison de cette ville, forte de vingt mille Sarrasins et de dix mille Bédouins, devait, dans sa retraite, passer à moins de deux lieues du camp chrétien. Comme on redoutait une attaque, le maître des arbalétriers était resté durant trois jours et trois nuits à les observer, lorsque, le 6 mai, il se trouva entouré. Un de ses sergents parvint à s'échapper et à en porter la nouvelle au roi qui entendait alors un sermon. Joinville demanda cette fois encore à commander les renforts; on lui donna quatre à cinq cents hommes avec lesquels il n'eut qu'à se présenter pour faire déloger les ennemis qui s'étaient mis entre les arbalétriers et le camp. Le roi lui envoya presque aussitôt l'ordre de rentrer dans la ville, sans pousser plus avant une action, à coup sûr inutile, et peut-être très aventureuse[3].

Joinville dictait ses souvenirs à une date si éloignée des événements qu'il lui est arrivé plus d'une fois de ne pas les rapporter dans l'ordre où ils se sont réellement succédé. D'après lui, ce serait à Sidon que le roi aurait reçu la nouvelle de la mort de sa mère, parvenue en réalité pendant son séjour à Jaffa[4]. Pendant deux jours, saint Louis se tint enfermé dans sa chambre; mais la première personne qu'il fit appeler, ce fut son ami, et dès qu'il le vit paraître : «Ah! sénéchal, s'écria-t-il, j'ai perdu ma mère!» La

---

[1] Cat. n° 341.
[2] Joinville, § 540-542.
[3] Joinville, § 543-546.
[4] Geoffroy de Beaulieu, dans les *Historiens de France*, XX, 17. — Voir aussi les *Éclaircissements* de M. de Wailly, à la suite de son édition de l'*Histoire de saint Louis*, par Joinville, p. 507.

reine, qui pourtant n'avait pas à se louer de Blanche de Castille, semblait aussi affligée que son époux, et comme Joinville, qui n'était pas moins avant dans sa confiance que dans celle du roi, lui en laissait voir son étonnement, elle lui dit que ce n'était pas pour la défunte qu'elle pleurait, mais pour la douleur que le roi ressentait et pour les inquiétudes qu'elle avait sur l'état de sa fille restée en France et qui n'avait plus de femme pour veiller sur elle [1].

Sans doute, comme tout le monde en France, Marguerite eût souhaité voir le roi venir reprendre le gouvernement de ses États; mais tout entier à son vœu de croisé, saint Louis, confiant dans ses deux frères à qui incombait la régence après la mort de leur mère, ne parlait pas de retour. N'ayant plus rien à faire à Jaffa, il en partit, le 29 juin, pour aller fortifier Sidon. Pendant ce voyage, Joinville était toujours auprès de Louis IX, et sa situation confidentielle était si connue que ce fut à lui que s'adressèrent des pèlerins de la Grande-Arménie pour obtenir de voir celui qu'ils appelaient déjà « le saint roi ». Ce trait dut être l'un de ceux que rapporta le sénéchal lorsque, quarante-deux ans plus tard, il eut à déposer dans le procès de canonisation de son ami; mais il est douteux qu'il ait répété alors la saillie dont il accompagna la transmission de leur requête: « Sire, dit-il, il y a là dehors une grande foule de la « Grande-Arménie qui va en Jérusalem; et ils me prient, Sire, que « je leur fasse voir le saint roi; mais je ne désire pas encore baiser vos os. » Et il rit aux éclats et me dit que je les allasse quérir; et ainsi fis-je [2]. »

On était alors campé auprès d'Acre. Deux jours après, devant Tyr, il fut décidé qu'on irait tenter de reprendre Bélinas. L'entreprise était hasardeuse; le conseil ne voulut pas que saint Louis se joignît à l'expédition; mais Joinville y prit part avec les troupes du roi. Partis à la tombée de la nuit, les Croisés aperçurent, à l'aube,

---

[1] Joinville, § 603-606. — [2] Joinville, § 566.

Bélinas dominée par sa forteresse bâtie à près d'une demi-lieue en arrière, sur les premières pentes du Liban. Tandis que les Templiers continuaient à marcher directement sur la cité, les Hospitaliers allèrent l'attaquer par la droite et les barons du pays par la gauche. Quant au corps de bataille du roi dans lequel se trouvaient Joinville et le comte d'Eu, il fut chargé d'aller occuper les pentes comprises entre la ville et la forteresse, mission très périlleuse, car la côte était si raide que les chevaux y pouvaient à peine tenir pied; de plus, ce terrain était défendu par un nombreux corps turc et coupé par six murs en pierres sèches que les éclaireurs à pied commencèrent à démolir. Cependant une partie du corps de bataille inclinait à se jeter dans la ville, et il paraît même que déjà des fantassins y avaient pénétré; mais Joinville insista pour qu'on s'en tînt à la stricte exécution des ordres reçus et, prêchant d'exemple, il se dirigea vers la pente avec deux de ses chevaliers. Voyant s'abattre le cheval d'un sergent qui avait tenté de franchir un mur à moitié démoli, il mit pied à terre et continua à monter en tenant son destrier par la bride. Les Turcs s'enfuirent sans l'attendre, et ceux qui étaient dans la ville, voyant les hauteurs qui les dominaient occupées par les Croisés, se retirèrent aussi sans essayer de résister plus longtemps.

La situation de Joinville était encore dangereuse. Les Templiers, qui le comprirent, se dirigèrent de son côté, afin de lui prêter main-forte; avant même d'être arrivés, ils purent voir que leurs craintes étaient fondées. Des Allemands placés sous les ordres du comte d'Eu, apercevant les Turcs qui remontaient vers le château, se lancèrent follement à leur poursuite, dans une pente semée de grosses roches. Bientôt contraints de rétrograder, ils furent à leur tour poursuivis par des Sarrasins à pied qui, profitant des accidents du terrain, se glissaient dans les rochers, du haut desquels ils les assommaient au passage ou les désarçonnaient. A cette vue, une panique saisit les sergents restés autour de Joinville; mais celui-ci sut les retenir en les menaçant de les faire retrancher à tout jamais des gages du roi; et comme ils lui disaient qu'il lui était facile de montrer de la bravoure, à lui qui était à cheval et qui pourrait s'enfuir, tandis qu'eux, qui étaient à pied, seraient tous massacrés, il mit de nouveau pied à terre et renvoya son cheval aux Templiers qui se tenaient à une portée d'arbalète au-dessous d'eux.

En fait de courage, Joinville n'avait à prendre exemple sur personne; par contre, il est difficile de ne pas voir un souvenir des leçons du roi dans l'énergie avec laquelle il essaya de maintenir les siens au poste qui leur avait été assigné. Un de ses chevaliers, Jean de Bussy, venait d'être tué dans la charge téméraire des Allemands; Hugues d'Écot, oncle du défunt, suppliait le sénéchal de l'aider à emporter le corps : «Malheur à qui vous aidera, répondit-il avec une sévérité qui rappelait celle de saint Louis vis-à-vis de Gautier d'Autrèche, car vous êtes allé là-haut sans mon commandement; s'il vous en est mal arrivé, c'est à bon droit. Rejetez-le dans la boue[1], car je ne partirai pas d'ici jusques à tant que l'on me reviendra quérir.»

Il y avait d'autant plus de courage dans cette opiniâtreté que le secours ne venait pas. Il ne semble pas que les Templiers eussent continué leur mouvement. Parmi les chevaliers restés au bas de la colline, Guillaume de Beaumont faisait déjà courir le bruit que Joinville avait péri. «Ou de sa mort ou de sa vie je dirai des nouvelles au roi», répondit le vaillant Olivier de Termes, et avec quelques braves Languedociens, il monta sur le plateau. Cette fois, le sénéchal consentit à se retirer; mais on ne pouvait songer à descendre la pente suivie à la montée; elle était trop rapide et les Sarrasins n'auraient eu qu'à se laisser tomber sur les Croisés en retraite pour en faire un grand carnage. Olivier imagina de couper la côte en biais dans la direction de Damas, de manière à faire croire aux ennemis qu'on voulait les attaquer par derrière, et,

---

[1] Le mot de Joinville est encore plus énergique : «Reportès le aval en la longaingne.» (Joinville, § 577.)

une fois en plaine, à piquer des éperons en contournant la ville. Joinville et lui purent ainsi prendre assez d'avance pour rendre la poursuite inutile et atteindre le camp chrétien où personne ne semblait s'occuper d'eux. Dans leur retraite, ils avaient encore réussi à incendier quelques moissons. Il ne paraît guère que cette expédition ait eu d'autres résultats, car, dès le lendemain, les Croisés reprirent la route de Tyr où ils arrivèrent avant le soir [1].

Le jour suivant, ils gagnèrent Sidon, où le roi les avait précédés. Le camp était déjà dressé et Louis IX avait pris soin d'y marquer lui-même les places des logements de ses barons. C'est ainsi qu'il avait eu l'attention de loger Joinville à côté du comte d'Eu [2], qui s'était étroitement lié avec lui. Grâce à ce voisinage, le comte put, durant leur séjour, jouer à son ami des tours d'enfant, que le bon Joinville aimait encore à se rappeler un demi-siècle plus tard; profitant de ce qu'on laissait ouverte la porte de la baraque où le sénéchal mangeait avec ses chevaliers, il dressait dans son logis une petite baliste, et, saisissant le moment où les Champenois étaient à table, il brisait tout à son aise leurs pots et leurs verres. Un autre jour, il lâchait dans le poulailler de Joinville un ourson privé qui avait déjà tué une douzaine de volailles avant que la femme qui les gardait pût le chasser à grands coups de sa quenouille [3].

On voit que cette amitié, qui devait tenir plutôt de la camaraderie, ne pouvait entrer en comparaison avec l'amitié profondément dévouée que Joinville portait au roi. Celle-ci ne faisait que s'accroître, et elle le portait à toujours craindre pour la sûreté de saint Louis. Et que ne pouvait-on redouter, entouré d'ennemis et dans un pays si voisin du terrible Vieux de la montagne et de ses assassins? Joinville connaissait bien leurs mœurs [4]; pendant le séjour à

---

[1] Joinville, § 569-582.

[2] Alfonse de Brienne, comte d'Eu, devait avoir avec Joinville quelque lien de parenté.

[3] Joinville, § 582-583.

[4] On sait tout ce que le sénéchal en raconte dans ses Mémoires, § 249, 451, 463.

Sidon, un matin qu'il entendait la messe avec saint Louis, dans une petite église des environs, il fut frappé de la mauvaise mine du clerc qui assistait le célébrant. C'était un grand homme, noir, maigre, hérissé, et qui pouvait passer pour un assassin déguisé. Le sénéchal ne voulut pas lui laisser un seul prétexte d'approcher; quand vint l'offrande, il lui prit lui-même la paix des mains et la porta à baiser au roi. Ce dévouement, du reste, ne le portait pas à se faire valoir, car ce ne fut que par hasard que saint Louis connut le motif de la conduite de son ami[1]. L'affection de Joinville s'étendait d'ailleurs à toute la famille royale; c'est ainsi que, lors de l'arrivée à Sidon de la reine, qui était venue par mer de Jaffa où elle était accouchée de sa fille Blanche, il mit plus d'empressement que le roi lui-même à aller la recevoir. Par un détachement peut-être excessif des choses de la terre, Louis ne parlait jamais de la reine ni de ses enfants; cette occasion fut la première où Joinville le vit rompre son silence habituel pour demander de leurs nouvelles. Telles n'étaient pas les façons d'agir du sénéchal; malgré sa tendre admiration pour le roi, il déclare franchement que «ce n'était pas une bonne manière, ainsi qu'il me semble, d'être étranger à sa femme et à ses enfants[2]». De tels mots font voir, mieux que de sentimentales déclamations, quel courage il avait fallu à Jean pour recommander le séjour en Terre-Sainte loin de ces «deux beaux enfants» qui grandissaient sans le connaître. C'est peut-être en pensant à eux que, le jour de la Toussaint 1253, il proposa aux seigneurs réunis à sa table de prendre à leur charge les enfants d'un pauvre chevalier qui venait de débarquer. Lui-même donna l'exemple en en recueillant un, dont le comte d'Eu voulut ensuite se charger[3].

Il y avait déjà plus d'un an que la reine Blanche était morte; les plus zélés parmi les Croisés, et Joinville lui-même, trouvaient que le séjour en Syrie s'était déjà bien prolongé. Cependant saint

---

[1] Joinville, § 583-590. — [2] Joinville, § 593-594. — [3] Joinville, § 595.

Louis ne parlait pas de revenir, et ce fut par hasard que son confident put recueillir un indice de ses intentions. Un jour qu'il demandait la permission d'aller en pèlerinage à Notre-Dame de Tortose, le roi le chargea d'acheter des camelins pour les donner aux Cordeliers à son retour en France. « Alors, dit Joinville, mon cœur se calma; car je pensai bien qu'il n'y demeurerait guère. » Ce voyage amena le sénéchal à Tripoli, où il fut reçu par Boémond VI, prince d'Antioche et comte de Tripoli, qui prétendait lui faire de grands présents, mais de qui il ne voulut accepter que des reliques [1]. Dans le nombre se trouvait un fragment du chef de saint Étienne que, près de soixante ans plus tard, il offrit au chapitre de Saint-Étienne de Châlons [2]. La ceinture de saint Joseph, que le sénéchal donna aux chanoines de Saint-Laurent de Joinville, avait sans doute la même origine [3]. Comme il ne semble pas qu'en dehors de ce pèlerinage Jean ait eu d'autres occasions d'approcher du célèbre Krak des Hospitaliers, nous devons croire que ce fut à cette époque qu'il dut y aller prendre l'écu de son grand-oncle Geoffroy V, qu'il rapporta en France et déposa également dans la collégiale de Saint-Laurent [4].

Quant il revint à Sidon, saint Louis n'avait pas encore décidé s'il quitterait la Terre-Sainte; on faisait des processions pour que Dieu l'éclairât. Un jour enfin, le roi et le légat prirent Joinville à part pour « mettre son cœur à l'aise », en lui annonçant que le départ était fixé à la Pâque prochaine. Le pauvre prélat était loin d'éprouver la joie que cette nouvelle causa au sénéchal, et, le pre-

[1] Joinville, § 600.
[2] Cat. n°⁸ 722-723.
[3] *Histoire chronologique et topographique des princes et seigneurs de la ville de Joinville*, par Hincelot, curé de Sommermont, en 1790. (Bibl. nat., ms. français, n° 4021 des Nouvelles acquisitions.)
[4] « Le bouclier susdit fut emporté avec plusieurs autres choses précieuses de ladite église par la gendarmerye de l'empereur Charles cinquiesme, qui y mirent le feu et pillèrent ladite église à la levée du siège de Saint-Dizier, l'an mil cinq cens quarante quatre. » (Bibl. nat., ms. français, n° 11559, fol. 152 r°.) — Voir aussi l'épitaphe de Clairvaux, publiée par M. de Wailly, à la suite de son édition de Joinville, p. 546.

nant pour confident de ses regrets, il lui fit l'aveu de la douleur qu'il ressentait en quittant la cour du roi pour aller résider à celle de Rome « au milieu de ces déloyales gens qui y sont[1] ».

Bientôt après, Joinville fut chargé d'escorter à Tyr la reine et ses enfants; la mission était dangereuse, car on n'avait de trêve ni avec les émirs d'Égypte, ni avec le sultan de Damas; mais nul ne pouvait s'en acquitter avec plus de zèle et de fidélité. Saint Louis vint bientôt les rejoindre, et, le 8 mars, on se rendit à Acre, où tout le carême se passa à préparer la flotte. Malgré son impatience de revoir sa patrie, Jean n'avait pas oublié le serment qu'il avait fait en Chypre, à Marie de Brienne, d'aller, après la Croisade, se mettre au service de l'empire de Constantinople; mais l'accomplissement de cette promesse étant subordonné à l'envoi, par le roi, d'un secours de trois cents chevaliers, il ne devait guère redouter d'avoir à la tenir. Cependant, pour acquitter sa conscience, il mit le roi en demeure d'envoyer le renfort en question et se fit donner un certificat en forme par le comte d'Eu, témoin du refus de saint Louis[2].

Enfin, le 24 avril, on fit voile vers l'occident. Le lendemain, raconte Joinville, « le roi me dit qu'à pareil jour il était né; et je lui dis qu'il pouvait bien dire aussi qu'il était rené en cette journée, et qu'il était bien rené quand il échappait de cette périlleuse terre[3] ». Les dangers, pourtant, n'étaient pas finis : on sait quels furent ceux auxquels saint Louis fut exposé pendant son retour. Jean, qui était sur sa nef, les affronta tous avec lui; il en courut même un de plus, celui d'un refroidissement. Lui-même l'a raconté avec cette bonne humeur toute française, qui saisit le côté comique des événements les plus graves. C'était en vue de Chypre, durant cette nuit terrible où la nef royale perdit, sur un banc de sable, une partie de sa quille; pendant que le roi attendait la mort, prosterné devant le Saint Sacrement, pendant que le commandant

---

[1] Joinville, § 609-613. — [2] Joinville, § 139 et 140. — [3] Joinville, § 617.

du navire, le templier frère Rémond, s'abandonnait au plus violent désespoir, Joinville, sans penser à se vêtir, était monté en hâte sur le pont. Au milieu du tumulte, un de ses chevaliers, Jean de Montson, lui jeta un surcot fourré sur les épaules. « Et, s'écria le sénéchal, qu'ai-je à faire de votre surcot que vous m'apportez quand nous nous noyons? » — « Sur mon âme, Sire, répondit le chevalier, qui n'avait rien perdu de sa présence d'esprit, j'aimerais mieux que nous fussions tous noyés que s'il vous prenait une maladie, par le froid, qui vous donnât la mort [1]. »

Le lendemain, quand, en dépit des avaries de sa nef, le roi déclara vouloir continuer sa route sur le même vaisseau, Joinville ne fut pas de ceux qui, comme le brave Olivier de Termes lui-même, n'osèrent partager le sort de saint Louis. Et pourtant il ne cache pas la grand'peur que la mer lui faisait, mais il n'entrait pas dans son esprit de déserter son ami. Cependant le péril paraissait croître : le même jour, la tempête éclata. Ce fut alors que Joinville, qui déjà, la nuit précédente, avait fait vœu d'aller en pèlerinage à Saint-Nicolas de Varangéville, engagea la reine à faire une promesse analogue et à jurer, si elle obtenait son salut, celui du roi et de ses enfants, de déposer sur l'autel du saint une nef d'argent de 5 marcs. Marguerite en fit le serment sur l'heure. Quelques instants plus tard, le vent tomba. Après son retour, la reine ne dépensa pas moins de 100 livres à faire ciseler, par un orfèvre de Paris, son magnifique *ex-voto*. Joinville, qu'elle chargea de le faire porter à Varangéville, en fut dans l'admiration. « Sur la nef, dit-il, étaient le roi, la reine et les trois enfants tout d'argent; le marinier, le mât, le gouvernail et les cordages tout d'argent; et les voiles toutes cousues de fil d'argent [2]. »

Durant ce voyage, les deux amis reprirent quelque chose des habitudes de cette première traversée de Damiette à Acre, où leurs cœurs s'étaient ouverts l'un à l'autre. Quoi de plus touchant que

---

[1] Joinville, § 620. — [2] Joinville, § 632-633.

cet entretien familier dans lequel, à la suite des dangers courus devant Chypre, saint Louis parlait à Joinville, assis à ses pieds, de la grandeur et de la miséricorde infinie de Dieu! « Nous devons voir, lui disait-il, que ces menaces que Dieu nous fait ne sont pas pour accroître son profit, ni pour détourner son dommage, mais seulement à cause du grand amour qu'il a pour nous, il nous éveille par ses menaces pour que nous voyions clair à nos défauts et que nous ôtions de nous ce qui lui déplaît [1]. »

Cependant on dépassa Lampédouse, puis Pantellaria; déjà on approchait des rivages de Provence, lorsqu'un nouveau danger vint menacer la famille royale : un commencement d'incendie éclata chez la reine et ne fut arrêté que grâce à sa présence d'esprit. A la suite de cet accident, le roi ne voulut pas s'en rapporter à un autre qu'à Joinville du soin de veiller à ce que tous les feux fussent éteints chaque soir [2]. Enfin, au bout de dix semaines, on jeta l'ancre à deux lieues d'Hyères, sur la côte de Provence; mais saint Louis ne voulait débarquer que sur ses terres, et il prétendait continuer son voyage jusqu'à Aigues-Mortes. Pendant deux jours, il résista aux prières de la reine et de tout son conseil; le troisième, il céda aux remontrances de Joinville et débarqua au château d'Hyères [3], où il resta cinq jours à préparer des moyens de transport.

Malgré son impatience de regagner son pays natal, Joinville resta encore un certain temps avec le roi. Il était avec lui lorsqu'il reçut la visite du franciscain Hugues de Barjols, l'un des plus ardents disciples de Joachim de Flores, l'apôtre de l'*Évangile éternel*. Il fut même si touché de la parole exaltée de frère Hugues qu'il essaya de vaincre les scrupules qui empêchaient l'austère religieux de rester auprès du roi. Quand Louis IX quitta Hyères, Jean était toujours avec lui; il le suivit à Aix, à la Sainte-Baume, et ne le quitta pas avant de l'avoir vu rentré dans ses domaines à Beaucaire. Ce fut là que les deux amis se séparèrent après six années d'une inti-

---

[1] Joinville, § 634-637. — [2] Joinville, § 645-647. — [3] Joinville, § 652-654.

mité presque ininterrompue; mais leur amitié était trop forte pour que la séparation pût être absolue. Leurs rapports se continuèrent en dépit des séjours que le sénéchal dut forcément faire dans ses terres [1].

Nous aussi, nous avons une séparation à subir. Bien que les Mémoires de Joinville s'étendent fort au delà du récit de la Croisade, ils changent de caractère et cessent de former une narration continue. De même qu'il n'y faut plus chercher, ainsi que le dit M. de Wailly, « un récit où soient racontés les événements du règne de saint Louis, mais un tableau qui nous en retrace l'administration », on n'y trouve plus sur le compte de l'auteur que des indications éparses. Quant à suppléer au silence des Mémoires au moyen des actes parvenus jusqu'à nous, ceux-ci sont d'un intérêt relativement si médiocre que les soixante années que Joinville passa en France depuis son retour, le rôle considérable qu'il joua en Champagne tiennent bien moins de place dans nos souvenirs que les six années de Croisade auxquelles se trouve consacrée la plus grande partie des Mémoires. Et pourtant, dans cette partie même, il n'a presque jamais parlé de lui qu'accidentellement, son but principal étant de peindre les vertus et de raconter l'existence de son royal ami. De là l'inévitable disproportion qui se trouve dans toutes les biographies de Joinville. Après avoir vécu de sa vie, partagé son intimité avec saint Louis, il faut nous résoudre maintenant à ne plus l'apercevoir que de loin en loin et à ne connaître que des faits isolés de sa longue carrière.

En quittant le roi, Jean repassa le Rhône et traversa le Dau-

---

[1] § 657-662. — On a dit quelquefois que Joinville avait dû visiter la célèbre église de Saint-Gilles, en Provence. On avait cru reconnaître son nom parmi les *graffiti* qui couvrent la grande colonne à gauche du petit portail de droite. (Voir M. Révoil, *Architecture romane du midi de la France*, p. 63.) J'ai pu déchiffrer une assez grande partie de la phrase dans laquelle figure ce nom, sinon pour en donner une lecture entièrement satisfaisante, au moins pour être assuré qu'il n'y est question ni de Joinville ni d'un laïque. Elle est ainsi disposée :

Hic fuit Johannes Moscauduni(?) clericus de Nouville redux(?) Monbelliaci . . . . .

phiné, où il fut accueilli par sa nièce, la dauphine Béatrix [1], puis par le comté de Chalon, où il fit visite à son oncle, et gagna ainsi son château. Il y rentrait après six ans d'absence, pendant lesquels il n'avait cessé de montrer toutes les vertus du chrétien et du chevalier, rapportant pour tout butin les trophées les plus appropriés aux unes comme aux autres : l'écu du glorieux Geoffroy V et quelques reliques précieuses, telles que la ceinture de saint Joseph et une partie du chef de saint Étienne, mais il y rentrait appauvri.

Malgré la sage gestion de sa mère, ses hommes, privés de leur seigneur, avaient été à ce point victimes des officiers du roi et du comte de Champagne que le domaine ne put jamais s'en relever [2]. On juge par là de tout ce qu'il eut à régler après son retour; de plus, consciencieux comme il était, il dut ne pas tarder à s'acquitter de son vœu, celui de ce pèlerinage à Saint-Nicolas-du-Port, qu'il avait juré d'accomplir à pied et sans chausses. Cependant, dès le mois d'octobre de la même année, on le retrouve auprès du roi à Soissons [3], où il reçut de saint Louis un accueil si affectueux que tous ceux qui étaient présents s'en émerveillèrent. Il fallait que le désir de rencontrer son ami fût bien vif chez le sénéchal, car ses affaires étaient si urgentes qu'elles exigeaient sa présence à Joinville au mois de décembre, et qu'il devait avoir prochainement une occasion de le revoir à Paris lors du parlement de Noël, auquel l'appelaient ses devoirs envers le roi et le comte de Champagne.

Depuis quelque temps déjà, il était question du mariage de Thibaut V avec Isabelle, fille de saint Louis. Comme le roi tardait à donner une réponse définitive, les barons champenois, jugeant que nul n'était mieux vu à la cour de France que le sénéchal, le prièrent d'intervenir. A son confident saint Louis déclara sans détours le motif de sa répugnance : le comte et la comtesse de Bretagne,

---

[1] La femme du dauphin de Viennois était fille de Pierre de Savoie, *le petit Charlemagne*, et d'Agnès de Faucigny, issue de la première union de Béatrix d'Auxonne, mère de Joinville, avec Aimon de Faucigny.

[2] Joinville, § 735.

[3] Joinville, § 664.

beau-frère et sœur de Thibaut V, étaient en instance auprès de lui pour réclamer une partie de l'héritage de Thibaut IV, et le roi craignait, s'il acquiesçait à ce mariage avant la fin du litige, de paraître sacrifier les droits de ses barons à l'établissement de ses enfants. Il exigeait donc, pour donner son consentement, la conclusion préalable d'un accord entre le comte de Champagne et sa sœur [1]. Cette condition fut bientôt remplie, et, dès le mois d'avril 1255, Joinville eut la joie de voir unie à son suzerain la fille de son royal ami. Les devoirs de sa charge l'obligèrent certainement à assister aux fêtes célébrées à Provins à l'occasion du mariage; mais il paraît avoir passé dans ses domaines le reste de l'année [2], ainsi que la plus grande partie des trois années suivantes. C'est en 1258, pendant cette période consacrée sans doute au gouvernement de ses terres et à la réparation des maux causés par son absence, qu'il accorda une charte de franchise aux habitants de Joinville [3].

Peut-être aussi eut-il à ceindre de nouveau l'épée? Vers le mois d'août 1258, son suzerain, le comte de Champagne, qui était entré en paréage avec l'abbaye de Luxeuil, eut à ce sujet, avec le comte de Bourgogne et le comte Jean de Chalon, une courte guerre bientôt terminée par la médiation de saint Louis. Il semble que le sénéchal aurait dû commander les troupes de Thibaut, mais, bien que Joinville fasse dans ses Mémoires une allusion à cette guerre, il ne donne pas à entendre qu'il y ait pris part [4].

On a peine à se figurer que le sénéchal ne se soit pas rendu auprès du roi lors de la grande maladie qu'il fit à Fontainebleau en avril 1258 [5]. Toutefois on ignore s'il était en sa compagnie lorsque ce prince se décida à restituer à Henri III d'Angleterre une partie des conquêtes de Philippe Auguste [6]. On peut supposer qu'il eut vers

---

[1] Joinville, § 665-666.
[2] Cat. nos 352 et 356.
[3] Cat. n° 382.
[4] Joinville, § 681. — Voir aussi d'Arbois de Jubainville, *Histoire des comtes de Champagne*, IV, 390.

[5] Joinville, § 21.
[6] Les termes assez différents dont use Joinville dans les deux endroits où il rapporte la décision de saint Louis donneraient à croire qu'il n'était point alors dans son entourage (§ 65 et 678-679).

cette époque de graves occupations en Champagne, puisqu'il mérita que son suzerain lui donnât Germay en augment de fief[1]. Il paraît s'être trouvé à la cour au moment où le roi d'Angleterre fit hommage à saint Louis, et avoir assisté en 1259 au parlement de la Saint-Martin d'hiver, où fut réglé le différend de l'archevêque de Reims avec l'abbé de Saint-Rémy[2]. Il se met, d'ailleurs, au nombre des conseillers du roi, et c'est assurément grâce à ces fonctions qu'il le vit nombre de fois rendre la justice à son peuple sous le chêne de Vincennes ou dans le jardin du Palais, à Paris[3]. Que de précieux souvenirs n'a-t-il pas amassés en vivant dans la familiarité de saint Louis! Et qu'il y a loin du grand homme qu'il nous fait connaître au type de convention que se sont créé quelques auteurs modernes! Au lieu d'un roi débonnaire, aux allures presque monacales, on voit un prince assez peu étranger aux choses mondaines pour recommander à ses barons de ne pas négliger une certaine recherche dans leurs vêtements, «car, disait-il, vos femmes vous en aimeront mieux, et vos gens vous en priseront plus»; un sage suzerain qui faisait remontrer au comte Thibaut combien étaient imprudentes ses trop grandes libéralités envers les religieux; un monarque énergique, capable de se faire au besoin le défenseur des droits de l'État contre les demandes injustes des évêques[4]. Joinville le vit bien dans une circonstance où lui-même était intéressé.

Un grand trouble régnait alors dans l'abbaye de Saint-Urbain, dont les seigneurs de Joinville avaient la garde. Le siège abbatial étant venu à vaquer, les voix des religieux s'étaient portées sur deux candidats; chacun d'eux se disant élu, l'évêque de Châlons en consacra un troisième, Jean de Mimery; le sénéchal, qui soutenait l'un des deux autres prétendants, Geoffroy, ne voulut point reconnaître le nouvel abbé, et il mit la main sur l'abbaye, tandis que son pro-

---

[1] Troyes, 14 janvier 1259. (Catal. n° 383.)
[2] Joinville, § 673.
[3] Joinville, § 59-60.
[4] Joinville, § 34, 61-64 et 669-671.

tégé allait en appeler à Rome. Il ne se laissa pas émouvoir par l'excommunication que l'évêque fulmina contre lui. L'affaire fut portée devant le Parlement de Paris; elle était pendante en 1261, et un jour de cette année que les prélats faisaient au roi des remontrances sur sa conduite envers l'Église, l'évêque de Châlons s'avisa de demander à saint Louis ce qu'il comptait faire au sujet du seigneur de Joinville qui enlevait à « ce pauvre moine » l'abbaye de Saint-Urbain. On était au moment où les évêques prétendaient obtenir que le pouvoir séculier contraignît les excommuniés à donner satisfaction aux autorités ecclésiastiques, prétention d'autant plus injuste que les excommunications étaient alors extrêmement fréquentes. « Sire évêque, fit le roi, vous avez établi entre vous qu'on ne doit entendre en cour laie aucun excommunié, et j'ai vu par une lettre scellée de trente-deux sceaux que vous êtes excommunié : c'est pourquoi je ne vous écouterai pas jusques à tant que vous soyez absous. » Et riant encore de sa repartie, il alla sans plus tarder la redire à Joinville qui l'attendait dans une salle voisine. L'évêque mourut la même année et le sénéchal fit tant que son protégé finit par l'emporter [1].

Pour être moins continue qu'en Terre-Sainte, l'intimité de saint Louis et de Joinville n'était pas moins étroite. Le roi aimait toujours autant à avoir auprès de lui ce loyal compagnon « qui jamais ne lui mentit [2] »; et quant à Jean, il se fiait tellement à son amitié qu'il n'hésitait pas à venir au premier appel s'asseoir à son côté, « si près que leurs habits se touchaient », à la place même que le propre fils du roi, Philippe, et son gendre Thibaut V n'avaient osé prendre [3]. Cette intimité, que saint Louis savait mettre à profit pour donner à son ami de pieux conseils, n'excluait pas la gaieté [4]; le roi se plaisait souvent à mettre aux prises Joinville et son chapelain, le célèbre Robert de Sorbon. Jean, d'ailleurs, ne redoutait pas ces disputes qui, si on l'en croit, ne se terminaient pas souvent

---

[1] Joinville, § 672-675.
[2] Joinville, § 27.
[3] Joinville, § 37.
[4] Joinville, § 688 et 27-29.

à l'avantage de maître Robert [1]. Il en cite quelques exemples qui doivent se placer en 1260, vers Pâques ou la Pentecôte. Au mois de novembre de la même année, il était de retour dans ses domaines [2].

Joinville avait alors trente-cinq ans. Six années à peine s'étaient écoulées depuis son retour de la Croisade, et déjà il avait eu à subir de nouvelles épreuves : sa mère était morte le 11 avril 1260 et sa femme dut expirer vers la même époque. Mais le veuvage ne durait guère à cette époque; avant le 11 décembre 1261, Jean avait contracté une seconde union avec Alix de Reynel [3]. Il n'en continua pas moins à partager son temps entre la Champagne et la cour de France. Outre qu'il était considéré comme faisant partie de l'hôtel de saint Louis, son suzerain Thibaut V rendait aussi de fréquentes visites au roi, dont il avait épousé la fille, et le sénéchal avait, dans certaines occasions solennelles, à s'acquitter auprès de lui de son service de cour : c'est ainsi qu'en 1262, il figura au banquet nuptial du fils de son ami, Philippe, qui était en même temps le beau-frère de son suzerain [4].

Le second mariage de Joinville avait été beaucoup plus avantageux que le premier; il lui avait valu toute la riche seigneurie de Reynel dont sa nouvelle épouse était l'unique héritière, seigneurie qu'il arrondit encore au début de 1263, en échangeant ses biens de Cirey-les-Mareilles contre ceux que l'abbaye de la Crête possédait à Bettoncourt [5]; certaines transactions avec le comte de Bar, l'hommage qu'il lui fit de Montiers-sur-Saulx, de ce qu'il tenait à Biencourt, Bure, Juvigny et Ribeaucourt, et de la garde de ce que possédait dans ces villages l'abbaye de Saint-Mihiel, ainsi que de la garde de l'abbaye d'Écurey, l'occupèrent pendant la même année [6].

On n'a pas oublié que Jean avait encore la garde de l'abbaye de

---

[1] Joinville, § 31, 32, 35-38.
[2] Cat. n° 392.
[3] Cat. n° 396.
[4] Ce fait est rappelé dans un acte du comte de Champagne en date de 1268. (Cat. n° 461.)
[5] Cat. n°ˢ 405-410.
[6] Cat. n°ˢ 414 et 415.

Saint-Urbain; mais, de ce côté, les difficultés n'étaient pas moins grandes qu'avant le triomphe du protégé de Joinville. De part et d'autre, on se reprochait des usurpations et des empiétements. Enfin on résolut de tout soumettre au jugement de deux arbitres : l'un clerc, Guerry, curé de Saint-Dizier; l'autre chevalier, Thierry d'Amèle. Ceux-ci rendirent leur sentence en juillet 1264; Joinville et sa femme jurèrent de s'y conformer; leurs deux fils prêtèrent le même serment, et, comme leur jeune âge ne leur permettait pas encore d'avoir un sceau, ils empruntèrent, l'un celui de l'abbé d'Écurey, l'autre celui du doyen de Saint-Laurent de Joinville, pour les apposer à l'acte d'arbitrage[1]. Malgré la solennité de ces promesses, de nouvelles difficultés surgirent et, deux ans après, il fallut recourir à d'autres arbitres qui donnèrent tort à Joinville[2]. Est-ce à ces difficultés qu'il faut faire remonter la brouille qui sépara de Joinville son ancien protégé? Toujours est-il que l'abbé Geoffroy provoqua un nouveau conflit plus grave que tous les précédents. Jusque-là, le droit des Joinville à la garde de l'abbaye n'avait jamais été mis en cause; on n'y avait pas fait la moindre allusion dans la longue et minutieuse sentence des arbitres de 1264. Bien que ce fût à l'exercice de ce droit que Geoffroy dût son siège abbatial, il s'avisa de prétendre que la garde appartenait au roi et pressa saint Louis d'en prendre possession. Le comte de Champagne intervint comme suzerain; du fond de son royaume de Navarre, Thibaut écrivit à son beau-père pour le prier de se déclarer incompétent et pour réclamer la connaissance de l'affaire[3], connaissance que le Parlement lui refusa[4]. Joinville demandait une enquête; l'abbé suppliait le roi d'autoriser un procès, mais saint Louis ne voulut point l'écouter. « Je ne laisserai pas, pour ce que vous en dites, lui déclara-t-il, d'en faire savoir la vérité; car si je mettais le sénéchal dans l'obligation de plaider, je lui ferais tort à lui qui est mon homme, en mettant son droit en plaidoirie, duquel

---

[1] Cat. n° 425.
[2] Cat. n°ˢ 442 et 447.
[3] 21 mai 1266. (Cat. n° 441.)
[4] Cat. n° 458.

droit il m'offre de faire savoir la vérité clairement. » L'enquête confirma le bon droit du sénéchal et des lettres du roi lui en assurèrent le maintien [1].

Joinville a raconté que saint Louis lui avait demandé à lui-même si la garde lui appartenait, oui ou non. Sa présence auprès du roi en un pareil moment n'a rien qui puisse étonner, car il continuait à s'acquitter assidûment des devoirs qu'il avait à remplir dans le conseil royal. C'est ainsi qu'en 1266, il assistait à la séance où fut reconnue la légitimité des droits de Mathieu de Trie au comté de Dammartin [2]. Mais ces devoirs ne l'affranchissant point de ses obligations envers le comte de Champagne, on aimerait à savoir quel fut le rôle du sénéchal lorsque Thibaut intervint dans les démêlés des comtes de Bar et de Luxembourg en faisant envahir le comté de Bar vers la fin de cette même année [3]. Un accord conclu trois ans après par l'entremise de la comtesse de Luxembourg, entre Miles de Saint-Amand et le sire de Joinville qui avait envoyé faire le dégât sur les terres de ce seigneur, pourrait bien se rapporter à quelque épisode de cette campagne [4]; en tout cas, Jean ne dut pas y prendre une part personnelle, car, durant l'automne, il souffrait assez de la fièvre quarte pour être obligé de se faire dire la messe dans sa chambre [5], et sa maladie se prolongea plusieurs mois. Elle durait encore au carême suivant lorsque le roi fit appeler tous ses barons à Paris. A Joinville qui cherchait à s'excuser sur sa maladie, il répondit qu'il voulait absolument le voir et qu'on ne manquait pas à Paris de médecins habiles à guérir la fièvre quarte.

Jean n'avait plus qu'à obéir; arrivé le 24 mars 1267, il semble qu'il n'ait pu voir saint Louis et que personne à la cour, pas même

---

[1] Joinville, § 676-677.
[2] Joinville, § 66-67. — Joinville se trompe en appelant Renaud ce seigneur de Trie. (Voir Tillemont, IV, 202, et VI, 207.)
[3] D'Arbois de Jubainville, *Histoire des comtes de Champagne*, IV, 1re partie, 402-403.
[4] Cat. n° 474.
[5] Cat. n° 448.

la reine, n'ait été en état de lui dire quel était l'objet de cette convocation. Un songe le lui révéla dès le soir même. Comme on célébrait le lendemain la grande fête de l'Annonciation, il ne négligea pas d'assister à l'office de matines où, soit fatigue du voyage, soit faiblesse causée par sa maladie, il lui arriva de s'endormir et de rêver qu'il voyait le roi agenouillé devant un autel et entouré de plusieurs prélats qui le revêtaient d'une chasuble rouge en serge de Reims. A peine réveillé, Joinville fit appeler son chapelain Guillaume pour lui raconter sa vision. « Sire, dit le prêtre, vous verrez que le roi se croisera demain. » D'après ce savant homme, la chasuble rouge signifiait la croix teinte du sang de Jésus-Christ, et quant à la vulgarité de l'étoffe, elle indiquait le peu d'avantages que l'on retirerait de la Croisade.

Guillaume ne s'était pas trompé; le lendemain matin, quand Joinville put enfin rejoindre le roi, il le trouva dans la Sainte-Chapelle, occupé à faire descendre le reliquaire de la vraie croix. A cette vue, le bruit que saint Louis allait se croiser se répandit parmi les assistants. « Ce sera, disait un membre du conseil, une des douloureuses journées qui jamais fut en France. Car, si nous ne nous croisons, nous perdrons l'amour du roi, et si nous nous croisons, nous perdrons celui de Dieu, parce que nous ne nous croiserons pas pour lui, mais par peur du roi[1]. » Tel était d'ailleurs le sentiment général; tel était aussi celui de Joinville. Aux instances de saint Louis et du roi de Navarre il eut le courage de répondre qu'il croyait mieux faire la volonté de Dieu en restant en France « pour aider et défendre son peuple », car, durant sa première absence, ses hommes avaient été si malmenés par les officiers du roi et du comte de Champagne que leurs biens et sa propre fortune s'en ressentaient à tout jamais[2]. Cependant son attachement à Louis IX était si connu qu'on ne put s'imaginer qu'il ne suivît pas le roi, et que son nom fut inscrit sur certaines listes

---

[1] Joinville, § 730-733. — [2] Joinville, § 735.

de Croisés où on le voit encore [1]. Il ne fallait pas moins que les devoirs impérieux qui le retenaient dans ses terres pour triompher de l'affection qui l'aurait porté à suivre son ami à travers tous les dangers. Quant à sa santé, il était homme à en faire bon marché ; d'ailleurs il se sentait encore assez fort pour porter le roi dans ses bras à travers Paris, car le pauvre prince était si malade qu'il ne pouvait supporter d'aller à pied ni de chevaucher. Pour que saint Louis acceptât ce fraternel service de celui qui venait de refuser de le suivre, il fallait assurément qu'il approuvât les motifs qui retenaient son fidèle compagnon, et ce touchant détail, raconté en une ligne dans les Mémoires, en dit plus que tout le reste sur la tendre confiance qui régnait entre le roi et le sénéchal. Plût au ciel que Louis se fût laissé guider par son loyal ami plutôt que par ceux qui encourageaient ses irréalisables rêves. Ceux-là, comme le dit Joinville, commirent un péché mortel qui, sans même tenir compte de sa faiblesse physique, lui conseillèrent la Croisade, car, « au point où il était en France, tout le royaume était en bonne paix au dedans et avec tous ses voisins ; et depuis qu'il partit, l'état du royaume ne fit qu'empirer [2] ».

Jean était encore à Paris à la Pentecôte (5 juin 1267), lors des fêtes de la chevalerie de Philippe le Hardi. Un de ses neveux, Jacques de Faucigny, était au nombre des jeunes seigneurs qui eurent l'honneur d'être armés chevaliers en même temps que l'héritier du trône, et la mention, dans les comptes royaux, de la parenté qui l'unissait au sénéchal de Champagne [3], montre quelle place celui-ci occupait à la cour de France. Outre le double intérêt que la cérémonie devait présenter à Joinville, il avait à remplir, au festin de gala, ses fonctions officielles auprès de son suzerain. Soucieux de maintenir toutes les prérogatives de la charge si péniblement conquise par ses pères, il prit soin de se faire donner par Thibaut des lettres de non-préjudice constatant que, si on ne lui

[1] *Historiens de France*, XX, 308, col. 1. — [2] Joinville, § 736-737. — [3] *Historiens de France*, XXI, 396 B.

avait pas livré la somptueuse vaisselle employée dans ce banquet, non plus que celle qui avait figuré, six années auparavant, aux noces du prince où il avait également servi le comte de Champagne, c'était parce qu'elle appartenait au roi et non au comte[1]. La même année, son service l'appela encore à être témoin de l'hommage dû par Thibaut à l'évêque de Langres pour Bar-sur-Aube, Bar-sur-Seine et quelques autres fiefs [2].

Tout cela n'empêchait pas Joinville de s'occuper de ses domaines : dans le courant de l'année 1267, il donnait une charte de franchise à la ville neuve de Ferrières qu'il avait commencé à bâtir dans ses bois de Mathons[3]. Mais les difficultés pécuniaires contre lesquelles il avait toujours eu à lutter n'étaient pas encore aplanies : le 28 août 1268, il était obligé d'emprunter au comte de Champagne 528 livres et de lui engager en échange ses appointements de sénéchal et la rente de 200 livres qu'il tenait du roi de France [4]. Ce fait, à un moment où Thibaut avait besoin de se créer des ressources extraordinaires en vue de la Croisade, montre que Joinville n'était pas moins bien vu à la cour de Champagne qu'à la cour de France. L'année suivante, il devint à un nouveau titre le vassal de saint Louis, Thibaut ayant transféré à son beau-père la mouvance de Germay qu'il avait récemment donné en fief à Joinville [5].

Cependant commençait la triste croisade de Tunis; ce n'est pas ici le lieu de redire comment, à peine débarquée, l'armée fut assaillie par l'épidémie; comment le saint roi vit expirer son plus jeune fils et succomba lui-même moins de deux mois après avoir quitté son royaume; comment, à la suite de quelques vains succès, les Croisés reprirent le chemin de la France, poursuivis dans leur retour par les tempêtes, par les événements tragiques, par la mort qui continuait à frapper presque sans relâche ce qui restait de la

[1] Cat. n° 461.
[2] Cat. n° 460.
[3] Cat. n° 459.
[4] Cat. n° 465.
[5] Troyes, 16 janvier 1269. (Catal. n° 468.)

famille royale On devine sans peine quelles émotions ces tristes nouvelles durent éveiller dans le cœur de Joinville. Parmi ces cinq morts dont les cercueils formaient à l'héritier du trône venant prendre possession de son royaume un lugubre cortège, il n'y en avait pas un dont la mémoire ne fût mêlée aux souvenirs personnels du sénéchal. C'était d'abord son roi, saint Louis, l'ami incomparable dont il avait pendant tant d'années partagé l'existence; c'était son suzerain, Thibaut, et sa femme, Isabelle de France, dont il avait négocié le mariage; c'était le comte de Nevers, né sur la terre d'Afrique, où, vingt ans plus tard, il devait trouver la mort, ce petit Jean Tristan que Joinville avait été recevoir jadis, à son arrivée de Jaffa, avec plus d'empressement que son propre père, cet enfant qu'il avait eu sous sa garde pendant le périlleux retour de Sidon à Tyr; enfin c'était cette jeune reine morte sans avoir régné, Isabelle d'Aragon, dont il avait vu, huit ans auparavant, célébrer les noces avec Philippe le Hardi. Il est plus que probable, bien qu'il ne le dise pas, qu'il dut assister aux funérailles de son ami à Saint-Denis, ainsi qu'aux obsèques du roi de Navarre, à Provins, auxquelles son office lui faisait une obligation de prendre part [1]. Ce fut là sans doute qu'il retrouva le nouveau roi et qu'il recueillit de la bouche du comte d'Alençon, son frère, le récit des derniers moments de saint Louis [2].

JEAN DE JOINVILLE
APRÈS LA MORT DE SAINT LOUIS.

Le nouveau suzerain de Joinville, Henri, frère du comte défunt, était alors dans la Navarre qu'il gouvernait au nom de Thibaut; il resta encore quelques mois dans le royaume dont il était devenu l'héritier; puis, en mai 1271, il se trouvait à Paris où il prêtait hommage à Philippe le Hardi. Joinville fut l'une de ses cautions

---

[1] Il était à Troyes le jour que le corps de Thibaut y fut apporté. (Cat. n° 471.)
— [2] Joinville, § 756-757.

pour les 30,000 livres qu'il prit, en juin, l'engagement de payer au roi comme droit de relief des comtés de Champagne et de Brie [1]. Au mois de septembre, le comte était à Troyes, mais son sénéchal ne fut peut-être pas bien assidu à sa cour, car il relevait à cette époque d'une nouvelle maladie [2]. Henri, d'ailleurs, ne tarda pas à reprendre le chemin de la Navarre, où il passa la plus grande partie des trente et un mois que dura son règne.

Joinville avançait dans la vie; tout se modifiait autour de lui, aussi bien dans le monde politique que dans l'intérieur de sa famille. Son fils aîné, Geoffroy, sire de Briquenay, était déjà d'âge à tenir ses terres en 1270, et, trois ans plus tard, il avait épousé Mabille, veuve d'Érard de Nanteuil, fille de Guillaume de Villehardouin, arrière-petit-fils de l'historien de la quatrième croisade, et se trouvait assez riche pour faire avec son père un échange considérable [3]. Un autre fils du sénéchal était armé chevalier et son père trouva bon de lever sur ses bourgeois l'aide qu'il n'aurait eu le droit de percevoir qu'à la chevalerie de son fils aîné; il est vrai qu'il fit, à ce sujet, une déclaration de non-préjudice et concéda en échange quelques libertés de plus [4] à ses hommes.

A ce moment venait de se produire un des plus graves événements de l'histoire de Champagne. Le 22 juillet 1274, Henri III était mort, laissant une fille de deux ans, Jeanne, unique héritière du royaume de Navarre et du comté, sous la tutelle de sa mère, Blanche d'Artois. Celle-ci, voyant le royaume de sa fille menacé par la cupidité des souverains castillan et aragonais, la mit en 1275 sous la garde de Philippe le Hardi, en la fiançant au second fils du roi, Philippe le Bel, que la mort de son frère aîné Louis rendit bientôt l'héritier du trône de France. Tout faisait donc espérer, dans un avenir plus ou moins éloigné, la réunion de la Navarre et de la Champagne à la couronne, et Joinville voyait se resserrer de plus en plus les liens qui l'attachaient au fils de saint Louis. En

[1] Cat. n° 491.
[2] Cat. n° 492.
[3] Cat. n° 501.
[4] Cat. n° 504.

attendant le jour où Jeanne pourrait recueillir ses fiefs, la régence
de la Champagne fut confiée à son beau-père, au frère d'Edouard Ier
d'Angleterre, Edmond de Lancastre, que Philippe avait donné pour
époux à Blanche d'Artois. Mais Edmond vécut presque constamment
éloigné de la Champagne et le pouvoir fut exercé en son nom par
le bouteiller de France, Jean d'Acre, parent de Joinville et frère
de l'impératrice de Constantinople, que tous deux avaient jadis
reçue en Chypre. Ce choix ne devait donc pas être pour déplaire
au sénéchal que sa situation officielle, en lui donnant certaines
fonctions dans le gouvernement du comté [1], mettait certainement
en rapports fréquents avec le bouteiller. Quant au comte de Lancastre, c'est surtout à Paris qu'il put avoir occasion de le rencontrer.

Il n'est pas douteux, en effet, que Joinville dut venir faire à la
cour de Philippe le Hardi des séjours aussi fréquents qu'à celle de
son père. De ses divers voyages il n'y en a qu'un seul dont le souvenir ait été conservé, mais celui-là, Jean dut l'entreprendre avec
plus de joie que tout autre. Ce fut lors du procès de canonisation de son ami en 1282. Appelé à venir apporter son témoignage,
il déposa pendant deux jours devant les commissaires siégeant à
Saint-Denis [2]; toutefois quinze ans se passèrent encore avant que
le bon roi Louis fût mis au nombre des saints. Quand vint ce moment, le comté de Champagne était depuis plusieurs années réuni
à la couronne de France et Joinville avait contribué aux mesures
qui assurèrent cette réunion.

Edmond de Lancastre prétendait garder la régence jusqu'au
jour où Jeanne de Navarre aurait atteint l'âge de vingt et un ans,
réputé celui de la majorité pour les comtes de Champagne. Mais
Philippe le Hardi ne se souciait nullement d'attendre jusque-là
et invoquait la coutume de Champagne, qui fixait à onze ans révolus l'âge de la majorité des femmes. Le 11 mars 1283, des

---

[1] Cat. n° 517. — [2] Joinville, § 760.

commissaires au nombre desquels était le sénéchal de Champagne signòrent à Paris une enquête établissant que Jeanne, née à Bar-sur-Seine le 14 janvier 1273, avait atteint l'âge requis et se trouvait, par suite, apte à faire et à recevoir hommage [1]. Jean suivit ensuite le roi à Orléans où il le quitta le 26 mars[2]. On doit croire cependant qu'il revint à Paris, cinq mois plus tard, pour assister aux noces de sa jeune suzeraine avec l'héritier de la couronne[3]. En tout cas, il siégeait, en décembre, aux Grands Jours de Troyes [4]. Il allait d'ailleurs occuper pendant quelque temps la première place dans le comté : quand, au commencement de 1285, Philippe le Hardi emmena Philippe le Bel à la guerre d'Aragon, le sénéchal fut choisi pour exercer avec G. de Chambly, archidiacre de Coutances, les fonctions de garde général de Champagne [5]; les appointements de l'archidiacre, de moitié inférieurs à ceux de son collègue, sont la preuve que celui-ci tenait assurément le premier rang.

Le 6 octobre, Joinville voyait encore le trône changer de maître, et, cette fois, les couronnes des comtes de Champagne et des rois de Navarre venaient se réunir à celle des rois de France sur la tête de Philippe le Bel. On a cru voir une preuve de la mauvaise volonté du nouveau roi envers le sénéchal dans le fait que celui-ci ne présida pas les Grands Jours de Troyes en 1287, 1288 et 1289, et que, lorsqu'il reparut en 1291, ce ne fut que confondu parmi les autres membres de la cour [6]. Il est vrai que le bailli royal de Chaumont avait, en 1288, saisi la justice de Joinville dont les officiers avaient négligé de punir un délit d'infraction d'assurement, et que Jean ne put obtenir mainlevée de la saisie [7]. Mais peut-être aussi y eut-il de la part du sénéchal une retraite volontaire, et la reprise de son *Credo*, en 1287, pourrait passer pour un indice de

[1] Cat. n° 548.
[2] Compte de Champagne, publié dans les *Historiens de France*, XXII, 758.
[3] 16 août 1284.
[4] Cat. n° 557.
[5] Cat. n°° 559 et 560.
[6] Cat. n° 592.
[7] Cat. n° 576.

l'état de son esprit [1]. C'est peut-être à ce moment qu'il faut placer le grand deuil qui vint attrister cette période de sa vie : sa seconde femme mourut à une date que nous ignorons, mais qui ne peut être postérieure au mois de novembre 1290 [2].

Cependant sa retraite, si tant est qu'il y eut retraite de sa part, dut être gravement troublée par les incessantes péripéties de son conflit avec Saint-Urbain. Déjà, en 1275, les religieux s'étaient mutuellement engagés à défendre les privilèges de leur abbaye contre leur adversaire, qui, lui, maintenait énergiquement son droit de garde; puis quelques-uns d'entre eux ayant laissé voir qu'ils penchaient vers le parti du sénéchal, les autres renouvelèrent l'engagement de 1275, et, pour en faire comme leur charte constitutionnelle, ils décidèrent que le texte en serait lu tous les ans au chapitre général, et que tout moine, avant d'entrer dans l'ordre, tout abbé, avant de prendre possession de son siège, devrait prêter serment de l'observer. Devant les Grands Jours auxquels le Parlement avait renvoyé le soin de faire une enquête sur le fond de la contestation, ils avaient produit un document attribuant la garde au comte de Champagne, document que Joinville déclarait faux. Bref, en 1289, l'affaire fut de nouveau remise [3], et le conflit dura encore plus de vingt ans. Il paraît, d'ailleurs, que les établissements religieux placés sous la garde du sénéchal avaient souvent à se plaindre de leurs rapports avec lui. Entre autres griefs, les moines d'Écurey lui reprochaient d'avoir voulu, sous prétexte de guerre imminente, les contraindre à fortifier leur maison de Joinville; mais l'affaire, qui ne semble pas avoir atteint le degré d'acuité auquel était parvenue celle de Saint-Urbain, se termina en avril 1295 par un accord suivant lequel Jean abandonna toutes ses prétentions [4].

La maison royale et le royaume tout entier allaient recevoir l'honneur réclamé depuis si longtemps. Une bulle du 6 août 1297 mit

[1] *Credo*, § 820.
[2] Cat. n° 585.
[3] Simonnet, p. 183-184.
[4] Cat. n° 619.

Louis IX au nombre des saints, et le 25 août de l'année suivante fut fixé par Philippe le Bel pour l'élévation du corps de son aïeul. Joinville, qui, par son témoignage, avait contribué à la canonisation de son ami, ne pouvait manquer d'assister à cette glorieuse cérémonie. Il était dans Saint-Denis lorsque son propre neveu, l'archevêque de Lyon, Henri de Villars, et l'archevêque de Reims soulevèrent pour la première fois ces reliques, qui ne devaient plus reposer que sur les autels; et quand frère Jean de Samois, qui avait reçu jadis sa déposition, monta en chaire pour prononcer le panégyrique du nouveau saint, le sénéchal eut la joie d'entendre citer le trait de loyauté qu'il avait lui-même rapporté au sujet de la rançon de Louis IX. Bien plus, le frère, l'ayant aperçu du haut de sa chaire, le prit à témoin de la vérité de ses paroles. « Ne pensez pas que je vous mente, s'écria-t-il, car je vois tel homme ici qui m'a témoigné de cette chose par son serment [1]. » Il semble, du reste — et nous aurons plus loin l'occasion d'en donner des preuves — que quelque chose du respect qui désormais environnait la mémoire du saint roi rejaillît sur le vieillard qui l'avait approché de si près. On sentait, comme nous le sentons nous-mêmes en lisant ses Mémoires, que personne, peut-être, ne l'avait mieux connu, car personne, à coup sûr, ne l'avait plus aimé, et que, même après cette triomphale glorification, saint Louis était toujours pour lui l'ami dans la familiarité duquel il avait vécu. Ne le reconnaît-on pas dans le récit du songe à la suite duquel Jean lui dédia un autel? Une nuit, il crut voir le roi devant la porte de sa chapelle, à Joinville, « et, dit-il en des termes d'une simplicité charmante, il était, ainsi qu'il me semblait, merveilleusement joyeux et aise de cœur; et moi-même j'étais bien aise, parce que je le voyais en mon château, et je lui disais : « Sire, quand vous partirez d'ici, je vous « hébergerai en une mienne maison sise en un mien village qui « a nom Chevillon. » Et il me répondit en riant et me dit : « Sire

---

[1] Joinville, § 761-763.

« de Joinville, sur la foi que je vous dois, je ne désire point sitôt
« partir d'ici. » Quand je m'éveillai, je me mis à penser; et il me
semblait qu'il plaisait à Dieu et à lui que je l'hébergeasse en ma
chapelle, et ainsi ai-je fait; car je lui ai établi un autel en l'honneur de Dieu et de lui, là où on chantera à jamais en l'honneur de
lui; et il y a une rente établie à perpétuité pour ce faire[1]. »

Un événement considérable se passa bientôt après sur un sol
mouvant de Joinville. Ce fut à Vaucouleurs que Philippe le Bel et
l'empereur Albert eurent, en 1299, une entrevue dont l'importance n'échappa pas aux contemporains. L'union des deux princes
y fut scellée par les fiançailles de Blanche de France, sœur du roi,
avec le fils de l'empereur, Rodolphe, duc d'Autriche, et l'on pré-
tendit même qu'Albert avait reculé jusqu'au Rhin les limites de la
France[2]. Le sénéchal eut-il quelque part à ces négociations qui
se nouaient si près de lui ? Tout ce que l'on peut dire est que les
deux souverains séjournèrent avant l'entrevue officielle au château
de Reynel, qui avait appartenu à sa femme[3], et que Jean fut,
l'année suivante, avec le comte de Sancerre, chargé de conduire
la princesse à Haguenau, où l'attendait son époux. Ce voyage remit sous les yeux du vieux sénéchal un souvenir de sa jeunesse.
En passant à Varangéville, il revit cette nef d'argent que, sur son
conseil, la reine Marguerite avait, durant les angoisses de la tempête, juré de faire déposer dans le sanctuaire de Saint-Nicolas-du-
Port, il y avait de cela quarante-six ans[4].

L'alliance avec l'empereur permit à Philippe le Bel d'occuper la
Flandre presque sans coup férir. En 1301, il y fit, avec la reine,
un voyage triomphal. Si Jeanne de Navarre fut, ainsi qu'on le raconte, émerveillée de la richesse des villes flamandes et du luxe
des bourgeoises de Bruges, Joinville, pour qui elle montrait beau-

---

[1] Joinville, § 766-767.
[2] Edgar Boutaric, *La France sous Philippe le Bel*, p. 398 et 400, Paris, Plon, 1861.
[3] Voir une pièce publiée par l'abbé Clouet. (*Histoire de Verdun*, III, p. 45 à 49.)
[4] Joinville, § 633.

coup d'affection, dut être un des premiers à recevoir la confidence de ses impressions, car il fit auprès d'elle un service de vingt-cinq jours au moment même de son retour [1].

Quelques mois plus tôt, l'année même où fut célébré le mariage de Blanche de France, Joinville mariait sa dernière fille à Jean, seigneur d'Arcis et de Chacenay, et lui donnait une dot de 3,000 livres tournois, plus 300 livres de rente en terres [2]. C'était là une grosse somme pour le temps, et nous devons croire que la fortune du sénéchal s'était fort augmentée, car ce n'était pas l'aide payée par les bourgeois de Joinville qui avait pu beaucoup y contribuer : on sait, en effet, par un acte d'août 1302, que le montant de cette aide faisait partie d'un versement total de 200 livres, qui comprenait aussi les sommes recueillies au nom du roi pour la levée du cinquantième et aussi pour l'expédition de Flandre [3], c'est-à-dire pour ce rachat facultatif du service militaire imposé à tous les gens aisés, que Philippe le Bel avait cru préférable à la levée d'un nouveau cinquantième [4].

On était alors au lendemain du désastre de Courtray, et l'ébranlement général, dont la révolte de Bordeaux fut un symptôme, pouvait faire redouter les plus terribles conséquences. Le roi ne connaissait guère les scrupules de conscience. Lui fallait-il de l'argent pour continuer la lutte ? Les impôts s'ajoutaient aux impôts; seule, la forme des levées changeait. Croyait-il profitable à sa politique de retenir prisonniers, contre toute justice, le comte de Flandre et ses enfants? Il n'hésitait pas à le faire. Qu'il y avait loin de là à cette passion d'équité que Joinville avait vue inspirer tous les actes de saint Louis! Aussi ne peut-on s'étonner du jugement sévère que le sénéchal porte, dans ses Mémoires, sur la conduite de Philippe le Bel, conduite que sa haute situation lui permettait d'apprécier de

---

[1] Du 5 au 29 juillet 1301. Tablettes de cire de Jean de Saint-Just, dans les *Historiens de France*, XXII, 516 J.

[2] Cat. n° 660.

[3] Cat. n° 678.

[4] Ad. Vuitry, *Études sur le régime financier de la France*, II, 151. Paris, Guillaumin, 1878.

très près. Au mois de février 1302, on le trouve de service auprès du roi [1], et l'on peut se demander s'il n'assista pas, le 11 avril, à cette première réunion des États généraux où Philippe eut l'habileté d'associer la France à sa lutte contre Boniface VIII. Il est hors de doute qu'il dut, comme tous les autres seigneurs, y être convoqué. Se fit-il représenter par un procureur? S'abstint-il purement et simplement? La résistance aux ingérences du Saint-Siège, en matière temporelle, n'avait rien qui pût déplaire au confident de saint Louis, de tous nos rois peut-être celui qui osa parler aux papes avec le plus de fermeté, et les confidences du légat en Terre-Sainte ne lui avaient guère laissé d'illusions sur la cour de Rome et « celle desloial gent » qui y était [2]. Il est vrai qu'on ne le voit pas figurer parmi les signataires de la lettre envoyée aux cardinaux par les barons de France à la suite de la réunion des États; mais ce fait ne permet de rien conclure, car les trente et un signataires de cette lettre ne constituent certainement pas l'ensemble des seigneurs présents.

Quant aux charges résultant de la guerre de Flandre, Joinville en eut sa large part. Un mois après Courtray, il reçut l'ordre d'envoyer la moitié de sa vaisselle d'argent à la monnaie [3]. Puis, l'année suivante, vinrent les semonces à l'ost. Le sénéchal, ses fils d'Ancerville et de Reynel, son neveu Gautier de Vaucouleurs, ses cousins de Sailly, tous furent appelés. Un premier rendez-vous donné à Authies, pour le 10 août 1303, fut renvoyé au 15 août à Arras [4]. Les opérations militaires furent peu importantes cette année; Gautier de Vaucouleurs trouva cependant la mort dans un coup de main avorté contre la Bassée [5]. Mais, en 1304, Philippe le Bel

---

[1] Tablettes de cire de Jean de Saint-Just, dans les *Historiens de France*, XXII, 532 B.

[2] Joinville, § 611.

[3] Archives nationales, JJ 36, fol. 8 v°, col. 2, 23 août 1302.

[4] Archives nationales, JJ 36, fol. 33 v°, col. 2; 34 v°, col. 1; 37 v°.

[5] G. Guiart, v. 17970, dans les *Historiens de France*, XXII, 267, col. 1. — *Anciennes chroniques de Flandre*, ibidem, p. 385 H.

tenta un grand effort et vengea le désastre de Courtray par la victoire de Mons-en-Puelle. Bien que la levée en masse ordonnée par le roi ne s'appliquât qu'aux hommes de dix-huit à soixante ans [1], Joinville dut prendre part à ces expéditions, car plusieurs années après il s'acquittait encore de ses devoirs militaires.

C'est dans ces temps troublés que fut composée l'œuvre à laquelle Joinville doit sa célébrité, cette *Histoire de saint Louis*, qui serait plus justement intitulée *Souvenirs du règne de saint Louis*. Si l'auteur, en effet, avait eu l'intention de faire une véritable biographie, il est probable qu'il n'aurait pas attendu d'être presque octogénaire pour l'entreprendre plus de trente ans après la mort de son ami. Lui-même a raconté par suite de quelles circonstances il fut amené à tenter l'entreprise. Sa mémoire se reportait sans cesse vers ce roi qu'il avait tant aimé; il citait souvent des traits de son existence. Un jour, par exemple, que Philippe III lui avouait avoir payé jusqu'à 800 livres parisis certaines de ses cottes d'armes, il lui rappelait la simplicité des vêtements de son père et lui reprochait d'employer à un usage futile une somme que celui-ci aurait certainement consacrée à ses aumônes [2]. Si Philippe le Hardi lui donnait déjà l'occasion d'opposer à sa conduite celle de son glorieux prédécesseur, combien de fois, sous le règne suivant, si différent de celui de Louis IX, à la cour de France comme dans la chambre de sa suzeraine, la comtesse de Champagne, reine de France, à Paris comme dans son château de Joinville, aux jeunes princes qui n'avaient pas connu leur grand aïeul comme à ses propres enfants, combien de fois le sénéchal dut-il parler de la piété du saint roi, de sa fermeté dans ces dangers qu'il avait partagés, de son équité dans ces jugements dont il avait été le témoin! Mais, même au moment où il eut à rassembler et à ordonner ses souvenirs pour venir déposer dans le procès de canonisation, bien qu'il ne fût pas étranger à la composition littéraire — le commentaire sur le *Credo* en fait foi

[1] Archives nationales, JJ 36, fol. 92 r°. — [2] Joinville, § 25.

— il ne paraît pas avoir eu l'idée de rien consigner par écrit. Cependant parurent plusieurs biographies de Louis IX. Deux d'entre elles, celles de Geoffroy de Beaulieu et de Guillaume de Chartres, émanaient d'hommes qui avaient vécu dans l'intimité du prince; une autre était l'œuvre du confesseur de Marguerite de Provence, et l'on y pouvait trouver, en même temps que le résumé des deux enquêtes sur la vie et sur les miracles de saint Louis, la trace des confidences de la reine. Malheureusement tous ces auteurs méritent le jugement que M. de Wailly portait sur les deux premiers : il semble qu'ils « se soient proposé d'altérer la simplicité de leur sujet par la pompe du style et d'embarrasser leurs récits par un cortège inutile de citations bibliques et d'allégories. Geoffroy de Beaulieu procède comme dans un sermon : il emprunte à l'Ecclésiaste l'éloge de Josias, et s'attache à montrer que cet éloge convient de tout point à saint Louis. Guillaume de Chartres, à son tour, le compare à un soleil qui se lève à l'occident, pour se coucher au midi, dans toute la ferveur de la foi et de l'amour divin. On voit comme ils se préoccupent d'être éloquents et à quel genre d'éloquence ils peuvent atteindre, lorsque, à force de travail, ils réussissent tant bien que mal à justifier le parallèle qu'ils ont imaginé [1]. » Les morceaux empruntés par le confesseur de la reine à la déposition de Joinville dans le procès de canonisation, rapprochés des passages des Mémoires où sont racontés les mêmes faits, permettent d'apprécier combien les œuvres pesantes des clercs présentaient moins d'intérêt que les récits animés du chevalier. De plus, on pouvait appliquer à tous ces ouvrages le reproche adressé par Guillaume de Nangis à Geoffroy de Beaulieu : les faits de guerre et les affaires séculières y étaient entièrement passés sous silence.

Sans doute, il y avait bien d'autres livres où cette lacune n'existait pas; ce sont ceux qui s'élaboraient à Saint-Denis, tels que la *Vie de saint Louis* par Guillaume de Nangis, ou les ouvrages qui

---

[1] Joinville, préface, p. vii-viii.

l'avaient précédée, et dans lesquels il avait été chercher la matière du sien. Elle n'existait pas, à coup sûr, dans le seul de ceux-ci que nous puissions juger, celui de Primat, dont Jean de Vignay nous a conservé la traduction. Chez Guillaume, le récit est fidèle; les faits de tout genre et même les hors-d'œuvre abondent; mais il a donné en réalité une chronique du temps de Louis IX plutôt qu'une histoire de ce roi. Enfin tous ses renseignements ne sont que de seconde main, et son style n'est pas moins ampoulé que celui des autres clercs. On conçoit donc facilement le peu d'attrait que toutes ces œuvres devaient avoir pour ceux qui avaient pu écouter les narrations familières du sire de Joinville.

S'il nous est donné de prendre place, en quelque sorte, parmi ces auditeurs privilégiés, si nous possédons aujourd'hui le précieux livre où nous allons chercher, en même temps que l'un des plus anciens textes historiques en langue française, le vivant portrait de notre plus grand roi, c'est à une femme, à la jeune reine Jeanne de Navarre, que nous en sommes redevables. L'héritière des comtes de Champagne aimait fort son vieux sénéchal; elle lui demanda avec instance de réunir en un livre les anecdotes qu'elle lui avait entendu raconter. Aucune préparation n'était nécessaire, les souvenirs de Joinville devant être tenus en éveil par la fréquence de ses récits; il pouvait, d'ailleurs, s'il avait besoin de les rafraîchir, recourir aux biographies déjà publiées; pour les derniers moments du roi auxquels il n'avait pas assisté, il en tenait le détail de la bouche du propre fils de Louis IX, du comte Pierre d'Alençon. Il céda et se mit à l'œuvre à une époque qui ne peut être antérieure aux derniers mois de 1304 — car on trouve, dès le début de son livre, une allusion peu équivoque aux dangers courus par Philippe le Bel à Mons-en-Puelle [1] — ni postérieure au 2 avril 1305, date de la mort de Jeanne de Navarre. Bien qu'il fût très porté à écrire de sa main, puisque, contre toutes les habitudes de son temps,

---

[1] Joinville, § 42.

il se plaisait à inscrire, au bas ou au revers des chartes émanées de lui, des notes autographes, dont plusieurs nous sont parvenues, il préféra dicter à quelque clerc de sa maison [1]. Son empressement à répondre aux pieux désirs de Jeanne n'avait rien que de conforme à ses propres penchants. L'auteur du *Credo* était trop chrétien pour ne pas aimer à faire profiter tous les hommes des admirables exemples et des salutaires enseignements qu'il avait recueillis pendant sa longue intimité avec saint Louis [2]. Néanmoins cette «pensée toute religieuse», si bien mise en lumière par M. de Wailly [3], n'a pas été la seule qui l'ait inspiré.

A peine Joinville avait-il entrepris de dicter ses souvenirs que la reine expirait. Il n'en poursuivit pas moins l'œuvre commencée, mais il la destina désormais à l'enfant que la mort de Jeanne avait fait son suzerain, à Louis Hutin. Or le jeune prince n'était pas seulement roi de Navarre et comte de Champagne, il était encore l'héritier du trône de France, et le sénéchal paraît avoir eu, en lui dédiant son livre, une intention qu'il est facile de démêler. «Je vous l'envoie, dit-il, pour que vous et vos frères et les autres qui l'entendront y puissent prendre bon exemple et mettre les exemples en œuvre pour que Dieu leur en sache gré [4].» Pour tous les Français, et pour Joinville plus que pour tout autre, saint Louis restait le roi modèle. Son règne était regardé comme une sorte d'âge d'or auquel on souhaitait ardemment revenir. Philippe le Bel lui-même reconnaissait ces aspirations et tentait de les satisfaire en promettant, par son ordonnance sur la réformation du royaume, de rétablir toutes les immunités et franchises en l'état où elles se trouvaient sous son glorieux aïeul. On sait, du reste, combien ces promesses

---

[1] Joinville, § 2, 3 et 4.

[2] «Et aussi il enseigna à noble chevalier, Monseigneur Jehan de Joinvile, seneschal de Champaigne, mout de bons essamples, qui fu avecques lui en sa court assez privéement et de son hostel par vingt quatre ans et plus.» (*Confesseur de la reine Marguerite*, dans les *Historiens de France*, XX, 87 C.)

[3] *Histoire de saint Louis*, édition Didot, préface, p. v.

[4] Joinville, § 18.

étaient mensongères. Joinville, formé à l'école du plus juste des rois, ne pouvait que détester un gouvernement dont on a pu dire que tous les actes, même ceux qui dénotaient les plus hautes visées, étaient « infectés d'injustice [1] ». En mettant sous les yeux de l'héritier du trône les exemples de Louis IX, il espérait contre-balancer l'effet de ceux que lui donnait son père. En lui faisant connaître la vie du grand saint dont le sang coulait dans ses veines, il pensait lui inspirer l'ambition de marcher sur ses traces. C'était là une pensée sur laquelle il croyait ne pouvoir trop insister. Après avoir dit comment Louis IX avait été mis par le pape au nombre des confesseurs, il ajoutait : « De là fut et doit être grande joie à tout le royaume de France et grand honneur à tous ceux de sa lignée qui lui voudront ressembler en faisant le bien, et grand déshonneur à tous ceux de son lignage qui par leurs bonnes œuvres ne le voudront pas imiter; grand déshonneur, dis-je, à ceux de son lignage qui voudront mal faire, car on les montrera au doigt et l'on dira que le saint roi, dont ils sont descendus, eût répugné à faire une si mauvaise action [2]. » Bien plus, on ne peut douter qu'il ait tenu à faire parvenir sa voix jusqu'au souverain régnant, lorsqu'on lit cette apostrophe directe : « Qu'il y prenne garde le roi qui est à présent; car il est échappé d'aussi grand péril, ou de plus grand encore que nous ne fîmes [3]; qu'il s'amende donc de ses méfaits, en telle manière que Dieu ne frappe pas cruellement sur lui ni sur ses biens [4]. » Il ne peut, d'ailleurs, y avoir de doute sur les intentions du sénéchal; des trois manuscrits de ses Mémoires que nous possédons aujourd'hui, le seul qui contienne cette audacieuse apostrophe est celui qui paraît être la reproduction la moins éloignée de l'exem-

---

[1] Edgar Boutaric, *La France sous Philippe le Bel.*
[2] Joinville, § 761.
[3] Joinville, venant de raconter le péril où s'était trouvée la galère royale devant Chypre, doit faire allusion à un danger matériel couru par Philippe le Bel, et très probablement à celui auquel il avait été exposé à Mons-en-Puelle, lorsqu'il fut renversé de son cheval au milieu des ennemis.
[4] Joinville, § 42.

plaire présenté à Louis Hutin [1], exemplaire qui devait presque infailliblement être mis sous les yeux de son père.

Préparer à la France un roi digne de son saint ancêtre, rappeler, chemin faisant, à Philippe le Bel le modèle qu'il aurait dû suivre, telle est, croyons-nous, la pensée politique qui n'eut pas moins de part que la pensée religieuse dans l'inspiration des Mémoires. Ces deux pensées correspondent, d'ailleurs, aux grandes divisions que Joinville a tenu à marquer dans son ouvrage et qu'il ne détermine nulle part plus clairement qu'au début du second livre : l'une contenant ce qu'il appelle « les bonnes paroles et les bons enseignements de notre saint roi Louis », et l'autre « ses faits », ou, comme il le dit encore, « ses grandes prouesses [2] ». Sans doute, ces divisions n'ont pas toujours été scrupuleusement observées. La chose était naturelle dans cette « longue déposition dictée et comme improvisée par un témoin qui s'abandonnait au courant de ses souvenirs [3] ». Ces négligences s'expliquent encore mieux si l'on se rappelle que la dictée des Mémoires ne fut pas faite de suite, mais que, prolongée pendant près de cinq ans, elle dut être bien des fois interrompue et reprise. Commencée l'année qui suivit l'attentat d'Anagni, elle fut achevée au lendemain de la condamnation des Templiers; l'exemplaire offert à Louis Hutin portait la date d'octobre 1309 [4].

Les documents d'archives n'apprennent presque rien sur la vie de Joinville pendant cette période. On ne sait pas plus s'il assista aux États généraux de 1308 qu'à ceux de 1302. On sait seulement qu'au mois de juin de la même année, il consentit à une transaction qui paraissait mettre fin à ses longues disputes avec les moines de Saint-Urbain. Moyennant 1,200 livres de petits tournois que lui payèrent les religieux, il abandonna pour toujours au roi ses droits à la garde de l'abbaye [5]. On stipula expressément que le payement serait fait en monnaie forte, précaution rendue nécessaire

---

[1] Bibl. nat., fr. 13,568.
[2] Joinville, § 68.
[3] Natalis de Wailly, préface de l'*Histoire de saint Louis*, édition Didot, p. III.
[4] Joinville, § 769 et p. XII.
[5] Cat. n° 711.

par l'excessif abaissement du taux des espèces qui fut, comme on le sait, l'une des principales causes d'irritation contre Philippe le Bel. Chose étrange! ce roi que l'on regarde non sans raison comme l'un des plus absolus qui aient jamais régné sur notre pays, souffrait chez ceux qui l'entouraient une indépendance de langage que ses successeurs plus modernes n'auraient jamais tolérée. Après avoir offert à Louis Hutin le livre qui contenait, à l'adresse de son père, les sévérités que l'on sait, Joinville n'en garda pas moins auprès du roi de France, comme auprès de son fils, une situation respectée. Il semble qu'il eut auprès des contemporains de Philippe le Bel un prestige analogue à celui que les anciens courtisans de Louis XIV avaient conservé au milieu des frivolités du xviiie siècle. Son âge, son expérience des cours, les fonctions même qu'il y avait remplies depuis son enfance, faisaient considérer le vieux chevalier qui avait connu saint Louis comme le gardien des traditions en matière de courtoisie; nous avons sur ce point le témoignage d'un étranger qui visita la France entre 1309 et 1313.

Le Florentin François de Barberino, adjoint à une ambassade des Vénitiens auprès de Clément V, profita de sa mission à Avignon pour visiter la cour de France[1]. On le voit dans l'entourage de Philippe le Bel et dans celui de Louis Hutin où il eut l'occasion de se lier avec Joinville. Fort préoccupé de questions d'étiquette, il ne manqua point d'en soumettre quelques-unes au sénéchal de Champagne et de consigner par écrit plusieurs de ses réponses. Un jour, il s'agissait des règles que doivent suivre deux personnes d'égale condition assises à table à côté l'une de l'autre; lorsqu'elles n'avaient pas d'écuyer tranchant, Barberino pensait que celle qui avait le couteau à sa droite devait en remplir les fonctions. « . . . . . Me trouvant dans un endroit qu'on appelle Poissy, près de la Normandie, j'interrogeai à ce sujet monseigneur Jean de Joinville — che-

[1] A. Thomas, *Lettres latines inédites de Francesco da Barberino*. (Romania, 1887, p. 77.)

valier d'un grand âge, le plus expert dans ces questions de ceux qui vivent aujourd'hui, et dont la parole jouit d'une grande autorité aussi bien auprès du roi de France que des autres personnes de son entourage — et il fut de cet avis. Il ajouta, en outre, que c'est pour cela que les bons serviteurs doivent avoir soin de placer les couteaux à main droite[1]. » Il eut d'ailleurs plus d'une occasion de recueillir d'autres propos de Joinville concernant les usages à observer à table, sur lesquels le sénéchal devait naturellement avoir une compétence toute spéciale. C'est ainsi qu'il l'entendit, chez le roi de Navarre, adresser une vive réprimande à un jeune écuyer qui se permettait de remplir ses fonctions sans s'être auparavant lavé les mains, et soutenir qu'un seigneur trouvait plus d'honneur à laisser son écuyer servir les autres qu'il ne pouvait trouver d'utilité à l'accaparer pour lui seul.

Mais d'autres paroles de Joinville avaient une plus haute portée : « Je lui demandais un jour, dit Barberino, quelle plus grande preuve de discernement on pouvait trouver chez celui qui honore. — « C'est d'honorer tout le monde, me répondit-il. » Enfin une dernière parole avait paru au docte Florentin digne d'être traduite en vers italiens et de figurer dans ces règles de bien vivre qu'il réunit sous le titre de *Documenti d'amore*. « Monseigneur Jean de Joinville avait un fils, appelé Jean comme lui, qui était sur le point de faire un long voyage; il lui dit : « Choisis parmi nos hommes les quatre « que tu croiras être le plus de nos amis et des tiens, et tu les con- « duiras avec toi. » Le fils répondit : « J'emmènerai donc tels et tels. » — « Parmi ceux-là, dit le père, il y en a un qui a jadis trahi son sei- « gneur; prends à sa place un tel en qui j'ai toute confiance. » — « Mais, dit le fils, celui que j'ai choisi déclare qu'il m'aime plus que « lui-même; le vôtre, au contraire, bien qu'il m'ait servi quand je « le lui ai demandé, ne m'a jamais témoigné son affection par ses « paroles. » Alors le père lui dit le texte de notre règle : « N'est pas

---

[1] A. Thomas, *Francesco da Barberino et la littérature provençale en Italie au moyen âge*, p. 26.

« ami qui le dit, ni ennemi qui se tait; l'œuvre seule fait preuve,
« et plus la longue que la courte et la récente [1]. »

Ne trouve-t-on pas dans cette sentence comme un reflet des enseignements de saint Louis dont Joinville avait fait la règle constante de sa vie? Dans un seul cas, il parut les oublier : c'est dans ses rapports avec les moines de Saint-Urbain. On peut d'ailleurs observer, entre l'abbaye et les seigneurs qui en avaient la garde, une telle continuité de mauvais procédés qu'il faut admettre l'existence d'un de ces sentiments d'hostilité réciproque et héréditaire, analogues à ces haines de famille qui se transmettent et s'aggravent de génération en génération. Les religieux, en effet, n'échappaient pas plus que leurs avoués à cette tradition d'animosité. N'avait-on pas vu l'abbé Geoffroy, oubliant qu'il devait son siège à Joinville, être le premier à prétendre que la garde de son monastère appartenait au roi? La transaction de 1308 aurait peut-être mis fin à ces conflits toujours renouvelés, si des désordres intérieurs n'avaient fourni au sénéchal une occasion dont il eut le tort de profiter. Voici les faits tels qu'on les trouve consignés dans un curieux mémoire adressé en 1310 au légat du pape.

Quatre moines de Saint-Urbain : Gui de Woigny, Thomas d'Arzillières, Bertrand d'Athis et Nicolas de Raigecourt, apparemment plus soucieux de leurs propres intérêts que de ceux de leur abbaye, avaient volé dans le chartrier certaines chartes concernant les libertés et immunités du couvent et les avaient portées à celui que les religieux appelaient « l'ancien ennemi de notre monastère, celui qui, de tout temps, par lui-même ou par ses complices, n'a cessé et ne cesse d'opprimer nous et notredit monastère, dans nos personnes et nos biens, par des violences, des injustices et des procès devant divers juges séculiers ». Les religieux allaient jusqu'à prétendre que le larcin avait été commis à l'instigation du sénéchal, qui aurait d'avance promis une récompense aux voleurs. En tout

[1] A. Thomas, *Francesco da Barberino et la littérature provençale en Italie au moyen âge*, p. 27.

cas, ils affirmaient que les chartes avaient été publiquement brûlées dans le château de Joinville et que, faute de ces documents, ils avaient dû en venir à une transaction qui leur avait coûté plus de 2,000 livres; ce qui n'avait pas empêché Joinville de continuer à les molester.

Poursuivant le cours de leurs méfaits, les quatre coupables, à la tête d'une troupe d'hommes armés envoyés par le sénéchal, avaient forcé et pillé les prieurés de Saint-Jacques à Joinville et de Sainte-Ame aux portes de la même ville, et s'étant, de leur autorité, substitués aux prieurs qui en avaient la garde au nom de l'abbaye de Saint-Urbain, ils en avaient dissipé les biens. Un de ces moines, Thomas d'Arzillières, s'étant, un soir, présenté chez le curé de Montoy, qui se trouvait à table avec quelques amis, avait réduit les convives à l'impuissance au moyen d'une poudre magique, et les avait laissés à demi morts après avoir dévalisé la maison. Pour comble de honte, il avait jeté le froc aux orties pour s'établir, avec une fille de joie, dans un bourg voisin où il tenait une maison de prostitution « et faisait peut-être encore pis[1] ». Enfin les moines rebelles menaçaient de massacrer l'abbé et de brûler les granges et les bâtiments de l'abbaye; les religieux fidèles, les ayant vus rôder la nuit avec des complices autour de leurs murs, résolurent de se mettre, eux et leurs biens, sous la sauvegarde du roi et de s'emparer des malfaiteurs. Ceux-ci prétendirent réclamer la protection du Saint-Siège auquel ils adressèrent un mémoire contenant contre leur abbé les accusations les plus graves. C'est à ce mémoire que les autres religieux répondirent par celui dont nous avons tiré les détails qu'on vient de lire[2].

Il est plus que probable que les moines de Saint-Urbain ont fortement exagéré le rôle du sire de Joinville. On ne peut supposer

---

[1] « ..... lupanari, prostibulo presidens ruffianus et forte deterior et a sceleribus solitis non recedens, ut communiter narratur, exstitit. »

[2] Lettre adressée par les religieux de l'abbaye de Saint-Urbain à Bertrand de Bordes, évêque d'Alby, légat du Saint-Siège, le 22 avril 1310. (Cat. n° 725.)

un instant que l'ami de saint Louis ait jamais encouragé un vol ; mais on ne peut nier qu'il se soit rendu coupable de certaines violences, et notamment en ce qui concerne les prieurés de Saint-Jacques et de Sainte-Ame. On en trouve la preuve dans un accord conclu devant les Grands Jours de Troyes, le 24 septembre 1310 ; il dut payer 200 livres de petits tournois pour les dégâts commis dans ces deux prieurés et jurer de ne plus exciter les hommes de Saint-Urbain, ni aucun autre adversaire, contre les religieux. Il fut débouté de sa plainte au sujet de prétendus dommages que les moines auraient faits dans ses forêts. De plus, deux arbitres devaient connaître des autres questions pendantes et faire rétablir les officiers de justice de l'abbaye à Annonville, s'il était prouvé que le sénéchal les eût chassés. Enfin les deux parties s'engagèrent à ne plus plaider sur leurs anciens griefs et à respecter les décisions des arbitres, sous peine d'une amende de 1,000 marcs d'argent[1]. Telle fut la fin de cet interminable conflit. Pendant les sept années que Jean vécut encore, il ne semble pas avoir eu avec l'abbaye la moindre contestation.

Le sénéchal, toujours à court d'argent, eut-il quelque tentation d'imiter les expédients financiers de Philippe le Bel? On aurait peine à le croire ; cependant, quatre mois avant l'accord définitif avec Saint-Urbain, il prêta les mains à une singulière combinaison par laquelle son fils Anseau se fit avancer un millier de livres sous le couvert du maire et des échevins de Joinville. Dans l'acte de mai 1310 qui nous a conservé le souvenir de cette transaction, on voit les bourgeois de Joinville contracter ce qui paraît être un véritable emprunt communal, en émettant à Reims des titres paraissant rapporter un intérêt viager de plus de 14 pour o/o. Puis, l'emprunt une fois souscrit, on voit Anseau de Reynel se substituer aux bourgeois de Joinville et déclarer que, bien que son nom n'ait pas été prononcé dans l'affaire, celle-ci a été conclue pour lui et à sa

---

[1] Cat. n° 729.

requête; bref, toucher le capital versé et promettre le fidèle payement des intérêts en donnant pour garantie tous ses biens meubles et immeubles [1]. Cette ingénieuse opération avait donc pour but d'employer le crédit des bourgeois de Joinville à procurer au fils de leur seigneur une grosse somme que le crédit des Joinville, sans doute un peu usé, aurait été impuissant à lui faire prêter.

Jean n'avait pas alors moins de quatre-vingt-cinq ans. Est-ce en pensant à sa propre fin qu'il fit mettre, l'année suivante, à Clairvaux, une épitaphe consacrée à la mémoire de son bisaïeul et de son aïeul. Cette longue inscription, certainement rédigée par le sénéchal, et qui forme une courte histoire généalogique de sa famille depuis Geoffroy III, est une nouvelle preuve de son penchant à la composition. On a déjà vu qu'il y a de grandes apparences qu'on doive lui attribuer une *Chanson composée en Acre* au moment où saint Louis prit le parti de rester en Terre-Sainte [2]. Pour notre part, nous serions très porté à croire que les Mémoires, le *Credo* et l'inscription de Clairvaux sont loin d'être les seuls ouvrages de Joinville. On admettrait bien qu'un homme n'eût essayé qu'une fois dans sa vie de faire profiter les autres de ses souvenirs et de ses méditations; mais du moment que le sénéchal s'est décidé plusieurs fois à écrire, comment supposer que, pendant le demi-siècle qui s'est écoulé entre la première édition du *Credo* et la composition des Mémoires, il n'ait rien produit d'autre que la seconde édition du *Credo*?

Le grand âge de Jean ne l'empêchait pas de remplir les devoirs militaires de sa charge. Le duc de Lorraine, Thibaut II, ayant maltraité et fait mettre en prison des habitants de Neufchâteau et de Châtenois, villes qui se trouvaient placées sous la garde du roi de Navarre, à la fin de l'année 1311, Philippe le Bel chargea le sénéchal de Champagne, Le Borgne des Barres et Simon de Menoux

---

[1] Cat. n°ˢ 727 et 728. — [2] Voir plus haut, p. 105.

d'aller, malgré l'hiver qui était commencé, en tirer réparation. Ceux-ci convoquèrent leurs hommes d'armes à Passavant et firent une chevauchée vers le château de Darney[1]. Au retour se plaça un épisode dont le récit, tout récemment retrouvé, doit être reproduit intégralement; on y a conservé en effet quelques paroles de Joinville.

Parmi les chevaliers qui avaient pris part à la chevauchée de Darney se trouvait Hugues de Vienne, sire de Jonvelle. Ce seigneur avait, quelques années auparavant, sollicité le concours du roi pour l'achèvement d'un château qu'il avait fait bâtir à Montdoré; en retour, il s'était engagé à en faire hommage à la couronne; mais, par la complicité du prévôt devant qui l'instrument de promesse avait été signé, celui-ci avait été détruit, et Hugues de Vienne pensait pouvoir tirer quelque profit d'un nouvel acte d'hommage. Quand donc « ils orrent faict la chevauchée, et ils s'en retournoient, et furent sur les champs par devers Passavant, le dict messire Hugues de Vienne se traict par devers les dessus dicts messire de Joinville, li Bornes des Barres et messire Simon, et montra à eux et plusieurs autres le chasteau de Montdoré, liquiex est si haut assis que l'on peut bien veoir de loing.

« Item, li dict messire Hugues de Vienne dict aux dessus dicts, et usa d'un tel langage ou semblable : « Seigneurs, il fait moult
« fort temps et moult divers, et si peut on veoir la grande voulenté
« et puissance du roy de France, car il ne sa gent ne regardent
« peril ne fortune de temps à son honneur garder; sy faict bon
« avoir tel prince et seigneur, et faict bon regner soubs sa puis-
« sance »; et lors dit et demanda ledit Monsieur Hugues à Monsieur de Joinville et aux autres seigneurs : « Vous voyez bien le chastel
« de Montdoré, comment il jist et comme le roy s'en pourroit ayder
« en ce pays. »

« Item, en desadvouant ledict chastel tenir du roy, ledict messire

---

[1] Dom Calmet, *Histoire de Lorraine*, édition de 1728, II, 437-438.

Hugues de Vienne dit au seigneur de Joinville et autres, en usant de ces parolles : « Seigneur, s'il plaisoit au roy et il m'en vousist « faire bon proffit, je repenrois ledict chastel de Montdoré de luy « et en devenrois son homme »; auquel ledit messire de Joinville repondist tantost : « Saincte Marie, messire Hugues, qu'est-ce que « vous dictes? Gardez bien que vous dictes, car vous tenez le chas- « tel de Montdoré du roy, et en estes encore en son hommage, et « sçavez que vous ne vous eussiez peu fermer votre chastel pour « l'empeschement que les gens du comte de Bar y mettoient, si « vous ne l'eussiez fermé par la force des gens du roy que li con- « nestable de Champagne vous bailla, pour ce que vous devintes « homme du roy et en reprintes de luy; si vous vous departez de « celles parolles dire, si ferez sagement. »

« Item, messire Hugues, en continuant et desadvouant tenir le dict chastel du roy, dit encore telles parolles : « Monsieur de Join- « ville, sauf vostre grâce, mais je tiens mon chastel de Montdoré de « franc aleu, sans subjection d'autruy [1]. »

Si ce récit prouve combien Joinville avait le scrupuleux respect des devoirs des vassaux envers leurs suzerains, on peut voir qu'il n'admettait pas non plus que ceux-ci outrepassassent leurs droits. A ses yeux, le pouvoir même du roi devait être contenu dans les bornes de la justice, et il n'hésita pas, quelques années plus tard, à se joindre à ceux qui tentèrent de l'endiguer, quand de nouvelles exactions fiscales et la mauvaise conduite de la guerre de Flandre produisirent en 1314 une explosion universelle de mécontente-ment. La noblesse prit la tête du mouvement; celle de Bourgogne s'unit au clergé et aux communes pour obliger le roi à renoncer à ses projets d'impôts. Son exemple fut bientôt suivi par les nobles

---

[1] Le curieux texte qu'on vient de lire, établi d'après des copies du xviiie siècle, malheureusement toutes plus ou moins fautives, a été publié par M. Jules Viard dans une étude sur *Le château de Mont-doré au commencement du xive siècle*. (Revue de Champagne et de Brie, année 1888, p. 166.)

de Champagne et de Picardie, au nombre desquels on voit figurer Joinville et son cousin le sire de Jully, tandis que l'on n'y trouve nulle part celui d'Anseau de Reynel[1]. Philippe dut céder : il suspendit la perception des subsides et promit que ses monnaies d'argent seraient désormais de titre égal à celles de saint Louis. Les ligues ne trouvèrent point la satisfaction suffisante; au mois de novembre, elles se confédérèrent les unes avec les autres et décidèrent de se former en association gouvernée par une commission permanente, avec une assemblée de représentants qui devait se réunir tous les ans à Dijon.

Philippe le Bel mourut quelques jours après la conclusion de cette confédération; son successeur négocia avec les diverses ligues. Au mois de mai 1315, il donna satisfaction à celle des nobles de Champagne[2]. Ceux-ci, qui étaient à la fois ses sujets et ses vassaux, rentrèrent dans l'obéissance, et Joinville avait évidemment fait sa soumission lorsque, quelques jours plus tard, il écrivit à Louis X la célèbre lettre publiée pour la première fois par Du Cange. A peine réconcilié avec ses vassaux, le roi leur avait ordonné d'avoir à se préparer à marcher contre les Flamands; mais des bruits de paix avaient couru, les nobles n'avaient point fait de préparatifs, et Joinville, convoqué à Authies pour la mi-juin, ne reçut l'ordre royal que huit jours avant la date de la convocation. Il répondit sur-le-champ pour protester de son dévouement et s'excuser de ne venir au rendez-vous qu'au bout du temps nécessaire pour mettre sur pied ses gens d'armes. Cette lettre était certainement la première que le sénéchal envoyait au roi depuis son avènement, car, en la terminant, il crut nécessaire d'expliquer pourquoi, au lieu d'employer les termes plus pompeux alors usités lorsqu'on s'adressait à un souverain, il ne l'appelait dans la suscription que son *bon seigneur*, comme il avait eu l'habitude de le faire en parlant aux rois de France prédécesseurs de Louis X[3]. N'est-ce pas là encore

---

[1] Cat. n° 708. — [2] *Ordonnances*, I, 573, 577, 581. — [3] Cat. n° 748.

une preuve de l'attachement de Joinville aux anciens usages signalé par Barberino? Quant à la part qu'il prit à l'infructueuse campagne de 1315 entravée par les inondations et les maladies, on ignore complètement ce qu'elle put être.

Cependant Jean allait voir disparaître un cinquième roi de France : Louis Hutin mourut subitement au mois de juin 1316, ne laissant qu'une fille, Jeanne, issue de son premier mariage avec Marguerite de Bourgogne; mais sa veuve, Clémence de Hongrie, restait enceinte. On sait comment, après la mort du petit Jean Ier, une première application de ce qu'on a appelé la Loi salique donna la couronne à Philippe le Long. Le duc de Bourgogne, Eudes, se posa en défenseur des droits de sa nièce au trône de France et s'abstint d'assister au sacre du nouveau roi. Il maintenait aussi les prétentions de Jeanne au trône de Navarre et au comté de Champagne et, s'unissant aux restes des anciennes ligues de la noblesse, il refusa, en même temps qu'un certain nombre de vassaux de Champagne, de rendre hommage à Philippe pour les fiefs qu'ils tenaient dans cette province. Cette fois, les Joinville ne le suivirent pas, ils restèrent fidèles au parti du roi. Le fils aîné du sénéchal, Anseau, fut même un des commissaires chargés par Philippe le Long d'aller négocier l'accord qui amena la soumission du duc de Bourgogne[1]. Une rente de 400 livres et le don d'une maison royale furent la récompense du négociateur[2]. Il semblait, d'ailleurs, que le nouveau souverain se fût pénétré de ces exemples de saint Louis, que Joinville avait mis sous les yeux de son frère pour que tous les jeunes princes en profitassent : il s'attachait à réparer les maux du règne de Philippe le Bel, et c'est en paix avec son roi que le vieux compagnon de saint Louis s'éteignit plein de jours le 24 décembre 1317[3].

---

[1] 19 juin et 15 novembre 1317. (Cat. n°s 764 et 767.)

[2] Cat. n°s 765 et 767.

[3] L'obituaire de Saint-Laurent de Joinville mentionne son obit à deux jours différents. On y lit, en effet, à la date du 11 juillet (fol. 47 v°) la mention suivante assez inexactement publiée par Champol-

Il fut inhumé à Saint-Laurent de Joinville, dans la chapelle de Saint-Joseph, sous une arcade percée dans le mur qui séparait la chapelle du sanctuaire. Son tombeau, détruit en 1792, ne nous est connu que par quelques mentions relativement modernes, et surtout par un dessin exécuté vers 1632, avec plus de bonne volonté que d'expérience, par M. Paillette, doyen de Saint-Laurent[1].

lion-Figeac (p. 621) d'après le ms. fr. 11559;

«Ob. nobilis dominus, dominus Johannes, dominus de Joinvilla, uxores ejus et liberi ipsorum, et eorundem liberorum uxores ac heredes qui nobis dederunt quinque solidos *ens herpans* de Joinvilla.»

Au lieu de la mention générale de Joinville et de tous ses descendants, on trouve, à la date du 24 décembre, quelques lignes qui s'appliquent d'une façon toute particulière au sénéchal (fol. 86 v°). Elles ont été reproduites d'après une mauvaise copie par M. Didot (p. 110). Nous en devons une transcription, ainsi que de celles qui précèdent, à l'obligeance de M. Roserot, archiviste de la Haute-Marne.

«Ob. nobilis dominus, dominus Johannes, dominus de Joinvilla, et domina Aelidis, ejus uxor, domina de Rinello, qui dederunt nobis pro eorum anniversario hoc die annuatim celebrando, duodecim sextarios avene singulis annis capiendos in terragiis de Ferreriis.

«Item, idem dominus dedit nobis III^{or} tabulas cum quibusdam reliquiis quas apportavit de Terra Sancta.»

Si l'on rapproche la seconde mention du fait qu'Anseau de Joinville se disait sire de Reynel le 15 novembre 1317 et sire de Joinville en juin 1318 (voir le catalogue d'actes), on n'hésitera pas à adopter la date du 24 décembre 1317 comme celle de la mort de Jean de Joinville.

[1] *Histoire chronologique et topographique des princes et seigneurs de la ville de Joinville*, par Hincelot, curé de Sommermont, en 1790. Bibl. nat., Nouv. acq. fr. 4021, p. 32-33. — Fériel, p. 27-30. — Didot, p. 112-114. — Le dessin de Paillette a été publié d'abord en 1807, en tête de la traduction anglaise des *Mémoires de Joinville*; puis en 1841, par Champollion-Figeac (*Documents inédits, extraits...... des bibliothèques......*, I, 642); enfin il a été interprété avec plus d'art dans le volume de M. Didot, p. 106. Avant d'être détruit en 1792, le tombeau de Jean de Joinville fut certainement remanié. On y avait déjà rajouté, avant l'année 1629, l'épitaphe latine citée dans l'*Art de vérifier les dates* (II, 601). Depuis l'époque où Paillette avait fait un dessin de la pierre tombale, celle-ci avait perdu le dais qui surmontait la tête et les deux anges qui l'accompagnaient: c'est ce qui résulte d'un croquis assez sommaire appartenant à M. Lemoine, horloger à Joinville, croquis dont je dois une reproduction à l'obligeance de M. Horace Gillet, de Joinville. La pierre portant la figure du sénéchal repose sur un sarcophage de forme antique qui ne peut être le sarcophage original, car il ne saurait

C'était un sarcophage de pierre grise, haut de trois pieds, sur lequel le sénéchal était représenté gisant. Revêtu d'une longue cotte d'armes sans manches, tombant jusqu'à mi-jambes, par-dessus une armure de mailles complète, qui ne laissait que le visage à découvert, les mains nues et jointes, ceint de son épée, il portait, suspendu à son bras gauche, un écu à ses armes. Comme dans presque toutes les tombes de cette époque, ses pieds étaient appuyés sur un chien, tandis que, derrière sa tête, se voyait un dais d'architecture; et, de chaque côté, deux anges, volant à la hauteur de ses oreilles, tenaient vraisemblablement des encensoirs [1].

Réduits à ce dessin, imitation très imparfaite d'une œuvre assez grossière [2], ceux qui voudraient se figurer le compagnon de saint Louis seraient fort embarrassés s'ils ne pouvaient recourir à un document iconographique très digne d'attention. Sans parler des sceaux, toujours bien insuffisants au point de vue de la ressemblance, sans parler de la miniature du *Credo* dont il a été question plus haut, on voit, en tête d'un manuscrit de l'histoire de saint Louis [3], une miniature où le sénéchal est représenté offrant son livre à Louis Hutin. Cette peinture, il est vrai, n'est qu'une copie de celle qui décorait l'exemplaire original aujourd'hui perdu; mais

---

être antérieur à la Renaissance. Le monument est placé sous une arcade en tiers-point, et, dans le mur de fond, se voit l'armoire aux reliques dont il est question dans la notice de Hincelot et dans Champollion-Figeac (I, 641). Toutefois ce croquis ne doit pas être fort exact; la place du bouclier, notamment, n'est pas du tout la même que dans le dessin de Paillette. — L'origine d'un dessin de fantaisie, lithographié dans le *Voyage pittoresque de la France* (Champagne, t. III), me paraît expliquée par une lettre de M. Fériel citée par M. Didot (p. 118-119).

[1] Le dessinateur du xvii° siècle s'est imaginé voir entre les mains de ces anges un livre, un encrier et des plumes, «allusion bien expressive, dit M. Champollion, p. 642, aux Mémoires de l'historien de saint Louis».

[2] «Ce monument... grossièrement exécuté... est sans mérite pour les arts.» (Inventaire fait par Claude-Joseph Benoît, peintre, le 22 novembre 1790, cité par Didot, p. 113.)

[3] Bibl. nat., fr. 13568. — La miniature en question a été gravée en tête des *Études sur Jean, sire de Joinville*, de M. Didot, et reproduite en chromolithographie dans les éditions de Joinville que M. de Wailly a données chez Adrien Le Clère et chez Didot.

le soin avec lequel elle est exécutée, l'exactitude de certains détails, tels que les cheveux blancs que l'artiste a donnés à Joinville, alors octogénaire, et surtout la conformité du portrait de Louis Hutin avec les autres images de ce prince, sont un argument en faveur de l'authenticité du portrait du sénéchal. Malheureusement les petites dimensions de la peinture permettent, tout au plus, de démêler, dans les traits du personnage principal, un certain mélange de fermeté et de bonté qui serait, d'ailleurs, en harmonie avec l'impression que l'on ressent à la lecture de ses Mémoires. Sa taille paraît plutôt élevée; mais, outre que Joinville est représenté à genoux, on ne pourrait guère, à ce point de vue, se fier à un document de ce genre si l'on n'avait là-dessus des données certaines. Lors de travaux considérables exécutés en 1629 à Saint-Laurent, le tombeau de Jean fut ouvert, et l'inspection de ses ossements permit de constater qu'il avait une stature au-dessus de l'ordinaire et la tête fort grosse [1]. Ce dernier détail est d'ailleurs confirmé par l'unique allusion à l'apparence extérieure de Joinville, que l'on trouve dans ses Mémoires [2]. On est aussi en droit de croire que le sénéchal était d'une force peu commune. Dans son âge mûr, il faisait un long trajet à travers les rues de Paris en portant dans ses bras le roi trop souffrant pour supporter un autre mode de locomotion; près d'un demi-siècle plus tard, en dépit des nombreuses attaques d'une fièvre contractée sans doute en Orient, il conservait assez de vigueur pour conduire en personne des chevauchées armées sur les confins de la Lorraine. En cela, il différait de son royal ami, à qui de fréquentes maladies devaient donner une apparence débile, une attitude courbée, assez sensible pour que certains contemporains l'aient tournée en ridicule. Qui sait si ce contraste ne fut pas pour quelque chose dans la naissance de leur amitié et si ces deux hommes n'éprouvèrent pas l'un pour l'autre ce mutuel attrait si fréquemment observé entre des natures diverses?

[1] Du Cange, p. 20, et Champollion-Figeac, p. 621-622. — [2] Joinville, § 23.

Au moral, grâce à ses écrits, Joinville nous est incomparablement mieux connu. Ayant vécu à l'apogée du moyen âge, il en est, peut-être à meilleur titre que saint Louis, la plus complète personnification. Par sa situation, par ses vertus comme par son génie, saint Louis était une exception, et les exceptions se rencontrent dans tous les temps. Il n'y a que les hommes de condition et de facultés plus rapprochées de la moyenne sur qui l'on puisse mesurer l'influence exercée par le milieu dans lequel ils ont vécu. Joinville était loin d'être un homme hors ligne. Les gens du xviie siècle l'eussent appelé un « honnête homme », et ses contemporains un « prud'homme ». Doué d'un cœur aimant, d'une conscience droite, d'un « subtil sens » que saint Louis se plaisait à reconnaître [1], il avait dû recevoir — ses écrits autorisent à le croire — une instruction aussi étendue que pouvait l'être celle d'un homme de son époque, et la charge héréditaire qu'il se trouva remplir, dès son enfance, à la cour de Champagne, lui avait donné de bonne heure, avec l'usage du plus grand monde, une autorité en matière d'étiquette, qu'il conserva jusqu'à sa mort. Un très vif sentiment du devoir suppléait chez lui au défaut de certaines qualités. C'est ainsi qu'étranger aux instincts militaires, et même fort accessible à certaines craintes, il montra, dans tous les combats, une vaillance et une fermeté dignes des plus ardents chevaliers.

Ce sentiment, il le devait à la vertu dominante des hommes de son temps : la foi, inconsciemment respirée depuis sa naissance, mais exaltée et comme épurée, à l'exemple de celle de saint Louis, au point de pénétrer toutes les actions de sa vie. Lorsqu'une conviction profonde s'empare d'une âme humaine, elle y croit de telle sorte qu'un jour vient où il semble que l'âme ne suffise plus à la contenir; alors commence l'apostolat. Joinville en est un exemple. Si, tout jeune encore, au moment où devenait plus étroite son intimité avec saint Louis, sur le sol de la Palestine, il composa son

---

[1] Joinville, § 26.

Credo, pour démontrer la nécessité de la foi, l'âge ébranla si peu ses convictions que, près de quarante ans après, sur le sol de France, alors que deux princes s'étaient succédé sur le trône du saint roi, le sénéchal reprenait avec amour les pages écrites en Terre-Sainte sous l'influence des enseignements de son royal ami.

De ses qualités comme de ses défauts, nous sommes plus à même de juger que ceux qui ont existé à une époque moins éloignée de celle où il a vécu; car c'est seulement de nos jours que les œuvres de Joinville ont été vulgarisées. Le *Credo* paraît même être resté totalement ignoré jusqu'à l'édition qu'en a donnée M. Artaud pour la Société des bibliophiles français, en 1837, d'après un manuscrit dont on sait les pérégrinations depuis cette époque [1]. Quant à l'*Histoire de saint Louis*, elle ne dut pas être fort répandue lors de sa première publication, et l'auteur avait à peine fermé les yeux qu'elle tomba dans l'oubli, d'où elle ne sortit que deux siècles plus tard. On n'en connaît aujourd'hui que trois manuscrits, tous postérieurs à la mort du sénéchal et dérivant de deux types facilement reconnaissables : celui qui fut présenté à Louis Hutin et celui que Joinville conserva dans son château [2]. Le premier, on l'a vu, con-

---

[1] Autrefois coté fr. 7857, il fut dérobé, entra dans la collection Barrois où, coupé en deux, il porta les n⁰ˢ 75 et 305. Passé ensuite dans la bibliothèque de lord Ashburnham, il a reçu, depuis sa rentrée à la Bibliothèque, les n⁰ˢ 4509 et 4510 des Nouvelles acquisitions françaises.

[2] Le classement des manuscrits en deux familles dérivant de deux types différents est celui que M. de Wailly avait lui-même proposé. M. Gaston Paris, tenant compte de la présence des leçons fautives communes aux deux familles A (Bibl. nat., fr. 13568) et BL (ms. Brissart-Binet et fr. 10148), et de l'existence dans A et L de copies de la miniature de présentation qui ornait l'exemplaire offert à Louis Hutin, conclut que les trois manuscrits dérivent de cet exemplaire. (*Romania*, 1874, p. 404-411.) Depuis lors, M. de Wailly a essayé de concilier le système de M. Paris avec le sien, au moyen d'une combinaison qui, sauf l'intercalation de types intermédiaires, assez hypothétiques en somme, revient à peu près à son premier système (*Romania*, 1874, p. 491) auquel on pourrait, je crois, se tenir. En effet, l'apostrophe directe au «roi qui orcs est» (§ 42), qui ne se trouve que dans A, ne pouvait figurer que dans le manuscrit destiné à parvenir jusqu'au roi, tandis qu'elle n'a aucune raison d'être dans

tenait à l'adresse de Philippe le Bel des paroles sévères, que le roi ne devait guère se soucier de mettre sous les yeux de ses sujets; il resta donc enseveli dans quelque recoin de la librairie royale, où il se trouvait encore en 1424 [1], mais, quelque «bien escript et historié» qu'il fût, il ne paraît pas avoir attiré l'attention du roi bibliophile. Il disparut même complètement dans la suite, et l'exemplaire qui le représente aujourd'hui ne fut mis en lumière qu'au milieu du xviiie siècle. C'est aux victoires françaises qu'on doit de l'avoir recouvré; c'est à Bruxelles que le maréchal de Saxe en retrouva une ancienne copie exécutée vers l'an 1350, qui, aussitôt mise à profit pour l'édition de Melot, Sallier et Capperonnier, tient aujourd'hui, dans notre grande collection nationale, la place du manuscrit original [2].

La rédaction dérivée de l'exemplaire personnel de Joinville tarda moins à être mise en lumière [3], et cependant près de deux siècles s'écoulèrent avant qu'on en fît usage. Les circonstances, en effet, avaient été des moins favorables. L'auteur ne survécut guère qu'une dizaine d'années à l'achèvement de son livre, et, en admettant que son œuvre ait eu, dans l'entourage de Joinville, une certaine vogue,

---

l'exemplaire que Joinville s'était réservé; aussi la chercherait-on vainement dans L et dans B. Quant à la présence dans L d'une copie de la miniature de présentation, elle prouverait simplement que Joinville, obéissant à ce penchant naturel pour tout ce qui parle aux yeux, que l'on a eu l'occasion de signaler à propos des miniatures du *Credo*, a tenu à garder un souvenir du jour où il a présenté son livre à Louis Hutin, en faisant copier en tête de son propre exemplaire la peinture qu'il avait fait exécuter pour l'exemplaire offert à l'héritier du trône.

[1] Cf. l'inventaire de la librairie du Louvre, article 935, publié par M. Léopold Delisle dans le tome III du *Cabinet des manuscrits*.

[2] Bibl. nat., fr. 13568 (anc. suppl. 2016). C'est celui que M. de Wailly désigne par la lettre A.

[3] Elle est représentée par le ms. fr. 10148 (anc. suppl. 206), exécuté pour Antoinette de Bourbon et découvert à Lucques par Sainte-Palaye, et par le ms. Brissart-Binet (Nouv. acq. fr. 6273), également copié au xvie siècle. (Voir p. xii et xiii de la préface de M. de Wailly dans laquelle ils sont désignés respectivement par les lettres L et B.)

cette vogue aurait eu peine à s'étendre au moment même où commençait à dominer l'histoire privilégiée, celle qui recevait à Saint-Denis une sorte de consécration officielle. Or le texte que l'on avait choisi pour l'insérer dans le corps des *Chroniques de Saint-Denis*, au lieu réservé au règne de saint Louis, c'était l'histoire de ce roi par Guillaume de Nangis. Déjà publiée au moment où Joinville commença la rédaction de ses Mémoires, l'emportant sur ceux-ci par certaines qualités d'ordre et d'exactitude matérielle, répandue à de nombreux exemplaires, elle occupait une place d'où l'œuvre du vieux seigneur, adversaire du nouveau régime, ne pouvait la déloger. La mort de Jean ne changea rien à la situation. Son fils Anseau, homme de cour avant tout, perpétuellement à l'affût des largesses royales, était loin d'avoir la même indépendance de caractère, et il ne devait pas se soucier de publier le livre où il était si librement parlé des descendants de saint Louis. Ensuite vinrent les grands bouleversements de la guerre de Cent ans; qu'importait alors le souvenir des vertus des anciens rois? La mode était aux étonnantes histoires de ces audacieux aventuriers dont Froissart raconte « les grans merveilles et les biaus fais d'armes ». Puis, quand le calme se rétablit, l'influence des humanistes italiens détourna vers l'antiquité romaine les regards que les Français auraient dû ne pas détacher de leurs glorieux ancêtres. Quelques bons esprits échappaient à cet engouement d'où naquit l'épouvantable désarroi moral et politique du xvie siècle. Un certain Pierre Antoine de Rieux était du nombre. « Quant à la gloire et vertu, disait-il, si nous voulons diligemment regarder et mesurer l'histoire romaine avecques celle des Françoys, nous trouverons que les Françoys doivent avoir préférence sur la nation romaine : car il n'a esté jamais royaulme dont les roys ayent plus aymé leurs subjectz ni qui ayent faict tant d'honneur à la vertu et religion chrestienne comme ont fait les roys de France. Assez le tesmoignent leurs annales : mais avec le temps, il nous en sera donné plus grande connoissance pour ce que nous trouverons peu à peu ce que le temps, avec la négligence des hommes, nous ont tenu caché jusques à présent [1]. » Ce bon Français devait avoir sa récompense. Bien qu'un aumônier d'Anne de Bretagne, Pierre Le Baud [2], et un théologien du début du XVIe siècle, Louis Lasseré [3], aient connu et cité l'*Histoire de saint Louis*, Pierre Antoine ignorait aussi bien l'existence de l'ouvrage que le nom de l'auteur, lorsque le hasard lui en fit tomber un manuscrit entre les mains. Tout heureux de sa trouvaille, il ne crut pouvoir mieux faire que de la dédier à François Ier. « Voyant, dit-il, l'œuvre estre royale et chrestienne, m'a semblé que la vous dédier seroit l'approprier à son droict poinct : car telles gestes comme du roy S. Loys estoient dignes de votre royale présence. Et aussi que pour le grand plaisir que Vostre Majesté prend en la continuelle cognoissance des historiens, en quoy, entre autres choses, avez voulu surmonter tous les princes vivants, me sembloit que l'œuvre d'elle-mesme estoit vostre... [4]. »

A peine tirée de l'oubli, l'*Histoire de saint Louis* ne tarda pas à se répandre : le XVIe siècle n'était pas achevé qu'il en avait paru quatre éditions et, dès 1567, elle était traduite en castillan. Ce succès était peut-être dû en partie au zèle malencontreux du premier éditeur qui, choqué de ce « que l'histoire estoit ung peu mal ordonnée et mise en langage assez rude », et désireux de la mettre à la portée du plus grand nombre, s'était avisé d'en modifier la langue et d'en altérer l'ordre de manière à défigurer encore l'œuvre qui ne lui était parvenue que par un manuscrit très défectueux. On juge du résultat. Malgré les améliorations introduites, grâce à la découverte de nouvelles copies, dans les éditions successives de Ménard, de Du Cange, de Melot, Sallier et Capperonnier, dans celle des *Historiens de France* et de M. Francisque Michel, la dispa-

---

[1] Joinville, édition de Pierre-Antoine de Rieux, 1547. Dédicace à François Ier, fol. aiij r°.

[2] *Histoire de Bretagne*, publiée en 1638 par d'Hozier. 1 vol. in-fol.

[3] *La vie de Mgr saint Hiérosme*, avec les *Vies de Madame sainte Paule et de Mgr saint Louis*, Paris, 1530.

[4] Pierre-Antoine de Rieux, Dédicace à François Ier, fol. aiiij r°.

rition du manuscrit original empêchait l'établissement d'un texte sans défaut, lorsque Natalis de Wailly, à qui l'on devait déjà plusieurs éditions de l'*Histoire de saint Louis*, dans lesquelles il avait pu fixer l'ordre et les limites de l'ouvrage, en conçut une nouvelle qui, surtout au point de vue de la langue, devait être définitive. Poussant la conscience jusqu'au scrupule le plus minutieux, il ne se contenta pas de dresser un texte qui fût conforme aux règles générales du français du xive siècle; il voulut encore que ce texte reproduisît jusqu'aux moindres nuances dialectales, jusqu'aux moindres particularités orthographiques qui pouvaient caractériser la langue de l'historien de saint Louis. Pour cela, il rechercha les nombreuses chartes françaises émanées de cette chancellerie de Jean de Joinville, dont les clercs avaient recueilli les dictées du sénéchal. Il en établit la grammaire; puis, à l'aide des règles qu'il était ainsi parvenu à fixer, avec la patience et la sagacité d'un Cuvier faisant revivre à nos yeux, sans autre repère que quelques débris d'ossements, les monstres des âges disparus, il entreprit de restituer, mot par mot, l'œuvre entière de Joinville. Grâce à cet immense labeur, nous possédons l'*Histoire de saint Louis* sous une forme aussi correcte, sinon plus correcte encore que celle du texte primitif, et qui donne, au même titre, les moyens d'étudier les questions qu'il soulève.

Celle qui se pose la première est de savoir si tout le livre est original, et si Joinville n'a pas eu recours à des ouvrages antérieurs. Or ces ouvrages semblent se réduire à deux : le premier est ce «romant» ou chronique en langue vulgaire qu'il cite à la fin de son livre et qui a été reconnue pour être une ancienne rédaction des *Grandes Chroniques de France*, très voisine des textes contenus dans les manuscrits français 2615 et de Sainte-Geneviève [1]. Le second est celui qu'il appelle le *Livre de la Terre-Sainte* et qui n'est autre chose que la Chronique d'Ernoul écrite sous l'inspiration de

---

[1] N. de Wailly, *Éclaircissement*, XIII, 488.

la famille d'Ibelin alliée à celle de Joinville [1]. Il est donc certain que son livre est presque uniquement rédigé d'après ses souvenirs personnels. Mais ces souvenirs semblent assez vivaces pour qu'on se soit demandé si l'auteur n'avait pas eu recours à des notes prises par lui au courant des événements. La chose serait vraisemblable de sa part, car il avait certainement le goût d'écrire, et la précision avec laquelle il rapporte certains faits, bien lointains déjà au moment où il dicta ses Mémoires, pourrait nous porter à le croire. Cependant il y a tels de ces faits, par exemple les fêtes données à Saumur quand Alfonse de Poitiers fut armé chevalier, qui s'étaient passés lorsque l'auteur n'était qu'un enfant, c'est-à-dire à une époque où l'on ne saurait admettre qu'il pensât à publier un jour le récit des événements dont il était le témoin. On doit plutôt croire que, par un phénomène souvent observé chez les vieillards, ses souvenirs les plus récents tendaient à s'effacer, tandis que les plus anciens gardaient toute leur précision. En tout cas, admît-on même qu'il eût pris des notes à une époque voisine des événements, il n'en aurait pas moins fait preuve d'une puissance de mémoire visuelle qu'il conservait dans toutes les circonstances. Quelque graves qu'elles soient, rien ne lui échappe de ce qui peut frapper ses yeux. Dans le tumulte au milieu duquel il est fait prisonnier sur le Nil, tandis qu'il sent sur sa gorge le poignard des mécréants, il garde assez son sang-froid pour s'apercevoir que le Sarrasin qui le tient embrassé porte un caleçon de toile écrue; à son arrivée en Acre, dans la foule qui l'entoure, il distingue un valet qui vient lui offrir ses services et, toute sa vie, il se rappelle que cet homme avait une cotte vermeille à deux raies jaunes. Bien plus, on sait combien sont vagues les souvenirs des images entrevues dans les rêves; il n'en est pas de même pour Joinville, et le détail qui le frappe le plus, dans le songe prophétique qu'il eut à la veille du jour où Louis IX prit la croix pour la seconde fois, c'est que le roi était revêtu d'une chasuble vermeille en serge de Reims.

[1] Cf. *Romania*, 1874, p. 406, n. 3.

Peut-être même cette faculté de vision nuit-elle chez lui au développement de la réflexion. Trop vivement impressionné par le spectacle immédiat de ce qui l'avoisine pour tenter de voir au delà, il s'occupe encore moins de rechercher les causes de ce qui se passe autour de lui. A l'âge où se gravaient pour jamais dans sa mémoire les détails des fêtes de Saumur, pendant le séjour du roi à Poitiers, il remarqua les allées et venues du comte de la Marche; mais il ne paraît pas avoir été curieux d'en comprendre les motifs. Ailleurs, dans les récits des événements auxquels il assista en Orient, la précision et la vivacité de certains tableaux sont telles que l'on parvient à se les représenter avec une singulière netteté. L'opiniâtre défense de Joinville et de ses compagnons contre les Sarrasins à Mansourah, où la fière apparition de Louis IX au milieu du champ de bataille, « un heaume doré sur la tête, une épée d'Allemagne à la main », en sont de frappants exemples. Quant à l'objet de l'action, à la raison ou seulement à la succession des mouvements de l'armée chrétienne pendant cette journée, le sénéchal n'a même pas songé à s'en faire une idée.

Où il excelle, en revanche, c'est dans la peinture de certaines scènes à peu de personnages, nous dirions presque de scènes d'intérieur, telles que la charmante page où il raconte comment saint Louis vint le surprendre en lui posant les deux mains sur la tête après le conseil d'Acre. Ce n'est pas que, dans ces morceaux, Joinville fasse, à proprement parler, preuve de qualités littéraires. En fait, il n'en a aucune et le charme de ses écrits provient justement de l'absence de tout art. Le clerc auquel il dictait a recueilli ses paroles telles qu'elles sortaient de sa bouche; aussi l'œuvre qui en est résultée est-elle plutôt la transcription d'une causerie qu'un livre régulièrement composé. C'est la conversation d'un honnête homme qui, sans chercher l'effet, sans rien sacrifier à la forme, doit à son bon sens et à une certaine bonne humeur naturelle de rencontrer souvent le terme juste ou le tour piquant; à la naïveté même de ses émotions et à la simplicité avec laquelle il les ex-

prime, de les faire toujours partager et de tenir sans cesse l'intérêt
en éveil. Sans doute, le conteur n'est plus jeune; il se répète quelquefois, le souvenir appelle le souvenir et amène la digression,
l'ordre fixé d'avance n'est pas toujours observé; mais, dans ce vieux
cœur, la chaleur des belles années n'est pas encore éteinte. N'a-
t-on pas vu le sénéchal vers l'époque où il venait d'achever ses
Mémoires, à près de quatre-vingt-dix ans, conservant assez de vigueur physique pour flétrir en termes indignés les déloyales propositions d'un seigneur trop oublieux de ses devoirs envers le roi?
De même, dans son *Histoire de saint Louis*, lorsque sa pensée se
reporte aux déchirements du départ pour la Croisade, ou bien à
ces heures bénies où, sur le pont du navire qui les transportait
d'Égypte en Syrie, le roi et lui, assis côte à côte, s'étaient ouvert
leurs cœurs et s'étaient pour la première fois parlé, suivant l'ad-
mirable parole de l'*Exode*, « comme un ami parle à son ami », il
retrouve l'attendrissement de sa jeunesse et le renouvellement de
ses anciennes émotions.

Bref, si l'on ne ressent jamais, en lisant l'*Histoire de saint Louis*,
l'admiration qu'inspirent certains passages de Villehardouin, on ne
peut se défendre d'éprouver pour l'auteur quelque chose comme
de la sympathie personnelle. « Le bon Joinville », telle est l'expression qui vient naturellement sur les lèvres lorsqu'on parle du sénéchal de Champagne. C'est que — nous l'avons déjà dit — les qualités
que l'on peut goûter dans son livre ne sont pas ou ne sont que par
certains côtés des qualités d'écrivain : toutes sont inhérentes au
caractère de l'homme.

Celle qui domine, c'est la véracité. « Jamais je ne lui mentis »,
dit quelque part Joinville en parlant de Louis IX. Le témoignage
qu'il se rendait à lui-même, il est juste que nous le lui rendions
aussi en le généralisant. S'il ne craint pas de reprocher au tout-
puissant Philippe le Bel des injustices indignes du petit-fils de
saint Louis, il n'hésite pas non plus à blâmer certaines façons
d'agir du prince qu'il regardait comme le plus parfait des hommes,

ou à reconnaître ses propres faiblesses. C'est ce franc parler qui dut faire tomber dans un oubli, probablement volontaire à l'origine, les Mémoires du sénéchal à peine parus; c'est cette qualité qui nous les rend aujourd'hui si précieux. Quelle en serait donc la valeur, si, au lieu de se restreindre à la publication de ses souvenirs du règne de saint Louis, Joinville avait entrepris de raconter avec la même sincérité les événements auxquels il avait été mêlé pendant le cours de sa longue vie? Né sous Louis VIII, au lendemain de la mort de Philippe le Conquérant, il avait vu six rois se succéder sur le trône, et, parmi eux, les plus grands de la dynastie capétienne. Après l'âge d'or de saint Louis, après le règne honorable de Philippe le Hardi, il avait assisté aux grands événements du règne de Philippe le Bel, où le bon et le mauvais sont si étrangement mêlés, à l'audacieuse rupture avec Boniface VIII, à l'abaissement de la féodalité, à la convocation des États généraux. Puis, après le court règne de Louis X et l'éphémère apparition de son fils posthume, après la première application du principe sauveur auquel la France dut sa grandeur et peut-être son existence, le début du règne réparateur de Philippe le Long avait pu lui faire espérer le retour aux traditions de saint Louis. Certes, en considérant l'importance des faits qui s'étaient déroulés sous ses yeux, on se prend à regretter qu'il n'ait pas donné dans ses Mémoires une place plus grande aux événements historiques. Qui sait pourtant si son œuvre n'aurait pas perdu à être ainsi développée, et si nous n'aurions pas quelque sèche chronique au lieu de ces récits vivants qui nous font pénétrer familièrement dans la vie, sinon dans l'histoire des Français de ce temps, et qui ont rendu son nom inséparable de celui de saint Louis?

Le souvenir de Joinville demeure donc associé à tout ce qu'il y eut de plus grand dans l'histoire du moyen âge français. Il se trouve même que les associations s'étendent au delà des limites de l'existence du sénéchal et rattachent sa mémoire au plus glorieux, au plus cher de nos souvenirs nationaux, à celui de Jeanne d'Arc. Née sur un sol qui avait fait partie des domaines de la maison de Joinville, la Pucelle avait pour saint Louis un culte qui n'était pas inférieur à celui que lui avait voué le sénéchal. Ne dit-elle pas plusieurs fois que c'était à la prière du saint roi que Dieu l'avait envoyée? Au milieu des vagues déchaînées par la tempête, l'intercession implorée par Joinville pour le salut du roi de France était celle du saint vénéré auprès de Varangéville, dans ce sanctuaire de Saint-Nicolas-du-Port où, durant une autre tempête qui menaçait non seulement le roi, mais la France tout entière, déjà plus qu'à moitié submergée sous le flot de l'invasion anglaise, Jeanne d'Arc voulut aller prier. Comme Jean, elle vit sa prière exaucée : ce fut à son retour qu'elle obtint enfin de Baudricourt l'autorisation d'aller se révéler à Charles VII. C'est en vue des tours de Joinville, dans l'abbaye de Saint-Urbain, au lieu même où le sénéchal, partant pour la Croisade, n'osait lever les yeux sur ce « beau chastel » où il laissait ses deux petits enfants, que Jeanne, partant pour sa croisade à elle, fit sa première halte. On sait maintenant quelle part le mouvement franciscain eut au développement de la piété de Jeanne d'Arc; Joinville, que l'on peut dire, au point de vue de la dévotion, le fils spirituel de saint Louis, du grand protecteur des Franciscains, Joinville ne cache pas l'admiration qu'il ressentit pour l'un des propagateurs de ce mouvement en France, frère Hugues de Barjols. Enfin cet esprit si français, ce bon sens irrésistible, cette gaieté qui éclate jusque dans les circonstances les plus graves, ne sont-ce pas là des traits communs au sénéchal et à la Pucelle? Bien plus, il nous semble que toutes les qualités de Joinville, la sincère piété, la pureté des mœurs, la loyauté, le courage, l'amour du roi, la pitié pour ce qu'il appelle « le menu peuple de notre Seigneur », étaient précisément celles que Jeanne prisait le plus, et que, s'il eût vécu de son temps, elle l'aurait compté parmi ses amis, à côté de Dunois, de Gaucourt et du duc d'Alençon.

Il ne semble pas qu'Alix de Grandpré ait donné à son mari

d'autres enfants que les deux fils dont parle Joinville lors de son départ pour la Croisade, c'est-à-dire :

1° GEOFFROY, de Joinville, sire de *Briquenay*, né en 1247 au plus tard [1], passa dans le royaume de Naples, fut la tige des Joinville qui s'y établirent et devinrent comtes de *Sant-Angelo*, ainsi que des seigneurs de *Briquenay*, en France. Mort avant 1290 [2], il avait épousé *Mabille de Villehardouin*, veuve d'*Érard de Nanteuil*;

2° JEAN, né le 18 avril 1248 [3], est nommé en même temps que son frère Geoffroy dans un acte de 1266 [4]. Il épousa *Marie*, dame de *Quiévrain*, qui lui apporta la seigneurie d'*Ancerville* qu'elle tenait en douaire comme veuve de Renaud de Bar, seigneur de Pierrepont [5], mort en 1270. Cependant Jean portait encore le titre de sire d'Ancerville après la mort de Marie, en juin 1293 [6], et même après s'être remarié à *Marguerite de Vaudémont* [7]. Il avait, en effet, gardé l'usufruit de la terre d'Ancerville sa vie durant [8].

L'autre femme de Joinville, Alix de Reynel, lui donna une postérité plus nombreuse :

1° MARGUERITE, mariée à *Jean de Charny*, morte avant décembre 1306 [9], paraît être issue du second mariage de Jean de Joinville [10];

2° JEAN, hérita de sa mère la seigneurie de *Reynel*, au sujet de laquelle il fit un accord avec son père en 1288 [11]. Il vivait encore

[1] Son frère cadet, Jean, sire d'Ancerville, était né en 1248.
[2] Cat. n° 586. — D'après du Cange (p. 22), Geoffroy ne serait mort qu'après 1294.
[3] Joinville, § 111.
[4] Cat. n° 446.
[5] C'est ce qui résulte d'un accord qu'elle fit à ce sujet, le 26 juillet 1271, avec Thibault, comte de Bar. (Voir *Recueil de Du Fourny*, layette *Ancerville*, n° 6.)
[6] Cat. n° 601.
[7] 9 mars 1304. (Cat. n° 688.) — Il faut se garder de confondre cette Marguerite de Vaudémont, femme de Jean, sire d'Ancerville, avec Marguerite, fille de Henri III de Vaudémont, qu'épousa Anseau de Joinville en 1323.
[8] Cat. n° 681.
[9] Cat. n° 676.
[10] Cat. n° 684.
[11] Cat. n° 552.

en 1299[1], époque à laquelle son père faisait à son profit, ainsi qu'à celui de son frère Anseau, un échange avec le prieuré de Saint-Blin, mourut le 2 mars 1301[2] et fut enterré dans l'église de Donjeux où il avait fondé son anniversaire trois ans auparavant[3]. La terre de Reynel passa à son frère Anseau:

3° ANSEAU porta d'abord le titre de sire de *Rimaucourt* sous lequel il figure, en 1299, dans l'échange avec le prieuré de Saint-Blin dont il vient d'être question[4], et en 1300 lors du mariage de sa sœur Alix avec Jean d'Arcis et de Chacenay[5], puis, après la mort de son frère Jean, il prit celui de sire de *Reynel* qu'il portait déjà en mai 1301[6] et qu'il ne cessa de porter jusqu'au jour où il succéda à son père dans la seigneurie de Joinville;

4° GAUTIER, sire de *Beaupré*[7], renonça en 1306[8] à disputer aux moines de Vaux-en-Ornois certains droits qu'ils avaient jadis reçus des seigneurs de Reynel. Il mourut avant 1308, époque où son frère André qui suit lui avait déjà succédé[9];

5° ANDRÉ, épousa Isabelle, dame de *Bonney*[10]. Il reçut après la mort de Gautier la seigneurie de *Beaupré* et fut la tige de la branche de ce nom;

6° ALIX, mariée en 1300 à *Jean d'Arcis et de Chacenay*[11], veuve en 1307[12], se remaria avec *Jean de Lancastre*, seigneur de *Beaufort*, avec lequel elle vivait en juillet 1312[13], et ne mourut pas avant 1336[14].

[1] Cat. n° 652.
[2] La date du jour est donnée par l'obituaire de Saint-Laurent de Joinville et la date de l'année par M. Jolibois (*La Haute-Marne ancienne et moderne*, article *Donjeux*, p. 193, col. 2, et article *Reynel*, p. 458, col. 1), qui rapporte cette mort à l'année 1300, sans doute suivant le vieux style.
[3] Jolibois, article *Reynel*, col. 1, et cat. n° 646.
[4] Cat. n° 652.
[5] Cat. n° 660.
[6] Cat. n° 671.
[7] Cat. n° 717.
[8] Cat. n° 696.
[9] Cat. n° 711.
[10] P. Anselme, VI, 696.
[11] Cat. n° 660.
[12] Du Cange, p. 23.
[13] Cat. n° 733.
[14] Cat. n°ˢ 761, 792, 809 et 879.

III

LES SUCCESSEURS DE JEAN DE JOINVILLE.

ANSEAU.

Joinville, comme la plupart de ceux qui ont le triste privilège de la longévité, avait survécu à presque tous les siens. Cinq de ses huit enfants étaient morts avant lui, et celui qui lui succéda dans son titre et dans sa dignité héréditaire n'était que le quatrième de ses fils. Issu du second mariage de Jean, connu d'abord sous le nom de sire de Rimaucourt, puis, à partir de 1301, quand eut disparu son frère aîné du même lit, sous le nom de sire de Reynel, Anseau de Joinville n'était plus un jeune homme lorsqu'il recueillit l'héritage de son père. Marié depuis longtemps déjà avec Laure de Sarrebrück, il avait participé à plusieurs actes de son suzerain le comte de Bar, mais surtout il avait tenu auprès du roi Louis Hutin une place assurément importante. Du Cange parle aussi de missions qu'il aurait remplies pour lui, en Champagne, avec Simon de Menou et Jean des Barres et sur lesquelles nous ne savons plus rien; ce qui est certain, c'est que le souverain fut assez satisfait de ses services pour donner à Anseau, en février 1316, une rente viagère de 500 livres sur le paréage de l'abbaye de Luxeuil, et pour y ajouter, par son testament rédigé quatre mois après, une nouvelle rente viagère de 400 livres[1]. Son rôle ne fut pas moins considérable dans la suite; il figura parmi les signataires du traité de

---

[1] Cat. nos 756 et 759. — Quoi qu'en ait dit Du Cange (p. 23), on ne voit pas qu'Anseau ait été au nombre des exécuteurs testamentaires de Louis Hutin.

Vincennes qui consacra le principe de la loi salique[1] et se trouva l'année suivante au nombre des négociateurs chargés de conclure avec Eudes, duc de Bourgogne, et les nobles Champenois confédérés, un accord qui mit fin à leurs réclamations[2]. La faveur du sire de Reynel fut aussi marquée sous Philippe le Long que sous Louis Hutin; avant même d'avoir pu terminer les négociations dont il était chargé auprès du duc de Bourgogne, il avait déjà vu régler l'assiette des 900 livres de rente qu'il tenait du feu roi, et avait reçu du nouveau souverain la jouissance, sa vie durant, d'une maison royale et d'un domaine en Navarre[3].

La mort de Jean ne dut pas apporter un grand changement dans la situation de ce fils si haut placé déjà; car si l'on voit le nouveau sire de Joinville, en 1318, servir sur les frontières de Flandre[4] ou siéger au Parlement en qualité de conseiller du roi[5], ce n'est pas en vertu de sa charge de sénéchal de Champagne. Par contre, il ne dut pas être insensible au plaisir de voir les revenus de la seigneurie de Joinville s'ajouter à ceux de la seigneurie de Reynel. La rareté de ses aumônes qui semble dénoter une avarice singulière, l'âpreté avec laquelle il rechercha toute sa vie les largesses royales le donneraient à croire; autrement, comment ne pas s'étonner de le voir en procès avec sa sœur, la dame de Beaufort, au sujet du partage de la succession de leur père[6], et, plus tard, avec son frère de Beaupré[7], sans parler d'autres contestations avec des adversaires qui lui tenaient de moins près, l'évêque de Châlons par exemple[8]? Les grandes affaires auxquelles il était mêlé ne lui faisaient jamais négliger ses intérêts personnels. Il était dans l'entourage de Philippe le Long lorsque celui-ci imposa à la comtesse Mahaut d'Artois l'accord négocié entre elle et ses vassaux confédérés.

---

[1] 17 juin 1316. (Cat. n° 760.)
[2] 19 juin et 15 novembre 1317. (Cat. n°⁵ 764 et 767.)
[3] 16 septembre 1317. (Cat. n° 766.)
[4] Du Cange, p. 23.
[5] Cat. n° 771.
[6] 18 mars 1319. (Cat. n° 774.)
[7] Cat. n°⁵ 804, 805, 837 et 838.
[8] 22 novembre 1322. Arrêt du Parlement de Paris. (Cat. n° 800.)

Durant la dramatique journée du 3 juillet 1319 dans laquelle la comtesse consentit, au moins en apparence, à jurer d'observer cet accord, il mit tant d'insistance à exiger que le serment fût prêté dans les termes requis par le roi que Mahaut lui reprocha publiquement de prendre parti pour les confédérés[1]. Il intervint aussi dans le traité conclu en 1320 entre Philippe le Long et les comtes de Flandre et de Nevers, il en fut même un des garants auprès du pape[2]; mais, en même temps, il n'oubliait pas de solliciter du roi de nouvelles faveurs, obtenant, par exemple, le rattachement des terres qui lui appartenaient au ressort d'une prévôté où il possédait d'autres domaines[3], ou bien l'abandon de tous les droits royaux sur une maison qu'il avait achetée à Paris, rue Saint-Nicolas-du-Chardonnet[4]. Il paraît toutefois que Philippe le Long faisait assez de cas de sa personne pour accéder à toutes ses demandes et même pour lui accorder, « en récompense de ses services », la somme énorme de 6,000 livres tournois, équivalant à près de 600,000 francs d'aujourd'hui[5]. Son avidité ne diminuait rien de la confiance qu'il inspirait au roi, car celui-ci, languissant déjà du mal qui devait l'emporter, le mit au nombre de ses exécuteurs testamentaires[6].

Laure de Sarrebrück était morte laissant une fille, Jeanne, qui n'était pas encore mariée. L'année même où Anseau fonda son anniversaire dans l'église de Reynel, en 1323[7], il contracta un second mariage avec Marguerite, fille du comte Henri III de Vaudémont. Sa nouvelle épouse lui apportait en dot la terre de Bleurville, à laquelle le comte de Bar ajoutait 4,100 livres tournois, à la condition que le fiancé en emploierait 2,100 à acheter des terres au nom de sa femme[8]. De son côté, le sire de Joinville, avec le con-

---

[1] J.-M. Richard, *Mahaut, comtesse d'Artois*, p. 38 et 39.
[2] 20 février 1321. (Cat. n° 785.)
[3] Cat. n° 783.
[4] Cat. n° 787.
[5] 18 août 1321. (Cat. n° 790.)
[6] 26 août 1321. (Cat. n° 791.)
[7] Jolibois, *La Haute-Marne*, p. 458, col. 1.
[8] Cat. n°s 810, 812 et 839.

sentement de Jeanne, son héritière, constituait à sa future un douaire de trois mille livrées de terres sur ses châtellenies de Joinville et de Montiers-sur-Saulx[1]. Les 2,000 livres qui restaient disponibles sur le présent du comte de Bar, placées sur la terre de Mirecourt, produisirent une rente de deux cents livrées de terre[2]. On était loin du temps où le compagnon de saint Louis n'avait pas 1,000 livres de rente à lui. Cela n'empêchait pas Anseau de recevoir en don de grosses sommes d'argent du roi de France[3]. On s'explique ces libéralités si l'on remarque qu'il servait en quelque sorte de trait d'union entre le roi et le comte de Bar[4]. Il fallait, d'ailleurs, que le sire de Joinville ne dût pas à la seule faveur la haute situation qu'il occupait, puisqu'il la garda jusqu'à sa mort sous tous les souverains qui se succédèrent sur le trône durant cette période. Enquêteur général sous Charles le Bel avec d'aussi hauts seigneurs que les comtes de Boulogne et de Comminges[5], il ne fut pas moins bien vu de Philippe VI. En 1329, il reçut encore 800 livres sur le trésor royal, sans parler d'un prêt de 1,600 livres[6].

Malgré toutes ces largesses, Anseau ne cessait de chercher les moyens d'augmenter sa fortune. Pour lui, aucun profit n'était trop petit pour être méprisé. Il s'avisa même de réclamer une foule de droits qu'il prétendait appartenir à la sénéchaussée de Champagne, jusqu'à «des pièces de chair, vin, chandelles et autres choses», et ses réclamations donnèrent lieu en 1331 à une enquête de la Chambre des comptes dont le curieux texte nous a été conservé. Après avoir examiné les comptes de l'hôtel depuis 1283, les commissaires déclarèrent que le sire de Joinville avait toujours touché 20 sous tournois de gages quotidiens quand il était de sa personne auprès du roi, mais que son père s'était contenté de 10 sous. Ils

---

[1] Cat. nos 811 et 818.
[2] Cat. n° 828.
[3] 26 juin 1327. «Ansellus dominus de Joinvilla pro dono, etc., viij° l. par.» (Arch. nat., KK 2, fol. 175 r°.)
[4] Cat. n° 846.
[5] 7 mai 1327. (Cat. n° 845.)
[6] Archives nationales, *Extractus thesauri*, KK 2, fol. 93 v°, colonne 1, et fol. 203 r°.

disaient aussi avoir reconnu que, le jour de la Toussaint 1319, à Rosnay en Champagne, Anseau avait pris possession de l'argenterie qui lui avait été rachetée 61 livres parisis, mais que, vu l'absence de tout précédent qui autorisât cette coutume, on lui en avait ensuite réclamé la valeur. On se trompait du reste en niant l'existence d'un précédent, car si les recherches avaient été poussées plus loin, on aurait pu rencontrer un acte de Thibaut impliquant une reconnaissance formelle du droit en question[1]. On n'avait d'ailleurs rien trouvé qui fût relatif aux réclamations touchant d'autres menus droits en nature[2]. Le résultat de l'enquête fut une ordonnance royale déterminant exactement quels seraient désormais les privilèges du sénéchal de Champagne[3]. Cependant il y avait encore quelque chose à tirer des avantages de la charge. Une rente de 164 livres y était attachée, Anseau la vendit au roi avec une autre rente de 60 livres sur un fief dit « de Vaudémont », appartenant à la dame de Joinville, moyennant 2,240 livres[4].

Tout lui était matière à de nouveaux profits. En recevant du comte de Bar en 1330 le fief de la Ferté-sur-Amance, il avait su se faire reconnaître la faculté d'en faire reprise de qui bon lui semblerait. Une occasion avantageuse ne tarda pas à se présenter. Le duc de Bourgogne, Eudes, ayant hérité, du chef de sa femme, des comtés de Bourgogne et d'Artois, se vit disputer cet héritage par ses belles-sœurs mariées, l'une au comte de Flandre, l'autre au dauphin Guigues VIII. Jean de Chalon-Arlay, comte d'Auxerre et de Tonnerre, ancien seigneur de la Ferté, ayant pris parti pour le dauphin, Anseau, bien que cousin de Jean, s'empressa de faire hommage de la Ferté au duc, promit de lui venir en aide contre le comte d'Auxerre et reçut 1,000 livres en augment de fief[5]. Le sire de Joinville tint fidèlement les engagements qu'il s'était créés; sa participation à la campagne lui coûta même une somme de

[1] Cat. n° 461.
[2] Cat. n° 855.
[3] Cat. n° 856.
[4] 7 octobre 1331. (Cat. n° 859.)
[5] Paris, 1ᵉʳ janvier 1332. (Cat. n°ˢ 850 et 860.)

238 livres dont il sut plus tard se faire un nouveau titre aux munificences du duc de Bourgogne. Ses engagements ne l'empêchaient pas d'ailleurs de tenir toujours une place importante auprès du roi de France, qui l'employa, peu de temps après, à régler les contestations pendantes entre le comte de Flandre et le duc de Brabant au sujet de Malines[1].

La situation de la châtellenie de Vaucouleurs, qui formait entre la Lorraine et le Barrois une sorte de poste avancé, situation si bien reconnue qu'elle avait servi plus d'une fois de lieu d'entrevue aux souverains de France et d'Allemagne, donnait à ce petit territoire une importance exceptionnelle. Faisant partie, peut-être depuis Étienne de Vaux, des domaines de la maison de Joinville, Vaucouleurs constituait, sous la suzeraineté du sire de Joinville, le fief d'un cousin d'Anseau, Jean, petit-fils d'un frère de Jean de Joinville qui avait fait en Angleterre une fortune singulière. Philippe VI, qui menait alors certaines intrigues en Allemagne, comprenait l'intérêt qu'avait la couronne à s'assurer la possession de cette place. Il commença par s'en faire céder la mouvance en donnant en échange à Anseau celle de Possesse et de Charmont[2]. Bientôt après, un second échange le rendait entièrement maître de Vaucouleurs dont le seigneur, Jean de Joinville, recevait les seigneuries de Méry-sur-Seine et de Lachy[3]. Le souvenir de ces transactions mérite d'être conservé dans toutes les mémoires, car c'est grâce à elles, ou tout au moins grâce à celles qui en furent la conséquence, que Jeanne d'Arc naquit sur un sol dépendant directement de la couronne de France[4].

A ce moment, la guerre avec l'Angleterre était sur le point d'éclater; toutefois, quand avait eu lieu l'échange des mouvances, on paraissait encore uniquement occupé des préparatifs d'une guerre sainte. Philippe VI, reprenant le projet de Charles le Bel, s'était

[1] 2 août 1334. (Cat. n° 868.)
[2] 16 décembre 1334. (Cat. n° 869.)
[3] Cat. n°⁸ 875 et 886.

[4] Voir S. Luce, *Jeanne d'Arc, son lieu natal....*, dans *La France pendant la guerre de Cent ans*, p. 270-273.

croisé en 1333; nommé généralissime par le pape, il avait obtenu des décimes et commencé des armements auxquels le sire de Joinville collabora d'une manière active. En 1335, Anseau était l'un des quatre organisateurs envoyés par le roi à Sainte-Colombe sur le Rhône[1]. L'année suivante, la mort de Jean XXII ayant fait monter Benoît XII sur la chaire de saint Pierre, Philippe VI alla lui faire visite à Avignon. Mais les manœuvres de l'Angleterre devenaient trop menaçantes, et l'expédition fut remise. En revenant par la Bourgogne, le roi mit fin par un accommodement aux démêlés du duc avec Jean de Chalon. Le don de la ville de Port-sur-Saône fait par Eudes au sire de Joinville autorise à croire qu'Anseau eut quelque part à cet accommodement, car on ne peut admettre les termes de l'acte de donation qui présente ce magnifique cadeau comme une indemnité des 238 livres dépensées par le sire de Joinville en venant en aide au duc de Bourgogne[2]. Quoi de plus naturel, d'ailleurs, que l'intervention d'Anseau dans une affaire où il se trouvait personnellement intéressé, alors qu'on le voit, dans la même année, désigné par le roi pour servir d'arbitre dans le différend de la Flandre et du Hainaut que Philippe VI espérait pacifier[3], et figurant parmi les signataires du traité entre la France et la Castille[4]?

Dans ce temps, la distinction entre le rôle politique et le rôle militaire n'existait pas encore, ou plutôt un seigneur, qui était ce qu'on appellerait aujourd'hui un diplomate, ne s'en acquittait pas moins du service de guerre auquel l'obligeait son devoir féodal. Lorsqu'en 1337 Philippe VI prit le parti de sévir contre le roi d'Angleterre, Anseau conduisit un banneret, quatorze bacheliers et soixante écuyers au corps d'armée qui commença les hostilités en Guyenne[5]. Il semblerait même que son rôle militaire fut assez

---

[1] Ses collègues étaient Miles de Noyers; Robert Bertrand, sire de Briquebec et maréchal de France, et Gui Chevrier. (Cat. n°ˢ 872 et 873.)

[2] 28 août 1336. (Cat. n° 880.)
[3] 1336. (Cat. n° 883.)
[4] 27 décembre 1336. (Cat. n° 882.)
[5] Du Cange, p. 24.

considérable; jamais cependant il ne paraît avoir porté le titre de maréchal de France que lui donne le P. Anselme[1].

Quelque haute que fût sa situation à la cour de France, le sire de Joinville ne négligeait pas ses devoirs envers ses autres suzerains. Le 12 décembre 1337, il était auprès du comte de Bar, lorsque celui-ci conclut avec le roi de Bohême, comte de Luxembourg, un accord au sujet de la garde de Verdun. Sa situation même lui donnait, d'ailleurs, les moyens d'être utile à la fois au roi et à ses divers suzerains. On sait quels services il avait rendus au duc de Bourgogne; le comte de Bar, qui n'avait pas moins à se louer de lui, le prit pour représentant lorsque, de concert avec le roi de Bohême, il fit déclarer à Philippe VI qu'il s'en remettait à lui du soin de terminer leur différend[2]. Cette déclaration dut être bien reçue, car l'accord de tous ceux qui dépendaient de lui était alors ce que le roi désirait le plus. La guerre ébauchée l'année précédente semblait devoir s'engager dans des conditions bien autrement graves. De part et d'autre, on faisait de grands préparatifs; le sire de Joinville ne manqua pas d'y coopérer en armant les places de Picardie[3]. Enfin, en 1339, Édouard III, allié à Louis de Bavière et à d'autres princes allemands, vint mettre le siège devant Cambrai. Philippe, de son côté, ne se borna pas à convoquer ses gens d'armes, il fit appel à l'amitié de plusieurs vassaux de l'empire; le roi de Bohême et le comte de Bar étaient du nombre; ils promirent de rester fidèles[4] et tinrent parole. On les vit auprès du roi lors de cette inoffensive démonstration de Buironfosse, qui suffit à faire reculer le roi d'Angleterre jusqu'au delà des frontières du royaume.

[1] Le seul document invoqué par le P. Anselme est un compte de l'ordinaire de Paris, du terme de l'Ascension, compte que, d'ailleurs, il ne cite pas textuellement, et qui n'existe plus aujourd'hui. (*Histoire généalogique*, VI, 692.) Nous n'avons, pour notre part, jamais rencontré un seul texte où Anseau ait été qualifié maréchal de France, même dans des pièces où l'omission de ce titre serait difficilement explicable. (Voir cat. n°⁵ 873, 892, etc.)

[2] 12 décembre 1337. (Cat. n° 888.)
[3] 16 septembre 1338. (Cat. n° 892.)
[4] Froissart, éd. Luce, tome I, p. 157, l. 18, et p. 448.

Quant au sire de Joinville, il parut aussi dans l'armée de Buironfosse[1]. Puis le silence se fait tout à coup autour de son nom et, depuis la Toussaint 1341 [2] jusqu'au 5 mai 1343, où son successeur apparaît pour la première fois, on ne rencontre pas un seul document qui permette de retrouver sa trace. L'obituaire de Saint-Laurent de Joinville rapporte son décès à la date du 3 janvier [3]; mais comme, entre la Toussaint 1341 et le 5 mai 1343, il y a deux mois de janvier, on ne sait si l'on doit le fixer au 3 janvier 1342 ou au 3 janvier 1343. Ce n'est pas, du reste, la seule particularité mystérieuse de la vie d'Anseau de Joinville. Si les documents sont assez abondants pour montrer qu'il dut tenir auprès des rois une place élevée, on ne saurait cependant déterminer exactement la nature de cette place. Le fait qu'il parvint à se maintenir dans la faveur de tous les souverains qu'il vit se succéder sur le trône de France donne une haute idée de ses capacités. Quant à son caractère, un seul trait nous en est connu : c'est son avarice. De toutes les chartes où il figure, il n'y en a que trois qui concernent des aumônes, et encore des aumônes qu'il ne pouvait guère se dispenser de faire, puisque deux d'entre elles sont des fondations pour le repos de l'âme de ses deux femmes [4], tandis que le nombre des pièces constatant des transactions avantageuses pour lui est considérable, et que le total des sommes qu'il reçut à diverses reprises est énorme. Un de ses derniers actes peut donner la mesure de sa cupidité : tuteur naturel de son petit-fils après la mort de son gendre, Aubert de Hangest, il se fit attribuer tous les profits qu'il pourrait tirer de sa tutelle [5].

Anseau fut, comme son père, enterré à Saint-Laurent, dans une chapelle qu'il avait fondée [6], entre la chapelle de la Vierge et la

---

[1] Froissart, éd. Luce, I, 180.

[2] Il est encore mentionné à cette date dans les *Journaux du trésor de Philippe VI*, dont M. Jules Viard prépare l'édition.

[3] Bibl. nat., fr. n° 559, fol. 291 r°.

[4] Cat. n°ˢ 823, 870 et 898.

[5] Cat. n° 895.

[6] Archives de la Haute-Marne, Obituaire de Saint-Laurent de Joinville, à la date du 3 janvier.

chapelle dite *des Princes*. Sur son tombeau, placé dans une niche, on le voyait représenté gisant entre ses deux femmes[1].

De son premier mariage avec Laure de Sarrebrück, on ne connaît qu'une seule fille[2] :

1° JEANNE, qui n'était pas encore mariée en 1324. Veuve, en 1338, d'*Aubert de Hangest*, seigneur de *Genlis*[3], elle se remaria avant 1344 à *Jean de Noyers*, comte de *Joigny*[4], à qui elle apporta la seigneurie de Rimaucourt[5].

L'union d'Anseau avec Marguerite de Vaudémont ne dura pas plus de dix ans[6]. Marguerite, morte avant le 26 décembre 1334, lui avait donné quatre enfants :

1° HENRI, qui lui succéda ;

2° ISABELLE, mariée avant 1348 à *Jean de Vergy*[7], qui devint seigneur de *Mirebeau* après 1360 et mourut avant 1372[8]. Elle paraît avoir survécu au moins jusqu'en 1380[9] ;

3° MARGUERITE, mariée en premières noces à *Eudes de Culant*, et en secondes noces à *Hugues d'Amboise*, seigneur de *Saint-Vrain* et de *Chaumont*, avec qui elle vivait en 1383[10] et en 1384[11], existait encore le 2 juillet 1416[12] ;

4° Une fille mariée dans la maison de *Fénétrange*[13].

---

[1] Fériel, *Notes historiques sur Joinville*, p. 30-31.
[2] Cat. nos 818 et 825.
[3] Cat. nos 894 et 895.
[4] Cat. n° 909.
[5] Jolibois, *La Haute-Marne*, article Rimaucourt, p. 468, col. 2.
[6] Cat. n° 870.
[7] Cat. n° 924.
[8] Duchesne, *Histoire de la maison de Vergy*, p. 373.
[9] Du Cange, p. 24.
[10] Cat. nos 886 et 887.
[11] Cat. n° 1029.
[12] Cat. n° 1069.
[13] Du Cange, p. 24.

HENRI, COMTE DE VAUDÉMONT.

Le mariage d'Anseau de Joinville avec Marguerite de Vaudémont n'ayant eu lieu qu'en 1323, leur fils, Henri, n'avait pas encore vingt ans lorsqu'il recueillit le fief de son père. Aussi dut-il passer un certain temps sous la tutelle de son aïeul maternel, le comte Henri de Vaudémont, dont il empruntait encore le sceau en 1343 [1]; ses intérêts n'eurent, d'ailleurs, pas à souffrir durant cette période, car le comte mit à les défendre un zèle si excessif que la fille du premier lit d'Anseau, Jeanne, comtesse de Joigny, dut recourir au Parlement pour obtenir que son jeune frère lui payât la part d'héritage assurée par son contrat de mariage en espèces courantes au jour de la rédaction de cet acte. Henri, ou plutôt son tuteur, voulant profiter de l'abaissement des monnaies, avait prétendu faire ce versement en espèces valables au jour de la mort d'Anseau [2]. Le comte n'obtint pas gain de cause, mais il put bientôt se féliciter du succès d'une négociation à laquelle il ne fut assurément pas étranger. Par une convention conclue au mois d'août 1344, son petit-fils fut fiancé à Marie de Luxembourg, fille de Jean de Luxembourg, châtelain de Lille; le payement de la dot ne devait, toutefois, être effectué que lors de la célébration du mariage qui, vu sans doute la jeunesse des futurs époux, ne fut consommé que neuf ans plus tard [3].

Quelle qu'ait été la part de l'aïeul du sire de Joinville dans cette affaire, il trouva bientôt l'occasion de manifester d'une manière plus positive encore son affection pour son petit-fils.

La défaite de Crécy, si désastreuse pour la France, fit la fortune de Henri de Joinville. Il n'était pas rare en ce temps de voir un seigneur se démettre de son fief en faveur de son fils. C'est ainsi qu'on avait vu un frère de Jean de Joinville, ce Geoffroy qui avait

---

[1] Cat. n° 905. — [2] Cat. n° 909. — [3] Cat. n° 939.

trouvé en Angleterre une femme, une carrière et de grands biens, céder à son fils Gautier sa seigneurie de Vaucouleurs. Henri de Vaudémont avait fait de même. Outre la dame de Joinville, il avait un fils, au profit duquel il s'était dépouillé de son comté; mais ce fils ayant péri à Crécy, sans laisser d'héritiers, un an plus tard, le vieux comte s'était démis de nouveau en faveur de son petit-fils, le jeune sire de Joinville [1].

Celui-ci, qui ne devint chevalier qu'entre août 1346 et juin 1348 [2], n'avait pas dû prendre part à la funeste campagne où son oncle avait trouvé la mort. Sa vie, cependant, fut toute de combats et d'aventures. Dès 1347, quelques mois avant d'être investi du comté de Vaudémont, il s'était fait venir une armure de Lombardie [3]; puis, à une date qu'il est malheureusement impossible de déterminer, mais qui doit être voisine du commencement de sa carrière, il fit un pèlerinage en Terre-Sainte, où il arma chevalier un de ses jeunes parents devant le tombeau du Sauveur [4]. Peut-être faut-il placer ce pèlerinage dans la période de trêve qui dura depuis Crécy jusqu'en 1351.

Il est remarquable, en effet, que l'effervescence guerrière qui caractérise le xɪvᵉ siècle, loin de s'éteindre dans les intervalles de paix, trouvait toujours à se dépenser. Profitant de l'affaiblissement de la royauté, les seigneurs faisaient renaître partout les guerres privées, presque complètement supprimées par les grands rois de la première branche capétienne. A la moindre querelle, ils avaient recours à ce moyen bien autrement expéditif qu'un procès devant le Parlement. L'aventureux comte de Vaudémont ne devait pas s'en faire faute : comme il réclamait en vain la terre de Pierrecourt,

---

[1] 30 août 1347. (Cat. n° 920.)
[2] Cat. n°ˢ 915 et 924.
[3] Cat. n° 917.
[4] Le fait est rappelé dans une pièce de 1355. (Cat. n° 946.) Il n'est pas possible que Henri de Joinville ait pris part à l'expédition d'Humbert de Viennois, qui se place entre 1345 et 1347. (Delaville Le Roulx, *La France en Orient*, I, 106-108.) Henri passa tout ce temps en France. (Cat. n°ˢ 913, 915, 917, 919, 920 et 923.)

occupée depuis huit ans par son parent Jean de Vergy, seigneur de Fouvent, Henri ne trouva rien de mieux que de l'envoyer défier. Plus préoccupé qu'on ne l'était généralement de ne point « gaster le menu pueple », il lui offrit, en 1351, de vider la querelle en un seul jour, soit dans un combat singulier, soit dans une lutte entre deux troupes de cent hommes armés de fer, soit enfin dans une rencontre de toutes leurs forces. Jean de Vergy n'eut garde de refuser; il laissa au comte le choix du mode de combat et promit de donner son fils en otage, pourvu que Henri donnât une sûreté équivalente. Le 12 décembre 1351, celui-ci opta pour le combat singulier qui lui paraissait « à moins de péril pour nos gens et pour nostre pueple », en fixa la date au 6 février suivant, s'en remit à son adversaire du choix d'un lieu situé à égale distance de Joinville et de Fouvent, tel que Chaumont, Nogent-en-Bassigny, Montigny-le-Roi ou tout autre, et donna comme otage son cousin, Anseau de Joinville, « quar, disait-il, nous n'avons nuls enfants [1] ». Dix jours après, toutes les conditions étaient réglées, Montigny avait été accepté par les deux champions qui, se contentant de leur parole réciproque, avaient renoncé à échanger des otages [2]. Malheureusement les renseignements s'arrêtent là. L'affaire fut-elle accommodée? Le combat eut-il lieu? On ne sait. En tout cas, aucun des deux adversaires ne périt, car Jean de Vergy vécut encore deux ans et le comte de Vaudémont continua longtemps encore son aventureuse carrière. Il avait, d'ailleurs, l'occasion de dépenser plus utilement son ardeur belliqueuse, et, dès 1352, on le vit servir contre les Anglais à la tête de quatre bacheliers et de trente-cinq écuyers [3], sans doute dans la malheureuse expédition où le maréchal de France, Gui de Nesles, trouva la mort à Mauron, avec une foule de chevaliers de l'Étoile, à qui leur serment interdisait la retraite [4].

Toutefois Henri ne partagea pas le sort des victimes de Mauron,

[1] Cat. n° 934.
[2] Cat. n° 935.
[3] Du Cange, p. 25.
[4] Froissart, éd. Luce, IV, 128.

et l'année suivante il épousait Marie, fille de Jean de Luxembourg, seigneur de Ligny et châtelain de Lille. Par contrat passé le 19 mai 1353, la fiancée apportait une dot de 1,000 livres en terres et 1,700 livres d'argent comptant; en retour, le comte de Vaudémont devait lui servir une rente constituée sur les terres de Chaumont, de Chaligny et de Reynel [1]. Il paraît cependant que ses revenus réguliers ne suffisaient pas au seigneur de Joinville; il ne se faisait pas scrupule de percevoir indûment des péages qui appartenaient aux moines de Saint-Urbain, et ses officiers ne craignaient pas de résister par la force aux injonctions d'un sergent royal [2]. On n'a sans doute pas oublié que Jean de Joinville lui-même ne reculait pas devant de semblables procédés, lorsqu'il s'agissait de tenir tête à ces religieux contre lesquels l'animait toute une tradition de rancunes, et le respect de l'autorité, qui, même aux grandes époques du moyen âge, n'avait jamais été bien profond chez les nobles, avait presque entièrement disparu. D'ailleurs, depuis quarante ans que le bon sénéchal reposait dans sa tombe, les mœurs avaient bien changé. L'esprit chevaleresque, l'esprit de sacrifice avait été remplacé par l'esprit d'aventure. Le langage même avait suivi la marche descendante de l'idée; le mot de *chevalerie* avait été supplanté par le mot de *bachellerie*, et l'on saisira toute la distance qui sépare les idées qu'ils représentent en apprenant que, si saint Louis était le type de la première, celui de la seconde est un Robert Knolles ou un Eustache d'Auberchicourt. Mais, hélas! l'exemple venait de haut : Philippe VI et le roi Jean n'étaient que des bacheliers couronnés [3]. De l'ancienne chevalerie ils n'avaient gardé que le courage irréfléchi, malheureusement rendu stérile par leur mépris pour toute combinaison raisonnée en matière de combat, mépris d'autant plus coupable qu'ils en avaient déjà pu voir les tristes effets à Crécy, à Mauron, où le désordre et un inepte point d'honneur avaient été les causes principales de la défaite. Ils le virent encore à Poitiers,

---

[1] Cat. nos 938 et 944. — [2] Cat. n° 943. — [3] Froissart, éd. Luce, I, 353.

où les dispositions très simples, prises par le Prince Noir, lui permirent d'avoir raison de l'armée française trois fois plus nombreuse que la sienne.

Dans ce jour néfaste, le petit-fils de Jean de Joinville partagea le sort de son roi; car, au milieu des troubles de cette époque, sa conduite fut, suivant une expression dès lors en usage, toujours digne d'un « bon Français ». Aussi n'est-ce pas sans étonnement qu'on voit, l'année qui précéda Poitiers, ses armes unies à celles de Charles le Mauvais. Mais, hâtons-nous de le dire, c'était au moment où ce prince venait de se réconcilier avec son beau-père, et le comte de Vaudémont agissait certainement ainsi d'après les instructions du roi de France.

Le frère de Charles le Mauvais, Philippe de Navarre, son complice dans l'assassinat de Charles d'Espagne, avait épousé Iolande de Flandre, veuve du comte de Bar. Les époux avaient excité de grands mécontentements en profitant de la minorité du jeune comte Robert pour prendre, à l'administration du Barrois, une part que beaucoup considéraient comme une usurpation. Aussi, peu de temps après l'érection de Bar en duché, les États du pays confièrent le gouvernement, pendant le reste de la minorité du duc, à son parent Henri de Bar. A peine investi de ses nouvelles fonctions, celui-ci fit arrêter Philippe de Navarre le 10 avril 1355 et le retint prisonnier à Nonsard. Transporté bientôt après à Pierrefort, Philippe y était encore au mois de septembre lorsque le roi Jean, inquiet des préparatifs d'Édouard III, parvint à détacher Charles le Mauvais de l'alliance anglaise en concluant avec lui le traité de Valognes. Lors des négociations qui précédèrent le traité, Jean s'était engagé à aider de tout son pouvoir à la mise en liberté de Philippe de Navarre [1]. L'engagement fut scrupuleusement tenu; lorsque Charles le Mauvais entreprit de délivrer son frère, il eut le concours de Henri de Joinville, concours d'autant plus naturel

---

[1] Voir, dans Secousse, *Preuves*, p. 579, l'article 1 du Mémoire de Charles le Mauvais, et aussi les articles 10 et 14 du traité définitif.

que le sénéchal de Champagne, en même temps qu'il était l'un des garants du traité de Valognes [1], se trouvait tout désigné par la situation qu'il occupait dans la province du royaume la plus rapprochée du Barrois. Le 9 décembre, Henri de Bar était informé que le roi de Navarre réunissait secrètement des troupes à Joinville même, et, bientôt après, que ces troupes s'avançaient sur Bar-le-Duc [2]. Les opérations militaires se réduisirent-elles à une simple démonstration? On ne sait; en tout cas, le roi de Navarre ne négligeait pas d'entamer avec Henri de Bar des négociations bientôt couronnées de succès. Ses envoyés, le sire de Louppy, son conseiller, et Colart de Saulx, bailli de Vitry, obtinrent la mise en liberté de Philippe de Navarre le 16 janvier 1356 [3]. Quant au comte de Vaudémont, il devait avoir quelque raison personnelle de continuer les hostilités, car, plus de deux mois après, vers la fin d'avril, il s'était uni au lieutenant du duc de Lorraine, Brochard de Fénétrange, pour menacer les frontières du Barrois [4].

On sait qu'en dépit du traité de Valognes, Charles le Mauvais se lança dans de nouvelles intrigues bientôt interrompues par son arrestation et l'exécution de ses complices. Le comte de Vaudémont n'eut plus à mettre ses armes au service du plus terrible ennemi de la France. Loyal serviteur de la maison de Valois, Henri de Joinville fut, nous l'avons dit, au nombre des combattants de Poitiers; comme le roi, il tomba aux mains des Anglais, et, le soir venu, il eut l'honneur de s'asseoir avec lui à cette table où le Prince Noir ne se croyait pas digne de prendre place [5]; mais sa captivité dut être de peu de durée; peut-être même put-il, comme beaucoup d'autres, traiter de sa rançon dès la nuit suivante. Les Anglais firent, en cette occasion, preuve d'une courtoisie que Froissart se plaît à opposer à la brutalité des Allemands [6]. A coup sûr, il ne

---

[1] Secousse, *Preuves*, p. 59, col. 1.
[2] Servais, *Annales historiques du Barrois*, I, 40, n. 1.
[3] Arch. nat., JJ 84, n° 455.
[4] Servais, *Annales historiques du Barrois*, I, 41.
[5] Froissart, éd. Luce, V, 63.
[6] *Ibidem*, p. 64-65, 289-290.

suivit pas Jean en Angleterre; car, le 10 avril 1357, la veille même du jour où le prince de Galles s'embarquait à Bordeaux avec son royal prisonnier, le comte de Vaudémont se trouvait dans son château de Joinville [1].

L'année 1358 fut l'une des plus effroyables que notre pays ait jamais traversées. La France voyait ses villes tomber une à une aux mains des Anglo-Navarrais, ses campagnes ravagées par les Compagnies, le régent obligé de sortir de la capitale en révolte. A tous ces maux vint s'en ajouter un nouveau, la Jacquerie, qui, vers la fin de mai, répandit la terreur dans l'Île-de-France, le Beauvaisis, la Brie et la Champagne. Ce soulèvement dura peu; tout le monde s'unit pour l'écraser. Étienne Marcel, qui avait d'abord prêté aux Jacques le concours des Parisiens, les abandonna; le roi de Navarre en massacra plus de trois mille autour de Clermont; le dauphin, tous les nobles se mirent en campagne contre eux. La répression fut terrible, et, un mois à peine après l'explosion de cet étrange soulèvement, l'armée de la Jacquerie avait disparu. Mais il restait à punir les villes qui en avaient été complices. Henri de Vaudémont, lieutenant du roi en Champagne, chargé de cette mission dans la province qu'il gouvernait [2], mit à s'en acquitter un acharnement et une cruauté que le régent lui-même blâma officiellement. A bien des villages dont les habitants s'étaient bornés à s'assembler sans commettre aucun excès, il imposa des amendes exorbitantes [3]; mais les malheureux habitants terrifiés, comme le dit le dauphin, «par les grans et cruelles exécutions que notre dit lieutenant avoit faites et faisoit faire de jour en jour des gens dudit païs», et «pour la doubte et paour qu'il avoient de leurs corps», n'osaient pas se plaindre [4]. Il est malheureusement à craindre que le comte de

---

[1] Cat. n° 947.

[2] «... Pendant le temps que nous avons esté en Angleterre ledit conte ait esté lieutenant de nous et de notre dit filz, lors régent notre royaume en notre conté de Champagne et plusieurs autres lieux...» (Cat. n° 977.)

[3] S. Luce, *Histoire de la Jacquerie*, p. 182-183.

[4] Arch. nat., JJ 86, n° 346.

Vaudémont ne trouvât dans la répression de la rébellion une occasion de s'enrichir. Sa seule excuse, si c'en est une, aurait pu être le pressant besoin d'argent où il se trouvait depuis le payement de sa rançon, besoin dont des moyens plus légitimes, tels que celui des ventes à réméré, auquel il eut souvent recours dans la suite [1], ne suffisaient pas à le tirer.

Quels que soient les reproches que Henri de Joinville ait mérités de ce chef, son dévouement au souverain légitime ne fut jamais ébranlé. En juillet, et peut-être dès la fin de juin, il avait rejoint l'host devant Paris [2], et quand la révolution libératrice du 31 juillet permit au régent de rentrer dans la capitale, Henri était auprès de lui comme il avait été auprès de son père à Poitiers. Aussi, le lendemain même de sa rentrée, le 4 août 1358, Charles manifestait sa satisfaction en lui donnant la jouissance viagère de la châtellenie de Vaucouleurs [3]. Mais s'il rendait justice au zèle de son serviteur, celui qui devait être un jour le grand roi Charles V ne pouvait approuver que l'on molestât inutilement le peuple. Pendant le mois de septembre, une série de lettres de rémission déchargèrent les malheureux habitants du Perthois des contributions injustement imposées par le lieutenant royal [4]. Sans doute, c'était une bien chétive punition que le blâme impliqué par quelques expressions de ces lettres; mais le dauphin avait trop grand besoin du dévouement des siens pour risquer de les mécontenter, et il allait bientôt avoir à faire un nouvel appel à celui du comte de Vaudémont.

On était, depuis le 23 mars 1357, en trêve avec l'Angleterre. Cependant Édouard III avait trouvé le moyen de ne pas interrompre l'œuvre de destruction qu'il avait commencée. Secrètement allié à Charles le Mauvais, il mit au service de son confédéré les Compagnies qu'il tenait jusqu'alors à sa solde, et celles-ci continuèrent

---

[1] Cat. n°ˢ 948, 957, 958 et 959.
[2] Cat. n°ˢ 950 et 951.
[3] Cat. n° 952.

[4] Voir, dans S. Luce, *Histoire de la Jacquerie*, les pièces citées dans les notes 1 à 5 de la page 183.

à guerroyer jusqu'au jour où les délais étant expirés, et la paix ayant été conclue à Pontoise avec Charles le Mauvais, elles purent reprendre, au nom du roi d'Angleterre, les ravages qu'elles avaient exercés pendant la trêve au nom du roi de Navarre. Le lieutenant du roi en Champagne avait fort à faire pour leur tenir tête. Le 12 janvier 1359, quatre cents aventuriers de la garnison d'Aix-en-Othe tentèrent un coup de main sur Troyes. Mais le comte de Vaudémont sortit de la ville avec l'évêque et tua ou prit plus de la moitié des assaillants. L'effet moral de ce succès fut assez grand pour amener l'évacuation d'Aix-en-Othe et le rétablissement des communications entre Sens et Troyes [1]. Cependant l'un des plus célèbres capitaines de Compagnies, l'un des héros de Froissart, Eustache d'Auberchicourt, qui se disait lieutenant de Charles le Mauvais, continuait à dévaster la Champagne où il occupait une foule de places. En moins de vingt-quatre heures, il pouvait réunir sept cents ou mille combattants, et il ne laissait pas passer de jour sans risquer quelque coup de main. C'était le véritable maître du pays [2]. Il importait de l'abattre au plus vite.

Pour combattre les Compagnies, force était de recourir aux Compagnies. Jean de Chalon [3], Henri de Joinville et l'évêque de Troyes s'assurèrent le concours d'un seigneur lorrain, Brochard de Fénétrange, qui n'était, d'ailleurs, pas un nouveau venu parmi les Français. Cinq ans plus tôt, il était entré dans l'hommage du roi et lui avait promis de le servir, dans toutes ses guerres, avec cinquante ou cent hommes d'armes, moyennant une rente viagère de 500 livres tournois, et 100 deniers d'or à l'écu, une fois payés à chaque

---

[1] *Grandes Chroniques de France*, éd. Paris, t. VI, p. 147. — Continuation de Guillaume de Nangis, éd. Géraud, t. II, p. 281.

[2] Froissart, V, 159.

[3] Jean de Chalon, qui n'est pas nommé par Froissart (V, 164), fut cependant le principal négociateur de l'engagement de Brochard de Fénétrange, ainsi qu'il résulte de pièces que nous citerons plus tard. (Arch. nat., J 514, n°ˢ 3 et 3 *ter*.)

homme [1]. Ce capitaine, naguère lieutenant général du duché de Lorraine pendant la minorité du jeune duc, avait vu ses fonctions arriver à leur terme en 1360. Il se trouvait alors à la tête de cinq cents hardis compagnons. On lui parla le langage qui convenait et « parmi une grand somme de florins » — 100,000, d'après une pièce authentique — il fournit une bande de mille hommes qui vint former l'élément principal d'un corps de mille lances et de mille cinq cents hommes de pied qui se réunissait à Troyes. On y voyait, outre l'évêque de Troyes et le comte de Vaudémont, Jean de Chalon, le comte de Joigny et plusieurs seigneurs de Champagne et de Bourgogne. Tandis que le régent était occupé au siège de Melun, vers le milieu de juin 1359 [2], cette petite armée s'empara, pour son coup d'essai, du château de Hans, tenu depuis un an et demi par les soudoyers de l'Allemand Albrecht. Puis, après quelques jours de repos à Troyes, elle prit le chemin de Nogent-sur-Seine, forte de mille deux cents lances et de neuf cents piétons résolus à tenir la campagne jusqu'à l'écrasement d'Eustache d'Auberchicourt.

Ce capitaine était à Pont-sur-Seine lorsqu'il apprit la marche des Français ; sans prendre la peine de s'informer de leur nombre, sans faire appel ni à l'Anglais Pierre Audley, ni à l'Allemand Albrecht, qui auraient pu facilement lui envoyer, l'un de Beaufort, où il était établi, l'autre de Gyé-sur-Seine, quelques centaines d'hommes, il réunit environ quatre cents lances, deux cents archers, et vint prendre position en dehors de Nogent, sur un tertre, au milieu des vignes, en se servant de ses archers pour couvrir son front. « Nous sommes assez, disait-il, pour combattre toute la Champagne. »

Aussitôt que les Français l'aperçurent, ils se formèrent en trois corps ou batailles de quatre cents lances, commandées, la première

---

[1] Vidimé en 1355 dans l'hommage rendu par Brochard de Fénétrange. (Arch. nat., J 514, n° 2.)

[2] Il est évident que Froissart se trompe en faisant assister au siège de Melun l'évêque de Troyes et Brochard, alors retenus tous deux en Champagne, ainsi qu'il le dit lui-même ailleurs. — Froissart, t. V, § 440, p. 161, et § 441, p. 164 et 165.

par l'évêque et par Brochard, la seconde par Jean de Chalon et par le comte de Joigny, la dernière par Henri de Joinville, et s'arrêtèrent pour attendre leurs gens de pied qui n'avaient pu suivre le pas des chevaux. Ils comptaient, en effet, s'en servir pour engager le combat et amener ainsi les Anglais à quitter la hauteur où ils s'étaient retranchés. A cette vue, Eustache, sans s'effrayer de l'infériorité numérique de son armée, fit mettre pied à terre à tous les siens et, comme le roi Jean à Poitiers, donna l'ordre de retailler toutes les lances à la longueur de 5 pieds. Cependant l'infanterie française n'arrivait pas; à bout de patience, Brochard et l'évêque de Troyes lancèrent leur bataille, qui, reçue de pied ferme par les Anglais immobiles et la lance croisée, se dispersa sans avoir pu entamer les rangs ennemis. Le second corps parvint à rallier le premier, mais le tir nourri des archers l'aurait encore tenu à distance, si le comte de Vaudémont n'était survenu avec sa bataille. Les archers lâchèrent pied et le gros des Anglais se trouva en contact avec les Français. Leur défense fut des plus énergiques. Tous à pied, serrés les uns contre les autres, ils opposaient partout une muraille hérissée de fer à la cavalerie qui tournoyait autour d'eux sans parvenir à les rompre. Leur contenance était si ferme que les Français, harcelés de nouveau par les traits des archers qui s'étaient reformés un peu plus haut, auraient peut-être fini par se lasser, si leurs gens de pied ne les avaient rejoints. Frais, bien armés, abrités sous leurs pavois qui les garantissaient des flèches, ceux-ci mirent en pleine déroute les archers que les gens d'armes de Jean de Chalon détruisirent complètement dans leur fuite. Entourés de toutes parts, les Anglais furent bientôt écrasés. Eustache tomba aux mains d'un chevalier du comte de Vaudémont appelé Henri Chevillart[1]. C'était,

---

[1] Henri Chevillart survécut au comte de Vaudémont. En effet, le 13 novembre 1373, il donnait quittance à Jean de Bourgogne et à Thibaut de Neufchâteau d'une somme de 25 francs sur 100 que lui devaient ces deux seigneurs, «à cause de Monseigneur Henri, comte de Vaudémont cui Dieu perdont». (Bibliothèque nationale, *Collection de Lorraine*, vol. 256, n° 30.)

on le sait, les troupes du comte qui, les premières, étaient parvenues à prendre contact avec l'ennemi, et ce dernier succès était la récompense méritée de la part qu'il avait eue à la victoire[1]. L'effet fut tel que toutes les forteresses soumises à Eustache d'Auberchicourt furent évacuées par ses hommes.

La fortune, d'ailleurs, ne semblait pas favorable aux capitaines de Compagnies. Jean de Ségur, venu à Troyes pour traiter avec l'évêque de la vente de Pont-sur-Seine, fut massacré par le peuple; Frantz Hennequin se vit obligé de rendre Roucy après trois semaines de siège; Pierre Audley mourut dans son lit à Beaufort, et les aventuriers anglais et allemands de Champagne, se voyant sans chef, négocièrent avec Henri Chevillart en vue de la rançon d'Eustache. Il leur fallut céder le château de Conflans et payer 22,000 francs qu'ils fournirent au moyen d'une cotisation générale.

Réunir une pareille somme n'était qu'un jeu pour ces brigands qui tenaient entre leurs mains presque tout l'argent de France. La situation du malheureux régent était tout autre; ses ressources étaient épuisées, circonstance d'autant plus grave que la défense du royaume exigeait qu'il recourût à ces aventuriers, qui ne reconnaissaient d'autre maître que celui qui les payait régulièrement. Le comte de Vaudémont, qui avait lui-même des soudoyers à ses gages, ne parvenait à les entretenir qu'en leur cédant, comme nous l'avons dit, ses propres terres, sous condition de rachat facultatif[2]. Cette pénurie ne l'empêchait pas néanmoins, à la veille du traité de Brétigny, d'engager de nouveaux aventuriers à demi-profit dans les rançons[3]. Il savait que la voix de l'intérêt était la seule qu'ils écoutassent. On le vit bien pour Brochard : quelle qu'eût été la

---

[1] Ce combat eut lieu le 23 juin 1359. Voir Froissart, édit. Luce, t. V, p. L, n. 5. C'est d'après le texte de Froissart (*ibidem*, p. 163 à 173 et 373-77) et d'après les documents signalés par M. Siméon Luce dans les notes de son *Sommaire* (p. L et LI) qu'on a pu établir le récit qui précède.

[2] Cat. nos 957 à 959.

[3] Cat. no 960.

vaillance de sa conduite à Nogent, où il avait blessé de sa main Eustache d'Auberchicourt, sa fidélité n'était pas à l'épreuve d'un retard dans le payement de sa solde.

Lors de l'engagement du seigneur de Fénétrange, Jean de Chalon, qui en avait été le négociateur, lui avait donné comme garanties les châtellenies de Vassy, de Montéclair et de Passavant-en-Vosges. Non content d'occuper ces places, le chevalier lorrain cherchait à s'emparer de Passavant-en-Argonne. Quant à l'argent qu'on lui avait promis, il réclamait encore 145,000 florins, dont 60,000 pour le *restour* de huit cent cinquante chevaux. Par suite d'un accord intervenu le 4 janvier 1360, cette somme fut réduite à 90,000 florins, payables dans l'année, en trois versements de 30,000 florins. Brochard s'engageait, de son côté, à rendre Vassy, après le premier versement qui devait avoir lieu le 12 mars, puis Montéclair et Passavant après le second, payable le 22 juin. Jusqu'à cette époque, les places devaient être gardées par les hommes de Brochard «bien et loyalment sans faire grief ni dommaige sur le lieu ni sur le pays, fors seulement de panre leur vivre purement sur le plat pays, et senz y recepter, soustenir ne conforter par quelque manière que ce soit les ennemis doudit royaume». Le comte de Vaudémont, présent à l'accord, paraît, d'après les termes assez embrouillés de l'acte qui en fut le résultat, l'avoir préparé par des promesses l'engageant personnellement, et dont le premier versement devait l'acquitter. C'était, en outre, dans une ville de son domaine, Reynel, que devaient se faire les deux premiers payements [1].

Le premier terme arriva, et Brochard ne reçut rien. «Il s'en mérencolia en soi-meismes», et adressa au dauphin, alors occupé de chercher à négocier une paix avec le roi d'Angleterre, des réclamations qui restèrent sans effet. Furieux, le Lorrain défia le régent, se jeta dans Bar-sur-Seine qu'il pilla et brûla, sauf le château,

---

[1] 4 janvier 1360. (Arch. nat., J 514, n°ˢ 3 et 3 *ter*.)

trop fort pour être enlevé. Puis il se retira avec plus de cinq cents prisonniers dans ce château de Conflans, qui avait servi récemment à payer la rançon d'Eustache d'Auberchicourt, d'où ses gens se répandaient dans toute la région et firent « plus de domagez et de villains fais ens ou pays de Campagne que onques li Englès ne li Navarrais euissent fait [1] ». Les villes mêmes qui leur avaient été confiées n'étaient pas mieux traitées : à Vassy, par exemple, les religieux de Montiérender, opprimés de toute manière, dépouillés de leurs revenus, voyant leurs biens saccagés, leur vie même menacée, quittèrent le pays [2]. Comment, au moment où le roi Jean attendait plus de trois mois, à Calais, les 600,000 francs qui devaient lui rouvrir les portes de son royaume, comment trouver encore l'argent nécessaire à payer le départ de l'aventurier? On parvint, il est vrai, à traiter avec lui. Henri de Joinville, le sire de Saint-Dizier et de Vignory, queux de France, et un maître des requêtes, Jean Chalemart, spécialement délégué à cet effet, conclurent avec Brochard, le 20 août 1360, une convention peu différente de celle du 4 janvier. Les forteresses devaient être immédiatement remises entre les mains du comte de Vaudémont et du seigneur de Saint-Dizier ; en retour, 5,000 florins seraient payés dès la fin du mois, et 10,000 autres en octobre, sous la garantie desdits seigneurs, qui s'engageaient, en cas de défaut, à livrer leurs personnes en otage à Brochard. Ensuite les versements devaient s'échelonner de la manière suivante : 15,000 florins en février 1361, et le reste de mois en mois, par somme de 2,000 florins, à charge, en cas de retard, de remise immédiate des châteaux entre les mains du seigneur de Fénétrange, qui en aurait la garde avec une solde de 200 royaux d'or par mois [3].

Les versements ne purent pas être effectués régulièrement : en mars 1362, au lieu de 54,000 florins qui auraient dû avoir été

---

[1] Froissart, édit. Luce, t. V, § 450; p. 184-185.

[2] Arch. nat., JJ 90, n° 229, cité par M. Luce; Froissart, t. V, sommaire, p. LIV, n. 9.

[3] Arch. nat., J 514, n°s 5 et suiv.

payés à cette date, Brochard n'en avait encore reçu que 30,000 [1] et le payement total ne fut pas achevé avant 1364 [2]. Cependant Brochard et les siens avaient quitté le pays et s'étaient retirés en Lorraine. Vassy avait dû être immédiatement restitué [3]; mais, par suite des retards apportés dans les payements, le comte de Vaudémont avait vu se prolonger la période pendant laquelle il en était considéré comme responsable. Cette période, qui aurait dû expirer en février 1361, durait encore après le 5 mars 1362 [4]. Toutefois il ne paraît pas qu'il ait eu à se donner lui-même en otage, ainsi que le traité du 20 août 1360 pouvait l'y obliger.

C'était, paraît-il, son sort que d'être désigné comme otage royal. On voit dans les clauses du traité de Brétigny qu'il fut du nombre des seigneurs et des bourgeois qui devaient aller prendre la place du roi Jean, jusqu'à l'entier accomplissement des conditions du traité. Il ne semble pas, cependant, que Henri de Joinville se soit jamais rendu en Angleterre. Comme on ne trouve pas non plus son nom dans la liste des otages auxquels Édouard III accorda immédiatement leur liberté, on peut se demander s'il ne parvint pas à se faire remplacer. Sa situation personnelle était alors assez grave pour motiver une semblable mesure.

Le traité de Brétigny et la trêve du 7 mai 1360, strictement exécutés, auraient eu pour résultat de priver les Compagnies de leurs moyens d'existence. Celles-ci n'en tinrent la plupart du temps aucun compte. Sous le prétexte de servir le roi de Navarre, elles continuèrent à ravager le royaume avec d'autant plus de rage que, n'ayant plus de solde, le pillage allait devenir leur unique ressource. Comme il leur fallait bien cependant abandonner un pays où elles ne trouvaient plus rien à prendre, un grand courant s'établit parmi les aventuriers, courant dirigé à travers la Bourgogne, vers Avignon, où ils voulaient, disaient-ils, « aller voir le pape

---

[1] Lettre du roi Jean du 5 mars 1362. (Arch. nat., J 514, n° 6.)

[2] Arch. nat., J 514, n°⁸ 8¹ à 8³⁹.

[3] Arch. nat., JJ 96, n° 297. (22 août 1360.)

[4] Arch. nat., JJ 514, n° 6.

et les cardinaux ». D'autres prenaient le chemin de l'Allemagne, mais, pour tous, la Champagne fut comme le point de ralliement. Plusieurs capitaines s'y étaient maintenus, même après la défaite d'Eustache d'Auberchicourt à Nogent; de ce nombre était l'Allemand Albrecht, qui avait continué à occuper Gyé-sur-Seine. Soit qu'il tînt, avant de s'éloigner, à venger son ancien compagnon d'armes, soit tout simplement qu'il ne voulût pas négliger une opération avantageuse qui restait encore à faire, il enleva à l'improviste le château de Joinville. Comme les gens des environs y avaient déposé tout leur avoir, les aventuriers y firent pour près de 100,000 francs de butin[1], et s'y établirent pour dévaster les environs tout à leur aise.

Henri de Vaudémont était encore dans son château le 22 août 1360[2], lors de l'accord conclu avec Brochard de Fénétrange; y était-il encore au moment de la prise? La chose n'est guère croyable, car, en ce cas, le coup de main eût été plus difficile à exécuter. Lors des ratifications du traité de Brétigny, le 28 octobre, Édouard III ordonna d'évacuer Joinville, ainsi que toutes les autres forteresses envahies depuis la trêve[3]; mais qu'importaient les traités aux gens des Compagnies? Ils n'eurent garde d'obéir, et Henri de Vaudémont dut leur payer 20,000 francs le droit de rentrer dans son château[4]. Il lui fallut donner des otages[5], emprunter sur ses terres[6], en engager quelques-unes pour plusieurs années[7], vendre des rentes appartenant à sa femme[8], tirer encore quelque argent de ses hommes, déjà pressurés par les Compagnies[9]. Le roi Jean lui avait bien accordé, en 1361, 2,000 livres à prendre sur les aides qui seraient levées dans ses domaines[10], mais, au bout de deux ans, il n'avait encore touché de ce chef que 761 livres 5 sous[11].

[1] Froissart, VI, 61.
[2] Cat. n° 965.
[3] Rymer *Fœdera*, t. III, part. 1, p. 546.
[4] Froissart, VI, 61.
[5] Cat. n° 978.
[6] Cat. n°ˢ 967, 972 à 974.
[7] Servais, *Annales historiques du Barrois*, p. 423.
[8] Cat. n° 975.
[9] Cat. n° 980.
[10] Cat. n°ˢ 970 et 971.
[11] Cat. n° 983.

Comment s'étonner si, dans cette extrême nécessité, le sire de Joinville s'est laissé aller à profiter de la situation qu'il tenait du roi de France ou du régent, pour ne pas rendre toujours un compte exact des recettes ou des « prises sur le païs », que lui et ses gens firent pendant les troubles? D'ailleurs il s'était montré trop bon Français pour ne pas mériter quelque indulgence. C'était l'avis du roi Jean qui, le 7 mars 1362, par des lettres où il rappelait longuement tous les services du comte, déclarait qu'après tout Henri de Joinville ayant « plus mis que prins pour nous, en notre service, à l'oneur et profit de nous et de notre royaume », il le proclamait quitte et lui accordait une rémission générale pour « toutes les offenses, tant civilez que criminelles », qu'il avait pu commettre jusque-là [1].

S'il est vrai que l'exemple est contagieux, les consciences devaient être bien vite obscurcies au spectacle des violences de cette terrible époque. La grande lutte entre Français et Anglais ou Navarrais venait d'être suspendue, mais les ravages des aventuriers n'étaient pas encore près de finir dans la région où vivait Henri de Vaudémont. Ceux qui ne tenaient pas à rester indépendants y trouvaient sans peine l'occasion de vendre leurs services, car le désordre avait fait renaître l'un des plus épouvantables fléaux du moyen âge, celui que nos rois avaient peut-être le plus complètement vaincu : la guerre privée. On vit des seigneurs souvent du même parti, mus par la cupidité ou par des haines particulières, guerroyer les uns contre les autres. Ceux mêmes qui voulurent résister aux attaques de leurs voisins ou aux razzias des Compagnies n'avaient pas d'autre alternative que de s'assurer le concours d'autres aventuriers. Ce fut une mêlée générale où les alliés de la veille se trouvaient être les ennemis du lendemain; pour l'historien qui cherche à démêler l'écheveau embrouillé des événements secondaires de ce temps, c'est une inextricable confusion que viennent encore augmenter les dénominations génériques d'Anglais ou de Bretons données indiffé-

---

[1] Cat. n° 977.

remment aux aventuriers, quels que fussent d'ailleurs les partis ou les nationalités auxquelles ils appartenaient. L'état de guerre paraissait alors si naturel que les chroniqueurs de l'époque rapportent la plupart du temps les épisodes de ces luttes sans prendre la peine d'en expliquer les causes.

Pour quel motif, par exemple, le comte de Vaudémont était-il, au début de 1361, en hostilité avec son suzerain le duc de Bar? On l'ignore, mais on voit, par contre, que Henri avait l'appui d'un des principaux capitaines d'aventures, du célèbre Archiprêtre Arnaut de Cervole. Celui-ci, du moins, paraît avoir toujours tenu le parti français et, au moment même où il coopérait avec le comte, il venait d'entrer officiellement au service du roi de France; ce qui n'empêchait pas les gens du Bassigny d'avertir le duc de Bar, le 31 janvier, que le comte de Vaudémont, avec les «Anglais» de l'Archiprêtre, menaçait de les envahir[1]. Cette fois encore, il ne pouvait être question que de quelque guerre privée.

L'excès même du mal amena le remède. Le 25 mars 1361, l'évêque de Metz, les ducs de Luxembourg et de Bar, l'abbé de Gorze, le comte de Vaudémont et trente-trois autres seigneurs de la région, parmi lesquels se trouvait Brochard de Fénétrange, formèrent une ligue valable jusqu'au 3 avril 1363. Pendant cette période, ils s'interdisaient toute guerre privée et se promettaient une mutuelle assistance contre les Compagnies[2]. Ces engagements furent loyalement tenus. Six mois après, Henri de Vaudémont assiégeait Tantonville, lieu fort de son comté, sans doute occupé par quelque Compagnie, et s'en emparait le 23 septembre avec l'aide d'un contingent barrisien que le duc Robert lui avait envoyé[3]. De son côté, le sire de Joinville n'hésitait pas à donner satisfaction à son suzerain au sujet d'un mayeur du duché de Bar que ses officiers

---

[1] Servais, *Annales historiques du Barrois*, I, 110-111.

[2] Le texte de cette ligue a été publié intégralement par dom Calmet dans son *Histoire de Lorraine*, preuves, t. II, col. DCXXXIII à DCXXXIX.

[3] Servais, *Annales historiques du Barrois*, I, 116.

avaient indûment arrêté[1], et il entretenait avec lui des rapports assez amicaux pour l'accompagner à Thionville où, le 10 mai 1362, le duc de Bar conclut avec les ducs de Luxembourg et de Lorraine une nouvelle alliance qui devait durer jusqu'au 1ᵉʳ octobre 1364[2].

Mais cette période paisible dura peu. Il s'en fallait de quelques semaines que le terme de la première ligue fût échu et déjà des hostilités avaient éclaté entre les ducs de Lorraine et de Bar, d'une part, et le comte de Vaudémont, de l'autre. Quel était le prétexte de la guerre? Qui en avait pris l'initiative? Ce sont là autant de questions auxquelles il est impossible de répondre. Les historiens lorrains et le principal d'entre eux, dom Calmet, ont laissé de cette guerre des récits où les contradictions, les obscurités et même les erreurs de fait sont accumulées comme à plaisir. Aujourd'hui même, les renseignements sont encore bien incomplets; toutefois certains événements et certaines dates peuvent être déterminés d'une façon précise.

La querelle avait surgi d'abord vers le début de février entre le duc de Lorraine et le comte, et ce n'est que quelques jours plus tard que le duc de Bar avait pris le parti du Lorrain. Henri, de son côté, n'eut pas de peine à trouver un appui. Son ancien confédéré de 1361, Arnaut de Cervole, devenu, par son mariage avec Jeanne de Châteauvillain, le neveu de la propre sœur du comte de Vaudémont, avait déjà soutenu l'année précédente Eudes de Grancey, sire de Pierrepont, contre le duc de Bar[3]. Un arrangement étant intervenu le 1ᵉʳ février 1363, le seigneur de Pierrepont s'était engagé à éloigner « les Bretons, Gascons et Anglais et autres qu'il avait amenés pour meffaire et entrer dans le duché de Bar[4] ». Mais il n'était pas facile de faire lâcher pied aux gens de l'Archiprêtre une fois qu'on les avait introduits dans un pays, et ceux-ci

[1] Servais, *Annales historiques du Barrois*, I, 122.
[2] *Ibidem*, I, 124.
[3] Servais, *Annales historiques du Barrois*, I, 130.
[4] *Ibidem*, p. 136.

se trouvaient tout portés pour venir en aide à Henri de Vaudémont. C'est à peine, d'ailleurs, s'ils passèrent quelques jours sans engagement; car, dès le 19 février, Arnaut de Cervole se chargeait de garder pour le comte les places de Chaligny et de Vézelise [1].

Bien que l'on ignore complètement le motif de cette guerre, bien qu'elle soit dite expressément dans les documents contemporains « la guerre d'entre monseigneur le duc de Lorraine et monseigneur le comte de Vaudémont [2] », ou même tout simplement, dans ceux qui proviennent de la chancellerie royale, « guerra comitis de Vaudemont [3] », il est difficile de croire que les sympathies tout au moins du gouvernement français ne fussent pas du côté de Henri de Joinville? Trois hommes du bailliage de Vitry s'étaient approprié sur la route de Châlons un char à cinq chevaux chargé de cuirs appartenant à des sujets du roi. Ils donnèrent pour excuse qu'ils avaient cru avoir affaire à des Lorrains « subgès des ennemis du comte de Vaudémont », et l'excuse parut si bonne qu'ils obtinrent une lettre de rémission pleine et entière [4]. Bien plus, dans un acte de Charles V, daté de l'année suivante, il est parlé des auxiliaires du comte, de ces « Bretons » d'Arnaut de Cervole, dont on ne cherche point cependant à dissimuler les excès, comme de soldats du parti français, « lesdits Bretons étant de notre partie et de notre obéissance, sous le gouvernement de notre très cher frère, Philippe, alors duc de Touraine, aujourd'hui duc de Bourgogne, lieutenant en cette région de notre très cher seigneur et père [5] ». Enfin l'un des adversaires, le principal même de ceux auxquels Vaudémont allait avoir affaire, c'était Brochard de Fénétrange, l'ancien serviteur du roi Jean, devenu l'un des ennemis les plus acharnés de la France. Sans doute, le duc de Lorraine exerçait alors par lui-même le gouvernement de ses États; mais l'ancien lieutenant général du

---

[1] Servais, *Annales historiques du Barrois*, p. 140, n. a.

[2] Bibl. nat., *Coll. de Lorraine*, vol. 256, n° 14.

[3] Arch. nat., JJ 98, n° 21.

[4] Octobre 1363. (Arch. nat., JJ 95, n° 107.)

[5] Arch. nat., JJ 98, n° 21.

duché, le combattant expérimenté, devait avoir la part principale dans le commandement de l'armée.

Soit que les Bretons d'Arnaut de Cervole n'eussent pas respecté les limites de ses domaines, soit qu'il y fût contraint par ses alliances, le duc de Bar prit parti pour le duc de Lorraine. Henri de Vaudémont répondit en lui refusant l'hommage et en pénétrant dans le duché de Bar. Avant la fin de février, il avait occupé Harréville dans la sénéchaussée de la Mothe. Robert passa en Lorraine pour unir ses forces à celles du duc Jean et tous deux commencèrent contre Henri de Joinville un mouvement arrêté dans les premiers jours d'avril par l'abondance des pluies. Montiers-sur-Saulx fut cependant occupé par une garnison barrisienne; mais les Bretons étendaient, pendant le mois d'avril, leurs dévastations à tout le Barrois. Le 22 avril, tandis que Robert se trouvait à Metz où il était sans doute allé se concerter avec le duc de Lorraine, il apprenait que l'ennemi avait incendié Vouthon et Marcey, et, quelques jours après, on lui annonçait le pillage de Gondrecourt et des environs. Ces bruits alarmants eurent pour résultat une nouvelle levée de troupes qui, unies à des soldats lorrains, entreprirent, vers la fin de mai ou le commencement de juin, le siège de l'une des places confiées à l'Archiprêtre, Chaligny. Dans le même temps, le duc de Lorraine rencontrait, près du prieuré de Saint-Blin, Henri qui commandait, dit-on, une armée de cinq mille hommes. D'après les historiens lorrains, leurs compatriotes, qui pour la première fois se servaient d'artillerie, auraient imposé la bataille aux gens du comte et leur auraient infligé une défaite complète avant que les Bretons eussent eu le temps de les secourir. Ce combat, certainement livré avant le 27 mai[1], aurait eu pour résultat de rejeter Henri dans les environs de son château de Joinville. Quant au siège de Chaligny, il se serait prolongé jusqu'aux premiers jours de juillet[2].

[1] Servais, *Annales du Barrois,* p. 142, n. a. — [2] *Ibidem*, p. 138 à 143.

Nous l'avons dit, l'incertitude est grande sur tous ces événements; pourtant, il n'est guère possible d'admettre que la fortune ait été aussi contraire au comte de Vaudémont que voudraient le faire croire les historiens lorrains. Ils se sont bien gardés de dire que plusieurs des plus considérables de leurs compatriotes étaient tombés aux mains de leurs adversaires, et que le plus important après le duc de Lorraine, Brochard de Fénétrange lui-même, avait été fait prisonnier et détenu à Joinville. On sait, en effet, que le feu prit au château pendant qu'il y était enfermé, et que les archives de la collégiale de Saint-Laurent furent complètement détruites[1]. Chose singulière! Brochard continuait, pendant sa détention, à recevoir les versements convenus dans le traité du 20 août 1360 dont le comte de Vaudémont avait été le négociateur[2].

Les traités qui terminèrent la guerre auraient d'ailleurs été plus avantageux pour les ducs si l'issue leur avait été favorable. La paix se fit d'abord avec le duc de Bar, le 13 août. Henri, qui avait déclaré que Robert avait forfait à ses devoirs de suzerain en s'unissant contre lui au duc de Lorraine, consentit à lui faire de nouveau hommage de son comté; par contre, le duc de Bar s'obligeait à faire droit aux réclamations fondées que son vassal pourrait lui présenter. Tous deux enfin s'engageaient à soumettre leurs griefs réciproques à huit arbitres[3]. En outre, Robert avait dû promettre de payer à Henri de Vaudémont et à Arnaut de Cervole une somme de 20,000 florins[4]. Dans le mois suivant, le 11 septembre 1363, fut signé le traité avec le duc de Lorraine, à des conditions analogues à celles du traité avec le duc de Bar. Henri promettait

---

[1] Cat. n° 993. — Que cet incendie ait été accidentel ou qu'il ait été allumé par des partisans de Brochard, on ne sait d'après quelle autorité M. Collin (*Tablettes historiques de Joinville*, p. 26) et M. Simonnet rapportent qu'il permit au prisonnier de s'évader. (Simonnet, p. 290.) Il est vrai que l'un et l'autre croient que ces événements se produisirent en 1359.

[2] Voir sa quittance du 5 juillet 1363 dans laquelle il se dit prisonnier. (Arch. nat., J 514, n°ˢ 8¹⁶ et 8¹⁸.)

[3] Servais, *Annales du Barrois*, p. 413-414.

[4] Cat. n° 985.

de ne rien réclamer pour les dégâts faits sur ses terres par les troupes lorraines, de vivre dorénavant en paix avec le duc Jean et d'empêcher ses alliés de lui faire la guerre[1]. Le duc de Lorraine lui restait redevable de 30,000 florins pour la rançon de Brochard de Fénétrange et de deux autres chevaliers[2].

La guerre n'avait été menée qu'au nom du comte de Vaudémont qui seul paraît dans les traités; mais son allié Arnaut de Cervole avait dû en supporter la plus lourde part. L'alliance entre eux était assez étroite pour que l'Archiprêtre donnât le nom de « frère » au sire de Joinville; mais les services rendus par les Compagnies ne pouvaient jamais être désintéressés, et Henri dut céder à son allié une bonne partie des sommes que lui avaient promises les ducs de Bar et de Lorraine[3]. Le gain des aventuriers ne se réduisait assurément pas à cet argent régulièrement conquis. On a pu voir qu'ils tenaient peu de compte en général des traités signés par ceux qui les employaient. Après la paix du 13 août, un certain Meneduc, qui commandait la garnison de Vaucouleurs, continuait à faire des incursions dans le Barrois, en dépit des réclamations du duc et même des injonctions de l'Archiprêtre[4]. Par malheur, plus d'un seigneur suivait l'exemple donné par les aventuriers de profession. A peine sorti de sa lutte contre les ducs, le comte de Vaudémont eut à subir les attaques d'un ennemi moins redoutable sans doute, mais encore assez puissant pour nuire. C'était Humbert de Beauffremont, seigneur de Bulgnéville. Celui-ci avait enlevé Vignory à Jean de Saint-Dizier[5]. Déjà, lorsque le château de Joinville avait été occupé par l'Allemand Albrecht, Humbert avait fait acte d'hostilité contre un Joinville de la branche de Sailly, Ogier de Donjeux, qui commandait à Vitry pour le roi. Des défenses royales lui ayant

---

[1] D. Calmet, preuves, t. IV, col. DCXL.
[2] Cat. n° 989.
[3] Cat. n°ˢ 985 et 987.
[4] Servais, *Annales du Barrois*, p. 146. — Ce personnage doit être le même que « Menedich de Possede », capitaine de S. Chartier en Berry pour l'Archiprêtre, qui figure dans une pièce de 1362. (Rec. de Du Fourny, lay. *Bar Nicey*, n° 10.)
[5] Arch. nat., JJ 95, n° 115.

été signifiées, il était convenu avec Ogier de Donjeux et son fils Henri, seigneur de la Fauche par moitié avec sa sœur Marguerite, de soumettre tous leurs différends au comte de Vaudémont, suzerain de la Fauche. Cependant, à l'Épiphanie de 1363, profitant du moment où Ogier de Donjeux avait suivi le roi Jean à Avignon, Humbert avait traîtreusement tenté de s'emparer du château de la Fauche. Repoussé, il renouvela sa tentative au mois de novembre, cette fois avec un plein succès, et parvint même quelque temps après à prendre de vive force la ville et la forteresse de Reynel appartenant à Henri de Vaudémont[1]. De pareils actes tenaient moins de la guerre privée que du brigandage, car le seigneur de Bulgnéville ne dédaignait pas plus que les Compagnons de piller les objets mobiliers, et, lors de la prise de Reynel, les gens de tout le pays qu'il occupait, entre autres ceux de la Fauche, durent venir avec leurs charrettes l'aider à emporter le butin qu'il y avait fait[2]. Ses méfaits ne se bornèrent pas là; la longue énumération qu'en contiennent les lettres de rémission qui lui furent accordées par la suite ne diffère en rien de celle des méfaits des Compagnies. Et pourtant celui qui s'en rendait coupable n'était pas, si l'on en croit les termes mêmes des lettres de rémission, un ennemi du royaume de France[3].

D'ailleurs, nous l'avons déjà dit, Henri de Vaudémont, dont la fidélité au roi n'a jamais été ébranlée, n'était pas non plus irréprochable dans ses rapports avec ses voisins, ni même — l'exemple suivant en est la preuve — dans sa conduite envers les officiers royaux. Geoffrin de Nancey était un jeune écuyer, fils d'un chevalier, Geoffroy de Nancey, sans doute condamné à l'inactivité par l'âge ou par les infirmités. « Senz cause raisonnable, senz ce que le

---

[1] Arch. nat., JJ 97, n° 200, et X² 7, fol. 170.

[2] Arch. nat., JJ 115, n° 53.

[3] Lettres de rémission données au Louvre, en janvier 1367, pour Humbert de Beauffremont, seigneur de Bulgnéville, coupable de tels «excès, crimes et délis que faire peussent les ennemis de nous et de notre royaume». (Arch. nat., JJ 97, n° 200.)

dit escuyer li eust meffait en autre manière », le comte, ses gens et les habitants de Vaucouleurs « li gastèrent tous ses héritaiges ». En vain le roi Jean et, après lui, Charles V adressèrent au comte des lettres où ils lui ordonnaient de cesser les hostilités, Henri n'en tint aucun compte et poussa l'audace jusqu'à jeter et à tenir en prison, pendant deux ans, le sergent royal qui lui avait signifié d'avoir à respecter Geoffrin de Nancey désormais placé sous la sauvegarde du roi. Le malheureux écuyer se vit dans la nécessité d'exercer des représailles sur les terres du comte de Vaudémont. Henri le donna sans doute pour un perturbateur de l'ordre public, et, profitant de sa situation officielle pour requérir l'aide du bailli de Chaumont, il vint mettre le siège devant Gombervaux, que Geoffrin tenait au nom de son père. L'assiégé ne céda qu'au bout de six jours, et mit sa personne et son château en l'obéissance du roi. Son cas pouvait être grave; car sa résistance à une armée dans laquelle se trouvait le représentant de l'autorité souveraine pouvait lui donner l'apparence d'un rebelle. Charles V lui accorda néanmoins, au mois de novembre 1364, des lettres de rémission, dont les termes étaient assez sévères pour le comte de Vaudémont[1]; mais nous ne voyons pas que le mécontentement du roi se soit traduit par un châtiment plus sensible. Henri avait rendu de trop grands services pour qu'on pût songer à se priver de ceux qu'il pouvait rendre encore. Le 19 mai de cette même année, on l'avait vu figurer au sacre de Charles V, parmi les plus grands seigneurs de France, en même temps que son ancien rival, le duc de Bar[2]. Sa réconciliation avec celui-ci était d'ailleurs complète; au mois de septembre, il l'aidait, ainsi que l'Archiprêtre et les baillis de Chaumont et de Sens, à repousser une attaque du Wauquaire de Bitche[3].

Le plus grand besoin de la France était de purger son sol des

[1] Arch. nat., JJ 98, n° 87. — Le siège de Gombervaux, postérieur à l'avènement de Charles V, dut avoir lieu dans l'été de 1364.

[2] Froissart (édit. Luce, VI, 133) nomme Henri entre le comte de Tancarville et Robert d'Alençon.

[3] Servais, *Annales du Barrois*, I, 159.

Compagnies. L'œuvre commença dès que Charles V fut monté sur le trône. On sait comment Duguesclin débarrassa le royaume en entraînant les aventuriers en Espagne. Arnaut de Cervole exécutait alors une entreprise analogue : il ne s'agissait de rien moins que de conduire, à travers toute l'Allemagne, les Compagnons de Bourgogne et du voisinage, au roi de Hongrie qui devait les emmener à la délivrance des Saints Lieux. C'est à cette œuvre de libération du territoire que le comte de Vaudémont employa ses derniers jours. Le 6 juin 1365, le duc Philippe de Bourgogne lui envoyait, en même temps qu'à l'Archiprêtre et au bailli de Chaumont, un messager « pour leur parler et dire de par lui, comment ils mettent peine et facent que les Compaignies qui sont ès parties de par delà, se départent du pays[1] ».

Quelques jours après, le brave comte de Vaudémont n'était plus. Il était mort dans la force de l'âge, suivant dans la tombe les deux fils qu'il avait eus de Marie de Luxembourg, et ne laissant après lui que deux filles, Marguerite et Alix, et un fils naturel, Jean, connu sous le nom de Bâtard de Vaudémont[2]. Ainsi ce vieux nom de Joinville, presque aussi ancien que la dynastie capétienne, déjà un peu rejeté dans l'ombre par l'adjonction du titre de comte de Vaudémont, allait être porté dans une nouvelle famille. Du moins, le dernier descendant mâle de Jean de Joinville ne s'était pas montré indigne de son aïeul. Sans doute, il avait quelquefois oublié le respect dû aux mandataires de l'autorité royale; mais les armes qu'il eut quelquefois le tort d'employer à combattre des seigneurs français comme lui, il ne les avait jamais tournées contre le prince, qui était alors la véritable incarnation de la patrie. On l'avait vu à Poitiers combattre en même temps que le roi Jean, on l'avait vu à Paris rentrer avec le régent dans la ville sauvée de l'occupation navarraise; presque toute sa vie avait été consacrée au service de la couronne, et ses sujets étaient parmi les plus fidèles à la France.

[1] Simonnet, p. 292, note. — [2] Cat. nos 1039 et 1053.

Quelques jours après sa mort, Charles V en rendait un témoignage éclatant, également honorable pour le petit-fils de Jean de Joinville et pour les habitants de cette ville de Vaucouleurs, qui devait être, soixante ans plus tard, le point de départ de Jeanne d'Arc. La cession de ce lieu, faite le lendemain de la rentrée du dauphin dans Paris, étant viagère, il faisait retour au domaine royal. Le 4 juillet 1365, « considérant le zèle ardent que ses amés et féaux les bourgeois et habitants de la ville et du château de Vaucouleurs, sis aux frontières du royaume, ont montré par le passé envers ses prédécesseurs rois de France, envers lui-même et envers la couronne de France ; considérant aussi les bons services et l'obéissance dont ils ont fait fidèlement preuve, même tandis qu'ils étaient les sujets du feu comte de Vaudémont, envers le roi, ses gens et ses officiers », le roi déclara que la ville de Vaucouleurs serait désormais indissolublement unie à la couronne [1].

La veuve de Henri, Marie de Luxembourg, lui survécut encore de longues années ; les fils qu'elle avait donnés à son mari, *Anseau* et *Henri* [2], étaient, nous l'avons déjà dit, morts avant leur père. Ses deux filles étaient encore bien jeunes : l'aînée, *Marguerite*, n'avait assurément pas plus de onze ans à la mort du comte Henri, et sa mère dut prendre en main le gouvernement de ses domaines. Mais l'héritière du comté de Vaudémont et de la seigneurie de Joinville ne pouvait pas rester longtemps sans époux. Entre le mois d'avril et le 22 novembre 1367, elle devint la femme de *Jean de Bourgogne-comté*, seigneur de Montaigu, veuf depuis quelques mois de Marie de Châteauvillain, dame d'Arc-en-Barrois [3]. Bien que sa belle-mère

---

[1] Arch. nat., JJ 98, n° 343. — Le texte publié dans les *Ordonnances* (IV, 582) est assez défectueux. Il résulte de cet acte que Henri de Joinville mourut entre le 6 juin et le 4 juillet 1365. Jusqu'ici, la date de cette mort était restée incertaine, les uns la rapportant à 1386, les autres à 1374. M. Léon Germain prouva le premier qu'elle devait être antérieure au mois d'avril 1367. (*Mémoires de la Société d'archéologie lorraine*, XXIX, 361.)

[2] Le P. Anselme (VI, 696) est seul à les mentionner.

[3] Celle-ci vivait encore en février 1367. (L. Germain, *Jean de Bourgogne et*

LES SUCCESSEURS DE JEAN DE JOINVILLE.   215

ait encore vécu plusieurs années[1], Jean prit dès ce moment la garde de sa jeune belle-sœur *Alix*, et la conserva jusqu'en 1373, époque à laquelle celle-ci, devenant la femme d'un neveu de Jean, *Thibaut de Neufchâtel*[2], fut mise en possession de sa part de l'héritage paternel[3]. L'année n'était pas achevée, que Jean expirait le 6 décembre, après six ans de mariage[4].

Marguerite, très jeune encore, n'avait pas d'enfants. Son veuvage fut des plus courts; au mois de mai 1374, elle épousait *Pierre, comte de Genève*[5], frère de Robert de Genève, qui devint Clément VII en 1378. Cette seconde union, plus durable que la première, ne fut pas plus féconde. Entre le 9 mars et le 24 juin 1392[6], la comtesse de Vaudémont se trouva veuve encore une fois. Malgré son âge, qui ne pouvait pas être de beaucoup inférieur à quarante ans, sept enfants naquirent du troisième mariage qu'elle contracta, entre le 4 juin et le 19 juillet de l'année suivante, avec un seigneur beaucoup plus jeune qu'elle, *Ferry*, seigneur de *Rumigny*[7], fils cadet du duc de Lorraine. Son sort était de survivre à tous ses époux : Ferry de Lorraine périt à Azincourt. Sa veuve vécut assez pour voir le mariage de son fils aîné, *Antoine de Lorraine*, avec Marie de Harcourt[8]. Elle reçut encore un dénombrement le 28 avril 1417[9].

Pierre de Genève, comtes de Vaudémont, dans les *Mémoires de la Société d'archéologie lorraine*, XXIX, 386.)

[1] M. Germain se trompe en la croyant morte en 1368. (*Ibidem*, p. 365.) Duchesne dit qu'elle mourut en 1374. (*Histoire de la maison de Luxembourg*, p. 223.) Elle paraît cependant encore dans un acte du 28 décembre 1376 (cat. n° 944); elle n'existait plus le 5 juillet 1381 (cat. n° 947).

[2] Germain, *ibidem*, p. 369 et 403.

[3] Cat. n°s 1007 et 1009.

[4] Voir son inscription funéraire, publiée par L. Germain. (*Ibidem*, p. 399.) Le sceau de Jean de Bourgogne fut apposé, le jour même de sa mort, sur une quittance de rente sur le grenier à sel de Joinville. (Bibliothèque nationale, Clairambault, reg. 20, p. 365.)

[5] L. Germain, *ibidem*, p. 407.

[6] Cat. n°s 1044 et 1045.

[7] L. Germain, *Ferry Ier de Lorraine, comte de Vaudémont*, dans les *Mémoires de la Société d'archéologie lorraine*, XXXI, 84.

[8] 12 août 1416. (Cat. n° 1069.)

[9] Cat. n° 1070.

Bien peu de temps après, la dernière des Joinville allait rejoindre ses ancêtres sous les voûtes de Saint-Laurent.

Un siècle et demi plus tard, Joinville, qui ne cessa d'être regardé par ses héritiers comme leur plus beau domaine, fut érigé en principauté par le roi Henri II, en faveur de François, duc de Guise, descendant de René II de Lorraine, petit-fils d'Antoine. Les Guise continuèrent à faire du château leur principale résidence, et c'est à quelques pas du tombeau où reposait Jean de Joinville qu'en dépit de son sang qui coulait dans leurs veines, ils signèrent avec Philippe II l'odieux traité qui faillit déposséder de la couronne la postérité de saint Louis. Mais, par une de ces ironies du destin que l'historien a le droit de confondre avec l'action de la Providence, leurs desseins, à un moment si près de réussir, avortèrent; la couronne resta dans la famille qui, depuis bientôt six siècles, s'était identifiée avec la France. Par contre, leur héritage vint, par deux voies différentes, tomber tout entier aux mains des descendants de saint Louis.

Les Guise, en effet, disparurent au déclin du xvii° siècle : la fin de cette race vaincue emprunte quelque grandeur aux efforts que fit une femme, Marie, fille du duc Charles, pour lutter contre la mort qui abattait autour d'elle les derniers représentants de sa maison. Un fatal entraînement, qui lui avait fait épouser secrètement un simple gentilhomme, Montrésor, ne la laissa libre que trop tard pour contracter une union digne de son rang et assurer par elle-même la perpétuité de son nom. Après avoir vu disparaître son père et ses frères, il ne lui restait qu'un neveu, le duc Louis-Joseph. Ce fut elle qui le maria; mais, préoccupée outre mesure de la gloire de son nom, elle en consomma la ruine en unissant son neveu à une petite-fille de France, à la fille de Gaston d'Orléans, Élisabeth, laide, bossue, et qui n'avait pour elle que l'éclat de sa naissance. De cette mère contrefaite, d'un père débile et bientôt enlevé, naquit un pauvre enfant, duc de Guise à quelques mois, qui mourut à son tour sans avoir pu se tenir debout pendant les six années de sa triste existence. Ainsi Marie se trouvait, dans sa vieillesse, héritière des duchés de Guise et de Joyeuse, de la principauté de Joinville et de tous les biens de son petit-neveu.

Ce nom illustre allait-il disparaître? Cet immense domaine allait-il être divisé? Mademoiselle de Guise crut l'empêcher en choisissant pour héritier le fils puîné du duc de Lorraine, à qui elle imposait de prendre le nom de Guise. Mais, un an après sa mort, le 26 avril 1689, son testament fut cassé et ses biens furent divisés entre ses héritiers naturels. Tandis que les Condé héritaient du duché de Guise[1], bientôt rétabli pour eux en duché-pairie, la plus grande partie de sa succession allait s'ajouter aux biens de la plus riche princesse particulière de l'Europe, Mademoiselle de Montpensier, sa nièce. Née d'une sœur utérine de Mademoiselle de Guise, Anne-Marie-Louise d'Orléans recueillit, entre autres terres, le château et les deux tiers de la principauté de Joinville. Après sa mort, Monsieur, frère du roi, son légataire universel, acquit le dernier tiers de la principauté dont, en 1714, son fils Philippe, duc d'Orléans, obtint de Louis XIV une nouvelle érection. C'est ainsi qu'aujourd'hui encore, tandis que la pairie de Guise est échue, avec l'héritage des Condé, à un prince de la maison de France, le nom de Joinville est porté par un autre prince issu du saint roi que le sénéchal avait tant aimé.

Quant au vieux château d'Étienne de Vaux, son histoire est comme le reflet de celle de la noblesse française. Fondé par un guerrier plus brave que scrupuleux, devenu peu à peu le chef-lieu d'une grande seigneurie féodale, pillé par les Tard-venus, incendié pendant les sombres jours de la guerre de Cent ans, mais toujours debout et toujours tenant pour le roi de France, il était resté digne de fixer les regards de Jeanne d'Arc au début de sa mission. Puis, au siècle suivant, après avoir résisté aux attaques de Charles-Quint,

---

[1] Le duché était revenu à la princesse de Condé, Anne, palatine de Bavière, descendue en ligne directe de Claude de Lorraine, en faveur de qui François Ier avait érigé le comté de Guise en duché-pairie.

agrandi, transformé, il s'était trouvé être sous les Guise le point de départ de la Ligue, le centre des intrigues de cette famille néfaste, mêlée à tous ces troubles du xvie et du xviie siècle, qui sont comme les derniers efforts de la féodalité mourante, jusqu'au jour où Richelieu, puis Mazarin, la réduisirent à l'impuissance. Saisi par le grand cardinal, mais restitué aux derniers rejetons de la race du Balafré, le château de Joinville ne cessa plus d'être soumis à l'autorité souveraine; parvenu aux mains de princes du sang royal, il fut délaissé par ses nouveaux maîtres, englobés comme la simple noblesse dans l'entourage du monarque. La grande féodalité n'existait plus que de nom : l'antique demeure des Joinville et des Guise cessa d'être entretenue par les d'Orléans; enfin, au moment où tout s'écroulait, où s'effaçait jusqu'au nom d'institutions déjà détruites en fait, elle disparaissait elle aussi. De même que, dans la Nuit du 4 août, c'étaient des nobles qui avaient porté les derniers coups à la noblesse, ce fut au nom du prince révolutionnaire, qui, parmi ses titres désormais abolis, comptait celui de prince de Joinville, que fut vendu, moyennant un prix dérisoire, à des entrepreneurs chargés de le détruire, le château où se voyait le premier autel placé sous l'invocation du plus grand de ses ancêtres.

APPENDICES

I

LES BRANCHES SECONDAIRES DE LA MAISON DE JOINVILLE

II

TABLEAU GÉNÉALOGIQUE DES SIRES DE JOINVILLE

I

LES BRANCHES SECONDAIRES
DE LA MAISON DE JOINVILLE.

BRANCHE DE SAILLY.

Le titre de seigneur de Sailly, porté pour la première fois par *Robert*, second fils de Geoffroy IV de Joinville, passa ensuite à son frère Simon, et lorsque celui-ci devint seigneur de Joinville, à son frère *Gui*. Les Joinville de cette branche n'ayant pas joué un rôle bien important, nous nous bornerons à en indiquer la succession, renvoyant à la table alphabétique ceux qui auraient intérêt à recueillir les nombreux renseignements qui se trouvent épars dans le catalogue des actes.

§ 1. SEIGNEURS DE SAILLY.

I. — Gui Ier, sire de Sailly, 1206[1]-1248[2], épousa :

1° *Agnès*, peut-être déjà morte en 1220[3];

2° *Perrenelle* de Chappes, sœur d'Eudes Ragot, avec laquelle il vivait en 1221[4], dame de *Jully*[5] et de *Chanlot*[6].

Il ne laissa pas moins de cinq enfants :

    a. Robert, sire de Sailly, qui suit.
    b. Marguerite, dame de Beaumont, 1256[7]-1259[8].
    c. Simon, tige des seigneurs de *Donjeux*.
    d. Guillaume, tige des seigneurs de *Jully*.
    e. Alix, prieure de Foissy, 1271[9].

II. — Robert, sire de Sailly, 1254[10]-1265[11], mourut avant 1269 et fut enterré

---

[1] Cat. n° 138. — Les deux dates mentionnées après chaque nom sont les dates extrêmes entre lesquelles on le rencontre.
[2] Cat. n° 321.
[3] Cat. n° 216.
[4] Cat. n° 223.
[5] Cat. n° 225.
[6] P. Anselme, *Histoire généalogique de la maison de France*, VI, 142.
[7] Cat. n° 364.
[8] Cat. n° 388.
[9] Cat. n° 489.
[10] Cat. n° 346.
[11] Cat. n° 434.

à l'abbaye d'Écurey[1]. Sa femme, appelée *Aufélis* dans un acte de 1259[2], testa en 1278[3]. Ses enfants, au nombre de trois, furent :

    a. Gui, sire de Sailly, qui suit.
    b. Béatrix, religieuse à Foissy en 1271[4].
    c. Simon, tige du rameau d'Échenay.

III. — Gui II, sire de Sailly, 1269[5]-1304[6], avait pour femme *Marguerite* en 1274[7] et ne laissa qu'une fille, qui suit.

IV. — Alix, dame de Sailly, morte le 27 octobre 1311 et enterrée à Morimond, avait épousé *Renard de Choiseul*, seigneur de Bourbonne, qui vivait encore en 1336[8].

§ 2. SEIGNEURS D'ÉCHENAY.

I. — Simon, sire d'Échenay, se dit fils de Robert de Sailly, dans un acte de février 1309 où il paraît avec *Marie*, sa femme[9], et vivait encore en 1323[10]. Ses enfants sont :

    a. Jean, sire d'Échenay, qui suit.
    b. Laure, dame d'Échenay après son frère.
    c. Agnès, mariée à Jean Chaudron[11].

II. — Jean, sire d'Échenay, mourut en 1336[12] sans laisser de postérité.

III. — Laure, qui avait épousé, en 1326, *Jean de Dinteville*, recueillit la seigneurie d'Échenay après la mort de son frère Jean[13].

§ 3. SEIGNEURS DE DONJEUX.

I. — Simon, sire de Donjeux, fils de Gui Ier de Sailly, 1262[14]-1276[15], eut pour fils Gui, qui suit.

II. — Gui Ier, sire de Donjeux, 1284[16]-1303[17], avait épousé *Isabelle d'Étrépy*[18], qui lui donna deux fils :

    a. Gui, sire de Donjeux, qui suit.

---

[1] Cat. n° 473.
[2] Cat. n° 386.
[3] P. Anselme, VI, 700.
[4] Cat. n° 489.
[5] Cat. n° 473.
[6] Cat. n° 690.
[7] P. Anselme, VI, 700.
[8] P. Anselme, VI, 821.
[9] Cat. n° 716.
[10] Cat. n° 806.
[11] P. Anselme, VI, 700.
[12] P. Anselme, VI, 700.
[13] Jolibois, *La Haute-Marne*, p. 201, col. 1.
[14] Cat. n° 402.
[15] Cat. n° 510.
[16] P. Anselme, VI, 701.
[17] Cat. n° 684.
[18] *Ibidem* et P. Anselme, VI, 701.

b. Ogier, sire d'*Effincourt* et de *la Fauche* en 1353 [1], portait en 1362 et 1364, sans doute comme baillistre de sa nièce, le titre de sire de *Donjeux* [2]. Il eut de *Marguerite de Beaupré* [3] un fils et deux filles : 1° *Henri*, seigneur de la Fauche en 1362, par moitié avec sa sœur Marguerite [4] ; 2° *Marguerite*, dame de la Fauche, mariée d'abord à *Henri de Saint-Dizier*, seigneur de la Roche, en 1366, puis à *Eudes de Savoisy*, bailli de Vitry [5] ; 3° *Jeanne*, qui épousa *Jean de Noyers* [6].

III. — Gui II, sire de Donjeux, 1358 [7], mourut en 1370 [8] ou en 1372 [9]. Il avait eu de *Béatrix d'Arzillières* [10] une fille, qui suit.

IV. — Alix ou *Béatrix*, dame de Donjeux, épousa *Henri de Bourlémont* et mourut en 1406 [11].

§ 4. SEIGNEURS DE JULLY.

I. — Guillaume Ier, sire de Jully, 1266 [12]-1290 [13], épousa *Marie de Tanlay* [14] et semble n'avoir eu qu'un fils, qui suit.

II. — Jean, sire de Jully, 1299 [15]-1321 [16], avait pour femme en 1312 une fille d'*Eustache de Conflans*, seigneur de Moreuil [17], qui lui donna deux fils :

a. Guillaume, sire de Jully, qui suit :
b. Philippe, tué à Saint-Omer en 1340 [18].

III. — Guillaume, sire de Jully, pris à Saint-Omer en 1340 [19].

BRANCHE DE VAUCOULEURS.

§ 1. SEIGNEURS DE VAUCOULEURS, PUIS DE MÉRY-SUR-SEINE, DE SOUDRON ET D'ÉTRELLES.

I. — Geoffroy, sire de Vaucouleurs. — Nous avons dit, à propos du second mariage

---

[1] Cat. n° 941.
[2] Cat. n° 994.
[3] Cat. n° 941 et Jolibois, *La Haute-Marne*, p. 286, col. 2.
[4] Voir plus haut, p. 211.
[5] P. Anselme, I, 766.
[6] Jolibois, *loco cit.*
[7] Cat. n° 954.
[8] Jolibois, p. 193, col. 2.
[9] P. Anselme, VI, 701.
[10] Jolibois, *loco cit.*
[11] Jolibois, *loco cit.*, et P. Anselme, VI, 701.
[12] Cat. n° 443.
[13] Cat. n° 584.
[14] P. Anselme, I, 512.
[15] Cat. n° 649.
[16] Cat. n° 788.
[17] P. Anselme, VI, 160.
[18] P. Anselme, VI, 700.
[19] *Istore et Croniques de Flandres*, édit. Kervyn de Lettenhove, I, 390.

de Simon de Joinville avec Béatrix d'Auxonne, épouse divorcée d'Aimon de Faucigny, que trois des fils de Simon, Geoffroy, sire de Vaucouleurs, Simon, sire de Marnay, et Guillaume, qui avait embrassé l'état ecclésiastique, durent leur fortune aux relations que le mariage d'une de leurs sœurs utérines leur donnait avec la maison de Savoie.

L'une des filles de Béatrix et d'Aimon de Faucigny avait en effet épousé ce Pierre qui, devenu comte de Savoie, mérita plus tard le surnom de *Petit Charlemagne*. Mais, à cette époque, l'époux d'Agnès ne paraissait guère en passe d'être un jour le chef de sa maison, et il était allé à la cour de Henri III d'Angleterre déployer les talents qui lui valurent d'y être partout le premier après le roi. Pierre, à ce qu'il paraît, s'intéressait à ses jeunes beaux-frères. Il fut un des intermédiaires du mariage de Simon, sire de Marnay, avec l'héritière de la seigneurie de Gex [1], et on ne peut guère imaginer que son influence ait été étrangère à la détermination de Simon et de son frère, Geoffroy de Vaucouleurs, lorsque ceux-ci se décidèrent à suivre en Angleterre le flot des Savoyards avides d'exploiter la faveur de leur compatriote.

Plus d'un les avait précédés. Un petit-neveu de Pierre de Savoie, Pierre, fils du comte Humbert de Genève et d'Agnès, fille d'Amédée III, avait su gagner la bienveillance de Henri III au point d'obtenir de lui la main de Mahaut, fille de Gautier de Lacy, un des plus riches partis d'Angleterre. Mais il ne dut pas jouir longtemps des grands biens que celle-ci lui avait apportés en Angleterre et en Irlande; il mourut en 1249 [2]. Pierre de Savoie conçut-il le projet de marier l'opulente veuve à Geoffroy de Vaucouleurs? On ne sait, mais son intervention paraît certaine quand on voit la singulière rapidité de la fortune du jeune seigneur champenois.

Jusqu'à cette époque, sa carrière est peu connue. Nommé pour la première fois dans un acte de juillet 1241 [3], Geoffroy s'était, tout jeune encore, trouvé, avec son frère Jean, aux côtés de leur parent Josserand de Brancion, le jour où l'héroïque chevalier, qui devait plus tard mourir à la Croisade, les avait tous deux appelés pour chasser de leur pays des Allemands envahisseurs d'une église [4]. En 1248, il était au château de Joinville, tandis que Jean se préparait à partir pour la Terre-Sainte [5]; mais il ne suivit pas alors l'exemple de son aîné. Pendant que celui-ci nouait avec saint Louis, sous le ciel d'Orient, cette amitié que la mort même ne devait pas rompre, en 1250 [6], en 1251 [7] le sire de Vaucouleurs était encore en France. Un an plus tard, on le trouve en Irlande, assez haut placé pour que le roi Henri III l'appelle à venir lui rendre compte de l'état de l'île [8], enfin marié à Mahaut de Lacy et maître, grâce à elle, du vaste territoire de Meath, qu'elle tenait de son aïeul [9], ainsi que des biens qu'elle

---

[1] Cat. n° 337. Janvier 1252. — Léonète de Gex était nièce du premier mari de la mère de Simon. (Guichenon, *Histoire de Savoie*, II, 311.)

[2] Mathieu de Paris, *Chronica majora*, éd. Luard, V, 90, dans la collection du Maître des Rôles.

[3] Cat. n° 302.

[4] Joinville, § 277.

[5] Joinville, § 110.

[6] Cat. n° 335.

[7] Cat. n° 336.

[8] Cat. n° 338.

[9] Cat. n° 339.

possédait en Angleterre, dans le comté de Hereford, sur les frontières du pays de Galles[1].

Depuis lors, Geoffroy se maintint dans la haute situation à laquelle il avait su parvenir; avec son frère, Simon de Gex, il suivit son nouveau suzerain en Gascogne en 1254[2] et reçut encore du roi de nouvelles faveurs[3], faveurs justifiées d'ailleurs par les services qu'il rendait : en 1255, il accompagnait le prince Édouard à la Réole[4]; en 1260, il soutenait Henri III dans sa lutte contre les Gallois et leur chef Lewellyn[5], avec lequel il fut chargé de conclure la paix en 1267[6]. Mais ses devoirs envers le roi d'Angleterre ne pouvaient faire oublier à un Joinville ses devoirs envers la religion chrétienne. Imitant l'exemple que lui avaient donné tous les chefs de sa maison, depuis son bisaïeul, Geoffroy III, jusqu'à son frère, Jean, le sire de Vaucouleurs se croisa en même temps que l'héritier du trône et le suivit, en 1270, à Tunis, et, plus tard, à Saint-Jean-d'Acre[7].

On sait que, durant cette croisade, la mort de Henri III fit passer la couronne sur le front d'Édouard Ier. Celui-ci, qui avait déjà pris le chemin du retour, se trouvait en Sicile quand il reçut, à la fin de 1272, la nouvelle de son élévation au trône. Il alla voir le pape, séjourna en France et ne revint dans son royaume qu'en 1274; mais Geoffroy ne l'attendit point. En 1273, le sire de Vaucouleurs rentrait en Irlande, où il prit possession de la grande charge de justicier[8], qu'il exerçait encore en 1276[9]. Son rôle, en effet, ne devait pas être moins brillant sous ce règne que sous le précédent. On le vit tantôt servir le roi dans le pays de Galles[10], tantôt s'acquitter de missions importantes auprès du roi de France[11] ou du pape[12], ou même porter les armes en Gascogne[13] ou en Flandre[14] et combattre le souverain du pays où il était né[15]. D'autres fois, son rôle était plus pacifique; chargé d'abord, le 3 mars 1298, de la négociation d'une trêve avec la France[16], puis, quelques mois plus tard, de celle d'une paix définitive[17], il fut, l'année suivante, l'un des signataires du traité de Montreuil[18], dont il eut encore à régler certains détails d'exécution avec le commissaire français Simon de Melun[19]. Ces fonctions multiples ne l'empêchaient pas de prendre une grande part aux affaires de l'Irlande[20] et de l'Écosse[21]. Il dut cependant donner à Édouard Ier quelques

[1] Cat. n° 340.
[2] Cat. n°ˢ 342-345.
[3] Cat. n°ˢ 347-349.
[4] Cat. n° 357.
[5] Cat. n° 391.
[6] Cat. n° 457.
[7] Plusieurs actes de la première moitié de 1270 donneraient à croire qu'en allant s'embarquer, Geoffroy visita ses domaines français. (Cat. n°ˢ 480, 481, 485, 486.)
[8] *Annals of Ireland*, publiées par John Gilbert dans les *Chartularies of St-Mary's abbey Dublin*, II, 317.

[9] Cat. n° 512.
[10] Cat. n°ˢ 515, 545, 615.
[11] Cat. n°ˢ 538, 539, 589.
[12] Cat. n°ˢ 583, 587, 654, 656, 657.
[13] Cat. n° 611.
[14] Cat. n° 642.
[15] Cat. n° 632.
[16] Cat. n° 639.
[17] Cat. n°ˢ 645, 647.
[18] Cat. n° 651.
[19] Cat. n° 653.
[20] Cat. n° 668.
[21] Cat. n°ˢ 666, 674.

causes de mécontentement, car celui-ci fit mettre mainmise sur la justice de sa ville de Trim[1] ; mais cette mesure fut plus d'une fois suspendue ou tempérée[2].

Après plus d'un demi-siècle d'union, Mahaut de Lacy mourut au mois d'avril 1303[3]. Son mari dut s'éloigner de la vie publique, car son nom n'apparaît plus dès lors que dans certaines pièces relatives aux comptes qu'il avait avec le roi[4]. Il méditait sans doute la retraite définitive qu'il accomplit cinq ans plus tard. Il y avait longtemps déjà qu'un de ses fils était investi de son fief de Vaucouleurs. En 1308, Geoffroy se démit de ses seigneuries d'Angleterre et d'Irlande et se fit dominicain au couvent de Trim[5], où il mourut le 21 octobre 1314[6].

Geoffroy avait eu de Mahaut de Lacy au moins neuf enfants :

1° *Pierre*, qu'il appelle son fils aîné en 1283[7], posséda, dans le pays de Galles et dans les comtés de Hereford et de Salop, des terres qui lui venaient de sa mère, telles que Walterstone, Staunton-Lacy, Ludlow, Malmeshull, Wulverlowe et Ewyas-Lacy[8]. Il expira en 1292[9] : il avait épousé Jeanne de la Marche, sœur de Guyard, comte de la Marche[10], de qui il laissa trois filles[11] :

    a. Jeanne, née le 2 février 1286[12], épousa Roger Mortimer et reçut la seigneurie de Meath en 1308, quand son aïeul entra au couvent[13].

    b. Béatrix, née en 1287[14].

    c. Mahaut, née le 4 août 1291[15]. Toutes deux furent religieuses à Acornbury[16].

2° *Gautier*, sire de Vaucouleurs, qui suit.

3° *Jean* succéda à son frère dans la seigneurie de *Vaucouleurs*.

4° *Simon* fut en procès avec son père en 1294[17] et vivait encore en 1329[18]. Sa femme, *Jeanne Fitzlyon*, lui survécut jusqu'en 1346[19]. Il avait eu un fils, *Nicolas*, mort en 1324 et enterré dans le couvent des Dominicains de Trim[20].

---

[1] Cat. n° 620.
[2] Cat. n°° 610, 620, 638, 679.
[3] *Annals of Ireland*, II, 330.
[4] Cat. n°° 685, 692, 698, 704, 707.
[5] *Annales de Wigornia*, p. 560. — *Annals of Ireland*, II, 337.
[6] *Annals of Ireland*, II, 343.
[7] Cat. n° 552.
[8] *Calendarium inquisitionum post mortem*, I, 112, n° 132. — *Abbreviatio placitorum*, règne d'Édouard Ier, p. 276, col. 1.
[9] *Annals of Ireland*, II, 321.
[10] Archives nationales, J 407, n° 15.
[11] *Calendarium genealogicum*, I, 449, n° 132. — *Placita de quo warranto*, p. 678, col. 1, et p. 680, col. 2.
[12] *Calendarium genealogicum*, I, 449, n° 132.
[13] *Annales de Wigornia*, p. 560. — *Annals of Ireland*, II, 337. Mortimer est appelé Jean dans les *Annals of Ireland*, II, 329.
[14] *Calendarium genealogicum*, I, 449, n° 132.
[15] *Ibidem*.
[16] Du Cange, *Généalogie de la maison de Joinville*, p. 14, à la suite de l'*Histoire de S. Louys* de Joinville.
[17] Cat. n° 612.
[18] *Annals of Ireland*, II, 370.
[19] *Ibidem*, II, 390.
[20] *Ibidem*, II, 362.

5° *Nicolas*, nommé dans un acte de 1294 [1], passa dans le royaume de Naples, où l'avaient précédé depuis longtemps d'autres membres de la famille de Joinville. Il reçut du roi Charles II les seigneuries de Miglionico, de Grottole et de Pietra [2]. De là le titre de sire de *Milonique* qu'il prit souvent par la suite [3]. Ce fut sans doute pendant son séjour en Italie qu'il épousa *Jeanne de Lautrec*, fille de Sicard de Lautrec, vicomte de Paulin [4]. Il revint ensuite en France, où il porta le plus habituellement le nom de sire de *Morancourt*. Ce nom lui venait d'une terre qui avait appartenu à son père et qui lui fut attribuée en juillet 1315, lors du partage de la succession, en même temps que la Neuville-à-Mathons, Mussey, Magneux et Montigny-aux-Ormes [5]. Il vivait encore en 1322 [6], mais il était mort en 1336 [7]. On peut se demander s'il n'avait pas été dans les ordres avant d'aller chercher fortune en Italie, car on voit un Nicolas, fils de Geoffroy de Joinville, chanoine de Saint-Patrick et recteur de Trim de 1283 à 1295 [8]. Il peut se faire pourtant qu'il y ait eu deux fils du sire de Vaucouleurs qui aient porté le prénom de Nicolas, de même qu'il y en a eu certainement deux qui se sont appelés Pierre.

6° *Pierre* paraît en effet deux ans après la mort de son frère aîné, Pierre, mari de Jeanne de la Marche, dans un acte de 1294, où il est nommé à la suite de Simon et de Nicolas, avant Guillaume et avant sa sœur Jeanne [9].

7° *Guillaume*, qui figure dans la même pièce, était, en 1304, au nombre des chevaliers du bailliage de Troyes convoqués par Philippe le Bel [10]. En 1306, il se disait sire de *Beauregard* et neveu du sénéchal de Champagne [11]. Celui-ci parlait de lui comme déjà mort en février 1309 [12]. Guillaume n'avait pas dû laisser de postérité, car sa maison de Beauregard était passée à son frère, Nicolas de Morancourt, en 1322 [13].

8° *Jeanne*, comtesse de Salm, est mentionnée après ses frères dans l'acte de 1294 déjà cité plusieurs fois.

9° *Catherine* de Joinville était prieure d'Acornbury le 1ᵉʳ janvier 1315 [14].

On voit que deux seulement des fils du sire de Vaucouleurs, Pierre et Simon, restèrent fixés en Angleterre; mais le hasard permit que l'extinction rapide de leurs branches nous épargnât le regret de voir figurer le nom de Joinville parmi ceux des seigneurs anglais de race française qui, lors de la guerre de Cent ans, portèrent les armes contre

[1] Cat. n° 616.
[2] Cat. n° 663.
[3] Cat. n° 751.
[4] Cat. n°ˢ 781, 878, 899. — Voir aussi le P. Anselme, *Histoire généalogique de la maison de France*, VI, 697.
[5] Cat. n° 751.
[6] Cat. n° 792.
[7] Cat. n° 878.
[8] Cat. n°ˢ 550, 600, 609, 617.
[9] Cat. n° 616.
[10] Archives nationales. JJ. 35, fol. 50 r°.
[11] Cat. n° 706.
[12] Cat. n° 715.
[13] Cat. n° 792.
[14] Cat. n° 744.

eur pays d'origine. Leurs frères, au contraire, firent souche de bons Français et, dix ans avant la mort de Geoffroy, l'aîné de ses fils encore vivants, Gautier, qui suit,

> Li drois sire de Vaucouleur
> Qui n'iert vilain ni bobancier[1],

leur donnait bravement l'exemple en se faisant tuer sous la bannière du petit-fils de saint Louis.

II. — GAUTIER, qualifié fils aîné de Geoffroy en 1294[2], tint du vivant même de son père la seigneurie de Vaucouleurs, dont il était investi en 1298[3]. Il était alors marié à *Isabeau de Cirey*. Il fut un des ambassadeurs chargés par Philippe le Bel d'aller à Narbonne, en 1303, convenir, avec ceux du roi d'Aragon, d'une action commune contre Boniface VIII[4] et périt sans postérité en 1304, lors du coup de main tenté par l'armée française contre la Bassée[5].

III. — JEAN Ier hérita de son frère[6]. Il était l'aîné des fils survivants de Geoffroy lors du partage de la succession de celui-ci en 1315[7]. Comme son fils aîné porta aussi le nom de Jean, on ne sait si c'est encore de lui qu'il est question dans un acte par lequel Philippe le Long fit, en janvier 1319, don de 80 livrées de terre en augment de fief à Jean de Joinville, seigneur de Vaucouleurs[8]. Il eut deux fils et une fille :

    a. Jean II, seigneur de *Vaucouleurs*, qui suit.
    b. Érard, seigneur de *Doulevant*, tige des seigneurs de ce nom.
    c. Nicolas, mari de *Philippe Fourrée* et seigneur du fief de Thérouenne à Paris, en 1321[9].

IV. — JEAN II, seigneur de Vaucouleurs, succéda à son père à une époque certainement antérieure à 1331[10]; il céda au roi de France, Philippe VI, la ville et la châtellenie de Vaucouleurs en échange des seigneuries de *Méry-sur-Seine*, de Lachy, etc. Les actes concernant cet échange s'échelonnèrent de 1335[11] au 4 octobre 1337[12]. Pourtant Jean portait encore, le 15 novembre 1337, le titre de seigneur de Vaucouleurs[13]. Sa femme, *Marguerite de Plancy*, avec laquelle il était marié en 1331[14], lui donna :

    a. Anseau, seigneur de *Méry-sur-Seine*, qui suit.
    b. Amé, également seigneur de *Méry* après son frère.

---

(1) Guillaume Guiart, dans les *Historiens de France*, t. XXII, v. 17972.
(2) Cat. n° 616.
(3) Cat. n° 644.
(4) D. Vaissète, *Histoire de Languedoc*, IV, 108. Nouvelle édition, IX, 231.
(5) Guillaume Guiart, dans les *Historiens de France*, XXII, 276, col. 1. — *Anciennes chroniques de Flandres*, ibidem, p. 385".

(6) Cat. n° 739.
(7) Cat. n° 751.
(8) Cat. n° 772.
(9) Cat. n° 786.
(10) Cat. n° 857.
(11) Cat. n° 875.
(12) Cat. n°° 884, 886.
(13) Cat. n° 887.
(14) Cat. n° 857.

V. — Anseau, seigneur de Méry, est nommé sans aucun titre dans un acte de 1346[1] et mourut sans enfants après 1359[2].

VI. — Amé, seigneur de Méry, avait succédé à son frère Anseau avant 1363[3] et se disait seigneur de *Méry* et d'*Aunay-le-Châtel* en 1368 et 1369[4], de *Soudron* et d'*Étrelles* en 1371[5], enfin de *Méry* et de *Soudron* en 1375[6]. Vivant encore en 1377[7], il était mort en 1378[8]. On ignore le nom de sa femme, mais on connaît ceux de ses enfants, qui furent :

    a. Jean, seigneur de *Lachy*, mort sans doute avant son père[9].
    b. Marguerite, dame de *Méry*, qui suit.
    c. Isabelle, dame d'*Étrelles*, qui épousa : 1° *Jean de Sarrebrück*, seigneur de Commercy et de Venisy ; 2° *Charles de Châtillon*, grand maître des Eaux et forêts et grand queux de France[10].

VII. — Marguerite, dame de Méry, fit en 1378 hommage à Charles VI de la troisième partie de Lachy qui lui revenait après la mort de son père[11]. Elle épousa : 1° *Eudes*, seigneur de *Culan*, dont elle eut une fille appelée *Aénor*[12] ; 2° *Hugues d'Amboise*, seigneur de *Chaumont*, avec qui elle vivait en 1383[13].

§ 2. SEIGNEURS DE DOULEVANT.

I. — Érard, seigneur de Doulevant, fils de Jean Ier, seigneur de Vaucouleurs, paraît d'abord en 1322[14]. Bailli de Vitry en 1344[15], puis de Chaumont-en-Bassigny en 1352[16], il servait encore en 1353[17]. Sa femme s'appelait *Héluis*. Son fils était *Jean*, qui suit.

II. — Jean Ier, seigneur de Doulevant et de *Villiers-aux-Chênes*, est peut-être ce Jean de Joinville, cousin de Henri, comte de Vaudémont, qui avait été avec lui en Terre-Sainte, ainsi qu'il est dit dans un acte de 1355[18]. On le trouve encore en 1358 et 1359[19]. Il fut père de :

    a. Jean II, qui suit.
    b. Jeanne, dame de Doulevant après son frère.

---

[1] Cat. n° 914.
[2] P. Anselme, *Histoire généalogique de la maison de France*, VI, 698.
[3] Cat. n° 988.
[4] Cat. n°s 1000 et 1005.
[5] Cat. n° 1006.
[6] Cat. n° 1011.
[7] Cat. n° 1018.
[8] P. Anselme, *loco cit.*
[9] P. Anselme, *loco cit.*
[10] P. Anselme, *loco cit.*
[11] P. Anselme, *loco cit.*
[12] Cat. n° 1027.
[13] Cat. n°s 1027-1030.
[14] Cat. n° 797.
[15] Cat. n° 912.
[16] Cat. n° 936.
[17] Cat. n° 938.
[18] Cat. n° 946.
[19] Cat. n°s 949 et 956.

III. — Jean II, encore écuyer en 1364[1], était seigneur de Doulevant et de *Villiers-aux-Chênes* en 1390[2]. Il mourut sans enfants.

IV. — JEANNE, dame de Doulevant après son frère Jean II, avait épousé : 1° *Guillaume de Saux*[3] et 2° *Jacques de Hans*, à qui elle était mariée en 1395[4].

BRANCHE DE GEX.

§ I. SEIGNEURS DE GEX.

I. — SIMON, sire de *Marnay*, fils de Simon de Joinville, avait, ainsi qu'on l'a dit plus haut, épousé en janvier 1252 *Léonète*, héritière de la seigneurie de *Gex*. Il combattit dans les rangs anglais en Gascogne, en 1254[5], et se trouvait le 12 mai 1259 à Londres, où il souscrivit le testament d'Ébles de Genève[6]. Il paraît n'avoir fait qu'un court séjour au delà de la Manche, mais il continua de servir le roi d'Angleterre sur le continent, ainsi qu'on le vit encore en 1273[7]. Il mourut le 3 juin 1277[8]. De sa femme, qui lui survécut jusqu'au mois de novembre 1302[9], il avait eu :

    a. Pierre, seigneur de *Gex*, qui suit.
    b. Guillaume, seigneur de *Gex* après son frère.
    c. Un autre *Pierre*, tige des seigneurs de *Marnay*.
    d. Béatrix, mariée à *Gui*, fils d'Odon *Aleman*, avant le 4 février 1278[10].
    e. Agnès, mariée à N... avant le 4 février 1278[11].

II. — PIERRE, seigneur de Gex, marié à *Marguerite* avant le 4 février 1278[12], fit hommage au comte de Savoie en 1286[13] et mourut avant le mois de mars 1289[14], sans laisser de postérité.

III. — GUILLAUME hérita de son frère peu de temps après le 7 mars 1289[15]. Il épousa, le 5 février 1294, *Jeanne*, fille de Louis de Savoie, baron de Vaud[16], et vivait encore en 1310[17]. Ses enfants furent au nombre de quatre :

    a. Hugues, seigneur de *Gex*, qui suit.

---

[1] Cat. n° 991.
[2] Cat. n° 1042.
[3] P. Anselme, *Histoire généalogique de la maison de France*, VI, 697.
[4] Cat. n° 1051.
[5] Cat. n°ˢ 342 et 345.
[6] Cat. n° 387.
[7] Cat. n° 498.
[8] *Régeste génevois*.
[9] *Régeste génevois*.
[10] Cat. n°ˢ 523 et 526.
[11] Cat. n° 523.
[12] *Ibidem*.
[13] Cat. n° 562.
[14] Cat. n° 579.
[15] *Ibidem*.
[16] *Régeste génevois*.
[17] Cat. n° 726.

  b. Éléonore, qui épousa *Hugues de Genève*, seigneur d'Anthon et de Varey [1], seigneur de Gex après son beau-frère.
  c. Marguerite, mariée à *Guillaume*, seigneur de *Montbel* et d'*Entremonts* [2].
  d. N..., femme de *Humbert Aleman*, seigneur d'Aubonne et de Coppet [3].

IV. — Hugues, seigneur de Gex, conclut un accord avec sa mère le 6 juin 1338 [4], fit hommage à Philippe VI en 1340 [5], vivait encore en 1347 [6] et institua héritier de la seigneurie de Gex son beau-frère, Hugues de Genève, mari de sa sœur Éléonore [7].

§ 2. SEIGNEURS DE MARNAY ET DE DIVONNE.

I. — Pierre, seigneur de Marnay, 1294 [8]-1301 [9], troisième fils de Simon de Marnay et de Léonète de Gex, fut tuteur de son neveu Guillaume, seigneur de Gex [10]. Sa descendance ne nous est guère connue que par le P. Anselme, qui lui donne pour fils *Amé*, qui suit.

II. — Amé Ier, seigneur de Marnay et de Divonne, épousa *Aimée de Coligny* et fut père de *Béraud*.

III. — Béraud, seigneur de Divonne, eut pour femme *N. de Courtremblay* et pour fils *Amé II*.

IV. — Amé II, seigneur de Divonne, eut de *Catherine Bernier* :
  a. Louis, seigneur de Divonne, qui suit.
  b. Amblard, chanoine-comte de Lyon en 1410.
  c. N..., mariée à *Jacques de Gingins*, père de *Jean*, qui réunit les seigneuries de Gingins et de Divonne après la mort de Louis.

V. — Louis, seigneur de Divonne, bailli de Vaud en 1397, laissa sa seigneurie de Divonne à son neveu *Jean de Gingins*.

BRANCHE DE BRIQUENAY
D'OÙ SORTIRENT LES COMTES DE SANT-ANGELO ET LES SEIGNEURS DE VENAFRO AU ROYAUME DE NAPLES.

On a vu qu'un fils de ce Geoffroy de Vaucouleurs, qui fit en Angleterre une si grande fortune, était venu dans le royaume de Naples vers la fin du XIIIe siècle. Mais il est cer-

---

[1] P. Anselme, VI, 699.
[2] *Ibidem.*
[3] *Ibidem.*
[4] *Ibidem.*
[5] Cat. n° 902.
[6] Cat. n° 918.
[7] P. Anselme, VI, 699.
[8] Cat. n° 607.
[9] Cat. n° 670.
[10] P. Anselme, VI, 699.

tain qu'avant son apparition, depuis 1270 tout au moins, on trouve des membres de la famille de Joinville occupant déjà de hautes situations dans l'entourage de Charles d'Anjou. Malheureusement de nombreuses difficultés et, tout d'abord, des similitudes de prénoms avaient rendu jusqu'à présent impossible la détermination de leur identité.

De Lellis[1] a donné des Joinville de Naples une généalogie où les inexactitudes et même les contradictions abondent. C'est ainsi qu'il leur donne pour tige un *Jean* qui serait mort en 1269, après avoir été grand connétable de Sicile. Or il est certain qu'à cette époque — les travaux de Minieri Riccio[2] et de M. Paul Durrieu[3] ne permettent pas d'en douter — le grand connétable fut Britaud de Nangis, qui mourut en 1278 et ne fut pas remplacé avant 1289. De Lellis n'avait rien dit de l'origine de ce Jean, mais des auteurs français, tels que dom Pierre de Sainte-Catherine, avaient cru pouvoir l'identifier avec un des fils de l'historien de saint Louis. Or nous savons que Jean, sire de Reynel, aurait été tout enfant en 1269 et que Jean, sire d'Ancerville, n'aurait pas eu plus de vingt et un ans. Ni l'un ni l'autre ne paraissent d'ailleurs avoir séjourné en Italie.

Mais nous avons pu reconnaître qu'un autre fils de l'ami de saint Louis alla chercher fortune au royaume de Naples; ce n'est ni le sire d'Ancerville ni le sire de Reynel; c'est l'aîné de tous, Geoffroy, sire de Briquenay. Un acte de Charles II, daté du 11 décembre 1290, transcrit dans un des *Registri Angioini* de Naples, ne laisse aucun doute à cet égard. Le roi y déclare, en effet, remettre à Geoffroy de Joinville et à ses frères, fils et héritiers de feu Geoffroy de Joinville, son familier, 500 livres tournois dues pour le rachat de la terre de Saint-Vinnemer, près de Lézinnes, au comté de Tonnerre, jadis fait par leur père du vivant de Charles Ier. Cette remise est faite à la condition que les bénéficiers payeront une dette contractée par le roi défunt envers Pierre Hose de la Forêt[4]. Que le familier de Charles II dont il est ici question soit Geoffroy, sire de Briquenay, la chose est certaine, puisqu'il s'agit d'une terre voisine de Lézinnes et que Geoffroy avait épousé Mabille de Nanteuil, sœur de Pierre de Lézinnes. On devra donc reconnaître dorénavant le sire de Briquenay dans ce Geoffroy de Joinville, conseiller du roi, chevalier terrier de l'hôtel dont le nom figure dans les *Registri Angioini* en 1283 et 1284[5]. En ce cas, il aurait retrouvé dans le royaume de Naples d'autres Joinville d'origine inconnue : un *Pierre*, vice-roi de Capitanate en 1270[6], un *Guillaume*, chevalier de l'hôtel, maître des Pas des Abruzzes en 1279 et en 1282; un *Jean*, conseiller du roi, chevalier terrier de l'hôtel en 1283 et 1284[7]. On ne peut pas admettre, en effet, que ceux-ci puissent être identifiés avec les fils de Geoffroy qui ont porté les mêmes prénoms, car, ainsi qu'on le verra tout à l'heure, le sire de Briquenay n'aurait jamais pu avoir des fils en âge de

---

[1] Carlo de Lellis, *Discorsi delle famiglie nobili... di Napoli*, I, 43.

[2] *Cenni storici intorno i grandi uffizii del regno di Sicilia*, Napoli, 1872, p. 6 à 8.

[3] P. Durrieu, *Les archives angevines de Naples*, II, 190.

[4] Cat. n° 586.

[5] P. Durrieu, *Les archives angevines de Naples*, II, 334.

[6] De Lellis fait de ce Pierre, ainsi que de Guillaume, qui suit, des fils du prétendu Jean, connétable de Sicile en 1269, et par conséquent des frères de Geoffroy Ier.

[7] Durrieu, II, 334.

remplir de hautes fonctions dès cette époque. La même raison s'oppose à ce qu'on les confonde avec un autre Pierre et un autre Guillaume issus de la branche de Gex[1]; le premier n'aurait pas eu plus de dix-sept ans au moment où il aurait été vice-roi de Capitanate. A cela près, la présence de ceux-ci dans l'Italie méridionale n'aurait rien eu d'étonnant, car la venue de Nicolas de Morancourt, que nous avons eu l'occasion de citer dans le précis de la branche de Vaucouleurs[2], prouve que la cour des rois angevins de Sicile a exercé son attraction sur plus d'une branche de la maison de Joinville.

Des documents certains permettent d'établir les quatre premières générations de la liste suivante. Pour la compléter, nous avons eu recours à de Lellis, qui paraît mieux renseigné sur la succession des Joinville de Naples qu'il ne l'est sur leurs origines.

I. — *Geoffroy I*, né du mariage de Jean de Joinville avec Alix de Grandpré à une date qui ne peut être postérieure à 1247[3], est nommé pour la première fois dans une vente faite par son père à l'abbaye d'Écurey en 1266[4]. Il se qualifiait «anneiz fils» du sire de Joinville en janvier 1270 dans un acte où il porte le titre de *sire de Briquenay*[5] et, bien qu'il fût alors âgé de plus de vingt-trois ans, il n'avait pas encore de sceau. En 1272, il fut appelé par Philippe le Hardi à marcher contre le comte de Foix[6] et un an plus tard, en juin 1273, il était marié à *Mabille de Villehardouin*, sœur de Pierre de Lézinnes et veuve d'Érard de Nanteuil[7]. Il se disait, en 1275, seigneur de *Nanteuil*, sans doute comme baillistre de son beau-fils Érard[8], et figure, en même temps que sa femme, dans des actes de 1280[9] et de 1282[10]. Ce n'est qu'après cette date qu'il dut passer en Italie où on le trouve en qualité de familier et conseiller de Charles I*, chevalier terrier de son hôtel, en 1283 et 1284[11]. Avant son départ, il avait reçu de son père 200 livrées de terre sur la maison de Sommermont[12]. Il vécut encore après 1285, puisque Charles II le nomme comme l'un de ses familiers[13], mais il était mort avant le mois de décembre 1290[14], laissant trois fils :

    a. Geoffroy II, qui suit.

    b. **Jean** dit *Trouillard*[15], seigneur de *Venafro*, ne paraît pas tenir son surnom, ainsi qu'on pourrait le croire, de son arrière-grand-oncle Geoffroy V de Joinville, mais de la famille de sa mère, Mabille de Villehardouin, dont

---

[1] Voir plus haut, p. 230.
[2] Voir plus haut, p. 227.
[3] Voir plus haut, p. 176, note 1.
[4] Cat. n° 446.
[5] Cat. n° 477.
[6] *Historiens de France*, XX, 541ᴰ.
[7] Cat. n° 501.
[8] Cat. n° 509.
[9] Cat. n° 536.
[10] Duchesne, *Histoire de la maison de Châtillon*, p. 620.
[11] Durrieu, II, 334.
[12] Cat. n° 688 *bis*.
[13] Cat. n° 586.
[14] *Ibidem*.
[15] Il est appelé «Jehans Troillarz de Joinville, mareschaux du réaume de Secile», dans un acte du 8 septembre 1307. (Cat. n° 709.) Au dos d'un autre acte de 1304, où le même maréchal de Sicile figure sans aucun surnom (cat. n° 688 *bis*), on lit cette mention probablement relative aux droits de chancellerie à percevoir : «Mouseigneur Jehan Troillart. X. s.»

plusieurs neveux appartenant à la branche de Lézinnes ont été aussi surnommés Trouillard[1]. Ambassadeur à Venise auprès du doge Jean Dandolo, il reçut de Charles II, en 1288, la seigneurie de *Venafro*. Il tenait le bail de son neveu Philippe, fils de Geoffroy, en 1298, fut seigneur de *Rinello* en Basilicate, devint maréchal de Sicile en 1303 et passa la même année en France. Il paraît s'être occupé, pendant ce séjour, de régler tout ce qui concernait ses domaines français. Le 9 juin 1304, on le vit, avec son frère Guillaume et les héritiers de son frère aîné, Geoffroy, recevoir de son grand-père, le sénéchal de Champagne, l'abandon définitif de 200 livrées de terres données à leur père lors de son départ pour la Pouille[2]. Il se trouvait encore en France le 8 septembre 1307 lorsqu'il fit, avec son frère Guillaume et son neveu Philippe encore mineur, un partage de tout ce qui provenait de l'héritage de leur mère, de leur frère utérin Érard de Nanteuil, de leur oncle d'Ancerville, et même de ce qui devait leur revenir dans l'héritage de leur aïeul, le vieux sire de Joinville; pour sa part, Jean eut ainsi le château de Villehardouin et la ville de Coëmy[3]. De retour avant la fin de l'année, il fut gratifié des terres de Vico, d'Arce et d'Ischitella dans la province de Labour, et parvint à la dignité de connétable du royaume en 1308. Il avait épousé: 1° *Belladonna Ruffo* dont il eut deux fils: *Geoffroy*, seigneur de Venafro, Vico et Ischitella en 1315, mort le 29 septembre 1327, et *Nicolas*, comte de *Terranova*, vice-roi d'Otrante en 1304, de Labour en 1315, vicaire à Rome en 1317, marié à Marguerite de Loria. — 2° *Isabelle Filangieri*, qui le rendit père d'*Ilaria*, mariée à Loffredo Filomarino, vice-roi de Capitanate.

c. *Guillaume*, sire de *Briquenay*, figure sans aucun titre dans l'acte du 9 juin 1304[4]. Briquenay et Andevanne semblent ne lui avoir été attribués que par le partage du 8 septembre 1307[5]. Il vivait encore en septembre 1312[6] et paraît avoir été le père d'*Alix*, dame de *Venisy* et de *Briquenay*, qui était mariée en 1341 à Jean II de Sarrebrück, seigneur de *Commercy*. Devenue veuve en 1344, elle fit, le 15 janvier 1349, un accord avec les Hospitaliers de Coulours[7] et vivait encore en 1356[8].

II. — GEOFFROY II, appelé *Goffreduccio* pour le distinguer de son père, étant hors du royaume au moment de la mort de son père, ses biens de Calvi et de Mondragone

---

[1] Du Cange, dans l'*Histoire de l'empire de Constantinople sous les empereurs français*, p. 234 et 240.
[2] Cat. n° 688 bis.
[3] Cat. n° 709.
[4] Cat. n° 688 bis.
[5] Cat. n° 709.
[6] Cat. n° 734.
[7] Cat. n°s 924, 928, 929.
[8] C.-E. Dumont, *Histoire de la ville et des seigneurs de Commercy*, tome I, p. 118 et 122.

furent donnés à Guillaume d'Aunay par le régent Robert d'Artois. L'acte qui nous a révélé l'origine des Joinville de Naples prouve, en effet, qu'il était en France en 1290 [1]. Rentré à Naples, il fut reconnu, en 1291-1292, légitime possesseur des terres confisquées, mais il les abandonna à Guillaume d'Aunay, à la prière du roi Charles II, qui lui donna en échange Alife, Lettere, Gragnano, Santa-Agata di Puglia, Zuncoli et Sant-Angelo de Lombardi. Devenu chevalier, il reçut encore Oira en 1294. Il fut blessé mortellement en défendant le pont de Brindisi contre Roger de Loria en 1297 [2]. Il avait épousé *Philippe de Beaumont*, de qui il eut :

 a. Philippe, comte de *Sant-Angelo*, qui suit.
 b. Érarde, qui vivait encore en 1320 [3], mariée à Philippe Siginolfo.

III. — PHILIPPE, qui se trouvait sous la tutelle de son oncle, Jean Trouillard, en 1298, était encore mineur en 1307 [4], bien qu'il eût acheté Cassano en 1305. Il prit le titre de *comte de Sant-Angelo*, qu'il portait en 1312, et fut vice-roi de Labour en 1315. Sa femme, *Ilaria de Sus* [5], avait été déjà mariée deux fois et épousa encore deux autres maris après lui. Elle ne lui donna qu'un fils :

 Nicolas, qui suit.

IV. — NICOLAS, comte de *Sant-Angelo*, sous la tutelle de sa mère en 1320 [6], justicier et capitaine général de la terre de Labour en 1323, justicier en 1324, périt assassiné le 29 juin 1335. De *Jeanne des Baux*, il eut :

 a. Jean-Nicolas, qui suit.
 b. Amelio, qui fut maréchal en 1377.
 c. Louis, justicier et vice-roi de Calabre en 1375, acheta la terre de *Maralfi* en 1384. Il avait épousé *Ursuline-Julie*, comtesse de *Satriano*.
 d. Philippe était dans le parti hostile à Charles III en 1381. Sa femme était *Agnès de Pietramala*.

V. — JEAN-NICOLAS, comte de *Sant-Angelo*, vice-roi des Abruzzes ultérieures et de Capitanate en 1360, se retira au couvent de Saint-Augustin de Naples. Il avait été marié à *Rebecca Marramaldo* et laissa cinq enfants :

 a. Amelio, qui suit.
 b. Elzéar, abbé de Santa-Maria de Gualdo en 1404.
 c. Jeanne, qui épousa Louis de Sabran, comte d'*Ariano*.
 d. Françoise, mariée à Geoffroy de Marzano, comte d'*Alife*.
 e. Ilaria, femme de Jean Filangieri, seigneur de *Lupigio*.

---

[1] Cat. n° 584.
[2] De Lellis se trompe en attribuant la défense du pont de Brindisi, non à Goffreduccio, mais à son neveu Geoffroy, seigneur de Venafro, fils de Jean Trouillard, qui ne mourut que le 29 septembre 1327.
[3] Cat. n° 782.
[4] Cat. n° 709.
[5] Cat. n° 782.
[6] Ibidem.

VI. — AMELIO, comte de *Sant-Angelo*, ayant pris le parti de Louis d'Anjou, fut déclaré rebelle. Ses biens furent confisqués; plusieurs furent donnés, en 1383, à Nicolas di Sangro et le comté de Sant-Angelo fut vendu par le roi Ladislas à Jean Zurlo. Amelio paraît avoir été le père de :

    a. Jean-Nicolas.

    b. Ilaria, dame de Nusco, Ponte et San-Giorgio.

BRANCHE DE BEAUPRÉ.

§ 1. SEIGNEURS DE BEAUPRÉ.

GAUTIER, fils de Jean de Joinville et d'Alix de Reynel, fut le premier seigneur de Beaupré de la maison de Joinville. Mort sans enfants entre 1306 et 1308[1], il eut pour successeur son frère *André*, seigneur de *Bonney*, qui fut la véritable tige de la branche de Beaupré.

I. — ANDRÉ, seigneur de *Bonney* par son mariage avec *Isabelle*, dame de ce lieu[2], armé chevalier entre le 9 juin 1304[3] et le 7 janvier 1306[4], était seigneur de *Beaupré* en 1308[5] et vivait encore en 1335[6]. Il fut père de :

    a. Simon, seigneur de Beaupré, qui suit.

    b. Anseau, tige des seigneurs de Bonney.

II. — SIMON, seigneur de *Beaupré* en 1361[7], avait épousé *Cunégonde de Beauffremont*[8]. Il vivait encore, quoique fort âgé, en 1386[9], et laissa un fils, qui suit.

III. — AUBERT, seigneur de Beaupré, 1388-1415, eut, d'*Agathe de Grand*, deux filles :

    a. Mahaut, dame de *Beaupré*, qui suit.

    b. Jeanne, femme de Gérard IV, seigneur de *Pulligny*.

IV. — MAHAUT, dame de *Beaupré*, mariée en 1440 à Charles de Haraucourt.

---

[1] Voir plus haut, p. 177.
[2] P. Anselme, VI, 699.
[3] Cat. n° 688 *bis*.
[4] Cat. n° 696.
[5] Cat. n° 711.
[6] Cat. n° 874.
[7] Cat. n° 968.
[8] Ce renseignement, ainsi que la plupart de ceux qui vont suivre, est emprunté à la liste établie par M. l'abbé Eugène Martin, à l'aide de documents communiqués par le prince de Beauffremont-Courtenay, duc d'Atrisco. (*Pulligny*, dans les *Mémoires de la Société d'archéologie lorraine*, XLIII, 14 et 15.)
[9] Cat. n° 1035.

DE LA MAISON DE JOINVILLE.

§ 2. SEIGNEURS DE BONNEY ET DE BRULEY.

I. — ANSEAU, seigneur de Bonney, qualifié cousin de Henri de Joinville, comte de Vaudémont, en 1361[1], épousa *Agnès de Pulligny*, avec laquelle il vivait en 1378, et fut père de :

- a. *André*, seigneur de *Bonney*, qui vivait en 1420 et devint seigneur de *Bruley* par son mariage avec *Jeanne*, dame de ce lieu, de Bourlémont et de Greux. Son fils *Pierre*, seigneur de Bruley, n'eut qu'une fille, *Jeanne*, dame de Bruley.
- b. *Perrin*, seigneur de Pulligny en partie, qui se maria avec *Marguerite de Ligniville*.
- c. *Agnès*, qui épousa : 1° *Guillaume de Ligniville*; 2° *Claude d'Essey*.
- d. *Jeanne*, femme : 1° de *Henri d'Ogéviller* et 2° de *Jean IV*, comte de Salm.

MEMBRES DE LA MAISON DE JOINVILLE
QUE L'ON NE PEUT RATTACHER À AUCUNE BRANCHE CONNUE.

Il a été question plus haut[2] d'un *Pierre*, d'un *Guillaume* et d'un *Jean* de Joinville qui étaient établis dans le royaume de Naples avant l'arrivée de Geoffroy de Briquenay. L'origine de ces trois seigneurs est inconnue, et l'on peut se demander s'ils appartiennent bien réellement à la famille des sénéchaux de Champagne.

Cependant l'un d'eux, Jean, chevalier terrier de l'hôtel en 1283 et 1284, pourrait être le même qu'un certain *Jean de Joinville, seigneur de Mailly*, qui se trouvait encore en Champagne en 1269 et en 1270[3]. Les armoiries que porte le sceau encore suspendu aux deux pièces où il figure prouvent que le seigneur de Mailly, dont l'origine reste également inconnue, est certainement un Joinville. Il avait épousé *Renarde*, fille de Renard, seigneur du Bois et de Ponthion, veuve en premières noces de Miles de Sorcy, seigneur de Gizaucourt[4].

---

[1] Cat. n° 968.
[2] Voir p. 232.
[3] Cat. n°ˢ 474 bis et 479 bis.
[4] A. de Barthélemy, *Le comté d'Astenois et les comtes de Dampierre-le-Château*, p. 39.

```
                    5ᵉ sire de Joinville,                           ... de              abbesse d'Avenay
                    épousa N.,                               Henri de Grandpré.         (peut-être
                    veuve                                                               fille de Geoffroy III).
                    de Simon de Broyes.

GEOFFROY IV, LE JEUNE OU VALEY,        GERTRUDE,
6ᵉ sire de Joinville,                  comtesse de Vaudémont.
épousa Hélvis de Dampierre.

ROBERT,      GUILLAUME,         SIMON,              GUI,              ANDRÉ, templier.    FÉLICITÉ,         YOLAND,
sire de Sailly.  archevêque de Reims.  2ᵉ sire de Sailly,   3ᵉ sire de Sailly                       épousa              épousa Raoul,
                                puis 8ᵉ sire de Joinville,  (tige de la branche                    Pierre de Bourlémont.  comte de Soissons.
                                épousa :                    de Sailly).
                                1° Ermengard
                                de Montclair ;
                                2° Béatrix d'Auxonne.

(1) BÉATRIX,    (2) JEAN,         (2) GEOFFROY,      (2) SIMON,         (2) GUILLAUME,    (2) MARIE,         (2) HÉLVIS,
épousa Guermond,  9ᵉ sire de Joinville,  sire de Vaucouleurs  sire de Marnay et de Gex  doyen de Besançon.  dite Simonette.    vicomtesse de Vesoul.
vidame de Châlons.  épousa :            (tige de la branche  (tige de la branche                            épousa :
                1° Alix de Grandpré ;   de Vaucouleurs).    de Gex).                                        Jean de Teil-Châtel.
                2° Alix de Reynel.

(1) JEAN,        (2) MARGUERITE,    (2) JEAN,          (2) ANSEAU,         (2) GAUTIER,      (2) ANDRÉ,        (2) ALIX,
épousa :         épousa             sire de Reynel.    10ᵉ sire de Joinville,  1ᵉʳ sire de Beaupré.  sire de Bonney,   épousa :
sire de Quiévrain,  Jean de Charny.                    épousa :                                  puis              1° Jean d'Arcis
d'Ancerville ;                                         1° Laure                                  2ᵉ sire de Beaupré  et de Chacenay ;
Marguerite                                             de Sarrebrück ;                           (tige de           2° Jean de Lancastre,
Vaudémont.                                             2° Marguerite                             la branche de Beaupré),  sire de Beaufort.
                                                       de Vaudémont.                             épousa
                                                                                                 Isabelle de Bonney.

             JEANNE,             HENRI,              ISABELLE,           MARGUERITE,         N.,
             épousa :             11ᵉ sire de Joinville,  épousa              épousa              mariée
             1° Aubert de Hangest,  comte de Vaudémont,   Jean de Vergy,       1° Eudes de Culant ;  dans la maison
             sire de Genlis ;     épousa               sire de Mirebeau.    2° Hugues d'Amboise,  de Fénétrange.
             2° Jean de Noyers,    Marie de Luxembourg.                      sire de Saint-Vrain
             comte de Joigny.                                                et de Chaumont.

ANSEAU.      HENRI.         MARGUERITE,        ALIX,              JEAN,
                            dame de Joinville,  épousa Thiébaut,    bâtard de Vaudémont.
                            comtesse de Vaudémont,  sire de Neufchâtel.
                            épousa :
```

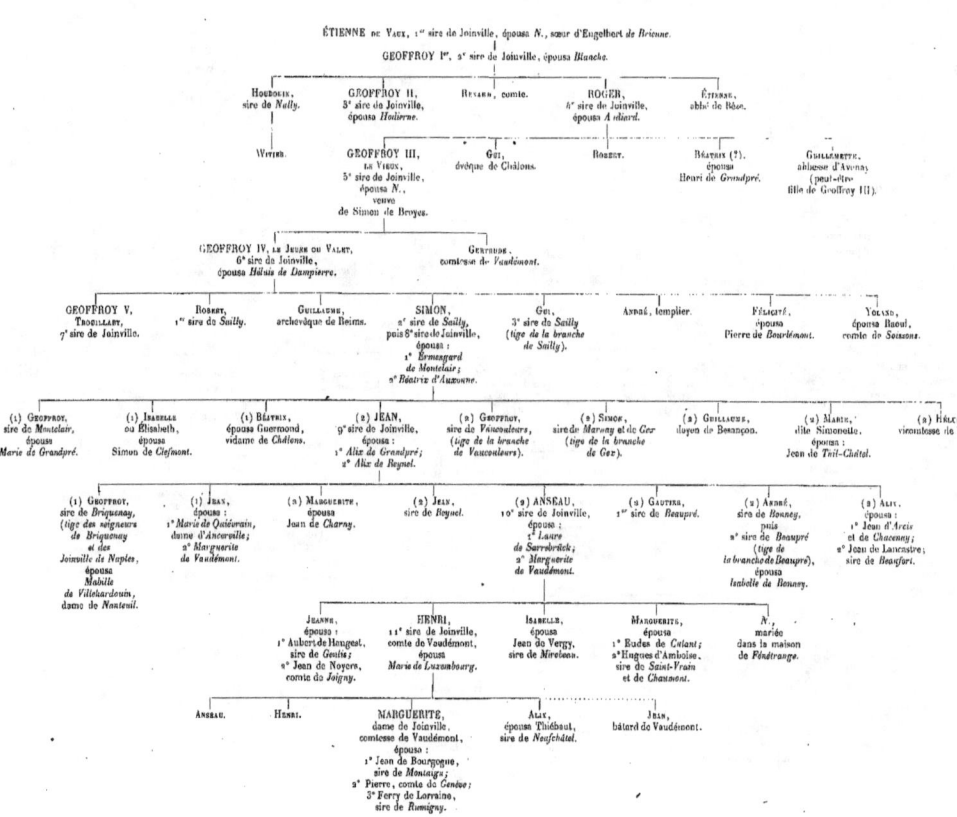

II

TABLEAU GÉNÉALOGIQUE DES SIRES DE JOINVILLE

DEUXIÈME PARTIE

CATALOGUE

DES

ACTES DES SEIGNEURS DE JOINVILLE

LISTE DES ABRÉVIATIONS.

Les abréviations usitées dans ce catalogue sont d'abord celles que M. d'Arbois de Jubainville a employées dans son *Catalogue des actes des comtes de Champagne* pour désigner les grands cartulaires de Champagne[1], abréviations que nous allons rappeler ici :

A = Bibliothèque nationale, latin 5993.
B = Bibliothèque nationale, latin 5992.
C = Copie de B conservée à la bibliothèque de Troyes.
D = Archives nationales, KK 1064.
E = Bibliothèque nationale, latin 5993^A.
F_1, F_2, F_3. = Copies du *Liber principum* conservées à la Bibliothèque nationale, *Cinq-Cents de Colbert*, vol. 56, 57 et 58.

Les abréviations que nous avons ajoutées sont les suivantes :

K_1, K_2, K_3. = Inventaires des archives du château de Joinville conservés aux Archives nationales sous les cotes KK 906, 907 et 908.
V = Bibliothèque nationale, *Trésor généalogique de dom Villevieille*, vol. 49.
Recueil de Du Fourny. = Cette formule renvoie au grand inventaire manuscrit des archives des duchés de Lorraine et de Bar dressé en 1697, sur l'ordre de Pontchartrain, par Honoré Caille, seigneur du Fourny, auditeur des Comptes. La copie que nous avons employée se compose de treize volumes in-folio conservés aux Archives nationales sous la cote KK 1116-1128.

Les abréviations désignant des imprimés ne sont pas plus nombreuses :

D'A. de J. = *Catalogue des actes des comtes de Champagne*, inséré dans les tomes III (nos 1 à 445), V (nos 446 à 3301) et VI (nos 3302 à 3872) de l'*Histoire des ducs et des comtes de Champagne* de M. d'Arbois de Jubainville.
Champollion. = *Documents inédits relatifs à Jean, sire de Joinville, historien de saint Louis*, publiés par M. Champollion-Figeac dans le tome I des *Documents tirés de la Bibliothèque royale* (p. 615-645).
Didot. = *Études sur la vie et les travaux de Jean, sire de Joinville*, publiées par M. Firmin-Didot en 1870.
Sim. = *Essai sur l'histoire et la généalogie des sires de Joinville*, par J. Simonnet.

On trouvera, d'ailleurs, sur tous ces ouvrages, des renseignements bibliographiques complets dans la liste placée à la suite de la préface.

Toutes les dates ont été ramenées au nouveau style.

---

[1] M. d'Arbois de Jubainville a expliqué ces abréviations et donné des détails sur les recueils qu'elles désignent, dans son *Histoire des ducs et des comtes de Champagne*, V, 5.

CATALOGUE

DES

ACTES DES SEIGNEURS DE JOINVILLE.

1

1019-1026.

Hermann, évêque de Toul, réprimande le doyen Gautier qui, sur l'ordre de son archidiacre, avait refusé la licence d'officier au desservant d'Augéville nommé par les religieux de S. Blin; le somme, sous peine d'interdit, d'accorder cette licence et le charge de deux lettres, l'une pour B., abbé de S. Urbain, l'autre pour Étienne *de Novo Castello*.

Éd. Pérard, p. 174. – *Hist. de Fr.*, X, 494 D. — Mention. Sim., p. 9 et 307.

2

1019-1026.

Hermann, évêque de Toul, ayant appris qu'Étienne, *Novi Castelli dominus*, avait envahi la grange des religieux de S. Blin, à Augéville, et en avait chassé les ouvriers après les avoir maltraités, le menace d'excommunication si de pareils excès se renouvellent.

Éd. Pérard, p. 175. – *Hist. de Fr.*, X, 495 C. — Mention. Sim., p. 8 et 307.

3

Avant le 15 mai 1027.

Dudon, abbé de Montiérender, rappelle qu'Engelbert de Brienne, ayant une sœur vierge, l'a fait épouser à Étienne de Joinville à qui il a donné ce qu'il avait de l'avouerie du Blaisois. Afin que cette région soit mieux gardée, Dudon assure à Étienne une rente annuelle de quarante béliers, quarante porcs, six repas et des corvées pour le transport des bois nécessaires à l'entretien des fortifications du château de Joinville.

<small>1ᵉʳ cart. de Montiérender, f° 35 v°. — Éd. Mabillon, *Ann. Bened.*, IV, 712. – Didot, pièce A. – Sim., p. 15. – Lalore, *Coll. des principaux cart. du dioc. de Troyes*, IV, 152. — Mention. V, f° 86 r°. – D'A. de J., *Cat. des actes des comtes de Brienne*, n° 5. – Sim., p. 307.</small>

4

15 mai 1027.

Le roi de France, Robert, les évêques et les barons réunis à Reims pour le sacre de son fils Henri enjoignent à Étienne de J. de restituer à l'abbaye de Montiérender les églises de Ragecourt-sur-Blaise, Fays, Trémilly, Ville-sur-Terre, S. Christophe et Lassicourt, dont il s'était emparé.

<small>1ᵉʳ cart. de Montiérender, f° 34 r°. — Éd. Mabillon, *Ann. Bened.*, IV, 332. – *Hist. de Fr.*, X, 613. – Bouillevaux, *Les moines du Der*, p. 325. – Didot, pièce B. – Lalore, *Coll. des principaux cart. du dioc. de Troyes*, IV, 145. — Mention. V, f° 86 r°. – Bréquigny, I, 557. – Sim., p. 307. – Pfister, *Études sur le règne de Robert le Pieux*, p. lxxxij.</small>

5

1027-1035.

Etienne [de Joinville], à la requête de Dudon, abbé de Montiérender, renonce à ses prétentions sur les villages de Ragecourt-sur-Blaise et de Vaux-sur-Blaise.

<small>1ᵉʳ cart. de Montiérender, f° 37 r°. — Copie de 1786. Bibl. nat. Coll. Moreau, vol. 20, p. 215. — Éd. Didot, pièce C. – Sim., p. 17.</small>

6

Vers mai 1050.

Léon IX, pape, somme Geoffroy [de Joinville], sous peine d'excommunication, de réparer ses torts envers Montiérender, ainsi qu'il s'y était engagé.

<small>1ᵉʳ cart. de Montiérender, f° 53 r°.</small>

7

1050-1080.

Brunon, abbé de Montiérender, déclare que Geoffroy *de Novo Castello*, ayant demandé qu'on lui donnât quelques-unes des églises que son père avait enlevées à l'abbaye, et ayant rendu tout d'abord celle de Dommartin, les religieux lui ont accordé, pour sa vie et celle de deux de ses héritiers après lui, les églises de Trémilly, de Ragecourt, de Fays et de Gourzon.

<small>1ᵉʳ cart. de Montiérender, f° 57 r°. — COPIE. Bibl. nat. Coll. Moreau, vol. 24, p. 249. — ÉD. Sim., p. 23. - Lalore, *Coll. des princ. cart. du dioc. de Troyes*, IV, 171, n° 44, sous la date «au plus tard 1060-1061».</small>

8
1ᵉʳ août 1057.

Geoffroy de J. et Houdouin, son parent, sont témoins d'une constitution de précaire faite par l'abbaye de Montiérender à un chevalier nommé Bérouard.

<small>1ᵉʳ cart. de Montiérender, f° 78 r°. — MENTION. V, f° 86 r°.</small>

9
Thonnance-lès-Joinville, 1066-1080.

Geoffroy [de J.], chevalier, par la main de Roger, évêque de Châlons, donne à Brunon, abbé, et au couvent de Montiérender l'église N. D. de Vassy qu'il tenait auparavant de l'évêque de Châlons.

<small>1ᵉʳ cart. de Montiérender, f° 73 r°. — ÉD. Sim., p. 22.</small>

10
1070-1080.

Geoffroy-le-Vieux (*Senex*), sire de J., du consentement de Geoffroy, son fils, et de Hodierne, sa bru, fait à l'église de Vaucouleurs diverses donations, entre autres celles de la chapelle du château et de la cure de Chalaines.

<small>Arch. de la Côte-d'Or, H 251. — COPIE. Duchesne, vol. 20, p. 338. — EXTRAIT. Sim., p. 36. — MENTION. Mabillon, *Ann. Bened.*, V, 479. - Rappelé dans une notice des premières donations faites au prieuré de Vaucouleurs, insérée au cart. de Molesme, p. 142, et éditée par Sim., p. 35.</small>

11
Vers 1088.

Dudon, abbé de Montiérender, déclare qu'il avait cité Geoffroy, sire de J., avoué du Blaisois, à comparaître à Meaux, devant le comte de Champagne, mais que celui-ci, retenu par la captivité de son fils Étienne, n'ayant pu se rendre dans cette ville, Geoffroy a fait avec l'abbaye un accord par lequel il s'engage à tenir son avouerie aux mêmes conditions que son aïeul Étienne.

<small>1er cart. de Montiérender, f° 92 r°. — ÉD. Mabillon, *Ann. Bened.*, V, 642. - Sim., p. 33. - Lalore, *Coll. des princ. cart. du dioc. de Troyes*, IV, 188, n° 58.</small>

12

Vers 1090.

Geoffroy de J. ajoute aux dons que son père avait déjà faits à l'église de Vaucouleurs la sixième partie de l'église de Tusey, le quart de celle de Chalaines et divers autres biens.

<small>1er cart. de Molesme, p. 51. - Rappelé dans une notice des premières donations faites au prieuré de Vaucouleurs, insérée au même cartulaire et éditée par Sim., p. 35. — EXTRAIT. D'A. de J., I, 507.</small>

13

1094-1100.

Geoffroy de J. est témoin d'une donation faite à Molesme pour le salut de l'âme du comte Thibaut de Champagne et de celle de son fils Eudes.

<small>1er cart. de Molesme, p. 41. — ÉD. D'A. de J., I, 508.</small>

14

Bar-sur-Aube, 1101.

Roger de J. est témoin de l'acte par lequel Hugues, comte de Troyes et de Bar, confirme et complète les donations faites à l'église de S. Oyen de Joux par la comtesse Adèle et le feu comte Simon.

<small>ÉD. Chifflet, *S. Bernardi genus illustre*, p. 587. — MENTION. Du Cange, p. 7. - Sim., p. 40.</small>

15

Toul, 29 mai 1103.

Pibon, évêque de Toul, récapitule les donations faites à S. Mansuy, entre autres celle qu'Arnoul, chanoine de Verdun, et Blanche [dame de J.]

ont faite de ce qu'ils avaient à Houdelaincourt, du consentement de leurs héritiers, Étienne, clerc, le comte Renard et Roger [de Joinville], son jeune frère.

<small>Bibl. nat. Coll. Duchesne, vol. 20, f° 351 r°.</small>

16
Châtillon, 1108.

Roger de J. est témoin de l'acte par lequel le comte Hugues de Champagne, sur le point de partir pour la Terre-Sainte, fait don à Molesme de tous les hommes de Rumilly qui vivent en dehors de cette terre sur les domaines du comte, et de la confirmation de tous les dons de son oncle faite par le comte Thibaut.

<small>Éd. D'Achery, *Spicilegium*, I, 632. – Chifflet, *S. Bernardi genus illustre*, p. 507. — Mention. Du Cange, p. 7, d'après d'Achery. – *Art. de vérif. les dates*, II, 595. – V, f° 86 r°.</small>

17
1110-1126.

Riquin, évêque de Toul, à la requête de Gui, abbé de Molesme, confirme plusieurs donations faites à l'abbaye pour le prieuré de Vaucouleurs par feu Geoffroy de J. et sa femme Hodierne.

<small>Bibl. nat. Coll. Duchesne, vol. 20, f° 338 r°. — Mention. Du Cange, p. 7.</small>

18
1113.

Roger de J. souscrit, comme témoin, l'acte par lequel Miles de Montbard, en quittant le monde pour se faire moine, donne sa ville et son alleu de Pouilly à l'abbaye de Molesme.

<small>Mention. V, f° 66 v°, d'après les arch. de Molesme.</small>

19
1114.

Roger, abbé de Montiérender, déclare qu'Érard, comte de Brienne, avant son départ pour la Terre-Sainte, et après qu'une bulle papale eût interdit aux laïques la possession des églises, rendit à Montiérender celle

. de S. Remy de Ceffonds, par l'entremise de Philippe, évêque de Troyes. Roger de J., qui tenait du comte ladite église, approuva cet abandon et le confirma en son château de Joinville, devant sa femme et ses officiers.

<small>1ᵉʳ cart. de Montiérender, f° 108 r°. — Copie. Bibl. nat. Coll. Moreau, vol. 47, p. 208. — Éd. Sim., p. 41. — Mention. Du Cange, p. 7.</small>

20
<small>1121 au plus tard.</small>

Philippe, évêque de Troyes, fait savoir que Roger de J. a confirmé à l'abbaye de Boulancourt le don que le comte Renard avait fait, vingt-cinq ans auparavant, du consentement de Hugues Bardoul [II de Broyes], de tout ce qu'il avait depuis le moulin de Renoncourt jusqu'à Chardonru.

<small>Cart. de Boulancourt, n° 2. — Copie. Duchesne, vol. 20, f° 329 r°. — Extrait. Ibidem, f° 343. — Mention. Société académique de l'Aube, 1869, p. 114. – Sim., p. 309.</small>

21
<small>1124.</small>

Des commissaires pontificaux mettent fin, par une sentence, à la contestation pendante entre les abbayes de Montiérender et de Boulancourt au sujet de certains héritages donnés jadis par Geoffroy de J., Renard et Roger, ses frères, pour le repos de l'âme de Witier, fils de Houdouin de Nully [leur neveu].

<small>Mention. V, f° 86 v°, d'après le cart. de Boulancourt, f° 23. – Du Cange, p. 7.</small>

22
<small>1126.</small>

Roger de J. est témoin d'un acte émané de l'abbaye de S. Remy de Reims.

<small>Mention. V, f° 86 v°, d'après le 2ᵉ cart. de S. Remy.</small>

23
<small>Sézanne, 1127.</small>

Le jeune Geoffroy de J. (*Joffridus puer de Jonvilla*) est présent au règlement fait au conseil du comte de Champagne à l'occasion des fréquentes vexations qu'Arnoul, comte de Reynel, commettait dans son avouerie des villages dépendant de l'abbaye de Montiérender.

<small>1er cart. de Montiérender, f° 119. — COPIE. Bibl. nat. Coll. Moreau, vol. 51, p. 39. — EXTRAIT. Lalore, *Coll. des princ. cart. du dioc. de Troyes*, IV, 198. — MENTION. V, f° 86 v°.</small>

24
Thonnance-lès-Joinville, 1132.

Roger, s. de J., et Geoffroy, son fils, du consentement d'Audiard, femme de Roger, font avec l'abbaye de S. Urbain, sous le sceau de Geoffroy, évêque de Châlons, un accord par lequel ils renoncent à toutes leurs prétentions sur S. Urbain, *Profonde Fontaine,* Landéville, Poissons, Blécourt, Autigny et Maisières, se réservant seulement l'avouerie et la justice du marché de S. Urbain sous certaines conditions.

<small>COPIE. Bibl. nat. Coll. Moreau, vol. 55, p. 139. — MENTION. V, f° 86 v°, d'après les arch. de S. Urbain. - Jolibois, *La Haute-Marne*, p. 491, col. 1. - Sim., p. 309.</small>

25
1132.

Geoffroy de J. fait un don à l'abbaye de Vaux-en-Ornois.

<small>MENTION. *Gallia Christiana*, XIII, 1113. - Sim., 309.</small>

26
1137.

Roger de J., sa femme et Geoffroy, leur fils, sont témoins de l'acte par lequel Geoffroy, évêque de Châlons, confirme la fondation de la commanderie du Temple à Ruetz, par Haton de Hatoncourt.

<small>MENTION. Jolibois, *La Haute-Marne*, p. 474, v° *Ruetz*, d'après une copie.</small>

27
1139-1163.

Geoffroy, évêque de Langres, déclare que Geoffroy, s. de J., et sa femme, du consentement de leur fils Geoffroy, encore enfant, ont accordé aux frères de la Crête tout ce qu'ils avaient acheté à Voire et à Rosières.

<small>Arch. de la Haute-Marne, *La Crête*, 2e liasse, 3e dossier.</small>

28

1140-1146.

Geoffroy de J., du consentement de Félicité, sa femme, de Geoffroy, son fils, d'Audiard, sa mère, de Gui, archidiacre de Langres, et de Robert, ses frères, ainsi que de sa sœur N., fonde au Val d'Osne un prieuré de femmes dépendant de l'abbaye de Molesme.

> Arch. nat. L 1045, n° 1ᵃ. — COPIES de 1617 et de 1690, *ibidem*, n°˙ 1ᵇ et 1ᶜ. — MENTION. V, f° 86 v°. — ÉD. *Gallia Christiana*, VII, instrumenta, col. 192-193. - Abbé Jobin, *Le prieuré du Val d'Osne à Charenton*, p. 39. – Une traduction conservée aux arch. de la Côte-d'Or, sous la cote H 251, a été publiée par M. Simonnet, p. 51.

29

1141.

Henri, évêque de Toul, confirme toutes les possessions de l'abbaye de Riéval, entre autres Jovilliers fondé par Geoffroy de J., sa femme Félicité et son frère Robert.

> MENTION. *Gallia Christiana*, XIII, 1113. - Sim., p. 309, avec la date de 1132.

30

1144-1147.

Geoffroy, s. de J., fonde l'abbaye d'Écurey, du consentement de son fils Geoffroy, et fait sceller l'acte de fondation par Gui, évêque de Châlons.

> COPIE. Bibl. nat., lat. 17048, f° 519, d'après le cart. d'Écurey. — ÉD. D. Calmet, *Hist. de Lorraine*, II, pr. cccxxiij. — MENTION. Sim., p. 309.

31

1144-1147.

Geoffroy, s. de J., fondateur de N. Dame d'Écurey, avec l'assentiment de son fils Geoffroy, donne à cette abbaye sa terre de *Hernalt-Chasnei*, et fait sceller l'acte de fondation par Gui, évêque de Châlons.

> COPIES. Arch. de la Meurthe, *L'Isl-een-Barrois*, n° 55. - Bibl. nat., lat. 17048, f° 520, d'après le cart. d'Écurey. — ÉD. Sim., p. 51.

32
Saint-Urbain et le Val d'Osne, 1146.

Gui, évêque de Châlons, à la requête de Gérard, abbé de Molesme, du consentement de Geoffroy, s. de J., et de Félicité, sa femme, de Pierre, abbé, et du chapitre de S. Urbain, attribue au Val d'Osne des terres incultes au sujet desquelles le prieuré était en contestation avec S. Urbain.

<small>Arch. de la Haute-Marne, S. Urbain, liasse 23, 6ᵉ partie, et Arch. nat. L 1045, n° 2ᵃ. — Copies. Bibl. nat. Duchesne, vol. 20, f° 301. — Coll. Moreau, vol. 62, p. 124. – Arch. nat. L 1045, n°ˢ 2ᵇ et 2ᶜ. (Copies de 1685, dont l'une accompagnée d'une traduction.) — Mention. V, f° 87 r°.</small>

33
Vers 1150.

Geoffroy, s. de J., ayant donné au Val d'Osne la moitié de la terre du couvent qui dépendait de lui, Hugues *Gréa*, de qui dépendait le reste, le cède aux religieuses moyennant quatre setiers de grain par an.

<small>Arch. nat. L 1045, n° 6.</small>

34
Vers 1150.

Geoffroy, s. de J., est présent à la donation d'une famille de serfs de Soudron faite à S. Urbain par Élisabeth de Fronville, femme de messire Dudon.

<small>Arch. de la Haute-Marne, S. Urbain, 9ᵉ liasse, 1ʳᵉ partie, n° 1.</small>

35
1152.

Geoffroy de J., sénéchal de Champagne, souscrit la donation faite par le comte Henri à l'abbaye de S. Remy, de la pêche et du ban de la Marne et de la rivière qui s'y jette à Condé.

<small>Mention. V, f° 87, d'après le 2ᵉ cart. de S. Remy de Reims, f° 54 v°.</small>

36

Vitry, 1153.

Geoffroy de J., sén. de Ch., est présent à l'accord conclu, devant le comte Henri de Champagne, entre l'abbaye de Toussaints-en-l'Isle et Pierre de Trignicourt.

ANALYSE. É. de Barthélemy, *Diocèse ancien de Châlons*, II, appendice, p. 414, n° 42, d'après le cart. de Toussaints-en-l'Isle.

37

Avant 1155.

Henri, évêque de Troyes, confirme les dons faits à l'abbaye de Boulancourt, notamment la donation du lieu même de Boulancourt et d'une partie du territoire environnant, faite jadis par le comte Renard de Joinville et par son frère Roger.

Cart. de Boulancourt, f° 1. — COPIE. Bibl. nat. Duchesne, vol. 20, f° 347 r°. — EXTRAIT. Ibidem, f° 343 r°. — MENTION. Lalore, *Cartulaire de l'abbaye de Boulancourt*, p. 144.

38

1157.

Geoffroy de J. est témoin d'une donation faite par Henri, comte de Champagne, à la Chapelle-aux-Planches.

Arch. de la Haute-Marne, cart. de la Chapelle-aux-Planches, f° 8 v°.

39

1157.

Geoffroy, s. de J., sén. de Ch., du consentement de sa femme Félicité, de son fils Geoffroy et de sa fille Gertrude, donne à la Chapelle-aux-Planches sa terre de Longéville.

Arch. de la Haute-Marne, *La Chapelle-aux-Planches*, 2° liasse. — COPIES. Cart. de la Chapelle-aux-Planches, f° 6. – Bibl. nat. Coll. Moreau, vol. 68, p. 197. — ÉD. Sim., p. 54. — MENTION. Bréquigny, III, 260, d'après les *Annales Præmonstratenses*, I, pr. 357.

40

Bar-sur-Aube, 1159.

Geoffroy de J. et son fils sont présents à la confirmation des biens des religieuses du Val d'Osne à Bar-sur-Aube, donnée par Henri, comte de Champagne.

    Arch. nat. K 24, n° 3. — *Éd.* Tardif, *Monuments historiques*, n° 561. — Mention. D'A. de J., n° 63.

41

Provins, 1161.

Geoffroy de J., sén. de Ch., souscrit la charte par laquelle Henri, comte de Champagne, accorde divers biens et privilèges à S. Quiriace de Provins.

    Bibl. de Provins, cart. de Caillot, f° 259. – Ythier, *Supplément à Saint-Quiriace*, p. 1. – Arch. nat. K 192, n° 67. — *Éd. Gallia Christiana*, XII, instr. 47. — Mention. Bourquelot, *Histoire de Provins*, I, 129. – D'A. de J., n° 91.

42

Provins, 1161.

Geoffroy de J., sén. de Ch., souscrit la charte par laquelle Henri, comte de Champagne, accorde certains droits à l'abbaye de S. Jacques de Provins.

    Bibl. de Provins. Ythier, *Hist. eccles.*, III, 18. — Analyse. Bibl. nat. Coll. de Champagne, vol. 135, p. 282. — Extrait. Bourquelot, *Histoire de Provins*, I, 126. — Mention. V, f° 87, d'après les arch. de S. Jacques de Provins. – D'A. de J., n° 92.

43

Troyes, 1161.

Geoffroy de J., sén. de Ch., souscrit une charte de Henri, comte de Champagne, en faveur de l'abbaye de S. Martin-ès-Aires.

    Arch. de l'Aube, *S. Martin-ès-Aires*. — Mention. D'A. de J., n° 96.

44
Vaucouleurs, 1161.

Geoffroy de J. scelle un accord entre l'abbaye de S. Mansuy et Adam de Poissons, chevalier, et ses frères, par lequel ceux-ci rendent à l'abbaye ce qu'ils lui avaient pris à Germay et qui relevait de la seigneurie de Joinville. Geoffroy le Jeune figure parmi les témoins.

Bibl. nat. Duchesne, vol. 20, p. 304.

45
Paris, 10 février 1163.

Alexandre III, pape, fait savoir à Gui [de J.], évêque élu de Châlons, que l'abbé de S. Remy se plaint de ce que Geoffroy de J. s'est injustement emparé du village de Courcelles.

Éd. *Hist. de Fr.*, XV, 793 C. — Martène, *Amplissima collectio*, II, 685.

46
1163.

Gui [de J.], évêque élu de Châlons, écrit au roi Louis VII pour le prier d'apaiser la colère que l'archevêque de Reims, Henri, a conçue contre lui.

Éd. Duchesne, *Hist. Franc. Scriptores*, IV, 680. — *Hist. de Fr.*, XVI, 51 B.

47
1163.

Gui [de J.], évêque élu de Châlons, et son frère Geoffroy de J. écrivent au roi pour le remercier de s'être entremis auprès de son frère, l'archevêque de Reims.

Éd. Duchesne, *Hist. Franc. Scriptores*, IV, 676. — *Hist. de Fr.*, XVI, 51 D.

48
1164.

Geoffroy le Vieux de J. confirme la fondation de la Maison-Dieu de Vaucouleurs faite par Hugues le Blanc.

Arch. de la Côte-d'Or, cart. de Vaucouleurs, f° 1. — Éd. Sim., p. 55.

49
Sens, 14 février 1164.

Le pape Alexandre III écrit au chapitre de Reims d'insister auprès de Henri, archevêque de Reims, en faveur de Gui [de J.], évêque élu de Châlons.

ÉD. *Hist. de Fr.*, XV, 815 B, d'après un ms. qui avait appartenu à Ruinart.

50
1164.

Gui de J., évêque de Châlons, raconte à Louis VII comment, par l'entremise de son frère [Geoffroy de J.], a été apaisé le conflit qui avait surgi entre lui et Girard de Châlons, au sujet de l'arrestation d'un voleur.

ÉD. Duchesne, *Hist. Franc. Scriptores*, IV, 645. — *Hist. de Fr.*, XVI, 86 D.

51
1164.

Le doyen du chapitre de Châlons se plaint à Louis VII de ce que Geoffroy le Jeune de J., neveu de l'évêque Gui, a forcé la maison des chanoines, levé des contributions dans leurs villages et commis divers autres excès.

ÉD. Duchesne, *Hist. Franc. Scriptores*, IV, 682. — *Hist. de Fr.*, XVI, 87 [B].

52
Provins, 1164.

Geoffroy de J., sénéchal, est témoin d'une charte de Henri le Libéral pour le règlement des foires de Provins.

Bibl. de Provins. — COPIE. Bibl. nat. Coll. de Champagne, t. 135, p. 280. — ÉD. Bourquelot, *Hist. de Provins*, II, 386. — MENTION. *Ibidem*, I, 116. — D'A. de J., n° 124.

53
1168.

L'évêque de Toul confirme l'acte par lequel Geoffroy, s. de J., de l'avis de Geoffroy, son fils, et de la comtesse de Vaudémont, sa fille, fonda l'abbaye d'Écurey, de l'ordre de Cîteaux.

<small>Mention. V, f° 87 r°, d'après un inventaire des arch. du château de Joinville, II, 459.</small>

54

Veroli, 20 avril [1170].

Alexandre III confirme la fondation du Val d'Osne par Geoffroy, s. de J. (Voir n° 28.)

<small>Copies de 1685 et de 1690. Arch. nat. L 1045, n°ˢ 3 et 3 bis.</small>

55

1170-1183.

Geoffroy, fils de Geoffroy, s. de J., s'accorde avec son oncle Gui, évêque de Châlons, au sujet d'une rente de 20 livres qu'il tenait de cet évêque.

<small>Bibl. nat., lat. 5211ᴬ, p. 82.</small>

56

29 janvier 1174.

Alexandre III charge Henri, archevêque de Reims, de faire rendre au chapitre de S. Remy la terre de Courcelles que Geoffroy de J. et son fils, Geoffroy le Jeune, détiennent injustement.

<small>Éd. Martène, Amplissima collectio, II, 1000. — Hist. de Fr., XV, 928 D.</small>

57

1175.

Geoffroy, s. de J., confirme une donation de terres et de prés faite au Val d'Osne par Robert de Rupt, chevalier.

<small>Arch. nat. K 25, n° 7⁶. — Éd. Tardif, Monuments historiques, n° 668.</small>

58

Latran, 21 juin 1178.

Alexandre III confirme toutes les possessions de l'abbaye de Jovilliers, entre autres ce qu'a donné Geoffroy de J. du consentement de sa femme Félicité et de son frère Robert.

Bibl. nat. Duchesne, vol. 20, f° 305.

59

Châlons, 1178.

Gui [de J.], évêque de Châlons, réunit l'église de S. Cyr d'Osne à la collégiale de S. Laurent de Joinville et fonde une nouvelle prébende.

Cart. de S. Laurent de Joinville, n° 42. — ÉD. Sim., p. 60.

60

1178.

Geoffroy, s. de J., déclare avoir accommodé le différend qui existait entre Ameline, femme de Pierre Farnot, et les religieuses du Val d'Osne au sujet d'un pré voisin de Percey.

Arch. nat. S 4608, n° 1. — ÉD. Abbé Jobin, *Le prieuré du Val d'Osne à Charenton*, p. 42.

61

1179.

Geoffroy le Jeune, fils de Geoffroy le Vieux, s. de J., fait un accord entre l'abbaye de la Crête et Arnoul de Doulevant.

Arch. de la Haute-Marne, *La Crête*, 2° liasse, 3° dossier.

62

1179-1190.

Gui [de J.], évêque de Châlons, déclare qu'en présence de Geoffroy le Vieux et de Geoffroy le Jeune, seigneurs de J., Béatrix, dame de Cirey, a donné sa part de l'alleu d'Osne aux religieuses dudit lieu pour en jouir après sa mort et après celle de sa mère.

Arch. nat. S 4607, n° 4. — ÉD. avec la date de 1143-1147 par l'abbé Jobin, *Le prieuré du Val d'Osne à Charenton*, p. 40.

63

1179-1190.

Geoffroy le Vieux de J., fils de Roger, déclare qu'Évrard de Grant a donné au Val d'Osne ce qu'il avait à Menoncourt.

Arch. nat. S 4607, n° 18.

64

1180.

Geoffroy de J. donne une serve d'Autigny à l'abbaye de Montiérender en indemnité des dommages qu'il avait faits à Maisières.

Arch. de la Haute-Marne, S. Urbain, 22° liasse, 3° partie. — Mention. Sim., p. 310.

65

1181.

Le pape Lucius III confirme la donation du lieu de Jovilliers sur lequel a été fondée l'abbaye du même nom, donation faite par Geoffroy, s. de J., du consentement de Geoffroy le Jeune, et par Mahaut de Vienne dite *la Louve*, du consentement de sa fille et de son fils.

Extrait. Bibl. nat. Duchesne, vol. 20, f° 305 r°.

66

1183.

Geoffroy le Vieux, s. de J., et Geoffroy le Jeune sont témoins d'un acte de Gui de J., évêque de Châlons, par lequel celui-ci publie une donation faite à S. Urbain par Gilbert de Joinville.

Copie. Bibl. nat. Coll. Moreau, vol. 86, p. 167. — Mention. V, d'après les arch. de l'abbaye de S. Urbain, layette 4.

67

1184.

Geoffroy le Vieux, s. de J., reconnaît que l'abbaye de Montiérender doit posséder les terres de Doulevant-le-Grand, Doulevant-le-Petit et Dommartin-le-Franc, aux mêmes conditions que les nobles de qui elles avaient été acquises; ladite abbaye ne pourra pas, pour ces terres, nommer d'autre avoué que le seigneur de Joinville.

<small>2ᵉ cart. de Montiérender, f° 70. — Copie. Bibl. nat. Coll. Moreau, vol. 87, p. 148. — Mention. V, f° 87.</small>

68

1185.

Geoffroy le Jeune de J. confirme les dons faits par Viard de la Côte, chevalier, à N. D. d'Écurey.

<small>Analyse. Bibl. nat., lat. 17048, f° 519.</small>

69

1187.

Geoffroy, s. de J., donne à l'abbaye de N. D. de Vaux-en-Ornois un pré appelé Le Clos; en retour, les religieux ont bâti deux ponts dont ils garderont la propriété et pour l'entretien desquels ils pourront prendre du bois dans les forêts de Vaucouleurs.

<small>Arch. de la Meuse, *Abbaye d'Évaux*, Q 1.</small>

70

Avant 1188.

Geoffroy le Jeune de J., frère de Hugues de Broyes, déclare que Gautier Tout-le-Monde a abandonné au Val d'Osne les prés qu'il lui disputait. Parmi les témoins figure Geoffroy le Vieux, son père.

<small>Arch. nat. L 1045, n° 8.</small>

71

Avant 1188.

Geoffroy le Jeune de J. déclare que lorsque la fille de Roger de Rupt a pris le voile au Val d'Osne, sa mère Adeline a donné au couvent quatre setiers tant de froment que d'avoine que les frères d'Écurey lui devaient chaque année.

<small>Arch. nat. L 1045, n° 7. — Extrait. Bibl. nat. Coll. Duchesne, vol. 20, f° 303.</small>

72
1188.

Geoffroy le Vieux de J. déclare que dame Wille de Chevillon a donné au Val d'Osne les droits d'usage au bois d'Aumont, lors de la prise de voile de sa fille, Pélerine.

Arch. nat. S 4607, n° 2. — COPIE de 1690, *ibidem*, L 1045, n° 5ᶜ. — ÉD. Abbé Jobin, *Le prieuré du Val d'Osne à Charenton*, p. 43. — MENTION. V, f° 87 v°.

73
1188.

Geoffroy, s. de J., frère de Hugues de Broyes, ainsi que sa femme Héluis, son fils Geoffroy et ses autres fils, s'engagent à ne jamais construire de chapelle dans le château de J. et à regarder S. Laurent comme leur chapelle.

Cart. de S. Laurent, f° 40 v°. — ÉD. Sim., p. 71.

74
1188.

Geoffroy, s. de J., frère de Hugues de Broyes, de l'assentiment de sa femme Héluis et de ses fils Geoffroy et Robert, confirme les donations faites par son père Geoffroy au prieuré de S. Jacques, lors de la fondation.

Arch. de la Haute-Marne, *S. Urbain*, 3ᵉ liasse, 5ᵉ partie. — COPIES. Bibl. nat. Coll. Moreau, vol. 90, p. 187, et vol. 91, p. 20, celle-ci avec la date de 1189. — ÉD. Didot, pièce D. - Sim., p. 68. — MENTION. V, f° 87 v°.

75
1189.

Geoffroy, s. de J., frère de Hugues de Broyes, avec le consentement de ses enfants, donne à S. Laurent tout ce qu'il avait à Charmes-en-l'Angle pour constituer une prébende que sa femme Héluis complétera s'il le faut. Les chanoines devront, en retour, célébrer son anniversaire.

Cart. de S. Laurent, f° 23 v°. — MENTION. Sim., 311.

76

Troyes, 1189.

Geoffroy, s. de J., et Geoffroy, son fils, sont témoins d'une donation faite par Henri, comte de Champagne, à son clerc, le prêtre Amaury de Joinville, donation dont la matière doit revenir à S. Laurent après la mort d'Amaury.

Cart. de S. Laurent, f° 84 r°.

77

1189.

Geoffroy, s. de J., confirme, après enquête, à l'abbaye de Vaux-en-Ornois la possession du pré sis derrière la maison du Saint-Esprit de Vaucouleurs, disputé par les hommes de Vaucouleurs.

Arch. de la Meuse, *Abbaye d'Évaux*, Q2. — Éd. Sim., p. 69.

78

1189.

Geoffroy, s. de J., frère de Hugues de Broyes, du consentement de sa femme Héluis, de ses fils Geoffroy et Robert et de ses autres enfants, donne à S. Urbain sa vigne de Mussey.

Arch. de la Haute-Marne, *S. Urbain*, 9° liasse, 11° partie. — Éd. Sim., p. 68, avec la date de 1188. — Mention. V, f° 87 v°.

79

1189.

Geoffroy, s. de J., frère de Hugues de Broyes, avec l'assentiment de sa femme Héluis, de son fils Geoffroy et de ses autres fils, constitue deux prébendes à S. Laurent, l'une pour Acelin, maître de son fils Guillaume, l'autre pour maître Constant.

Cart. de S. Laurent, f° 29 v°. — Mention. Sim., p. 311.

80
1189.

Geoffroy, s. de J., déclare que sa femme Héluis, de son consentement et de celui de ses enfants, donne à S. Laurent deux vignes sises l'une à *Banni*, l'autre à Marcheval.

Cart. de S. Laurent, f° 26 r°. — MENTION. Sim., p. 311.

81
1189.

Geoffroy, s. de J., frère de Hugues de Broyes, du consentement de sa femme et de son fils Geoffroy, ayant fait construire un moulin qui supprimait celui des religieuses du Val d'Osne, les indemnise en leur donnant une maison, un muid de froment à prendre chaque année sur son moulin de Nuisement, plus ses vignes de Villiers avec les tonneaux, et enfin un homme.

Arch. nat. L 1045, n° 5 A.

82
Avant 1190.

Héluis, dame de J., attribue aux Templiers de Ruetz tout ce que Haton de Sommeville, chevalier, réclamait comme son héritage à Vicherey.

Arch. de la Haute-Marne, *Ruetz*, A.

83
Sommeville, vendredi saint, avant 1190.

Geoffroy le Jeune, s. de J., déclare que Haton de Sommeville, chevalier, a cédé aux Templiers de Ruetz tout ce qu'il avait à Vicherey, moyennant un cens annuel de 30 sous 6 deniers.

Arch. de la Haute-Marne, *Ruetz*, A

84
[Acre][1], 1190.

Geoffroy, s. de J., reconnaît qu'il n'a pas le droit de gîte à Landéville,

[1] La date de cet acte est donnée par l'acte n° 90.

donne à Saint-Urbain deux familles de serfs et scelle le présent acte de son sceau et de celui du sénéchal du Temple.

<small>Arch. de la Haute-Marne, *S. Urbain*, 8° liasse, 6° partie. — Copie. Bibl. nat. Coll. Moreau, vol. 94, p. 202. — Mention. V, f° 88.</small>

85

Acre, 1190.

Geoffroy V, s. de J., exécutant les dernières volontés de son père, renonce à toute querelle avec l'abbaye de Montiérender au sujet de la rivière de Blaise.

<small>2° cart. de Montiérender, f° 71 v°. — Mention. V, f° 87 v°.</small>

86

1190.

Geoffroy, s. de J., déclare qu'Aubert de Vitry, du consentement de ses enfants Hugues, Geoffroy et Élisabeth, a donné aux religieuses du Val d'Osne trois setiers de froment et trois setiers d'avoine, à percevoir chaque année sur le moulin de Fronville.

<small>Arch. nat. S 4610, n° 4. — Vidimé par Jean, s. de J., le 31 juillet 1279 (Cf. n° 532.)</small>

87

1190.

Geoffroy, s. de J., et sa mère Héluis déclarent qu'avec l'assentiment des moines de S. Urbain, ils ont donné la Maison-Dieu de Joinville au prieuré de S. Jacques, moyennant qu'on dira pour eux, de leur vivant, une messe du Saint-Esprit deux fois la semaine, et une messe des défunts après leur mort. On devra, de plus, célébrer chaque année leur anniversaire et celui de feu Geoffroy IV.

<small>Arch. de la Haute-Marne, *S. Urbain*, 3° liasse, 5° partie. — Éd. Sim., p. 85. - Didot, pièce E. — Mention. V, f° 88.</small>

88

1190.

Geoffroy, s. de J., sénéchal de Champagne, déclare que Robert, son frère, approuve la donation à S. Urbain de ce que Thibaut de Breuil, chevalier, et son frère Gautier avaient à Annonville et à Maconcourt. En outre, Robert reconnaît n'avoir aucun droit sur le moulin Gautier, qu'il abandonne à S. Urbain et, n'ayant point de sceau, il prie Geoffroy de sceller le présent acte.

Arch. de la Haute-Marne, S. *Urbain*, 5ᵉ liasse, 4ᵉ partie. — Copie. Bibl. nat. Coll. Moreau, vol. 93, p. 25. — Éd. Sim., p. 57 [1]. — Mention. V, f° 87 v°.

89

1191.

Geoffroy, s. de J., sén. de Ch., du consentement de sa mère Héluis, de ses frères Guillaume, archidiacre de Châlons, Robert et Simon, donne à Boulancourt un emplacement pour construire la grange de Morancourt qui sera appelée Neuve-Grange.

Cart. de Boulancourt, n° 121. — Mention. Lalore, *Cartulaire de Boulancourt*, p. 150.

90

1192.

Geoffroy, s. de J., confirme l'abandon du gîte de Landéville fait par son père mort au siège d'Acre. (Voir plus haut, n° 84.)

Arch. de la Haute-Marne, S. *Urbain*, 8ᵉ liasse, 6ᵉ partie. — Copie. Bibl. nat. Coll. Moreau, vol. 94, p. 202. — Éd. Sim., p. 86. — Mention. V, f° 88.

91

1193.

Geoffroy, s. de J., approuve une transaction passée entre les abbés de S. Urbain et de Boulancourt, concernant l'exercice des droits d'usage de leurs tenanciers et la répartition de certaines redevances.

Arch. de la Haute-Marne, S. *Urbain*, 10ᵉ liasse, 3ᵉ partie. — Copie. Bibl. nat. Coll. Moreau, vol. 95, p. 75. — Mention. Sim., p. 311.

---

[1] M. Simonnet, sans s'apercevoir qu'il était question dans cet acte de Robert, sire de Sailly, frère de Geoffroy V, a cru devoir l'attribuer à Geoffroy IV et rectifier la date «m. c. lxxxx» en «vers 1180».

92
1193.

Geoffroy, s. de J., sén. de Ch., approuve la donation d'un moulin sis à Vassy, faite aux Templiers de Thors par Aubert de Vitry.

Arch. de la Haute-Marne, *Thors et Corgebin*, 1re liasse.

93
1193.

Geoffroy, s. de J., déclare que Dudon de Curel a donné à S. Urbain tout ce qu'il avait ou prétendait avoir sur le moulin de Ragecourt, plus sept setiers de grains, moitié seigle, moitié avoine, à prendre à Autigny-le-Petit.

Bibl. nat. Coll. Moreau, vol. 95, p. 47.

94
Avant 1195.

R[otrou], évêque élu de Châlons, déclare que Geoffroy de J., en compensation des dommages qu'il a causés à S. Étienne de Châlons, a fait une donation à cette église pour y fonder son anniversaire et celui de sa mère Héluis, du consentement de sadite mère, de ses frères et de Miles de Moëlain, son parent.

COPIE ABRÉGÉE. Bibl. nat. 5211^A, p. 77.

95
Avant 1195.

Renaud, comte de Dampierre, se porte garant de la donation précédente.

COPIE ABRÉGÉE. Bibl. nat. 5211^A, p. 82.

96
Avant 1195.

Geoffroy de J. déclare qu'il a donné, pour garants de la donation ci-dessus (n° 94), Rotrou, évêque élu de Châlons, Miles de Moëlain, son parent, et Renaud, comte de Dampierre.

Copie abrégée. Bibl. nat. 5211, p. 82.

97

Avant 1195.

Héluis, dame de J., confirme la donation ci-dessus (n° 94), qui concerne des terres venant d'elle.

Copie abrégée. Bibl. nat. 5211^A, p. 82.

98

1195.

Geoffroy, s. de J., confirme l'acte par lequel Roger de Fronville engage à l'abbaye de S. Urbain la justice qu'il disait avoir sur le marché de S. Urbain, sur Watrignéville et sur la garde des dîmes de Fronville.

Arch. de la Haute-Marne, S. Urbain, 15° liasse. — Éd. Sim., p. 86. — Mention. V, f° 88.

99

1195.

Geoffroy, s. de J., déclare que Roger de Fronville a vendu à l'abbaye de S. Urbain, moyennant 18 livres, tout ce que Viard de Saint-Urbain tenait de lui au delà de la Marne.

Bibl. nat. Coll. Moreau, vol. 213, p. 152, avec la date de 1295.

100

1195.

Geoffroy, s. de J., sén. de Ch., du consentement de ses frères Robert, Guillaume et Simon, et de sa sœur Félicité, confirme à l'abbaye de la Crête ses possessions de Rosières.

Arch. de la Haute-Marne, La Crête, 3° liasse, 9° dossier.

101
1195.

Geoffroy, s. de J., sén. de Ch., déclare que sa mère Héluis a donné au Val d'Osne deux fours sis à Osne et du bois pour les alimenter.

<small>Arch. nat. K 26, n° 23. — Mention. Tardif, *Monuments historiques*, n° 714. — Extrait. Duchesne, vol. 20, f° 302.</small>

102
1195.

Geoffroy, sén. de Ch., donne au prieuré de Sainte-Ame le moulin sis auprès de la colline où est bâti le prieuré.

<small>Mention. V, d'après les «arch. de l'abbaye de S. Urbain, layette 19».</small>

103
Mai 1196.

Geoffroy, s. de J., confirme toutes les libéralités faites par ses prédécesseurs à l'abbaye de Septfontaines.

<small>Arch. de la Haute-Marne, *Septfontaines*, 1re liasse, 2e partie. — Ed. Sim., p. 87.</small>

104
Grancey, 1196.

Geoffroy, s. de J., sén. de Ch., de l'assentiment de ses frères Robert et Simon, donne à Clairvaux tout ce que Haton, chevalier, tenait de lui à *Barrivilla* et à *Acunvilla*.

<small>Cart. de Clairvaux. *Fra.*, XXVII.</small>

105
1196.

Geoffroy, s. de J., sén. de Ch., déclare que Haton d'Osne, chevalier, du consentement de ses filles Héluis, Isabeau et Nicolette, a donné en aumône perpétuelle au prieuré du Val d'Osne sept gerbes qu'il avait à prendre le long des murs du couvent, et que, pour le salut de son âme et pour sa fille Hodierne, religieuse audit prieuré, il abandonne ce qu'il avait sur les dîmes d'Osne.

Arch. nat. S 4607, n° 8. — Éd. Abbé Jobin, *Le prieuré du Val d'Osne à Charenton*, p. 44.

106

1197.

Geoffroy, s. de J., renouvelle le don qu'il avait fait à Boulancourt (cf. n° 89) de' l'emplacement de la Neuve-Grange, sous la condition que les religieux ne pourront rien acquérir dans sa seigneurie sans son consentement.

Cart. de Boulancourt, n° 133. — Copie. Duchesne, vol. 20, f° 346 ter. — Mention. Lalore, *Cartulaire de l'abbaye de Boulancourt*, p. 54.

107

1197.

Geoffroy, s. de J., sén. de Ch., donne aux frères d'Écurey le droit de vinage qu'ils lui devaient pour leurs vignes de Colombé.

Analyse. Bibl. nat. 17048, p. 519, d'après le cart. d'Écurey.

108

1198.

Geoffroy, s. de J., sén. de Ch., déclare qu'Eudes de Doulevant et sa femme, Comtesse, ont donné aux Templiers de Ruetz leur alleu du Breuil.

Arch. de la Haute-Marne, *Ruetz*, A.

109

1198.

Garnier, évêque de Langres, déclare que Geoffroy, s. de J., sén. de Ch., du consentement de ses frères Robert, Guillaume et Simon, et de sa sœur Félicité, a donné aux frères de la Crête ce qu'ils avaient acquis à Rosières.

Arch. de la Haute-Marne, *La Crête*, 3° liasse, 9° dossier.

110

Chartres, 1ᵉʳ juillet 1199.

Geoffroy, s. de J., sén. de Ch., est témoin de la constitution de douaire faite par Thibaut III, comte de Champagne, à sa femme Blanche de Navarre.

Arch. nat. J 198, n° 5. — COPIE. F₁, f° 123. — MENTION. D'A. de J., n° 485.

111

Provins, 9 juillet 1199.

Geoffroy de J., sén. de Ch., déclare être convenu que ses hommes ne pourront ni acheter ni recevoir en engagement aucune terre des hommes qui sont en la garde du comte de Champagne.

Arch. nat. J 1035, n° 2. — COPIES. A, f° 59 v°. – B, f°ˢ 52 v°, 237 r°. – C, p. 27, 144. – F₂, p. 458. — MENTION. D'A. de J., n° 486.

112

Vers 1200.

Geoffroy, s. de J., et son frère Robert donnent 7 sous toulois au chapitre de Toul, payables chaque année à la S. Martin.

Arch. de la Meurthe, G 41.

113

4 mai 1200.

Hugues, comte de Rethel, et Geoffroy, s. de J., confirment l'abandon que fait Henri, seigneur d'Arzillières et de Beaufort, de toutes les prétentions qu'il élevait contre l'abbaye de Boulancourt touchant les bornes et limites de la maison.

Cart. de Boulancourt, n° 138. — MENTION. Lalore, *Cartulaire de l'abbaye de Boulancourt*, p. 14 et 15. – V, f° 88.

114

Novembre 1200.

Geoffroy, s. de J., sén. de Ch., déclare que Barthélemy, chevalier, fils de Téceline de Chevillon, en partant pour la croisade, a donné aux Templiers de Ruetz, outre quelques terres, tout ce qu'il avait des dîmes de Gorze et de Neuville.

<small>Arch. de la Haute-Marne, *Ruetz*, A.</small>

115

Sens, mai 1201.

Geoffroy de J., sén. de Ch., est l'un des barons de Champagne qui jurent de prendre le parti de Philippe Auguste contre Blanche de Champagne, si celle-ci n'observe pas ses engagements envers le roi de France.

<small>A, f° 28. – B, f° 31. – C, f° 78 v°. – D, f° 104. – E, f° 173 v°. – F, f° 138 v°. — Éd. Martène, *Amplissima collectio*, I, 1028. – Brussel, *Usage des fiefs*, II, 22. — Mention. D'A. de J., n° 550.</small>

116

Sézanne, août 1201.

Geoffroy de J., sén. de Ch., constate que Blanche, comtesse de Champagne, a fait payer entre les mains de Gui du Plessis, frère d'Eustache de Conflans, 500 livres provenisiens léguées par Thibaut III audit Eustache.

<small>B, f° 235. – C, f° 142. – F$_2$, f° 459. – Duchesne, vol. 76, f° 230. – Éd. Chantereau, II, 20. — Mention. Bréquigny, IV, 309. – D'A. de J., n° 553. – Sim., p. 312.</small>

117

Octobre 1201.

Geoffroy, s. de J., sén. de Ch., donne à Clairvaux les pâtures de Doulevant, Villiers, Colombé, et de toute sa terre jusqu'à la Blaise, du consentement de ses frères Guillaume, Simon et Gui.

<small>Cart. de Clairvaux, *Past.*, XXIX.</small>

118

1201.

Geoffroy de J., sur le point de partir pour la Terre-Sainte, donne aux hommes de Watrignéville dépendant de l'abbaye de S. Urbain les droits d'usage dans le bois de Mathons, la remise du droit de péage sur le pont de la Marne, ainsi qu'une femme de Mussey, et notifie les donations faites par Hugues de Landricourt et Boson de Deuilly, chevaliers.

<small>Arch. de la Haute-Marne, S. Urbain, 16ᵉ liasse, 1ʳᵉ partie. — Copie. Bibl. nat. Coll. Moreau, vol. 102, p. 127. — Éd. Sim., p. 88. — Mention. V, f° 88 v°.</small>

119
1201.

Geoffroy, s. de J., sén. de Ch., sur le point de partir pour la Terre-Sainte, donne à S. Laurent, du consentement de ses frères Guillaume, Simon et Gui, le four de Magneux avec le droit d'usage nécessaire, et échange quarante setiers de blé sur les terrages de Doulevant contre une quantité égale que les chanoines avaient sur les terrages de Joinville.

<small>Cart. de S. Laurent, f° 35 v°. — Copie du xviiᵉ siècle. Bibl. nat., fr. 11559, f° 130 r°. — Mention. Sim., p. 312.</small>

120
1201.

Geoffroy, s. de J., donne aux religieuses du Val d'Osne trois muids de vin sur son pressoir de Joinville.

<small>Copie de 1520. Arch. nat. S 4611. — Éd. Abbé Jobin, Le prieuré du Val d'Osne à Charenton, p. 45.</small>

121
1201.

Robert de J., s. de Sailly, confirme la donation faite à S. Laurent, par feu son père, de ce qu'il avait à Donjeux.

<small>Cart. de S. Laurent, f° 36 v°.</small>

121 bis
1202.

Simon, s. de J., sén. de Ch., déclare avoir abandonné aux religieux de Boulancourt tous les droits qu'il prétendait avoir sur le bois de la Neuve-Grange, et leur donne le droit de pâture sur le finage de Neuville.

<small>Vidimé dans l'acte n° 710 bis.</small>

122
1203.

Simon, s. de Sailly, déclare que, pendant que son frère Geoffroy, s. de J., sén. de Ch., était en Terre-Sainte et que l'administration du fief lui avait été confiée à lui, Simon, ainsi qu'à son frère Guillaume, Raoul de Chevillon, chevalier, sa femme, ses enfants et son neveu Philippe ont donné à Écurey la vaine pâture sur le territoire de Chevillon.

ANALYSE. Bibl. nat., lat. 17048, p. 523, d'après le cart. d'Écurey.

123
1203.

« Coppie des dons faicts aux religieux, abbé et couvent de Nostre-Dame des Vaux par Simon, Guy et Geoffroy de J. touchant le gaignage de Bures. »

MENTION. K$_2$, f° 337 v°. — K$_3$, f° 290 v°.

124
1203.

Geoffroy, s. de J., sén. de Ch., donne le moulin de Nuisement aux religieuses du Val d'Osne.

Arch. nat. L 1045, n° 9.

125
Avant 1204.

Guillemette de J., tante de Geoffroy de J., ayant été nommée abbesse d'Avenay par les religieuses, et confirmée par Guillaume, archevêque de Reims, sans l'assentiment préalable du comte de Champagne, l'archevêque s'en excuse auprès du comte, dont il demande l'approbation, indispensable, dit-il, à la validité de l'élection.

B. f° 279 v°.

126
Juin 1204.

Simon, s. de J., déclare abandonner aux religieux de Sainte-Ame les droits qu'ils prétendaient sur certains moulins à foulon qu'ils avaient établis près de la colline de Sainte-Ame et confirme l'aumône que feu son frère Geoffroy leur avait faite.

Arch. de la Haute-Marne, S. Urbain, 3ᵉ liasse, 1ʳᵉ partie. — Copie. Bibl. nat. Coll. Moreau, vol. 106, p. 27. — Mention. V, f° 88 v°. – Sim., p. 312.

127
1204.

Simon, s. de J., donne à S. Laurent de Joinville 20 sous sur le passage et la vente de Joinville, pour célébrer chaque année son anniversaire et celui de son frère Geoffroy, mort au Krak.

Cart. de S. Laurent, f° 29 r°. — Mention. Sim., p. 312.

128
1204.

Simon, s. de J., donne au prieuré de S. Jacques 20 sous de rente à percevoir chaque année, le 1ᵉʳ août, sur le passage et la vente de Joinville, pour célébrer son anniversaire et celui de son frère Geoffroy, mort au Krak.

Arch. de la Haute-Marne, S. Urbain, 3ᵉ liasse, 5ᵉ partie. — Copie. Bibl. nat. Coll. Moreau, vol. 106, p. 105. — Mention. V, f° 88 v°. – Sim., p. 313.

129
Provins, avril 1205.

Simon, s. de J., est caution de Jean de Brienne, qui vend à Blanche, comtesse de Champagne, moyennant 800 livres, le village de Mâcon (Aube), qui était du douaire de Blanche, et que Thibaut III avait donné à Jean sans le consentement de la comtesse.

B, f° 239 r°. – C, p. 145. – F₂, p. 75. — Éd. Chantereau, II, 28. - Martène, Thes. anec., I, 801. - Brussel, p. 833. — Mention. D'A. de J., n° 614.

130
30 avril 1205.

Simon, s. de J., déclare qu'Étienne, fils de Romier de Joinville, a donné à S. Laurent de J. le four banal de Gondrecourt, et y ajoute le droit d'usage nécessaire pour ledit four.

Cart. de S. Laurent, f° 32 r°. — Mention. Sim., p. 313.

131
[Juillet] 1205.

Simon, s. de J., fait avec les moines de Clairvaux un accord par lequel il leur concède tout ce qu'ils avaient sur la Blaise, le droit de vinage qu'ils lui devaient, ainsi qu'à son frère l'archidiacre Guillaume, et s'engage par devant l'évêque de Châlons à respecter cet accord.

Cart. de Clairvaux, Belinf., XIV.

132
Châlons, juillet 1205.

Girard, évêque de Châlons, approuve l'accord de Simon, s. de J., avec Clairvaux.

Cart. de Clairvaux, Belinf., XVI.

133
1205.

Simon, s. de J., donne à Écurey un pré sis à *Niuchan*, le droit de presser gratuitement aux pressoirs de Joinville et sept hêtres à choisir dans le bois de *Mossier*. *Et sciendum est quod, eo tempore quo hec facta sunt, absque uxore et liberis erat.*

Analyse. Bibl. nat., lat. 17048, p. 519, d'après le cart. d'Écurey.

134
1205.

Simon, s. de J., confirme une donation faite à Écurey par Hugues de Chatonrupt, chevalier.

Analyse. Bibl. nat., lat. 17048, p. 520, d'après le cart. d'Écurey.

135

1205.

Simon, s. de J., déclare que, de son consentement, Haton d'Osne, chevalier, a donné aux Templiers de Ruetz une rente annuelle d'un demi-muid de blé sur la dîme d'Osne.

Arch. nat. S 4607, n° 6.

136

1205.

Simon, s. de J., déclare que, de son consentement, Haton d'Osne, chevalier, a donné aux religieuses du Val d'Osne une rente annuelle d'un demi-muid de blé sur la dîme d'Osne.

Arch. nat. S 4607, n° 7.

137

Mai 1206.

Simon, s. de J., sén. de Ch., fait savoir que Héluis de Malenuit a déclaré en sa présence qu'elle avait donné au prieuré de S. Thiébaut de Vaucouleurs 5 sous sur son pré de Vaucouleurs.

Bibl. nat. Coll. Duchesne, vol. 20, p. 339.

138

Octobre 1206.

Gui de J., s. de Sailly, approuve la donation du tiers des dîmes de Sommoncourt faite à S. Laurent de J. par Eudes de Bretoncourt.

Cart. de S. Laurent, f° 77 r°.

139

Octobre 1206.

Simon, s. de J., approuve l'acte précédent et déclare, en outre, que le chapitre de S. Laurent de J. a donné 90 livres provenisiens à Eudes de Bretoncourt.

Cart. de S. Laurent, f° 33 r°. — MENTION. Sim., p. 313.

140

1206.

Simon, s. de J., reconnaît qu'il disputait injustement à S. Urbain le gîte de Landéville, déjà cédé par son père et son frère. Gui de Sailly est au nombre des témoins.

Arch. de la Haute-Marne, *S. Urbain*, 8e liasse, 6e partie. — Copies. Bibl. nat. Coll. Moreau, vol. 102, p. 127. — Mention. V, f° 88 v°. – Sim., p. 313.

141

1207.

Simon, s. de J., d'accord avec Gautier, abbé de S. Urbain, fait un règlement pour le four banal d'Annonville.

Arch. de la Haute-Marne, *S. Urbain*, 5e liasse, 4e partie. — Copies. Bibl. nat. Coll. Moreau, vol. 110, p. 30. — Mention. Sim., p. 313.

142

Juin 1208.

Simon, s. de J., fonde le village de Mathons et lui donne la loi de Beaumont.

Éd. Crépin, *Notice sur Blécourt*, p. 98. — Extrait. Jolibois, *La Haute-Marne*, p. 354. — Mention. Sim., p. 313.

143

2 novembre 1208.

Simon, s. de J., figure dans le traité de paix conclu entre le duc Ferry de Lorraine et Thibaut, comte de Bar et de Luxembourg : 1° comme pleige pour 200 marcs sur les 2,000 que Ferry doit payer au comte de Bar; 2° comme l'un de ceux qui pourront faire la guerre au comte de Bar, sans que la paix soit rompue entre les contractants; 3° comme l'un des otages.

Éd. D. Calmet, *Hist. de Lorraine*, II, col. 540. – *Hist. de Fr.*, XVIII, 772. — Mention. Recueil de Du Fourny, layette *Luxembourg I*.

144

1208.

Simon, s. de J., fait une transaction avec l'abbaye de S. Remy de Reims au sujet des droits seigneuriaux de Courcelles-sur-Blaise.

MENTION. Jolibois, La Haute-Marne, p. 170.

145

1208.

Gui, s. de Sailly, déclare que Hugues de Brouthières a légué à Écurey un moulin sis au-dessus de Thonnance[-les-Moulins], au lieu dit *Aux Chaudrons*.

ANALYSE. Bibl. nat., lat. 17048, p. 525, d'après le cart. d'Écurey.

146

17 mars 1209.

Simon, s. de J., ayant vendu plusieurs biens sis à S. Germain et à Mauvilly, à son frère Guillaume, évêque de Langres, celui-ci les donne à son église pour célébrer son anniversaire.

MENTION. V, f° 88 v°, d'après un cart. de l'évêché de Langres.

147

Juin 1209.

Blanche, comtesse de Champagne, reçoit l'hommage lige d'Ermengart, femme de Simon de J., laquelle a reçu en douaire la moitié de ce que Simon tenait de Blanche.

F_1, f° 155 r°. — MENTION. D'A. de J., n° 704. — Sim., p. 313.

148

23 juin 1209.

Simon, s. de J., donne à S. Laurent de J. le charruage de Morancourt avec les bœufs et les prés qui sont sur la rive de la Blaise.

Cart. de S. Laurent, f° 35 r°. — MENTION. Sim., p. 313.

149
25 juin 1209.

Simon, s. de J., donne à Écurey dix muids de vin sur ses vignes de Colombé.

Analyse. Bibl. nat., lat. 17048, p. 523, d'après le cart. d'Écurey.

150
1209.

Simon, s. de J., donne à Écurey le lieu dit *Moytonval*, près de Doulevant, pour y bâtir une grange.

Analyse. Bibl. nat., lat. 17048, p. 523, d'après le cart. d'Écurey.

151
1209.

Simon, s. de J., sur le point de partir pour la croisade contre les Albigeois, donne aux frères de la Crête 10 livres provenisiens à percevoir chaque année sur la vente de Joinville jusqu'à concurrence d'une somme de 120 livres, montant d'un legs que feu son frère Geoffroy leur avait fait.

Arch. de la Haute-Marne, *La Crête*, 2⁰ liasse, 10⁰ dossier.

152
1209.

Simon, s. de J., confirme aux moines de Clairvaux la possession de tout ce qu'ils ont acheté sur la Blaise et sur le Blaiseron.

Cart. de Clairvaux, *Belinf.*, XV.

153
Joinville, avril 1209-1210.

Simon, s. de J., déclare sous quelles conditions Gautier, abbé, et les moines de S. Urbain l'ont autorisé à bâtir une grange sur la colline de *Cersois*, sur le territoire de Sainte-Ame.

Arch. de la Haute-Marne, *S. Urbain*, 3⁰ liasse, 1ʳᵉ partie. — *Copie.* Bibl. nat. Coll. Moreau, vol. 112, p. 103. — *Éd.* Sim., p. 114. — *Mention.* Sim., p. 313.

154

Mars 1210 (en français).

Simon, s. de J., du consentement de sa femme Ermengart, de ses frères Guillaume, archidiacre de Châlons, et Gui, s. de Sailly, fait avec les Templiers de Ruetz un accord par lequel il autorise les achats entre ses hommes et ceux des Templiers demeurant à Chevillon.

Arch. de la Haute-Marne, *Ruetz.* — Éd. Jolibois, p. 139. — Mention. Sim., p. 313.

155

Juillet 1210.

Simon, s. de J., est entré en compromis avec Blanche de Champagne au sujet : 1° des contestations de ses paysans avec ceux de Blanche ; 2° de ceux de ses paysans qui sont allés demeurer sur la terre de Blanche.

A, f° 45 r°. - F$_2$, p. 461. — Mention. D'A. de J., n° 745. - Sim., p. 313.

156

1er août 1210.

Simon, s. de J., du consentement de sa femme Ermengart et de son frère Gui de Sailly, confirme aux religieux de Boulancourt toutes les acquisitions faites dans sa seigneurie au profit de la grange de Morancourt, mais à condition que, suivant les termes de la fondation de cette grange, ils n'acquerront plus rien sans son consentement.

Cart. de Boulancourt, n° 167. - Bibl. nat. Coll. Duchesne, vol. 20, f° 346 *ter* v°. — Mention. Lalore, *Cartulaire de l'abbaye de Boulancourt*, p. 58.

157

1210.

Simon, s. de J., fait savoir qu'il a donné à S. Étienne de Châlons 60 sous pour fonder son anniversaire, celui de ses parents et celui de ses frères.

Analyse. Bibl. nat., lat. 5211^A, p. 82.

158

Mai 1211.

Simon, s. de J., déclare que, du consentement de sa femme et de son frère Gui, il a vendu à son frère Guillaume, évêque de Langres, moyennant 500 livres provenisiens, tous les revenus qu'il possédait à S. Germain et à Mauvilly, avec faculté de résiliation pendant deux ans. (Voir n° 146.)

Bibl. nat., lat. 7100, p. 56.

159

Juin 1211.

Gui de J., s. de Sailly, avoue tenir en foi et hommage du comte de Champagne la terre et seigneurie de Donjeux.

Mention. V, f° 88 v°, d'après un «inventaire des arch. du château de Joinville, II, 77».

160

Vertus, août 1211.

Simon, s. de J., déclare que, Blanche de Champagne ayant consenti à lui confier Hugues d'Apremont qu'elle tenait prisonnier, il s'engage à remettre ledit Hugues entre les mains de Blanche, à Provins, dans la quinzaine de la réquisition.

A, f° 65 r°. – B, f°° 54 r° et 263 v°. – C, p. 28 et 163. — Mention. D'A. de J., n° 774. – Sim., p. 314.

161

1211.

Simon, s. de J., constate un accord intervenu entre Garnier de Sommeville, chevalier, et les frères d'Écurey, au sujet des pâtures de Chevillon.

Analyse. Bibl. nat., lat. 17048, p. 523, d'après le cart. d'Écurey.

162

1212.

Simon, s. de J., reconnaissant qu'il a eu tort d'enlever des porcs sur le territoire de S. Urbain, demande pardon aux religieux et leur abandonne la forêt du Pavillon.

> Copie. Coll. Moreau, vol. 117, p. 85. — D'après une autre version, cet abandon aurait été motivé par le meurtre d'un religieux, commis dans cette forêt par les officiers de Simon, mais il ne restait plus, en 1874, que la chemise de la pièce contenant cette seconde version aux archives de la Haute-Marne, S. Urbain, 23ᵉ liasse, 7ᵉ partie. — Mention. Inventaire de S. Urbain. - Bibl. nat., fr. 11559. — Champollion-Figeac, Notices et extraits, I, 617. - Sim., p. 314.

163
1212.

Simon de J. est l'un des trente-quatre signataires du règlement fait par Blanche de Champagne, d'accord avec ses barons : 1° sur le partage des fiefs entre filles, à défaut d'héritiers mâles; 2° sur le duel judiciaire.

> Arch. nat. J 198, n° 20. — Copies. B, f° 4 r°. — C, p. 2. — D, f°ˢ 9 v° et 252 v°. — F₁, f° 155 v°. — Éd. Pithou, Coûtumes de Troyes, éd. de 1628, p. 68. - Chantereau, II, 44. - Brussel, p. 876. - Teulet, n° 1031. — Extraits. Du Cange, Glossarium au mot Duellum. - N. de Wailly, Éléments de paléogr., II, 36. — Mention. V, f° 88 v°. - D'A. de J., n° 814.

164
1213.

Simon, s. de J., du consentement d'Ermengart, sa femme, renonce à toutes les exactions qu'il levait par son prévôt sur les hommes de S. Urbain, comme avoué de cette abbaye.

> Copie du xviiᵉ siècle. Arch. de la Haute-Marne, S. Urbain, 16ᵉ liasse, 7ᵉ partie. - Bibl. nat. Coll. Moreau, vol. 118, p. 46. — Mention. V, f° 89 r°. - Sim., p. 314.

165
Troyes, août 1214.

Simon de J., sén. de Ch., fait à la comtesse Blanche hommage lige de la sénéchaussée de Champagne, sauf réserve de la question d'hérédité. Il promet d'aider Thibaut IV contre les filles du comte Henri et lui fait hommage de Joinville.

> Arch. nat. J 1035, n° 7. — Copies. A, f° 60 r°. - B, f°ˢ 53 r° et 263 v°. - C, p. 27 et 163. - F₂, p. 462. — Éd. Chantereau, II, 24. - Brussel, p. 638. - Didot, pièce K. — Mention. Du Cange, p. 11. - Art de vérif. les dates, II, 597. - D'A. de J., n° 867. - Sim., p. 314.

166
Août 1214.

Guillaume, évêque de Langres, déclare que si son frère Simon de J., sén. de Ch., n'aide pas, suivant sa promesse, Blanche de Champagne et Thibaut IV contre les filles du comte Henri, il frappera sa terre d'interdit et sa personne d'excommunication.

A, f° 128 r°. – B, f° 57 r°. – C, p. 30.— Mention. D'A. de J., n° 868. – Sim., p. 314.

167
Août 1214.

Blanche de Champagne donne à Guillaume de J., évêque de Langres, des lettres de non-préjudice sur ce que Guillaume, se trouvant à Troyes pour affaires personnelles, y a reçu l'hommage de Thibaut IV, qu'il aurait dû ne recevoir qu'à Langres.

Bibl. nat., lat. 17035, f° 97. — Mention. *Gallia Christiana*, IV, col. 598ᵇ.

168
Septembre 1214.

Gautier, s. de Vignory, est caution de Simon de J., qui a juré d'aider la comtesse Blanche contre les filles du comte Henri.

A, f° 58 r°. – B, f° 58 r°. – C, p. 30. — Mention. D'A. de J., n° 876. – Sim., p. 314.

169
1214.

Simon, s. de J., renonce à toutes prétentions sur la rivière de Blaise, qui doit être possédée par l'abbaye de Montiérender, ainsi que son aïeul Geoffroy IV l'a reconnu au jour de sa mort.

1ᵉʳ cart. de Montiérender, f° 70 v°.—*Éd.* Sim., p. 120.

170
1214.

Simon, s. de J., sén. de Ch., déclare qu'il abandonne à l'abbaye de

Montiérender le moulin qu'il avait fait indûment construire à Vaux-sur-Blaise, consent à ce que les hommes de l'abbaye conservent leurs droits d'usage dans la garenne qu'il vient de faire près de Dommartin-le-Saint-Père, et renonce à forcer les hommes de l'abbaye à travailler au château de Joinville.

2e cart. de Montiérender, f° 70 r°. — *Éd.* Sim., p. 120. — Mention. V, f° 89 r°.

171

Avril 1214-1215.

Simon, s. de J., sén. de Ch., constate un don fait aux Templiers de *Couvertpuits* par son homme, Ferry de Vaucouleurs, chevalier.

Arch. de la Haute-Marne, *Ruetz*, A.

172

Juin 1215.

Gui, s. de Sailly, fait à Thibaut IV hommage lige de Donjeux.

Arch. nat. J 1035, n° 9. — Copies. A, f° 92 r°.- B, f° 222 r°. — C, p. 134. — F₃, f° 142 r°. — *Éd.* Chantereau, II, 59. — Mention. D'A. de J., n° 9118.

173

Juin 1215.

Simon, s. de J., sén. de Ch., consent à ce que Gui, s. de Sailly, son frère, tienne ligement Donjeux de Thibaut IV.

Arch. nat. J 1035, n° 8. — Copies. A, f° 48 v°. - B, f°s 52 v° et 265 r°. - C, p. 26 et 65. – F₂, p. 463. — *Éd.* Chantereau, II, 57. — Mention. D'A. de J., n° 919. – V, f° 89 r°. - Sim., p. 314.

174

Septembre 1215.

Guillaume, évêque de Langres, fait savoir que la contestation pendante entre ses frères Simon, s. de J., et Gui, s. de Sailly, au sujet de la part d'héritage de celui-ci, s'est terminée ainsi : Simon accorde à Gui la moitié de tout le territoire qu'il tient en Champagne, plus 40 livres.

Bibl. nat., franç. 11559, f° 391 r°, d'après le «cart. de Jean, sire de Joinville».

175
1215.

Simon, s. de J., sén. de Ch., donne à l'abbaye de Montiérender tout ce qu'il avait à Dommartin-le-Franc.

<small>2ᵉ cart. de Montiérender, f° 71 v°. — MENTION. V, f° 89 r°. – Sim., p. 315.</small>

176
Juin 1216.

Simon, s. de J., sén. de Ch., constate un accord entre S. Urbain et Aubert de Brachey, qui cède à l'abbaye ses droits de justice sur les hommes de Flammerécourt.

<small>Arch. de la Haute-Marne, *S. Urbain*, 22ᵉ liasse, 4ᵉ partie. — MENTION. Sim., p. 315.</small>

177
7 août 1216.

Le pape Honorius III envoie à Simon, s. de J., en même temps qu'à quelques autres grands seigneurs, une lettre pour l'engager à mettre à exécution son vœu de croisé et à entraîner ainsi les croisés hésitants.

<small>ÉD. *Hist. de Fr.*, XIX, 610 D.</small>

178
1216.

Simon, s. de J., sén. de Ch., du consentement de sa femme Ermengart, de son fils Geoffroy, de ses filles Isabelle et Béatrix, donne à Clairvaux le droit de pêche dans ses étangs pendant trois jours et trois nuits chaque année avant le chapitre général, pour la subsistance des abbés qui s'y rendront.

<small>Cart. de Clairvaux, *Elemosinœ*, p. 82. — ÉD. Champollion-Figeac, I, 618. — MENTION. Sim., p. 315.</small>

179
Mars 1217.

Simon, s. de J., sén. de Ch., ratifie la vente du tiers des dîmes de

Montiers-sur-Saulx, faite au chanoine Ourry de Ligny par Hugues de Fronville.

<small>2ᵉ cart. de Montiérender, f° 72 r°. — MENTION V, f° 89 r°. – Sim., p. 315.</small>

180
Trèves, 18 avril 1217.

Simon de J. est le premier des témoins laïques présents à l'acte par lequel Thierry, archevêque de Trèves, confirme à l'abbaye de S. Martin de Trèves la possession d'un bois sis près d'Irsch et de Tarforst, contesté par Mathieu de Brück, chevalier.

<small>COPIE moderne à la Bibliothèque de Trèves. — ED. Eltester et Gœrz, *Urkundenbuch zur Geschichte*..... *Coblenz und Trier*, III, 69, n° 67.</small>

181
Juin 1217.

Gui, sire de Sailly, se déclare l'homme lige de Simon de J. avant tous hommes, mais après le comte de Champagne.

<small>Bibl. nat., fr. 11559, f° 391 v°.</small>

182
Août 1217.

Simon, s. de J., sén. de Ch., fait savoir qu'Aubert de Brachey, chevalier, a vendu à S. Urbain, pour le prieuré de Flammerécourt, sept fauchées de pré moyennant 40 livres.

<small>Arch. de la Haute-Marne, *S. Urbain*, 3ᵉ liasse, 3ᵉ partie, n° 1.</small>

183
5 octobre 1217.

Érard de Brienne fait une trêve avec la comtesse Blanche de Champagne et désigne Simon de J. comme un des arbitres chargés de la faire observer.

<small>A, f° 43 v°. — MENTION. D'A. de J., n° 1090.</small>

184
5 décembre 1217.

Érard de Brienne et Simon de J. déclarent que, de concert avec Renard de Choiseul ils ont fait, avec Blanche, comtesse de Ch., et avec Thibaut IV une trêve qui durera jusqu'au 31 décembre inclusivement.

A, f° 44 r°. — Mention. D'A. de J., n° 1095. - Sim., p., 315.

185
Décembre 1217.

Simon de J., sén. de Ch., donne des lettres de non-préjudice à l'abbé de S. Urbain qui, par pure bonne volonté, a envoyé ses hommes faire le guet au château de Joinville.

Arch. de la Haute-Marne, S. Urbain, 15° liasse. — Copie. Bibl. nat. Coll. Moreau, vol. 132, p. 143. — Éd. Du Cange, Glossarium au mot Hordamentum. - Sim., p. 117. — Mention. V, f° 89 r°. - Sim., p. 315.

186
24 février 1218.

Érard de Brienne et Simon de Châteauvilain font avec la comtesse Blanche de Ch. une trêve dans laquelle sont inclus Thibaut, duc de Lorraine, Simon, s. de J., etc.

A, f° 44 v°. — Mention. D'A. de J., n° 1105. - Sim., p. 315.

187
Février 1218.

Simon, s. de J., sén. de Ch., déclare accepter de posséder, en commun avec S. Urbain, Ode, sa femme de corps, et Roger, homme de S. Urbain à Mussey.

Bibl. nat. Coll. Moreau, vol. 123, p. 49.

188
Mars 1218.

Richard, comte de Montbéliard, se porte pleige de 100 marcs payables au duc de Lorraine après Pâques, dans le cas où Simon de J. ne tiendrait pas ses engagements envers ce duc.

<small>Arch. de la Meuse, cart. B 256, f° 202 v°. — *Éd.* Sim., p. 311.</small>

189
7 juin 1218.

Simon de J. déclare que, son droit héréditaire à la sénéchaussée de Champagne ayant été reconnu par la comtesse Blanche de Ch. et par Thibaut IV, il est revenu à leur hommage, qu'il les aidera contre Érard de Brienne, et pour gage de sa fidélité il leur reconnaît le droit de confisquer la mouvance de la Fauche, leur donne en otage son fils Geoffroy et livre son château de Joinville à l'évêque de Langres.

<small>Arch. nat. J 1035, n° 11. — *Copies.* A, f° 60 r°. – B, f° 53 r°. – C, p. 27. – F₂, p. 464. — *Éd.* Chantereau, II, 32. – Martène, *Thes. anec.*, I, 865. — *Extrait.* Pithou, *Coût. de Troyes,* éd. de 1628, p. 130. — *Mention.* Du Cange, p. 11. – V, f° 89 r°. – Bréquigny, sous la date du 27 juillet 1208. – D'A. de J., n° 1124. – Sim., p. 315.</small>

190
[7] juin 1218.

Blanche de Ch. et Thibaut IV constatent l'existence des conventions contenues dans l'acte de Simon de J. du même jour (n° 189).

<small>B, f° 282 r°. – C, p. 177. – F₁, f° 158 v°. — *Éd.* Chantereau, II, 94. — *Mention.* D'A. de J., n° 1125. – V, f° 89 r°.</small>

191
[7] juin 1218.

Guillaume, évêque de Langres, a reçu en gage le château de Joinville, et le livrera à Blanche de Ch. dans le cas où Simon de J. ne remplirait pas ses engagements. (Cf. n° 189.)

<small>A, f° 48 v°. – B, f° 148 r°. – C, p. 80. — *Éd.* Chantereau, II, 90. — *Mention.* Gallia Christiana, IV, 599°. – D'A. de J., n° 1126. – Sim., p. 316.</small>

192
7 juin 121 .

Simon de Châteauvilain doit, en cas de décès de l'évêque de Langres, prendre possession du château de Joinville et le livrer à Blanche de Ch. si Simon de J. ne remplit pas ses engagements. (Cf. n° 189.)

<small>A, f° 145 r°. – B, f° 57 v°. – C, p. 30. — Mention. D'A. de J., n° 1127.</small>

193
[7] juin 1218.

Blanche de Ch. et Thibaut, son fils, permettent à Simon de J., sén. de Ch., de rebâtir le château de Doulevant tel qu'il était avant qu'ils s'en emparassent. Si Simon voulait le rendre plus fort, il devrait alors le tenir rendable et jurable du comte.

<small>Bibl. nat., fr. 11559, f° 407 r°. — Mention. Jolibois, La Haute-Marne, p. 195. – Sim., p. 316.</small>

194
[7] juin 1218.

Hugues de la Fauche, recevant en fief de Blanche de Ch. 20 livres de rente sur les foires de Bar, promet de l'aider de son château contre tous, et de ne pas revenir, sans son consentement, à l'hommage de Simon de J.

<small>A, f° 96 v°. – B, f° 211 r°. – C, p. 125. – F₃, f° 96 v°. — Éd. Chantereau, II, 92. — Mention. D'A. de J., n° 1123.</small>

195
[7] juin 1218.

Érard de Brienne fait avec la comtesse Blanche une trêve dont les arbitres sont le duc de Bourgogne et Simon de J.

<small>A, f° 44 v°. — Mention. D'A. de J., n° 1128.</small>

196
[Vers le 7 juin] 1218.

Simon de J. déclare à la comtesse Blanche qu'il a reçu de Renard de Choiseul et d'Érard de Brienne la promesse d'observer la trêve précédente.

<small>A, f° 44 r°. — Mention. D'A. de J., n° 1130. – Sim., p. 316.</small>

197
Luzy, 18 juillet 1218.

Simon, s. de J., sén. de Ch., donne à S. Laurent de J. le charruage de Morancourt avec les bœufs et sept fauchées de pré sur la Blaise.

<small>Cart. de S. Laurent, f° 23 v°. — MENTION. Sim., p. 316.</small>

198
23 juillet 1218.

Simon [de J.], s. de Montclair, et Ermengart, sa femme, abandonnent à l'abbaye de Mettlach les droits qu'ils lui contestaient sur une source salée, sise sur le territoire de l'abbaye, et sur les essaims d'abeilles trouvés dans la forêt des religieux.

<small>Mettlacher diplomatar aux arch. de Coblenz. — ÉD. Eltester et Goerz, Urkundenbuch zur Geschichte..... Coblenz und Trier, III, 84, n° 85.</small>

199
23 juillet 1218.

Hugues de la Fauche fait, à la comtesse Blanche et à Thibaut IV, hommage lige de la Fauche et de tout ce qu'il tenait de Simon de J. Il reconnaît avoir reçu de Blanche un présent de 200 livres et une rente de 20 livres sur les foires de Bar.

<small>A, f° 97 v°. — B, f° 212 r°. — C, p. 126. — F₃, f° 97 v°. — ÉD. Chantereau, II, 33. — MENTION. D'A. de J., n° 1142.</small>

200
Juillet 1218.

Ermengart, dame de Montclair, renonce à son douaire pour le cas où elle se remarierait après le décès de Simon de J., son mari. Si elle reste veuve, elle jouira de tout l'héritage jusqu'à ce que son fils Geoffroy ait quinze ans, et se contentera ensuite de son domaine, si son fils l'exige.

<small>Arch. nat. J 1035, n° 12. — COPIE. F₃, f° 104 r°. — ÉD. Didot, pièce N. — Bibl. de l'Éc. des chartes, XXXIX, 561. — MENTION. Du Cange, p. 12. — Sim., p. 316.</small>

201

Juillet 1218.

Simon, s. de J., sén. de Ch., constate une vente de vingt setiers de blé faite à S. Laurent de J. par Blanche, veuve de Thibaut de Rigny, chevalier, et par Achardin, son fils.

<small>Cart. de S. Laurent, f° 24 r°. — MENTION. V, f° 89 v°. – Sim., p. 316.</small>

202

Juillet 1218.

Simon, s. de J., cède à l'évêque de Châlons ses hommes de Thonnance et de Suzannecourt pour être relevé de l'excommunication dont il avait été frappé au sujet des réquisitions qu'il avait faites dans ces deux domaines qui tous deux appartiennent à l'évêque, pendant qu'il était en guerre avec la comtesse Blanche.

<small>ANALYSE. Bibl. nat., lat. 5211^A, p. 87. — MENTION. Jolibois, La Haute-Marne, p. 516. – Sim., p. 316.</small>

203

Juillet 1218.

Guillaume, évêque de Langres, déclare que c'est par son entremise qu'a été conclu le précédent accord et promet de le faire ratifier par Ermengart, dame de J., par ses enfants et par Gui, sire de Sailly.

<small>Bibl. nat., lat. 5211^A, p. 74. – Lat. 17035, f° 97.</small>

204

Juillet 1218.

Simon, s. de J., sén. de Ch., déclare qu'il donne à Clairvaux la vigne appelée le Clos-Joinville, près de Colombé-la-Fosse, et approuve l'achat fait par la Maison-Dieu de Bar-sur-Aube du bois de Doulevant, à Colombé.

<small>Cart. de Clairvaux, Col., p. 111.</small>

205

Juillet 1218.

Simon, s. de J., sén. de Ch., reconnaît devoir à Clairvaux 20 sous de cens annuel sur deux menses sises à Charmes-la-Grande.

Cart. de Clairvaux, *Belinf.*, XXXIII.

206

Juillet 1218.

Simon de J., sén. de Ch., donne au juif Ourry une rente en blé sur Montiers-sur-Saulx jusqu'à ce qu'il lui ait délivré la dîme de messire Isembart.

2ᵉ cart. de Montiérender, f° 72 r°. — MENTION. V, f° 89 r°. – Sim., p. 316.

207

Juillet 1218.

Simon de J., sén. de Ch., confirme la donation que feu son frère Geoffroy V avait faite à l'église de la Crête, d'une charbonnière dans les bois de Mathons, à condition de n'employer ni chêne, ni hêtre, ni poirier, ni pommier.

Arch. de la Haute-Marne, *La Crête*, 3ᵉ liasse, 3ᵉ dossier.

208

Juillet 1218.

Simon de J., sén. de Ch., cède à S. Urbain le droit de gîte à Watrignéville, les prés de Blécourt et un homme de Vaux.

Arch. de la Haute-Marne, *S. Urbain*, 16ᵉ liasse, 1ʳᵉ partie. — COPIE. Bibl. nat. Coll. Moreau, vol. 123, p. 218. — MENTION. Sim., p. 316.

209

20 décembre 1218.

Le pape Honorius III communique à Aimard, évêque de Soissons, à l'abbé de S. Jean des Vignes et au doyen du chapitre la sentence d'excommunication portée contre Simon de J. et Simon de Châteauvilain.

<small>Éd. Hist. de Fr., XIX, 674 E. — Mention. D'A. de J., n° 1172. – Sim., p. 316.</small>

210
1218.

Simon de J. donne à Montiérender tout ce qu'il possède à *Ruffum pratum*, près de Dommartin-le-Franc.

<small>2° cart. de Montiérender, f° 72 r°. — Mention. V, f° 89 r°.</small>

211
1218.

Simon de J., sén. de Ch., donne aux frères d'Écurey 21 sous qu'ils lui devaient chaque année pour les vignes qu'ils tenaient à Joinville, et les autorise à vendre à Joinville le vin de Colombé, non seulement au même moment que les gens du voisinage, mais encore depuis la Pentecôte jusqu'aux vendanges.

<small>Arch. de la Meuse, Écurey. — Mention. Bibl. nat., lat. 17048, f° 519 v°.</small>

212
1218.

Simon, s. de J., sén. de Ch., déclare que Henri d'Effincourt a donné au Val d'Osne cinq setiers de blé à prendre chaque année sur les terrages de Paroy.

<small>Copie du xvii° siècle. Arch. nat. L 1045, n° 28, f° 21 r°.</small>

213
Damiette, 1219.

Simon, s. de J., sén. de Ch., déclare avoir été témoin que Jean, sire de Nully, faisant son testament au siège de Damiette, avait légué à Montiérender et aux Templiers tout ce qu'il avait à Sommevoire par égales portions.

<small>Mention. V, f° 89 v°, d'après les arch. de l'abbaye de Montiérender.</small>

214
1219.

Gui de J., s. de Sailly, approuve la donation des hommes de Thonnance et de Suzannecourt, faite par Simon de J. à l'évêque de Châlons en juillet 1218. (Voir n° 202.)

Analyse. Bibl. nat., lat. 5211^A, p. 87.

215
1219.

Guillaume, archevêque de Reims, constate que son frère Gui de J., s. de Sailly, a donné l'approbation précédente.

Analyse. Bibl. nat., lat. 5211^A, p. 74.

216
Avril 1220.

Gui de J., s. de Sailly, donne à Écurey tout ce qu'il avait sur le passage de Ramerupt pour le salut de son âme et de celles de sa femme Agnès, de son père Geoffroy et de sa mère Héluis.

Arch. de la Haute-Marne, *Abbaye de Boulancourt*, 2° liasse. — *Mention.* Bibl. nat., lat. 17048, p. 521.

217
Septembre 1220.

Simon, s. de J., promet de s'en rapporter à son frère l'archevêque de Reims pour le démêlé pendant entre lui et le chapitre de S. Laurent de J. au sujet de la collation des prébendes.

Cart. de S. Laurent, f° 36 r°. — *Éd.* Sim., p. 124.

217 BIS
Mai 1221.

Mathieu II, duc de Lorraine, constate un arrangement conclu entre

Gilles de Berg et ses fils, d'une part, et Simon, sire de Joinville, sén. de Ch., d'autre part, au sujet de la localité de Mersch.

<small>Arch. de Metz, fonds de Reinach. — MENTION. *Chartes de la famille de Reinach*, n° 1, publiées par l'Institut royal grand-ducal de Luxembourg. — Le Mercier de Morière, *Catalogue des actes de Mathieu II, duc de Lorraine*, n° 16.</small>

218

Payns, 13 juillet 1221.

Hugues, fils aîné du comte de Rethel, prend Simon de J. pour arbitre entre Blanche de Champagne et lui, au sujet de diverses difficultés concernant Garnier et Colin de Souain.

<small>A, f° 98 v°. - B, f° 213 r°. - C, p. 127. — MENTION. D'A. de J., n° 1333. - Sim., p. 317.</small>

219

9 août 1221.

Gui de Sailly donne assurement à quatre serfs dont la propriété lui était contestée par la comtesse de Champagne.

<small>F$_3$, f° 143 r°. — MENTION. D'A. de J., n° 1335. - Sim., p. 339.</small>

220

Novembre 1221.

Simon, s. de J., sén. de Ch., déclare que les religieux de Mettlach lui ont concédé, sa vie durant, une fontaine salée sise dans le jardin de l'hôpital de Mettlach moyennant le payement d'un vingtième du sel exploité.

<small>Original scellé aux arch de Coblentz. — ÉD. Eltester et Goerz, *Urkundenbuch zur Geschichte ... Coblenz und Trier*, III, 149, n° 173.</small>

221

Décembre 1221.

Simon de J. fait hommage, au comte de Bar, de Boncourt, Ribeaucourt, Biencourt, Germay et Juvigny.

<small>Arch. de la Meurthe, *Ancerville*, n° 1. — COPIES. Bibl. nat., fr. 11853, f° 42 v°. - Coll. de Lorraine, vol. 718, f° 37 r°. — VIDIMÉ en 1319 par Jean Margarit, doyen de S. Laurent de Joinville. Arch. nat. K 1154, n° 4.</small>

222

Décembre 1221.

Simon de J. se déclare l'homme lige du comte de Bar, sauf l'avouerie qu'il tient du duc de Lorraine au nom de son fils Geoffroy.

Bibl. nat. Coll. de Lorraine, vol. 718, f° 37 r°.

223

Décembre 1221.

Gui de Sailly et Eudes Ragot, son beau-frère, approuvent l'acte par lequel la comtesse Blanche rétablit des droits d'usage que Gui de Chappes avait supprimés dans la forêt de Foolz.

F_1, f° 161 v°. — Mention. D'A de J., n° 1351 bis. - Sim., p. 339.

224

1221.

Simon, s. de J., notifie la donation faite à Écurey par Miles de Haironville, chevalier, pour le repos de l'âme de sa femme Élisabeth.

Analyse. Bibl. nat., lat. 17048, p. 523, d'après le cart. d'Écurey.

225

1221.

Gui de Sailly fait hommage à la comtesse Blanche et à Thibaut IV du fief de Jully-sur-Sarce qui lui était échu du fait de sa femme.

Éd. Chantereau, p. 128. — Mention. Sim., p. 339.

226

Février 1222.

Simon, s. de J., garantit à Philippe Auguste la fidélité de Thibaut IV.

Arch. nat. J 1035, n° 13. — Copies. Arch. nat. JJ 26, f° 180 v°. - Bibl. nat., lat. 9778, f° 147 r°. — Mention. L. Delisle, *Catalogue des actes de Philipe Auguste*, n° 2122. - D'A. de J., n° 1370. - Sim., p. 317.

227
1ᵉʳ août 1222.

Simon de J., devant 500 livres à Guillaume, évêque de Châlons, donne Thibaut IV pour caution et lui promet de le tenir indemne de tout dommage.

A, f° 47 r°. – B, f° 52 r°. – C, p. 26. — Éd. Chantereau, II, 141. — Mention. D'A de J., n° 1441. – Sim., p. 317.

228
23 septembre 1222.

Simon de J. est caution de Foulques de Mousson qui doit se rendre en prison à Chaumont de ce jour à la S. Martin; autrement Simon payera à Thibaut IV 200 livres, plus les dommages-intérêts.

F_2, p. 467. — Mention. D'A. de J., n° 1443. – Sim., p. 317.

229
Septembre 1222.

Simon de J. déclare qu'il a engagé pour 400 livres aux moines de Clairvaux ses revenus de Colombé et de Charmes, et que Thibaut IV pourra le contraindre à exécuter cet engagement.

A, f° 47 r°. – B, f° 52 r°. – C, p. 26. – F_2, p. 469. — Éd. Chantereau, II, 141. — Mention. D'A. de J., n° 1445. – Sim., p. 317.

230
Décembre 1222.

Simon, s. de J., déclare consentir à ce que l'abbaye de Montiérender tienne Sommevoire et la chambrerie de Mertrud, après la mort de son frère Guillaume, archevêque de Reims.

2° cart. de Montiérender, f° 72 r°. — Éd. Sim., p. 122.

231
1222.

Simon de J. confirme tous les dons qu'il a faits à l'abbaye de Boulancourt.

Cart. de Boulancourt, n° 444. — Mention. Lalore, *Cartulaire de l'abbaye de Boulancourt*, p. 58. – Sim., p. 317.

232
Dijon, 2 avril 1223.

Simon de J. constate que Ponce de Choiseul et Laurence, sa femme, ont ratifié la cession au comte de Champagne de la part de Laurence dans l'héritage de Miles, comte de Bar-sur-Seine, son oncle.

<small>Arch. nat. J 195, n° 8. — Éd. Teulet, *Layettes du Trésor des chartes*, II, n° 1637, avec la date du 17 mars 1223-1224. — Mention. D'A de J., n° 1486. - V, f° 89 v°.</small>

233
22 mai 1223.

Gui de J., s. de Sailly, reconnaît avoir reçu 100 livres dues par Thibaut de Champagne à Simon de J. à cause de son emploi de sénéchal.

<small>F₃, f° 143 v°. — Mention. D'A. de J., n° 1534.</small>

234
Octobre 1223.

Simon de J. constate la donation faite au prieuré de S. Jacques par Gautier Chaudron, fils de Miles de Haironville, chevalier, du tiers de tout ce qu'il possédait.

<small>Copie. Bibl. nat. Coll. Moreau, vol. 132, p. 170. — Mention. V, f° 90 r°, d'après les arch. de l'abbaye de S. Urbain. - Sim., p. 317.</small>

235
1223.

Simon, s. de J., atteste qu'Androuin de Courcelles, son vassal, a reconnu en sa présence qu'il n'avait pas l'usage dans les bois de la chambrerie de Montiérender, à Mertrud. En retour, l'abbaye lui concède, sa vie durant, l'usage pour une forge dans les bois d'Origny.

<small>2° cart. de Montiérender, f° 72 v°. — Mention. V, f° 89 v°. - Sim., p. 317.</small>

236
Février 1224.

Simon, s. de J., sén. de Ch., reconnaît que ni lui ni ses héritiers n'ont aucun droit à prétendre sur un muid de blé qu'un nommé Morel de Joinville, son homme, tenait des religieux de S. Urbain sur les fours de Joinville.

<small>Arch. de la Haute-Marne, *S. Urbain*, 23ᵉ liasse, 1ʳᵉ partie.</small>

237
9 juin 1224.

Guillaume, archevêque de Reims, légat du pape, déclare qu'en sa présence Thibaut IV a donné à Simon de J. la sénéchaussée de Champagne à charge d'hommage lige, sous réserve de la question d'hérédité qui sera jugée après la mort de Simon.

<small>Arch. nat. J 1035, n° 15. — Copies. Bibl. nat., lat. 5211 ᴀ, f° 159. – Coll. Moreau, vol. 134, p. 188. - E, f° 116 r°. — Éd. Brussel, p. 639. — Mention. Du Cange, p. 12. – Sim., p. 318.</small>

238
9 juin 1224.

Guillaume, archevêque de Reims, légat du pape, est tenu de rendre à Thibaut IV des lettres de feu Eudes, duc de Bourgogne, constatant certaines conventions intervenues entre Thibaut IV et Simon de Joinville pendant la régence de la comtesse Blanche. S'il ne retrouve pas ces lettres, il attestera qu'elles ne peuvent désormais être opposées à Thibaut.

<small>E, f° 116 r°. — Mention. D'A de J., n° 1631.</small>

239
12 septembre 1224.

Simon, s. de J., figure dans l'accord conclu entre Jean, évêque de Metz, d'une part, et les comtes de Champagne et de Bar, d'autre part, comme gardien de la trêve entre le comte de Bar et les bourgeois de Metz.

<small>Recueil de Du Fourny, layette *Conflans-en-Jarnisy*, n° 151.</small>

240
La Fauche, octobre 1224.

Simon, s. de J., approuve divers dons faits par Hugues, s. de la Fauche, à la maison des chevaliers teutoniques de Beauvoir.

<small>Vidimé par Jean de J. en avril 1292. (Voir n° 569.) — Éd. N. de Wailly, *Bibl. de l'Éc. des chartes*, 1867, p. 590. — Mention. Sim., p. 318.</small>

241
Sézanne, 25 décembre 1224.

Simon de J. est l'un des signataires du règlement fait par Thibaut IV sur le partage des fiefs entre les enfants mâles et sur le droit d'aînesse.

<small>A, f° 180'r°. – B, f°s 14 r° et 285 v°. – C, p. 6. – D, f° 31 r°. – F,, f° 126 v°. – Éd. Pithou, *Coût. de Troyes*, éd. de 1628, p. 69. – Chantereau, II, 55. – Martène, *Thes. anec.*, I, 919. – Brussel, p. 879. — TRADUCTIONS. *Li droits et li coustumes de Champagne et de Brie. – Art de vérif. les dates*, II, 623. — MENTION. Du Cange, p. 12. – V, f° 90 r°. – Sim., p. 318.</small>

242
1224.

Simon, s. de J., sén. de Ch., du consentement de sa femme Béatrix, donne à Molesme sa grange et sa bouverie de Vaucouleurs pour qu'on construise, sur l'emplacement, une chapelle en l'honneur de S. Laurent.

<small>Arch. de la Côte-d'Or. — COPIE. Bibl. nat. Coll. Duchesne, vol. 20, p. 339. — MENTION. Du Cange, p. 12. – Sim., p. 318.</small>

243
20 avril 1225.

Simon de J., sén. de Ch., déclare que Miles de Neuville, chevalier, a donné la moitié de quatorze arpents de terre aux Templiers de Ruetz.

<small>Arch. de la Haute-Marne, *Ruetz*, A.</small>

244
Mai 1225.

Gui de J., s. de Sailly, déclare qu'il a donné douze setiers de blé aux moines de Molesme.

<small>Bibl. nat. Coll. Duchesne, vol. 20, p. 339.</small>

245
Juillet 1225.

Simon de J., sén. de Ch., fait un accord avec Jean de Chalon, son beau-frère, au sujet du château de Marnay.

<small>Collection de Laubespin. — MENTION. Du Cange, p. 13. - *Table des diplômes*, V, 255, et VI, 277, sous la date de décembre 1255. – Chifflet, *Béatrix, comtesse de Chalon*, p. 114.</small>

246

Meaux, 4 septembre 1225.

Simon de J., sén. de Ch., déclare qu'en sa présence Robert III, comte de Braisne et de Dreux, est devenu homme lige de Thibaut IV, pour tout ce que Robert II, son père, tenait de Blanche et de Thibaut. Précédemment Robert III avait reçu de Pierre, comte de Bretagne, son frère, la forteresse de la Fère pour la tenir de Thibaut.

Arch. nat. J 1035, n° 17. - B, f° 344 r°. - F$_2$, p. 471-472. - Éd. Chantereau, II, 164. — Mention. D'A. de J., n° 1631. - Sim., p. 318.

247

Avril 1226.

Simon de J., sén. de Ch., du consentement de Béatrix, sa femme, et de Geoffroy, son fils, ratifie les donations faites à Montiérender par Arnoul de Doulevant.

2° cart. de Montiérender, f° 72 v°. — Mention. V, f° 90 r°. - Sim., p. 318.

248

Mai 1226.

Simon de J., sén. de Ch., déclare qu'Ourry, chanoine de Ligny, a donné à Montiérender, avec son assentiment et celui de son fils Geoffroy, tout ce qu'il avait des dîmes de Montiers-sur-Saulx.

2° cart. de Montiérender, f° 78 r°. — Mention. Sim., p. 318.

249

28 juillet 1226.

Thibaut IV accorde à Simon de J. la sénéchaussée de Champagne à titre héréditaire.

Éd. Champollion-Figeac, I, 618. - É. de Barthélemy, *Diocèse ancien de Châlons*, I, 307. — Mention. D'A. de J., n° 1720. - V, f° 90 r°. - Sim., p. 318.

250
Décembre 1226.

Gui de Sailly publie une transaction intervenue en sa présence entre Clairvaux et la commune de Montceaux.

<small>Cart. de Clairvaux, *Camp.*, xliiij.</small>

251
Joinville, 12 mars 1227.

Simon de J., de l'assentiment de sa femme Béatrix et de son fils Geoffroy, donne à Montiérender tout ce qu'il avait dans le bois appelé *Forest*, plus quatre hommes et une veuve habitant Ville-en-Blaisois.

<small>2ᵉ cart. de Montiérender, f° 73 r°. — MENTION. Sim., p. 318.</small>

252
Juin 1227.

Simon, s. de J., sén. de Ch., donne à S. Laurent de J. la *Maison peinte* située dans le château de J., entre le puits et la grande cour, du consentement de sa femme, de son fils Geoffroy et de ses autres enfants.

<small>Cart. de S. Laurent, f° 35 r°. — ÉD. Sim., p. 125.</small>

253
Trèves, 6 décembre 1227.

Thierry, archevêque de Trèves, fait un accord entre Geoffroy [de J.], s. de Montclair, et Gautier, voué de Pommern, au sujet des droits que tous deux prétendaient avoir audit lieu.

<small>Double original aux arch. de Coblentz. — ÉD. Eltester et Goerz, *Urkundenbuch zur Geschichte ... Coblenz und Trier*, III, 255, n° 319.</small>

254
1227.

Simon de J., comme mari de Béatrix, fille d'Étienne, comte d'Auxonne, et de Béatrix, comtesse de Chalon, fait foi et hommage au duc de Bourgogne pour le château de Marnay, et s'oblige à le servir contre Jean, comte de Chalon, et Thibaut, comte de Champagne.

> MENTION. V, f° 90 r°, d'après les arch. de la Chambre des comptes de Dijon, *Fiefs du comté.*

255

1227.

Simon, s. de J., sén. de Ch., et sa femme Béatrix font un accord avec les religieux de Clairvaux au sujet de Colombé-la-Fosse.

> Cart. de Clairvaux, *Colomb.*, p. 196, et *Cellaria*, p. 239.

256

2 mars 1228.

Simon, s. de J., sén. de Ch., déclare que Gui de Fronville, chevalier, son homme lige, et Mète, sa femme, ont engagé à S. Laurent de J. la moitié de toutes les dîmes de Maisières.

> Cart. de S. Laurent, f° 37 v°. — MENTION. Sim., p. 318.

257

2 juin 1228.

Simon, s. de J., sén. de Ch., fait un accord avec l'abbaye de S. Mihiel au sujet de ce que le comte de Bar lui avait donné à Ribeaucourt et à Bure.

> Arch. de la Meuse, *Abbaye de S. Mihiel*, 4 S¹. — ÉD. *Journal de la Soc. d'archéologie lorraine*, année 1879, p. 201. - Traduit dans un vidimus de Jean de J. de février 1304.

258

Septembre 1228.

Simon, s. de J., sén. de Ch., se rend caution du traité conclu entre Montiérender et Arnoul de Doulevant, écuyer, qui avait quitté l'abbaye, après lui avoir abandonné sa personne et ses biens.

> 2ᵉ cart. de Montiérender, f° 73 v°. — ÉD. Sim., p. 123. — MENTION. V, f° 90 r°. — Sim., p. 319.

259

28 octobre 1228.

Simon de J., sén. de Ch., déclare que Thibaut IV est prêt à se soumettre à la décision des arbitres ou du pape sur la contestation pendante entre lui et les Templiers.

Arch. nat. J 1035, n° 20. — COPIE. F₂, p. 473. — MENTION. D'A. de J., n° 1862. — Sim., p. 319.

260

1228.

Simon de J., sén. de Ch., échange avec l'abbaye de la Crête ce que son homme, Thomas de Longéville, chevalier, lui a rendu, contre une charbonnière que feu son frère [Geoffroy V] avait donnée à l'abbaye dans la forêt de Mathons.

Arch. de la Haute-Marne, *La Crête*, 2ᵉ liasse, 10ᵉ dossier.

261

Avril 1228-1229.

Simon de J., sén. de Ch., déclare que Gui de Sailly, son frère, a acheté à Isembart de Laheycourt, chevalier, moyennant 300 livres, et donné à Écurey, avec le consentement de Simon et de son fils Geoffroy, tout ce qu'il avait des dîmes de Paroy et de Montiers-sur-Saulx.

ANALYSE. Bibl. nat., lat. 17048, p. 522, d'après le cart. d'Écurey.

262

4 mars 1229.

L'évêque de Toul menace Simon de J. d'excommunication, à la requête de l'archidiacre de Châlons, s'il n'a pas réparé ses torts envers S. Urbain dans les dix jours qui suivront l'avertissement.

Arch. de la Haute-Marne, *S. Urbain*, 16ᵉ liasse. — ÉD. Sim., p. 119. — MENTION. V, f° 90 r°. — COPIE. Bibl. nat. Coll. Moreau, vol. 141, p. 63.

263

1229.

Frère Guérin, prieur de l'hôpital, et Simon, s. de J., sén. de Ch., fondent à Burey-la-Côte un village auquel ils donnent la loi de Beaumont.

Vidimé dans un acte de Charles V de 1373. Arch. nat. JJ 104, n° 336.

264

Janvier 1230.

Thibaut IV, comte de Champagne, promet à Henri, comte de Grandpré, de l'aider contre le comte de Bar et contre ses alliés, et lui donne pour pleiges Hugues, comte de Rethel, et Simon, s. de J.

B, f° 120 v°. - C, p. 64. - D, f° 18 v°. — Éd. Chantereau, II, 196. — Mention. D'A. de J., n° 1978.

265

Août 1230.

Simon de J., sén. de Ch., déclare que Thibaut IV, comte de Champagne, cautionne la constitution de douaire faite par ledit Simon et par son fils Geoffroy au profit de Marie, comtesse de Grandpré, épouse de Geoffroy. Simon doit tenir Thibaut indemne de tout dommage.

F$_2$, p. 475. — Mention. D'A. de J., n° 2054. - Sim., p. 319.

266

11 août 1230.

Simon de J., sén. de Ch., déclare que Thibaut IV a publié par lettres patentes les conventions du mariage projeté entre Jean, fils de Simon et de Béatrix, fille d'Étienne, comte d'Auxonne, d'une part, et Alix, fille de Marie, comtesse de Grandpré, d'autre part. Simon promet à Thibaut que si Henri, comte de Grandpré, refuse son consentement aux conventions dont il s'agit, Jean, fils de Simon, n'élèvera aucune réclamation contre Henri. Si, dans le cas contraire, Thibaut éprouvait quelque préjudice, il pourrait se faire donner par Simon des dommages-intérêts.

F$_2$, p. 476. — Éd. Chantereau, II, 213. — Mention. V, f° 90 v°. - D'A. de J., n° 2138, avec la date de 1231. - Sim., p. 319, avec la même date.

267
Août 1230.

Thibaut IV, comte de Champagne, constate ce qui est contenu dans l'acte précédent et déclare en outre que M[arie], comtesse de Grandpré, lui a fait hommage du douaire constitué par Simon et par Geoffroy de J.

D, f° 269 v°. — Mention. D'A. de J., n° 2054 bis.

268
[Août 1230.]

Geoffroy de J. fait hommage lige à Thibaut IV de la part qu'il aura dans la succession de son père et de la survivance de la sénéchaussée de Champagne, ainsi que du bail du comté de Grandpré.

Bibl. nat. Coll. de Champagne, t. 136, p. 326. — Éd. D'A. de J., II, xxxiv. — Mention. Du Cange, p. 13.

269
Compiègne, septembre 1230.

Simon de J., sén. de Ch., déclare qu'il a fait au duc Hugues de Bourgogne reprise du château de Marnay et qu'il est tenu de lui venir en aide contre tous, excepté contre le comte de Champagne.

Arch. de la Côte-d'Or, B 10471. — Éd. Pérard, Recueil, p. 416. — Mention. Sim., p. 319.

270
24 septembre 1230.

Béatrix, dame de J., déclare que c'est elle qui a voulu que Simon, son mari, reprît du duc de Bourgogne le château de Marnay qu'elle lui a apporté de son chef.

Arch. de la Côte-d'Or, B 10471. — Éd. Pérard, Recueil, p. 416. — Mention. Du Cange, p. 12. - Sim., p. 319.

271
1230.

Simon de J., sén. de Ch., fait savoir que Gautier et Renier de Curel, chevaliers, ont approuvé la donation faite à Clairvaux par Gautier de Charmes, chevalier.

Cart. de Clairvaux, *Belinf*, cxiij.

272
Février 1231.

Simon de J., sén. de Ch., constate une vente faite à Clairvaux par son homme, Hugues de Fronville, chevalier.

Arch. de l'Aube, pièce exposée. — *Copie.* Cart. de Clairvaux, p. 186.

273
Juin 1231.

Thibaut IV fait connaître les conditions du mariage projeté entre Jean de J. et Alix de Grandpré.

F,, f° 143 r°. — Éd. Didot, pièce O. — Mention. D'A. de J., n° 2195, sous l'année 1232.

274
Juin 1231.

Simon, s. de J., scelle la donation faite par Hugues Chaudron, chevalier, s. de Brioncourt, aux Hospitaliers de Beauvoir, de tout ce qu'il avait à Vaudeville.

Arch. de l'Aube, *Beauvoir.* — Éd. Bibl. de l'Éc. des chartes, XXXII, 74.

275
Octobre 1231.

Simon de J., sén. de Ch., déclare qu'Isembart de Suzémont, chevalier, à la suite d'une dispute avec Montiérender, a renoncé à bâtir un moulin sur la Blaise avant Suzémont.

2° cart. de Montiérender, f° 73 v°. – Bibl. nat. Coll. Moreau, vol. 145, p. 44. — Éd. Sim., p. 124.

276
2 janvier 1232.

Simon de J., sén. de Ch., déclare qu'il a été accordé à S. Laurent de J.

que les seigneurs de J. ne pourraient avoir d'autre chapelle dans le château, et que l'autorisation qu'il a obtenue du chapitre de se faire dire la messe au château jusqu'à la prochaine Pentecôte, à cause de la fracture de sa jambe, ne saurait être prise au préjudice du chapitre.

<small>Cart. de S. Laurent, f° 28 r°. — Éd. Sim., p. 126. — Mention. Sim., p. 319, sous la date du 25 décembre 1231.</small>

277
Février 1233.

Simon, s. de J., donne à Écurey un muid de blé pour le salut de son âme.

<small>Analyse. Bibl. nat., lat. 17048, p. 522, d'après le cart. d'Écurey.</small>

278
Février 1233.

Simon, s. de J., sén. de Ch., donne à S. Laurent de J. 20 sous de rente sur le passage et la vente de J., à partager entre les chanoines au jour de son anniversaire.

<small>Cart. de S. Laurent, f° 29 v°. — Éd. Sim., p. 126.</small>

279
Février 1233.

Simon, s. de J., sén. de Ch., déclare abandonner aux religieuses du Val d'Osne une rente de quatre setiers de blé qu'elles lui devaient sur la Grange Alard et leur donne, en plus, 60 sous provenisiens à prendre chaque année sur les tailles d'Osne.

<small>Arch. nat. S 4607, n° 16. — Copie certifiée de 1585 avec la date de février 1222 (v. st.). Ibidem, n° 11. — Éd. Abbé Jobin, Le prieuré du Val d'Osne à Charenton, p. 46, avec la date de 1132.</small>

280
Mars 1233.

Thibaut IV, ayant adopté un nouveau type de sceau, renouvelle le sceau de la charte du 28 juillet 1226, par laquelle il accordait à Simon de J. la sénéchaussée de Champagne à titre héréditaire.

<small>COPIE du 26 février 1506, d'après un «cartulaire des tiltres de Joinville». Recueil de Du Fourny, layette *Luxembourg I*, n° 25. — ÉD. Champollion-Figeac, I, 619. — MENTION. D'A. de J., n° 2232.</small>

281
1er mai 1233.

Thierry, archevêque de Trèves, suzerain du château de Montclair, rattache à l'église de Trèves la mouvance de ce château, qui lui a fait retour par la mort de Simon et de Geoffroy de J.

<small>Original scellé aux arch. de Coblenz. — ÉD. Eltester et Gœrz, *Urkundenbuch zur Geschichte... Coblenz und Trier*, III, 374, n° 478.</small>

282
Mai 1233.

Adeline, veuve de Girard de Brissey, chevalier, homme lige de Béatrix, dame de J., sénéchale de Ch., donne au Val d'Osne un demi-muid de blé par an sur les dîmes de Bure.

<small>Bibl. nat. Coll. Duchesne, vol. 20, p. 302.</small>

283
Mai 1233.

Béatrix, dame de J., sénéchale de Ch., déclare qu'Adeline, veuve de Girard de Brissey, du consentement de ses fils Gautier, Régnier et Geoffroy, a fait au Val d'Osne un don annuel d'un demi-muid de blé sur les terrages de Bure.

<small>Arch. nat. S 4607, n° 12.</small>

284
1233.

Gui de J., sire de Sailly, publie une donation faite à Écurey par Renard de Montreuil, chevalier.

<small>ANALYSE. Bibl. nat., lat. 17048, p. 521, d'après le cart. d'Écurey.</small>

285
1234.

Béatrix, dame de J., sénéchale de Ch., déclare qu'Adeline de Curel, veuve de Girard de Brissey, chevalier, a donné à Écurey un setier de blé sur les dîmes de Bure, du consentement de ses fils Gautier et Régnier de Curel.

ANALYSE. Bibl. nat., lat. 17048, p. 522, d'après le cart. d'Écurey.

286
1234.

Béatrix, dame de J., sénéchale de Ch., adjuge à l'abbaye de Mureau la sixième partie des dîmes de Cirfontaines jadis donnée par Thomas de Braz et qui lui était contestée par Pierre, frère du donateur.

Arch. des Vosges, Mureau, f° 738. — ÉD. Sim., p. 196.

287
1234.

Gui de J., sire de Sailly, déclare que Hugues de Noncourt, clerc, a acheté une vigne sise à Poissons, laquelle reviendra à l'abbaye de S. Urbain après la mort de Hugues et de son frère Haymon.

Arch. de la Haute-Marne, S. Urbain, 12e liasse, 5e partie. — COPIE. Bibl. nat. Coll. Moreau, vol. 168, p. 135.

288
Mai 1235.

Isembard, abbé de Molesme, fait connaître un accord intervenu de son consentement et de celui de [Béatrix], dame de J., entre les bourgeois de Joinville et les religieuses du Val d'Osne, au sujet des fours de Joinville.

Arch. nat. L 1045, n° 10.

289
1235.

Béatrix, dame de J., déclare que, pour le salut de son âme, elle a donné à Écurey, pour faire son anniversaire, six setiers de blé qu'elle et feu son mari, Simon, s. de J., ont achetés aux héritiers de Raimbaud d'Apremont.

<small>ANALYSE. Bibl. nat., lat. 17048, p. 522, d'après le cart. d'Écurey.</small>

290
1235.

Simon, sire de Clefmont, déclare que son beau-père Simon de J., sén. de Ch., ayant donné en dot à sa fille Élisabeth, dame de Clefmont, la terre de Colombé, à charge de livrer dix muids de vin par an aux frères d'Écurey, il acquitte lesdits frères d'une redevance de trois muids de vin qu'ils lui devaient sur le vinage de la même terre.

<small>ANALYSE. Bibl. nat., lat. 17048, p. 522, d'après le cart. d'Écurey.</small>

291
Février 1236.

Béatrix, dame de J., sénéchale de Ch., et Hugues de Fronville, chevalier, exécuteurs testamentaires de Simon de J., attribuent à l'abbaye de Boulancourt le droit d'usage que les chanoines de S. Laurent prétendaient avoir dans les bois de la Neuve-Grange.

<small>Texte latin. Cart. de Boulancourt, n° 443. – Vidimé, le 6 décembre 1306, dans le n° 707 bis. — MENTION. Lalore, Cartulaire de Boulancourt, p. 59. – Texte français. Bibl. nat. Coll. Duchesne, vol. 20, p. 333.</small>

292
1236.

Gui de J., s. de Sailly, cède à l'abbaye d'Auchy tout ce qu'il possède à Perthes, sauf le droit de chasse et la justice.

<small>V, f° 90 v°, d'après le cart. d'Auchy, f° 28.</small>

293
Octobre 1237.

Béatrix, dame de J., sénéchale de Ch., échange avec S. Urbain une famille de serfs à Nomécourt.

<small>Arch. de la Haute-Marne, S. Urbain, 10° liasse, 1re partie. — COPIE. Bibl. nat. Coll. Moreau, vol. 153, p. 153 et 154. — ÉD. Sim., p. 196.</small>

294
Juin 1238.

Béatrix, dame de J., sénéchale de Ch., après l'arbitrage de Hugues de Fronville et d'Aubert de Flammerécourt, chevaliers, reconnaît à S. Urbain la possession de cinq parties du bois de Communailles sur huit. La sixième lui appartient, et les deux autres sont la propriété des hommes de Charmes-en-l'Angle.

Arch. de la Haute-Marne, *S. Urbain*, 22° liasse, 4° partie. — COPIE. Bibl. nat. Coll. Moreau, vol. 154, p. 191. — ÉD. Sim., p. 197, avec la date de 1231.

295
1er mai 1239 (en français).

Jean, s. de J., sén. de Ch., promet à Thibaut de Ch. de ne s'allier à personne contre lui et, particulièrement, de ne pas épouser la fille du comte de Bar.

Arch. nat. J. 1035, n° 23. – F$_2$, p. 479. — COPIES. F$_3$, f° 167 v°. — ÉD. Chantereau, II, 225. - N. de Wailly, pièce A. – Didot, pièce P. — MENTION. V, f° 90 v°. - D'A. de J., n° 2503. - Sim., p. 323.

296
1er mai 1239 (en français).

Béatrix, dame de Vaucouleurs, fait savoir que Jean, s. de J., son fils, a fait le serment de ne pas s'allier à Henri, comte de Bar, et notamment de ne pas épouser la fille dudit comte.

F$_3$, f° 167 v°. — ÉD. Chantereau, II, 225. - Didot, pièce Q. — MENTION. D'A. de J., n° 2504. - Sim., p. 323.

297
1er mai 1239 (en français).

Jean, s. de J., sén. de Ch., consent à ce que Béatrix, dame de Vaucouleurs, sa mère et sa tutrice, garde encore le fief qu'il tient de Thibaut de Ch. pendant quatre années à partir du 25 décembre suivant. Il prie Thibaut de faire observer ce traité.

F$_2$, p. 478. — ÉD. Chantereau, II, 225. — MENTION. V, f° 90 v°.–D'A. de J., n° 2505. - Sim., p. 323.

298
Novembre 1239.

Jean, s. de J., déclare que Gautier de Brouthières a vendu aux frères d'Écurey une partie des dîmes de Brouthières.

<small>ANALYSE. Bibl. nat., lat. 17048, p. 524, d'après le cart. d'Écurey.</small>

299
Marnay, 1240.

Étienne, comte de Bourgogne, à son lit de mort, prie l'archevêque de Besançon d'être l'un de ses exécuteurs testamentaires, au nombre desquels se trouve déjà sa fille, la dame de Joinville.

<small>Chifflet, *Lettre sur Béatrix, comtesse de Chalon*, p. 110, d'après les arch. du roi catholique à Dôle. — MENTION. Bréquigny, VI, 12.</small>

300
Mai 1240 (en français).

Gui de J., s. de Sailly, donne aux Templiers de Ruetz tout ce qu'il avait à Couvertpuits.

<small>Arch. de la Haute-Marne, *Ruetz*.</small>

301
Juin 1241 (en français).

Béatrix, dame de J., abandonne, au profit de l'abbaye de Mureau, toute prétention sur une famille de serfs et sur leur tenure qui avaient été données à l'abbaye par Aubert de Véline.

<small>Arch. de la Meuse, *Mureau*. — ÉD. Sim., p. 198.</small>

302
Juillet 1241 (en français).

Jean, s. de J., sén. de Ch., confirme à Boulancourt, du conseil de Béatrix, sa mère, les donations de Simon, son père, de Geoffroy V, son oncle, et promet de soutenir l'abbaye si Geoffroy, s. de Vaucouleurs, son frère, ou tout autre de ses frères la troublait dans cette possession.

<small>Cart. de Boulancourt, n° 358. – Bibl. nat. Coll. Duchesne, vol. 20, p. 334. — MENTION. Lalore, *Cartulaire de Boulancourt*, p. 59. – Sim., p. 323, avec la date de 1245.</small>

303

Octobre 1241 (en français).

Béatrix, dame de Vaucouleurs, fait savoir qu'une vigne sise au finage de Poissons et donnée par les religieux à un nommé *Charmets* doit leur revenir après la mort de *Charmets* et de Colin, son frère.

<small>Bibl. nat. Coll. Moreau, vol. 159, p. 104.</small>

304

Octobre 1242.

Jean, s. de J., sén. de Ch., n'ayant point de sceau, emprunte celui de son oncle Gui de Sailly pour sceller l'acte d'une vente faite à S. Urbain par Ponce d'Arnay et Miles de S. Martin.

<small>Bibl. nat. Coll. Moreau, vol. 160, p. 107. — MENTION. V, f° 90 v°.</small>

305

1242.

Élisabeth [de J.], veuve de Simon de Clefmont, du consentement de ses enfants, donne à Écurey pour le repos de l'âme de ses aïeux, et surtout de celle de son frère Geoffroy, enterré en cette abbaye, son pré de Colombé.

<small>ANALYSE. Bibl. nat., lat. 17048, p. 523, d'après le cart. d'Écurey.</small>

306

Mai 1243 (en français).

Jean, s. de J., sén. de Ch., rend une sentence arbitrale entre les hommes de Vaux et de Ville-en-Blaisois, d'une part, et l'abbé de Montiérender, d'autre part, au sujet du bois des Minières : il y appose le sceau de son oncle Gui de Sailly, et promet d'y mettre le sien *quand je venrai*, dit-il, *à terre tenir*.

2e cart. de Montiérender, f° 75 r°. — Éd. Sim., p. 213. — Mention. V, f° 90 v°.

307
Décembre 1244 (en français).

Jean, s. de J., sén. de Ch., déclare que Lambert, fils d'André de Courcelles, n'a aucun droit sur les marteaux établis au moulin neuf de l'abbaye de Montiérender, entre Doulevant-le-Petit et Suzémont, et donne à l'abbé de Montiérender les présentes lettres scellées du sceau de sa mère.

2e cart. de Montiérender, f° 75 r°. — Éd. Sim., p. 215. — Mention. V, f° 90 v°.

308
Juin 1245 (en français).

Jean, sire de J., sén. de Ch., scelle de son propre sceau l'acte par lequel il reconnaît devoir 60 livres provenisiens au juif Hélie de S. Mihiel, son hôte.

Bibl. nat., fr. 11853, f° 43 r°.

309-310
Juillet 1245.

Jean, s. de J., sén. de Ch., ratifie la cession faite par Milet de Breuil à Gui de J., sire de Sailly, de la moitié des terrages de Paroy, que ledit Milet tenait en fief de Joinville.

K₁, f° 13 v°, n° xvij^e lxxij. – V, f° 90 v°.

311
Août 1245.

Béatrix, dame de Marnay, ne pouvant retrouver l'acte par lequel les religieux de S. Urbain reconnaissaient lui devoir 200 livres provenisiens qu'ils viennent de lui rembourser, leur donne néanmoins quittance de cette somme.

Arch. de la Haute-Marne, S. Urbain, 14e liasse, 1re partie.

312
1245.

Jean de J., sén. de Ch., fait savoir que Gautier, fils d'Héluis de Sévrimont et de Thibaut de Rigny, a laissé à Écurey quatre setiers de froment sur son moulin.

<small>Analyse. Bibl. nat., lat. 17048, p. 524, d'après le cart. d'Écurey.</small>

313
1245.

Jean de J., sén. de Ch., fait un accord entre les abbés d'Écurey et de S. Urbain, au sujet du moulin de Ragecourt, sur la Marne.

<small>Bibl. nat., lat. 17048, p. 520, d'après le cart. d'Écurey.</small>

314
Juin 1246 (en français).

Thibaut, comte de Ch., fait un accord entre Jean, comte de Rethel, et Geoffroy de Louvain, époux de Marie d'Audenarde. Jean de J. figure dans cet acte comme pleige du comte de Rethel.

<small>Arch. du palais de Monaco, série T, titres chronologiques, carton 1, pièce 39. — Copie. Cart. du comté de Rethel, n° 63. — Éd. L. Delisle, *Notice sur le cartulaire du comté de Rethel*, dans l'*Annuaire bulletin de la Soc. de l'Hist. de Fr.*, année 1867, p. 25, n° 63. — Mention. Saige, *Une charte française de Jean de Joinville*, dans la *Bibl. de l'Éc. des chartes*, 1886, p. 7.</small>

315
Juillet 1246.

Jean, s. de J., autorise l'échange fait par son oncle Gui de Sailly, de la moitié des terrages de Paroy.

<small>K₂, f° 347 r°, n° j. — K₃, f° 300 r°, n° j.</small>

316
Septembre 1246.

Élisabeth de J., veuve de Simon de Clefmont, donne à Clairvaux les terrages de Colombé-la-Fosse.

<small>Cart. de Clairvaux, *Col.*, p. 191.</small>

317
Décembre 1246 (en français).

Jean, sire de Til-Châtel, et sa femme Marie [de J.], dite Simonette, du consentement de Jean de J., achètent à S. Laurent de J. le four de Gondrecourt, moyennant une rente de dix setiers de blé par an.

Cart. de S. Laurent, f° 76 v°.

318
Janvier 1247 (en français).

Jean de J., sén. de Ch., autorise l'abbaye d'Écurey à acheter à Joinville un terrain pour y construire une maréchalerie et un pressoir.

Bibl. nat., lat. 17048, p. 526, d'après le cart. d'Écurey.

319
Mai 1247.

Gui de J., s. de Sailly, déclare avoir acheté à Écurey, moyennant 700 livres, les dîmes de Montiers-sur-Saulx, de Paroy, de Bertheléville et de Brouthières.

Bibl. nat., lat. 17048, p. 526, d'après le cart. d'Écurey.

320
Juin 1247 (en français).

Jean, s. de J., sén. de Ch., déclare que les chanoines de S. Laurent ont cédé le four de Gondrecourt au sire de Thil-Châtel, son beau-frère, et à Marie, sa sœur, femme dudit sire, moyennant une rente annuelle de dix setiers de grain, moitié froment, moitié avoine.

Cart. de S. Laurent, f° 24 r°. – Bibl. nat., fr. 11559. — Éd. Sim., p. 220.

321
Février 1248 (en français).

Gui, s. de Sailly, donne aux religieux de S. Urbain le fief de Poissons, qu'il avait acheté à Hugues de Fronville.

Bibl. nat. Coll. Moreau, vol. 168, p. 135.

322
24 mai 1248.

Jean, s. de J., sén. de Ch., annonce à Thibaut, comte de Bar, qu'il lui envoie sa femme Alix donner quittance à son frère Henri de Grandpré, des cinq cents livrées de terres qui forment sa part d'héritage.

> Bibl. nat., fr. 11853, f° 42 v°. — Coll. de Lorraine, vol. 718, f° 37 v°. — British Museum, additional mss. 21411. — MENTION. Rec. de Du Fourny, layette *Bar Meslanges I*, n° 2. - V, f° 91 r°. — Sim., p. 324.

323
Juillet 1248 (en français).

Jean de J., sén. de Ch., déclare qu'Anseau, son chambellan, et Marguerite, sa femme, ont vendu à S. Laurent onze quarterons de froment, à prendre chaque année à Joinville, sur le moulin de la Fontaine.

> Cart. de S. Laurent, f° 33 r°. — MENTION. Champollion-Figeac, p. 624, avec la date de juin. — Sim., p. 323.

324
Juillet 1248 (en français).

Jean de J., sén. de Ch., fait savoir que Roger de Chatonrupt a reconnu que son frère, Gautier de Brouthières, a fait un don à Écurey.

> Bibl. nat., lat. 17048, p. 525, d'après le cart. d'Écurey.

325
Juillet 1248 (en français).

Jean, s. de J., sén. de Ch., déclare que dame Héluis a donné, sur son moulin de Curel, à N. D. du Val d'Osne, sept setiers de blé par an pour le salut de son âme et de celle de sa fille, chantre au Val d'Osne.

> Arch. nat. L 1045, n° 11. — COPIE de 1520, *ibidem*, S 4611. — ÉD. Abbé Jobin, *Le prieuré du Val d'Osne à Charenton*, p. 48.

326
Juillet 1248 (en français).

Jean, s. de J., sén. de Ch., déclare que Gautier de Curel, chevalier, lors de son départ pour la Terre-Sainte, a donné à S. Urbain quatre setiers de blé par an sur les dîmes d'Autigny.

<small>Arch. de la Haute-Marne, *S. Urbain*, 22ᵉ liasse, 3ᵉ partie. — Éᴅ. Simonnet, *Treize chartes inédites de Joinville*, n° 1. - Sim., p. 199.</small>

327
Juillet 1248 (en français).

Jean, s. de J. et sén. de Ch., déclare que Gautier de Curel, son homme lige, du consentement de sa femme, Ermengart, et de ses filles, Jeanne et Renée, a fondé au Val d'Osne son anniversaire et celui de sa femme, à condition que sa fille Marguerite, religieuse audit couvent, jouira, sa vie durant, des rentes constituées à cet effet.

<small>Cᴏᴘɪᴇ certifiée de 1690. Arch. nat. S 4607, n° 13. — Éᴅ. Abbé Jobin, *Le prieuré du Val d'Osne à Charenton*, p. 46.</small>

328
Juillet 1248 (en français).

Jean de J., sén. de Ch., donne à Montiérender une femme de Sommevoire.

<small>2ᵉ cart. de Montiérender, f° 74 v°. — Mᴇɴᴛɪᴏɴ. V, f° 91 r°.</small>

329
Juillet 1248 (en français).

Jean, s. de J., sén. de Ch., donne à S. Laurent un muid d'avoine par an à Blécourt, et l'autorisation d'acheter la maison d'Eudes, à Joinville, sous condition de célébrer son anniversaire.

<small>Cart. de S. Laurent, f° 31 v°. — Éᴅ. Crépin, *Notice sur Blécourt*, p. 83. — Mᴇɴᴛɪᴏɴ. Sim., p. 323.</small>

330
Juillet 1248 (en français).

Jean, s. de J., sén. de Ch., donne au Val d'Osne quatre setiers de froment, à prendre chaque année sur son moulin de Curel, le jour de la Pentecôte. En retour, les religieuses devront faire dire, sa vie durant, une messe de Saint-Esprit ce même jour et, après son décès, célébrer son anniversaire.

<small>Arch. nat. L 1045, n° 11. — Cᴏᴘɪᴇ du xvɪᵉ siècle, *ibidem*, S 4611. — Éᴅ. Abbé Jobin, *Le prieuré du Val d'Osne à Charenton*, p. 47. — Mᴇɴᴛɪᴏɴ. V, f° 91 r°.</small>

331
1248 (en français).

Jean de J., sén. de Ch., déclare qu'avec l'octroi de sa femme Alix, il a quitté aux frères d'Écurey, pour leur pitance du jour où ils célébreront l'office pour lui, de son vivant et après sa mort, les 20 sous qu'ils lui doivent sur leurs vignes de Joinville.

Bibl. nat., lat. 17048, p. 526, d'après le cart. d'Écurey.

332
Mai 1249 (en français).

Eustache, s. de Conflans, fait connaître les conditions de l'accord conclu entre Isabelle [de J.], dame d'Is, et Guiot, son fils, d'une part, et Huet, fils du vidame de Châlons, d'autre part, au sujet du château de Montclair, dont chaque partie tient une moitié en héritage. Geoffroy de J. [s. de Vaucouleurs], ou à son défaut l'un de ses frères, Geoffroy de Bourlémont, Eustache de Conflans et Hugues de Conflans, son frère, se portent garants de cet accord.

Original aux arch. de Coblenz. — ÉD. Eltester et Gœrz, *Urkundenbuch zur Geschichte... Coblenz und Trier*, III, 751, n° 1006.

333
Mansourah, janvier 1250.

Jean de J., sén. de Ch., est témoin du testament de Geoffroy, comte de Sarrebrück, sire d'Apremont.

Bibl. nat., fr. 4880, *Apremont*, p. 477. — MENTION. V, f° 91 r°.

334
Novembre 1250 (en français).

Henri, comte de Grandpré, s'engage à donner une dot à [Alix], dame de Joinville, sa sœur. Le traité de mariage, où cet engagement est contenu, est scellé du sceau du comte de Ch., qui peut contraindre Henri à l'exécuter.

F_2, p. 153. — MENTION. D'A. de J., n° 2954. – Sim., p. 324.

335
1250.

Geoffroy, s. de Vaucouleurs, consent à ce que Simon, son frère, jouisse de la terre de Marnay.

MENTION. Du Cange, *Généalogie de la maison de Joinville*, p. 14.—Sim., p. 340.

336
Mars 1251.

Geoffroy, s. de Vaucouleurs, se porte caution de 300 livres provenisiens dues à Thibaut, comte de Ch., par Catherine, duchesse de Lorraine, et par Ferry, son fils.

MENTION. Du Cange, *Généalogie de la maison de Joinville*, p. 23. — D'A. de J., n° 2970.

337
Brion, janvier 1252.

Simon, fils de feu Simon de J., épouse Léonète, fille de feu Amédée, seigneur de Gex, et promet à Pierre de Savoie et à Philippe, évêque élu de Lyon, de payer 200 marcs d'argent et une rente foncière de 10 livres à titre de dot pour chacune de ses belles-sœurs, Marguerite et Isabelle, filles dudit Amédée.

Régeste genevois, n° 843.

338
5 mai 1252.

Henri III, roi d'Angleterre, et Édouard, son fils, mandent à Geoffroy de J., à Gautier du Bourg et à Édouard Fitzgerald de venir immédiatement leur rendre compte de l'état de l'Irlande.

Sweetman, *Calendar of documents relating to Ireland*, 1252-1284, n° 727.

339
Woodstock, 8 août 1252.

Henri III concède à Geoffroy de J. et à Mahaut de Lacy, sa femme, tous les droits et libertés dont jouissait, dans la terre de Meath, Gautier de Lacy, grand-père de Mahaut.

Sweetman, *Cal. of doc. relating to Ireland*, 1252-1284, n° 69.

340
1252-1302.

Geoffroy de J. et Mahaut de Lacy, sa femme, font une donation à l'abbaye de Dore.

Éd. Dugdale, *Monasticon anglicanum*, V, 554. — Mention. Du Cange, p. 14.

341
Jaffa, avril 1253.

Louis IX donne à Jean de J. une rente annuelle et héréditaire de 200 livres tournois.

Bibl. nat., fr. 11559, f° 134 v°. — Éd. Champollion-Figeac, I, 620. — Didot, pièce S. — Mention. K$_2$, f° 58 r°.

342
Janvier 1254.

Henri III mande à Pierre Chaceporc d'avoir à payer à Geoffroy de J. 50 livres tournois, et à Simon, 200 livres de même monnaie « *ad se sustentandos in servicio nostro* ».

Rôles gascons, I, 2964.

343
Janvier 1254.

Autre mandat de 100 marcs payable à Geoffroy de J. et à Simon, son frère, pour les mêmes motifs.

Rôles gascons, I, 2974.

344
Milhau, 8 mars 1254.

Henri III concède à Simon de J. une rente viagère de 50 marcs.

Rôles gascons, I, 2433.

345

26 mai 1254.

Henri III mande à son trésorier d'avoir à payer à Simon de J. les arrérages de 40 marcs qu'il lui a donnés pour son entretien, de la Purification à la prochaine Pentecôte.

<small>Rôles gascons, I, 3242.</small>

346

Juillet 1254.

Robert de J., sire de Sailly, notifie une donation faite au Val d'Osne par Hugues d'Effincourt.

<small>Arch. nat. L 1045, n° 28, f° 21 v°. — MENTION. V, f° 91 r° (sous la date de juillet 1255), d'après les arch. du Val d'Osne.</small>

347

Bordeaux, 18 septembre 1254.

Henri III accorde à Geoffroy de J. et à Mahaut de Lacy, sa femme, de jouir, dans leur terre de Meath, des mêmes libertés dont jouissait Gautier de Lacy, sans qu'elles fussent inscrites dans aucune charte.

<small>Rôles gascons, I, 4074. - Sweetman, Cal. of doc. relating to Ireland, 1252-1284, n° 399.</small>

348

21 septembre 1254.

Henri III rend à Geoffroy de J. le château de Trim, qui faisait partie de l'héritage de Mahaut de Lacy, sa femme.

<small>Rôles gascons, I, 4104. - Sweetman, Cal. of doc. relating to Ireland, 1252-1284, n° 402.</small>

349

27 septembre 1254.

Henri III concède à Geoffroy de J. une pension annuelle de 60 marcs, jusqu'à ce qu'il l'ait pourvu de terres produisant un revenu équivalent.

<small>Rôles gascons, I, 4142.</small>

350

Joinville, décembre 1254 (en français).

Jean de J., sén. de Ch., déclare que Gui de Poissons, fils de Hugues de Fronville, approuve un accord conclu entre les chanoines de S. Laurent de J. et maître Jean Roidet.

Cart. de S. Laurent, f° 36 v°. — MENTION. Sim., p. 324.

351

Février 1255 (en français).

Jean, s. de J., sén. de Ch., approuve le marché conclu avec les religieuses du Val d'Osne par dame Ermengart de Bettoncourt, au sujet des terrages d'Osne.

COPIE de 1520, Arch. nat. S 4611. — ÉD. Abbé Jobin, *Le prieuré du Val d'Osne à Charenton*, p. 48.

352-355

Juin 1255.

Jean, s. de J., sén. de Ch., apparaît comme l'un des garants et des signataires d'une charte de Ferry, duc de Lorraine, en faveur de l'abbaye de Remiremont.

Bibl. nat., lat. 11023. – Rec. de Du Fourny, layette *Remiremont I*, n° 2.

356

Août 1255 (en français).

Jean, sén. de Ch., fait savoir que Pierre de Villorcel et Thierrion, son frère, vassaux de Geoffroy de J., s. de Vaucouleurs, ont donné à l'abbaye de Mureau la moitié des dîmes de Cirfontaines.

Arch. des Vosges, cart. de *Mureau*, II, 738. — ÉD. Duhamel, *Doc. inéd. de l'histoire des Vosges*, I, 170. — MENTION. Sim., p. 196, note 1, et p. 324.

357

La Réole, août 1255 (en langue d'oc).

Geoffroy de J. est témoin de l'acte par lequel le prince Édouard d'Angleterre confirme les institutions municipales de la Réole tombées en désuétude, et en établit de nouvelles.

Éd. *Archives historiques de la Gironde*, II, 251.

358

5 septembre 1255 (en français).

Jean, sire de Thil-Châtel, invite Simon de Branges à faire hommage au seigneur et à la dame de Faucogney, à cause du fief donné à celle-ci par sa mère Béatrix, dame de Marnay.

Arch. de la Côte-d'Or, B 10473. — Éd. Sim., p. 136.

359

Novembre 1255 (en français).

Robert, s. de Sailly, pour le salut de son âme et pour celui de l'âme de Gui, son père, confirme à Écurey toutes les aumônes que son père avait faites.

Bibl. nat., lat. 17048, p. 524, d'après le cart. d'Écurey.

360

Décembre 1255.

Simon de J., s. de Gex, déclare avoir reçu de Jean, comte de Bourgogne et sire de Salins, son oncle, le fief de Marnay-le-Châtel et en être devenu son homme lige.

Mention. *Table des diplômes*, VI, 277.

361

Décembre 1255 (en français).

Béatrix, dame de Marnay, et Simon de J., sire de Gex, donnent au couvent de la Charité, près de Besançon, de l'ordre de Cîteaux, un homme de Marnay, avec sa famille et sa tenure, et quatorze bichets de froment de rente annuelle sur les moulins de Marnay.

Bibl. nat., lat. 9129, pièce 2.

362

Mars 1256 (en français).

Jean, s. de J., sén. de Ch., constate l'hommage d'Aubert de Sainte-Livière, Roger de Chatonrupt et Aubert de Ragecourt, sire de Fronville, chevaliers, à l'abbaye de S. Urbain.

Arch. de la Haute-Marne, S. Urbain, 7ᵉ liasse, 9ᵉ partie. — COPIE. Bibl. nat. Coll. Moreau, vol. 177, p. 107. — ÉD. N. de Wailly, pièce B. — MENTION. Sim., p. 324.

363

Mai 1256.

Simon de J., s. de Marnay, déclare avoir fait un accord avec Hugues, comte palatin de Bourgogne, dont il a reçu 200 livres estévenans. Les contestations portaient sur le fief de Gex, l'étang de Launier et un bois près de Culoz. L'acte est scellé par Jean, comte de Bourgogne et seigneur de Salins, que Simon appelle son oncle.

Régeste génevois, n° 878.

364

Juin 1256.

Robert, s. de Sailly, se déclare homme lige du seigneur de J. pour Sailly et tout ce qui est entre Gondrecourt et Vassy et entre Montéclair et S. Dizier, sauf certaines parcelles, telles que celles que sa sœur, Marguerite de Beaumont, tient à Bettoncourt.

Bibl. nat., fr. 11559, f° 392 r°.

365

Août 1256 (en français).

Jean, s. de J., sén. de Ch., déclare que Gui d'Avrincourt, du consentement de son seigneur Gui d'Osne, chevalier, a donné au Val d'Osne six setiers de blé par an à l'occasion de la prise de voile de sa fille Héluis.

Arch. nat. L 1045, n° 13. — COPIE. Ibidem, S 4611. - Bibl. nat. Coll. Duchesne, vol. 20, p. 303. — ÉD. Abbé Jobin, *Le prieuré du Val d'Osne à Charenton*, p. 49.

366

Septembre 1256 (en français).

Jean, s. de J., sén. de Ch., fait savoir qu'il a vendu à Thibaut, comte de Bar, pour 160 livres provenisiens, ce que le sire de Gondrecourt tenait de lui à Badonvilliers et à Gérauvilliers.

<small>Original mentionné dans la *Revue des autographes*, cahier de juillet 1893, n° 355. — Fac-similé inséré dans le *Zeitschrift für romanische Philologie*, année 1894, liv. 1-2. — Copies. Bibl. nat. Coll. de Lorraine, vol. 718, f° 37 r°. – Fr. 11853, f° 42 v°. — Mention. Rec. de Du Fourny, layette *Gondrecourt I*, n° 21. – Sim., p. 324.</small>

367

Janvier 1257 (en français).

Jean de J., sén. de Ch., confirme le don fait par Hugues de la Fauche aux frères de Rémonvaux, de l'ordre du Val-des-Choux.

<small>Vidimé en 1294, dans l'acte U de N. de Wailly. (Cf. n° 614.)</small>

368

Janvier 1257.

Simon de J., s. de Gex, déclare que Rodolphe, comte de Génevois, lui ayant restitué la terre de Marnay, il fait la paix avec lui, se déclare son homme lige, sauf la fidélité due à Jean, comte de Bourgogne et sire de Salins, ainsi que celle qui est due à Pierre de Savoie, et reprend de Rodolphe la terre de Marnay. Ses lettres sont scellées de son sceau, de celui de sa sœur Béatrix, dame de Thoire et de Villars, et de celui d'Albert, seigneur de la Tour-du-Pin.

<small>*Régeste génevois*, n° 884.</small>

369

Janvier 1257 (en français).

Jean de J., sén. de Ch., déclare que Robert, s. de Sailly, est son homme lige pour la châtellenie de Sailly et pour tout le pays situé entre Gondrecourt-le-Château et Vassy et entre Montéclair et Saint-Dizier, excepté certaines possessions qui sont de l'alleu dudit Robert.

<small>V, f° 91 r°, d'après les arch. de S. Urbain, layette 10. – Vidimé en mars 1294 par Gui, s. de Sailly. (Voir n° 608.)</small>

370

Mars 1257 (en français).

Jean de J., sén. de Ch., approuve l'accord intervenu entre Robert, s. de Sailly, et les hommes d'Augéville au sujet du gîte dudit lieu.

    Éd. Recueil de Pérard, p. 484. — Mention. Table des diplômes, VI, 305. – Jolibois, La Haute-Marne, v° Augéville. – Sim., p. 324.

371

8 septembre 1257.

Le Parlement de Paris adjuge au s. de J. les biens d'Aude de Dommartin et de Huet, son fils, qui avaient quitté la seigneurie de J. et s'étaient faits bourgeois du roi, sauf les meubles et les franches censives qui, selon la coutume des villes franches, continueront à leur appartenir.

    Arch. nat. Olim, I, X 1^A, n° 1, f° 2 v°. — Mention. Boutaric, Actes du Parlement de Paris, n° 119. – Sim., p. 324.

372

1257 (en français).

Robert de J., s. de Sailly, publie une donation faite à Écurey par Simon de Harméville.

    Analyse. Bibl. nat., lat. 17048, p. 525, d'après le cart. d'Écurey.

373

5 février 1258 (en français).

Jean de Thorote, châtelain de Noyon, et Anseau de Trainel, maréchal de Champagne, déclarent que Hugues, chevalier, vidame de Châlons, et Gui de Clefmont, chevalier, veulent le maintien de l'accord conclu en mai 1249 (n° 332), et prient leur oncle [Jean, s. de J.], sénéchal de Champagne, et Guerry de Beaurepaire, chevalier, de sceller le présent acte.

    Copie ancienne aux arch. de Coblenz. — Éd. Eltester et Goerz, Urkundenbuch zur Geschichte... Coblenz und Trier, III, 1886, n° 1000, sous la date du 6 février 1257.

374

29 mars 1258 (en français).

Jean, s. de J., sén. de Ch., fait un accord entre ses cousins Gaucher, comte de Rethel, et Manissier de Rethel, frère du comte.

<small>Double orig. Arch. du palais de Monaco, fonds de Mazarin, série T, titres chronologiques, 2ᵉ carton, nᵒˢ 82 et 82 bis. — Copie. Cart. de Rethel, nᵒ 11. — Éd. d'après les originaux : Saige, *Bibl. de l'Éc. des ch.*, 1886, p. 5; d'après le cartulaire : L. Delisle, dans l'*Annuaire-bulletin de la Soc. de l'Hist. de Fr.*, 1867, sous le nᵒ 147.</small>

375

Mars 1258.

Simon de J., s. de Gex, du consentement de sa femme Léonète, conclut avec l'abbaye de S. Victor de Genève un accord au sujet du village d'Avouzon. L'acte est scellé par Léonète, par Simon de J. et par son frère, Guillaume, archidiacre de Salins.

<small>*Régeste génevois*, nᵒ 899.</small>

376

Mai 1258 (en français).

Jean, s. de J., sén. de Ch., déclare que Jean des Jardins, son sergent, a donné à S. Laurent de J. 8 sous de rente pour fonder l'anniversaire de son père.

<small>Cart. de S. Laurent, fᵒ 31 rᵒ. — Mention. Sim., p. 325.</small>

377

Juillet 1258 (en français).

Jean, s. de J., sén. de Ch., reconnaît qu'il ne peut pas faire chanter la messe dans l'oratoire que le chapitre de S. Laurent l'a autorisé à établir dans la tourelle du château.

<small>Cart. de S. Laurent, fᵒ 80 rᵒ. — Éd. Champollion-Figeac, p. 625. — Mention. Sim., p. 325.</small>

378
Juillet 1258.

Robert de J., s. de Sailly, fait avec l'abbaye de S. Mihiel un échange de serfs à Bure.

> Arch. de la Meuse, *Abbaye de S. Mihiel*, 4 S¹. — Éd. *Journal de la Soc. d'archéol. lorraine*, 1879, p. 203.

379
9 septembre 1258 (en français).

Jean, s. de J., sén. de Ch., approuve le règlement arrêté par l'abbaye de Molesme pour la réforme et l'administration du prieuré du Val d'Osne.

> Vidimus de 1415 aux arch. de la Côte-d'Or. — Éd. Sim., p. 217.

380
Septembre 1258 (en français).

Jean, s. de J., sén. de Ch., constate un emprunt sur gage fait par Mathieu de Tremblecourt, chevalier, à l'abbé de S. Urbain.

> Arch. de la Haute-Marne, *S. Urbain*, 11ᵉ liasse. — Copie. Bibl. nat. Coll. Moreau, vol. 80, p. 240. — Éd. N. de Wailly, pièce C. — Mention. V, f° 91 r°. - Sim., p. 325.

381
Décembre 1258 (en français).

Jean, s. de J., sén. de Ch., déclare que Jean, s. de Gondrecourt, ne peut rien aliéner de ce qu'il possède à Gondrecourt sans la permission du comte de Bar.

> Arch. de Meurthe-et-Moselle, layette *Gondrecourt I*, n° 20. — Mention. Sim., p. 325.

382
1258 (en français).

Jean, s. de J., sén. de Ch., donne une charte de franchise aux habitants de Joinville.

> Bibl. nat., fr. 11570, f° 1 r°. — Mention. Sim., p. 325.

383

Troyes, 14 janvier 1259.

Jean de J. reçoit de Thibaut, comte de Ch., en augment de fief, ce que ledit Thibaut possédait à Germay.

Arch. nat. J 1035, n° 29. — COPIE. F$_2$, p. 481. — MENTION. Hist. de Fr., XX, xxxviij. - Du Cange, p. 18. - Jolibois, La Haute-Marne, p. 230. - D'A. de J., n° 3150. - Sim., p. 325.

384

Janvier 1259 (en français).

Jean, s. de J., sén. de Ch., déclare que le chanoine Manissier a accensé sa maison au chapitre de S. Laurent, moyennant un capital de 10 livres provenisiens.

Cart. de S. Laurent, f° 27 r°. — MENTION. Sim., p. 325.

385

Février 1259 (en français).

Jean, s. de J., sén. de Ch., déclare que messire Constant, chapelain de S. Laurent de Joinville, a vendu à ladite église le pré situé devant la Maison des Malades de Joinville.

Cart. de S. Laurent, f° 76 r°. — MENTION. Sim., p. 325.

386

Février 1259 (en français).

Jean, s. de J., déclare que Robert de J., s. de Sailly, et Aufélis, sa femme, ont affranchi leurs hommes de Sailly et de seize autres lieux, et fait connaître les conditions de cet affranchissement.

Dans un vidimus donné en février 1309 par Simon de J., s. d'Échenay, dont il existe une copie notariée de 1422 aux Arch. nat., série M, carton 441, dossier Joinville.

387

Londres, 12 mai 1259.

Simon de J., s. de Gex, scelle le testament d'Ébles de Genève, instituant Pierre de Savoie son héritier.

Régeste génevois, n° 912.

388
Juillet 1259 (en français).

Jean, s. de J., sén. de Ch., vidime une charte de son cousin Robert de Sailly, par laquelle ledit Robert déclare que Marguerite de Beaumont, sa sœur, a donné à Benoîtevaux ce qu'elle avait à Bettoncourt.

<small>Arch. de la Haute-Marne, *Chapitre de Reynel*, 10° liasse. — Éᴅ. Simonnet, *Treize chartes inédites*, n° 2.</small>

389
30 janvier 1259-1260.

Henri III d'Angleterre écrit à Étienne Longuépée, justicier d'Irlande, de mettre Miles, archidiacre de Clonmacnois, en possession des biens de l'évêché d'Elphin, auquel il a été élu, et cela à la prière de [Guillaume], archidiacre de Besançon, frère de Geoffroy de J.

<small>Sweetman, *Cal. of doc. relating to Ireland*, 1252-1282, n° 647.</small>

390
1259-1260.

Miles O'Connor, archidiacre de Clonmacnois, et Guillaume de J., recteur d'Arthimurchir, reconnaissent devoir trois charges de peaux à Adam de Basinges, bourgeois de Londres.

<small>Sweetman, *Cal. of doc. relating to Ireland*, 1252-1282, n° 645.</small>

391
1ᵉʳ août 1260.

Geoffroy de J. est l'un des chevaliers semons par Henri III, roi d'Angleterre, contre Lewellyn et les Gallois.

<small>Rymer, *Fœdera*, éd. de 1816, I, 399.</small>

392
Joinville, novembre 1260 (en français).

Jean, s. de J., sén. de Ch., déclare que Raoul de Ragecourt et Prince, sa belle-mère, ont mis cinq muids de vin en sa main.

<small>Cart. de S. Laurent, f° 37 r°. — Mᴇɴᴛɪᴏɴ. Sim., p. 325.</small>

393
Genève, 10 mai 1261.

Henri, évêque de Genève, d'une part, et Simon de J., s. de Gex, ainsi que Léonète, sa femme, d'autre part, font, par la médiation d'Agnès de Faucigny, femme de Pierre de Savoie, une transaction au sujet de la terre de Mortier, du pont du Rhône à Genève, et du lieu de S. Gervais.

Régeste génevois, n° 929.

394
Juillet 1261.

Jean de J. confirme de nouveau à l'abbaye de Boulancourt les donations de ses prédécesseurs, et partage avec son frère la succession de sa mère.

Cart. de Boulancourt, n° 397. — MENTION. Lalore, *Cartulaire de l'abbaye de Boulancourt*, p. 60.

394 BIS
Joinville, juillet 1261 (en français).

Jean, s. de J., sén. de Ch., fait avec les religieux de Boulancourt un accord suivant lequel lui et ses hoirs auront droit à la moitié des forfaits et des amendes du bois appelé le Bois-les-Convers.

Arch. de la Haute-Marne, fonds de Boulancourt, 4° liasse, 5° partie. Morancourt. — ÉD. Roserot, n° 1.

395
Octobre 1261 (en français).

Jean, s. de J., sén. de Ch., constate que son frère Guillaume, doyen de Besançon, a donné à S. Laurent tout ce qu'il avait acheté à Charmes-en-l'Angle.

Cart. de S. Laurent, f° 24 r°. — MENTION. Sim., p. 326.

396
11 décembre 1261 (en français).

Jean, s. de J., sén. de Ch., déclare que son beau-père, Gautier, s. de Reynel, a donné le moulin de Liméville à l'abbaye de Vaux-en-Ornois.

Arch. de la Meuse, *Abbaye d'Évaux*, K 19. — ÉD. N. de Wailly, pièce D. — MENTION. Sim., p. 326.

396 BIS
Décembre 1261.

Jean, s. de J., sén. de Ch., fait un accord avec les Templiers de Ruetz au sujet de divers biens qu'ils avaient acquis dans sa mouvance.

>Arch. de la Haute-Marne, *Commanderie de Ruetz*, 9ᵉ liasse, cote ZZ 6. — Ed. Roserot, n° 2.

397
Joinville, 1261 (en français).

Jean, s. de J., sén. de Ch., règle les droits d'usage des habitants de Joinville.

>Bibl. nat., fr. 11570, f° 15 v°.

398
1261.

Simon de J., s. de Gex, fait hommage de Chenèvre et de Marnay à Thibaut, comte de Bar.

>Bibl. nat. Coll. de Lorraine, vol. 719, f° 131 r°.— Fr. 11853, f° 13 v°.

399
1261-1271.

Geoffroy de J. et Mahaut de Lacy, sa femme, font une ordonnance pour leur district de Meath.

>*Chartularies of Sᵗ-Mary's abbey Dublin*, publié par John T. Gilbert, 1884, I, 275.

400
Mai 1262.

Jean de J., du consentement de sa femme, Alix de Reynel, confirme les donations que son beau-père, Gautier de Reynel, avait faites à Benoîtevaux.

>Ed. Bouillevaux, *Notice sur Benoîtevaux*, p. 28.

401
Juin 1262 (en français).

Jean de J. constate un accord intervenu entre Guillaume de Hauteville, chevalier, et S. Mansuy de Toul.

  Bibl. nat. Coll. de Lorraine, vol. 397, p. 9. — *Éd.* N. de Wailly, pièce E. — Mention. Sim., p. 326.

402
Joinville, août 1262.

Robert de J., s. de Sailly, déclare que son frère Simon, s. de Donjeux, tient une terre à Noncourt, en fief de Jean, s. de J., sén. de Ch., cousin dudit Robert.

  Copie. Bibl. nat., fr. 11559, f° 394 v°. — Analyse. *Ibidem*, f° 404 v°.

403
Joinville, août 1262.

Robert de J., s. de Sailly, déclare que Jean de Maille tient en fief de Jean, s. de J., sén. de Ch., cousin dudit Robert, la maison de feu Aubert de Brachey.

  Bibl. nat., fr. 11559, f° 404 v°.

404
1262.

Thibaut V, comte de Ch., permet à Jean de J. d'établir à Montot un marché le mardi de chaque semaine, et une foire le jour de la Décollation de S. Jean.

  Mention. Jolibois, *La Haute-Marne*, au mot *Montot*, p. 375.

405
Janvier 1263 (en français).

Jean de J. et Alix, sa femme, échangent leurs biens de Cirey-lès-Mareilles contre ceux que l'abbaye de la Crête possédait à Bettoncourt.

  Bibl. nat. Coll. de Champagne, vol. 152, p. 47. — *Éd.* N. de Wailly, pièce E *bis*. — Mention. D'A. de J., n° 3298. – Sim., p. 326.

406
Janvier 1263 (en français).

Jean de J. et Alix, sa femme, ajoutent à l'échange précédent quelques dispositions complémentaires.

> Arch. de la Haute-Marne, *La Crête*, 2ᵉ liasse, 5ᵉ dossier. — *Éd.* Roserot, n° 3.

407
Montiers-sur-Saulx, janvier 1263 (en français).

Jacques, abbé de la Crête, et Jean, s. de J., font savoir que ce dernier a vendu à l'abbaye tout ce qu'il possédait à Cirey-les-Mareilles moyennant 200 livres provenisiens, et que l'abbaye a vendu à Jean tout ce qu'elle avait à Bettoncourt pour le rattacher à la seigneurie de Reynel, le tout sujet à l'estimation de deux arbitres.

> Bibl. nat. Coll. de Champagne, vol. 152, p. 48. — *Éd.* N. de Wailly, pièce E *ter*. — *Mention*. Sim., p. 326.

408
Février 1263 (en français).

Thibaut, comte de Ch., approuve l'échange fait par Jean de J. et par sa femme, de ce qu'ils avaient à Cirey-les-Mareilles, contre ce que l'abbaye de la Crête avait à Bettoncourt.

> Bibl. nat. Coll. de Champagne, vol. 152, p. 49.

409
Mars 1263 (en français).

Jean de J. cède définitivement à la Crête ce qu'il avait à Cirey-les-Mareilles contre ce que l'abbaye avait à Bettoncourt.

> Bibl. nat. Coll. de Champagne, vol. 152, p. 50. — *Éd.* N. de Wailly, pièce E *quater*. — *Mention*. Sim., p. 326.

410
Rimaucourt, mars 1263.

Viennet de Nogent, bailli de Chaumont, fait savoir au comte de Ch.

qu'Alix, dame de J., fille de feu Gautier de Reynel, a approuvé la cession faite par son mari, Jean de J., à l'abbaye de la Crête, de leurs biens de Cirey-les-Mareilles, contre ceux de l'abbaye à Bettoncourt.

F_3, f° 242 r°. - Bibl. nat., lat. 17094, p. 350. — MENTION. D'A. de J., n° 3298.

411
Mars 1263 (en français).

Jean de J. déclare qu'Aubert de Ragecourt reconnaît devoir à Montiérender un demi-muid de blé par an.

Arch. de la Haute-Marne, *Montiérender*, liasse 37. - 2° cart. de Montiérender, f° 74 v°. — MENTION. V, f° 91 v°. - Sim., p. 326.

412
Mai 1263 (en français)

Jean de J. scelle une transaction conclue entre Jean de Flammerécourt, chevalier, et S. Urbain, au sujet des dîmes du Breuil.

Arch. de la Haute-Marne, *S. Urbain*, cart., f° 115. — ÉD. Sim., p. 199.

413
2 mai 1263 (en français).

Robert, s. de Sailly, déclare qu'il est devenu homme lige de Thibaut, comte de Bar, avant tous hommes, sauf Jean de J., pour cinquante livrées de terres sises à Maxey-sur-Vaise et à Rosières-en-Blois.

Arch. de Meurthe-et-Moselle, layette *Gondrecourt I*, n° 23. — ÉD. *Bulletin du Comité d'archéologie*, 1884, p. 480.

414
Juillet 1263 (en français).

Jean de J. et Alix de Reynel, sa femme, déclarent avoir vendu à Thibaut, comte de Bar, moyennant 400 livres, douze livrées de terres que ledit comte devait donner en fief au seigneur de Reynel, ainsi que les hommes de Mandres achetés à Hugues de Sorcy.

Arch. de Meurthe-et-Moselle, layette *Gondrecourt I*, n° 26. — COPIES. Cart. de Gondrecourt, f° 357. - Bibl. nat., fr. 11853, f° 43. - Coll. de Lorraine, vol. 718, f° 37 r°. — ÉD. Simonnet, *Treize chartes inédites*, n° 3. — MENTION. Sim., p. 327, sous la date de juin, d'après l'inventaire de Du Fourny.

415
10 août 1263 (en français).

Jean de J., sén. de Ch., fait à Thibaut, comte de Bar, hommage lige de Montiers-sur-Saulx, de la garde de l'abbaye d'Écurey, de ce qu'il tient à Biencourt, Bure, Juvigny et Ribeaucourt, et de la garde de ce que possède en ces villages l'abbaye de S. Mihiel.

    Arch. de Meurthe-et-Moselle, layette *Ancerville*, n° 4. (Un second exemplaire présentant quelques variantes a été acquis par la Bibl. nat. en juin 1893.) — Vidimé en 1319 par Jean Margarit, doyen de S. Laurent de J. Arch. nat. K 1154, n° 4; — en 1393, sous le sceau du duché de Bar. Inventaire de Du Fourny, *Bar, fiefs de la ville*, n° 94. — Copies. Bibl. nat., fr. 11853, f° 43 r°. - Coll. de Lorraine, vol. 718, f°° 37 r° et 37 v°. — Éd. Simonnet, *Treize chartes inédites*, n° 4. — Mention. V, f° 91 v°.

416
Septembre 1263.

Simon de J., s. de Marnay, déclare avoir repris de Hugues, comte palatin de Bourgogne, trente livrées de terre sises en sa terre de Marnay.

    Table des diplômes, VI, 426, d'après F.-F. Chevalier, *Mémoire historique sur Poligny*, II, pr., 596.

417
22 octobre 1263 (en français).

Jean de J. fait savoir que Robert de Sailly, son cousin, est devenu l'homme lige du comte de Bar. (Cf. n° 413.)

    Arch. de Meurthe-et-Moselle, layette *Gondrecourt I*, 24. — Copies. Bibl. nat., fr. 11853, f° 43 r°. - Coll. de Lorraine, vol. 718, f° 50 r°. — Éd. *Bulletin du Comité d'archéologie*, 1884, p. 481.

418
Décembre 1263 (en français).

Jean de J. se déclare autorisé par l'abbé de S. Urbain à fonder une nouvelle chapelle en la Maison-Dieu de Joinville.

    Arch. de la Haute-Marne, *Chapitre de Joinville*. — Éd. N. de Wailly, pièce G. — Mention. V, f° 91 v°. - Sim., p. 327.

419
2-30 avril 1263. — 1ᵉʳ-19 avril 1264.

«En avril 1263, Simon de Joinville, ayant à femme Léonette, dame de

Jays, reprend le fief de Marnay d'Hugon, comte palatin de Bourgogne, et de dame Aalis, la comtesse, sa femme. »

MENTION. Arch. nat. M 441, dossier *Joinville,* d'après les arch. du roi catholique à Dôle.

420
Dommartin-le-Franc, janvier 1264 (en français).

Jean de J., Wiard de Nogent, bailli de Chaumont, et Girard, prévôt de Ligny, déclarent que Raoul de Trivière a vendu à Montiérender, pour 40 livres provenisiens, tout ce qu'il avait à Épotémont.

2ᵉ cart. de Montiérender, f° 77 v°. — ÉD. Sim., p. 216. — MENTION. Sim., p. 327.

421
Mars 1264 (en français).

Jean de J. vend à S. Laurent diverses vignes moyennant 58 livres tournois.

Cart. de S. Laurent, f° 30 v°. — MENTION. Sim., p. 327.

422
Mars 1264 (en français).

Jean de J. vend une vigne à maître Boniface, chanoine de J., pour 40 livres provenisiens.

Cart. de S. Laurent, f° 25 v°.

423
Mai 1264 (en français).

Jean de J. déclare qu'il a donné aux Templiers de Launay la vaine pâture à Monteuil et à Rouvroy, pour les bêtes de la maison des Barres.

Arch. nat. M 13, n° 39.

424
Juillet 1264 (en français).

Jean de J. règle les difficultés surgies entre les Templiers de Ruetz et Pierre de Narcy, chevalier, au sujet de la possession d'un fossé qui séparait leurs propriétés.

Arch. de la Haute-Marne, *Ruetz.* — Bibl. nat., lat. 9035, n° 51. — ÉD. Simonnet, *Treize chartes inédites,* n° 5.

425
Juillet 1264 (en français).

Jean, s. de J., et Alix, sa femme, font, par l'arbitrage de Guerry, curé de S. Dizier, et de Thierry d'Amèle, chevalier, une transaction avec S. Urbain, concernant l'usage des bois de Mathons et les droits prétendus par les s. de J. sur les hommes de S. Urbain, transaction que les fils du s. de J., Geoffroy et Jean, jurent d'observer fidèlement.

<small>Arch. de la Haute-Marne, *S. Urbain*, 16ᵉ liasse. — *Éd.* N. de Wailly, pièce H. — *Mention.* Sim., p. 327.</small>

426
Novembre 1264 (en français).

Jean de J. et Alix, sa femme, vendent à Montiérender, pour 731 l. 9 s., tout ce qui avait appartenu à André de Dommartin.

<small>Arch. de la Haute-Marne, *S. Urbain*, 37ᵉ liasse. — *Copie.* 2ᵉ cart. de Montiérender, f° 75 v°. — *Éd.* N. de Wailly, pièce I. — *Mention.* V, f° 91 r°. — Sim., p. 327.</small>

427
Décembre 1264 (en français).

Jean de J., sén. de Ch., conclut avec l'abbaye de S. Mansuy de Toul un traité de paréage pour tout ce qu'il avait à Germay et aux environs.

<small>Arch. des Affaires étrangères, correspondance de Lorraine, vol. 1, f° 220. — *Copie* collationnée du xviiᵉ siècle. Arch. nat. P 773⁴¹. Lorraine S. — *Éd.* par M. Bruel dans la *Bibl. de l'Éc. des chartes*, 1884, p. 665.</small>

428
Février 1265.

Héluis de J., dame de Faucogney, achète à Mathieu, fils de Clémencet de S. Loup, le *meix Bonvallet* sis à Montigny.

<small>Arch. de la Haute-Saône, H 894. — *Éd.* Finot, dans la *Bibl. de l'Éc. des chartes*, 1876, p. 533.</small>

429
Mars 1265 (en français).

Jean de J. accorde aux hommes de S. Urbain habitant Charmes-la-

Chapelle le droit de fouage et de pâturage sur les bois de Mathons, moyennant certaines redevances.

<small>Arch. de la Haute-Marne, S. *Urbain*, 16e liasse. — COPIE. Bibl. nat. Coll. Moreau, vol. 188, p. 80. — ED. N. de Wailly, pièce J. — MENTION. Sim., p. 327.</small>

430
Mars 1265 (en français).

Jean, s. de J., sén. de Ch., de l'assentiment de sa femme Alix, vend à l'abbaye d'Écurey une rente qu'il avait à Paroy.

<small>Bibl. nat., lat. 17048, p. 525, d'après le cart. d'Écurey.</small>

431
22 avril 1265.

Henri, évêque de Genève, et Simon de J. renouvellent la transaction du 10 mai 1261. (Cf. n° 393.)

<small>Régeste génevois, n° 982.</small>

432
Mai 1265 (en français).

Thibaut, comte de Champagne, fait savoir que Jean, s. de J., sén. de Ch., et Alix, sa femme, ont conclu avec S. Mansuy de Toul un traité de paréage au sujet de leurs biens de Germay et des environs. (Cf. n° 427.)

<small>VIDIMÉ en 1322, Bibl. nat. Coll. de Lorraine, vol. 397, p. 16. — COPIE certifiée de 1608, Arch. nat. J 914, n° 37^b. — MENTION. D'A. de J., n° 3358. – Sim., p. 328.</small>

433
Mai 1265.

Jean de J. fixe les redevances des hommes de Germay et de Lézéville.

<small>MENTION. K₂, f° 264 r°, n° 1. – K₃, f° 232 r°, n° 1.</small>

434
Mai 1265 (en français).

Robert de J., s. de Sailly, fait un échange de serfs avec S. Urbain.

<small>Arch. de la Haute-Marne, S. *Urbain*, 5e liasse, 4e partie. — COPIE. Bibl. nat. Coll. Moreau, vol. 172, p. 253. — MENTION. V, f° 91 r°. – Jolibois, *La Haute-Marne*, p. 22. – Sim., p. 329.</small>

435
Mai 1265.

Léonète, dame de Gex, approuve l'accord conclu par Simon de J., s. de Gex, avec Hugues, comte de Bourgogne, touchant le fief de Poligny.

Mention. Arch. nat. M 441, dossier *Joinville*, d'après les arch. du roi catholique à Dôle.

436
10 juin 1265.

Henri III, roi d'Angleterre, écrit à Geoffroy de J., en Irlande, pour lui recommander de ne prêter aucune aide aux rebelles, partisans de son fils Édouard, d'obéir à Hugues, évêque de Meath, nommé justicier d'Irlande, et de venir, avec deux autres seigneurs, conférer avec lui de l'état de l'Irlande.

Sweetman, *Cal. of doc. relating to Ireland*, 1252-1282, n° 776.

437
Juin 1265 (en français).

Jean, s. de J., sén. de Ch., autorise Étienne de Courcelles, chanoine de Toul, à fonder, sur ce qu'il possède à Joinville, une rente de 40 sous que les chanoines de S. Laurent devront se partager le jour de son obit, sauf 10 sous à donner aux pauvres.

Cart. de S. Laurent, f° 39 v°. — Mention. Sim., 328.

438
1265 (en français).

Robert de J., s. de Sailly, fait un échange de serves avec l'abbaye de S. Mihiel.

Bibl. de Nancy, liasse 122, coll. Noël, n° 243. — Éd. Favier, *Bulletin hist. et philol. du Comité des travaux historiques*, année 1893, p. 277.

439
Avril 1265-1266 (en français).

Jean, s. de J., sén. de Ch., et Alix, sa femme, font connaître un échange intervenu entre l'abbaye d'Écurey et Aubert de Poissons, chevalier, son homme.

Bibl. nat., lat. 17048, p. 525, d'après le cart. d'Écurey.

440
21 mars 1266.

Simon de J., s. de Donjeux, confirme la donation faite à S. Laurent de J., par son aïeul Geoffroy de J., du tiers des dîmes de Donjeux et de dix setiers de mouture sur les moulins dudit lieu.

MENTION. Bibl. nat., fr. 11559, f° 394 v°.

441
21 mai 1266 (en français).

Thibaut, comte de Champagne, prie Louis IX de se déclarer incompétent pour juger la contestation pendante entre Jean de J. et l'abbaye de S. Urbain, touchant la garde de cette abbaye.

ÉD. Historiens de Fr., XX, 291. – Didot (1re édition), p. 214. — MENTION. D'A. de J., n° 3388. – Sim., p. 328.

442
27 août 1266 (en français).

Jean, s. de J., sén. de Ch., et l'abbé de S. Urbain désignent, comme arbitres de leur différend, Henri, abbé de Boulancourt, et André, doyen de Bar-sur-Aube. Si ces arbitres ne parviennent pas à rendre de sentence avant la S. Remy, leurs fonctions reviendront à Guerry, curé de S. Dizier.

Arch. de la Haute-Marne, S. Urbain, 15e liasse. — ÉD. N. de Wailly, pièce K. — MENTION. Sim., p. 328.

443
18 octobre 1266 (en français).

Guillaume de J., chevalier, s. de Jully, notifie l'achat d'une vigne sise à Ville-sur-Arce, fait en sa présence par Jean, s. de Durnay.

Arch. nat. K 1155, n° 20 bis.

444
Octobre 1266 (en français).

Jean de J., sén. de Ch., affranchit ses hommes de Montiers-sur-Saulx.

> Arch. de la Meuse. — Éd. Bonabelle, *Mém. de la Soc. d'archéol. lorraine*, 3ᵉ série, VIII, 51.

445
Octobre 1266 (en français).

Jean, s. de J., sén. de Ch., vidime l'acte d'une vente faite par son cousin Geoffroy de Bourlémont et par Sébille, sa femme, à l'abbaye de Vaux-en-Ornois.

> Arch. de la Meuse, série H, fonds de l'abbaye d'Evaux, layette Q, n° 27. — Éd. Roserot, dans les *Archives historiques, artistiques et littéraires*, année 1890, p. 191.

446
19 octobre 1266 (en français).

Jean, s. de J., sén. de Ch., du consentement de sa femme, Alix, et de ses fils, Geoffroy et Jean, vend à l'abbaye d'Écurey la grange de Bailly, cède ses droits sur les eaux de Montiers-sur-Saulx et sur cent arpens de bois, et approuve diverses donations faites à la même abbaye.

> Arch. de la Meuse, *Abbaye d'Écurey*. — Éd. N. de Wailly, pièce L. — Mention. Bibl. nat., lat. 17048, p. 524, avec la date de décembre. - Sim., p. 328.

447
7 novembre 1266 (en français).

Les arbitres désignés dans l'acte du 27 août (n° 442) font un accord entre Jean, s. de J., et l'abbé de S. Urbain.

> Bibl. nat. Coll. Moreau, vol. 190, p. 240. — Mention. V, f° 92 r°.

448
10 novembre 1266 (en français).

Jean de J., sén. de Ch., donne des lettres de non-préjudice au chapitre de S. Laurent, qui l'a autorisé à se faire dire la messe au château pendant qu'il avait la fièvre quarte. .

<small>Cart. de S. Laurent, f° 27 v°. — Éd. Champollion-Figeac, p. 625. — Mention. Sim., p. 328.</small>

449
Joinville, novembre 1266.

Jean de J., sén. de Ch., déclare que les chanoines de S. Laurent de J. ont 42 livres à percevoir chaque année sur les premiers revenus des arpens de J., à savoir : 12 livres qu'il a promis à son frère de Vaucouleurs d'asseoir sur ses terres pour faire célébrer un office à son intention; 15 livres que les chanoines tenaient de ses prédécesseurs et 15 livres qu'il leur a données pour allumer chaque jour un tortil de cire, depuis le *Sanctus* jusqu'à l'*Élévation*. Donné «par la main mon signor Guillaume, mon chapelain».

<small>Cart. de S. Laurent, f° 28 v°. — Éd. Sim., p. 222.</small>

450
1266.

Geoffroy de J., s. de Vaucouleurs, et Mahaut de Lacy, sa femme, obtiennent de Gilles, évêque de Toul, l'autorisation de fonder la collégiale de Vaucouleurs.

<small>Mention. *Gallia Christiana*, XIII, 1017.</small>

451
1266.

Geoffroy de J., s. de Vaucouleurs, de concert avec Mahaut de Lacy, sa femme, donne l'affouage dans les bois de Vaucouleurs pour la maison d'Utigney, que l'abbaye de Riéval possédait à Broussey-en-Blois.

<small>Sim., p. 130, d'après Dumont, *Histoire des fiefs de Commercy*, II, 424.</small>

452
10 janvier 1267 (en français).

Jean, s. de J., sén. de Ch., et sa femme, Alix de Reynel, déclarent approuver la donation faite par Gautier, père de cette dernière, à l'abbaye de la Crête, du tiers de ses moulins de Rimaucourt, mais en conserver la garde et la justice.

Arch. de la Haute-Marne, *La Crête*, 3ᵉ liasse, 7ᵉ dossier. — Éᴅ. Roserot, n° 4.

453
Février 1267.

Simon de J., s. de Gex, et Léonète, sa femme, assignent sur le péage de Gex une rente annuelle de 5 sous, léguée au couvent de Romain-Motier par feu Amédée, s. de Gex, père de Léonète.

Régeste génevois, n° 1011.

454
28 avril 1267 (en français).

Jean de J., sén. de Ch., donne aux religieuses du Val d'Osne douze cents de harengs que celui qui tient la vente et le péage de Joinville doit livrer chaque année au commencement du Carême. Les religieuses doivent, en retour, célébrer l'anniversaire de maître Girard le Physicien, chanoine de S. Laurent, qui a laissé par testament 30 livres pour la présente fondation.

Arch. nat. L 1045, n° 14ᴀ. — Copies du xvıᵉ siècle, S 4608; autre copie du xvıɪᵉ siècle, L 1045, n° 28, f° 14 v°. — Mention. V, f° 92 r°. — Éᴅ. Abbé Jobin, *Le prieuré du Val d'Osne à Charenton*, p. 49.

455
22 juillet 1267 (en français).

Jean, s. de J., sén. de Ch., notifie un échange intervenu entre Aubert d'Osne et le comte de Bar.

Bibl. nat., fr. 11853, f° 43 v°. — Coll. de Lorraine, vol. 719, f° 112 r°.

456
Juillet 1267.

Jean, s. de J., sén. de Ch., confirme la charte qu'il a donnée en juillet 1241 (n° 302), en faveur de l'abbaye de Boulancourt.

Cart. de Boulancourt, n° 495. — Mention. Lalore, *Cartulaire de l'abbaye de Boulancourt*, p. 60. — Sim., p. 329.

457

21 septembre 1267.[1]

Geoffroy de J. et Robert Walerand sont désignés par Henri III d'Angleterre pour jurer la paix qui doit être conclue avec Lewellyn, par l'entremise du légat.

Rymer, *Fœdera*, éd. de 1816, I, 473.

458

1267.

Le Parlement de Paris refuse au comte de Champagne la connaissance du débat pendant entre Jean de J., sén. de Ch., et l'abbaye de S. Urbain.

Olim, I, 677.

459

1267.

Jean, s. de J., donne une charte de franchise à la ville neuve de Ferrières qu'il a commencé à faire bâtir.

Mention. K$_2$, f° 146 r°. – Jolibois, *La Haute-Marne*, p. 215. – Sim., p. 329.

460

1267.

Jean de J. est témoin de l'hommage rendu par le comte de Champagne à l'évêque de Langres pour Bar-sur-Aube, Bar-sur-Seine, la Ferté-sur-Aube, Nogent-le-Roi, Montigny-le-Roi et Coiffy.

Bibl. nat., lat. 5189, f° 52. — Mention. *Mém. de l'Acad. des inscriptions*, XX, 340. – D'A. de J., n° 3432. – Sim., p. 329.

461

Beaune, 17 avril 1268.

Thibaut, comte de Champagne, accorde des lettres de non-préjudice Jean de J., sén. de Ch., qui l'a servi aux noces et à la chevalerie de Philippe, fils du roi de France, et qui prétend avoir le droit de s'emparer de la vaisselle employée dans ces cérémonies, vaisselle que Thibaut ne peut lui abandonner, puisqu'elle appartient au roi de France.

(Cet acte a toujours été publié jusqu'ici avec la fausse date de 1262; or on sait que Philippe le Hardi ne fut armé chevalier qu'en 1267.) — Éd. Mém. de l'Acad. des inscriptions, XX, 339. - Historiens de France, XX, xxxviij, note. – Didot, pièce R. — Mention. Table des diplômes, VI, 395. – D'A. de J., n° 3267. - Sim., p. 326.

462

Mai 1268 (en français).

Isabelle, dame d'Is-en-Bassigny, veuve de Simon de Clefmont, par le conseil de son frère, le s. de J., sén. de Ch., donne à Écurey le bois de Braiemont, sis au finage de Colombé-la-Fosse, au lieu de 100 livres qu'elle doit à ladite abbaye, à savoir : 50 livres en exécution du testament de son frère Geoffroy, s. de Montclair, enterré à Écurey, et 50 livres pour droit de past.

Bibl. nat., lat. 17048, d'après le cart. d'Écurey.

463

20 juillet 1268 (en français).

Jean de J., sén. de Ch., intervient dans le règlement de la succession de Jean de Chalon, son oncle, beau-père d'Alix de Méranie, comtesse de Bourgogne. Simon de J. [sire de Gex] figure dans l'acte.

Original au château d'Arlay (Jura). — Éd. Bibl. de l'Éc. des chartes, 1886, p. 468.

464

9 août 1268.

Agnès de Faucigny, veuve du comte Pierre de Savoie, fait son testament par lequel elle institue sa légataire universelle sa fille Béatrix, comtesse de Viennois et d'Albon — lègue à sa sœur Béatrix, dame de Thoire et de Villars, et aux fils de celle-ci, ses châteaux de Crédoz et de Cosimieu — à son frère Simon de J., s. de Gex, soit la châtellenie de Versoix, moins le lieu de Commugny, soit tout ce qu'elle possède depuis ledit Commugny jusqu'à la Cluse près de Collonges, entre le Rhône et le Jura, sous la condition que Simon fondera une Maison-Dieu près de Versoix. Elle désigne pour ses exécuteurs ses frères Simon, s. de Gex, et Guillaume, archidiacre de Besançon.

Régeste génevois, n° 1034.

465

26 août 1268 (en français).

Jean, s. de J., ayant emprunté 528 livres tournois au comte de Champagne, s'engage à les rendre en trois termes : 1° à la foire de Troyes, le 30 novembre prochain, 164 livres sur ses appointements de sénéchal; 2° le 30 novembre 1269, la même somme sur les mêmes appointements; 3° le 1ᵉʳ novembre 1269, 200 livres sur la rente que lui doit le roi de France à ce terme.

F_2, p. 480. — MENTION. D'A. de J., n° 3493. – Sim., p. 329.

466

12 août 1268 – 21 janvier 1269.

Simon de J., s. de Gex, défie Philippe de Savoie qui est en guerre avec le dauphin de Viennois, dont Simon est l'homme lige, et qui a épousé [la fille de] sa sœur.

Régeste génevois, n° 1037.

467

17 novembre 1268 (en français).

Jean, s. de J., sén. de Ch., fait, sous son sceau et sous celui de sa femme Alix, un accord avec S. Urbain au sujet de la ville neuve de Ferrières qu'il a fondée dans une partie de son bois de Mathons où les hommes de S. Urbain avaient des droits d'usage.

Arch. de la Haute-Marne, *S. Urbain*, 16ᵉ liasse, 1ʳᵉ partie. — COPIE. Bibl. nat. Coll. Moreau, vol. 193, p. 3. — ÉD. Roserot, n° 5.

468

Troyes, 16 janvier 1269.

Jean, s. de J., sén. de Ch., déclare que Thibaut, roi de Navarre, lui a donné Germay, mais qu'il en doit faire hommage au roi de France et à ses successeurs.

Arch. nat. J 1035, n° 27.

469
Sciez-en-Chablais, 21 janvier 1269.

Simon de J., s. de Gex, est le premier des pleiges de Guigues, dauphin de Viennois, pour la trêve conclue entre lui et Philippe, comte de Savoie et de Bourgogne.

Régeste génevois, n° 1041.

470
Bonmont, 4 mai 1269.

Simon de J., s. de Gex, conclut avec l'abbaye de Bonmont un accord au sujet de leurs droits réciproques, accord qu'il fait sceller par Léonète, dame de Gex.

Régeste génevois, n° 1048.

471
6 mai 1269 (en français).

Jean, s. de J., sén. de Ch., déclare que Thibaut, comte de Bar, a payé ce qu'il devait à Jean des Jardins, bourgeois de Joinville.

Bibl. nat., fr. 11853, f° 43 v°.

472
Août 1269 (en français).

Jean, s. de J., scelle l'acte de location d'une maison sise derrière S. Laurent, faite par le chapitre de cette église à Aubert, s. de Sainte-Livière.

Cart. de S. Laurent, f° 77 v°.

473
Décembre 1269 (en français).

Jean, s. de J., sén. de Ch., déclare qu'à son lit de mort, Robert de Sailly, du consentement d'Aufélis, sa femme, et de Gui, son fils, a donné à Écurey, où il devait être enterré, six setiers de mouture chaque année sur le moulin de Pincelay.

<small>Bibl. nat., lat. 17048, p. 524, d'après le cart. d'Écurey.</small>

474

1269.

Marguerite, femme du comte de Luxembourg, fait un accord entre Miles de S. Amand et Jean de J. qui avait envoyé faire le dégât sur la terre du seigneur de S. Amand et dut, pour ce fait, payer 200 livres de dommages-intérêts.

<small>MENTION. Mém. de l'Acad. des inscriptions, XX, 338.</small>

474 BIS

Jean de J., chevalier, s. de Mailly, déclare avoir conclu un accord avec l'abbaye de Cheminon au sujet du chemin qu'il a fait faire entre Brusson et Favresse.

<small>Arch. de la Marne, fonds de Cheminon. — ÉD. É. de Barthélemy, Recueil des chartes de l'abbaye de Cheminon, p. 148.</small>

475

Mars 1269-1270 (en français).

Alix, dame de J., promet de ne pas attaquer l'échange de Cirey-les-Mareilles fait entre son mari et le couvent de la Crête.

<small>Bibl. nat. Coll. de Champagne, vol. 152, p. 52. — ÉD. N. de Wailly, pièce L bis. — MENTION. Sim., p. 329.</small>

476

Avril 1269-1270 (en français).

Jean de J. scelle l'acte de la cession d'un homme faite au couvent de Mureau par Sébille de Saulxures et par ses fils Perrin et Geoffroy.

<small>Arch. des Vosges, H, Mureau. — ÉD. Bonnardot, Rapp. sur les chartes lorraines, Arch. des Missions, 3ᵉ série, I, 253.</small>

477
Janvier 1270 (en français).

Geoffroy de J., s. de Briquenay, fils aîné de Jean de J., conclut un accord avec Thibaut, comte de Bar, au sujet de la ville d'Apremont. Comme il n'a pas encore de sceau, il prie son père et Étienne, doyen de S. Laurent, d'y mettre les leurs.

Bibl. nat., fr. 11853, f° 44 r°.

478
Janvier 1270.

Béatrix de Viennois et d'Albon, dame de Faucigny, restitue à son cousin, Amédée de Montbéliard, seigneur de Montfaucon, certaines rentes en terre dans le pays de Vaud pour qu'il les tienne en accroissement de fief. Béatrix explique dans l'acte que feu son aïeul Aimon de Faucigny avait jadis constitué ces rentes à la requête de son oncle, le comte de Chalon, mais que cette donation avait été révoquée par son défunt mari, Pierre de Savoie. N'ayant pas de sceau, elle fait sceller l'acte par son « chier oncle Joffroy de Joinville », chevalier, seigneur de Vaucouleurs.

Régeste génevois, n° 1055.

478 BIS
13 mars 1270 (en français).

Jean, s. de J., sén. de Ch., déclare qu'en sa présence Aubert de Poissons, chevalier, son homme, et Jeanne, femme dudit Aubert, ont cédé aux religieux de Benoîtevaux une vigne qu'ils avaient au ban de Poissons pour racheter une redevance annuelle d'un muid de blé provenant d'une donation de Ferry de Vaucouleurs, son aïeul.

Arch. de la Haute-Marne, *Benoîtevaux*. — Éd. Roserot, n° 6, avec la date du 27 mars.

479
Juin 1270 (en français).

Jean de J., sén. de Ch., constate un échange entre l'abbaye de S. Urbain et Guillaume de Hauteville.

Arch. de la Haute-Marne, *S. Urbain*, 13° liasse. — Éd. N. de Wailly, pièce M. — Mention. Sim., p. 329.

479. BIS

J. de J., chevalier, s. de Mailly, et Renarde, sa femme, déclarent que les habitants de Brusson n'ont pas le droit de passage sur les terres de l'abbaye entre Tournay et Brusson, entre le Champ-à-l'Eau et le Pré-les-Prêtres.

<small>Arch. de la Marne, fonds de Cheminon. — MENTION. É. de Barthélemy, *Recueil des chartes de l'abbaye de Cheminon*, p. 131.</small>

480
Juillet 1270 (en français).

Geoffroy de J., s. de Vaucouleurs, approuve le don de la maison de Berthe la Veneresse et l'aumône faite à S. Laurent de J. par Renier, curé de Vaucouleurs.

<small>Cart. de S. Laurent, f° 38 r°.</small>

481
Juillet 1270.

Geoffroy, s. de Vaucouleurs, autorise le prieur de Vaucouleurs à employer un de ses hommes comme pêcheur.

<small>MENTION. Sim., p. 340, d'après les arch. de la Côte-d'Or.</small>

482
2 août 1270 (en français).

Jean, s. de J., sén. de Ch., fait avec l'abbé de S. Urbain et le s. de Sailly un règlement sur les saisies pour dettes dans la châtellenie de Joinville.

<small>Bibl. nat., fr. 11570, f° 22 r°.</small>

483
1270.

Simon de J., s. de Marnay, transige avec Geoffroy, s. de Faucogney, au sujet de certains biens que ledit Simon veut retirer des mains de l'abbaye de la Charité.

<small>MENTION. V, f° 92 r°, d'après les arch. de l'abbaye de la Charité.</small>

484
1270.

Jean de J. va au château de la Fauche recevoir l'hommage du seigneur dudit lieu, qui déclare le tenir de lui rendable et jurable contre le seigneur de Vergy.

<small>Mention. Mém. de l'Acad. des inscriptions, XX, 341. – Sim., p. 329.</small>

485
1270.

Geoffroy, s. de Vaucouleurs, et l'abbé de Gorze concluent un accord au sujet de Mauvages.

<small>Mention. Recueil de Du Fourny, layette *Apremont*, 50ᵉ liasse, n° 33. – Sim., p. 340.</small>

486
Avril 1270-1271.

Geoffroy de J., s. de Vaucouleurs, donne à l'ordre de l'hôpital du S. Esprit de Rome la Maison-Dieu de Vaucouleurs avec vingt journaux de terre arable, quatre journaux de vignes et l'autorisation d'acheter soixante journaux de terre dans le ban de Vaucouleurs.

<small>Éd. Mém. de la Soc. d'archéol. lorraine, XXXI, 242.</small>

487
Mars 1271 (en français).

Jean de J. déclare avoir fait, du consentement de sa femme Alix, certains échanges avec Écurey.

<small>Bibl. nat., lat. 17048, p. 524, d'après le cart. d'Écurey.</small>

488
Mars 1271 (en français).

Jean, s. de J., sén. de Ch., à la requête de Loyson de Sommermont, écuyer, vidime une charte de 1270 par laquelle Aubert de Landricourt, s. de Sainte-Livière, notifie une vente faite à S. Laurent de J. par Loyson et par sa femme Héluis.

Cart. de S. Laurent, f° 41 v°. — Mention. Sim., p. 329.

489

Troyes, 11 mai [1] 1271 (en français).

Alix de Sailly, prieure de Foissy-lès-Troyes, déclare que Jean, s. de J., sén. de Ch., donne à sa cousine Béatrix de Sailly, religieuse à Foissy, fille de Robert de Sailly, frère d'Alix, 20 sous tournois de rente viagère sur la sénéchaussée de Champagne.

Bibl. nat., fr. 11559, f° 395 r°.

490

5 juin 1271 (en français).

Jean de J. confirme toutes les possessions de S. Laurent de J., notamment tout ce que les chanoines tiennent de ses ancêtres, mais il se réserve la faculté d'échanger les acquisitions faites depuis moins de trente ans.

Cart. de S. Laurent, f° 22 r°. — Mention. Champollion-Figeac, p. 626. — Sim., p. 330.

491

Juin 1271.

Jean de J. est une des cautions de Henri, roi de Navarre, comte de Champagne, pour 30,000 livres que le comte de Champagne devait au roi Philippe le Hardi pour le relief des comtés de Champagne et de Brie.

Arch. nat. J 199, n° 32. — Éd. Duchesne, Hist. de Chastillon, l. XII, chap. 7. — Mention. Mém. de l'Acad. des inscriptions, XX, 342. — V, f° 92 r°. — D'A. de J., n° 3676. — Sim., p. 329.

---

[1] «Ce fut fait et donné à Troyes le lundy prochain devant l'Ascension l'an de grace 1271, le jour que le corps du roy Thiebaut qui fut mort à revenir de Thunes, fut apporté à Troyes.» Cette pièce ne nous étant connue que par une copie du xvii° siècle, on ne s'étonnera pas de ne pas trouver, dans le précédent extrait, les formes orthographiques du xiii° siècle.

492
14 septembre 1271 (en français).

Jean de J. donne des lettres de non-préjudice au chapitre de S. Laurent qui l'a autorisé à se faire chanter la messe au château de J. pendant sa maladie.

Cart. de S. Laurent, f° 80 r°. — Éd. Champollion-Figeac, p. 626. — Mention. Sim., p. 330.

493
2 avril 1272.

Le chapitre de Genève reconnaît avoir reçu de Léonète, dame de Gex, les dîmes de S. Gervais et de Prégny comme gages d'une obligation de 80 livres de Genève.

Régeste génevois, n° 1078.

494
Octobre 1272 (en français).

Jean, s. de J., autorise les Templiers de Ruetz à faire un pont sur la Marne, à Bayard.

Extrait. Jolibois, La Haute-Marne, p. 51.

495
1272.

Jean de J., sén. de Ch., et Henri de S. Benoît, chevalier, sont désignés par le roi de France pour juger un différend entre sept bourgeois de Noyers et Miles IX de Noyers qui les avait fait emprisonner.

Éd. Quantin, Cartulaire de l'Yonne, III, n° 716. — Mention. E. Petit, Les sires de Noyers, p. 87.

496
1272.

Jean de J. et Alix, sa femme, confirment à Benoîtevaux toutes les donations qui lui ont été faites et lui accordent tout le bois nécessaire pour chauffage et autres usages.

Éd. Bouillevaux, Notice sur Benoîtevaux, p. 29.

497

Reims, 28 février 1273 (en français).

Geoffroy de J., chevalier, s. de Nanteuil, déclare avoir partagé l'héritage de sa mère, Alix de Grantpré, avec son frère Jean de J., chevalier. Geoffroy aura Briquenay et cent setiers de blé à Verpel; Jean aura Barricourt, Andevanne, Apremont et divers biens sis à S. Juvin et à Verpel, à charge d'hommage envers Geoffroy.

Arch. des Affaires étrangères, correspondance de Lorraine, I, 253.

498

S. Georges-d'Espéranche, 2 avril 1273.

Simon de J. est, en qualité d'oncle maternel de la fiancée, témoin du contrat de mariage de Béatrix, comtesse de Viennois et dame de Faucigny, fille de feu Pierre, comte de Savoie, avec Gaston, vicomte de Béarn.

Régeste génevois, n° 1094.

499

Mai 1273 (en français).

Jean de J. confirme les lettres de non-préjudice qu'il a données à S. Laurent de J. le 14 septembre 1271. (Voir n° 492.)

Cart. de S. Laurent, f° 79 r°. — ÉD. Champollion-Figeac, p. 626. — MENTION. Sim., p. 330.

500

Mai 1273 (en français).

Jean de J. notifie la vente faite à S. Urbain par Aubert d'Osne et sa femme Alix, de ce qu'ils avaient à Poissons.

Arch. de la Haute-Marne, S. *Urbain*, 11° liasse, *Poissons*. — COPIE. Bibl. nat. Coll. Moreau, vol. 197, p. 145. — ÉD. N. de Wailly, pièce N. — MENTION. Sim., p. 330.

501

Juin 1273 (en français).

Geoffroy de J., s. de Briquenay, et sa femme Mabille, dame de Nanteuil, prient Henri, comte de Champagne, de confirmer l'échange de trois villages et d'une rente qu'ils ont conclu avec Jean de J., père de Geoffroy.

Arch. nat. J 1035, n° 31. — COPIE. F₂, f° 482. — MENTION. Du Cange, p. 22. — D'A. de J., n° 3370 [1].

502

Château de S. Georges, juin ou août 1273 (en français).

Simon de J. est l'un des témoins de l'acte par lequel Guillaume, s. de Tournon, fait sa soumission à Édouard Iᵉʳ.

Rymer, *Fœdera,* éd. de 1816, I, 2ᵉ partie, p. 504.

502 BIS

Août 1273 (en français).

Jean, s. de J., sén. de Ch., et Alix, sa femme, confirment l'abandon fait par Geoffroy, dit Mutet, de Til, écuyer, au prieuré du Val des Écoliers de ce qu'il pouvait avoir sur les dîmes de Mandres-en-Ornois.

Arch. de la Haute-Marne, *Val des Écoliers,* 9ᵉ liasse, 2ᵉ partie, *Mandres-en-Ornois.* — ÉD. Roserot, n° 7.

502 TER

Janvier 1274 (en français).

Jean, s. de J., sén. de Ch., déclare que la grâce faite par Hugues de Chevillon, commandeur des Templiers de Ruetz, à un homme de Nomécourt à qui il permet de jouir de l'héritage de sa femme à Juvigny, ne peut être considerée comme une dérogation à l'accord qu'il a jadis fait avec les Templiers au sujet de la franchise de Juvigny.

Arch. de la Haute-Marne, *Commanderie de Ruetz,* 2ᵉ liasse, n° 2, *Juvigny.* — ÉD. Roserot, n° 8.

503

29 janvier 1274 (en français).

Jean, s. de J., et Alix, sa femme, déclarent s'être accordés avec leur

---

[1] Bien que les termes de l'analyse de M. d'Arbois de Jubainville diffèrent un peu de ceux de la nôtre, c'est bien le même acte que l'auteur de l'*Histoire des comtes de Champagne* a voulu désigner.

cousin Hugues, comte de Brienne et de Lecce, au sujet de ce qu'ils avaient à Trannes et à Jessains.

<small>Bibl. nat. Coll. Duchesne, vol. 21, f° 79.</small>

504
Décembre 1274 (en français).

Jean, s. de J., sén. de Ch., déclare que, bien qu'il ait fait «gagier» ses bourgeois pour la chevalerie de son fils, ce «gaigemans» ne doit pas être considéré comme une coutume; il leur accorde en compensation quelques menues libertés.

<small>Bibl. nat., fr. 11570, f° 21 r°.</small>

505
Février 1275.

Jean, s. de J., sén. de Ch., oncle de Pierre, s. de Bourlémont, scelle l'acte de la vente faite par le susdit Pierre et Jeanne, sa femme, à Hugues, dit *Triponts*, de Neufchâteau, de tout ce qu'ils avaient à Chermizey.

<small>Recueil de Du Fourny, layette *Confirmations*, n° 6.</small>

506
Mai 1275 (en français).

Jean, s. de J., sén. de Ch., déclare qu'en sa présence Aubert de Sainte-Livière, chevalier, a cédé aux moines de S. Urbain une rente de 13 sous provenisiens sur sa jurée de Fronville, avec la maison et le pressoir devant l'église, et l'obligation pour les hommes de Fronville d'aller presser audit pressoir, le tout comme indemnité du défaut de garantie du moulin de Fronville.

<small>Bibl. nat. Coll. Moreau, vol. 199, p. 35.</small>

507
Juillet 1275.

Les religieux de S. Urbain s'engagent à défendre leurs droits contre le s. de J. et à poursuivre le procès qu'ils lui ont intenté.

<small>Arch. de la Haute-Marne, cart. de S. Urbain, f° 317. — *Éd.* Sim., p. 200.</small>

508
Novembre 1275 (en français).

Jean de J., sén. de Ch., déclare qu'il ne peut rien aliéner de ce qu'il tient du comte de Bar à Juvigny et à Bure, à moins qu'il ne reprenne du comte de Bar, à Osne qui est de son alleu, une terre équivalente à celle qu'il aura aliénée.

Bibl. nat., fr. 11853, f° 44 r°. — Coll. de Lorraine, 738, f° 37.

508 BIS
Décembre 1275 (en français).

Jean, s. de J., sén. de Ch., avec l'approbation de sa femme Alix, donne aux Templiers de Ruetz tout ce qu'il avait au finage de Juvigny.

Arch. de la Haute-Marne, *Commanderie de Ruetz*, 2° liasse, *Juvigny*. — Éd. Roserot, n° 9.

509
Décembre 1275 (en français).

Geoffroy de J., s. de Nanteuil, déclare approuver l'acte par lequel Mabille, sa femme, a désigné comme sa caution Thibaut, comte de Bar, pour 80 livres parisis envers Guillaume L'Estillour, pelletier, bourgeois de Paris, et garantit audit Thibaut qu'il n'en peut résulter pour lui aucun préjudice.

Bibl. nat., fr. 11853, f° 55 v°. — Coll. de Lorraine, 718, f° 139 r°.

510
Mars 1276 (en français).

Simon de J., s. de Donjeux, vidime et confirme une traduction française de la constitution de prébendes faite à S. Laurent de J., en 1189 par Geoffroy IV (n° 79).

Cart. de S. Laurent, f° 38 v°.

511
Mars 1276 (en français).

Jean de J., sén. de Ch., et Alix, sa femme, vendent à l'abbaye de

S. Mihiel une rente de vingt setiers de grains à Bure, du consentement de Thibaut, comte de Bar, de qui ils la tenaient.

<small>Orig. appartenant à M. Léon Germain. — ÉD. *Journal de la Société d'archéologie lorraine*, 1879, p. 196. — MENTION. D. - J. de l'Isle, *Histoire de l'abbaye de Saint-Mihiel*, p. 153.</small>

511 BIS
Mars 1276 (en français).

Jean, s. de J., sén. de Ch., et Alix, sa femme, font un accord avec l'abbaye de Vaux-en-Ornois, au sujet du bois appelé *l'alleu de Vaucouleurs*.

<small>Arch. de la Meuse, *Abbaye d'Évaux*, layette K, n° 23. — ED. Roserot, n° 10.</small>

512
11 mai 1276.

Geoffroy de J., justicier d'Irlande, écrit au roi Édouard Ier au sujet des affaires d'Irlande.

<small>J. T. Gilbert, *Fac-similes of national mss. of Ireland*, 2^d part, pl. LXXIV, n° 3.</small>

513
15 septembre 1276.

Simon de J., chevalier, s. de Gex, et Léonète, sa femme, dame de Gex, assignent sur le péage de Gex une rente annuelle de 5 florins donnée par feu Amédée, s. de Gex, père de Léonète, au prieuré de Nantua.

<small>*Régeste génevois*, n° 1137.</small>

514
Septembre 1276 (en français).

Jean de J. donne à S. Laurent de J. douze setiers d'avoine à Ferrières.

<small>Cart. de S. Laurent, f° 80 v°. — MENTION. Sim., p. 330.</small>

515
12 décembre 1276.

Édouard, roi d'Angleterre, requiert les services de Geoffroy de J. contre Lewellyn et les Gallois.

<small>Rymer, *Fœdera*, éd. de 1816, I, 2e partie, p. 537 538.</small>

516

Avril 1276-1277 (en français).

Jean de J. renouvelle la confirmation des possessions de S. Laurent déjà faite le 5 juin 1271. (Voir n° 490.)

Cart. de S. Laurent, f° 22 v°.

517

Troyes, 1ᵉʳ février 1277.

Jean de J., comme membre de la Cour suprême de Champagne, prend part au jugement qui lève le séquestre mis par Thibaut V sur les annates de la Chapelle-le-Comte à Provins, lesquelles annates avaient été données par ses prédécesseurs à l'Hôtel-Dieu de Provins.

Arch. hospitalières de Provins, 1ᵉʳ cart. de l'Hôtel-Dieu, f° 1 v°. — MENTION. D'A. de J., n° 3830. – Sim., p. 330, avec la date de 1275 (v. st.).

517 BIS

Mai 1277 (en français).

Jean, s. de J., sén. de Ch., et Alix, sa femme, déclarent avoir vendu à frère Guillaume Cervain, commandeur, et aux Templiers de Ruetz, tous les droits qu'ils avaient sur le bois des Rippes, au finage de Juvigny, sauf la garde que les seigneurs de Joinville continueront à tenir du comte de Bar.

Arch. de la Haute-Marne, *Commanderie de Ruetz*, 2ᵉ liasse, *Juvigny*. — ED. Roserot, n° 11.

518

Mai 1277 (en français).

Jean, s. de J., sén. de Ch., et Alix, sa femme, vidiment une charte de Thibaut, comte de Bar, vidimant et confirmant la charte précédente.

Bibl. nat. Coll. de Lorraine, vol. 718, f° 136 v°. — VIDIMÉ le 14 octobre 1393 par le doyen, le prévôt et le garde du sceau du duché de Bar. Arch. des Affaires étrangères, correspondance de Lorraine, vol. 3, pièce 83.

519

31 août 1277 (en français).

Jean de J. emprunte 40 livres tournois au chapitre de S. Laurent et lui donne pour gages des ornements d'église et des reliquaires de S. Jean Chrysostome, de S. Georges et de S. Etienne.

<small>Cart. de S. Laurent, f° 38 r°. — Éd. Champollion-Figeac, p. 627. — Mention. Sim., p. 330, sous la date de juin.</small>

520

Décembre 1277 (en français).

Jean de J. concède aux Templiers de Ruetz le droit d'établir un moulin sur la Marne et rappelle une sentence qu'il avait rendue entre S. Urbain et les héritiers d'Adam de Maisières.

<small>Arch. de la Haute-Marne, Ruetz. — Éd. Simonnet, Treize chartes inédites, n° 6.</small>

521

1277.

Jean, s. de J., sén. de Ch., donne une charte de franchises à la ville neuve qu'il a commencé à faire bâtir à Ferrières.

<small>Mention. Arch. nat. R⁵* 1139, f° 139 r°.</small>

522

Janvier 1278.

Jean, s. de Joinville, sén. de Ch., et Hugues de Conflans, maréchal de Champagne, se portent caution de Jean de Montigny et de Guillaume d'Alemant, gardes des foires de Champagne, emprisonnés au Châtelet pour avoir manqué de respect au bailli de Vermandois en le sommant de comparaître devant eux.

<small>Olim, II, f° 37 r°. — Mention. Boutaric, Actes du Parlement, n° 2097.</small>

523

4 février 1278.

Léonète, dame de Gex, reconnaît tenir en fief de Béatrix, comtesse de

Viennois et d'Albon, dame de Faucigny, tout ce qu'elle possède aux diocèses de Genève et de Lausanne. En retour, Béatrix lui donne quittance de 900 livres viennoises qu'elle lui avait avancées pour les dots de Béatrix et d'Agnès, filles de Léonète, et renonce à toutes prétentions sur Versoix et S. Loup. La comtesse Béatrix agit du consentement du dauphin Jean, son fils, et Léonète du consentement de son fils Pierre.

<small>Régeste génevois, n° 1149.</small>

524

<small>Février 1278 (en français).</small>

Jean de J., sén. de Ch., pour le rétablissement du Pré-Saint-Laurent, sis dans les îles, au-dessous des écluses de Joinville, donne au chapitre de S. Laurent 10 livres sur les amendes.

<small>Cart. de S. Laurent, f° 34 v°. — MENTION. Sim., p. 331.</small>

524 BIS

<small>Mars 1278 (en français).</small>

Jean, chevalier, s. de J. et de Reynel, sén. de Ch., et Alix, sa femme, abandonnent à frère Nicole, commandeur, et aux Templiers de Thors les deux parties de la dîme d'*Oflaincort,* au finage de Rimaucourt, qu'ils leur disputaient indûment.

<small>Arch. de la Haute-Marne, commanderie de Corgebin et de Thors, *Rimaucourt.* — ÉD. Roserot, n° 12.</small>

525

<small>Mai 1278 (en français).</small>

Jean de J. déclare que Hugues de Chatonrupt, chevalier, et Isabeau, sa femme, ont emprunté à S. Urbain 260 livres provenisiens.

<small>Arch. de la Haute-Marne, S. Urbain. — COPIE. Bibl. nat. Coll. Moreau, vol. 202, p. 65. — ÉD. N. de Wailly, pièce O. — MENTION. V, f° 92 r°. – Sim., p. 331.</small>

526

<small>30 septembre 1278.</small>

Léonète, dame de Gex, et ses fils Pierre et Guillaume reconnaissent devoir 6,000 livres viennoises à Béatrix, comtesse de Viennois et d'Albon, dame de Faucigny, savoir : 1° 1,000 livres pour la dot de leur fille et sœur, Béatrix de Gex, mariée à Gui, fils d'Odon Alamand; 2° 1,031 livres pour la fortification et la défense du château de Divonne, ainsi que pour la défense du château de Versoix, le tout exécuté pour eux et sur leur demande par la comtesse Béatrix; 3° 3,969 livres qui leur ont été remises directement par ladite comtesse Béatrix et qui ont servi à payer des dettes contractées par elle et par feu Simon de J., ainsi qu'à racheter le château de Marnay engagé à Jean de Chalon et divers biens situés dans le mandement de Versoix. Pour sûreté de ces 6,000 livres, Léonète et ses fils remettent en hypothèque à la comtesse Béatrix les châteaux de Versoix et de la Cluse, ainsi que le fief de Châtillon-en-Michaille tenu par Pierre de Châtillon.

L'acte est approuvé par Marguerite, femme de Pierre de Gex.

Régeste génevois, n° 1155.

527

23 octobre 1278.

Léonète, dame de Gex, ordonne à Pierre, seigneur de Châtillon-en-Michaille, de faire hommage à Béatrix, comtesse de Viennois et d'Albon et dame de Faucigny, ainsi qu'à Humbert, dauphin, seigneur de la Tour-du-Pin.

Régeste génevois, n° 1157.

528

Novembre 1278 (en français).

Jean de J. déclare qu'Anseau le Prévôt, bourgeois de J., reconnaît devoir à S. Urbain onze setiers de blé.

Arch. de la Haute-Marne, *S. Urbain*, 1re liasse. — Copie. Bibl. nat. Coll. Moreau, vol. 202, p. 99. — Éd. N. de Wailly, pièce P. — Mention. Sim., p. 331.

529

Janvier 1279 (en français).

Jean de J. déclare que Jean de Ragecourt-sur-Blaise a vendu à S. Urbain tout ce que le couvent possède à Fronville et à Watrignéville.

Arch. de la Haute-Marne, *S. Urbain*, 7e liasse, 9e partie. — Éd. N. de Wailly, pièce Q. — Mention. Sim., p. 331.

530
Mars 1279 (en français).

Jean de J. donne quittance de 30 livres au commandeur des Templiers de Ruetz.

    Arch. de la Haute-Marne, *Ruetz*. — Éd. Simonnet, *Treize chartes inédites*, n° 7.

531
21 mai 1279.

Le Parlement de Paris déboute les moines de S. Jean de Laon qui prétendaient que leur prieuré de Ragecourt, au diocèse de Toul, était sous la garde du roi et les renvoie à la cour de Champagne pour obtenir justice du s. de J., sén. de Ch.

    Olim, II, f° 45 r°. — Mention. Boutaric, *Actes du Parlement*, n° 2207. - Sim., p. 331.

532
31 juillet 1279.

Jean, s. de J., sén. de Ch., vidime l'acte par lequel Geoffroy, s. de J., publiait une donation faite au Val d'Osne par Aubert de Vitry en 1190. (Voir n° 86.)

    Arch. nat. S 4609, n° 4. — Éd. Abbé Jobin, *Le prieuré du Val d'Osne à Charenton*, p. 50.

533
Août 1279 (en français).

Jean de J. déclare avoir reçu du commandeur des Templiers de Ruetz des lettres acceptant les conditions sous lesquelles la maison de Ruetz a été autorisée à faire diverses acquisitions à Ragecourt-sur-Marne.

    Arch. de la Haute-Marne, *Ruetz*. — Éd. Simonnet, *Treize chartes inédites*, n° 8.

534
19 octobre 1279.

Béatrix, fille de feu Pierre, comte de Savoie, se déclare prête à accepter certains revenus en déduction des 6,000 livres viennoises que lui devaient Léonète, dame de Gex, et ses fils Guillaume et Pierre, et pour lesquelles les châteaux de Versoix et de la Cluse lui avaient été remis en gage.

<small>*Régeste génevois*, n° 1164.</small>

535

<small>Barletta, 6 novembre 1279.</small>

Charles Ier, roi de Naples, nomme Guillaume de J., chevalier, maître des passages des Abruzzes après la mort de Roger d'Ars.

<small>Arch. de Naples, *Registro Angioino*, 1276 B, n° 26, f° 260. — ÉD. Minieri Riccio, *Saggio di codice diplomatico*, I, 178.</small>

536

<small>28 avril 1280.</small>

Geoffroy de J., chevalier, et Mabille, sa femme, reconnaissent n'avoir aucun droit sur la terre de Fleury léguée au chapitre d'Auxerre par l'évêque Gui de Mello.

<small>ÉD. Lebeuf, *Histoire d'Auxerre*, pr., p. 291, col. 2.</small>

537

<small>Juin 1280 (en français).</small>

Jean, s. de J., sén. de Ch., fait savoir que, par devant lui, Aubert d'Osne, chevalier, et Alix, sa femme, ont vendu une rente de vingt setiers de grains aux moines de S. Urbain.

<small>Bibl. nat. Coll. Moreau, vol. 203, p. 248.</small>

538

<small>Paris, 3 juillet 1280 (en français).</small>

Maurice de Craon et Geoffroy de J. rendent compte à Édouard Ier, roi d'Angleterre, de leur mission auprès du roi de France, au sujet de la paix à conclure entre les rois d'Angleterre et de Castille.

<small>ÉD. Rymer, *Fœdera*, I, 2ᵉ partie, p. 580. — Champollion-Figeac, *Lettres des rois*, I, 363, avec la mention «vers 1289». — EXTRAIT. Langlois, *Le règne de Philippe III le Hardi*, p. 119.</small>

539
Paris, 5 juillet 1280.

Geoffroy de J. et Jean de Grailly adressent à Édouard Iᵉʳ une lettre dans le même sens que la précédente.

> Éd. Rymer, *Fœdera*, I, 2ᵉ partie, p. 583. — Mention. Langlois, *Le règne de Philippe III le Hardi*, p. 119.

540
18 octobre 1280.

Héluis de J., dame de Vesoul, achète à Jean de Vy, écuyer, et à Jacquette, sa femme, tout ce qu'ils avaient à Montigny.

> Arch. de la Haute-Saône, H 894. — Éd. *Bibl. de l'Éc. des chartes*, 1876, p. 533.

541
Octobre 1280 (en français).

Jean, s. de J. et de Reynel, et Alix, sa femme, font avec Benoîtevaux un acte d'association par lequel l'abbaye leur abandonne la moitié des quatre moulins de Reynel.

> Arch. de la Haute-Marne, *Reynel*. — Éd. Simonnet, *Treize chartes inédites*, n° 9. — Mention. Bouillevaux, *Notice sur Benoîtevaux*, p. 30.

542
3 avril 1281.

Charles Iᵉʳ, roi de Naples, adresse à Guillaume de J., chevalier, maître des passages des Abruzzes, un ordre enjoignant à tous les barons des Abruzzes, tant Français que Napolitains, de se trouver en armes à Orvieto huit jours après le reçu de la convocation.

> Arch. de Naples, *Registroa Angioino*, 1281 A, n° 41, f° 107. — Éd. Minieri Riccio, *Saggio di codice diplomatico*, I, 192.

543
Juillet 1281 (en français).

Jean de J. donne au chapitre de S. Laurent un de ses hommes avec sa femme pour sonner les cloches et faire le service de l'église, et s'engage, pour lui et ses hoirs, à le remplacer à perpétuité.

<small>Cart. de S. Laurent, f° 26 v°. — Éd. Champollion-Figeac, p. 628. – Sim., p. 222.</small>

544

Décembre 1281 (en français).

Geoffroy de J., s. de Vaucouleurs, confirme un échange fait entre Philippe de Sorcy et le comte de Bar.

<small>Bibl. nat. Coll. de Lorraine, 719, f° 69 r°.</small>

545

6 avril 1282.

Édouard Ier, roi d'Angleterre, requiert les services de Geoffroy de J. contre les Gallois.

<small>Rymer, Fœdera, éd. de 1816, I, 2° partie, p. 603.</small>

546

1er novembre 1282 (en français).

Jean, s. de J., fait savoir que Perrin d'Abienville, son écuyer, se tient prêt à s'acquitter envers le comte de Bar du service de garde à Gondrecourt, s'il est prouvé par une enquête qu'il le doive réellement.

<small>Arch. de Meurthe-et-Moselle, layette Gondrecourt I, n° 11. — Copie. Coll. de Lorraine, 719, f° 167 r°. — Éd. Simonnet, Treize chartes inédites, n° 10.</small>

547

8 mars 1283.

Sentence arbitrale rendue entre Pierre, s. de Gex, et Léonète, sa mère, d'une part, et Giraud, prieur de Satigny, d'autre part, au sujet des bans levés sur les hommes dudit prieuré à Péron, S. Jean-de-Gonville et Feigère.

<small>Régeste génevois, n° 1187.</small>

548
Paris, 11 mars 1283 (en français).

Jean, s. de J., est un des signataires de l'enquête établissant que Jeanne de Navarre a atteint l'âge voulu par la coutume de Champagne pour faire et recevoir hommage.

Bibl. nat., lat. 5188, f° 1. — MENTION. D'A. de J., n° 3856.

549
26 mars 1283.

Jean, s. de J., scelle la charte des franchises de Gourzon accordée par Hugues de Chatonrupt, sa femme Isabeau et son fils Roger.

MENTION. K_1, f° 128, n° xiiij^{xx} xvij. — K_2, f° 126 r°, n° 1. - V, f° 92, avec la date de 1190.

550
11 avril 1283.

Le roi d'Angleterre présente Nicolas de J. à l'église vacante de Trim dont il a le patronage par suite de la vacance du siège de Meath.

Sweetman, *Cal. of doc. relating to Ireland*, 1252-1284, n° 2072.

551
Mai 1283 (en français).

Gui de J., s. de Sailly, confirme une aumône faite à Écurey par feu Robert de Paroy.

Bibl. nat., lat. 17048, f° 525.

552
Shrewsbury, 16 décembre 1283.

Geoffroy de J., Mahaut, sa femme, et Pierre, leur fils aîné, reconnaissent devoir 1,200 livres à Guillaume de Valence pour la commission des terres de Maurice Fitz-Gerald en Irlande et pour le mariage de Gerald, fils mineur dudit Maurice, présentement sous la tutelle de Guillaume.

Sweetman, *Cal. of doc. relating to Ireland*, 1252-1284, n° 2163.

553

1283.

Jean, s. de J., renonce au droit de gîte qu'il avait à Dommartin, moyennant un moiton d'avoine que chaque habitant de Dommartin lui devra tous les ans à la S. Martin.

MENTION. K$_1$, f° 1115 r°, n° mxxxvij.

554

Janvier 1284.

Jean de Mont, écuyer, fait hommage lige pour sa maison de Mont à Jean de Chalon-Arlay en réservant la fidélité qu'il doit à Pierre de J., s. de Gex.

Régeste génevois, n° 1192.

555

15 mai 1284.

Guillaume, s. de Gex, donne quittance au comte de Savoie de 500 livres viennoises payées en déduction de 1,000 livres que le comte lui devait.

Régeste génevois, n° 1199.

556

Novembre 1284 (en français).

Jean, s. de J., fait un accord entre S. Urbain et Jeannet de Donjeux.

Arch. de la Haute-Marne, *S. Urbain*, 10° liasse. — ÉD. N. de Wailly, pièce R. — MENTION. Sim., p. 332.

557

4 décembre 1284.

Jean, s. de J., est présent à la séance des Grands Jours de Champagne où Pierre de Bourlémont est obligé de donner assurement à Guillaume du Châtelet.

ÉD. Brussel, p. 858. — MENTION. Sim., p. 332.

558
Décembre 1284.

Le comte de Champagne amortit une rente que Geoffroy, s. de Vaucouleurs, avait donnée à l'abbaye de S. Urbain sur le four de Mussey.

V, vol. 89, f° 133, d'après les «arch. de l'abbaye de S. Urbain».

559
Troyes, mars 1285.

Jean, s. de J., rend une sentence comme garde général de la Champagne.

MENTION. Li droits et li coustumes de Champagne et de Brie, § XIII. — D'A de J., n° 3870. — Sim., p. 332.

560
1ᵉʳ août 1285.

Jean, s. de J., et G. de Chambly, archidiacre de Coutances, gouverneurs de Champagne, font connaître une sentence de la Cour du roi de Navarre sur la contestation pendante entre la commune de Provins et le bailli de Troyes, au sujet des amendes dues par les étrangers à Provins.

Bibl. de Provins, cart. de Caillot, f° 265 r°. — MENTION. D'A. de J., n° 3872.

561
14 août 1285.

Léonète, dame de Gex, et son fils Pierre, chevalier, sauf la fidélité due à Béatrix de Faucigny, prêtent hommage lige à Amédée de Savoie pour tout ce qu'ils possèdent depuis le pont d'Arlod en deçà vers le Génevois et la Savoie, et depuis S. Oyen de Joux en deçà, ainsi qu'une rente de 25 livres génevoises. En retour, ils reçoivent d'Amédée 500 livres viennoises.

Régeste génevois, n° 1219.

562
Chambéry, 1ᵉʳ janvier 1286.

Pierre, s. de Gex, du consentement de sa mère, Léonète, renouvelle à Amédée, comte de Savoie, l'hommage du 14 août 1285.

Régeste génevois, n° 1230.

563

Janvier 1286.

Héluis, vicomtesse de Vesoul, fonde le monastère de Montigny.

Arch. de la Haute-Saône, H 888. — *Éd. Bibl. de l'Éc. des chartes*, 1876, p. 534.

564

Juillet 1286 (en français).

Jean, s. de J. et de Reynel, et Alix, sa femme, concluent un accord avec S. Jean de Laon, au sujet de leurs prétentions respectives à Richecourt, Bonney, Manelles, etc.

Arch. de la Meuse, *Prieuré de Richecourt*. — *Éd.* N. de Wailly, pièce S. — Mention. Sim., p. 332.

565

12-14 novembre 1286.

Geoffroy de J. écrit à Robert, évêque de Bath, pour le prier de prendre les mesures nécessaires pour lui faire payer par l'Échiquier de Dublin les 1,000 marcs que le roi d'Angleterre a alloués à Geoffroy pour ses services dans l'ost de Galles.

Sweetman, *Cal. of doc. relating to Ireland*, 1285-1292, n° 278.

566

Janvier 1287.

Othon IV, comte de Bourgogne, confirme les donations faites par Héluis de J. à l'abbaye de Sainte-Claire de Montigny.

Arch. de la Haute-Saône, H 288. — *Éd. Bibl. de l'Éc. des chartes*, 1876, p. 536.

567

22 janvier 1287.

L'official de Toul et Pierre de Vaucouleurs, fils de Geoffroy de Vaucouleurs, déclarent que Gérard de Bouc, chevalier, a cédé à Ferry, duc de

Lorraine, tout ce qu'il tenait dudit duc à Moguières, S. Pierremont et S. Maurice contre quittance de la somme qu'il lui devait.

<small>Rec. de Du Fourny, layette *Rosières salines I*, n° 25.</small>

568
4 février 1287.

L'official de Toul et Pierre de Vaucouleurs, fils de Geoffroy de Vaucouleurs, déclarent que Gérard de Bouc, chevalier, a vendu à Ferry, duc de Lorraine, le quart du château de Romont et tout ce qu'il a hérité de Renaud, s. de Romont.

<small>Rec. de Du Fourny, layette *Rosières salines I*, n° 18.</small>

569
16 juillet 1287.

Édouard Ier, roi d'Angleterre, adresse aux baillis de Geoffroy de J., à Ewyas Lacy, l'ordre de convoquer tous leurs hommes de pied à Monmouth pour marcher contre les Gallois révoltés.

<small>Rymer, *Fœdera*, éd. de 1816, I, 2ᵉ partie, p. 676.</small>

570
29 octobre 1287 (en français).

Gui de J., s. de Sailly, déclare avoir vendu à Thibaut, comte de Bar, tout ce que sa femme Marguerite, veuve de Philippe de Chauverey, possédait en douaire à *Meleir*.

<small>Copie du xvii° siècle, archives des Affaires étrangères, correspondance de Lorraine, I.</small>

571
Décembre 1287 (en français).

Les archidiacres de Reynel et de Pont, du diocèse de Toul, déclarent que Jean, s. de J. et de Reynel, a donné à Simon de Sailly 6 livres de rente à charge d'hommage.

<small>Bibl. nat. Coll. de Lorraine, vol. 979, pièce 1.</small>

572

8 mars 1288.

Pierre, s. de Gex, reconnaît avoir reçu d'Amédée, comte de Savoie, les 500 livres viennoises que celui-ci lui devait.

Régeste génevois, n° 1261.

573

Canfranc en Aragon, 28 octobre 1288.

Jean de J. est l'un des otages donnés par Édouard Ier, roi d'Angleterre, au roi d'Aragon en garantie de ses engagements.

Rymer, *Fœdera*, éd. de 1816, I, 2° partie, p. 689-690.

574

Octobre 1288.

Les religieux de S. Urbain s'engagent à ne jamais recourir aux seigneurs de J. comme gardes ou avoués de leur abbaye.

Arch. de la Haute-Marne, cart. de S. Urbain, f° 323. — ED. Sim., p. 201.

575

Londres, 10 novembre 1288.

Guillaume de Valence, seigneur de Pembroke, donne à Geoffroy de J., à Mahaut, sa femme, et à Pierre de J., leur fils aîné, quittance de 107 l. 5 s. 11 d. qu'ils lui ont fait payer par l'intermédiaire de marchands de la maison Riccardi, pour le reste des 1,200 livres que lesdits Geoffroy, Mahaut et Pierre lui devaient à l'occasion du mariage de Gerald Fitz-Maurice.

Sweetman, *Cal. of doc. relating to Ireland*, n° 456.

576

1288.

Jean, s. de J., est débouté, par les Grands Jours de Troyes, de la demande par lui formée contre le bailli de Chaumont afin d'obtenir mainlevée de la saisie de la justice de J. qui l'empêchait de connaître d'une infraction d'assurement commise dans son ressort.

<small>Éd. Brussel, p. 865. — Mention. Sim., p. 332.</small>

577
1288.

Jean de J., s. de Reynel, fait un accord avec son père, Jean, s. de Joinville, au sujet de la terre de Reynel qui lui était échue par la mort de sa mère et de tous les revenus que son père lui abandonne.

<small>Mention. Du Cange, p. 22, d'après un «registre des Grands Jours de Champagne de l'an 1288, f° 1141», alors conservé à la Chambre des comptes.</small>

578
1288.

Jean, s. de J., engage la mouvance de Chancenay à Jean de Dampierre, s. de S. Dizier, et fait un accord avec lui pour le flottage des bois sur la Marne aux travers des terres du seigneur de S. Dizier.

<small>Mention. Bibl. nat., fr. 11559, f° 220 r°.</small>

579
Genève, château de l'Ile, 7 mars 1289.

La Cour nommée par Amédée, comte de Savoie, consultée par Guillaume de J., s. de Gex, sur la question de savoir s'il peut, pour le fief que son défunt frère Pierre tenait du comte de Savoie et dont il a hérité, faire hommage audit comte, nonobstant l'alliance qu'il a contractée avec Amédée, comte de Génevois, décide la question affirmativement.

<small>Régeste génevois, n° 1283.</small>

580
7 mars 1289.

Guillaume de Gex, damoiseau, du consentement et de l'ordre exprès de sa mère Léonète, dame de Gex, fait pour lui et pour ses successeurs hommage à Amédée, comte de Savoie, et lui promet fidélité, sauf celle qu'il doit au seigneur auquel il est tenu de faire hommage lige pour la baronnie de Gex.

Régeste génevois, n° 1284.

581

17 mai 1289.

Béatrix, fille du comte Pierre de Savoie, écrit à Guillaume, s. de Gex, pour qu'il ait à lui faire hommage, comme il le doit, dans un délai qu'elle détermine.

Régeste génevois, n° 1290.

582

9 juillet 1289.

Guillaume de J., assisté du juge de la terre de Gex, rend une sentence entre les hommes de S. Jean de Gonville et ceux de Feigère concernant leurs droits de pâture.

Régeste génevois, n° 1293.

583

Westminster, 3 février 1290.

Édouard Ier, roi d'Angleterre, annonce aux cardinaux qu'il envoie à Rome Geoffroy de J. et deux maîtres en droit civil, pour traiter de son expédition en Terre-Sainte.

Rymer, *Fœdera*, éd. de 1816, I, 2e partie, p. 726.

584

21 mai 1290.

Guillaume, s. de Jully, Gautier de J., Jean de J. [fils du s. de J. ou du s. de Jully] sont au nombre des cautions de Jean de Chappes pour l'exécution d'un arrêt du Parlement de Paris.

Olim, II, f° 87 r°. — MENTION. Boutaric, *Actes du Parlement*, n° 2708.

585

Novembre 1290.

Jean de J., avec le consentement de son fils Jean, établit qu'à l'église de

Benoîtevaux, on brûlera quatre cierges de douze livres devant la tombe de sa femme Alix, dame de J. et de Reynel, toutes les fois qu'on célébrera messe ou vêpres, et qu'on devra également entretenir une lampe perpétuelle.

<small>Éd. Bouillevaux, *Notice sur Benoîtevaux*, p. 30, n° 10. — Mention. Sim., p. 332.</small>

586

<small>Melun, 11 décembre 1290.</small>

Charles II, roi de Naples, déclare remettre à Geoffroy de J. et à ses frères, fils et héritiers de feu Geoffroy de J. [s. de Briquenay], jadis son familier, 500 livres tournois dues pour le rachat de la terre de S. Vinnemer près Lézinnes au comté de Tonnerre, fait par feu leur père du vivant de Charles Ier. Cette remise est faite à condition que les bénéficiaires payeront une dette contractée par le roi défunt envers Pierre Hose de la Forêt.

<small>Arch. de Naples, *Registro Angioino 9*, f° 154.</small>

587

<small>1290.</small>

Le pape Nicolas IV annonce à Édouard Ier, roi d'Angleterre, qu'il a reçu ses envoyés au nombre desquels était Geoffroy de Joinville.

<small>Rymer, *Fœdera*, éd. de 1816, I, 2° partie, p. 746.</small>

588

<small>Mars 1291.</small>

Jean, s. de J., sén. de Ch., à la requête de Hugues de Chatonrupt, chevalier, d'Isabelle, sa femme, de Roger, leur fils, et d'Anne, femme de Roger, ainsi que de la commune de Gourzon, scelle les coutumes de ladite commune.

<small>V, f° 92 v°, d'après un «inventaire des arch. du château de Joinville, I, 413».</small>

589

<small>Newcastle upon Tyne, 23 avril 1291.</small>

Édouard Ier, roi d'Angleterre, écrit à Philippe le Bel qu'il a donné pleins pouvoirs à Geoffroy de J. et à Gaillard de Bagneux pour qu'ils lui fassent en son nom hommage du Ponthieu qu'il tient pour son fils Édouard encore mineur.

<small>Éd. Rymer, *Fœdera*, I, 2ᵉ partie, p. 754. — Mention. *Table des diplômes*, VII, 328.</small>

590
Morat, 10 août 1291.

Guillaume de J., s. de Gex, se porte garant pour 100 livres sur les 2,000 livres qu'Amédée, comte de Savoie, s'engage à payer à la ville de Berne qui l'a choisi pour protecteur pendant la vacance du siège impérial.

<small>*Régeste genevois*, n° 1345.</small>

591
9 novembre 1291.

Le roi d'Angleterre accorde à Pierre de J., autorisé à rester en Irlande, des lettres de protection jusqu'à la prochaine fête de Pâques.

<small>Sweetman, *Cal. of doc. relating to Ireland*, 1285-1292, n° 995.</small>

592
1291.

Jean, s. de J., figure parmi les *deputati per dominum regem ad dies Trecenses tenendos*.

<small>Éd. Brussel, I, 246.</small>

593
Seyssel, 28 janvier 1292.

Guillaume, s. de Gex, à la requête d'Amédée, comte de Savoie, se reconnaît son homme lige et s'engage à prendre sur son alleu, après la mort de sa mère Léonète, 25 livres genevoises de rente annuelle qu'il tiendra en fief du comte de Savoie.

<small>*Régeste genevois*, n° 1355.</small>

594
7 novembre 1292.

Léonète, dame de Gex, et Guillaume, son fils, accordent une charte de franchise à leurs bourgeois de Gex.

<small>*Régeste genevois*, n° 1369.</small>

595
Avril 1292-1293 (en français).

Jean, s. de J., vidime une charte de son père en faveur des chevaliers teutoniques de Beauvoir. (Cf. n° 240.)

596
1292-1293.

Simon de J., d'une part, Geoffroy de J. et Mahaut, sa femme, d'autre part, mettent fin par un accord à un différend qui les divisait.

Calendarium genealogicum, II, 492, n° 145.

597
13 janvier 1293.

Guillaume de J., damoiseau, s. de Gex, vend au comte Amédée de Savoie sa maison forte de la Cluse, moyennant 2,100 livres viennoises, promet de faire ratifier cette vente par sa mère Léonète, dame de Gex, et conclut avec Amédée une alliance défensive notamment contre le dauphin, le comte de Génevois et Béatrix, dame de Faucigny.

Régeste génevois, n° 1370.

598
Mars 1293 (en français).

Jean, s. de J., reconnaît au chapitre de S. Laurent de J. le droit de posséder un homme de Joinville, d'après les lettres de fondation.

Cart. de S. Laurent, f° 21 r°. — Mention. Sim., p. 332.

599
Avril 1293 (en français).

Jean, s. de J., déclare avoir vendu au Val d'Osne son bois appelé le *Soyz le Peletier*, mais en garder la justice et la moitié des amendes.

Arch. nat. L 1045, n° 15 *bis*. — Copie du xvi° siècle, S 4609-4610. — Ed. Abbé Jobin, *Le prieuré du Val d'Osne à Charenton*, p. 51.

600

24 mai 1293.

Nicolas de J., chanoine de S. Patrick de Dublin et recteur de l'église de Trim au diocèse de Meath, reconnaît devoir 300 livres à Richard Bonifazio et à Frédéric Venturi, marchands de la société des Riccardi de Lucques.

Sweetman, *Cal. of doc. relating to Ireland*, 1293, n° 45.

601

Juin 1293 (en français).

Jean de J., s. d'Ancerville, donne à S. Laurent de J. 20 sous de petits tournois à prendre chaque année à Rupt, pour le repos de son âme et de celle de sa défunte femme Marie, dame de Quiévrain.

Cart. de S. Laurent, f° 5 r°.

602

Juin 1293.

Geoffroy, s. de Vaucouleurs, fait un échange avec le curé de Mauvages touchant ledit Mauvages.

MENTION. Sim., p. 340, d'après les arch. de la Meurthe.

603

Septembre 1293 (en français).

Jean, s. de J., notifie un accord passé devant lui au sujet du mobilier d'un malade décédé en la maladrerie de Reynel. (Cet acte porte sur le repli l'apostille autographe de Jean : *Ce fu fait par moi.*)

Arch. de la Haute-Marne, *Reynel*. — FAC-SIMILÉ. Roserot, à la suite de *Seize chartes originales inédites de Jean de Joinville*. — ÉD. Simonnet, *Treize chartes inédites*, n° 11.

604

Gex, 23 novembre 1293.

Guillaume, s. de Gex, ratifie la vente d'un serf et de ses six fils faite par Jean du Châtel de S. Jean de Gonville à frère Étienne, prïeur de Satigny.

Régeste génevois, n° 1385.

605
1293 (en français).

Gui de J., s. de Sailly, vend à S. Urbain, moyennant 1,630 livres, tout ce qu'il possède à Bettoncourt.

Bibl. nat. Coll. Moreau, vol. 212, p. 107. — MENTION. V, f° 92, d'après les arch. de S. Urbain, layette 10». - Jolibois, *La Haute-Marne*, p. 58.

606
5 février 1294.

Contrat de mariage entre Guillaume, s. de Gex, fils de Léonète, dame de Gex (qui figure dans l'acte), avec Jeanne, fille de Louis de Savoie, baron de Vaud.

Régeste génevois, n° 1388.

607
27 février 1294 (en français).

Pierre de Gex, s. de Marnay, est un des vingt-huit barons du comté de Bourgogne qui signent avec Thibaut, abbé de Luxeuil, un acte de confédération.

Bibl. nat. Fonds Joursanvault. — ÉD. *Bibl. de l'Éc. des chartes*, 1888, p. 238.

608
Mars 1294 (en français).

Gui de J., s. de Sailly, vidime l'acte catalogué sous le n° 369.

Bibl. nat. Coll. Moreau, vol. 178, n° 138.

609
18 avril 1294.

Geoffroy de J., chevalier d'Irlande, et Nicolas, son fils, chanoine de S. Patrick de Dublin, reconnaissent devoir 65 livres à Guillaume Barage, bourgeois de Londres, et Guillaume de la Devise, tous deux marchands d'Agen.

Sweetman, *Cal. of doc. relating to Ireland*, 1293-1301, n° 128.

610

Westminster, 18 juin 1294.

Le roi d'Angleterre, ayant donné à Geoffroy de J. levée de la mainmise sur son territoire de Trim, mande au justicier et au trésorier d'Irlande ou à leurs lieutenants de mettre Geoffroy en possession dudit territoire.

Sweetman, *Cal. of doc. relating to Ireland*, 1293-1301, n° 149.

611

Westminster, 26 juin 1294.

Édouard Ier, roi d'Angleterre, mande à Geoffroy de J. de se trouver le 1er septembre suivant à Portsmouth avec ses chevaliers et ses sergents, ainsi que ses devoirs féodaux l'y obligent, pour passer avec lui en Gascogne.

Rymer, *Fœdera*, éd. de 1816, p. 803. — MENTION. *Table des diplômes*, VII, 379.

612

26 octobre 1294.

Geoffroy de J. et Mahaut, sa femme, sont en procès avec Simon de J. au sujet des terres qu'il tenait d'eux.

Sweetman, *Cal. of doc. relating to Ireland*, 1293-1301, n° 176.

613

29 octobre 1294.

Léonète, dame de Gex, et son fils Guillaume donnent quittance à Amédée, comte de Savoie, de 2,100 livres viennoises, prix de la vente qu'ils lui ont faite de la maison de la Cluse de Gex.

Régeste génevois, n° 1393.

614

Octobre 1294 (en français avec apostille autographe).

Jean, s. de J., vidime la confirmation qu'il a donnée en 1257 d'un don fait par Hugues de la Fauche aux frères de Rémonvaux. (Cf. n° 367.)

<small>Arch. de l'Allier. — Éd. N. de Wailly, pièce U. - *Musée des archives départementales*, n° 99. — Mention. Sim., p. 333.</small>

615

6 décembre 1294.

Édouard Ier, à la prière de Geoffroy de J., retenu dans le pays de Galles par son service auprès du roi, mande au trésorier et aux barons de l'Échiquier d'Irlande de ne pas inquiéter le prieur de Fore, dans le territoire de Trim, dépendant de l'abbaye de S. Taurin d'Évreux, au sujet des redevances dues par ce prieur à l'abbé de S. Taurin.

<small>Sweetman, *Cal. of doc. relating to Ireland*, 1294, n° 187.</small>

616

1294.

« Partage que Geoffroy, seigneur de Vaucouleurs, fait à Gautier, son fils aîné, du consentement de Mahaut, sa femme, et de ses autres enfants, savoir : Simon, Nicolas, Pierre, Guillaume et Jeanne, comtesse de Salmes. »

<small>Mention. Du Cange, *Généalogie de la maison de Joinville*, p. 30, d'après dom Pierre de Sainte-Catherine.</small>

617

22 mars 1294-1295.

Édouard Ier confère à Nicolas de J. la prébende de Castleknock dans l'église de S. Patrick de Dublin.

<small>Sweetman, *Cal. of doc. relating to Ireland*, 1294-1295, n°s 198-199.</small>

618

29 mars 1295.

Pierre de Gex, s. de Marnay, adhère à la ligue des barons comtois ligués contre Philippe le Bel.

> Arch. du Doubs. — Éd. Musée des archives départementales, n° 101. — Analyse. Chevalier, Mémoires historiques sur Poligny, I, 384. – Bibl. de l'École des chartes, année 1888, p. 19.

619

12 avril 1295 (en français).

Jean de J. renonce aux prétentions qu'il avait de réglementer les constructions de l'abbaye d'Écurey.

> Arch. de la Meuse, Abbaye d'Écurey. — Éd. N. de Wailly, pièce V. — Mention. Bibl. nat., lat. 17048, p. 526. – Sim., p. 333.

620

2 mai 1295.

Édouard Ier, en considération des services que Geoffroy de J. lui a rendus à l'armée du pays de Galles, lui pardonne la transgression qu'il a commise en n'exécutant pas les ordres du roi en faveur de Nicolas Bacun, détenu dans ses prisons de Trim, et restitue à Geoffroy la liberté de Trim que le roi avait prise en sa main à ce sujet.

> Sweetman, Cal. of doc. relating to Ireland, 1295, n° 211.

621

25 juillet 1295.

Léonète, dame de Gex, et Guillaume, son fils, accordent, moyennant 200 livres génevoises, que les hommes du prieuré de Satigny, demeurant dans les paroisses de Péron et de S. Jean de Gonville, ont le droit de cultiver, faire paître, bâtir, acheter et vendre dans lesdites paroisses.

> Régeste génevois, n° 1399.

622

Juillet 1295.

Léonète, dame de Gex, et Guillaume, son fils, reconnaissent avoir reçu 270 livres viennoises de Béatrix, dame de Faucigny, pour le rachat des dîmes de S. Gervais, Prégny et Malagny.

Régeste génevois, n° 1401.

623

Septembre 1295.

Gui de J., s. de Sailly, notifie l'aveu que fait Aubert de Poissons de ce qu'il tient de Jean, s. de J., à Poissons.

V, f° 92 r°, d'après les arch. de S. Urbain, layette 13.

624

18 octobre 1295.

Édouard Ier, roi d'Angleterre, écrit à Geoffroy de J. qu'il doit ajouter foi à ce que Jean Wogan, justicier d'Irlande, lui communiquera de sa part.

Sweetman, Cal. of doc. relating to Ireland, 1295, n° 270.

625

18 octobre 1295.

Geoffroy de J. reçoit du roi d'Angleterre l'ordre de se tenir prêt à passer la mer avec les autres chevaliers d'Irlande, pour le service du roi.

Rymer, Fœdera, éd. de 1816, I, 2e partie, p. 829.

626

S. Albans, 3 janvier 1296.

Édouard Ier rappelle à Geoffroy de J. qu'il lui a fait dire par le justicier d'Irlande d'avoir à se trouver, de sa personne et avec une force raisonnable, à Whitehaven, le 1er mars suivant.

Sweetman, Cal. of doc. relating to Ireland, 1296, n° 276.

627

Mars 1296 (en français).

Gui de J., s. de Sailly, vend à S. Urbain la mouvance de la moitié du moulin de Fronville.

<small>Copie. Bibl. nat. Coll. Moreau, vol. 213, p. 189. — Mention. V, f° 92 v°, d'après les «arch. de S. Urbain, layette 7».</small>

628

Versoix, 20 août 1296.

Amédée, comte de Savoie, reproche à son neveu Guillaume de J., s. de Gex, d'avoir défié le chapitre de Genève qui poursuit le recouvrement d'une créance consentie par la mère de Guillaume.

<small>Régeste génevois, n° 1421.</small>

629

Août 1296 (en français).

Jean, s. de J., sén. de Ch., fait un accord entre les hommes d'Osne et de Chevillon au sujet des bois d'Aumont.

<small>Copie du xv° siècle. Arch. nat. S 4609, n° 8.</small>

630

Mars 1297 (en français).

Gui de J., s. de Sailly, donne à S. Urbain la mouvance de l'autre moitié du moulin de Fronville. (Voir n° 627.)

<small>Bibl. nat. Coll. Moreau, vol. 214, p. 81.</small>

631

14 avril 1297 (en français).

Jean, s. de J., s'engage à laisser les Templiers de Ruetz enlever de son château ce qu'ils y auraient déposé.

<small>Arch. de la Haute-Marne, Ruetz.</small>

632

4 mai 1297.

Édouard Ier, roi d'Angleterre, mande à Geoffroy de J. et à ses autres vassaux d'Irlande d'avoir à le suivre, au premier appel, contre le roi de France.

<small>Sweetman, *Cal. of doc. relating to Ireland*, 1297, n° 396.</small>

633

29 juin 1297.

Amédée, comte de Savoie, ménage une trêve entre Guillaume, évêque de Lausanne, et ses alliés, d'une part, et Louise de Savoie et ses adhérents, au nombre desquels se trouve Guillaume, s. de Gex, d'autre part.

<small>*Régeste génevois*, n° 1428.</small>

634

Westminster, 13 juillet 1297.

Édouard Ier mande au justicier et aux barons de l'Échiquier d'Irlande de donner à Geoffroy de J., qui est sur le point de le suivre outre-mer, un délai indéterminé pour toutes les dettes qu'il pourrait avoir envers ledit Échiquier, et de veiller à ce qu'il ne soit pas inquiété pour ses autres dettes.

<small>Sweetman, *Cal. of doc. relating to Ireland*, 1297, n° 421.</small>

635

Westminster, 16 juillet 1297.

Édouard Ier mande au justicier et au chancelier d'Irlande que les lettres concernant le territoire de Meath, venant des Lacy, et aujourd'hui appartenant à Geoffroy de J. et à Mahaut, sa femme, leur seront directement adressées comme elles l'étaient jadis aux Lacy.

<small>Sweetman, *Cal. of doc. relating to Ireland*, 1297, n° 424.</small>

636

2 août 1297.

Pierre de J., s. de Marnay, est au nombre des seigneurs de Bourgogne qui s'allient à Édouard Ier, roi d'Angleterre, contre le roi de France.

Rymer, *Fœdera*, éd. de 1816, I, 2° partie, p. 870.

637

12 août 1297.

Geoffroy de J. est l'un des commissaires envoyés par Édouard Ier au connétable et au maréchal d'Angleterre pour régler certaines difficultés.

Rymer, *Fœdera*, I, 2° partie, p. 873.

638

Gand, 5 octobre 1297.

Édouard Ier mande à son fils Édouard, son lieutenant en Angleterre, de restituer la liberté de Trim à Geoffroy de J., son maréchal, retenu auprès de lui par son service.

Sweetman, *Cal. of doc. relating to Ireland*, 1297, n° 447.

639

3 mars 1298.

Geoffroy de J., chevalier, est commis par le roi d'Angleterre pour débattre avec Simon de Melun, délégué du roi de France, les conditions d'une trêve entre les deux princes.

Record office, Chancery, miscell. Portfolios, III. — Cité par Ch.-V. Langlois, *Bibl. de l'Éc. des chartes*, 1885, p. 723.

640

La Balme de l'Île de Crémieu, 2 avril 1298.

Humbert, dauphin de Viennois, Anne, sa femme, Béatrix de Faucigny, Léonète, dame de Gex, leur tante, et Guillaume de J., chevalier, concluent un traité d'alliance et de défense réciproque contre tous, et spécialement contre le comte de Savoie. Léonète et Guillaume reçoivent du dauphin 1,000 livres génevoises pour « meliorer » le château de Gex et leurs terres.

<small>Régeste génevois, n° 1437.</small>

641
20 avril 1298.

Pierre de J., s. de Marnay, est un des seigneurs confédérés de Bourgogne, qui donnent plein pouvoir à Gautier de Montfaucon pour faire la paix avec le roi de France, par l'intervention de Boniface VIII.

<small>Rymer, Fœdera, éd. de 1816, I, 2° partie, p. 892.</small>

642
28 avril 1298.

Geoffroy de J., retenu en Flandres par le service du roi d'Angleterre, reçoit des lettres de protection, valables durant une année, à partir de Noël, pour ses terres d'Irlande.

<small>Sweetman, Cal. of doc. relating to Ireland, 1297-1298, n° 483.</small>

643
Juin 1298 (en français).

Gui, s. de Sailly, notifie l'accord conclu devant lui entre les fils de Mathieu de Noviant et l'abbaye de S. Urbain, au sujet de la maison d'un homme d'Annonville qui avait été justicié.

<small>Bibl. nat. Coll. Moreau, vol. 215, p. 20.</small>

644
Septembre 1298 (en français).

Jean, s. de J., approuve la charte des franchises de Vaucouleurs donnée par son frère Geoffroy et son neveu Gautier. (Au dos se lit l'apostille : *Ce fu fait par moy.*)

<small>Arch. nat. K 1155. — Ed. N. de Wailly, pièce W. — Musée des archives nationales, n° 300, avec fac-similé de l'apostille autographe. — Mention. Sim., p. 333.</small>

645
Durham, novembre 1298.

Édouard Ier, roi d'Angleterre, charge Geoffroy de J., chevalier, et les clercs Jean Lovel et Thomas Logore de s'entendre avec les envoyés du roi de France, et de réclamer d'eux l'entier accomplissement des conditions de la trêve qui devait durer depuis la S. Denis 1297 jusqu'à l'Épiphanie suivante, et être prolongée pendant un an.

Rymer, *Fœdera*, éd. de 1816, I, 2ᵉ partie, p. 900. — MENTION. *Table des diplômes*, VII, 489.

646
1298.

Jean de J., s. de Reynel, fonde son anniversaire dans l'église de Donjeux.

MENTION. Jolibois, *La Haute-Marne*, p. 193.

647
12 mai 1299.

Édouard Ier, roi d'Angleterre, désigne Geoffroy de J. pour être l'un des plénipotentiaires chargés de faire la paix avec Philippe le Bel.

Rymer, *Fœdera*, éd. de 1816, I, 2ᵉ partie, p. 904. — MENTION. *Table des diplômes*, VII, 497.

648
26 juin 1299.

Édouard Ier, roi d'Angleterre, ordonne au chancelier Jean de Langeton d'expédier des lettres de protection pour les biens et les terres d'Irlande de Geoffroy de J., retenu outre-mer par le service du roi, et pour ceux que sir Thomas de S. Omer, chevalier, résidant en sa compagnie, possède en Angleterre.

Sweetman, *Cal. of doc. relating to Ireland*, 1299, n° 642.

649
Valenciennes, 5 juillet 1299.

Jean de J., chevalier [s. de Jully], est témoin de l'acte par lequel

DES SEIGNEURS DE JOINVILLE.   389

Baudouin, s. de Beaumont, donne à Jean de Hamont la terre de Beaumont.

<small>Arch. du Nord, Chambre des comptes. — MENTION. Demay, *Inventaire des sceaux de la Flandre*, n°s 134 et 687.</small>

650

Juillet 1299.

Jean de Faucogney donne quittance à Thiébaut, son oncle, abbé de Luxeuil, de la somme de 460 livres tournois sur la somme qui lui est due par l'abbaye, sa grand'mère Héluis de J. lui ayant ordonné de payer ces 460 livres audit Thiébaut, à cause de l'acquisition de Montigny.

<small>Arch. de la Haute-Saône, H 888. — ÉD. *Bibl. de l'Éc. des chartes*, 1876, p. 536.</small>

651

Montreuil-sur-Mer, 28 août 1299.

Geoffroy de J. est, avec Amédée de Savoie et Jean de Bar, l'un des procureurs du roi d'Angleterre au traité de Montreuil conclu avec Philippe le Bel.

<small>Rymer, *Fœdera*, I, 2e partie, p. 906.</small>

652

1299.

Jean, s. de J., «pour le profit de ses enfants Jean, baron de Reynel, et Ansel, s. de Rimaucourt», échange ce qu'il possédait à Manois contre les hommes et les femmes que le prieur de S. Blin avait à Montot et à Vignes.

<small>MENTION. Jolibois, *La Haute-Marne*, p. 375.</small>

653

Paris, au Louvre, 14 janvier 1300.

Pierre Flotte, s. de Revel, et Simon de Melun, au nom et en la présence du roi de France, remettent à Geoffroy de J. et à Jean Lovel, clerc, envoyés du roi d'Angleterre, les réponses de Philippe le Bel aux plaintes qui lui avaient été adressées au sujet de l'inobservation des trêves et de la délivrance des prisonniers écossais.

Record office, Miscell. rolls, n° 473. — Mention. Ch.-V. Langlois, *Bibl. de l'Éc. des chartes,* 1885, p. 723, note 2. — Éd. (avec la fausse date 15 janvier 1298). Dumont, *Corps diplomatique,* I, 1ʳᵉ partie, p. 305, col. 2, d'après le «ms. de la Bibl. royale de Berlin, LV, 445». — Mention. *Table des diplômes,* VII, 470.

654

28 février 1300.

Édouard Iᵉʳ, roi d'Angleterre, accorde des lettres de protection, valables jusqu'à la S. Michel, à Geoffroy de J. qui se rend à Rome pour les affaires du roi.

Sweetman, *Cal. of doc. relating to Ireland,* 1300-1301, n° 729.

655

Mars 1300.

Gui de J., s. de Sailly, donne à Jean de Vassy tout ce qu'il avait à Dommartin-le-Franc.

Mention. V, f° 92 r°, d'après un «inventaire des arch. de Joinville, I, 371».

656

18 avril 1300.

Édouard Iᵉʳ accorde de nouvelles lettres de protection, valables pour un an, à Geoffroy de J. qui se rend à Rome pour les affaires du roi.

Sweetman, *Cal. of doc. relating to Ireland,* 1300, n° 729.

657

S. Albans, 14 avril 1300.

Édouard Iᵉʳ, roi d'Angleterre, accorde à Geoffroy de J., sur le point de se rendre à Rome pour le service du roi, un délai d'un an pour le payement de toutes ses dettes envers la couronne, sauf le cas où il reviendrait avant l'expiration du délai.

Sweetman, *Cal. of doc. relating to Ireland,* 1300, n° 744.

658

20 avril 1300.

Amédée, comte de Savoie, et Guillaume de J., s. de Gex, confirment leurs conventions du 13 janvier 1293. (Cf. n° 597.) Le comte accorde au s. de Gex, en augment de fief, les hommages de Guillaume d'Allemagne et de Guillaume, fils de Point de Vesancy, et promet de ne point augmenter ses droits dans la seigneurie de Gex, si ce n'est du consentement de Guillaume de J. et de sa mère Léonète, que le comte appelle sa cousine.

Régeste génevois, n° 1463.

659

Twynham, 3 août 1300.

Ordre au trésorier et aux barons de l'Échiquier de Dublin d'avoir à rabattre, sur les dettes de Geoffroy de J. envers le roi d'Angleterre, une somme de 130 l. 18 s. 4 d. 1/2, que lui doit le roi pour arrérages de ses gages, alors qu'il était en Flandres, aussi bien que pour diverses dépenses qu'il a encourues pour le service du roi.

Sweetman, *Cal. of doc. relating to Ireland*, 1300, n° 757.

660

14 septembre 1300.

Jean, s. de J., marie sa fille Alix avec Jean d'Arcis et de Chacenay, lui constitue une dot de 3,000 livres tournois et de 300 livres de rente en terres, du consentement de ses fils Jean, s. d'Ancerville, et Anseau, s. de Rimaucourt, et donne pour garants ses neveux Gautier de Vaucouleurs et Gui de Sailly.

MENTION. Du Cange, p. 23, d'après un original conservé au château de Polisy. — Jolibois, *La Haute-Marne*, p. 268, col. 1.

661

Septembre 1300.

Gui de J., s. de Sailly, fonde le prieuré de Boucheraumont.

K_2, f° 336 r°. — K_3, f° 288 r°, n° 1.

662

1300 (en français).

Jean de J., chevalier, fils aîné de Jean, s. de J., confirme à Écurey le droit qu'il avait contesté de prendre deux tas de foin sur ses prés de Rupt.

Arch. de la Meuse, *Abbaye d'Écurey*. — MENTION. Bibl. nat., lat. 17048, p. 526.

663

20 mars 1301.

Charles II, roi de Naples, ordonne à Henri d'Herville, procureur de Pouille, de payer à Nicolas de J. les revenus des châteaux de Miglionico, Grottole et Pietra, à partir du 17 décembre 1300, jour où ces châteaux lui ont été concédés.

Syllabus membranarum ad regiæ siclæ archivum pertinentium, 2ᵉ partie, p. 44.

664

19 avril 1301.

Édouard Iᵉʳ, roi d'Angleterre, ordonne aux barons de l'Échiquier d'Irlande de rabattre, sur les sommes dues par Geoffroy de J. audit Échiquier, 124 l. 5 s. pour les frais de son voyage et de son séjour à Rome.

Sweetman, *Cal. of doc. relating to Ireland*, 1301, n° 797.

665

19 avril 1301.

Le roi d'Angleterre ordonne au justicier d'Irlande de ne pas molester Geoffroy de J. et Mahaut, sa femme, dans leurs domaines de Trim, et de respecter les droits dont ils jouissent, conformément aux anciennes chartes.

Sweetman, *Cal. of doc. relating to Ireland*, 1301, n° 798.

666

19 avril 1301.

Le roi d'Angleterre ayant chargé le justicier et quelques seigneurs d'Irlande de traiter certaines affaires concernant la guerre d'Écosse, et Geoffroy de J., l'un des principaux barons irlandais, étant récemment revenu de Rome, le roi le charge de ces mêmes affaires et le leur envoie pour qu'ils s'associent à ses travaux.

Sweetman, *Cal. of doc. relating to Ireland*, 1301, n°ˢ 799 et 800.

667

24 avril 1301.

Héluis de J. donne l'hôpital S. Nicolas de S. Loup à l'abbaye d'Hérival.

Arch. de la Haute-Saône, H 953. — Éd. Bibl. de l'Éc. des chartes, 1876, p. 537.

668

Kenilworth, 21 mai 1301.

Édouard Iᵉʳ, roi d'Angleterre, envoie à Geoffroy de J., à Jean Wogan, justicier d'Irlande, etc., les pouvoirs nécessaires pour remettre deux tiers de leurs dettes à ceux qui viendraient d'Irlande armés et montés pour soutenir le roi dans la guerre d'Écosse.

Sweetman, *Cal. of doc. relating to Ireland*, 1301, n° 809.

669

Besançon, 31 mai 1301.

Simon de Montbéliard, s. de Montrond, Jean de Vienne, s. de Mirebeau, Pierre, s. de Marnay, Étienne d'Oiselay, s. de Villeneuve, etc., s'obligent à faire hommage à Philippe le Bel pour ce qu'ils tiennent de lui en fief, à rendre ce qu'ils ont pris dans le comté de Bourgogne, depuis le temps que ledit comté est venu en la main du roi Philippe le Bel, et à faire rebâtir à leurs frais les châteaux d'Orvaux et de Clairvaux appartenant à Gaucher de Châtillon, connétable de Champagne.

Arch. nat. J 254ᴬ, n° 50.

670

Besançon, 31 mai 1301.

Pierre, s. de Marnay, Jean de Vienne, s. de Mirebeau, Simon de Montbéliard, s. de Montrond, etc., s'obligent à faire accomplir ce que décidera le roi Philippe le Bel, au sujet de ce qu'ils tiennent du comté de Bourgogne, et à le faire accomplir par Renaud de Montbéliard, Jean de Chalon, s. d'Arlay, Jean de Bourgogne, etc.

<small>Arch. nat. J 254^A, n° 48. — MENTION. Bibl. de l'Éc. des chartes, année 1888, p. 247, note 2.</small>

671
Mai 1301 (en français).

André de J., écuyer, s. de Bonney, reconnaît au prieuré de Richecourt le droit de s'enclore de murs, mais non de se fortifier; les hommes de Bonney ont leur droit d'usage dans le bois de Sainte-Marie, moyennant qu'ils fournissent au prieuré des faucilles et des cognées, ce qui a été reconnu jadis devant le sire de J., père d'André, par devant Jean, son frère aîné, et par devant Gui de Sailly. André déclare, en outre, qu'il tient Bonney en fief de son frère, Anseau de J., s. de Reynel, qu'il prie, ainsi que son père, de sceller le présent acte.

<small>VIDIMÉ par le prévôt d'Andelot en 1320. Arch. de la Meuse, prieuré de Richecourt.</small>

672
Bruges, 4 juin 1301.

Henri, comte de Bar, fait hommage au roi de France de tout ce qu'il possédait en franc alleu sur la rive gauche de la Meuse, et en particulier de ce que le sire de J. tenait de lui à Montiers-sur-Saulx, ainsi que d'Ancerville, que Jean de J. [fils du sire de J.] tenait à titre viager.

<small>Arch. nat. J 581, n° 4.</small>

673
7 janvier 1302.

Anseau de J., chevalier, donne quittance de 300 livres à valoir sur les 500 livres que Ferry, duc de Lorraine, avait promises en dot à sa femme.

<small>Arch. de la Meuse, cart. B 256, f° 142. — ÉD. Sim., p. 253.</small>

674
Février 1302.

Le roi d'Angleterre adresse diverses lettres à Geoffroy de J. et à Jean

Wogan, justicier d'Irlande, relativement aux préparatifs de la guerre d'Écosse.

<small>Sweetman, *Cal. of doc. relating to Ireland*, 1301, n°ˢ 39 à 42, 46. — Rymer, *Fœdera*, éd. de 1816, I, 2ᵉ partie, p. 938.</small>

675
Mai 1302.

Jean de J. accorde à Écurey un pressoir qu'il avait construit à Osne au préjudice de l'abbaye d'Écurey, et approuve un don fait à la même abbaye par Aubert Mahon et Odette de Joinville.

<small>Arch. de la Meuse, *Écurey*. — Éᴅ. N. de Wailly, pièce X. — Mᴇɴᴛɪᴏɴ. Sim., p. 333.</small>

676
24 juillet 1302.

Anseau de J., chevalier, s. de Reynel, déclare que, comme Ferry, duc de Lorraine, s'est rendu caution pour lui de la somme de 1,200 livres tournois qu'il devait à Philippe le Grouaix, échevin de Metz, il donne lui-même, pour caution au duc de Lorraine, Jean de Commercy, son beau-frère, fils de Simon, comte de Sarrebrück, lequel comte s'oblige avec son fils et abandonne au duc tout ce qu'il tenait de lui au *Val-de-Coloigne*, près de Sarrebrück, jusqu'à ce qu'il soit dédommagé.

<small>Arch. des Affaires étrangères, correspondance de Lorraine, vol. 2, pièce 59. — Aɴᴀʟʏsᴇ. Recueil de Du Fourny, *Metz cité II*, n° 32. — Mém. de la Soc. d'archéol. lorraine, XXIV, 238.</small>

677
Juillet 1302.

Jean de J. autorise les religieux de S. Mansuy de Toul à prendre douze setiers de blé à Germay, leur permet d'acheter de la terre dans sa seigneurie jusqu'à concurrence de soixante soudées, et confirme l'achat qu'ils ont fait d'une grange à Bure.

<small>Bibl. nat. Coll. de Lorraine, vol. 397, p. 15. — Éᴅ. N. de Wailly, pièce X *bis*. — Mᴇɴᴛɪᴏɴ. Sim., p. 333.</small>

678
Août 1302 (en français).

Jean, s. de J., déclare que, pour le mariage de sa fille Alix, dame d'Arcis, pour le cinquantième que le roi lui avait donné à lever sur les bourgeois de Joinville, et pour l'expédition de Flandres, lesdits bourgeois lui ont donné 200 livres de petits tournois; en outre, il leur a vendu, moyennant 50 livres, tout le gibier à poil de la Vendue-Ourri.

Bibl. nat., fr. 11570, f° 20 r°.

679
19 novembre 1302.

Le territoire de Trim, ayant été mis en la main du roi pour désobéissance, Édouard Ier mande à Jean Wogan, justicier d'Irlande, d'en renouveler jusqu'à la Pentecôte suivante, à Geoffroy de J. et à Mahaut, sa femme, la mainlevée qui leur avait été accordée jusqu'au 20 octobre dernièrement passé.

Sweetman, *Cal. of doc. relating to Ireland*, 1302, n° 146.

679 BIS
Novembre 1302 (en français).

Jean, s. de J., sén. de Ch., déclare que lui et ses hoirs, en qualité de seigneurs de Montiers-sur-Saulx, devront payer à l'abbaye d'Écurey 8 sous tournois par an pour les héritages qu'il a acquis de deux de ses hommes de Montiers-sur-Saulx. (Sur le repli, on voit une apostille autographe: *Ce fu fait par moi.*)

Collection de M. Lemoine à Joinville. — Éd. sous la date de 1312, avec fac-similé, par H. Gillet, *Deux chartes inédites de Jean, sire de Joinville*, Joinville, 1894, in-8°.

680
Décembre 1302.

«Lettres de confirmation de sire Jehan de Joinville de la commutation accordée aux habitans de Chastonrupt par Aubertin, de leurs servitudes, mainmorte et autres redevances y déclarées.....»

Mention. Arch. nat. R^{4*} 1139, f° lxxj r°.

681
1302.

Érard de Bar, frère de Henri, comte de Bar, fait à ce seigneur hommage de diverses terres, au nombre desquelles se trouve Ancerville, qu'il ne doit cependant tenir « qu'après le decez monseigneur Jehan de Joinville ».

<small>Recueil de Du Fourny, layette *Ancerville*, n° 9.</small>

682
2 février 1303 (en français).

Anseau de J., s. de Reynel, fait une transaction avec le prieur de Chambroncourt, par devant Gui de Sailly et Jean de la Roche, au sujet de la justice, des revenus et des serfs qu'ils se réclamaient mutuellement.

<small>Arch. de la Côte-d'Or, H 229. — Éd. Sim.,</small>

683
Février 1303.

Guillaume de J., s. de Gex, déclare que feu sa mère Léonète, ayant créé une rente de 30 sous génevois pour fonder son anniversaire à l'abbaye de Bonmont où elle est enterrée, il assigne cette rente sur les droits qu'il possède sur les terres entre Gex et Bonmont.

<small>*Régeste génevois*, n° 1513.</small>

684
Juillet 1303 (en français).

Gui de J., s. de Donjeux, et Isabelle, sa femme, font un échange avec Écurey, et prient Gui de Sailly, comme leur suzerain, et Jean, s. de J., comme seigneur dominant, d'amortir le présent échange.

<small>Bibl. nat., lat. 17048, p. 524, d'après le cart. d'Écurey.</small>

685
Aberbrothock, 1er août 1303.

Sur 223 l. 6 s. 8 d. que le roi lui a jadis prêtés en Angleterre, Geoffroy de J. a payé 56 l. 13 s. 4 d. à l'Échiquier d'Irlande. En conséquence, le roi écrit au shérif de Hereford de surseoir jusqu'à la quinzaine de la S. Michel aux réclamations qu'il adresse à Jeanne, veuve de Pierre, fils de Geoffroy de J., concernant ces 223 l. 6 s. 8 d., car des terres données par Geoffroy se trouvent entre les mains de ladite Jeanne.

<small>Sweetman, *Cal. of doc. relating to Ireland*, 1303, n° 241.</small>

686

Décembre 1303 (en français).

Jean, s. de J., approuve un accord entre le Val d'Osne, Philippe d'Osne, écuyer, et Héluis, sa femme.

<small>Arch. nat. S 4607, n° 9. — Éd. N. de Wailly, pièce Y. - Abbé Jobin, *Le prieuré du Val d'Osne à Charenton*, p. 52. — Mention. Sim., p. 334.</small>

687

8 février 1304 (en français).

Jean de J., sén. de Ch., traduit la charte de son père en date du 2 juin 1298 (n° 257), et abandonne à l'abbaye de S. Mihiel tous les droits qu'il pouvait avoir sur la moitié des amendes de Bure et de Ribeaucourt.

<small>Arch. de la Meuse, S. Mihiel, 4, S₁. — Éd. *Journal de la Société d'archéologie lorraine*, 1879, p. 203.</small>

688

9 mars 1304.

Jean de J., s. d'Ancerville, déclare que, conformément à son contrat de mariage avec Marguerite, sœur de Henri, comte de Vaudémont, il a reçu dudit Henri 1,000 livres tournois, montant de la dot de Marguerite, sous la condition d'en employer 500 en achat de terres destinées à constituer le douaire de Marguerite, ou de se tenir prêt à consigner à la première réquisition lesdites 500 livres entre les mains de l'abbé de Vaux-en-Ornois.

<small>Recueil de Du Fourny, layette *Vaudémont tutelle*, n° 56.</small>

688 bis

9 juin 1304 (en français).

Le bailli de Chaumont fait savoir que, par devant un notaire de Vassy, Jean de J., sén. de Ch., chevalier, du consentement de ses fils Jean de J., s. d'Ancerville, Anseau, s. de Reynel, chevaliers, André de J., s. de Bonney, écuyer, déclare abandonner à tout jamais à ses petits-fils Jean de J., s. de Venafro, maréchal de Sicile, et Guillaume, tous deux fils de feu Geoffroy, s. de Nanteuil et de Briquenay, ainsi qu'aux enfants d'un autre

Geoffroy, leur frère, une rente de 200 livrées de terre sur la maison de Sommermont, qu'il avait constituée au s. de Briquenay, lorsque celui-ci était parti pour la Pouille.

Arch. nat. K 1155, n° 10 *bis*.

689
Août 1304 (en français).

Jean, s. de J., confirme la donation faite au Val d'Osne par ses prédécesseurs de trois muids de vin, à prendre sur les pressoirs de Joinville.

Arch. nat. L 1045, n° 16. — MENTION. V, f° 92 v°.

690
Août 1304.

Gui de J., s. de Sailly, donne à Aubry de Fouchières, en franc alleu, le four de Paroy et tout ce qu'il avait acquis de Thierrion de Sommeville, à Bure.

MENTION. V, f° 92 v°, d'après un «inventaire des arch. de Joinville, II, 35».

691
Octobre 1304.

Anseau de J., s. de Reynel, ayant obtenu du prieur de Chambroncourt l'autorisation d'établir un moulin, s'oblige à payer au prieuré une redevance d'un sou, et à laisser moudre gratuitement les religieux un jour par semaine.

Arch. de la Côte-d'Or. H. — MENTION. Sim., p. 335.

692
26 janvier 1305.

Le roi d'Angleterre envoie aux barons de l'Échiquier de Dublin l'ordre de lever sur les biens que Geoffroy de J. possède en Irlande une somme de 216 livres et 1 marc qui lui a été prêtée par la Garde-robe royale.

Sweetman, *Cal. of doc. relating to Ireland*, 1304-1305, n° 372.

693
Cessy, 27 juin 1305.

Guillaume de J., s. de Gex, fait hommage à Aimon, évêque de Genève, pour Avouzon, la foire et le marché de Gex, ainsi que ceux de Divonne et de S. Jean de Gonville, tout en réservant les fidélités qu'il doit au s. de Faucigny, au comte de Génevois et à l'abbé de S. Oyen de Joux.

Régeste génevois, n° 1556.

694
Août 1305 (en français).

Jean, s. de J., sén. de Ch., scelle l'acte par lequel son fils Anseau de J., chevalier, s. de Reynel, confirme, en qualité de plus proche héritier, les franchises accordées aux habitants de Vaucouleurs par feu Gautier de J.

Arch. des Affaires étrangères, correspondance de Lorraine, vol. V, f° 279.

695
Décembre 1305 (en français).

André de J., s. de Bonney, à la requête de son père et de ses frères, renonce aux réclamations qu'il adressait aux moines d'Écurey au sujet de la terre de Bertheléville, et prie son frère Anseau de J., s. de Reynel, de sceller le présent acte.

Bibl. nat., lat. 17048, p. 526, d'après le cart. d'Écurey.

696
7 janvier 1306.

André de J., chevalier, s. de Bonney, renonce aux réclamations qu'il adressait aux moines de Vaux-en-Ornois, au sujet des droits qui leur avaient été concédés par ses ancêtres, les seigneurs de Reynel, et prie son frère Anseau, seigneur dudit lieu, de sceller le présent acte.

Arch. de la Meuse, Abbaye d'Évaux, K 20.

697
20 avril 1306 (en français).

Jean, s. de J., reçoit des moines d'Écurey deux pièces de vigne et le moulin de Chevillon, et leur cède en échange le droit de pâture dans la forêt de Montiers-sur-Saulx, une partie de cette forêt en toute propriété et une rente de dix setiers de grains sur Gourzon.

  Arch. de la Meuse, *Abbaye d'Écurey.* — Éd. N. de Wailly, pièce Z. — Mention. Sim., p. 334.

698

Westminster, 1er juin 1306.

Geoffroy de J. ayant instamment prié le roi d'Angleterre de rabattre du total des sommes qu'il doit au roi le montant de celles qu'il prétend lui être dues par la couronne, le roi écrit en ce sens aux barons de l'Échiquier de Dublin.

  Sweetman, *Cal. of doc. relating to Ireland*, 1306, n° 535.

699

Versoix, 8 juin 1306.

Guillaume de J., s. de Gex, s'engage par serment à payer, pour la destruction de Marval, telle amende qui sera fixée par la cour nommée à cet effet par le comte de Savoie, et donne pour garants son [beau]-frère Louis de Savoie, s. de Vaud, son cousin Amédée de Villars et Jean, s. de Mont, chevalier.

  Régeste génevois, n° 1583.

700

21 et 22 juin 1306.

Enquête dans la cause pendante entre Amédée, comte de Savoie, et Guillaume, s. de Gex, au sujet de la destruction de Marval.

  Régeste génevois, n° 1586.

701

Versoix, 2 juillet 1306.

La cour constituée pour juger l'affaire de Marval, ayant constaté le défaut fait par Guillaume, s. de Gex, à ce présent jour qui lui avait été assigné, le cite de nouveau à comparaître à Nyon le 8 juillet prochain.

  Régeste génevois, n° 1588.

702
Versoix, 13 juillet 1306.

Nouvel ajournement de l'affaire de Marval à Morges pour le 19 juillet.

Régeste génevois, n° 1590.

703
Morges, 19 juillet 1306.

La cour n'ayant pu être unanime à condamner Guillaume de J. pour l'affaire de Marval, par suite de l'opposition de Louis, baron de Vaud, la décision est remise à Aymar de Beauvoir.

Régeste génevois, n° 1591.

704
Lanercost, 16 octobre 1306.

Geoffroy de J. ayant informé le roi d'Angleterre que, depuis 1276, il n'a pas touché la somme annuelle de 25 marcs que Mahaut, sa défunte femme, et les ancêtres de celle-ci avaient accoutumé de recevoir de l'Échiquier d'Irlande pour les châteaux de Blathagh et de Drogheda, et pour le *vill* de Drogheda envers Meath, le roi donne l'ordre que les arrérages de cette somme soient rabattus du total des dettes de Geoffroy de J. envers l'Échiquier d'Irlande.

Sweetman, *Cal. of doc. relating to Ireland*, 1306, n° 571.

705
Novembre 1306 (en français).

Jean, s. de J., déclare que les biens de ceux de ses hommes qui entreront en religion reviendront à leurs plus proches héritiers demeurant à Joinville.

Bibl. nat., fr. 11570, f° 23 r°.

706
2 décembre 1306 (en français).

Guillaume de J., s. de Beauregard, donne à S. Laurent, avec l'autorisation de son oncle, Jean, s. de J., un demi-muid de blé à prendre sur ses terrages de Morancourt.

<small>Cart. de S. Laurent, f° 4 r°.</small>

707
<small>4 décembre 1306.</small>

Le roi d'Angleterre ordonne aux barons de l'Échiquier de Dublin de rabattre du total des dettes de Geoffroy de J. envers la couronne une somme de 279 l. 16 s. 10 d. 1/2, pour diverses avances faites par Geoffroy, alors qu'il était justicier d'Irlande.

<small>Sweetman, *Cal. of doc. relating to Ireland*, 1307, n° 596.</small>

707 BIS
<small>6 décembre 1306.</small>

Jean, s. de J., sén. de Ch., vidime l'acte n° 291.

<small>Arch. de la Haute-Marne, fonds de Boulancourt, 4° liasse, 5° partie, *Morancourt*. — Ed. Roserot, n° 13, avec la date du 6 décembre.</small>

708
<small>24 décembre 1306 (en français).</small>

Jean, s. de J., donne aux chanoines de S. Laurent l'autorisation d'acheter une rente annuelle de six setiers de blé, pour remplacer les six autres que Gautier de Sommermont leur a rachetés; dix soudées de terre au lieu de celles que Geoffroy de J., s. de Vaucouleurs, leur a également rachetées à Mussey; enfin la permission d'acheter quarante soudées de rente avec l'argent donné par Héluis de J., vicomtesse de Vesoul, sa sœur; plus vingt soudées pour l'anniversaire de feu sa fille Marguerite, dame de Charny, et l'affranchissement des droits sur leurs vignes.

<small>Cart. de S. Laurent, f° 2 r°. — Mention. Champollion-Figeac, p. 628. – Sim., p. 334.</small>

709
<small>8 septembre 1307 (en français).</small>

Jean *Trouillard* de J., maréchal de Sicile, et Guillaume de J., chevalier, son frère, font un partage de tous les biens restés indivis entre eux et provenant ou à provenir, soit de l'héritage de leur mère, soit d'autres héritages.

<small>Arch. des Affaires étrangères, correspondance de Lorraine, vol. 2, pièce 70.</small>

710
1307.

Jean, s. de J., fonde dans le village de *Monthoil*, qu'il a bâti près d'Éclaron, au diocèse de Toul, une église en l'honneur de N. D., de S. Jean-Baptiste et de S. Sulpice.

<small>MENTION. Bibl. nat., fr. 11559, f° 135 v°.</small>

710 BIS
7 février 1308 (en français).

Jean, s. de J., sén. de Ch., vidime une charte de Simon de J. donnée en 1202 en faveur de Boulancourt. (Cf. n° 121 *bis*.)

<small>Arch. de la Haute-Marne, fonds de Boulancourt, 4° liasse, 5° partie, *Morancourt*. — ÉD. Roserot, n° 14, avec la date du 8 février.</small>

711
11 juin 1308 (en français).

Le bailli de Chaumont déclare que, sans attendre l'issue du procès mû en la cour royale de Champagne, Jean, s. de J., a renoncé à tous droits sur la garde de S. Urbain et consent, moyennant 1,200 livres, à ce que cette garde soit transportée au roi de France, ceci avec l'assentiment de ses fils, Anseau de J., s. de Reynel, et André de J., s. de Beaupré.

<small>Arch. de la Haute-Marne, S. Urbain, 15° liasse, 2° partie. — ÉD. Sim., p. 204. — MENTION. V, f° 93 r°.</small>

712
16 août 1308.

Le s. de Gex est compris par Hugues de Faucigny, fils du dauphin

Humbert, et Béatrix, dauphine et dame de Faucigny, dans le traité qu'ils concluent à Montmélian avec Amédée de Savoie.

<small>Régeste génevois, n° 1625.</small>

713
Novembre 1308.

Nicolas de J., s. de Morancourt, amortit une rente de six setiers d'avoine donnée à S. Urbain par Nicolas de Voigney.

<small>V, f° 93 r°, d'après les «arch. de S. Urbain, layette 9».</small>

714
1308.

Le chapitre de S. Laurent de J. consent «par titre de l'an 1308» à ce que Jean, s. de J., fonde dans la collégiale une chapelle dédiée à S. Louis.

<small>Bibl. nat., fr. 11559, f°s 136 r° et 219 r°.</small>

715
Février 1309 (en français).

Jean, s. de J., vidime diverses donations faites à S. Laurent de J.

<small>Cart. de S. Laurent, f^s 19 v°.</small>

716
Février 1309.

Jean, s. de J., sén. de Ch., approuve et scelle l'acte par lequel Simon de J., s. d'Échenay, et Marie, sa femme, confirment l'affranchissement de dix-sept villages accordé par Robert, s. de Sailly, père de Simon, en février 1259. (Cf. n° 386.) L'acte est signé de Lambert, clerc du s. de J. (*Nota Lamberti clerici domini de Joinville.*)

<small>COPIE notariée du 15 octobre 1422. Arch. nat. M 441, dossier *Joinville*.</small>

717
7 mai 1309 (en français).

Jean, s. de J., approuve et scelle l'acte par lequel André de J., s. de

Bonney et de Beaupré, donne à S. Laurent 30 livres de petits tournois payables après sa mort, pour le repos de son âme, de celle de sa mère, Alix de Reynel, de son frère Gautier, s. de Beaupré, et de sa sœur Marguerite, dame de Charny.

<small>Cart. de S. Laurent, f° 5 r°. — MENTION. V, f° 93 r°.</small>

718

<small>Mai 1309.</small>

Héluis de J. rédige un codicille par lequel elle donne les deux tiers de ses créances aux Cordelières de Montigny, et l'autre tiers à ses exécuteurs testamentaires pour le payement de ses dettes.

<small>Arch. de la Haute-Saône, H 894. — ÉD. Bibl. de l'Éc. des chartes, 1876, p. 539.</small>

719

<small>1ᵉʳ juin 1309.</small>

Jean, s. de J., cède à Gautier, comte de Brienne, la mouvance du fief que possédait, à Dommartin-le-Franc, son fils Anseau, s. de Reynel.

<small>Arch. du château de Brienne, liasse *Dommartin-le-Franc*. — ÉD. Annuaire du département de l'Aube pour 1890, 2ᵉ partie, p. 79. — MENTION. D'A. de J., Catalogue des actes des comtes de Brienne, n° 208.</small>

720

<small>2 juillet 1309.</small>

Anseau de J., s. de Reynel, et sa femme, Laure de Sarrebrück, reconnaissent que l'abbaye de Montiérender n'est pas tenue de leur garantir la main-morte et la justice dans les terres de Dommartin-le-Franc que l'abbaye leur avait cédées.

<small>MENTION. V, f° 73 r°, d'après les «arch. de Montier-en-Der».</small>

721

<small>Septembre 1309 (en français).</small>

Jean, s. de J., déclare que les hommes de la terre de Montiérender et les personnes résidant en la chambrerie de Mertrud sont exemptes de la garde du château de Joinville.

<small>Arch. de la Haute-Marne, *Montiérender*. — Copie. Bibl. nat. Coll. Duchesne, vol. 21, f° 33. — *Éd.* Simonnet, *Treize chartes inédites*, n° 13. — Mention. V, f° 93 r°, avec la date d'octobre.</small>

722

22 novembre 1309 (en français).

Jean, s. de J., confirme aux chanoines de S. Étienne de Châlons une rente de 40 sous qu'ils réclamaient sur le péage de J. en vertu d'une concession de Simon de J., et leur donne un reliquaire contenant un fragment du chef de S. Étienne qu'il avait reçu du prince d'Antioche; en retour, il leur demande de célébrer pour lui une messe du S. Esprit, de son vivant, et, après sa mort, une messe de *requiem*.

<small>Arch. de la Marne, *Chapitre de S. Étienne*, arm. 5, liasse 32, n° 1. — *Éd.* Sim., p. 232. - Pélicier, *Bulletin du Comité des travaux historiques*, 1893, p. 495.</small>

723

Novembre 1309.

Les chanoines de S. Étienne de Châlons remercient Jean, s. de J., du don du reliquaire mentionné dans l'acte précédent et s'engagent à dire pour lui une messe solennelle.

<small>Mention. *Mém. de l'Académie des inscriptions*, XX, 349, sous la date erronée de 1300. – Sim., p. 333, sous la même date.</small>

724

Paris, 18 décembre 1309.

Louis Hutin, comte de Champagne, rend une sentence entre l'abbaye de S. Urbain et Jean, s. de J., par laquelle il décide que les parties ayant comparu devant le bailli de Chaumont, l'abbaye est autorisée à lever des tailles sur les hommes de S. Urbain.

<small>Arch. de la Haute-Marne, *S. Urbain*, 15° liasse, 4° partie. — *Éd.* Sim., p. 207.</small>

725

22 avril 1310.

Les religieux de S. Urbain adressent à Bertrand, évêque d'Alby, légat du S. Siège, une lettre où ils se plaignent des agressions du s. de J.

<small>Arch. de la Haute-Marne, *S. Urbain*, cart. I, f° 532. — Copie. Bibl. nat. Coll. Moreau, vol. 220, n° 3. — *Éd.* Sim., p. 208.</small>

726

Florimont, 29 mai 1310.

Guillaume de J., s. de Gex, fils de Léonète, dame de Gex, confirme une ancienne transaction conclue entre les habitants de S. Jean-de-Gonville et de Feigère au sujet de leurs pâturages respectifs. (Cf. n° 582.)

<small>*Régeste génevois*, n° 1655.</small>

727

Mai 1310 (en français).

Jean, s. de J., déclare que son fils Anseau de J. a repris à sa charge le payement de diverses rentes viagères constituées à sa requête par la commune de Joinville et dont il a touché le capital versé par les bénéficiaires.

<small>Arch. communales de Joinville. — *Éd.* Roserot, n° 16.</small>

728

Mai 1310 (en français).

Jean, s. de J., garantit la constitution par la commune de Joinville à Porrard de Bézennes d'une rente viagère de 10 livres parisis faite moyennant le payement de 70 livres parisis versées par Jean de Bézennes, bourgeois de Reims, père de Perrard.

<small>Arch. communales de Joinville. — *Éd.* Roserot, n° 15.</small>

729

24 septembre 1310.

Louis Hutin, comte de Champagne, rend, dans les Grands Jours de

Troyes, une sentence définitive terminant les litiges pendants entre Jean, s. de J., sén. de Ch., et les religieux de S. Urbain.

<small>Vidimé en novembre de la même année. Arch. de la Haute-Marne, S. Urbain, 15ᵉ liasse, 2ᵉ partie. — Éd. Sim., p. 211.</small>

730
<small>Avril 1310-1311 (en français).</small>

Jean, s. de J., sén. de Ch., du consentement d'Anseau, s. de Reynel, reconnaît n'avoir aucun droit sur le bois de Lassart-en-Quatre-Vaux, entre Vaucouleurs et Toul, qu'il abandonne à S. Mansuy.

<small>Copie certifiée de 1608 d'après l'original alors conservé à l'abbaye de S. Mansuy. Arch. nat. J 914, n° 37¹².</small>

731
<small>12 juin 1311 (en français).</small>

Jean, s. de J., arrête que les forestiers et messiers de J. devront faire rapport au maire des dégâts commis dans les bois.

<small>Bibl. nat., fr. 11570, f° 23 v°.</small>

732
<small>10 septembre 1311 (en français).</small>

Anseau de J., s. de Reynel, déclare qu'après la mort de son père, Jean, s. de J., il tiendra d'Édouard, comte de Bar, en augment du fief de Montiers-sur-Saulx, deux bois sis l'un à Écurey et appelé la Haye, et l'autre en la Haute-Forêt.

<small>Bibl. nat. Coll. de Lorraine, vol. 718, f° 135 r°. — Vidimé en 1393. Recueil de Du Fourny, layette Ancerville, n° 12. — Éd. Sim., p. 253. — Mention. Bibl. nat., fr. 4880, I, f° 322 v°. - V, f° 93 v°. - Sim., p. 335.</small>

733
<small>Juillet 1312 (en français).</small>

Jean de Lancastre, s. de Beaufort, et sa femme Alix de J. font à l'abbaye de la Chapelle-aux-Planches une fondation de quatre messes par semaine.

<small>Arch. de la Haute-Marne, La Chapelle-aux-Planches, f° 27 r°.</small>

734

Septembre 1312.

Guillaume de J., s. de Briquenay, est l'un des quatre pleiges qui scellent l'acte par lequel Gaucher de Châtillon, comte de Porcien, connétable de France, s'engage à remettre aux mains de ses seigneurs légitimes la ville et le château de Fleurines aussitôt qu'il aura pu les reconquérir.

Recueil de Du Fourny, layette *Chiny*, n° 1.

735-736

Troyes, 3 septembre 1312.

Louis, roi de Navarre, déclare avoir reçu, au nom de son oncle Charles, comte de Valois et d'Alençon, les terres de Fouchères, Polisy, Polisot, Bierne et Savoie en déduction d'une somme d'argent que lui devait Jean de J., s. de Jully, et en avoir investi Érard, s. de Vallery.

Arch. nat. J 171ⁿ, n° 38.

737

1312 (en français).

Héluis de J., vicomtesse de Vesoul, fait son testament par lequel elle choisit pour lieu de sa sépulture le couvent des Cordelières de Montigny qu'elle a fondé, laisse aux religieuses la maison qu'elle a fait bâtir sous leur église pour le logement du chapelain, désigne pour ses exécuteurs testamentaires Jean de Faucogney, Henri, doyen de Besançon, ses fils, et Renaud de Corcondray, chevalier, et fait mention de sa fille Guillemette, dame de Ray.

ANALYSE. V, f° 93 v°, d'après les «arch. de l'officialité de Besançon». — EXTRAITS VIDIMÉS le 21 octobre 1312 par l'official de Besançon, arch. de la Haute-Saône, H 888, publiés dans la *Bibl. de l'Éc. des chartes*, 1876, p. 539, n° VIII.

738

23 juin 1313.

Anseau de J., s. de Reynel, est l'un des arbitres désignés par Gaucher de Châtillon, connétable de France, et Isabelle, sa femme, duchesse douairière de Lorraine, pour régler leur différend avec Ferry, duc de Lorraine, fils d'Isabelle.

> Recueil de Du Fourny, layette *Harbonnières*, etc., n° 6. — MENTION. *Mémoires de la Soc. d'archéol. lorraine*, XXXIV, 240.

739

27 juillet 1313.

Jean de J., s. de Vaucouleurs, reconnaît avoir repris du duc de Lorraine soixante livrées de terre sur les salines de Rozières et soixante autres à Longon et à Bure.

> Arch. de Meurthe-et-Moselle. Trésor des chartes de Lorraine, layette *Rosières salines I*, n° 58. — COPIE. Arch. des Affaires étrangères, correspondance de Lorraine, vol. 2, pièce 208.

740

22 juillet 1314.

Édouard, comte de Bar, étant hors de prison, déclare qu'il a promis à Ferry, duc de Lorraine, de lui faire foi et hommage pour les fiefs que ses prédécesseurs ont tenus des ducs de Lorraine et de délivrer à Anseau de J., s. de Reynel, les lettres patentes qu'il a du fief de Vaudémont. Il requiert Jean, comte de Salm, Érard de Bar, s. de Pierrepont, et Anseau de J. de sceller cet acte avec lui.

> Arch. de Meurthe-et-Moselle. Trésor des chartes de Lorraine, layette *Vaudémont fiefs*, n° 81. — MENTION. *Mém. de la Soc. d'archéol. lorraine*, XXXIV, 240.

741

22 juillet 1314.

Anseau de J., s. de Reynel, et Jean, comte de Salm, scellent l'acte par lequel Édouard, comte de Bar, s'engage envers Henri, comte de Vaudémont, à ce que l'engagement de l'hommage de Vaudémont au duc de Lorraine ne lui porte aucun préjudice.

> Arch. nat. J 911, n° 32. — MENTION. *Mémoires de la Soc. d'archéol. lorraine*, XXXIV, 240.

742

17 septembre 1314 (en français).

Jean, s. de J., sén. de Ch., donne des lettres de non-préjudice à ses bourgeois de Joinville qui ont fait, à titre gracieux, des corvées auxquelles ils n'étaient pas tenus. (Au dos de l'acte on voit une apostille autographe : *Ce fu fait par moi.*)

> Collection de M. Lemoine à Joinville. — ÉD. sous la date du 14 avril, avec fac-similé, par H. Gillet, *Deux chartes inédites de Jean, sire de Joinville*. Joinville, 1894, in-8°.

743

Novembre 1314.

Jean, s. de J., et Jean, s. de Jully, adhèrent à la ligue des nobles de Champagne.

> Arch. nat. JJ 35, f° 50 r°. — COPIE. Bibl. nat. Coll. Dupuy, vol. 758, f° 14 r°. — ÉD. Didot, pièce X. — MENTION. V, f° 93 r°. Cf. *Notices et extraits de mss.*, XXII, 217.

744

1er janvier 1315.

Gilbert de Reygate, recteur de l'église de Bridgesolars, accorde au couvent d'Acornbury et à Catherine de Joinville, prieure dudit couvent, une pension annuelle sur son église.

> MENTION. *A descriptive catalogue of ancient deeds in the public record office* (London, 1890), I, 264, B 532.

745

Janvier 1315.

Érard de J., s. de Doulevant-le-Château, acquiert de Gilbert de Chalon et de sa femme une rente de deux setiers de blé sur le moulin de Baudricourt.

> MENTION. K₁, f° 111 v°. – V, f° 93 v°.

746
Février 1315.

Louis X, roi de France, autorise André de J., chevalier, à créer des foires annuelles dans sa ville de Bonney.

    Arch. nat. JJ 50, n° 130, f° 82 v°.

747
Avril 1315.

Nicolas de J., s. de Morancourt et de Mussey, achète le moulin de Mussey.

    MENTION. K₁, f° 18 r°, n° iiij^{xx} xiij. – V, f° 94 r°.

748
8 juin 1315 (en français).

Jean, s. de J., écrit au roi de France qu'il se rendra le plus tôt possible à la convocation qu'il a reçue et marchera contre les Flamands.

    Bibl. nat., fr. 12764, pièce 82. — FAC-SIMILÉ. *Joinville*, éd. N. de Wailly. Paris, Didot, 1875. — ÉD. Du Cange, p. 21. – N. de Wailly, pièce AA. – Didot, p. 51. — MENTION. V, f° 94 r°. – Sim., p. 335.

749
Bar-sur-Aube, 10 juin 1315.

Anseau de J. est un des barons du comte de Bar qui signent avec lui la ligue conclue avec le duc de Lorraine contre tous, sauf contre le roi de France, l'empereur et l'évêque de Metz.

    MENTION. Recueil de Du Fourny, layette *Confirmations*. – D. Calmet, *Hist. de Lorraine*, 1re éd., II, 447. — P. Benoît Picard, *Origines de Lorraine*, p. 328. – Sim., p. 239 et 335. – *Mém. de la Soc. d'archéol. lorraine*, XXXIV, 241.

750
31 juillet 1315.

Anseau de J., s. de Reynel, est au nombre des conseillers d'Édouard, comte de Bar, de l'avis desquels celui-ci fonde une collégiale dans son château de Bar.

Vidimus de 1338. Recueil de Du Fourny, layette *Bar ville I*, 12. — D. Calmet, II, 498.

751
Juillet 1315.

Nicolas de J., s. de Miglionico, partage la succession de feu son père, Geoffroy de J., s. de Vaucouleurs, avec Jean, s. de Vaucouleurs, son frère aîné, et reçoit pour sa part Morancourt, la Neuville-à-Mathons, Mussey, Magneux et Montigny-aux-Ormes.

Mention. V, f° 93 v°, d'après un «inventaire des arch. du château de Joinville, I, 433».

752
Juillet 1315.

Anseau de J. est un des quatre otages désignés par le comte de Bar pour garantir l'exécution du traité qu'il a conclu à Bar-sur-Aube avec le comte de Vaudémont.

Mention. D. Calmet, *Hist. de Lorraine*, II, 446. — Sim., p. 335. — *Mémoires de la Soc. d'archéol. lorraine*, XXXIV, 241.

753
Octobre 1315 (en français).

Jean, s. de J., approuve une transaction passée entre son neveu, Jean, s. de Vaucouleurs, et le prieur de Vaucouleurs, pour le règlement de divers droits du prieuré.

Arch. de la Côte-d'Or, H 249. — *Éd.* Sim., p. 223.

754
1315.

Anseau de J. et Laure de Sarrebrück, sa femme, fondent à Montiers-sur-Saulx une chapelle qu'ils donnent à l'abbaye d'Écurey.

Mention. Sim., p. 335 et 247, note 2, d'après Durival, *Description de la Lorraine*, II, 362, et Bonnabelle, *Notice sur Montiers-sur-Saulx*, p. 14.

755
Mars 1315-1316.

Anseau de J., s. de Reynel, est témoin de l'acte par lequel le comte de Luxembourg répare les torts qu'il a causés à Henri, comte de Bar, par la prise de Longwy.

Mention. V, f° 20 r°, d'après les «arch. du prince de Condé».

756
Royal-Lieu, 13 février 1316.

Louis X, roi de France, donne à Anseau de J., s. de Reynel, en récompense de ses services, 500 livres de rente viagère sur le paréage de l'abbaye de Luxeuil.

Vidimé dans un acte de Philippe le Long en date du 12 juillet 1317. Arch. nat. JJ 53, n° 326.

757
Meaux, février 1316.

Louis X, roi de France, autorise Jean, s. de J., à vendre à S. Urbain 180 arpens de son bois de Mathons, au lieu de 500 qu'il l'avait précédemment autorisé à céder à la même abbaye.

Arch. nat. J 423, n° 35. — *Éd.* Didot, pièce Z.

758
Février 1316.

Jean, s. de J., notifie la vente faite à Nicolas de J., s. de Morancourt, par Hugues d'Effincourt et sa femme, de ce qu'ils avaient à Mussey.

Mention. K$_1$, f° 102 r°, n° iiij°xxv.

759
5 juin 1316 (en français).

Louis X, roi de France, laisse par son testament une rente viagère de 400 livres à Anseau de J., s. de Reynel, en récompense de ses services.

Arch. nat. J 404^A, n° 22.

760

17 juin 1316.

Anseau de J., s. de Reynel, signe le traité de Vincennes conclu entre Philippe de France, régent, et Eudes IV, duc de Bourgogne, pour lui et pour Agnès, sa mère, à l'occasion de la succession du feu roi Louis X.

Éd. D. Plancher, *Hist. de Bourgogne*, II, 144. — Mention. V, f° 94 r°. – Sim., p. 239. – *Mém. de la Soc. d'arch.éol. lorraine*, XXXIV, 242.

761

14 novembre 1316.

Alix de J., dame de Beaufort, consent à payer à l'évêque de Langres le relief qu'il réclame pour la terre de Chatenay, s'il est prouvé par une enquête qu'elle le doive.

Bibl. nat., lat. 17099, p. 134.

762

Dublin, 1316-1317.

Simon de J. est au nombre des pleiges de Gautier et Hugues de Lacy qui affirment n'avoir eu aucune correspondance avec Édouard Bruce, ennemi du roi Édouard.

Éd. par John T. Gilbert à la suite des *Chartularies of St-Mary's abbey Dublin*, II, 407.

763

13 juin 1317.

Anseau de J., s. de Reynel, est le premier des conseillers d'Édouard, comte de Bar, nommés dans l'acte par lequel le comte réorganise le chapitre de l'église castrale de Bar.

Vidimus du 13 mai 1383, mentionné dans le recueil de Du Fourny, layette *Bar ville et bailliage I*, n° 12.

764

19 juin 1317.

Anseau de J., s. de Reynel, est l'un des sept plénipotentiaires désignés par le roi de France pour terminer le différend qui s'était élevé entre lui et le duc de Bourgogne.

<small>Arch. nat. JJ 54ᴬ, fᵒˢ 32 rᵒ et 39 vᵒ. — Mention. Guichenon, *Hist. de Savoie*, I, 376, d'après un ms. de Pérard. - Du Cange, p. 23.</small>

765
12 juillet 1317.

Philippe le Long vidime et annule l'acte de Louis X, en date du 13 février 1316 (n° 756), le paréage de Luxeuil étant insuffisant à produire les 500 livres de rente promises à Anseau de J. Comme, par suite du legs de 400 livres fait par Louis Hutin (n° 759), Anseau avait à toucher 900 livres par an sur e trésor, le roi lui donne, à la place des 400 livres, toute la terre du paréage de Luxeuil, et pour le reste, 300 livres sur la cense de l'abbé de Montiérender et 200 livres sur la jurée de Bar-sur-Aube.

<small>Arch. nat. JJ 53, n° 326. — Notice dans JJ 54ᴬ, n° 571.</small>

766
Mantes, 16 septembre 1317.

Philippe le Long donne à Anseau de J., s. de Reynel, la maison royale de Tergona avec la garenne de la forêt voisine.

<small>Arch. nat. JJ 54ᴬ, n° 662.</small>

767
Lorris, 15 novembre 1317.

Anseau de J., s. de Reynel, et les autres arbitres prorogent l'époque à laquelle ils devaient s'assembler pour connaître du différend de Philippe le Long avec Eudes, duc de Bourgogne, et les nobles de Champagne.

<small>Arch. nat. J 204, n° 2.</small>

768
Décembre 1317.

Henri, évêque de Verdun, donne à Isabeau de Cirey, dame de Vaucouleurs et d'Aunay, quittance de 100 livres tournois qu'elle lui a payées en exécution d'un legs fait à l'évêché de Verdun par feu son beau-père Geoffroy de J., s. de Vaucouleurs.

<small>Arch. des Affaires étrangères, correspondance de Lorraine, vol. 2, pièce 144.</small>

769

Saint-Germain-en-Laye, juin 1318.

Philippe le Long remplace la rente de 200 livres que touchait Anseau, s. de J., sur le trésor royal, par une rente de 100 livres seulement sur l'évêque de Beauvais, mais avec faculté d'aliénation.

<small>Arch. nat. JJ 56, n° 275.</small>

770

18 août 1318.

Anseau, s. de J., est au nombre des cautions d'Édouard, comte de Bar, pour une somme de 120 livres qu'il doit à Poince, veuve de Michel de la Cour, citoyen de Metz.

<small>MENTION. Recueil de Du Fourny, layette Metz cité III, 10. — Mém. de la Soc. d'archéol. lorraine, XXXIV, p. 243.</small>

771

Paris, 15 décembre 1318.

A la relation du s. de J., le Parlement de Paris donne l'ordre de prêter aide à Hélie d'Orly, chargé de poursuivre un chevalier qui avait enlevé une jeune fille, Jeanne de Boesse.

<small>Arch. nat. X2A, n° 3, f° 170 r°. — MENTION. Boutaric, Actes du Parlement, n° 3602.</small>

772

Saint-Germain-en-Laye, janvier 1319.

Philippe le Long donne quatre-vingts livrées de terre en augment de fief à Jean de J., s. de Vaucouleurs, qui a repris de lui cent soixante livrées qu'il tenait en alleu tant de son chef que de celui de sa femme.

<small>Arch. nat. JJ 56, n° 510.</small>

773
Paris, février 1319.

Philippe le Long autorise Anseau, s. de J., sén. de Ch., son conseiller, à faire des viviers en terre royale, à Dommartin-le-Franc, à condition qu'Anseau lui donnera en retour un terrain égal à celui qu'il emploiera.

Arch. nat. JJ 56, n° 496.

774
Paris, 18 mars 1319.

Philippe le Long fait un accord entre Anseau, s. de J., et Alix, sa sœur, dame de Beaufort, au sujet de la succession de leur père.

Arch. nat. JJ 58, n° 361.

775
3 août 1319.

Anseau, s. de J. et de Reynel, et Laure de Sarrebrück, sa femme, donnent à Nicolas de J., s. de Miglionico et de Morancourt, leur cousin, ce qu'ils ont à Mussey de l'héritage de feu Jean, s. de Joinville, leur père, excepté la moitié qu'André de J., s. de Bonney, leur frère, tenait d'eux en fief avec promesse de garantie envers leur sœur, Alix de J., dame de Beaufort.

MENTION. K_1, f° 102 r°, n° iiij° xxiiij. — K_2, f° 91 r°, n° 32. — V, f° 94 r°.

776
4 août 1319.

Anseau, s. de J., autorise son frère André, s. de Bonney et de Beaupré, à aliéner à Nicolas de J., s. de Miglionico et de Morancourt, ce qu'il possède à Mussey.

MENTION. K_1, f° 101 r°-v°. — K_2, f° 92 r°, n° 4.

777
Septembre 1319.

Philippe le Long autorise Jean de J., s. de Jully-le-Châtel, à amortir certains biens pour créer des chapellenies.

Arch. nat. JJ 59, n° 49.

778
Crécy-en-Brie, septembre 1319.

Philippe le Long, à la requête de Jean de J., s. de Jully-le-Châtel, crée deux foires à tenir chaque année à Jully, à la S. Georges et à la S. Louis.

Arch. nat. JJ 59, n° 52.

779
Septembre 1319.

Anseau, s. de J., sén. de Ch., échange avec l'abbaye de Montiérender le moulin de *Tampillon* à Ragecourt-sur-Blaise, contre l'étang de la *Vault Bernouart*.

Arch. de la Haute-Marne, *Montiérender*. — Éd. Sim., p. 271. — Mention. V, f° 94 r°. - *Mém. de la Soc. d'archéol. lorraine*, XXXIV, 243.

780
Germigny, novembre 1319.

Philippe le Long, à la requête de Jean de J., s. de Jully, établit à Jully un marché à tenir le vendredi de chaque semaine.

Arch. nat. JJ 59, n° 151.

781
Février 1320.

Nicolas de J., s. de Morancourt, et sa femme, Jeanne, achètent à Thomas de Mussey les censives qu'il avait à Mussey.

Mention. K₁, f° 102 v°. - V, f° 94 r°.

782
30 mai 1320.

Charles, roi de Naples, accorde un secours à Érarde de Joinville, fille de feu Geoffroy de J., qui s'était vainement adressée à Ilaria de Sus, comtesse de S. Angelo, tutrice de Nicolas de J., son fils, héritier de feu Geoffroy, son aïeul paternel.

Arch. de Naples, *Registro Angioino*, 227, f°ˢ 5 v° et 107 r°.

783
Reims, mai 1320.

Philippe le Long détache de la prévôté de la Ferté-sur-Aube Gillancourt et Blézy appartenant à Anseau, s. de J. et de Reynel, sén. de Ch., et les rattache au ressort de Bar-sur-Aube dans lequel se trouvait déjà la maison forte de Colombé-les-Deux-Églises, bâtie par Anseau.

Arch. nat. JJ 65 *bis*, n° 65.

784
1320.

Anseau, s. de J. et de Reynel, notifie la vente faite à Nicolas de J., s. de Miglionico et de Morancourt, par André de J., s. de Beaupré et de Bonney, de ce que feu Jean, s. de J., possédait à Mussey.

Mention. K_1, f° 102 v°, n° 1778.

785
20 février 1321.

Anseau, s. de J., est l'un des seigneurs qui certifient au pape Jean XXII l'existence du traité conclu au Louvre en mai (*lisez* le 2 juin) 1320, entre le roi de France et le comte de Nevers.

Arch. nat. J 564, n° 1.

786
30 avril 1321.

Nicolas de J., chevalier, Philippe, sa femme, fille de Jean Fourré, chevalier, et Isabelle la Fourrée, seigneurs du fief de Thérouenne, à Paris, déclarent avoir vendu aux pèlerins de S. Jacques le lieu où lesdits pèlerins ont bâti l'hôpital S. Jacques.

Ed. Bordier et Brièle, *Les Archives hospitalières de Paris*, 2° partie, p. 57.

787
Saint-Germain-en-Laye, juillet 1321.

Philippe le Long donne à Anseau de J. tous les droits qu'il pouvait avoir sur une maison sise à Paris dans la rue S. Nicolas-du-Chardonnet et qui avait appartenu successivement au s. de S. Venant et à l'abbé d'Anchin.

Arch. nat. JJ 60, f° 92 v°, n° 142.

788
Juillet 1321 (en français).

Jean de J., s. de Jully, donne à une bourgeoisie de Troyes, *comme à celle à qui nous sommes tenu en plus grant chose*, un courtil sis à Troyes près de la petite Tannerie.

Arch. de l'Aube. Pièce exposée.

789
Août 1321.

Anseau, s. de J., renouvelle une déclaration que Jean, son père, aurait faite en 1314 sur les ponts et chaussées (?).

MENTION. Sim., p. 336, sans indication de source.

790
Conflans, 18 août 1321.

Philippe le Long donne à Anseau, s. de J., en récompense de ses services, une somme de 600 livres tournois.

MENTION. Arch. nat. KK 1, p. 179.

791
26 août 1321.

Philippe le Long désigne Anseau, s. de J., comme l'un de ses exécuteurs testamentaires.

Arch. nat. J 404ᴬ, n° 26. — VIDIMÉ par Charles le Bel le 10 janvier 1322, J 404ᴬ, n° 28. — MENTION. Collin, *Tablettes historiques de Joinville*, p. 32. – Sim., p. 241.

792
29 avril 1322 (en français).

Anseau, s. de J. et de Reynel, sén. de Ch., cède à S. Urbain 180 arpens de bois sis à Nomécourt, près de la maison de Beauregard qui est à Nicolas de J., chevalier, sauf la chasse qu'il se réserve. Il promet de faire consentir à cette cession son frère André, s. de Bonney, et sa sœur Alix.

<small>Copie. Bibl. nat. Coll. Moreau, vol. 224, p. 42. — Mention. V, f° 94 r°, d'après les «arch. de S. Urbain, layetet 14».</small>

793
Mai 1322.

Anseau, s. de J., est l'un des signataires des conventions conclues entre le comte de Bar et l'église de Verdun.

<small>Mention. Wassebourg, *Les antiquités de la Gaule Belgique*, f° ccccvj. — Sim., p. 241.</small>

794
10 juin 1322 (en français).

Jean, abbé de S. Urbain, déclare accepter, au nom des religieux, les 180 arpens de bois à Nomécourt cédés par Anseau, s. de J. et de Reynel.

<small>Bibl. nat. Coll. Moreau, vol. 224, p. 55.</small>

795
27 juillet 1322.

Anseau, s. de J. et de Reynel, sén. de Ch., vend, moyennant 80 livres, à Érard de J., s. de Doulevant, damoiseau, une rente sur la taille des hommes de feu Gautier d'Autigny.

<small>Mention. V, f° 94 v°, d'après un «inventaire des arch. de Joinville, II, 19.»</small>

796
Août 1322.

Anseau, s. de J. et de Reynel, confirme l'acte d'affranchissement donné par Jean, s. de la Fauche, à son prévôt Perrin, clerc.

<small>Vidimé par Charles le Bel en janvier 1325. Arch. nat. JJ 62, n° 248.</small>

797
14 septembre 1322 (en français).

Anseau, s. de J. et de Reynel, sén. de Ch., déclare avoir donné à son cousin Érard de Vaucouleurs tout ce qu'il avait à Maconcourt, et que ledit Érard a depuis vendu à S. Urbain pour 100 livres tournois.

<small>Arch. de la Haute-Marne, S. Urbain, 9ᵉ liasse, 1ʳᵉ partie. — COPIE. Bibl. nat. Coll. Moreau, vol. 224, p. 79. — VIDIMÉ par Charles le Bel en janvier 1325. Arch. nat. JJ 62, n° 253. — COPIE. Bibl. nat. Coll. Moreau, vol. 224, p. 214. — ÉD. Sim., p. 273. — MENTION. V, f° 94 (avec le nom de *Vaucouleurs* substitué à celui de *Maconcourt*). — Sim., p. 336. — *Mém. de la Soc. d'archéol. lorraine*, XXXIV, 243.</small>

798
Fontaine-aux-Bois, septembre 1322.

Charles le Bel confirme à Anseau de J., sén. de Ch., l'autorisation de vendre à S. Urbain une partie du bois de Mathons, autorisation déjà concédée par Louis X à Jean de J. (cf. n° 757), mais non suivie d'effet.

<small>Arch. nat. JJ 61, n° 240.</small>

799
Joinville, septembre 1322 (en français).

Anseau, s. de J. et de Reynel, sén. de Ch., fait savoir que Jean, s. d'Arrentières, a rendu à Gaucher de Vignes, comme plus proche héritier, deux bois sis à Montreuil qu'il avait jadis achetés à Guillaume et à Adam de Montreuil, écuyers.

<small>Arch. nat. Rª 520, n° 32.</small>

800
22 novembre 1322.

Le Parlement de Paris continue en état, *sub spe pacis*, et renvoie à sa prochaine session un procès mû entre l'évêque de Châlons et le s. de J. qui devra rendre à l'évêque les prises qu'il a faites sur lui.

<small>Arch. nat. X1ᴬ 8844, f° 145 r°. — MENTION. Boutaric, *Actes du Parlement*, n° 6963.</small>

801
1322.

Les habitants de Mathons font une solennelle reconnaissance de ce qu'ils doivent à Anseau, s. de J.

<small>MENTION. K₁, f° 93 v°, n° 48. — Collin, *Tablettes historiques de Joinville*, p 32. — Sim., p. 336.</small>

802
1322.

Anseau de J. donne à Gautier de Vignes et à sa femme, Jacquemotte, le droit de bâtir un moulin et un colombier.

Mention. Jolibois, *La Haute-Marne*, p. 547, article *Vignes*.

803
1322.

Anseau, s. de J. et de Reynel, vidime une charte de Gautier de Reynel constatant une donation faite en 1226 par Eudes de Bettoncourt à N. D. de Benoîtevaux.

Arch. de la Haute-Marne, *Chapitre de Reynel*; 10° liasse.

804
28 janvier 1323.

Le Parlement de Paris mande au bailli de Chaumont d'ôter la main du roi qui avait été mise à titre de confiscation sur le fief qu'André de J., chevalier, tenait d'Anseau, s. de J. et de Reynel, sén. de Ch., son frère. Anseau demandant mainlevée et offrant d'ester en droit, jour lui est assigné à la quinzaine de Pâques.

Arch. nat. X1^A 8844, f° 134 r°. — **Mention.** Boutaric, *Actes du Parlement*, n° 7050.

805
1er février 1323.

André de J., s. de Bonney et de Beaupré, se désiste du procès qu'il a intenté à son frère, le sire de J., devant le Parlement de Paris.

Arch. nat. X1 C¹, n° 55.

806
31 mars 1323.

Anseau de J. déclare qu'il a donné à son cousin Simon de Sailly, chevalier, s. d'Échenay, et à ses hoirs la mouvance de Soulaincourt.

Mention. K$_1$, f° 22 r°, n° 171. — K$_2$, f° 260 r°, n° 1. — K$_3$, f° 228 r°, n° 1. — V, f° 94 r°.

807
Mantes, 28 mai 1323.

Anseau de J. est l'un des pleiges qui garantissent l'exécution du traité conclu entre Édouard, comte de Bar, et Jean, roi de Bohême et comte de Luxembourg, traité qui assure le mariage du fils du comte de Bar avec la fille aînée du roi de Bohême.

Arch. nat. J 581, n° 6. — MENTION. Du Cange, p. 23. – D. Calmet, *Hist. de Lorraine*, II, 432. – Sim., p. 336.

808
Mantes, 28 mai 1323.

Anseau, s. de J., sén. de Ch., en même temps que Jean, roi de Bohême, Édouard, comte de Bar, Philippe de Meaux, Raoul, comte d'Eu, Hugues de S. Pol, s. de Leuzes, et Mathieu de Trie, maréchal de France, vidime l'acte précédent.

Bertholet, *Hist. de Luxembourg*, VI, 53, et pr., x. — Recueil de Du Fourny, layette *Traités 5*, n° 50.

809
2 juin 1323.

Le bailli de Troyes reçoit l'ordre de lever le séquestre mis à Arcis sur les biens du douaire d'Alix de J., dame de Beaufort, qui avait refusé d'assurer Guillaume de Marcilly, conseiller du roi.

Arch. nat. X1ᴬ, 8844, f° 182 v°. — MENTION. Boutaric, *Actes du Parlement*, n° 7243.

810
5 juillet 1323 (en français).

Édouard, comte de Bar, déclare que, s'il lui plaît de racheter la terre de Bleurville donnée par Henri, comte de Vaudémont, à sa fille Marguerite à l'occasion de son mariage avec Anseau, s. de Joinville, il autorise Anseau à en employer le prix en achats de fiefs au comté de Bar. Il promet en outre de donner au seigneur de Joinville 2,000 livres lors de son mariage.

Arch. de Meurthe-et-Moselle, layette *la Marche*, I, n° 13. — MENTION. Sim., p. 254 et 336. – Germain, *Mémoires de la Société d'archéologie lorraine*, XXXIV, 246.

811
9 juillet 1323 (en français).

Anseau, s. de J. et de Reynel, sén. de Ch., déclare, par un acte notarié et enregistré à la prévôté de Vassy, que, conformément à son traité de mariage avec Marguerite de Vaudémont, il a assigné en douaire à celle-ci trois mille livrées de terre sur ses châteaux de Joinville et de Montiers-sur-Saulx. Érard de J., écuyer, figure parmi les témoins.

Bibl. nat. Coll. de Lorraine, vol. 259. — MENTION. *Mém. de la Soc. d'archéol. lorraine*, XXXIV, 246.

812
27 juillet 1323 (en français).

Anseau, s. de J. et de Reynel, sén. de Ch., donne au comte de Bar quittance de 2,000 livres que ledit comte lui avait promises à l'occasion de son mariage avec Marguerite de Vaudémont.

Bibl. nat. Coll. de Lorraine, vol. 718, f° 32 v°.

813
1323.

Anseau de J. fait une transaction avec les habitants d'Épizon au sujet des bois.

MENTION. Jolibois, *La Haute-Marne*, p. 205, article *Epizon*.

814
1323.

Anseau, s. de J., fonde l'anniversaire de sa femme, Laure de Sarrebrück, dans l'église de Reynel.

MENTION. Jolibois, *La Haute-Marne*, article *Reynel*, p. 558, col. 1.

815
Mars 1323-1324 (en français).

Anseau, s. de J. et de Reynel, sén. de Ch., confirme diverses donations faites à S. Laurent de J. et dont la valeur se monte à cent soudées.

Cart. de S. Laurent, f° 20 v°. — MENTION. Sim., p. 336.

816
8 février 1324.

Anseau, s. de J. et de Reynel, sén. de Ch., est arbitre d'un différend entre Oudinet et Millet de Sorcy, d'une part, et Jean, comte de Sarrebrück, de l'autre.

    Vidimé en septembre 1326 par Édouard, comte de Bar. Bibl. nat., fr. 11837, f° 32 v°.

817
19 mars 1324.

Anseau, s. de J., donne à sa fille Jeanne de J. 100 livres de rente sur Chambroncourt et Eurville, à charge d'hommage.

    Mention. K_1, f° 199 r°, n° 400. — K_2, f° 59 r°, n° 9.

818
20 mars 1324 (en français).

Jeanne de J., fille et héritière d'Anseau, s. de J., ratifie l'acte de son père en date du 9 juillet 1323 (n° 811), relatif au douaire de Marguerite de Vaudémont.

    Bibl. nat. Coll. de Lorraine, vol. 258. — *Copie.* Arch. de Meurthe-et-Moselle, cart. *Vaudémont fiefs*, f° 10 v°. — *Mention.* Mém. de la Soc. d'archéol. lorraine, XXXIV, 247.

819
21 mars 1324.

Anseau, s. de J. et de Reynel, sén. de Ch., déclare avoir reçu de Henri, comte de Vaudémont, par la main du comte de Bar, 1,000 livres de petits tournois pour le rachat de Bleurville, et constitue en retour audit comte de Vaudémont 100 livres de rente sur les villes de Montot et de Vignes. (Cf. n° 810.)

    Arch. des Affaires étrangères, correspondance de Lorraine, vol. 2, pièce 168.

820
Joinville, 17 avril 1324.

Anseau, s. de J. et de Reynel, sén. de Ch., confirme l'affranchissement de Perrin, prévôt de la Fauche, et de Jaquet, son fils, par Jeanne de Charny, dame de la Fauche.

<small>Vidimé par Charles le Bel en janvier 1325. Arch. nat. JJ 62, n° 208.</small>

821
31 juillet 1324 (en français).

Le prévôt de Vassy déclare qu'Anseau, s. de J. et de Reynel, sén. de Ch., reconnaît avoir reçu du comte et de la comtesse de Vaudémont 6,000 livres de petits tournois pour acheter, sous trois ans, six cents livrées de terres à tenir du duc de Lorraine, terres qui constitueront la part d'héritage de sa femme Marguerite.

<small>Arch. de Meurthe-et-Moselle, layette *Dompaire et Valfroicourt*, n° 7. — Éd. Sim., p. 257.</small>

822
13 août 1324 (en français).

Anseau, s. de J. et de Reynel, sén. de Ch., et Marguerite de Vaudémont, sa femme, vendent à S. Urbain, moyennant 450 livres, tout ce qu'ils avaient à Poissons et s'engagent à prendre à leur compte les frais d'amortissement par le roi.

<small>Arch. de la Haute-Marne, *S. Urbain*, 10° liasse, 9° partie. — Vidimé par Philippe VI en septembre 1333. Arch. nat. JJ 66, n° 1273. — Copie. Bibl. nat. Coll. Moreau, vol. 227, p. 171. — Éd. Sim., p. 275.</small>

823
Joinville, août 1324 (en français).

Anseau, s. de J. et de Reynel, sén. de Ch., donne au prieuré du Val d'Osne une rente de 60 sous pour le repos de l'âme de Laure de Sarrebrück, sa première femme.

<small>Arch. nat. L 1045. — Mention. V, f° 94 v°.</small>

824
Septembre 1324.

Anseau, s. de J., établit des droits de jurée sur les habitants de Mathons, avec l'autorisation du roi Charles le Bel.

<small>Mention. Collin, *Tablettes historiques de Joinville*, p. 33. — Sim., p. 242 et 336.</small>

825

Septembre 1324 (en français).

Anseau, s. de J. et de Reynel, et Marguerite de Vaudémont, sa femme, du consentement de Jeanne, fille d'Anseau, vendent aux religieux de S. Jean de Laon, pour le prieuré de Richecourt, tout ce qu'ils tenaient du comte de Bar, à Mandres.

<small>V*idimé* par Édouard, comte de Bar, le 4 novembre 1324, puis par Charles le Bel en décembre 1324. Arch. de la Meuse, prieuré de *Richecourt*. – Arch. nat. JJ 62, n° 249. — M*ention*. Champollion-Figeac, p. 622. – Sim., p. 336.</small>

826

Joinville, 1ᵉʳ novembre 1324 (en français).

Anseau, s. de J. et de Reynel, sén. de Ch., fait savoir que, comme il a vendu aux moines de S. Jean de Laon soixante-trois livrées de terre qu'il tenait du comte de Bar, à Mandres, il est tenu de reprendre dudit comte une valeur égale de terres de son alleu.

<small>V*idimé* le 15 octobre 1393 par le doyen et le prévôt de Bar. Arch. de Meurthe-et-Moselle, layette *Bar fiefs*, n° 18. — É*d*. Sim., p. 262.</small>

827

Vincennes, décembre 1324.

Charles le Bel autorise Anseau, s. de J. et de Reynel, sén. de Ch., à changer la jurée proportionnelle que lui devaient les bourgeois de J. sur leurs biens meubles et immeubles, en une contribution foncière fixe.

<small>Arch. nat. JJ 62, n° 250. – Bibl. nat., fr. 11570, f° 8 r°.</small>

828

15 avril 1325 (en français).

Anseau, s. de J. et de Reynel, sén. de Ch., et Marguerite de Vaudémont, sa femme, ayant reçu du comte et de la comtesse de Vaudémont deux cents livrées de terre à Mirecourt, leur donnent quittance des 2,000 livres que Ferry, duc de Lorraine, avait données auxdits s. et dame de J. à l'occasion de leur mariage, et qui avaient été versées entre les mains du comte et de la comtesse.

Bibl. nat. Coll. de Lorraine, vol. 258. — COPIE. Arch. de Meurthe-et-Moselle, cart. *Vaudémont fiefs*, f° 11 v°. — MENTION. *Mém. de la Soc. d'archéol. lorraine*, XXXIV, 249.

829

Avril 1325 (en français).

Anseau, s. de J. et de Reynel, sén. de Ch., confirme la charte de franchises de Joinville donnée par son père en 1258. (Cf. n° 382.)

Bibl. nat., fr. 11570, f° 7 r°.

830

6 juin 1325 (en français).

Anseau, s. de J. et de Reynel, sén. de Ch., avec l'assentiment de sa femme, Marguerite de Vaudémont, remplace la jurée que lui devaient les bourgeois de Joinville par une contribution annuelle fixe de 200 livres.

Bibl. nat., fr. 11570, f° 7 r°. — MENTION. Collin, *Tablettes historiques de Joinville*, p. 169. – Sim., p. 242 et 336.

831

6 juin 1325 (en français).

Anseau, s. de J. et de Reynel, sén. de Ch., éclaircit certains points douteux des chartes de franchises de Joinville.

Bibl. nat., fr. 11570, f° 12 r°.

832

Août 1325 (en français).

Anseau, s. de J. et de Reynel, sén. de Ch., règle les droits d'usage des habitants de J. dans la forêt de Mathons.

Bibl. nat., fr. 11570, f° 24 r°. – MENTION. K$_2$, f° 59.

833

Août 1325 (en français).

Anseau, s. de J. et de Reynel, sén. de Ch., confirme la charte donnée par Jean de J. en 1261 aux habitants de J. relativement à leurs droits d'usage. (Cf. n° 397.)

Bibl. nat., fr. 11570, f° 18 r°.

834
Août 1325 (en français).

Anseau, s. de J. et de Reynel, sén. de Ch., confirme la charte par laquelle son père déclarait ne pouvoir «gagier» à Joinville. (Cf. n° 504.)

Bibl. nat., fr. 11570, f° 22 r°.

835
Novembre 1325 (en français).

Anseau, s. de J. et de Reynel, vend à Charles le Bel 400 livres de rente viagère que Louis Hutin lui avait données sur Bourbonne et Chantemerle.

Arch. nat. J 194, n° 17. — MENTION. Du Cange, p. 28. - Sim., p. 243, note 1.

836
1325.

Anseau de J. est un des pleiges de la rançon due au dauphin de Viennois par Robert, comte de Tonnerre.

MENTION. Guichenon, *Hist. de Savoie*, I, 378. - Du Cange, p. 23. - Sim., p. 337.

837
18 janvier 1326.

' Arrêt du Parlement déboutant André de J. qui appelait d'une sentence interlocutoire de commissaires nommés par la Cour, dans un procès entre ledit André et le s. de J., son frère, au sujet d'infractions attribuées audit seigneur, contre un accord conclu entre les deux frères. Les commissaires avaient condamné André à répondre au fait proposé par le s. de J., touchant les terres d'Osne et de Ferrières.

Arch. nat. X 1ª, n° 5, f° 437 r°. — MENTION. Boutaric, *Actes du Parlement*, n° 7769.

838
26 janvier 1326.

Le Parlement de Paris renvoie aux Grands Jours de Troyes le procès mû ou à mouvoir entre le procureur du roi et Anseau, s. de J. et de Reynel, sén. de Ch., au sujet d'un fief tenu par André de J., frère dudit Anseau.

> Arch. nat. X$_1^A$ 8844, f° 271 v°. — MENTION. Boutaric, *Actes du Parlement*, n° 7769.

839
3 mars 1326 (en français).

Anseau, s. de J. et de Reynel, sén. de Ch., reconnaît avoir reçu du comte et de la comtesse de Vaudémont, à cause de son mariage avec leur fille, 2,100 livres tournois qu'il promet de placer en terres avant le 1ᵉʳ octobre prochain sur la tête de sa femme. Il donne pour pleiges Henri, s. de Bayon, Jean de J., s. de Vaucouleurs, Geoffroy d'Écot, chevalier, et Érard de Vaucouleurs, s. de Doulevant, écuyer.

> Bibl. nat. Coll. de Lorraine, vol. 258. — Arch. de Meurthe-et-Moselle, cart. *Vaudémont fiefs*, p. 12. — MENTION. *Mém. de la Soc. d'archéol. lorraine*, XXXIV, 250.

840
8 juin 1326 (en français).

Anseau, s. de J. et de Reynel, et le bailli de Bassigny, au nom du comte de Bar, Thomas de Savoie et l'abbé de Charlieu, au nom de Jeanne, reine de France, concluent un traité au sujet des démêlés de leurs mandants dans le comté de Bourgogne.

> Arch. de Meurthe-et-Moselle, layette *Bar ville et bailliage I*, n° 17. — ÉD. SIM., p. 255. — MENTION. *Mém. de la Soc. d'archéol. lorraine*, XXXIV, 250, avec la date du 17 juin.

841
26 août 1326.

Héluis, femme de Gérard de Prégny, se reconnaît femme de corps d'Isabeau de Girey, dame de Vaucouleurs et d'Aulnay-le-Châtel.

> Arch. des Affaires étrangères, correspondance de Lorraine, vol. 2, pièce 186.

842
Septembre 1326.

Jean, comte de Sarrebrück, s. de Commercy, et Mahaut d'Apremont, sa femme, font entre leurs héritiers un partage de leurs biens en vertu duquel leur fils Jean de Sarrebrück, chevalier, marié à Alix de Joinville, dame de Venizy, aura Commercy, S. Jean et Sommetourbe.

Arch. des Affaires étrangères, correspondance de Lorraine, vol. 2, pièce 187.

843
16 avril 1327.

Isabelle, fille de feu Wiard de Vaucouleurs, fait hommage à Jean de J., s. de Vaucouleurs, de diverses terres et vignes.

Mention. V, f° 133 r°.

844
30 avril 1327.

Anseau de J. prête, devant le Parlement de Paris, assurement à Perrinet de Bonney et à Anseau de Riencourt.

Arch. nat. X1ᴬ 8844, f° 309 r°. — Mention. Boutaric, *Actes du Parlement*, n° 7973.

845
7 mai 1327.

Après une enquête faite par les comtes de Boulogne, de Comminges et Anseau de J., enquêteurs généraux députés par le roi pour punir les méfaits des officiers royaux, le Parlement de Paris prononce la destitution de Jean d'Oisy, bailli de Sens, coupable de toutes sortes d'excès.

Arch. nat. X1ᴬ, n° 5, f° 508 r°. — Mention. Boutaric, *Actes du Parlement*, n° 7980.

846
26 avril 1328.

Édouard, comte de Bar, déclare que, sur la prière que lui en a faite le roi de France par l'entremise d'Anseau de J., il a conclu une trêve avec le duc de Lorraine, l'évêque de Toul, le seigneur de Blamont et leurs confédérés jusqu'à la quinzaine de la S. Jean.

Mention. Recueil de Du Fourny, layette *Traités I*, n° 8.

847
Août 1328 (en français).

Anseau, s. de J. et de Reynel, et sa femme, Marguerite de Vaudémont, règlent définitivement certains points douteux concernant les amendes à Joinville.

Bibl. nat., fr. 11570, f° 18 v°.

848
1ᵉʳ avril 1329.

Nicolas le Téleron et Agnès, sa femme, habitants de Châlons, vendent à Nicolas de J., s. d'Aulnay-le-Châtel, chevalier, divers biens sis entre S. Amant et Aulnay-le-Châtel.

Arch. des Affaires étrangères, correspondance de Lorraine, vol. 2, pièce 192.

849
11 septembre 1329.

Hébert, seigneur en partie de Coulmiers, et Jeanne, sa femme, reconnaissent avoir reçu d'Érard de J., écuyer, s. de Doulevant, procureur de Nicolas de J., chevalier, s. d'Aulnay-le-Châtel, un prêt de 600 livres tournois.

Arch. des Affaires étrangères, correspondance de Lorraine, vol. 2, pièce 192.

850
14 mars 1330 (en français).

Édouard, comte de Bar, donne à Anseau de J. tout ce qu'il pouvait avoir en fief à la Ferté-sur-Amance, sous la seule condition de le recevoir au château si besoin en était.

VIDIMÉ le 27 avril 1331 par le prévôt d'Andelot. Arch. de Meurthe-et-Moselle, layette *Amance*, n° 6. — ÉD. Sim., p. 264. — MENTION. V, f° 94 v°. – Sim., p. 337.

851
Crèvecœur-en-Brie, 10 mai 1330 (en français).

Philippe VI rattache à tout jamais au comté de Champagne tout ce que tient de lui Anseau, s. de J., sén. de Ch., c'est-à-dire les châteaux de J., de Reynel, de Rimaucourt, de Colombey-les-Deux-Églises, et les maisons de Gillancourt, de Dommartin-le-Franc, de Bailly et de la Neuville-à-Bayard.

Arch. nat. JJ 66, n° 578, f° 247 r°.

852

17 mai 1330 (en français).

Anseau, s. de J. et de Reynel, sén. de Ch., déclare que le douaire réclamé par Marie, sa femme de corps, sur l'héritage de feu son mari Wiart de Germay, et refusé par l'abbé de S. Urbain, suzerain dudit Wiart, sous prétexte que celui-ci s'était formarié, lui sera assigné sa vie durant, mais qu'après son décès il appartiendra à l'abbaye de S. Urbain.

Arch. de la Haute-Marne, S. *Urbain*, 23° liasse, 3° partie. — *Éd.* Sim., p. 278.

853

Février 1331.

Érard de Vaucouleurs, écuyer, s. de Doulevant, vend à Édouard, comte de Bar, ce que ses enfants, Jean et Isabeau, avaient à Lisle et à Bazeilles du chef de leur mère Alix, et donne pour garants le s. de J., sén. de Ch., et le s. de Vaucouleurs.

Arch. des Affaires étrangères, correspondance de Lorraine, vol. 2, pièce 199.

854

27 avril 1331 (en français).

Anseau, s. de J. et de Reynel, sén. de Ch., s'engage à tenir les engagements stipulés envers le comte de Bar dans l'acte n° 850.

Arch. de Meurthe-et-Moselle, layette *Amance*, n° 6. — *Éd.* Sim., p. 263.

855

16 mai 1331.

La Chambre des comptes adresse au roi une enquête relative aux droits afférents aux seigneurs de J. comme sénéchaux de Champagne.

Éd. Didot, p. 201. — *Mention.* K$_2$, f° 59 v°, n° 10.

856
16 mai 1331.

Philippe VI fixe définitivement les droits du s. de J. comme sénéchal de Champagne.

Mention. K$_2$, f° 59 v°, n° 10.

857
2 septembre 1331 (en français).

Anseau, s. de J., en qualité de suzerain, approuve un amendement des franchises de Vaucouleurs fait par Jean de J., chevalier, s. de Vaucouleurs, et Marguerite de Plancy, sa femme.

Vidimé en octobre 1331 par Philippe VI. Arch. nat. JJ 66, n° 501, f° 202 v°. — Arch. des Affaires étrangères, correspondance de Lorraine, vol. 5, pièce 279.

858
1331.

Anseau, s. de J., cousin du fiancé, et le seigneur de Larrey assistent au contrat de mariage conclu devant Philippe VI et le chancelier de France, entre Mahaut, fille de Miles X de Noyers, et Eudes de Grancey.

Arch. de la Côte-d'Or, Chambre des comptes de Dijon. — *Mention.* E. Petit, *Les sires de Noyers*, p. 136.

859
7 octobre 1331 (en français).

Jean de Milon, garde de la prévôté de Paris, déclare que, par devant deux notaires au Châtelet, Anseau, s. de J. et de Reynel, sén. de Ch., et Marguerite de Vaudémont, sa femme, ont vendu à Philippe VI, moyennant 2,240 livres, une rente de 164 livres appartenant à la sénéchaussée de Champagne, et une autre rente de 60 livres à percevoir à cause d'un fief, dit *le fief de Vaudémont*, qui appartenait à Marguerite.

Arch. nat. J 149^a, n° 59.

860

Paris, 1ᵉʳ janvier 1332 (en français).

Jean de Milon, garde de la prévôté de Paris, déclare que, par devant deux notaires au Châtelet, Anseau, s. de J., sén. de Ch., a reconnu avoir, moyennant 1,000 livres de petits tournois, repris du duc Eudes de Bourgogne le château de la Ferté-sur-Amance, qu'il tenait jusqu'alors en franc alleu, et s'être engagé à le défendre contre Jean, comte de Chalon, jadis seigneur de la Ferté.

<small>Arch. de la Côte-d'Or. — *Éd.* Sim., p. 266.</small>

861

7 février 1332 (en français).

Anseau, s. de J., sén. de Ch., vend aux Hospitaliers de la commanderie de Ruetz, moyennant une somme de 17 l. 10 s., la confiscation de Wiard de Juvigny, condamné à la peine du bannissement pour falsification de lettres du roi.

<small>Arch. de la Haute-Marne, chapitre *Joinville, commanderie de Ruetz.*</small>

862

Bar-sur-Aube, 9 juin 1332.

Anseau, s. de J. et de Reynel, sén. de Ch., donne au duc de Bourgogne quittance de 1,440 livres de petits tournois reçues en acompte sur la somme à lui due pour la reprise du château de la Ferté-sur-Amance.

<small>Arch. de la Côte-d'Or, B 10503. — *Éd.* Sim., p. 268.</small>

863

21 novembre 1332.

Anseau, s. de J. et de Reynel, sén. de Ch., déclare que Jean, s. d'Arentières, ayant acheté deux bois à Adam de Montreuil, les a rétrocédés au plus proche héritier dudit Adam, Gaucher de Vignes, qui lui en a restitué la valeur.

<small>Arch. nat. Rᵃ 520, n° 32.</small>

864

6 mai 1333.

Jean Petitfils de Mutigny et Pâque, sa femme, vendent à Nicolas de J., s. d'Aulnay-le-Châtel, divers terrages dépendant dudit seigneur.

<small>Arch. des Affaires étrangères, correspondance de Lorraine, vol. 2, pièce 202.</small>

865

Paris, 17 septembre 1333.

Le trésorier royal donne à S. Urbain quittance des sommes payées pour l'amortissement de tout ce que le s. de J. et sa femme Marguerite possédaient à Poissons.

<small>Arch. de la Haute-Marne, *S. Urbain,* 10° liasse, 9° partie. — MENTION. Sim., p. 337.</small>

866

15 avril 1334.

Anseau, s. de J. et de Reynel, sén. de Ch., déclare que, comme feu son père a donné en fief cent soudées de terres sur les rentes de J. à Miles de S. Amant, chevalier, il confirme cette donation à Poince de S. Amant, héritier de Miles, et l'augmente de cent soudées en récompense de ses services.

<small>Arch. de Meurthe-et-Moselle, layette *la Chaussée,* n°,50. — MENTION. Sim., p. 337, sous la date du 14 avril. – *Mém. de la Soc. d'archéol. lorraine,* XXXIV, 252.</small>

867

Juin 1334 (en français).

André de J., chevalier, s. de Bonney et de Beaupré, constate que, par devant lui, l'abbé de S. Urbain et le s. de Choiseul ont résolu de remettre à des arbitres la solution de leur différend, au sujet de la justice de *Hinville.*

<small>Arch. de la Haute-Marne, *S. Urbain,* 23° liasse, 1re partie. — MENTION. V, f° 95 r°.</small>

868

2 août 1334.

Anseau, s. de J., est au nombre des commissaires royaux qui mettent fin aux contestations pendantes entre Louis, comte de Flandre, et Jean III, duc de Brabant, au sujet de Malines.

MENTION. Du Chesne, *Histoire de la maison de Chastillon*, p. 153.

869

16 décembre 1334 (en français).

Anseau, s. de J. et de Reynel, échange avec Philippe VI la mouvance de Vaucouleurs contre celle de Possesse et de Charmont.

Arch. nat. JJ 66, n° 1490. — COPIE collationnée de 1564, K 1155, n° 17. — ÉD. Brussel, I, 6. — MENTION. JJ 1¹⁶, f° 1, col. 1. - Sim., p. 337.

870

Joinville, 26 décembre 1334 (en français).

Anseau, s. de J. et de Reynel, sén. de Ch., donne à S. Laurent quinze livrées de terre que lui et sa défunte femme, Marguerite de Vaudémont, avaient jadis achetées à Joinville. Il fonde son anniversaire et celui de sa femme dans la nouvelle chapelle qu'ils ont fondée à S. Laurent.

Cart. de S. Laurent, f° 21 v°. — ÉD. Sim., p. 280.

871

31 décembre 1334.

André de J., s. de Beaupré, ayant fait arrêter un sergent de la dame de la Fauche, celle-ci obtient une commission du bailli de J. pour se le faire restituer.

MENTION. V, f° 95 r°, d'après un «inventaire des arch. du château de Joinville, II, 95».

872

Sainte-Colombe, 6 mai 1335 (en français).

Miles, s. de Noyers, Anseau, s. de J., et Robert Bertran, s. de Briquebec, donnent un mandat de 20 livres sur Nicole Béhuchet, trésorier du roi, payable à Pierre de Longecombe, maître des engins.

Bibl. nat. Clairambault, vol. 61, p. 4715, pièce 4078.

873
Sainte-Colombe, 16 mai 1335 (en français).

Miles, s. de Noyers, Anseau, s. de J., sén. de Ch., Robert Bertran, s. de Briquebec, maréchal de France, et Gui Chevrier, chevalier, commissaires du roi «sur le fait de Sainte-Colombe», donnent un mandat de 34 livres sur Nicole Béhuchet, trésorier du roi, payable à Galois de la Baume, chevalier, pour ses gages, ceux d'un chevalier et de onze écuyers pendant sept jours.

Bibl. nat. Clairambault, vol. 61, p. 4713, pièce 4077.

874
28 juillet 1335.

André de J. notifie la vente faite par Guyot de Paroy, écuyer, et Jacquette de Jaulon, sa femme, d'un fief mouvant dudit André, à Liffol-le-Petit.

Mention. V, f° 95 r°, d'après un «inventaire des arch. du château de Joinville, II, 95».

875
15 août 1335.

Philippe VI cède à Jean de J., s. de Vaucouleurs, la ville de Méry-sur-Seine, divers droits sur la prévôté de Vertus, la seigneurie de Lachy et quatre vignobles sis à Bar-sur-Seine, en échange des château, châtellenie et terres de Vaucouleurs.

Éd. S. Luce, *Jeanne d'Arc à Domremy*, pr., p. 7.

876
Chartres, 5 octobre 1335 (en français).

Philippe VI, à la requête d'Anseau, s. de J., sén. de Ch., son conseiller, accorde à Laurent Bouquantin de Martigny, veneur dudit Anseau, la garde à cheval de la garenne à lièvres de Troyes.

Bibl. nat. *Chartes royales, Philippe VI*, n° 55.

877

30 décembre 1335.

Henri, fils d'Alix de Broussey, fait hommage à Jean de J., s. de Vaucouleurs, de ce qu'il tient à Broussey.

Recueil de Du Fourny, layette *Choiseul*, n° 6.

878

31 mars 1336.

Jean de J., s. de Vaucouleurs, conclut un accord entre Jeanne de Lautrec, sa tante, veuve de Nicolas, s. de Miglionico et de Morancourt, d'une part, et Nicolas de Salm, son cousin, d'autre part, au sujet des réclamations élevées par Jeanne sur la succession de son mari.

MENTION. K$_2$, f° 92 r°, n° 37. – V, f° 95 r°.

879

19 avril 1336.

Alix de J., dame de Beaufort et d'Arcis, fait un accord avec la Chapelle-aux-Planches.

Lalore, *Cartulaires de Champagne*, IV, 81, n° 82.

880

28 août 1336 (en français).

Eudes IV, duc de Bourgogne, et Jeanne, sa femme, qui devaient à Anseau, s. de J., sén. de Ch., 238 l. 15 d. tournois, lui donnent en payement, et en récompense de ses services, Port-sur-Saône.

Arch. de la Côte-d'Or, B 1172, f° 12. — *Éd.* Sim., p. 265.

881

27 novembre 1336.

Anseau, s. de J., sén. de Ch., cède à Montiérender le moulin de Tampillon moyennant 400 livres, et s'engage à n'en pas construire d'autre.

MENTION. V, f° 95 r°, d'après les «arch. de Montier-en-Der».

882

27 décembre 1336 (en français).

Anseau, s. de J., souscrit le traité conclu le 27 décembre 1336 entre Philippe VI et le roi de Castille et de Léon.

Arch. nat. J 601, n° 34. — MENTION. Du Cange, p. 24. – V, f° 95 r°, d'après les «arch. de l'hôtel de ville d'Amiens, cartulaire D, ch. 62». – Sim., p. 245, avec la date de 1335. – *Mém. de la Soc. d'archéol. lorraine*, XXXIV, 254, avec la même date.

883

1336.

Anseau de J. est désigné par Philippe VI pour servir d'arbitre dans la querelle du comte de Flandres et du duc de Brabant.

MENTION. Le Glay, II, 399. – Sim., p. 243.

884

16 avril 1337.

Isabelle, fille de feu Wiard de Vaucouleurs, chevalier, avoue tenir en fief de Jean de J., s. de Vaucouleurs, tout ce qu'elle possède à Vaucouleurs, *Husy*, Montigny, la Neuville et Broussey.

MENTION. V, f° 95 r°.

885

Paris, 16 mai 1337 (en français).

Anseau, s. de J. et de Reynel, sén. de Ch., donne à Guillaume le Picart, maître des garnisons du roi, reçu d'une cuvée de vin donnée par le roi

Bibl. nat. Clairambault, vol. 61, p. 4715, pièce 4079[A].

886

4 octobre 1337.

Philippe VI donne à Jean de J., s. de Vaucouleurs, Méry, Lachy et le Parc du Bois en échange de Vaucouleurs.

<small>Bibl. nat. Duchesne, vol. 20, p. 341. — Mention. Du Cange, p. 15. – Sim., p. 340, d'après les arch. de la Côte-d'Or.</small>

887

15 novembre 1337.

Jeanne de Grancey, dame de Boulancourt, déclare tenir Broussey de Jean de J., s. de Vaucouleurs, au même titre que son défunt mari, le s. de Boulancourt.

<small>Mention. Recueil de Du Fourny, layette *Choiseul*, n° 6.</small>

888

Essey-sur-Woivre, 12 décembre 1337.

Anseau, s. de J., est l'un des témoins de l'accord relatif à la garde de Verdun conclu entre Henri, comte de Bar, et le roi de Bohême, comte de Luxembourg.

<small>D. Calmet, *Hist. de Lorraine*, 1re éd., pr., II, col. dxciii. – Bertholet, *Hist. de Luxembourg*, VI, 111-113, et pr., xxxiv-xxxv. – Publications de la Soc. hist. de Luxembourg, XX, 51. — Clouet, *Hist. de Verdun*, III, 184.</small>

889

15 juin 1338.

Philippe VI, roi de France, déclare que le duc de Lorraine, représenté par le roi Jean de Bohême, et le comte de Bar, représenté par le s. de J., conseiller du roi, s'en rapportent à lui pour rétablir la paix entre eux par un arbitrage.

<small>Vidimé dans le traité de paix conclu le 20 juillet suivant entre le comte de Bar et le duc de Lorraine, éd. Hiér. Vignier. *Généalogie de la maison d'Alsace*, p. 163. — Mention. Sim., p. 247, n° 1.</small>

890

19 juin 1338.

Partage entre Jeanne de Lautrec, vicomtesse de Paulin, veuve de Nicolas de J., s. de Miglionico, d'une part, et Nicolas de Salm, s. de Puttelange, d'autre part, des terres provenant de la succession de Nicolas de J.

<small>MENTION. K₂, f° 97 r°, n° 31. — V, f° 95 v°, d'après un «inventaire des arch. du château de Joinville, I, 440».</small>

891

20 juillet 1338.

Anseau de J. apparaît comme représentant du comte de Bar dans le traité de paix conclu entre ce seigneur et le duc de Lorraine représenté par le roi de Bohême, Jean de Luxembourg, au sujet de la garde de Verdun.

<small>ÉD. Hiér. Vignier, *Généalogie de la maison d'Alsace*, p. 163.</small>

892

Amiens, 16 septembre 1338 (en français).

Anseau, s. de J. et de Reynel, sén. de Ch., donne à Barthélemy [du Drach], maître des garnisons du roi, quittance des vins destinés aux garnisons d'Amiens et du Crotoy.

<small>Bibl. nat. Clairambault, vol. 61, p. 4715, pièce 4079ᴮ.</small>

893

20 novembre 1338.

L'abbé de S. Urbain reconnaît qu'Anseau, s. de J., a fait un accord entre lui et Isabelle, dame de Donjeux, au sujet de la justice de Donjeux et de l'usage des bois de Boucheraumont.

<small>K₂, f° 340 r°, n° 4. — K₃, f° 293 r°, n° 5.</small>

894

Paris, novembre 1338.

Jean de Hangest, chevalier, frère et héritier d'Aubert de Hangest, vend au roi Philippe VI une rente de 200 livres, moyennant 900 livres et l'assignation d'une rente de 50 livres à Jeanne de J., veuve d'Aubert.

Arch. nat. J 149, n° 68. — MENTION. Du Cange, p. 24.

895

1338.

Le duc de Normandie, fils du roi de France, accorde à Anseau de J. tous les fruits et émoluments qui lui pouvaient appartenir à cause de la garde du fils de feu Aubert de Hangest, s. de Genlis, son gendre.

Arch. nat. J 396, n° 20. — MENTION. Du Cange, p. 24. - Sim., p. 337.

896

Janvier 1339.

Philippe VI confirme la concession des coutumes de Lorris faite aux habitants de Chaumont-en-Bassigny par Thibaut, comte de Champagne, en 1190, et déjà confirmée en 1292 par Blanche, comtesse de Champagne, reine de France, et déclare qu'Anseau, s. de J., sén. de Ch., son conseiller, s'est accordé, au nom du roi, avec les habitants de Chaumont pour la réformation de certains abus.

ÉD. Ordonnances des rois de France, XII, 48.

897

18 février 1339.

Jean de J., chevalier, s. de Méry et de Lachy, et Marguerite, sa femme, achètent un étal de boucher en la boucherie de Méry.

Arch. des Affaires étrangères, correspondance de Lorraine, vol. 2, pièce 261.

898

Paris, 8 juin 1339.

Anseau, s. de J. et de Reynel, sén. de Ch., donne à S. Urbain une rente de dix livrées de terre pour la fondation de trois messes par semaine.

Arch. de la Haute-Marne, S. Urbain, 2° liasse. — ÉD. Sim., p. 279.

899

12 août 1339.

Anseau de J. confirme le partage des terres de Mussey, Mathons, Morancourt et autres, fait entre la veuve de Nicolas de J., s. de Miglionico et de Morancourt, d'une part, et Jean de Salm, d'autre part.

MENTION. K_1, f° 100 r°, n° 423. — K_2, f° 9 r°, n° 31 (lié au n° 878 du présent catalogue). Cf. aussi n° 890.

900

Troyes, 26 octobre 1339.

Le gouverneur des bailliages de Troyes et de Meaux ordonne de mettre à néant la procédure d'un sergent de S. Florentin qui a instrumenté sur les terres d'Alix de J., dame de Venizy, dont le château de Venizy avec tous ses fiefs et arrière-fiefs relève du bailliage de Sens.

VIDIMÉ le 9 novembre 1339. Arch. des Affaires étrangères, correspondance de Lorraine, vol. 2, pièce 264.

901

1339.

Anseau de J. renonce, moyennant 400 livres tournois, à ses réclamations envers l'abbaye de Montiérender.

MENTION. Sim., p. 273, note.

902

Paris, 7 janvier 1340 (en français).

Hugues de J., s. de Gex, chevalier, fait hommage à Philippe VI, roi de France, d'une rente viagère de 300 livres tournois qu'il a reçue de lui et s'engage à le servir en toutes ses guerres aussi bien contre le roi d'Angleterre que contre tous autres, sauf le dauphin de Viennois, le comte de Savoie, Jean de Chalon, s. d'Arlay, l'évêque de Genève et l'abbé de S. Oyen de Joux.

Arch. nat. J 624, n° 27.

903

19 mai 1340 (en français).

Hugues de J., s. de Gex, donne quittance à Barthélemy du Drach de 300 livres qui lui étaient dues pour les gages de trois chevaliers et de soixante-seize écuyers.

Bibl. nat. Clairambault, vol. 61, p. 4715, pièce 4079°.

904

7 janvier 1341.

Nicolas de J., chevalier, s. d'Aulnay-le-Châtel, vend à Jean du Plessis, écuyer, s. de Dercourt en partie, le fief qu'il avait à Soulanges.

Arch. des Affaires étrangères, correspondance de Lorraine, vol. 2, pièce 266.

905

5 mai 1343 (en français).

Henri, s. de J. et de Reynel, sén. de Ch., donne à son cousin, frère Robert de S. Dizier, commandeur de Ruetz, un pré pour élargir le cours de la Marne, en échange d'une pièce de terre sise au même lieu. Henri, n'ayant point de sceau, prie son [grand]-père, le comte Henri de Vaudémont, de sceller le présent acte.

Arch. de la Haute-Marne, *Ruetz.* — *Éd.* Sim., p. 296. — MENTION. K$_1$, f° 30 r°, n° 356. - K$_2$, f° 128 r°, n° 17. - V, f° 95 v°.

906

20 décembre 1343.

Henri, s. de J. et de Reynel, sén. de Ch., déclare avoir par devers lui les lettres de Thibaut, comte de Bar, reconnaissant avoir reçu de Jean, s. de J., l'aveu du 10 août 1263 (n° 415). Il renouvelle cet hommage et, comme il n'a point de sceau, il prie son cher et amé parrain, Pierre de Renel, abbé de Montiéramey, de sceller le présent acte.

MENTION. Recueil de Du Fourny, layette *Ancerville*, n° 10. - V, f° 95 v°.

907
1343.

Henri, s. de J., déclare posséder l'acte n° 415 et faire hommage au comte de Bar des seigneuries qui y sont désignées : Bure, Biencourt, Ribeaucourt, Juvigny et la garde de l'abbaye d'Écurey.

MENTION. Bibl. nat., fr. 4880, p. 322. – V, f° 95 r°.

908
Méry-sur-Seine, 1343.

Philippe VI autorise Érard de J. à terminer le château qu'il a commencé à construire dans sa terre de Doulevant.

Arch. nat. JJ 75, n° 88, f° 47 v°.

909
10 janvier 1344.

Le Parlement de Paris décide qu'Henri de J. devra payer à sa sœur Jeanne, comtesse de Joigny, veuve d'Aubert de Hangest, en espèces courantes au jour de la rédaction du contrat de mariage de Jeanne avec Aubert de Hangest, s. de Genlis, les 5,000 livres provenant de la succession d'Anseau de J. en vertu de ce contrat daté du 29 novembre 1335, et assises par Anseau de J. sur le château de Reynel.

Arch. nat. X1^A 10, f° 66 r°. — Bibl. nat. Coll. Duchesne, vol. 20, f° 354 r°.

910
4 mai 1344.

Nicolas de Marne, écuyer, et Nicolas de J., chevalier, s. d'Aulnay-le-Châtel, échangent le sixième de la rivière d'Amblaincourt contre deux fauchées de pré au finage dudit lieu.

Arch. des Affaires étrangères, correspondance de Lorraine, vol. 2, pièce 274.

911
Août 1344.

Traité de mariage entre Henri, s. de J., et Marie de Luxembourg, fille de Jean de Luxembourg, s. de Ligny.

Mentionné dans le n° 939.

912
30 décembre 1344.

Érard de J., s. de Doulevant, bailli de Vitry, scelle un traité conclu entre l'abbaye de Boulancourt et la veuve de Nicolas de Salm au sujet de la Neuve-Grange, qui est déclarée appartenir à l'abbaye.

MENTION. V, f° 95 v°, d'après un «inventaire des arch. du château de Joinville, I, 443».

913
31 juillet 1346 (en français).

Henri, s. de J. et de Reynel, sén. de Ch., échange une serve avec frère Pierret, commandeur de Ruetz.

Arch. de la Haute-Marne, *Chapitre de Joinville*, commanderie de Ruetz.

914
6 août 1346 (en français).

Érard de J., chevalier, bailli de Vitry, fait une montre de gens d'armes, dans laquelle apparaissent Anseau de J., son neveu, et Jean de J., fils de ce dernier.

Bibl. nat. Clairambault, vol. 61, p. 4714, n° 1.

915
Août 1346 (en français).

Le prévôt de Vassy déclare que Henri, s. de J. et de Reynel, sén. de Ch., damoiseau, approuve pleinement un acte [perdu] auquel le présent était joint.

Arch. de la Haute-Marne, *Ruetz*, A.

916
Paris, 8 mars 1347.

Philippe VI mande à Érard de J., chevalier, bailli de Vitry, et à Raoul Martin, bailli de Châlons, qu'il renvoie aux prochains Jours de Champagne l'affaire pendante entre l'évêque de Châlons et Thibaut Maubert, de Joinville, si les parties ne viennent pas à s'accorder.

<small>Arch. nat. X1^c 3, n° 270.</small>

917
30 mai 1347.

« Lettre de Mons. Henry de Joinville, seigneur de Resnel, sénéchal de Champagne, au profit de Robert Trueve, bourgeois de Neufchastel, de 36 escus d'or pour un harnois d'armes qu'il lui a fait venir de Lombardie. »

<small>Recueil de Du Fourny, layette *Vaudémont domaine*, n° 167⁴.</small>

918
Mai 1347 (en français).

Hugues de J., s. de Gex, donne à Pierre de Berne quittance de 1,462 l. 8 sous 3 mailles, montant des gages de sa compagnie.

<small>Bibl. nat. Clairambault, vol. 61, p. 4715, pièce 4080.</small>

919
29 août 1347.

Henri, s. de J. et de Reynel, sén. de Ch., fait un échange de serfs avec le prieur de Chambroncourt.

<small>Arch. de la Côte-d'Or. — Éd. Sim., p. 297.</small>

920
30 août 1347.

Henri, comte de Vaudémont, et Henri, s. de J. et de Reynel, sén. de Ch., « son fils », concluent un accord déterminant les conditions de la cession du comté de Vaudémont au s. de J.

<small>Bibl. nat. Coll. de Lorraine, vol. 258, n° 6. — MENTION. Recueil de Du Fourny layette *Vaudémont tutelle*, n° 6.</small>

921
1er novembre 1347 (en français).

Érard de J., bailli de Vitry, déclare avoir perdu à Sainte-Menehould un cheval estimé 300 livres, en même temps que Pierre de Berry, écuyer, perdait le sien estimé 35 livres.

Bibl. nat. Clairambault, vol. 61, p. 4717, pièce 4081.

922
1ᵉʳ décembre 1347.

Érard de J., chevalier, bailli de Vitry, donne procuration pour terminer par un accord l'affaire pendante entre lui et Gui de Châtillon, notaire royal, d'une part, et Pierre le Borgne, sergent d'armes du roi, d'autre part.

Arch. nat. X1ᶜ 3, n° 316.

923
21 janvier 1348.

Henri de J., comte de Vaudémont, est un des pleiges de Marie de Blois, duchesse de Lorraine, dans l'acte par lequel elle s'engage à rendre sous trois ans, à l'évêque de Metz, la maison de Belrepaire.

Recueil de Du Fourny, layette *Château-Salins I*, n° 13. — V, f° 95 v°.

924
28 avril 1348.

Maintenue en état de la cause pendante au Parlement de Paris entre les Hospitaliers de Coulours et Alix de J., dame de Venizy et de Briquenay, à cause des moulins de Venizy et de l'usage des bois de *Bons*, près de Briquenay, jusqu'à la décision des arbitres nommés par les parties.

Arch. nat. X1ᶜ 4, n° 113.

925
5 juin 1348.

Arrêt du Parlement de Paris en faveur de Henri, s. de J., contre Jean de Vergy et Isabelle de J., sa femme, sœur dudit Henri, au sujet du partage de la succession de feu Anseau, s. de J., père de Henri et d'Isabelle.

Mention. Du Chesne, *Histoire de la maison de Vergy*, preuves, p. 380.

926

6 juin 1348.

Arrêt du Parlement de Paris, rendu après deux défauts successifs, et privant Henri, s. de J., et Marie, sa femme, fille et héritière d'Alix de Flandres, du droit de se porter partie contre Jean, vicomte de Melun, et Isabelle, sa femme.

<small>Arch. nat. X1ᴬ 12, f° 221 v°.</small>

927

14 août 1348.

Henri, s. de J., comte de Vaudémont, en retour de plusieurs grâces qu'il a reçues de Marie de Blois, duchesse et mainbourg de Lorraine, lui donne une quittance générale de tout ce qu'il avait à lui réclamer. Comme il n'a pas encore de grand sceau, il prie son cousin Érard de J., bailli de Vitry, d'apposer au présent acte son sceau à côté du sien.

<small>Bibl. nat. Coll. de Lorraine, vol. 258, n° 7. — MENTION. Recueil de Du Fourny, layette *Vaudémont tutelle*, n° 7.</small>

928

30 décembre 1348.

Alix de J., dame de Venizy et de Briquenay, donne procuration à son fils Simon de Sarrebrück, s. de Commercy, et à d'autres mandataires, pour s'accommoder en son nom avec les Hospitaliers de Coulours. (Cf. n° 924.)

<small>Arch. nat. X1ᶜ 4, n° 253.</small>

929

15 janvier 1349.

Accord entre les Hospitaliers de Coulours et Alix de J., dame de Venizy et de Briquenay. (Cf. n°ˢ 924 et 928.)

<small>Arch. des Affaires étrangères, correspondance de Lorraine, vol. 2, pièce 291. – Arch. nat. X1ᶜ 4, n° 254.</small>

930

16 décembre 1349 (en français).

Henri, s. de J., comte de Vaudémont, sén. de Ch., confirme, par serment prêté à N. D. de Joinville, en présence des bourgeois de la ville, un acte [perdu] auquel le présent était joint.

Bibl. nat. Nouv. acq. 2095, p. 20.

931

7 octobre 1350.

Henri, comte de Vaudémont, s. de J., reconnaît devoir à frère Poince, curé de Roche-sur-Rognon, 248 écus et demi du coin du roi et 50 florins d'or à la chaise.

Recueil de Du Fourny, layette *Vaudémont domaine*, n° 168[1].

932

21 janvier 1351.

Henri, comte de Vaudémont, s. de J., sén. de Ch., reconnaît devoir à frère Poince, curé de Roche-sur-Rognon, 130 écus d'or du coin du roi et cent bichets de froment blanc.

Recueil de Du Fourny, layette *Vaudémont domaine*, n° 168[2].

933

15 mai 1351.

Henri, comte de Vaudémont, s. de J., sén. de Ch., reconnaît devoir à frère Poince, curé de Roche-sur-Rognon, 90 florins écus de bon or.

Recueil de Du Fourny, layette *Vaudémont domaine*, n° 168[4].

934

12 décembre 1351.

Henri de J., comte de Vaudémont, envoie défier le sire de Fouvent, qui refusait de lui rendre la terre de Pierrecourt.

Copie. Bibl. nat. Coll. Duchesne, vol. 20. — Éd. Duchesne, *Histoire de la maison de Vergy*, p. 167. — Mention. Sim., p. 338, sous l'année 1349.

935
22 décembre 1351.

Henri de J., comte de Vaudémont, ayant reçu du sire de Fouvent l'acceptation de son défi, lui fait savoir qu'il choisit Montigny pour lieu du duel convenu entre eux.

Copie. Bibl. nat. Coll. Duchesne, vol. 20. — Éd. Duchesne, *Histoire de la maison de Vergy*, p. 169.

936
2 mars 1352.

Érard de J., chevalier, bailli de Chaumont, évoque à lui un procès mû entre Hugues et Aubertin de Chatonrupt.

Mention. V, f° 96 r°, d'après un «inventaire des arch. du château de Joinville, I, 307».

937
26 mars 1352.

Henri, comte de Vaudémont, sén. de Ch., reconnaît devoir à frère Poince, curé de Roche-sur-Rognon, 176 écus et 30 florins d'or à la chaise.

Recueil de Du Fourny, layette *Vaudémont domaine*, n° 168[3].

938
19 mai 1353.

Érard de J., bailli de Chaumont, atteste qu'en sa présence, Jean de Luxembourg, châtelain de Lille, et Henri, s. de J., comte de Vaudémont, ont déclaré que, par contrat de mariage conclu entre ledit comte, d'une part, et Marie de Luxembourg, fille dudit châtelain, d'autre part, il avait été promis en dot auxdits mariés 1,000 livres de terre et 17,000 livres en argent pour acheter des terres en augment de fief au profit de la future. Henri, ayant reçu ces 17,000 livres, a chargé ses terres de 1,700 livres de rente, ainsi réparties : 600 livres sur la terre de Chaumont, 300 sur celle de Reynel et 800 sur celle de Chaligny. Toutes ces rentes seront considérées comme faisant partie de l'héritage de Marie.

Mention. K₁, f° 2 v°, n° 15. — V, f° 96 r°, d'après les «arch. des princes de Condé».

939
25 mai 1353.

Accord entre Waleran de Luxembourg, s. de Ligny, et Jean de Luxembourg, son fils, d'une part, et Henri, s. de J., comte de Vaudémont, d'autre part, concernant le payement des arrérages de la dot de Marie de Luxembourg, dame de J., payement qui, conformément aux termes du traité de mariage conclu en août 1344, aurait dû être effectué depuis trois ans.

Arch. nat. X1^c 7, n° 97.

940
25 mai 1353.

Arrêt du Parlement homologuant le traité de mariage ci-dessus.

Arch. nat. R4* 1139, f° 1 r°.

941
8 août 1353.

Ogier de J., s. d'Effincourt et de la Fauche, et Marguerite, sa femme, fondent une chapelle à S. André de la Fauche.

Arch. nat. K$_1$, f° 36, n° 328.

942
Reynel, 22 août 1353.

Henri, s. de J., comte de Vaudémont, sén. de Ch., fait un accord entre les religieuses du Val d'Osne et ses cousins Gui et Ogier de Donjeux, au sujet de l'usage du bois de Paroy.

Arch. nat. S 4610, n° 1.

943
29 octobre 1353.

Geoffroy de Guimont, sergent royal, adresse au bailli de Chaumont un rapport constatant la perception violente de droits de péage à S. Urbain, par les gens du s. de J., comte de Vaudémont.

Arch. de la Haute-Marne, *S. Urbain*, 15° liasse, 2° partie. — *Éd.* Sim., p. 298.

944
1353.

Henri de J., comte de Vaudémont, constitue une rente de 300 livres, sur sa terre de Reynel, au profit de sa femme, Marie de Luxembourg. (Cf. n° 938.)

MENTION. K$_2$, f° 6 v°, n° 30.

945
1354.

Charles IV, roi des Romains, adresse à Jean Ier, duc de Lorraine, à Henri de J., comte de Vaudémont, et à quelques autres seigneurs un diplôme par lequel il prend l'abbaye de Clairlieu sous sa protection.

Arch. de Meurthe-et-Moselle, H 477. — MENTION. *Bulletin de la Soc. d'archéologie lorraine*, V, année 1855, n° 106 (avec la substitution erronée d'Anseau à Henri). — *Mém. de la Soc. d'archéol. lorraine*, XXXIV, 257.

946
13 mai 1355.

Henri, comte de Vaudémont, s. de J., en reconnaissance des services que lui a rendus son cousin Jean de J. dans ses voyages d'outre-mer, déclare l'avoir armé chevalier au Saint-Sépulcre et lui donner, en augment de fief, quarante livrées de terre sur les assises de Joinville.

MENTION. V, f° 96 r°, d'après un «inventaire des arch. du château de Joinville, I, 143 n.

947
10 avril 1357.

Henri, comte de Vaudémont, s. de J. et de Reynel, confirme un grand nombre de donations faites à S. Laurent de J.

Cart. de S. Laurent, f° 87 v°. — MENTION. Sim., p. 338.

948
12 mars 1358.

Henri, comte de Vaudémont, s. de J., sén. de Ch., vend à Androuin,

s. de Ville, bailli de Vosge, moyennant 500 florins d'or et sous condition de réméré, une rente de 50 florins sur Vézelise, à charge d'hommage.

Bibl. nat. Coll. de Lorraine, vol. 256, n° 2.

949
4 avril 1358.

Jean de J., s. de Doulevant-le-Château et de Villiers-aux-Chênes, fils d'Érard de J., seigneur desdits lieux, bailli de Chaumont, donne aux habitants desdits lieux, avec le consentement du comte de Vaudémont, s. de J., une charte constatant leurs droits et les siens.

V. f° 96 r°, d'après un «inventaire des arch. du château de Joinville, I, 629».

950
Chelles, juin 1358.

A la supplication du comte de Vaudémont, s. de J., conseiller du roi et du régent, Charles, régent de France, accorde des lettres de rémission à un homme de Reynel.

Arch. nat. JJ 86, n° 139.

951
En l'ost devant Paris, juillet 1358.

Le comte de Vaudémont et Gilles de Soyecourt sont témoins de l'acte par lequel le régent de France accorde une rémission entière à Colard le Bâtard.

Arch. nat. JJ 86, n° 170.

952
4 août 1358.

Charles, régent de France, donne à Henri, comte de Vaudémont, s. de J., la ville et châtellenie de Vaucouleurs, pour en jouir sa vie durant seulement.

Mention. K₂, f° 30 r°, n° 35.

953
Paris, 5 septembre 1358.

Charles, régent de France, à la prière de son amé et féal chevalier et conseiller, le comte de Vaudémont, octroie des lettres de rémission à Geoffroy le Grand, homme d'armes dudit comte.

<small>Arch. nat. JJ 86, n° 436.</small>

954
Septembre 1358.

Gui de J., s. de Donjeux, cède au prieur de S. Jacques de J. huit journaux de terre, au lieu du muid de mouture qu'il lui devait chaque année sur le moulin de Donjeux, alors détruit.

<small>MENTION. V, f° 96 r°, d'après les «arch. de S. Urbain, layette 19».</small>

955
Septembre 1358.

Charles, régent de France, accorde des lettres de rémission aux habitants de Bettoncourt et de Vroil-en-Perthois, injustement condamnés pour participation à la Jacquerie par le comte de Vaudémont, son lieutenant en ces parties.

<small>Arch. nat. JJ 86, n° 346.</small>

956
Août 1359.

Jean de J., s. de Doulevant et de Villiers-aux-Chênes, fait, du consentement de Henri, comte de Vaudémont, un accord avec ses hommes.

<small>MENTION. K$_1$, f° 111 v°, n° 120. – K$_2$, f° 175 r°.</small>

957
Joinville, 26 septembre 1359.

Henri, comte de Vaudémont, s. de J., sén. de Ch., déclare que, comme il doit à son écuyer Vautrin, dit Baulemar, de Ferrières, qui l'a servi, lui quatrième, depuis le 10 mars 1359, particulièrement «en la besongne de Troyes», 1,000 florins pour ses gages et ses restors de chevaux et 100 écus d'emprunt, il lui cède à la place cent livrées de terres à Dierville, sous faculté de réméré.

<small>Bibl. nat. Coll. de Lorraine, vol. 256, n° 4.</small>

958
11 novembre 1359.

Henri, comte de Vaudémont, s. de J., sén. de Ch., se trouvant à présent hors d'état de payer à son cousin Jean, s. de Thelod et de Vaubexy, 1,180 florins qu'il lui doit pour ses services et ceux de sa compagnie « en ces présentes guerres que nous avons contre les rois d'Engleterre et de Navairre », lui donne le ban de « Veutrey » sous faculté de réméré.

Bibl. nat. Coll. de Lorraine, vol. 256, n° 5.

959
Joinville, 7 mars 1360.

Henri de J., comte de Vaudémont, se trouvant pour le moment hors d'état de payer 180 petits florins d'or qu'il doit à Androuin de Barbey, écuyer, pour ses services « ès presentes guerres du royaume de France », lui cède tout ce qu'il avait à Moussey sous faculté de réméré.

Bibl. nat. Coll. de Lorraine, vol. 256, n° 6.

960
Vaucouleurs, 10 avril 1360.

Henri, comte de Vaudémont, engage, moyennant 400 petits florins de Florence et la moitié des rançons, Colin de Lettrecourt et quatre compagnons, qui s'engagent à le servir, depuis la date des présentes jusqu'à la S. Remy en chef d'octobre, contre tous ses ennemis.

Bibl. nat. Coll. de Lorraine, vol. 256, n° 3.

961
19 avril 1360.

Thierry Jehel, prévôt de Virton, déclare au nom de son suzerain, le duc de Luxembourg, que l'emprisonnement d'un bourgeois de Virton dans les terres du comte de Vaudémont n'autorise aucunes représailles contre les marchands sujets dudit comte.

Bibl. nat. Coll. de Lorraine, vol. 256, n° 7.

962
8 mai 1360.

Henri, comte de Vaudémont, sén. de Ch., reconnaît devoir à frère Poince, curé de Roche-sur-Rognon, 162 florins de Florence.

Recueil de Du Fourny, layette Vaudémont domaine, n° 168⁵.

963
Après le 8 mai 1360.

« Mémoire des demandes que l'on fait audit comte [de Vaudémont] de plusieurs biens qu'il prit ou fit prendre par ses gens à Risnel après la mort dudit curé [Poince, curé de Roche] : une haquenée de 50 florins, un roncin de 25 florins, dix-neuf grosses bestes et quatre bœufs de 80 frans, ce qu'on trouva en meubles en la maison dudit curé qui pouvaient bien valoir 200 livres, et furent pris et emportés par Henriot de Risnel et Jean Maubert, sans inventaire et sans appeller personne, et brisant un escrin où il y avait bien des biens. »

Recueil de Du Fourny, layette Vaudémont domaine, n° 168⁶.

964
Joinville, 20 août 1360.

Henri, comte de Vaudémont, s. de J., sén. de Ch. et lieutenant du roi et du régent en Champagne, le seigneur de S. Dizier et de Vignory, queux de France, et Jean Chalemart, maître des requêtes et commissaire royal, concluent un accord avec Brochard de Fénétrange, qui s'engage à rendre les châteaux de Vassy, Montéclair et Passavant-en-Vosges moyennant 9,000 petits florins.

Arch. nat. J 514, n° 5. — Copie *notariée de 1551,* J 822, n° 12³.

965
Joinville, 22 août 1360.

Henri, comte de Vaudémont, s. de J., lieutenant du roi en Champagne, donne des lettres de rémission à Jean d'Atencourt, écuyer, qui a pris part aux chevauchées de Brochard de Fénétrange lorsque celui-ci occupait Vassy.

VIDIMÉ par Charles V en décembre 1364. Arch. nat. JJ 96, n° 297, f° 94 v°.

966
20 novembre 1360.

« Lettres soubz le scel de Waissy, du xx° de novembre mil iij° lx, par lesquelles les terres des abbé et couvent de S. Mansuy sont de la garde du sieur de Joinville aux droictz anciens et accoustumez. »

K₁, f° 7 r°, n° 260.

967
5 janvier 1361.

Henri, comte de Vaudémont, déclare avoir engagé à Jean de Salm la terre de Montiers-sur-Saulx, moyennant 4,000 florins de Florence « pour achepter Joinville des mains du sieur Albrastel et autres ennemys ».

ÉD. Servais, *Annales du Barrois*, I, 423, n° 92. — *Mém. de la Soc. d'archéologie lorraine*, 3° série, VIII, 61, d'après un compte du cellérier de Bar. — MENTION. K₁, f° 210 r°, n° 241.

968
11 février 1361.

Henri, comte de Vaudémont, garantit à ses cousins Simon, s. de Beaupré, et Anseau, s. de Bonney, qui se sont portés ses pleiges, qu'ils ne courront aucun risque de ce fait.

Bibl. nat. Coll. de Lorraine, vol. 256, n° 10.

969
25 mars 1361.

Henri, comte de Vaudémont, est l'un des adhérents à la ligue conclue pour deux ans entre l'évêque de Metz, le roi de Bohême, duc de Luxembourg, le duc de Lorraine, le duc de Bar et d'autres seigneurs de la même région.

Recueil de Du Fourny, layette *Traités* I, n° 13.

970
Paris, 11 mai 1361.

Lettres royaux accordant à Henri, comte de Vaudémont, un don de 2,000 livres à prendre sur les aides qui seront levées sur ses domaines.

MENTION. Arch. nat. KK 10, f° 39 r°.

971
Entre le 11 mai 1361 et le 23 mai 1363.

Les généraux des finances mandent aux élus de Langres de faire payer au comte de Vaudémont 1,000 livres sur les 2,000 que les lettres royaux du 11 mai 1361 l'autorisent à toucher.

MENTION. Arch. nat. KK 10, f° 39 r°.

972
9 juillet 1361.

Henri, comte de Vaudémont, s. de J. et sén. de Ch., reconnaît avoir emprunté 1,125 livres à «Andrieu, Haimon, Jannon, tous de Bunys, Avendon dou Sellier et à lour autres compaignons Lombars» demeurant en sa ville de Vézelise.

Bibl. nat. Coll. de Lorraine, vol. 256, n°ˢ 12 et 13.

973
9 octobre 1361.

Huguenin le Moine de Balle donne quittance de 300 florins sur 600, pour lesquels quatre chevaliers et un écuyer se sont portés cautions du comte de Vaudémont.

Bibl. nat. Coll. de Lorraine, vol. 256, n° 11.

974
18 octobre 1361. (*Acte à moitié effacé.*)

Henri, comte de Vaudémont, se reconnaît débiteur de «Ballequin et Jenion dis Buny, freires, demorans à Toul».

Bibl. nat. Coll. de Lorraine, vol. 256, n° 44.

975

S. Denis, 25 février 1362.

Le roi Jean autorise le comte de Vaudémont, dont il rappelle les services, à vendre au chapitre de Chartres trois cents livrées de terre qu'il possède à Dreux du chef de sa femme, Marie de Luxembourg.

Arch. nat. JJ 91, n° 134.

976

4 mars 1362.

Henri, comte de Vaudémont, s. de J. et de Houdan, et les procureurs de Marie de Luxembourg, comtesse de Vaudémont, sa femme, vendent au chapitre de Chartres différents droits à Dreux.

COPIE du 20 novembre 1403. Bibl. nat. Nouv. acq. fr. 3637, n° 77. — MENTION. L. Delisle, *Les collections de Bastard d'Estang*, p. 11.

977

Vincennes, 7 mars 1362.

Le roi Jean, en considération des services rendus à la couronne par le comte de Vaudémont, son lieutenant en Champagne, accorde à ce seigneur une rémission générale de toutes les offenses « tant civiles que criminelles » dont il a pu se rendre coupable.

Arch. nat. JJ 91, n° 245. — Cité par S. Luce, *Froissart*, VI, xix, note 1.

978

Juin 1362 (en français).

Le roi Jean, voulant venir en aide à Gui, s. de Choiseul, qui a dû s'endetter pour contribuer au rachat de la forteresse de Joinville, dont il était garant et pour lequel il a été retenu en otage à Metz, l'autorise à vendre la garde de l'abbaye de Morimond.

Arch. nat. JJ 91, n° 451. — MENTION. S. Luce, *Froissart*, VI, xix, note 1.

979

Joinville, 15 juillet 1362.

Henri, comte de Vaudémont, s. de J., sén. de Ch., ayant perdu son grand sceau à la bataille de Poitiers, appose son nouveau grand sceau à l'accord conclu entre le Val d'Osne et ses cousins de Donjeux. (Cf. n° 942.)

Arch. nat. S 4610, n° 12.

980

12 et 13 mars 1363.

Les habitants de Chevillon, obligés de contribuer à la rançon du château de Joinville pris par les «Angloys», engagent, moyennant 385 florins de Florence, quatre fours banaux au commandeur de Ruetz.

Mention. K₁, f° 126 r°, n° 106.

981

29 mars 1363.

Les procureurs de Pierre Martin, licencié ès lois, étudiant à Orléans, vendent à Amé de J., chevalier, s. de Méry-sur-Seine et de Soudron, une maison sise à Vertus.

Arch. des Affaires étrangères, correspondance de Lorraine, vol. 3, pièce 5.

982

29 mars 1363.

Jean Roger, curé de Coligny, vend une coupe de bois à Amé de J., chevalier, s. de Méry-sur-Seine.

Arch. des Affaires étrangères, correspondance de Lorraine, vol. 3, pièce 4.

983

Château de Reynel, 23 mai 1363.

Henri, comte de Vaudémont, donne quittance de 761 l. 5 s. sur les

1.000 livres précédemment ordonnancées par les généraux des finances. (Voir n° 971.)

MENTION. Arch. nat. KK 10, f° 39 r°.

984

13 août 1363.

Accord entre Robert, duc de Bar, marquis du Pont, et Henri, comte de Vaudémont, s. de J., portant que ledit Henri est rentré dans l'hommage du duc.

Arch. nat. J 911, n° 34. — ÉD. Servais, *Annales du Barrois*, I, 413.

985

Château de Bar, 21 août 1363.

Eudes, s. de Pierrepont, avec cinq autres chevaliers et quatorze bourgeois, déclare se porter pleige des 20,000 florins que le duc de Bar s'est engagé à payer au comte de Vaudémont et à Arnaut de Cervole.

Recueil de Du Fourny, layette *Vaudémont sac*, n° 1.

986

11 septembre 1363.

Paix entre le comte de Vaudémont et le duc de Lorraine.

Bibl. nat. Coll. de Lorraine, vol. 258, n° 8. — ÉD. D. Calmet, *Hist. de Lorraine*, pr., II, col. DCXL.

987

Entre le 1ᵉʳ octobre et le 15 novembre 1363.

Arnaut de Cervole, s. de Leuroux et de Châteauvilain, d'accord avec son «frère» le comte de Vaudémont, avec qui il s'est récemment concerté à Chaumont-en-Bassigny, consent à reculer jusqu'au 15 novembre le payement de 10,000 florins formant le dernier versement de la somme à laquelle le duc de Bar était tenu envers eux.

Bibl. nat. Coll. de Lorraine, vol. 258, n° 9.

988
1363.

Amé de J., s. de Méry, scelle une lettre concernant un amortissement de rentes abandonnées à S. Urbain.

Lalore, *Chartes de S. Urbain*, p. 324, n° 141.

989
14 février 1364.

Arnaut de Cervole déclare que le duc de Lorraine a déjà payé 10,000 florins sur les 30,000 qu'il lui devait, ainsi qu'au comte de Vaudémont, pour la rançon de Brochard de Fénétrange et de deux autres chevaliers faits prisonniers durant la guerre entre le duc et le comte de Vaudémont. Depuis, le comte de Vaudémont ayant cédé tous ses droits sur le reliquat de cette somme à Arnaut, celui-ci donne quittance de 10,000 florins qui lui ont été payés le 3 février, et autorise le duc à ne lui payer le reste qu'à la prochaine fête de Pâques.

Bibl. nat. Coll. de Lorraine, vol. 256, n° 5.

990
16 août 1364.

Henri de J., comte de Vaudémont, confirme au chapitre de Vaucouleurs, moyennant la célébration de quatre services annuels pour le salut de son âme, le transport précédemment fait, sans sa permission, par un bourgeois de la ville, du quart des dîmes de Chalaines relevant en fief du château de Vaucouleurs.

Mention. Servais, *Annales du Barrois*, I, 122, note c.

991
30 août 1364.

Par devant le prévôt de Paris, Amé de J., s. de Méry-sur-Seine, en son nom et au nom de Jean de J., chevalier, et de Jean de J., écuyer, ses cousins germains, vend au roi la garenne et les droits de pâture du buisson de Hautefeuille, dans la châtellenie de Crécy-en-Brie.

<small>Arch. nat. J 733, n° 140. — Mention. Du Cange, p. 15.</small>

992

<small>21 septembre 1364.</small>

Robert, duc de Bar, déclare que Jean de Salm rend à Henri, comte de Vaudémont, la forteresse de Montiers-sur-Saulx, moyennant payement de ce que ce comte lui devait.

<small>Mention. Servais, *Annales du Barrois*, 1, 159 et 423.</small>

993

<small>Septembre 1364.</small>

Considérant qu'un incendie ayant éclaté au château de J. pendant que Brochard de Fénétrange y était prisonnier du comte de Vaudémont, toutes les archives et tous les ornements de l'église S. Laurent ont péri, à l'exception d'un cartulaire déposé dans la maison d'un des chanoines logé hors du château, Charles V ordonne la rédaction d'un second cartulaire.

<small>Bibl. nat., fr. 11559, f° 23 r°.</small>

994

<small>Vaucouleurs, 27 décembre 1364.</small>

Henri, comte de Vaudémont, s. de J., sén. de Ch., reconnaît devoir 300 petits florins de Florence au chapitre de S. Dié, auquel il donne en gage tout ce qu'il possède à Moyemont. Les témoins sont Ogier de Donjeux, Jean de J., chevalier, et Pernet des Bourdes, bailli de J.

<small>Vidimé sous le sceau de S. Dié en 1464. Recueil de Du Fourny, layette *S. Dié I*, n° 27.</small>

995

<small>6 mars 1365.</small>

Lettres royaux accordées à Amé de J., chevalier, s. d'Aulnay-le-Châtel, cassant la vente faite par Jean Pautiant, écuyer, d'un domaine appelé le Breuil, mouvant dudit Amé.

<small>Vidimé dans un ordre de signification du bailli de Vitry, arch. des Affaires étrangères, correspondance de Lorraine, vol. 3, pièce 14.</small>

996
Dijon, 6 juin 1365.

Philippe, duc de Bourgogne, donne, sur son trésorier, un mandat de 20 florins d'or au s. de Pailly, gruyer de Champagne et de Brie, qu'il envoie au comte de Vaudémont, à Arnaut de Cervole, s. de Châteauvilain, et au bailli de Chaumont, pour qu'ils fassent vider le pays aux Compagnies qui l'occupent.

<small>Arch. de la Côte-d'Or, B 357. — Ed. Sim., p. 292, note.</small>

997
28 août 1367.

Charles VI autorise Amé de J., s. de Méry, et les habitants du Mesnillès-Vertus à terminer par un accord l'affaire pendante entre eux.

<small>Arch. nat. X1^c 20, n° 47.</small>

998
22 novembre 1367.

« Une lettre en parchemin, faisant mention du partaige fait entre dame Margueritte (*lisez* : Marie) de Luxembourg, contesse de Vauldémont, dame de Joinville, Jehan de Bourgongne, sieur de Montesgut et d'Arc, damoyselle Margueritte, sa femme, et damoyselle Alix, sœur d'icelle Margueritte, et y est comprise la terre de Rynel. Lesdites lettres soubz le scel de la prévosté de Vaissy en datte du xxii de novembre mil trois cens soixante sept. »

<small>Mention. K$_1$, f° 1 v°.</small>

999
1367.

Transaction fixant les limites des seigneuries de Viâpres et de Pouan conclue entre Henri de Poitiers, évêque de Troyes, Amé de J., s. de Méry-sur-Seine et d'Aulnay-le-Châtel, coseigneurs de Pouan, et les habitants dudit Pouan, d'une part, et Jeanne de Sully, dame de Plancy et de Viâpres, d'autre part.

Arch. de l'Aube, G 789.

1000
14 janvier 1368.

Accord entre Amé de J., chevalier, s. de Méry-sur-Seine et d'Aulnay-le-Châtel, et les habitants du Mesnil-lès-Vertus.

Arch. nat. X1^c 20, n° 50.

1001
Vézelise, 19 février 1368.

Jean de Bourgogne, damoiseau, s. de Montagu « et de la comté de Vaudémont », et Marguerite de J., sa femme, dame desdits lieux, affranchissent les habitants de Vaudémont des droits de main-morte à charge d'entretenir les fortifications du grand bourg de Vaudémont.

Arch. de Meurthe-et-Moselle, cartulaire *Vaudémont domaine*. — EXTRAIT. Lepage, *Communes de la Meurthe*, article *Hondreville*. — MENTION. Germain, *Mém. de la Soc. d'archéol. lorraine*, XXIX, 389.

1002
29 février 1368.

Jean de Bourgogne, s. de Montagu « et de la comté de Vaudémont », agissant au nom de sa femme, Marguerite de J., et de sa belle-sœur Alix, dont il dit avoir la garde, fait un accord avec son cousin Jean, s. de Thélod, et Oudet de Germiny, touchant le rachat des gagères jadis données audit Jean par feu Henri de J., comte de Vaudémont.

Arch. de Meurthe-et-Moselle, layette *Vaudémont domaine*, n° 170. — MENTION. Germain, *Mém. de la Soc. d'archéol. lorraine*, XXIX, 365 et 390-391.

1003
27 mars 1368.

Jean de Lanques, lieutenant de Jean de Bourgogne, s. de Montagu et de J., donne des lettres de non-préjudice aux habitants et tenanciers de Ruetz qui, du temps de Henri de J., étaient venus faire le guet au château de Joinville.

<small>Arch. de la Haute-Marne, *Ruetz*, A. — Éd. Sim., p. 304.</small>

1004
15 décembre 1368.

Marie de Luxembourg, comtesse de Vaudémont, dame de J. et de Chaligny, confirme la charte d'affranchissement concédée en 1200 aux habitants de Vaudémont par le comte Hugues II de Vaudémont, et rappelle les lettres précédemment accordées par feu son mari, Henri de J.

<small>Arch. de Meurthe-et-Moselle, cartulaire *Vaudémont chartes et privilèges*, f° ccxc.— Mention. Lepage, *Communes de la Meurthe*, article *Pont-Saint-Vincent*. — Germain, *Mém. de la Soc. d'archéol. lorraine*, XXIX, 365.</small>

1005
10 avril 1369.

Charles V ratifie l'accord, conclu le 14 janvier 1368, entre Amé de J., s. de Méry-sur-Seine et d'Aulnay-le-Châtel, et les hommes du Mesnil-lès-Vertus. (Cf. n° 1000.)

<small>Arch. nat. X1^c 20, n° 50.</small>

1006
1371.

Amé de J., s. de Soudron et d'Étrelles, fait hommage d'Étrelles à l'évêque de Troyes.

<small>Mention. Du Cange, *Généalogie de la maison de Joinville*, p. 15.</small>

1007
15 mai 1373.

Contrat de mariage de Thiébaut de Neufchâtel et d'Alix, fille de feu Henri de J., comte de Vaudémont.

<small>Mention. K$_1$, f° 413, n° xiij°xxx. — K$_2$, f° 2, n° 3. — Arch. nat. R^4 1139, f° 1 r°.</small>

1008
15 mai 1373.

Les seigneurs de Neufchâtel, père et fils, à la suite du contrat précédent (cf. n° 1007), concluent avec Jean de Bourgogne, s. de Montagu et de J., et avec sa femme, Marguerite de Vaudémont, un traité par lequel le s. de Neufchâtel, au nom de son fils encore mineur, constitue en douaire à Alix de J. le château du Châtelet avec 1,000 livres de terre, et promet qu'au cas où son fils mourrait sans enfants, Alix serait rendue avec tous ses biens au s. de Montagu et à sa femme.

<small>MENTION. V, f° 13 v°, d'après les «arch. du prince de Condé».</small>

1009
29 mai 1373.

Thiébaut, s. de Neufchâtel, au nom de son fils Thiébaut, mari d'Alix de Joinville, reconnaît avoir reçu de Jean de Bourgogne, pour le partage de ladite Alix, les châteaux et châtellenies de Châtel-sur-Moselle et de Bainville, sauf les villes de Houdreville et de Vroncourt, qui demeureront à Jean et à sa femme, Marguerite de J.

<small>Arch. de Meurthe-et-Moselle, layette *Châtel-sur-Moselle I*, n° 60. — MENTION. P. Anselme, *Hist. généalogique*, VIII, 349. – Lepage, *Communes de la Meurthe*, article *Bainville-aux-Miroirs*. – Germain, *Mém. de la Soc. d'archéologie lorraine*, XXIX, 396.</small>

1010
Joinville, 26 juin 1374.

Pierre, comte de Genève, et sa femme, Marguerite de J., comtesse de Vaudémont, veuve de Jean de Bourgogne, font avec Thiébaut de Neufchâtel et Marguerite de Bourgogne un traité touchant le douaire constitué par le défunt à la comtesse de Vaudémont.

<small>Arch. de Meurthe-et-Moselle, cartulaire *Vaudémont domaine*. — MENTION. Germain, *Mém. de la Soc. d'archéol. lorraine*, XXIX, 403, et *Journ. de la Soc. d'archéol. lorraine*, XXVII, 165.</small>

1011
10 mars 1375.

Amé de J., chevalier, s. de Méry-sur-Seine et de Soudron, donne quittance à Jean Pidoe, grenetier à sel pour le roi à Châlons.

<small>Bibl. nat. Clairambault, vol. 61, p. 4717, pièce 4082.</small>

1012

Langres, 28 septembre 1375.

Pierre, comte de Genève, au nom de sa femme Marguerite de Joinville, fait avec Thiébaut, s. de Neufchâtel, agissant au nom de son fils Thiébaut et de sa belle-fille Alix de J., un accord touchant les dettes des deux derniers comtes de Vaudémont : Henri de J. et Jean de Bourgogne.

Arch. de Meurthe-et-Moselle, layette *Vaudémont domaine*, n° 189. — Germain, *Mém. de la Soc. d'archéol. lorraine*, XXIX, 408.

1013

Vézelise, 1er mai 1376.

Pierre, comte de Genève et de Vaudémont, confirme aux habitants de Vaudémont l'affranchissement de la servitude de main-morte concédé par Jean de Bourgogne (cf. n° 1001), et au lieu de deux tailles qu'ils payaient chaque année, leur accorde de ne payer qu'une taille unique de 40 florins.

Mention. Lepage, *Communes de la Meurthe*, article *Vaudémont*. — Germain, *Mém. de la Soc. d'archéol. lorraine*, XXIX, 409.

1014

18 mai 1376.

Jean Goujon, demeurant à Méry, déclare avoir vendu à Amé de J., chevalier, s. de Méry et d'Aulnay-le-Châtel, une rente de 17 s. 6 d. tournois.

Arch. des Affaires étrangères, correspondance de Lorraine, vol. 3, pièce 39.

1015

18 mai 1376.

Vente au même seigneur d'une rente de 12 sous tournois, par Jean Le Fils, demeurant à Méry.

Arch. des Affaires étrangères, correspondance de Lorraine, vol. 3, pièce 40.

1016
18 mai 1376.

Vente au même seigneur d'une rente de 34 s. 8 d. tournois, par Jacques Machon, demeurant à Méry.

Arch. des Affaires étrangères, correspondance de Lorraine, vol. 3, pièce 42.

1017
28 décembre 1376.

Le prévôt de Vassy vidime l'acte par lequel Jean, comte de Salm, vend à Marie de Luxembourg, comtesse de Vaudémont et dame de J., les terres de Mussey, Mathons et Morancourt.

Mention. K$_1$, f° 101 v°, n° iiij°xx.

1018
2 juillet 1377.

Amé de J., tant en son nom qu'au nom de Jean de Sarrebrück, chevalier, déclare entrer en l'hommage du comte de Vertus pour Soudron et d'autres terres qui avaient fait partie du domaine et du ressort de Vertus.

Mention. Du Cange, *Généalogie de la maison de Joinville*, p. 15.

1019
12 novembre 1377.

Nomination d'arbitres faite par Simon de J., s. de Beaupré, et Girard de Dinteville, s. d'Échenay, pour terminer leur différend au sujet de la justice de Bressoncourt.

Arch. nat. R² 520, n° 41. — Mention. P. Anselme, VI, 696.

1020
27 juillet 1377.

Pierre Huguenin vend à Amé de J., chevalier, s. de Méry et d'Étrelles, cinq quartiers de pré sis au lieu appelé *Entre deux Linons*, au finage d'Étrelles.

<small>Arch. des Affaires étrangères, correspondance de Lorraine, vol. 3, pièce 42.</small>

1021
30 avril 1379.

Renaut d'Ay, chevalier, et Jeanne, sa femme, déclarent que, en cas de résiliation de la vente de tout ce qu'ils avaient à Villeneuve-lès-Vertus, qu'ils ont faite à Amé de Joinville, chevalier, s. de Méry-sur-Seine et d'Aulnay-le-Châtel, ils restitueraient audit Amé 10 francs d'or que celui-ci a payés au comte de Vertus, seigneur de Milan, pour droit de quint-denier.

<small>Arch. nat. K 1155, n° 33 *bis*.</small>

1022
5 juillet 1381.

Pierre, comte de Genève, et Marguerite de J., comtesse de Vaudémont, sa femme, mettent leurs sceaux à un arrangement conclu par leurs procureurs, le 3 juin 1380, avec ceux de Thiébaut de Neufchâtel et d'Alix de J., sa femme, au sujet du partage des meubles de feu Marie de Luxembourg, mère desdites Marguerite et Alix.

<small>Arch. de Meurthe-et-Moselle, cartulaire *Vaudémont domaine*. — MENTION. Germain, *Mém. de la Soc. d'archéol. lorraine*, XXIX, 412.</small>

1023
1381.

Jean, s. de Gronnay, écuyer, vend à Amé de J., s. d'Aulnay-le-Châtel, 9 livres tournois de rente.

<small>Arch. des Affaires étrangères, correspondance de Lorraine, vol. 3, pièce 64.</small>

1024
19 avril 1382.

Geoffroy de Crespy, écuyer, et Jeanne de Tiercelieue, sa femme, vendent divers héritages à Amé de J., s. d'Aulnay-le-Châtel.

<small>VIDIMÉ par le prévôt de Troyes le 17 janvier 1398 (n. st.). Arch. des Affaires étrangères, correspondance de Lorraine, vol. 3, pièce 53.</small>

1025

13 novembre 1382.

Pierre, comte de Genève et de Vaudémont, s. de J., et sa femme Marguerite, d'une part, Thiébaut de Neufchâtel et sa femme Alix de J., d'autre part, font un accord touchant la succession de Marie de Luxembourg, mère desdites Marguerite et Alix.

<small>MENTION. K_1, f° 4 v°, n° xxxij. - K_2, f° 22 v°, n° xxvij.</small>

1026

30 avril 1383.

Les mêmes font un nouvel accord par lequel le comte de Genève est autorisé à acheter la part du s. de Neufchâtel à Mussey, Mathons et Morancourt.

<small>MENTION. K_1, f° 102 r°. - K_2, f° 87 r°. — Germain, *Mém. de la Soc. d'archéol. lorraine*, XXIX, 413.</small>

1027

13 juillet 1383.

Eudes de Savoisy, s. du Fossé, et Marguerite de Donjeux, sa femme, vendent à Amé de J., s. d'Aulnay-le-Châtel et de Soudron, une rente de 30 livres tournois.

<small>VIDIMÉ le 10 septembre 1433. Arch. des Affaires étrangères, correspondance de Lorraine, vol. 3, pièce 54.</small>

1028

9 septembre 1383.

Accord entre Hugues d'Amboise, s. de Chaumont et de S. Vrain, chevalier, chambellan du roi, et Marguerite de J., sa femme, veuve d'Eudes, s. de Culan, en leur nom et comme ayant la garde d'Annor, dame de Culan, fille de Marguerite et d'Eudes, d'une part, et Guichard de Culan, chevalier, d'autre part, touchant l'héritage de feu Gilbert, dernier seigneur de Culan, frère de ladite Annor, et le bail de celle-ci.

<small>Arch. nat. $X1^c$ 47, n° 100.</small>

1029
16 décembre 1383.

Procuration donnée par Hugues d'Amboise et Marguerite de J. pour mettre fin au différend qu'ils ont avec Guichard de Culan, tant sur le douaire de 1,200 livres de terres attribué à Marguerite que sur le sixième des meubles qui lui doit revenir, et sur le bail d'Annor, fille de Marguerite et héritière de Gilbert de Culan, son frère.

Arch. nat. X1ᶜ 48, n° 8.

1030
13 janvier 1384.

Accord définitif entre Hugues d'Amboise et Marguerite de J., d'une part, et Guichard de Culan, d'autre part.

Arch. nat. X1ᶜ 48, n° 6.

1031
15 juin 1384.

Guiot d'Arcelles, écuyer, vend à Amé de J., chevalier, s. d'Aulnay-le-Châtel et d'Étrelles, une rente de 40 sous tournois.

Arch. des Affaires étrangères, correspondance de Lorraine, vol. 3, pièce 55.

1032
28 mars 1386.

Jean Goujon, demeurant à Méry, se reconnaît tenu de payer à Amé de J., s. d'Aulnay-le-Châtel, une rente réduite de 17 s. 6 d. tournois à 14 s. 6 d. (Cf. n° 1014.)

Arch. des Affaires étrangères, correspondance de Lorraine, vol. 3, pièce 58.

1033
28 mars 1386.

Jean Le Fils, boucher de Méry, se reconnaît tenu de payer à Amé de J., s. d'Aulnay-le-Châtel, une rente réduite de 12 sous tournois à 9 s. 7 d. (Cf. n° 1015.)

Arch. des Affaires étrangères, correspondance de Lorraine, vol. 3, pièce 59.

1034

28 mars 1386.

Jacques Machon, demeurant à Méry, se reconnaît tenu de payer à Amé de J., s. d'Aulnay-le-Châtel et d'Étrelles, une rente réduite de 34 s. 8 d. tournois à 28 s. 8 d. tournois. (Cf. n° 1016.)

Arch. des Affaires étrangères, correspondance de Lorraine, vol. 3, pièce 60.

1035

Juillet 1386.

Charles VI accorde des lettres de rémission à Simon de J., chevalier, s. de Beaupré, poursuivi pour abus de justice.

Arch. nat. JJ 129, n° 148.

1036

2 septembre 1386.

Guillaume le Brun, écuyer, s. du Tronchoy, et Jeannette de Courdaon, sa femme, se reconnaissent tenus de payer à Amé de J., s. d'Aulnay-le-Châtel, une rente réduite de 10 livres tournois à 8 livres.

Arch. des Affaires étrangères, correspondance de Lorraine, vol. 3, pièce 70.

1037

10 septembre 1386.

Pierre de Troyes, talemelier, se reconnaît tenu de payer à Amé de J., chevalier, une rente réduite de 60 sous tournois à 54 sous.

Arch. des Affaires étrangères, correspondance de Lorraine, vol. 3, pièce 71.

1038

31 octobre 1386.

Michaut Grandjean, pelletier à Méry, et Jeannette, sa femme, vendent à Amé de J., s. d'Aulnay-le-Châtel et d'Étrelles, 10 sous tournois de rente sur une maison sise à Méry, rue des Pourceaux.

Arch. des Affaires étrangères, correspondance de Lorraine, vol. 3, pièce 69.

1039
Annecy, 25 juin 1387.

Marguerite, comtesse de Genève et de Vaudémont, dame de Joinville, fait son testament par lequel elle élit sa sépulture dans l'église de S. Laurent de J., où elle fonde deux nouvelles chapellenies. N'ayant pas d'enfants, elle désigne pour son héritière universelle sa sœur Alix, dame de Neufchâtel; elle lègue à Jean, bâtard de Vaudémont, son frère, la moitié des terres de Morancourt, Mussey et Mathons, partageables avec Alix, ainsi que les deux cents livrées de terres qui lui avaient déjà été assignées à titre de donation viagère, et nomme exécuteurs testamentaires son cousin le comte de S. Pol, le s. de Rimaucourt, le s. de Choiseul, Jean de Thélod, le bâtard de Vaudémont, chevalier, son conseiller Jean de Lanques, écuyer, et Jean de Sommeville, doyen de Joinville.

<small>Arch. de Meurthe-et-Moselle, cartulaire *Mariages et testaments*, f° 335 v°. — MENTION. V, f° 134 v°, d'après les «arch. du prince de Condén. - Germain, *Mém. de la Soc. d'archéol. lorraine*, XXIX, 414.</small>

1040
Annecy, 23 juillet 1387.

Marguerite de J. ordonne que le château de Houdan soit vendu aussitôt après sa mort pour subvenir aux dépenses prescrites par son testament.

<small>Arch. de Meurthe-et-Moselle, cartulaire *Mariages et testaments*. — MENTION. Germain, *Mém. de la Soc. d'archéol. lorraine*, XXIX, 416.</small>

1041
20 décembre 1387.

Pierre de Brachey et Jean, son fils, écuyer, déclarent avoir vendu à Amé de J., s. d'Aulnay-le-Châtel et d'Étrelles, une rente de 10 livres tournois.

<small>Arch. des Affaires étrangères, correspondance de Lorraine, vol. 3, pièce 72.</small>

1042
18 janvier 1390.

Jean de J., s. de Doulevant et de Villiers-aux-Chênes, fait hommage au comte de Genève et de Vaudémont, à cause du château de Joinville, de Doulevant, Villiers-aux-Chênes, Baudricourt, Charmes-la-Petite, Osne et Arnancourt.

<small>MENTION. K₁, f° 22 v°, n° viij^xx xvij. - V, f° 96 v°.</small>

1043

<small>12 novembre 1391.</small>

Pierre, comte de Genève et de Vaudémont, s. de J., et Marguerite de J., comtesse et dame desdits lieux, cèdent à Guillaume de Vienne, s. de S. Cergues, leur neveu, une somme à eux due par le duc de Lorraine et assignée sur les salines de Rosières.

<small>MENTION. Arch. nat. M 441, dossier *Joinville*, d'après les «arch. du roi catholique à Dôle».</small>

1044

<small>9 mars 1392.</small>

Thibaut de Vignory, bailli de J., rend une sentence dans la contestation pendante entre le comte de Genève, s. de J., et les habitants de Magneux au sujet d'un bois.

<small>MENTION. K₁, f° 14 v°, n° 2309.</small>

1045

<small>Avignon, 24 juin 1392.</small>

Le pape Clément VII, vu le désaccord qui existe entre lui, comme comte de Genève, et Marguerite de J., veuve de Pierre de Genève, au sujet de sa dot, décide de s'en rapporter à des arbitres.

<small>Arch. de Meurthe-et-Moselle, cartulaire *Vaudémont domaine*, f° 261. — MENTION. Germain, *Mém. de la Soc. d'archéol. lorraine*, XXIX, 421.</small>

1046

<small>Bar-le-Duc, 4 juin 1393.</small>

Marguerite, comtesse de Vaudémont et dame de J., reprend au duc de

Bar le comté de Vaudémont et la châtellenie de Montiers-sur-Saulx. «Messire André de Joinville» figure parmi les témoins.

<small>Arch. nat. J 911, n° 35. — COPIE. Arch. de Meurthe-et-Moselle, cartulaire *Vaudémont domaine*, f° 72. — MENTION. D. Calmet, *Notice*, article *Vaudémont*. – Servais, *Annales du Barrois*, II, 203. - Germain, *Mém. de la Soc. d'archéologie lorraine*, XXIX, 410.</small>

1047
15 février 1394.

Ferry, s. de Rumigny, et sa femme, Marguerite de J., comtesse de Vaudémont, confirment les privilèges des habitants de Dolcourt et de Favières et les affranchissent de tout droit d'*attelage* et de *rouage*.

<small>Arch. de Meurthe-et-Moselle, layette *Vaudémont domaine*, n° 178. — MENTION. Lepage, *Communes de la Meurthe*, article *Dolcourt*. - Germain, *Mém. de la Soc. d'archéologie lorraine*, XXXI, 90.</small>

1048
20 février 1394.

Ferry, s. de Rumigny, et sa femme, Marguerite de J., comtesse de Vaudémont, autorisent les habitants de Vaudémont à lever un droit sur les successions.

<small>Arch. de Meurthe-et-Moselle, cartulaire *Vaudémont domaine*, f° 11. — MENTION. Lepage, *Communes de la Meurthe*, article *Vaudémont*.</small>

1049
6 septembre 1394.

Ferry, s. de Rumigny, et Marguerite de J., comtesse de Vaudémont, font un traité de paix avec Ferry et Gobert d'Érize, frères, qui, depuis le temps où Pierre de Genève était le mari de Marguerite, faisaient des incursions sur les terres de celle-ci à cause des droits qu'ils se croyaient sur des domaines sis à Ribeaucourt, Bure et Biencourt.

<small>Arch. de Meurthe-et-Moselle, cartulaire *Traités et accords*, f° 290. — MENTION. Germain, *Mém. de la Soc. d'archéologie lorraine*, XXXI, 91.</small>

1050
10 janvier 1395.

Ferry de Lorraine, s. de Rumigny et de Boucq, comte de Vaudémont, reprend du duc de Bar le comté de Vaudémont et la châtellenie de Montiers-sur-Saulx à cause de sa femme Marguerite, comtesse de Vaudémont.

Vidimé le 27 janvier 1407, Arch. nat. J 911, n° 36.

1051
30 juillet 1395.

Jacques de Hans et Jeanne de J., sa femme, seigneur et dame de Doulevant, donnent à Ferry de Lorraine et à Marguerite de J., comte et comtesse de Vaudémont, quittance d'une rente de 40 livres sur la halle de Joinville.

Mention. K₁, f° 3 v°, n° xvij.

1052
25 juin 1396.

Marguerite de J., comtesse de Vaudémont, confirme l'accord fait par son défunt mari Jean de Bourgogne, le 21 février 1368, avec le chapitre de S. Gengoul de Toul au sujet d'une grange sise à Chaouilley, et concède au chapitre quelques menus droits.

Arch. de Meurthe-et-Moselle, cartulaire *Vaudémont domaine*, f° 237. — Mention. Germain, *Mém. de la Soc. d'archéologie lorraine*, p. 389.

1053
26 décembre 1396.

Ferry de Lorraine et Marguerite de J., comte et comtesse de Vaudémont, Antoine de Lorraine, leur fils aîné, Alix de J., Jean, bâtard de Vaudémont, adhèrent à l'institution de la confrérie de N. D. de Sion.

Arch. de Meurthe-et-Moselle, layette *Fondations*, n° 62. — Copie. *Ibidem*, cartulaire *Fondations*. — Mention. Lepage, *Communes de la Meurthe*, article *Sion*. - Germain, *Mém. de la Soc. d'archéologie lorraine*, XXXI, 97.

1054
1ᵉʳ avril 1398.

Hugues, s. de Lucinge, déclare avoir pris à bail, pour trois ans, de Ferry de Lorraine, comte de Vaudémont, et de Marguerite de J., sa femme, la Roche, Rumilly et Baleyson, qui formaient le douaire constitué à celle-ci par Pierre, comte de Genève, son défunt mari.

<small>Recueil de Du Fourny, layette *Vaudémont fiefs*, n° 89. — Mention. Germain, *Mém. de la Soc. d'archéologie lorraine*, XXIX, 423.</small>

1055
11 décembre 1398.

Amé de Sarrebrück, chevalier, s. de Commercy et de Venizy, fait un accord avec les héritiers de Jean Bonnet, écuyer, sur lesquels il avait hérité de feu Amé de J., chevalier, s. d'Aulnay-le-Châtel et de Soudron, une rente de 30 livres tournois.

<small>Arch. des Affaires étrangères, correspondance de Lorraine, vol. 3, pièce 94.</small>

1056
31 août 1399.

Amé de Sarrebrück, chevalier, s. de Commercy, héritier de feu Amé de J., chevalier, à cause de sa feue mère, mariée à Charles, seigneur de Châtillon, fait un accord avec les héritiers de Jean Leber au sujet d'une rente jadis vendue par ledit Leber à Amé de Joinville.

<small>Arch. des Affaires étrangères, correspondance de Lorraine, vol. 3, pièce 66.</small>

1057
28 décembre 1399.

Ferry de Lorraine et Marguerite de J., sa femme, donnent, à charge d'hommage, à Jean, bâtard de Vaudémont, la moitié de Morancourt et de Mathons, partageables avec Alix de Vaudémont, leur sœur.

<small>Mention. K$_1$, f° 100 r°. – K$_2$, f° 87 r°, n° 2.</small>

1058
11 août 1400.

Le Parlement de Paris homologue un accord intervenu entre Ferry de Lorraine et Marguerite de J., sa femme, d'une part, et l'évêque de Châlons, d'autre part, au sujet du droit de pêche dans la Marne prétendu par les hommes de Thonnance et de Suzannecourt.

<small>MENTION. K₂, f° 60 r°, n° 16.</small>

1059
1ᵉʳ août 1401.

Marguerite de J., comtesse de Vaudémont, cède, moyennant 3,000 francs d'or, à Jean de Neufchâtel, s. de Montagu et d'Amance, neveu de son premier mari, Jean de Bourgogne, les droits viagers sur Amance, qu'elle tenait en vertu de son douaire.

<small>VIDIMÉ le 27 août 1403 sous le sceau du tabellionage de Joinville, arch. de Meurthe-et-Moselle, layette *Amance*, n° 10. — MENTION. Germain, *Mém. de la Soc. d'archéologie lorraine*, XXIX, 403.</small>

1060
2 juin 1402.

Jean de Salm et Laurent de Leschières vendent à Ferry de Lorraine et à Marguerite de J., sa femme, moyennant 50 livres tournois, ce qu'ils avaient à Saudron.

<small>MENTION. K₁, f° 31 r°, n° 115.</small>

1061
22 août 1404.

Ferry de Lorraine, comte de Vaudémont, et Jean de Neufchâtel font un compromis pour terminer leurs différends[1].

<small>MENTION. K₂, f° 92 v°, n° 43.</small>

1062
26 novembre 1407.

Ferry de Lorraine et Marguerite de J., comte et comtesse de Vaudémont, affranchissent les Dames de Bouxières des droits qu'elles leur devaient à Thorey et à Dommarie et leur donnent une rente de 40 sous en

---

<small>[1] Ces différends ne sont pas autrement indiqués dans l'analyse qui nous a conservé le souvenir de cette transaction.</small>

échange d'un moulin sur le Brenon, qu'ils ont dû détruire pour étendre les fortifications de Vézelise.

Arch. de Meurthe-et-Moselle, H 3036. — MENTION. Germain, *Mém. de la Soc. d'archéologie lorraine*, XXXI, 105.

1063
20 novembre 1408.

Ferry de Lorraine et Marguerite de J., comte et comtesse de Vaudémont, fondent une chapelle de N. D. et de S. Jacques à Vaudémont, et une chapelle de N. D. et de S. Antoine dans l'église de N. D. de Sion.

Arch. de Meurthe-et-Moselle, H 2994. — MENTION. Germain, *Mém. de la Soc. d'archéologie lorraine*, XXXI, 107.

1064
21 août 1409.

Marguerite, comtesse de Vaudémont, dame de J., donne 20 livres pour fonder quatre obits à S. Laurent de J.

MENTION. K_1, f° 38 r°, n° 56.

1065
22 août 1409.

Marguerite, comtesse de Vaudémont, dame de J., donne 100 sous et 6 livres de cire par an à S. Laurent de J. pour y fonder son anniversaire.

MENTION. K_1, f° 38 r°, n° 55.

1066
Juillet 1414.

Ferry de Lorraine, comte de Vaudémont, et Marguerite de J., sa femme, fondent, sur la côte du château de J., une chapelle de S. Michel, où l'on devra dire la messe chaque jour à leur intention.

MENTION. Arch. nat. R⁴* 1139, f° 274. – K_1, f° 314 r°, n° 1. – K_3, f° 273, n° 1.

1067
6 février 1416.

Marguerite de J., comtesse de Vaudémont, et l'abbé de S. Mihiel font un accord au sujet de Bure et de Ribeaucourt.

Mention. K$_1$, f° 13 r°, n° 1764.

1068
17 mars 1416.

Charles VI, roi de France, autorise Marguerite de J., comtesse de Vaudémont, veuve de Ferry de Lorraine, tué dans la campagne de Picardie contre les Anglais, à faire, dans un délai d'un an, la reprise de la terre de Joinville, mouvant du comté de Champagne.

Mention. K$_1$, f°,21 r°, n° 159.

1069
2 juillet 1416.

Marguerite de J., comtesse de Vaudémont, conclut avec sa cousine, Marguerite de J., dame de Chaumont-sur-Loire, un accord par lequel elle lui cède certains droits à Arnancourt en échange d'une rente de 20 livres que la dame de Chaumont prétendait toucher sur les assises de Joinville.

Mention. Arch. nat. R^{i*} 1139, f° 253. – K$_1$, f° 3 v°. – K$_2$, f° 283 r°. – K$_3$, f° 248 r°.

1070
12 août 1416.

« Letres en parchemyn soubz le scel de Waissy, du 12 d'aoust mil iiij^c xvj, par lesquelles dame Marguerite de Joinville recongnoist son héritier seul, Anthoine de Lorraine, son filz, avec traité pour le mariage dudict Anthoine et de damoiselle Marie de Harcourt. »

Mention. K$_1$, f° 4 v°, n° 24. – K$_2$, f° 21 v°, n° 28.

1071
28 avril 1417.

Dénombrement rendu à Marguerite de J., dame de Rumigny et de

Boucq, et comtesse de Vaudémont, par Werry de Fléville, écuyer, pour divers biens sis à Houdreville, Amermont, Vézelise, Foucaucourt et Vandelainville.

<small>Recueil de Du Fourny, layette *Vaudémont domaine*, n° 10. — MENTION. Germain, *Mém. de la Soc. d'archéologie lorraine*, XXXI, 117.</small>

TABLE ALPHABÉTIQUE DES NOMS.

Les chiffres précédés de la mention Cat. renvoient aux numéros du Catalogue d'actes ; les autres renvoient aux pages.

A

ABIENVILLE (Perrin d').

ACELIN, chanoine de Saint-Laurent de Joinville, maître de Guillaume de Joinville, 35. — Cat. 79.

ACHARDIN DE RIGNY. — Cat. 201.

ACORNBURY (Prieuré d'), en Angleterre, 226, 227. — Cat. 744.

ACRE (SAINT-JEAN-D'), 35, 37, 39, 42, 50, 100, 101, 105, 107, 110, 114, 117, 123, 225. — Cat. 90.

—— (curé de Saint-Michel), 103.

—— (évêque d') : Gautier.

—— (Jean d').

ACUNVILLA. — Cat. 104.

ADAM DE BASINGES, bourgeois de Londres. — Cat. 390.

ADAM DE MAISIÈRES. — Cat. 520.

ADAM DE MONTREUIL. — Cat. 799, 863.

ADAM DE POISSONS, chevalier. — Cat. 44.

ADÉLAÏDE, comtesse de Joigny, puis de Brienne, 4, 8.

ADÈLE, comtesse. — Cat. 14.

ADELINE [DE CUREL], femme de Girard de Brissey. — Cat. 282, 283, 285.

ADELINE, femme de Roger de Rupt. — Cat. 71.

ADHÉMAR, évêque de Metz. — Cat. 969.

AÉNOR DE CULAN. Voir ANNOR.

AGATHE DE GRAND, dame de Beaupré, 236.

AGEN (Marchands d') : Guillaume Barage, Guillaume de la Devise.

AGNÈS DE BONNEY, femme de Guillaume de Ligniville et de Claude d'Essey, 237.

AGNÈS D'ÉCHENAY, mariée à Jean Chaudron, 222.

AGNÈS DE FAUCIGNY, femme de Pierre de Savoie, 58, 224. — Cat. 393, 464.

AGNÈS DE GEX, 230. — Cat. 523.

AGNÈS DE PIETRAMALA, 235.

AGNÈS DE PULLIGNY, dame de Bonney, 237.

AGNÈS, femme de Gui Ier de Sailly, 221. — Cat. 216.

AGNÈS, femme de Nicolas Le Téleron. — Cat. 848.

AIGREMONT. Voir GUI D'——, HESCELINE DE NULLY.

AIGUES-MORTES (Gard, arr. Nîmes), 77, 125.

AIMARD, évêque de Soissons. — Cat. 209.

AIMÉE DE COLIGNY, dame de Mornay et de Divonne, 231.

AIMON DE FAUCIGNY, 57. — Cat. 478.

AIMON, évêque de Genève. — Cat. 693.

AIX-EN-OTHE (Aube, arr. Troyes, ch.-l. c^{on}), 196.

AIX-EN-PROVENCE (Bouches-du-Rhône), 125.

ALAMAN (Gui, Odon).

ALBERT, empereur d'Allemagne, 143.

ALBERT, s. de la Tour-du-Pin. — Cat. 368.

ALBIGEOIS (Croisades contre les), 49, 65. — Cat. 151.

ALBIRA, comtesse de Brienne, 43.

ALBRECHT, capitaine d'aventuriers, 197, 203, 210. — Cat. 967.

ALBRASTEL. Voir ALBRECHT.

ALBY (Évêque d'), Bertrand.

ALEMAN (Gui, Humbert, Odon).

ALEMANT (Guillaume d').
ALENÇON (Pierre, comte d').
ALEP (Le sultan d'), 115.
ALEXANDRE III, pape, 28. — Cat. 45, 49, 54, 56, 58.
ALFONSE DE BRIENNE, comte d'Eu, 118, 120, 121, 123.
ALFONSE XI, roi de Castille. — Cat. 882.
ALFONSE, comte de Poitiers, 73, 84, 86, 87, 91, 94.
ALIÉNOR DE GUYENNE, 41.
ALIFE (Italie, prov. de Caserte), 235.
ALIFE (Geoffroy de Marzano, comte d').
ALIX, comtesse de Bourgogne. — Cat. 419.
ALIX DE BROUSSEY. — Cat. 877.
ALIX, reine de Chypre, 60.
ALIX ou BÉATRIX, dame de Donjeux et de Bourlémont, 223.
ALIX, femme d'Érard de Doulevant. — Cat. 833.
ALIX DE GRANDPRÉ, femme de Jean de Joinville, 62, 73, 175, 176. — Cat. 266, 273, 322, 331, 334, 497.
ALIX DE JOINVILLE, dame d'Arcis et de Chacenay, puis de Beaufort, 144, 177, 179. — Cat. 660, 678, 733, 774, 775, 792, 809, 879.
ALIX DE JOINVILLE, dame de Neufchâtel, 213, 215. — Cat. 998, 1002, 1007, 1008, 1009, 1012, 1022, 1039, 1053, 1057.
ALIX DE JOINVILLE, dame de Venizy et de Briquenay, 234. — Cat. 842, 900, 924, 928, 929.
ALIX DE MÉRANIE, comtesse de Bourgogne. — Cat. 463.
ALIX, femme d'Aubert d'Osne. — Cat. 500, 537.
ALIX DE REYNEL, dame de Joinville, 131, 176. — Cat. 400, 405, 406, 410, 414, 425, 426, 430, 432, 439, 446, 452, 467, 475, 487, 496, 502 bis, 503, 508 bis, 511, 511 bis, 517 bis, 518, 585, 717.
ALIX, femme de Jean, s. de Reynel. — Cat. 541, 564.
ALIX, dame de Sailly, 222.
ALIX DE SAILLY, prieure de Foissy, 221. — Cat. 489.

ALLEMAGNE (Albert, Frédéric II, empereurs d').
ALLEMANDS (Les), 193.
AMANCE (Aube, arr. Bar-sur-Aube, c^{on} Vendeuvre). — Cat. 1059.
AMAURY DE JOINVILLE, prêtre, clerc du comte de Champagne. — Cat. 76.
AMBLARD DE DIVONNE, chanoine-comte de Lyon, 231.
AMBOISE (Hugues d' —, s. de Chaumont).
AMÉ Ier, s. de Marnay et de Divonne, 231.
AMÉ II, s. de Divonne, 231.
AMÉ DE JOINVILLE, s. de Méry-sur-Seine, d'Aulnay-le-Châtel, de Soudron et d'Étrelles, coseigneur de Pouan, 229. — Cat. 981, 982, 988, 991, 995, 997, 1000, 1005, 1006, 1011, 1014, 1015, 1018, 1020, 1021, 1023, 1024, 1027, 1032 à 1034, 1037, 1038, 1041, 1055, 1056.
AMÉ DE SARREBRÜCK, s. de Commercy et de Venizy. — Cat. 1055, 1056.
AMÉDÉE, comte de Génevois. — Cat. 579, 580.
AMÉDÉE, s. de Gex. — Cat. 337, 453, 513.
AMÉDÉE DE MONTBÉLIARD, s. de Montfaucon. — Cat. 478.
AMÉDÉE, comte de Savoie. — Cat. 561, 562, 572, 579, 590, 593, 597, 613, 628, 633, 651, 658, 699, 700, 712.
AMÉDÉE, évêque de Toul. — Cat. 846.
AMÉDÉE DE VILLARS. — Cat. 699.
AMÈLE (Thierry d').
AMELINE, femme de Pierre Farnot. — Cat. 60.
AMELIO DE JOINVILLE, maréchal de Sicile, 235.
AMELIO, comte de Sant-Angelo, 236.
AMERMONT (Meuse, arr. Montmédy, c^{on} Spincourt, c^{ne} Bouligny). — Cat. 1071.
AMIENS. — Cat. 892.
ANCERVILLE (Meuse, arr. Bar-le-Duc, ch.-l. c^{on}). — Cat. 681.
—— (Jean de Joinville, s. d').
—— (Marie, dame de Quiévrain et d').
—— (Marguerite de Vaudémont, dame d').
ANCHIN (L'abbé d'). — Cat. 787.
ANDEVANNE (Ardennes, arr. Vouziers, c^{on} Buzancy), 234. — Cat. 497.

TABLE ALPHABÉTIQUE DES NOMS. 491

ANDRÉ, doyen de Bar-sur-Aube. — Cat. 442.
ANDRÉ, s. de Bonney et de Beaupré. Voir ANDRÉ DE JOINVILLE, s. de Bonney.
ANDRÉ, seigneur de Bonney et de Bruley. Voir ANDRÉ DE JOINVILLE, s. de Bonney et de Bruley.
ANDRÉ DE COURCELLES. — Cat. 307.
ANDRÉ DE DOMMARTIN. — Cat. 426.
ANDRÉ D'ÉPOISSES, 56.
ANDRÉ DE JOINVILLE, templier, 37, 38.
ANDRÉ DE JOINVILLE, s. de Bonney et de Beaupré, 177, 179, 236. — Cat. 671, 688 *bis*, 695, 696, 711, 717, 746, 775, 776, 784, 792, 804, 805, 837, 838, 867, 871, 874.
ANDRÉ DE JOINVILLE, s. de Bonney et de Bruley, 237. — Cat. 1046.
ANDRÉ DE RAMERUPT, 35.
ANDRIEU DE *BUNY*, Lombard. — Cat. 972.
ANDROUIN DE BARBEY, écuyer. — Cat. 959.
ANDROUIN DE COURCELLES. — Cat. 235.
ANDROUIN, s. de Ville, bailli de Vosge. — Cat. 948.
ANGLAIS (Les), 193.
ANGLETERRE (Rois d'): Édouard Ier, Édouard II, Édouard III, Henri III, Richard Cœur de lion.
ANJOU (Charles, comte d').
ANNE, femme de Roger de Chatonrupt. — Cat. 588.
ANNE, femme de Humbert, dauphin de Viennois. — Cat. 640.
ANNE-MARIE-LOUISE D'ORLÉANS, Mlle de Montpensier, 217.
ANNONVILLE (Haute-Marne, arr. Vassy, c^{on} Poissons), 156. — Cat. 88, 643.
ANNOR, dame de Culan, 229. — Cat. 1028, 1029.
ANSEAU, chambellan de Jean de Joinville. — Cat. 323.
ANSEAU, s. de Bonney, 237. — Cat. 968.
ANSEAU, s. de Joinville (d'abord s. de Rimaucourt et de Reynel), 145, 156, 157, 160, 161, 177, 178 à 187. — Cat. 652, 660, 671, 672, 676, 682, 688 *bis*, 691, 694 à 696, 711, 719, 720, 727, 730, 732, 738, 740, 741, 749, 750, 752, 754 à 756, 759, 760, 763 à 767, 770 à 901 *passim*.
ANSEAU, s. de Joinville (Veneur d'): Laurent Bouquantin.
ANSEAU DE JOINVILLE, fils de Henri de Joinville, comte de Vaudémont, 214.
ANSEAU, s. de Méry-sur-Seine, 229.
ANSEAU LE PRÉVÔT, bourgeois de Joinville. — Cat. 528.
ANSEAU DE RIENCOURT. — Cat. 844.
ANSEAU DE TRAINEL, maréchal de Champagne. — Cat. 373.
ANTHON (Hugues de Genève, s. d' —; Éléonore de Gex, dame d').
ANTIOCHE (Boémond V et Boémond VI, prince d' — et comte de Tripoli).
ANTOINE DE LORRAINE, comte de Vaudémont, 215. — Cat. 1053, 1070.
APREMONT (Meuse, arr. Commercy, c^{on} Saint-Mihiel). — Cat. 477. (Voir Geoffroy, Geoffroy comte de Sarrebrück, Gobert, Hugues, Mahaut, Raimbaud.)
ARAGON (Roi d'). — Cat. 573.
ARCE (Italie, prov. de Caserte, arr. de Sora), 234.
ARCHIPRÊTRE (Arnaut de Cervole *dit* l').
ARCIS-SUR-AUBE (Aube). — Cat. 809. (Voir Alix de Joinville, dame d' — et de Chacenay, puis de Beaufort; Jean, s. d' — et de Chacenay).
ARIANO (Louis de Sabran, comte d').
ARLES (Bouches-du-Rhône), 77.
ARLOD (Ain, arr. Nantua, c^{on} Châtillon-de-Michaille). — Cat. 561.
ARMÉNIE (La GRANDE), 117.
ARRANCOURT (Haute-Marne, arr. Vassy, c^{on} Doulevant). — Cat. 1042, 1069.
ARNAUT DE CERVOLE, dit *l'Archiprêtre*, s. de Leuroux et de Châteauvilain, 205 à 213. — Cat. 985, 987, 989, 996.
ARNOIL DE DOULEVANT. — Cat. 61, 247, 258.
ARNOUL, comte de Reynel, 21, 25. — Cat. 23.
ARNOUL DE REYNEL, chanoine de Verdun, 20, 21. — Cat. 15.
ARNAY (Ponce d').
ARRENTIÈRES (Jean d'). — Cat. 799.
ARTHIRMURCHIR, en Irlande (Guillaume de

Joinville, archidiacre de Besançon, recteur d' —).
ARTOIS (Robert, Mahaut d').
ARZILLIÈRES (Béatrix, Henri, Thomas d').
ASCHMOUN (Branche d'). Voir Tanis (Fleuve de).
ATUIS (Voir BERTRAND D').
AUBERCHICOURT (Eustache d').
AUBERT, s. de Beaupré, 236.
AUBERT DE BRACHEY. — Cat. 176, 182, 403.
AUBERT DE FLAMMERÉCOURT, chevalier. — Cat. 294.
AUBERT DE HANGEST, s. de Genlis, 187. — Cat. 894, 895.
AUBERT DE LANDRICOURT, s. de Sainte-Livière. — Cat. 362, 472, 489, 506.
AUBERT MAHON. — Cat. 675.
AUBERT D'OSNE. — Cat. 455, 500, 537.
AUBERT DE POISSONS, chevalier. — Cat. 439, 478 bis, 623.
AUBERT DE RAGECOURT, s. de Fronville. — Cat. 362, 411.
AUBERT DE SAINTE-LIVIÈRE. Voir AUBERT DE LANDRICOURT.
AUBERT DE VÉLINE. — Cat. 301.
AUBERT DE VITRY. — Cat. 86, 92, 532.
AUBERTIN. — Cat. 680.
AUBONNE (Humbert Aleman, s. d' — et de Coppet).
AUBRY DE FOUCHIÈRES. — Cat. 690.
AUBRY DE TROIS-FONTAINES, 8, 9, 12.
AUCEY (Abbaye d'). — Cat. 292.
AUDE DE DOMMARTIN. — Cat. 371.
AUDENARDE (Marie d').
AUDIARD DE VIGNORY, dame de Joinville, 26, 29. — Cat. 24, 26, 28.
AUDLEY (Pierre).
AUFÉLIS, femme de Robert de Sailly, 222. — Cat. 386, 473.
AUGÉVILLE (Haute-Marne, arr. Vassy, c^on Doulaincourt), 5. — Cat. 1, 2, 370.

AULNAY-L'ÂTRE (Marne, arr. et c^on Vitry-le-François). — Cat. 848. (Amé de Joinville, s. de Méry et d' —; Isabeau de Circy, dame de Vaucouleurs et d' —; Nicolas de Joinville, s. d' —.)
AULNAY-LE-CHÂTEL. Voir AULNAY-L'ÂTRE.
AUMONT (Bois d'). — Cat. 72, 629.
AUNAY-LE-CHÂTEL. Voir AULNAY-LE-CHÂTEL.
AUNAY (Guillaume d').
AUNIS (L'), 73.
AUTHIES (Somme, arr. Doullens, c^on Acheux), 145, 160.
AUTIGNY-LE-GRAND (Haute-Marne, arr. Vassy, c^on de Joinville), 29. — Cat. 24, 64, 326.
—— (Gautier d').
AUTIGNY-LE-PETIT (Haute-Marne, arr. Vassy, c^on Joinville). — Cat. 93.
AUTRÈCHE (Gautier d').
AUTRICHE (Rodolphe, duc d').
AUTRICOURT (Étienne d' —, commandeur du Temple).
AUX CHAUDRONS, moulin près de Thonnance-les-Moulins (Haute-Marne), arr. Vassy (ou Poissons). — Cat. 145.
AUXERRE (Comte d' — et de Tonnerre) : Jean de Chalon-Arlay.
—— (Évêque d') : Gui de Mello.
AUXONNE (Côte-d'Or), 77. (Béatrix d' —; Étienne, comte de Bourgogne et d' —.)
AVALLON (Pierre d').
AVENAY (Guillemette de Joinville, abbesse d').
AVENDON DOU SELLIER, Lombard. — Cat. 972.
AVIGNON, 59, 184, 202, 211.
AYOUZON (Ain, arr. et c^on Gex, c^ne Crozet). — Cat. 375.
AVRINCOURT (Gui d').
AY (Renaut d').
AYMAR DE BEAUVOIR. — Cat. 703.
AZINCOURT (Bataille d'), 215.

B

B., abbé de Saint-Urbain. — Cat. 1.
BACON (Nicolas).

BADONVILLIERS (Meuse, arr. Commercy, c^on Gondrecourt). — Cat. 366.

TABLE ALPHABÉTIQUE DES NOMS.

BAGNEUX (Gaillard de).
BAILLY (auj. Bailly-aux-Forges, Haute-Marne, arr. et c^on Vassy). — Cat. 851.
BAINVILLE-AUX-MIROIRS (Meurthe-et-Moselle, arr. Nancy, c^on Haroué). — Cat. 1009.
BALEYSON, paroisse près de Douvaine (Suisse). — Cat. 1054.
BALLE (Huguenin, le moine de).
BALLEQUIN «dis BUNY». — Cat. 974.
BANNI. — Cat. 80.
BAR-LE-DUC (Meuse), 193. Comté de —: 133. Église castrale de —: cat. 750, 763. *Comtes puis ducs de* — : Édouard Ier, Henri II, Henri IV, Robert, Thibaut Ier, Thibaut II, Yoland de Flandre. *Personnages dits de* — : Érard, Jean, Renaud dit le Borgne, comte épiscopal de Verdun, Renaud, s. de Pierrepont.
BAR-SUR-AUBE (Aube), 25, 136. — Cat. 14, 40, 460, 752, 765, 783. *Comte de* — : Hugues, comte de Champagne. *Doyen de* — : André. *Maison-Dieu de* — : 204.
BAR-SUR-SEINE (Aube), 136, 140, 200. — Cat. 460, 875. Comte de — : Miles.
BARAGE (Guillaume).
BARBERINO (François de).
BARBEY (Androuin de).
BARDOUL (Hugues —, s. de Broyes).
BARJOLS (Hugues de).
BARRES (Les), sur le territoire de Flammerécourt (Haute-Marne, arr. Vassy, c^on Doulevant). — Cat. 423.
BARRES (Le Borgne). Voir JEAN DES —.
BARRICOURT (Ardennes, arr. Vouziers, c^on Buzancy). — Cat. 497.
BARRIVILLA. — Cat. 104.
BARTHÉLEMY, chevalier, fils de Téceline de Chevillon. — Cat. 114.
BARTHÉLEMY DU DRACH, maître des garnisons du roi. — Cat. 892, 903.
BARTHÉLEMY, bâtard du s. de Montfaucon, 97, 102.
BARUTH. Voir ESCHIVE DE MONTBÉLIARD, dame de —.
BASINGES (Adam de).
BASSÉE (La) (Nord, arr. Lille, ch.-l. c^on), 145.
BASSIGNY (Le bailli de). — Cat. 840.

BÂTARD (Colard LE).
BATH (Robert, évêque de).
BAUDOUIN, s. de Beaumont. — cat. 649.
BAUDOUIN IX, comte de Flandre, 40, 42, 43.
BAUDOUIN DE REIMS, 83.
BAUDRICOURT (Vosges, arr. et c^on Mirecourt). — Cat. 1042. Moulin de — : Cat. 745.
BAUGIER, 10.
BAULEMAR (Vautrin, *dit*).
BAUME (La SAINTE-), 125.
BAUME (Galois de la).
BAVIÈRE (Louis de).
BAYARD (Haute-Marne, arr. Vassy, c^on Chevillon, c^ne la Neuville-à-Bayard). — Cat. 494.
BAYON (Henri, s. de).
BÉARN (Gaston, vicomte de).
BÉATRIX D'ARZILLIÈRES, dame de Donjeux, 223.
BÉATRIX D'AUXONNE, femme de Simon de Joinville, dame de Marnay et de Vaucouleurs, 57, 61, 66, 67, 70 à 72. — Cat. 242, 247, 251, 252, 254, 255, 266, 270, 282, 283, 288, 289, 291, 293, 294, 296, 297, 299, 301 à 303, 311, 358, 361, 394.
BÉATRIX, comtesse de Chalon-sur-Saône, 57. — Cat. 254.
BÉATRIX, dame de Cirey. — Cat. 62.
BÉATRIX ou ALIX, dame de Donjeux et de Bourlémont, 223.
BÉATRIX DE FAUCIGNY. — Cat. 561, 597, 640.
BÉATRIX DE GEX, femme de Gui Alaman, 230. — Cat. 526.
BÉATRIX DE JOINVILLE, religieuse à Acornbury, 226.
BÉATRIX DE JOINVILLE, femme de Guermond, vidame de Châlons, 67. — Cat. 178.
BÉATRIX DE JOINVILLE, comtesse de Grandpré, 26, 29.
BÉATRIX, dame de Marnay. Voir BÉATRIX D'AUXONNE.
BÉATRIX DE SAILLY, religieuse à Foissy, 222. — Cat. 489.
BÉATRIX, fille de Pierre, comte de Savoie. — Cat. 581.

BÉATRIX, dame de Thoire et de Villars. — Cat. 368, 464.

BÉATRIX, dame de Vaucouleurs. Voir BÉATRIX D'AUXONNE.

BÉATRIX, dauphine de Viennois, dame de Faucigny, 127. — Cat. 712.

BEAUCAIRE (Gard, arr. Nîmes, ch.-l. c^{on}), 125.

BEAUFFREMONT (Cunégonde, Humbert de).

BEAUFORT (auj. Montmorency, Aube, arr. Arcis-sur-Aube, c^{on} Chavanges), 199.

—— (Alix de Joinville, dame d'Arcis et de Chacenay, puis de).

—— (Henri, s. d'Arzillières et de).

—— (Jean de Lancastre, s. de).

BEAUJEU. Voir HUMBERT DE ——, connétable de France.

BEAULIEU (Geoffroy de).

BEAUMONT (Nord, arr. Cambrai, c^{on} le Cateau). — Cat. 649.

BEAUMONT (Baudouin, Guillaume, Jean, Marguerite de).

BEAUPRÉ (Agathe de Grand, André, Aubert, Cunégonde de Beauffremont, Gautier, Mahaut, Simon, seigneurs et dames de).

—— Marguerite de ——, dame d'Effincourt et de la Fauche. Voir BONNEY et BRULEY (Seigneurs de).

BEAUREGARD (près de Nomécourt, Haute-Marne, arr. Vassy, c^{on} Joinville). — Cat. 792.

—— (Guillaume de Joinville, s. de).

BEAUREPAIRE (Guerry de).

BEAUVAIS (Évêché de). — Cat. 769.

BEAUVAISIS (Le), 191.

BEAUVOIR (Aymar de).

BEAUVOIR (Hospitaliers de). — Cat. 274.

BEAUVOIR (Teutoniques de). — Cat. 240, 595.

BÉHUCHET (Nicole).

BÉLINAS, 117, 118.

BELLADONNA RUFFO, dame de Venafro, 234.

Benoît XII, pape, 184.

BENOITEVAUX (Abbaye de). — Cat. 388, 400, 478 bis, 496, 541, 803.

BÉRAUD, s. de Divonne, 231.

BERO (Gilles de).

BERNARD VIII, comte de Comminges, 181. — Cat. 845.

BERNE. — Cat. 590.

BERNIER (Catherine ——, dame de Divonne).

BÉNOUARD, chevalier, 18. — Cat. 8.

BERTHE LA VÉNERESSE. — Cat. 480.

BERTHELÉVILLE (Meuse, arr. Commercy, c^{on} Gondrecourt). — Cat. 319, 695.

BERTOLD, évêque de Toul, 5.

BERTRAN (Robert ——, s. de Briquebec). *

BERTRAND D'ATHIS, moine de Saint-Urbain, 154.

BERTRAND, évêque d'Alby. — Cat. 725.

BERTRAND DU GUESCLIN, 213.

BERTRAND, évêque de Metz, 48.

Besançon (Doubs), 3. — Cat. 361. *Archevêque de* —— : Jean II. *Archidiacre de* —— : Guillaume de Joinville. *Doyen de* —— : Henri de Faucogney.

BETTONCOURT (Haute-Marne, arr. Vassy, c^{on} Poissons), 131. — Cat. 364, 388, 405, 407 à 410, 605, 955.

—— (Ermengard, Eudes de).

BÈZE (Étienne de Joinville, abbé de).

BÉZENNES (Jean, Perrard de).

BIANGES (Simon de).

BIENCOURT (Meuse, arr. Bar-le-Duc, c^{on} Montiers-sur-Saulx), 57, 131. — Cat. 221, 415, 1049.

BIERNE (Aube, c^{on} Villemereuil). — Cat. 735.

BIMARD DE LA BASTIE, 69.

BITCHE (LE WAUQUAIRE DE), 212.

BLAISE (La), affluent de la Marne. — Cat. 85, 117, 131, 148, 152, 169, 197, 275.

—— (Pays de la), 6, 23, 36, 37, 64, 65. — Cat. 3, 11.

BLAISERON (Le), affluent de la Blaise. — Cat. 152.

BLANC (Hugues LE).

BLANCHE D'ARTOIS, comtesse de Champagne, 138.

BLANCHE DE CASTILLE, reine de France, 59, 60, 73, 107, 116.

BLANCHE DE CHAMPAGNE, comtesse de Bretagne, 128.

BLANCHE DE FRANCE, 121, 143.

BLANCHE, femme de Geoffroy Ier de Joinville, 19, 20, 21. — Cat. 15.
BLANCHE DE NAVARRE, comtesse de Champagne, 42, 49, 53, 55, 56, 58. — Cat. 110, 115, 116, 129, 147, 155, 160, 163, 165, 166, 167, 168, 183, 184, 186, 189, 190, 191, 192, 193, 194, 196, 199, 202, 218, 219, 223, 225, 238, 246.
BLANCHE, femme de Thibaut de Rigny. — Cat. 201.
BLATHAGH. — Cat. 704.
BLÉCOURT (Haute-Marne, arr. Vassy, c^{on} Joinville), 77. — Cat. 24, 208, 329.
BLEURVILLE (Vosges, arr. Mirecourt, c^{on} Monthureux-sur-Saône), 180. — Cat. 810, 819.
BLÉZY (Haute-Marne, arr. Chaumont, c^{on} Juzennecourt). — Cat. 783.
BLOIS (Thibaut, comte de).
BOÉMOND V, prince d'Antioche, 104.
BOÉMOND VI, prince d'Antioche et comte de Tripoli, 122. — Cat. 722.
BOESSE (Jeanne de).
BOHÊME (Jean, comte de Luxembourg, Wenceslas Ier, duc de Luxembourg, rois de).
BOIS (Renard de Dampierre, s. du — et de Ponthieu), 237.
BOIS-LES-CONVERS (Le). — Cat. 394 bis.
BOLOGNE-SUR-MARNE (Haute-Marne, arr. Chaumont, c^{on} Vignory), 17, 18.
BONCOURT (Meuse, arr. et c^{on} Commercy). 57. — Cat. 221.
BONIFACE VIII, pape, 145, 128. — Cat. 641.
BONIFACE (Maître), chanoine de Saint-Laurent de Joinville. — Cat. 422.
BONIFACE DE MONTFERRAT, 43.
BONIFAZIO (Richard).
BONMONT (Abbaye de). — Cat. 470, 683.
BONNET (Jean).
BONNEY (Meuse, arr. Commercy, c^{on} Gondrecourt). — Cat. 564, 671, 746.
—— (Agnès de Pulligny, André, s. de Beaupré, André II, Anseau, Isabelle, Jeanne, dame de Bruley, seigneurs et dames de).
—— (Perrinet de).
BORDEAUX. 144.

BORGNE DES BARRES (LE), 157, 158.
BOSON DE DEUILLY, chevalier. — Cat. 118.
BOUC (Gérard de).
BOUCHERAUMONT (Bois de). — Cat. 893.
—— (Prieuré de). — Cat. 661.
BOUCQ (Ferry de Lorraine, s. de Rumigny et de ——, comte de Vaudémont).
BOULANCOURT (Abbaye de), 17, 20, 65. — Cat. 20, 21, 37, 89, 90, 106, 113, 121 bis, 156, 161, 231, 291; 302, 394, 394 bis, 442, 456, 710 bis, 912.
—— (Henri, abbé de).
BOULANCOURT (Jeanne de Grancey, dame de).
BOULOGNE (Guillaume, Philippe Hurepel, Renaud de Dammartin, comtes de).
BOUQUANTIN (Laurent).
BOURBONNE (Haute-Marne, arr. Langres, ch.-l. c^{on}). — Cat. 835.
—— (Renard de Choiseul, s. de).
—— (Alix de ——, dame de Sailly).
—— (Pierre de).
BOURDES (Pernet des).
BOURDIN, prévôt de Geoffroy II de Joinville, 23.
BOURG (Gauthier du).
BOURGOGNE (Comté de). — Cat. 840.
—— (Comtes et comtesses de) : Alix de Méranie, Étienne, comte d'Auxonne, Eudes, Hugues de Chalon, Jean, Othon IV.
—— (Ducs de) : Eudes III, Eudes IV, Hugues III, Hugues IV, Philippe le Hardi.
—— Béatrix d'Auxonne; Jean de Bourgogne; Jean de Bourgogne, s. de Montaigu et de Joinville; Marguerite de Bourgogne.
BOURLÉMONT (Alix ou Béatrix de Donjeux, Félicité de Joinville, Geoffroy, Henri, Pierre, seigneurs et dames de).
BOUXIÈRES (Chanoinesses de). — Cat. 1062.
BRABANT (Jean III, duc de).
BRACHEY (Aubert, Jean, Pierre de).
BRAIEMONT (Bois de). — Cat. 462.
BRAISNE ET DREUX (Robert III, comte de).
BRANCION (Josserand de).
BRAQUE (Jean), évêque de Troyes.
BRAZ (Thomas de).
BRENON (Le). — Cat. 1062.

Bressoncourt (Haute-Marne, arr. Vassy, c^{on} Poissons). — Cat. 1019.
Bretagne (Blanche de Champagne, Jean Ier, Pierre Mauclerc, comtes et comtesse de).
Brétigny (Traité de), 202.
Breton (Miles Le).
Bretoncourt (Eudes de).
Breuil (Le) (Haute-Marne, arr. Vassy, c^{on} Chevillon). — Cat. 108, 412, 995.
—— (Gautier, Milet, Thibaut de).
Bridgesolars (Gilbert de Reygate, recteur de).
Brie (La), 194.
Brienne-le-Château (Aube, arr. Bar-sur-Aube, ch.-l. c^{on}), 4.
—— (Albira, Engelbert, Érard, Gautier, Hugues, comte de Lecce, Gozbert, comtes et comtesse de).
—— (Adélaïde, comtesse de Joigny; Alfonse, comte d'Eu; Félicité; Jean, comte d'Eu; Jean, roi de Jérusalem).
Brindisi (Italie, prov. de Lecce), 235.
Brioncourt (Hugues Chaudron, s. de).
Briquebec (Robert Bertran, s. de).
Briquenay (Ardennes, arr. Vouziers, c^{on} Buzancy), 234. — Cat. 497.
—— (Alix, dame de Venizy; Geoffroy de Joinville; Guillaume de Joinville; Mabille de Villehardouin, dame de Nanteuil). Voir les comtes de Sant-Angelo et les seigneurs de Venafro.
Brissey (Girard de).
Britaud de Nangis, grand connétable de Sicile, 232.
Brochard de Fénétrange, 193, 196, 199,
200-203, 205, 207, 209, 210. — Cat. 964, 965, 989, 993.
Broussey-en-Blois (Meuse, arr. Commercy, c^{on} Void). — Cat. 451, 877, 884, 887.
—— (Alix de).
Brouthières (Haute-Marne, arr. Vassy, c^{on} Poissons). — Cat. 298, 319.
—— (Gautier, Hugues de).
Broyes (Félicité, Hugues, Hugues Bardoul II, Isembard, Simon de).
Bruce (Édouard).
Brück (Mathieu de).
Bruges, 143.
Bruley (André, s. de Bonney, Jeanne, Pierre, seigneurs et dame de).
Brun (Guillaume Le), s. du Tronchoy.
Brunon, abbé de Montiérender, 16. — Cat. 79.
Brunon, évêque de Toul, pape sous le nom de Léon IX, 14, 15.
Brusson (Marne, arr. Vitry-le-François, c^{on} Thiéblemont). — Cat. 479 bis.
Buironfosse (Aisne, arr. Vervins, c^{on} la Capelle), 185, 186.
Bulgnéville (Humbert de Beauffremont, seigneur de).
Bunys (Andrieu, Ballequin, Haimon, Jannon).
Bure (Meuse, arr. Bar-le-Duc, c^{on} Montiers-sur-Saulx), 131. — Cat. 257, 282, 283, 285, 378, 415, 508, 511, 677, 687, 690, 739, 1049, 1067.
Burey-la-Côte (Meuse, arr. Commercy, c^{on} Vaucouleurs), 63. — Cat. 263.
Bussy (Jean de).

C

Caire (Le), 86.
Calmet (Dom), 206.
Calvi (Italie, prov. de Caserte), 234.
Cambrai, 185.
Canfranc, en Aragon. — Cat. 573.
Cassano (Italie, prov. de Cosenza), 235.
Castille, 184.
—— (Alfonse XI, roi de).
Castille, Blanche de —, reine de France.
Castleknock (Prébende de —, à Saint-Patrick de Dublin). — Cat. 617.
Catherine Bernier, dame de Divonne, 231.
Catherine de Joinville, prieure d'Acornbury, 227. — Cat. 744.
Catherine, duchesse de Lorraine. — Cat. 336.

TABLE ALPHABÉTIQUE DES NOMS. 497

Caym (Jean —, de Sainte-Menehould).
Ceffonds (Haute-Marne, arr. Vassy, c^on Montiérender).
—— (Église Saint-Remy de), 25.
Censois, colline près de Joinville. — Cat. 153.
Cervain (Guillaume).
Cervole (Arnaut de).
Césarée, 114.
Chacenay (Alix de Joinville, dame d'Arcis, Érard, Jean d'Arcis et de).
Chaceporc (Pierre).
Chalaines (Meuse, arr. Commercy, c^on Vaucouleurs). — Cat. 10, 12, 990.
Chalemart (Jean).
Chaligny (Meurthe-et-Moselle, arr. et c^on Nancy), 161, 207, 208.
Chaligny (Marie de Luxembourg, dame de Joinville).
Chalon-Arlay (Jean de —, comte d'Auxerre et de Tonnerre).
Chalon-sur-Saône. Béatrix, comtesse de —; Jean, comte de —; Gilbert de —; Olivier, évêque de —.
Châlons-sur-Marne, 30, 31. — Cat. 848.
—— (Archidiacres de) : cat. 262, Guillaume de Joinville.
—— (Chapitre de) : cat. 51.
—— (Évêques de) : Geoffroy, Girard, Gui, Guillaume, Pierre II, Roger, Rotrou.
—— (Girard de).
—— (Saint-Étienne de).
—— (Vidames de) : Hugues, Guermond.
Chambly (G. de).
Chambroncourt (Haute-Marne, arr. Chaumont, c^on Saint-Blin). — Cat. 817.
—— Prieuré de — : cat. 682, 691, 919.
Champagne (La), 178, 179, 194. — Cat. 491, 851.
—— (Comtes et comtesses de) : Blanche d'Artois, Blanche de Navarre, Eudes Ier, Eudes II, Henri Ier, Henri III, Hugues Ier, Isabelle de Lusignan, Jeanne de Navarre, Louis X, roi de France, Marie, Thibaut Ier, Thibaut II, Thibaut III, Thibaut IV, Thibaut V.
—— (Connétable de) : Gaucher de Châtillon.

Champagne. Étienne-Henri, fils de Thibaut Ier.
—— (Gardes généraux de) : 140. — Cat. 559, 560.
—— (Grands Jours de) : 140, 156. — Cat. 557, 576, 592, 729, 838.
—— (Gruyer de) : Le s. de Pailly.
—— (Maréchaux de) : Anseau de Traînel, Hugues de Conflans.
—— (Nobles de) : Cat. 743, 767.
—— (Sénéchaux de) : Les s. de Joinville.
Champ-à-l'eau (Le), lieu-dit entre Tournay et Brusson. — Cat. 479 bis.
Changenay (Haute-Marne, arr. Vassy, c^on Saint-Dizier). — Cat. 578.
Chanlot (Perrenelle de Chappes, dame de Jully et de).
Chantemerle, village détruit près de Bourbonne (Haute-Marne). — Cat. 835.
Chaouilley (Meurthe, arr. Nancy, c^on Vézelise). — Cat. 1052.
Chapelle-aux-Planches (Abbaye de la), 29. — Cat. 38, 39, 733, 879.
Chappes (Jean, Perrenelle de).
Chardonru. — Cat. 20.
Charité (Abbaye de la). — 361, 483.
Charles, comte d'Anjou, roi de Naples, 87, 88, 91, 94, 107, 108. — Cat. 535, 542, 586.
Charles de Châtillon, grand maître des eaux et forêts et grand queux de France, 229. — Cat. 1056.
Charles IV le Bel, roi de France, 181. — Cat. 798, 824, 827, 835.
Charles V, roi de France, 194, 195, 207, 212, 214. — Cat. 950 à 953, 955, 993, 997, 1005.
Charles VI, roi de France. — Cat. 1068.
Charles de Haraucourt, 236.
Charles Ier, roi de Naples. Voir Charles, comte d'Anjou.
Charles II, roi de Naples, 235. — Cat. 586, 663, 782.
Charles le Mauvais, roi de Navarre, 192, 193, 195.
Charles IV, roi des Romains. — Cat. 945.
Charles, roi de Sicile. Voir Charles Ier et Charles II, rois de Naples.

Jean de Joinville.

32

498 TABLE ALPHABÉTIQUE DES NOMS.

Charles, comte de Valois et d'Alençon. — Cat. 735.
Charlieu (Renaud, abbé de).
Charles-Quint, empereur, 45.
Charmes-en-l'Angle (Haute-Marne, arr. Vassy, c⁰ⁿ Doulevant), 35, 58. — Cat. 75, 294, 395.
Charmes-la-Chapelle, hameau détruit dépendant de Charmes-la-Grande. — Cat. 429.
Charmes-la-Grande (Haute-Marne, arr. Vassy, c⁰ⁿ Doulevant). — Cat. 205, 229.
Charmes-la-Petite (peut-être Charmes-la-Chapelle). — Cat. 1042.
Charmets, frère de Colin. — Cat. 303.
Charmont (Marne, arr. Vitry-le-François, c⁰ⁿ Heiltz-le-Maurupt), 183. — Cat. 869.
Charny (Jean; Jeanne, dame de la Fauche; Marguerite de Joinville, dame de).
Chartres. — Cat. 110.
——— (Chapitre de) : Cat. 975.
——— (Guillaume de).
Chassenay. Voir Chacenay.
Châteauvillain (Arnaud de Cervole, s. de Leuroux et de —; Jeanne, Marie, Simone de).
Châtel (Jean du).
Châtel-sur-Moselle (Vosges, arr. Épinal, ch.-l. c⁰ⁿ). — Cat. 1009.
Châtelet (Guillaume du).
Châtelet du Crédo, sur la rive gauche de l'Arve, près de Reignier (Haute-Savoie, arr. Saint-Julien). — Cat. 464.
Châtenay (auj. Châtenay-Vaudin, Haute-Marne, arr. et c⁰ⁿ Langres). — Cat. 761.
Châtenay (Le sire de), 104.
Châtenois (Vosges, arr. Neufchâteau, ch.-l. c⁰ⁿ), 157.
Châtillon (Charles, seigneur de).
Châtillon (Gaucher de).
Châtillon-en-Michaille (Ain, arr. Nantua, ch.-l. c⁰ⁿ). — Cat. 526.
——— (Pierre de).
Châtillon-sur-Seine (Côte-d'Or, ch.-l. arr.). — Cat. 16.
Chatonrupt (Haute-Marne, arr. Vassy, c⁰ⁿ Joinville). — Cat. 680.
——— (Hugues, Roger de).

Chaudron (Gautier, Hugues, s. de Brioncourt, Jean).
Chaumont-en-Bassigny (Haute-Marne), 190, 191. — Cat. 688 bis, 804, 896, 987, 996.
——— (Baillis de) : Érard de Doulevant, Viennet de Nogent, Wiard de Nogent.
Chaumont-sur-Loire (Hugues d'Amboise, s. de — et de Saint-Vrain; Marguerite, dame de Méry-sur-Seine et de Culan, puis de).
Chauvrey (Philippe de).
Cheminon (Abbaye de). — Cat. 474 bis.
——— (Ablé de) : 77.
Chenèvre ou Chenevrey (Haute-Saône, arr. Gray, c⁰ⁿ Marnay). — Cat. 398.
Chermizey (Vosges, arr. Neufchâteau, c⁰ⁿ Coussey). — Cat. 505.
Chevillart (Henri).
Chevillon (Haute-Marne, arr. Vassy, ch.-l. c⁰ⁿ), 65, 142. — Cat. 154, 161, 629, 697, 980.
——— (Hugues, Raoul, Téceline, Wille de).
Chevrier (Gui).
Choiseul (Gui, Jean, Ponce, Renard de).
Chypre (Île de), 79, 81, 123.
——— (Alix, reine de).
Cirey-lès-Mareilles (Haute-Marne, arr. Chaumont, c⁰ⁿ Andelot), 131. — Cat. 405, 407, 408, 409, 410, 475.
——— Béatrix, dame de —; Isabeau, dame de Vaucouleurs et d'Aulnay.
Cirfontaines-en-Ornois (Haute-Marne, arr. Vassy, c⁰ⁿ Poissons). — Cat. 286, 356.
Clairlieu (Abbaye de). — Cat. 945.
Clairvaux (Abbaye de), 27, 28, 39, 58, 65. — Cat. 104, 117, 131, 132, 152, 178, 204, 205, 229, 255, 271, 272, 316.
——— (Épitaphe de) : 157.
Clairvaux-du-Jura (Jura, arr. Lons-le-Saunier, ch.-l. c⁰ⁿ). — Cat. 669.
Claude d'Essey, 237.
Clefmont (Gui, Isabelle, Simon, Widric de).
Clémence de Hongrie, reine de France, 161.
Clémencet de Saint-Loup. — Cat. 428.
Clément VII, pape, 215. — Cat. 1045.

CLONMACNOIS (Archidiacre de) : Miles O'Connor.
CLOS (Le), pré de l'abbaye de Vaux-en-Ornois. — Cat. 69.
CLOS-JOINVILLE (Le), vigne près de Colombé-la-Fosse. — Cat. 204.
CLUNY (Abbaye de), 16.
CLUSE (La), près de Collonges. — Cat. 464, 526, 597, 613.
COËMY (Marne), 234.
COIFFY (Haute-Marne, arr. Langres, c^{on} Bourbonne). — Cat. 460.
COLART LE BÂTARD. — Cat. 951.
COLART DE SAULX, bailli de Vitry, 193.
COLIGNY (Jean Roger, curé de).
COLIGNY (Aimée de —, dame de Marnay et de Divonne).
COLIN, frère de Charmets. — Cat. 303.
COLIN DE LETTRECOURT. — Cat. 960.
COLIN DE SOUAIN. — Cat. 218.
COLOMBÉ-LA-FOSSE (Aube, arr. Bar-sur-Aube, c^{on} Soulaines), 58. — Cat. 117, 204, 229, 255, 316, 462.
COLOMBEY (Hugues de).
COLOMBEY-LÈS-CHOISEUL (Haute-Marne, arr. Chaumont, c^{on} Clefmont). — Cat. 290, 305.
COLOMBEY-LES-DEUX-ÉGLISES (Haute-Marne, arr. Chaumont, c^{on} Juzennecourt). — Cat. 107, 149, 211, 783, 851.
COMMERCY (Meuse). — Cat. 842.
—— (Amé de Sarrebrück, s. de — et de Venizy; Jean, comte de Sarrebrück, s. de).
COMMINGES (Bernard VIII, comte de).
COMMUGNY, près de Coppet (Suisse, c^{on} de Vaud). — Cat. 464.
COMMUNAILLES (Bois de). — Cat. 294.
COMPAGNIES (Les). — Cat. 996.
COMPIÈGNE (Oise), 42.
COMPOSTELLE (Saint-Jacques de).
COMTESSE, femme d'Eudes de Doulevant. — Cat. 108.
CONDÉ-SUR-MARNE (arr. et c^{on} Châlons-sur-Marne). — Cat. 35.
CONFLANS (Eustache de —, seigneur de Moreuil; Hugues de).
CONFLANS-SUR-SEINE (Marne, arr. Épernay, c^{on} Anglure), 199, 201.

CONRAD DE MONTFERRAT, 39, 40.
CONSTANT (Maître), chanoine de Saint-Laurent de Joinville, 35. — Cat. 79.
CONSTANT (Messire), chapelain de Saint-Laurent de Joinville. — Cat. 385.
CONSTANTINOPLE (Marie de Brienne, impératrice de).
COPPET (Humbert Alaman, s. d'Aubonne et de).
CORBEIL (Assemblée de), 43.
CORCONDRAY (Renaud de).
CORDELIERS (Les), 122.
COSIMIEU (?). — Cat. 464.
CÔTE (Étienne de la).
COULMIERS (Hébert, s. en partie de).
COULOURS (Hospitaliers de), 234.
COUR (Michel de la).
COURCELLES (André, Androuin, Étienne, Lambert de).
COURCELLES-SUR-BLAISE (Haute-Marne, arr. Vassy, c^{on} Doulevant), 30, 32. — Cat. 56, 144.
COURTRAY (Bataille de), 144, 145, 146.
COURTREMBLAY (N. de —, dame de Divonne), 231.
COUTANCES (G. de Chambly, archidiacre de).
COUVERTPUIS (Meuse, arr. Bar-le-Duc, c^{on} Montiers-sur-Saulx). — Cat. 171, 300.
CRAON (Maurice de).
CRÉCY (Bataille de), 188-189.
CRÉCY-EN-BRIE (Seine-et-Marne, arr. Meaux, ch.-l. c^{on}). — Cat. 991.
CRÉDOZ. Voir CHÂTELET DU CRÉDO.
CRESPY (Geoffroy de).
CRÊTE (Abbaye de la), 58, 65, 131. — Cat. 27, 100, 109, 151, 207, 260, 405, 407, 408, 409, 410, 452, 475.
CROTOY (Le) (Somme, arr. Abbeville, c^{on} Rue). — Cat. 892.
CULAN (Annor, Eudes, Gilbert, Guichard, Marguerite de Joinville, dame de Méry et de).
CULOZ (Ain, arr. Belley, c^{on} Seyssel): — Cat. 363.
CUNÉGONDE DE BEAUFFREMONT, dame de Beaupré, 236.

CUREL (Haute-Marne, arr. Vassy, c^on Chevillon). — Cat. 350, 330.

CUREL (Dudon, Gautier, Jeanne, Marguerite, Renée, Rénier de).

D

DAMAS (Le sultan de), 115.
DAMASE II, pape, 15.
DAMIETTE, 56, 81, 84, 95, 96, 98.
—— (Branche de), 86, 87.
—— (Siège de). Cat. 213.
DAMMARTIN (Mathieu de Trie, comte de).
DAMPIERRE.
—— Gui de ——, évêque élu de Châlons.
—— Guillaume de ——, comte de Flandre.
—— Héluis de ——.
—— Jean de ——, s. de Saint-Dizier.
—— Renard de ——, s. du Bois et de Ponthion.
—— Renaud, comte de ——.
DAUNEY-AUX-CHÊNES (Vosges, arr. Neufchâteau, c^on Châtenois), 158.
DAUPHIN DE VIENNOIS (Guigues).
DERCOURT (Jean du Plessis, s. de).
DEVISE (Guillaume de la).
DIARVILLE (Meurthe-et-Moselle, arr. Nancy, c^on Haroué). — Cat. 957.
DIERVILLE. Voir DIARVILLE.
DIJON, 160.
DINTEVILLE (Jean de ——; Girard de ——, s. d'Échenay).
DIVONNE (Ain, arr. et c^on Gex). — Cat. 526, 693.
—— (Amblard de).
—— N. de ——, femme de Jacques de Gingins, 231.
—— (Aimée de Coligny, dame de Marnay et de).
—— (Amé Ier, Amé II, Béraud; Jean, s. de Gingins; Louis, seigneurs de).
DOLCOURT. — Cat. 1047.
DOMMARIE-EULMONT (Meurthe-et-Moselle, arr. Nancy, c^on Vézelise). — Cat. 1062.
DOMMARTIN (André, Raoul de).
DOMMARTIN-LE-FRANC (Haute-Marne, arr. et c^on

Vassy), 8, 16. — Cat. 7, 67, 175, 210, 553, 655, 719, 720, 773, 851.
DONJEUX (Haute-Marne, arr. Vassy, c^on Doulaincourt, 51. — Cat. 121, 159, 172, 173, 440, 646, 893. *Moulin de* —— : cat. 954. *Seigneurs de* —— : Alix ou Béatrix, Béatrix d'Arzillières, Gui Ier, Gui II, Isabelle d'Étrépy; Ogier, s. d'Effincourt; Simon.
—— Marguerite de ——, dame de la Fauche.
—— (Jeannet de).
DONZY (Geoffroy de).
DORE (Abbaye de). — Cat. 340.
DOULEVANT (Arnoul de).
—— (Eudes de).
—— (Bois de ——, à Colombé-la-Fosse). — Cat. 204.
DOULEVANT-LE-CHÂTEAU (Haute-Marne, arr. Vassy, ch.-l. c^on), 55, 64. — Cat. 67, 117, 119, 150. *Château de* —— : cat. 193.
—— (Érard, Héluis, Jean Ier, Jean II, Jeanne, seigneurs et dame de).
DOULEVANT-LE-GRAND. Voir DOULEVANT-LE-CHÂTEAU.
DOULEVANT-LE-PETIT. — Cat. 67, 307.
DOUACH (Barthélemy du).
DREU, chapelain de Geoffroy IV de Joinville, 36.
DREUX (Eure-et-Loir, ch.-l. arr.). — Cat. 976.
DROGHEDA (Irlande). — Cat. 704.
DU CANGE, 10-11.
DUDON DE CUREL. — Cat. 93.
DUDON Ier, abbé de Montiérender, 6, 7, 12. — Cat. 3, 5.
DUDON II, abbé de Montiérender, 23. — Cat. 11.
DURNAY (Jean, s. de).

E

Ébles de Genève, 230. — Cat. 387.

Échenay (Agnès, Girard de Dinteville, Jean; Laure, dame de Sailly; Simon, seigneurs et dames d').

Écly (Ardennes, arr. Rethel, c^on Château-Porcien), 43.

Écosse (Guerre d'). — Cat. 653, 668.

Écot (Geoffroy, Hugues d').

Écurey (Abbaye d'), 28, 39, 65, 66, 76, 131, 141. — Cat. 30, 31, 71, 107, 133, 134, 145, 149, 150, 211, 216, 224, 261, 277, 284, 285, 289, 290, 298, 305, 312, 313, 318, 319, 324, 331, 359, 372, 415, 430, 439, 446, 462, 473, 487, 551, 619, 675, 679 bis, 684, 695, 697, 754, 907.

Edmond de Lancastre, mari de Blanche d'Artois, comtesse de Champagne, 139.

Édouard Ier, roi d'Angleterre, 225. — Cat. 338, 357, 436, 502, 512, 515, 538, 539, 545, 569, 573, 583, 587, 589, 591, 610, 611, 615, 617, 620, 624, 625, 626, 632, 634, 635, 636, 637, 638, 639, 645, 647, 648, 651, 653, 654, 656, 657, 659, 664, 665, 666, 668, 672, 678, 685, 692, 698, 704, 707.

Édouard II, roi d'Angleterre. — Cat. 638, 762.

Édouard III, roi d'Angleterre, 185, 195, 203.

Édouard Ier, comte de Bar, 180, 181, 182. — Cat. 732, 740, 741, 749, 750, 752, 755, 763, 770, 793, 807, 808, 810, 812, 825, 840, 846, 850, 853, 854.

Édouard Bruce. — Cat. 762.

Édouard Fitzgerald. — Cat. 338.

Effincourt (Henri, Hugues, Marguerite de Beaupré, dame d' —; Ogier, s. d' — et de la Fauche).

Éléonore de Gex, dame d'Anthon et de Varey, 231.

Élisabeth, femme de Miles de Haironville. — Cat. 224.

Élisabeth de Joinville. — Voir Isabelle de Joinville.

Élisabeth de Joinville, femme de Simon de Clefmont. — Cat. 290, 305, 316.

Élisabeth d'Orléans, duchesse de Guise, 216.

Élisabeth de Vitry. — Cat. 86.

Elphin (Évêque d') : Miles O'Connor, archidiacre de Clonmacnois.

Elzéar de Joinville, abbé de Santa-Maria de Gualdo, 235.

Engelbert Ier de Brienne, 4.

Engelbert II de Brienne, 6. — Cat. 3.

Entre-deux-Linons, lieu-dit du finage d'Etrelles. — Cat. 1020.

Épizon (Haute-Marne, arr. Vassy, c^on Poissons). — Cat. 813.

Époisses (André d').

Épothémont (Aube, arr. Bar-sur-Aube, c^on Soulaines). — Cat. 420.

Érard de Bar, s. de Pierrepont. — Cat. 681, 740.

Érard Ier, comte de Brienne, 25, 26.

Érard de Brienne, seigneur de Rameru, 80, 81, 82.

Érard de Brienne, s. de Venizy, 50, 51, 52, 53, 55, 56. — Cat. 183, 184, 186, 189, 195, 196.

Érard de Chacenay, 56.

Érard de Joinville, s. de Doulevant, bailli de Vitry, puis de Chaumont, 228, 229. — Cat. 745, 795, 811, 839, 849, 853, 908, 912, 914, 916, 921, 922, 927, 936, 938.

Érard de Sivry, chevalier, 90, 91.

Érard, s. de Vallery. — Cat. 735.

Érard de Vaucouleurs. — Cat. 797.

Érard, s. de Nanteuil, 176, 233.

Érarde de Joinville, femme de Philippe Siginolfo, 235. — Cat. 782.

Érize (Ferry et Gobert d').

Ermengart de Beitoncourt. — Cat. 351.

Ermengart, femme de Gautier de Curel. — Cat. 327.

ERMENGART DE MONTCLAIR, femme de Simon de Joinville, 47, 55, 57, 66, 71. — Cat. 147, 154, 156, 158, 564, 178, 198, 200.

ESCHIVE DE MONTBÉLIARD, dame de Baruth, 82.

ESSEY (Claude d').

ESTILLOUR (Guillaume L').

ÉTATS GÉNÉRAUX DE 1302, 145.

—— DE 1308, 151.

ÉTIENNE (Reliques de saint), 122. — Cat. 519, 722.

ÉTIENNE, doyen de Saint-Laurent de Joinville. — Cat. 477.

ÉTIENNE (Frère), prieur de Satigny. — Cat. 604.

ÉTIENNE D'AUTRICOURT, commandeur du Temple, 99.

ÉTIENNE, comte d'Auxonne et de Bourgogne, 57. — Cat. 254.

ÉTIENNE, comte de Bourgogne. — Cat. 299.

ÉTIENNE DE LA CÔTE, 36.

ÉTIENNE DE COURCELLES, chanoine de Toul. — Cat. 437.

ÉTIENNE-HENRI, fils de Thibaut Ier de Champagne, 23. — Cat. 11.

ÉTIENNE DE JOINVILLE. — Cat. 3, 4, 5, 11. Voir ÉTIENNE DE *NOVO CASTELLO* et ÉTIENNE DE VAUX.

ÉTIENNE DE JOINVILLE, abbé de Bèze, 19, 20, 21. — Cat. 15.

ÉTIENNE LONGUÉPÉE, justicier d'Irlande. — Cat. 389.

ÉTIENNE MARCEL, 194.

ÉTIENNE DE *NOVO CASTELLO*. — Cat. 1 et 2.

ÉTIENNE D'OISELAY, s. de Villeneuve. — Cat. 669.

ÉTIENNE, fils de Romier de Joinville. — Cat. 130.

ÉTIENNE II, comte de Sancerre, 143.

ÉTIENNE DE VAUX, 3 à 15.

ÉTRELLES (Aube, arr. Arcis-sur-Aube, c^{on} Méry-sur-Seine). — Cat. 1006, 1020.

—— (Amé, s. de Méry-sur-Seine et d' —; Isabelle, dame d').

ÉTRÉPY (Isabelle d' —, dame de Donjeux).

EU (Alfonse de Brienne, Raoul, comtes d').

EUDES (La maison d') à Joinville. — Cat. 329.

EUDES DE BETTONCOURT. — Cat. 803.

EUDES, comte de Bourgogne, 58.

EUDES III, duc de Bourgogne, 43, 48. — Cat. 195, 238.

EUDES IV, duc de Bourgogne, 161, 179, 182, 183, 184.

EUDES DE BRETONCOURT. — Cat. 138, 139.

EUDES, fils de Thibaut Ier, comte de Champagne. — Cat. 13.

EUDES Ier, comte de Champagne, 13.

EUDES II, comte de Champagne, 15.

EUDES DE CHAMPAGNE, 24.

EUDES, s. de Culan, 187, 229. — Cat. 1028.

EUDES DE DOULEVANT. — Cat. 108.

EUDES DE GRANCEY, sire de Pierrepont, 206. — Cat. 858, 985.

EUDES RAGOT, beau-frère de Gui de Sailly, 221. — Cat. 223.

EUDES DE SAVOISY, s. du Fossé, 223. — Cat. 1027.

EUDES DE VAUCOULEURS, 36.

EURVILLE (Haute-Marne, arr. Vassy, c^{on} Chevillon). — Cat. 817.

EUSTACHE D'AUBERCHICOURT, 196, 198.

EUSTACHE DE CONFLANS. — Cat. 332.

EUSTACHE DE CONFLANS, s. de Moreuil, 223.

EUSTACHE DE CONFLANS, frère de Gui du Plessis. — Cat. 116.

ÉVAUX. Voir VAUX-EN-ORNOIS.

ÉVRARD DE GRANT. — Cat. 63.

ÉVREUX (Saint-Taurin d').

EWYAS-LACY (Angleterre, comté d'Hereford), 226. — Cat. 569.

F

FARNOT (Ameline, Pierre).

FAUCHE (La) (Haute-Marne, arr. Chaumont, c^{on} Saint-Blin), 54, 55, 211. — Cat. 189, 199, 484. Dame de la — : cat. 871.

Henri, Hugues, Jean, Jeanne de Charny, Marguerite, Ogier de Joinville, s. d'Effincourt et de la —; Pierre, prévôt de la —; Saint-André de la — : cat. 941.

FAUCIGNY (Agnès, Aimon, Béatrix, Béatrix d'Auxonne, Jacques de).

FAUCOGNEY (Geoffroy, Héluis de Joinville, Jean de).

FAVIÈRES (Meurthe-et-Moselle, arr. Toul, c^{on} Colombey). — Cat. 1047.

FAYS (Haute-Marne, arr. et c^{on} de Vassy), 6, 17. — Cat. 4, 7.

FÉGÈRE (Ain, arr. Gex, c^{on} Collonges, c^{ne} Péron). — Cat. 547, 582, 726.

FEIGÈRE. Voir FÉGÈRE.

FÉLICITÉ DE BRIENNE, femme de Geoffroy III de Joinville, 28, 29, 33. — Cat. 28, 29, 32, 39, 58.

FÉLICITÉ DE JOINVILLE, femme de Pierre de Bourlémont, 37, 38. — Cat. 100, 109.

FÉNÉTRANGE (Brochard de).

FERRAND, comte de Flandre, 60.

FERRIÈRES (Haute-Marne, arr. Vassy, c^{on} Joinville), 136. — Cat. 459, 467, 514, 521.

—— (Vautrin, *dit* Baulemar de).

FERRY D'ÉRIZE. — Cat. 1049.

FERRY Ier, duc de Lorraine, 48.

FERRY II, duc de Lorraine. — Cat. 143.

FERRY III, duc de Lorraine. — Cat. 336, 352, 567, 568, 673, 676.

FERRY IV, duc de Lorraine. — Cat. 738, 740, 741, 749, 828.

FERRY DE LORRAINE, s. de Rumigny et de Boucq, comte de Vaudémont, 215. — Cat. 1047-1051, 1053, 1054, 1057-1058, 1061-1063, 1066, 1068.

FERRY DE LOUPPY, 90.

FERRY DE VAUCOULEURS, chevalier. — Cat. 171, 478 *bis*.

FERTÉ-SUR-AMANCE (La) (Haute-Marne, arr. Langres, ch.-l. c^{on}), 182. — Cat. 850, 860, 862.

FERTÉ-SUR-AUBE (La), (Haute-Marne, arr. Chaumont, c^{on} Châteauvillain). — Cat. 460, 783.

FILANGIERI (Jean —, s. de Lapigio).

FILOMARINO (Loffredo).

FILS (Jean LE). — Cat. 1015.

FITZGERALD (Édouard, Maurice).

FITZLYON (Jeanne).

FITZ-MAURICE (Gerald).

FLAMANDS (Les). — Cat. 748.

FLAMMERÉCOURT (Haute-Marne, arr. Vassy, c^{on} Doulevant). — Cat. 176.

—— (Aubert, Jean de).

—— (Prieuré de). — Cat. 182.

FLANDRE (La), 179, 184.

—— (*Comtes de*) : Baudouin IX, Ferrand, Guillaume de Dampierre, Louis Ier.

—— (Guerre de) : Cat. 678.

FLEURINES. Voir FLORENNES.

FLEURY (auj. Fleury-Vallée-d'Aillant, Yonne, arr. Joigny, c^{on} Aillant-sur-Tholon). — Cat. 536.

FLÉVILLE (Werry de).

FLORENNES (Belgique, prov. de Namur, arr. Philippeville, ch.-l. c^{on}). — Cat. 734.

FLORES (Joachim de).

FLOTTE (Pierre).

FOISSY-LÈS-TROYES (Alix de Sailly, prieure, Béatrix de Sailly, religieuse à).

FONTAINE (Moulin de la), à Joinville. — Cat. 323.

FONTAINEBLEAU, 128.

FORE (Le prieur de). — Cat. 615.

FORÊT (Pierre Hose de la).

FOSSÉ (Eudes de Savoisy, s. du).

FOUCAUCOURT (Meuse, arr. Bar-le-Duc, c Triaucourt). — Cat. 1071.

FOUCHÈRES (Aube, arr. et c^{on} Bar-sur-Seine). — Cat. 735.

FOUCHIÈRES (Aubry de).

FOURRÉ (Jean, Isabelle, Philippe).

FOURRÉE (Philippe).

FOUVENT (Jean de Vergy, s. de).

FRANCHE-COMTÉ (La), 74.

FRANÇOIS DE BARBERINO, 152.

FRANÇOIS, duc de Guise, 216.

FRANÇOISE DE JOINVILLE, mariée à Geoffroy de Marzano, comte d'Alife, 235.

FRANTZ HENNEQUIN, chef de bande, 199.

FRÉDÉRIC II, empereur d'Allemagne, 53.

FRÉDÉRIC VENTURI. — Cat. 600.

FRONVILLE (Haute-Marne, arr. Vassy, c^on Joinville). — Cat. 86, 98, 506, 529, 627, 630.

FRONVILLE (*Seigneur de*) : Aubert de Ragecourt.

—— (Gui, Hugues, Roger de).

G

G. DE CHAMBLY, archidiacre de Coutances, 140. — Cat. 560.
GAILLARD DE BAGNEUX. — Cat. 589.
GALLES (Pays de). — Cat. 620.
GALLOIS (Les). — Cat. 391, 545, 565, 569.
GALOIS DE LA BAUME, chevalier. — Cat. 873.
GARIS, évêque de Toul, 64.
GARNIER, évêque de Langres. — Cat. 109.
GARNIER DE SOMMEVILLE. — Cat. 161.
GARNIER DE SOUAIN. — Cat. 218.
GASCOGNE (La). — Cat. 610.
GASTON, vicomte de Béarn. — Cat. 498.
GAUBERT, sénéchal de Champagne, 24.
GAUCHER DE CHÂTILLON, s. de Montjay et de Donzy, 94.
—— comte de Porcien, connétable de Champagne, puis connétable de France. — Cat. 669, 734, 738.
GAUCHER, comte de Rethel. — cat. 374.
GAUCHER DE VIGNES. — Cat. 799, 802, 863.
GAUTIER (Le moulin). — Cat. 88.
GAUTIER, évêque d'Acre, 103.
GAUTIER D'AUTIGNY. — Cat. 795.
GAULT R D'AUFRÈNE, 85.
GAUTIER DU BOURG. — Cat. 338.
GAUTIER DE BREUIL. — Cat. 88.
GAUTIER Ier, comte de Brienne, 25.
GAUTIER III, comte de Brienne, 43.
GAUTIER V, comte de Brienne. — Cat. 719.
GAUTIER DE BROUTHIÈRES, frère de Roger de Chatenrupt. — Cat. 298, 324.
GAUTIER DE CHARMES, chevalier. — Cat. 271.
GAUTIER CUTAUDRON, fils de Miles de Haironville. — Cat. 234.
GAUTIER DE CUREL, chevalier, 88. — Cat. 271, 283, 285, 326, 327.
GAUTIER DE JOINVILLE, s. de Beaupré, 177, 236. — Cat. 584, 717.

GAUTIER DE JOINVILLE, s. de Vaucouleurs, 145, 228. — Cat. 616, 644, 660, 661, 694.
GAUTIER DE LACY, 224. — Cat. 339, 347, 762.
GAUTIER DE MONTFAUCON. — Cat. 641.
GAUTIER DE NULLY, 17.
GAUTIER, voué de Pommern. — Cat. 253.
GAUTIER, s. de Reynel, beau-père de Jean de Joinville. — Cat. 396, 400, 410, 452, 803.
GAUTIER, abbé de Saint-Urbain. — Cat. 141, 153.
GAUTIER, fils d'Héluis de Sévrimont. — Cat. 312.
GAUTIER DE SOMMERMONT. — Cat. 708.
GAUTIER, doyen de Toul. — Cat. 1.
GAUTIER TOUT-LE-MONDE. — Cat. 70.
GAUTIER DE VIGNES. — Voir GAUCHER DE VIGNES.
GAUTIER, s. de Vignory, 51. — Cat. 168.
GAZA, ville de Syrie, 115, 116.
GÉDOUIN, archevêque de Sens, 9.
GENÈVE.
—— (*Chapitre de*) : cat. 493, 628.
—— (*Diocèse de*) : cat. 523.
—— (*Évêques de*) : Aimon, Henri.
—— (*Pont du Rhône*) : cat. 393.
—— (*Saint-Victor de*).
Voir ÉDUES, PIERRE, PIERRE, comte de —— et de VAUDÉMONT.
GENEVOIS (Le comte de). — Cat. 597. (Voir AMÉDÉE, RODOLPHE.)
GENLIS (Aubert de Hangest, s. de ——; Jeanne de Joinville, dame de ——).
GEOFFRIN DE NARCEY, écuyer, 211, 212.
GEOFFROY, sénéchal de Champagne, 24.
GEOFFROY D'APREMONT, comte de Sarrebrück, 77, 81. — Cat. 333.
GEOFFROY DE BEAULIEU, 147.
GEOFFROY DE BOURLÉMONT. — Cat. 332, 445.

GEOFFROY, s. de Briquenay et s. de Nanteuil.
— Voir GEOFFROY DE JOINVILLE, s. de Briquenay.
GEOFFROY, évêque de Châlons. — Cat. 24, 26.
GEOFFROY DE CRESPY, écuyer. — Cat. 1024.
GEOFFROY DE CUREL. — Cat. 283.
GEOFFROY DE DONZY, 27.
GEOFFROY D'ÉCOT, chevalier. — Cat. 839.
GEOFFROY, s. de Faucogney. — Cat. 483.
GEOFFROY LE GRAND, homme d'armes. — Cat. 953.
GEOFFROY LE GROS. — Voir GEOFFROY III DE JOINVILLE.
GEOFFROY DE GUIMONT, sergent royal. — Cat. 943.
GEOFFROY LE JEUNE. — Voir GEOFFROY IV DE JOINVILLE.
GEOFFROY, comte de Joigny, 9.
GEOFFROY Ier, sire de Joinville, 7, 9, 14, 15 à 23. — Cat. 6, 8, 10. (Voir GEOFFROY DE NOVO CASTELLO.)
GEOFFROY II, s. de Joinville, 19, 23 à 25. — Cat. 10 à 13, 17, 21.
GEOFFROY III, s. de Joinville, dit le Gros ou le Vieux, 25, 26, 27 à 33. — Cat. 23, 24, 25, 26, 27 à 72 passim, 74.
GEOFFROY IV, s. de Joinville, dit le Jeune ou Valet, 29, 31, 32, 33 à 37. — Cat. 27, 28, 30, 39, 40, 44, 53, 54, 56, 61, 62, 64, 65, 68, 70, 71, 73 à 84 passim, 87, 90, 169, 216, 440, 510, 532.
GEOFFROY V, s. de Joinville, 34, 36, 37 à 46. — Cat. 74, 76, 78, 79, 81, 85 à 124 passim, 125, 126, 151, 207, 260, 302.
GEOFFROY ou GOFFREDUCCIO DE JOINVILLE, s. de Sant-Angelo, 234. — Cat. 586, 782.
GEOFFROY DE JOINVILLE, s. de Briquenay et de Nanteuil, 138, 176, 232, 233. — Cat. 425, 446, 477, 497, 501, 509, 536, 586, 688 bis.
GEOFFROY DE JOINVILLE, s. de Montclair, 55, 57, 61, 66, 71. — Cat. 178, 189, 200, 222, 247, 248, 251, 252, 253, 261, 265, 267, 268, 281, 305, 462.
GEOFFROY DE JOINVILLE, s. de Vaucouleurs, 57,

67, 74, 75, 223 à 226. — Cat. 302, 332, 335, 336, 338 à 340, 342, 343, 347 à 349, 356, 357, 391, 399, 436, 449 à 451, 457, 478, 480, 481, 485, 486, 512, 515, 538, 539, 544, 545, 552, 558, 565, 567 à 569, 575, 583, 587, 589, 596, 602, 609 à 612, 615, 616, 620, 624 à 626, 632, 634, 635, 637 à 639, 642, 644, 645, 647, 648, 651, 653, 654, 656, 657, 659, 664 à 666, 668, 672, 679, 685, 692, 698, 704, 707, 708, 751, 768.
GEOFFROY, évêque de Langres. — Cat. 27.
GEOFFROY DE LOUVAIN, mari de Marie d'Audenarde. — Cat. 314.
GEOFFROY DE MARZANO, comte d'Alife, 235.
GEOFFROY MUTET DE TIL, écuyer. — Cat. 502 bis.
GEOFFROY DE NANCEY, chevalier, 211.
GEOFFROY, abbé de Saint-Urbain, 132.
GEOFFROY, fils de Sébille de Saulxures. — Cat. 476.
GEOFFROY LE VIEUX. Voir GEOFFROY Ier et GEOFFROY III DE JOINVILLE.
GEOFFROY DE VILLEHARDOUIN, 43, 44.
GEOFFROY DE VITRY. — Cat. 86.
GEORGES (Reliques de saint). — Cat. 519.
GERALD FITZMAURICE. — Cat. 552, 575.
GÉRARD DE BOUC, chevalier. — Cat. 567, 568.
GÉRARD, abbé de Molesme. — Cat. 32.
GÉRARD DE PRÉGNY. — Cat. 841.
GÉRARD IV, s. de Puilligny, 236.
GÉPAUVILLIERS (Meuse, arr. Commercy, c^{on} Gondrecourt). — Cat. 366.
GERMAY (Haute-Marne, arr. Vassy, c^{on} Poissons), 57, 129. — Cat. 44, 221, 363, 427, 432, 433, 468, 677.
—— (Wiart de).
GERMINY (Oudet de).
GERTRUDE DE JOINVILLE, comtesse de Vaudémont, 29, 33. — Cat. 39, 53.
GEX (Ain). — Cat. 363, 513, 580, 640, 683.
—— Agnès, Amédée, Béatrix, Éléonore, Guillaume, Hugues, Jeanne de Vaud, Léonète, Marguerite, Pierre, Simon. Voir

aussi les seigneurs de Marnay et de Divonne.

GILBERT DE CHALON. — Cat. 745.

GILBERT DE CULAN. — Cat. 1028, 1029.

GILBERT DE JOINVILLE. — Cat. 66.

GILBERT DE REYGATE, recteur de Bridgesolars. Cat. 744.

GILLANCOURT (Haute-Marne, arr. Chaumont, cᵒⁿ Juzennecourt). — Cat. 783, 851.

GILLES DE BERG. — Cat. 217 bis.

GILLES DE SOYECOURT. — Cat. 951.

GILLES, évêque de Toul. — Cat. 450.

GINGINS (Jacques, Jean de).

GIRARD, prévôt de Ligny. — Cat. 420.

GIRARD DE BRISSEY, chevalier. — Cat. 282, 283, 285.

GIRAUD DE CHÂLONS, 31. — Cat. 50.

GIRARD, évêque de Châlons. — Cat. 131, 132.

GIRARD DE DINTEVILLE, s. d'Échenay. — Cat. 1019.

GIRARD LE PHYSICIEN, chanoine de Saint-Laurent de Joinville. — Cat. 454.

GOBERT D'APREMONT, 77, 81.

GOBERT D'ÉRIZE. — Cat. 1049.

GOFFREDUCCIO, s. de Sant-Angelo. Voir GEOFFROY ou GOFFREDUCCIO DE JOINVILLE.

GOMBERVAUX (Meuse, arr. Commercy, cᵒⁿ et cᵇᵉ Vaucouleurs), 212.

GONDRECOURT (Meuse, arr. Commercy, ch.-l. cᵒⁿ), 208. — Cat. 130, 317, 320, 364, 369, 369, 546.

—— (Jean, s. de).

GONZE (Abbaye de), 48. — Cat. 485.

GOUJON (Jean).

GOURZON (Haute-Marne, arr. Vassy, cᵒⁿ Chevillon), 8, 17. — Cat. 7, 549, 588, 697.

GOZBERT DE BRIENNE, 4.

GRAGNANO (Italie, prov. de Naples, arr. Castellamare), 235.

GRAILLY (Jean de).

GRANCEY (Eudes, Jeanne de).

GRAND (Agathe de —, dame de Beaupré).

GRAND (Geoffroy le).

GRANDJEAN (Michaut).

GRANDPRÉ (Comté de). — Cat. 268.

GRANDPRÉ (Alix, Béatrix, Henri V, Henri VI, Henri Waflart, Marie de Garlande).

GRANGE ALARD (La), appartenant au Val-d'Osne. — Cat. 279.

GRÉA (Hugues).

GRONNAY (Jean, s. de).

GROTTOLE (Italie, prov. de Potenza, arr. Matera), 227. — Cat. 663.

GUÉNIN (Frère), prieur de l'Hôpital. — Cat. 263.

GUÉNIN, évêque de Toul. — Cat. 262.

GUERMOND, vidame de Châlons, 67.

GUERRY, curé de Saint-Dizier, 132. — Cat. 425, 442.

GUERRY DE BEAUREPAIRE, chevalier. — Cat. 373.

GUESCLIN (Bertrand du).

GUI D'AIGREMONT, 17.

GUI ALAMAN, 230. — Cat. 526.

GUI D'AVRINCOURT, père d'Héluis. — Cat. 365.

GUI, évêque de Châlons. — Cat. 30, 31, 32.

GUI DE CHAPPES. — Cat. 223.

GUI CHEVRIER, chevalier. — Cat. 873.

GUI, s. de Choiseul. — Cat. 978.

GUI DE CLEFMONT, chevalier. — Cat. 373.

GUI DE DAMPIERRE, évêque élu de Châlons, 30.

GUI Iᵉʳ, s. de Donjeux, 222. — Cat. 942, 954, 979.

GUI II, s. de Donjeux, 223.

GUI DE FRONVILLE, chevalier. — Cat. 256.

GUI DE JOINVILLE, archidiacre de Langres, puis évêque de Châlons, 26, 29 à 31. — Cat. 28, 45 à 51, 55, 59, 62, 66.

GUI DE JOINVILLE, s. de Donjeux. — Cat. 684.

GUI DE JOINVILLE, s. de Sailly. Voir GUI, s. de Sailly.

GUI II, évêque de Langres, 136. — Cat. 460.

GUI DE LUSIGNAN, 39.

GUI DE MELLO, évêque d'Auxerre. — Cat. 536.

GUI DE MONTAIGU, évêque de Châlons, 28, 29.

GUI DE NESLES, maréchal de France, 190.

TABLE ALPHABÉTIQUE DES NOMS.

Gui d'Osne, chevalier.
Gui du Plessis. — Cat. 116.
Gui de Poissons, fils de Hugues de Fronville. — Cat. 350.
Gui Ier, s. de Sailly, 37, 46, 51, 72, 221. — Cat. 117, 119, 123, 138, 140, 145, 154, 156, 158, 159, 172, 173, 174, 181, 203, 214, 215, 216, 219, 223, 225, 233, 244, 250, 261, 284, 287, 291, 300, 304, 306, 309, 315, 319, 321, 359.
Gui II, s. de Sailly, 222. — Cat. 473, 482, 551, 570, 605, 608, 623, 627, 630, 643, 655, 660, 671, 682, 684, 689.
Gui, s. de Vignory, 26.
Gui de Woigny, moine de Saint-Urbain, 154.
Guichard de Culan. — Cat. 1028 à 1030.
Guigues VII, dauphin de Viennois. — Cat. 466, 469.
Guigues VIII, dauphin de Viennois, 182. — Cat. 836.
Guillaume, chapelain de Jean de Joinville, 134. — Cat. 449.
Guillaume d'Alemant. — Cat. 522.
Guillaume d'Aunay, 235.
Guillaume Barage, bourgeois de Londres, marchand d'Agen. — Cat. 609.
Guillaume de Beaumont, maréchal de France, 103, 119.
Guillaume, comte de Boulogne, 181. — Cat. 845.
Guillaume, s. de Briquenay. Voir Guillaume de Joinville, s. de Briquenay.
Guillaume le Brun, écuyer, s. du Tronchoy. — Cat. 1036.
Guillaume Cervain, commandeur de Ruetz. — Cat. 517 bis.
Guillaume II, évêque de Châlons. — Cat. 202, 227.
Guillaume de Chartres, 147.
Guillaume du Châtelet. — Cat. 557.
Guillaume de Dampierre, comte de Flandre, 91, 99, 103.
Guillaume de la Devise, bourgeois de Londres, marchand d'Agen. — Cat. 609.

Guillaume l'Estillour, pelletier, bourgeois de Paris. — Cat. 509.
Guillaume de Gex, 230. — Cat. 526, 534, 555, 579, 580, 581, 582, 590, 593, 594, 597, 604, 606, 613, 621, 622, 628, 633, 640, 658, 683, 693, 699-703, 712, 726.
Guillaume de Hauterive. — Cat. 401, 479.
Guillaume de Joinville, maître des passages des Abruzzes, 232, 237. — Cat. 535, 542.
Guillaume de Joinville, sire de Beauregard, 227. — Cat. 706.
Guillaume de Joinville, archidiacre de Salins, recteur d'Arthimurchir en Irlande, doyen de Besançon, 57, 67. — Cat. 375, 389, 390, 395, 464.
Guillaume de Joinville, s. de Briquenay, 234. — Cat. 688 bis, 709, 734.
Guillaume de Joinville, archidiacre de Châlons, évêque de Langres, puis archevêque de Reims, 35, 36, 38, 44, 50, 52, 53, 58, 63. — Cat. 79, 89, 100, 109, 117, 119, 122, 131, 146, 154, 158, 166, 167, 174, 189, 191, 192, 203, 215, 217, 230, 237, 238.
Guillaume Ier, s. de Jully, 223. — Cat. 443, 584.
Guillaume II, s. de Jully, 223.
Guillaume III, évêque de Langres. — Cat. 761.
Guillaume, évêque de Lausanne. — Cat. 633.
Guillaume de Ligniville, 237.
Guillaume de Marcilly, conseiller du roi. — Cat. 809.
Guillaume de Montbeuil. — Cat. 799.
Guillaume de Nangis, 147.
Guillaume le Picart, maître des garnisons du roi. — Cat. 885.
Guillaume II du Perche, évêque de Châlons-sur-Marne, 58.
Guillaume aux blanches mains, archevêque de Reims. — Cat. 125.
Guillaume de Saux, 230.
Guillaume, s. de Tournon. — Cat. 502.

GUILLAUME DE VALENCE, comte de Pembroke. — Cat. 552, 575.

GUILLAUME, fils de Point de Vesancy. — Cat. 658.

GUILLAUME DE VIENNE, s. de Saint-Cergues.— Cat. 1043.

GUILLEMETTE DE JOINVILLE, abbesse d'Avenay, 26. — Cat. 125.

GUILLEMETTE, dame de Ray. — Cat. 737.

GUILLEMIN D'OISELAY, 101-102.

GUIMONT (Geoffroy de).

GUIOT, fils d'Isabelle de Joinville, dame d'Is-en-Bassigny. — Cat. 332.

GUISE (*Duchesses de*) : Élisabeth d'Orléans, Marie.

—— (*Ducs de*) : François, Louis-Joseph.

GUYARD, comte de la Marche, 226.

GUYENNE (La), 184.

—— Voir ALIÉNOR DE ——.

GUYOT DE PAROY, écuyer. — Cat. 874.

GYÉ-SUR-SEINE (Aube, arr. Bar-sur-Seine, c^{on} Mussy-sur-Seine), 197, 203.

H

HAGUENAU (Alsace), 143.

HAIMON DE BUNY, Lombard. — Cat. 972.

HAINAUT (Le), 184.

HAIRONVILLE (Miles de).

HAMONT (Jean de).

HANGEST (Aubert, Jean de).

HANINVILLE. Voir MARCHEVAL.

HANS (Marne, arr. et c^{on} Sainte-Menehould), 197.

—— (Jacques de).

HARAUCOURT (Charles de).

HARCOURT (Marie de).

HARMÉVILLE (Simon de).

HARRÉVILLE (Haute-Marne, arr. Chaumont, c^{on} Bourmont), 208.

HATON, chevalier. — Cat. 104.

HATON DE HATONCOURT. — Cat. 26.

HATON D'OSNE, chevalier. — Cat. 105, 135, 136.

HATON DE SOMMEVILLE, chevalier. — Cat. 82, 83.

HATONCOURT (Haton de).

HAUTEFEUILLE (Le buisson de). — Cat. 991.

HAUTE-FORÊT (La). — Cat. 732.

HAUTEVILLE (Guillaume de).

HAYE (La), bois sis à Écurey. — Cat. 732.

HAYMON DE NONCOURT. — Cat. 287.

HÉBERT, s. en partie de Coulmiers. — Cat. 849.

HÉLIE D'ORLY. — Cat. 771.

HÉLIE DE SAINT-MIHIEL. — Cat. 308.

HÉLUIS (Dame). — Cat. 325.

HÉLUIS, fille de Gui d'Avrincourt. — Cat. 365.

HÉLUIS DE DAMPIERRE, femme de Geoffroy IV de Joinville, 33, 34, 68. — Cat. 73, 74, 75, 78, 79, 80, 81, 82, 87, 89, 94, 97, 101, 216.

HÉLUIS, dame de Doulevant, 229.

HÉLUIS DE JOINVILLE, dame de Faucogney, vicomtesse de Vesoul, dame de Montigny, 67. — Cat. 358, 428, 540, 563, 566, 650, 667, 708, 718, 737.

HÉLUIS DE MALENUIT. — Cat. 137.

HÉLUIS D'OSNE. — Cat. 105.

HÉLUIS, femme de Philippe d'Osne. — Cat. 686.

HÉLUIS, femme de Gérard de Prégny. — Cat. 841.

HÉLUIS DE SÉVRIMONT. — Cat. 312.

HÉLUIS, femme de Loyson de Sommermont. — Cat. 488.

HENRI III, empereur d'Allemagne, 15.

HENRI III, roi d'Angleterre, 73, 128, 129, 224, 225. — Cat. 338, 339, 342, 344 à 349, 389, 391, 436, 457.

HENRI, seigneur d'Arzillières et de Beaufort. — Cat. 113.

HENRI DE BAR, 192, 193.

HENRI II, comte de Bar, 57, 59, 60, 71, 72. — Cat. 221, 222, 239, 264, 296.

HENRI III, comte de Bar. — Cat. 672.

HENRI IV, comte de Bar, 185.

HENRI, seigneur de Bayon. — Cat. 839.

TABLE ALPHABÉTIQUE DES NOMS.

Henri, abbé de Boulancourt. — Cat. 442.
Henri de Bourlémont, 223.
Henri, fils d'Alix de Broussey. — Cat. 877.
Henri de Carinthie, évêque de Troyes. — 37.
Henri Ier, comte de Champagne, 35. — Cat. 35, 36, 38, 40 à 43.
Henri II, comte de Champagne, 39, 42, 60. — Cat. 76.
Henri III, comte de Champagne, 49, 137, 138. — Cat. 491, 501.
Henri Chevillart, 198, 199.
Henri d'Effincourt. — Cat. 212.
Henri de Faucogney, doyen de Besançon. — Cat. 737.
Henri, s. de la Fauche, 211, 223.
Henri Ier, roi de France, 7. — Cat. 4.
Henri II, roi de France, 216.
Henri de France, archevêque de Reims. — Cat. 46, 47, 49, 56.
Henri, évêque de Genève. — Cat. 393, 431.
Henri, comte de Grandpré, 26.
Henri V, comte de Grandpré, 61. — Cat. 264.
Henri VI, comte de Grandpré, 76. — Cat. 322, 334.
Henri d'Herville, procureur de Pouille. — Cat. 663.
Henri de Joinville, comte de Vaudémont, 187, 188, 229, 237. — Cat. 905 à 994 *passim*, 1002 à 1004, 1012.
—— (*Écuyer de*) : Vautrin, *dit* Baulemar, de Ferrières.
Henri de Joinville, fils de Henri de Joinville, comte de Vaudémont, 214.
Henri d'Ogéviller, 237.
Henri de Poitiers, évêque de Troyes, 196 à 198. — Cat. 999.
Henri Ier, archevêque de Reims, 30.
Henri de Saint-Benoît, chevalier. — Cat. 495.
Henri de Saint-Dizier, seigneur de la Roche, 223.
Henri, évêque de Toul. — Cat. 29.
Henri III, comte de Vaudémont. — Cat. 688, 741, 752, 810, 819, 821, 828, 839, 905.
Henri, évêque de Verdun. — Cat. 768.

Henri Ier, s. de Vergy. — Cat. 484.
Henri de Villars, archevêque de Lyon, 142.
Henri Waflart de Grandpré, 26.
Henriot de Reynel. — Cat. 963.
Herbert, abbé de Riéval, 28.
Hereford (Shérif de). — Cat. 685.
Hérival (Abbaye d'). — Cat. 667.
Hermann, évêque de Toul, 5. — Cat. 1, 2.
Hernalt-Chasnri. — Cat. 31.
Herville (Henri d').
Hesceline de Nully, dame d'Aigremont, 17.
Hinville. — Cat. 867.
Hodierne, femme de Geoffroy II de Joinville, 19, 24. — Cat. 10, 17.
Hodierne d'Osne. — Cat. 105.
Hongrie (Clémence de).
Hongrie (Louis Ier, roi de).
Honorius III, pape, 52, 53. — Cat. 177, 209.
Hose de la Forêt (Pierre).
Hospitaliers, 115, 116, 118; commanderies de Beauvoir et de Couloursi Guérin, prieur, Krak (Le).
Houdan (Château de). — Cat. 1040.
—— (Henri, comte de Vaudémont, s. de Joinville et de). — Cat. 976.
Houdelaincourt (Meuse, arr. Commercy, c^{on} Gondrecourt), 20, 21. — Cat. 15.
Houdouin de Joinville. Voir Houdouin de Nully.
Houdouin, s. de Nully, 17, 19. — Cat. 8, 21.
Houdreville (Meurthe-et-Moselle, arr. Nancy, c^{on} Vézelise). — Cat. 1009, 1071.
Huet, fils du vidame de Châlons. — Cat. 332.
Huet, fils d'Aude de Dommartin. — Cat. 371.
Huguenin (Pierre).
Huguenin le Moine de Balle. — Cat. 973.
Hugues d'Amboise, s. de Chaumont et de Saint-Vrain, 187, 229. — Cat. 1028, 1029, 1030.
Hugues d'Apremont. — Cat. 160.
Hugues Bardoul II, s. de Broyes, 20. — Cat. 20.
Hugues de Barjols, franciscain, 125.
Hugues le Blanc, 29. — Cat. 48.

HUGUES, comte de Bourgogne, 128. — Cat. 363, 416, 419, 435.
HUGUES III, duc de Bourgogne, 40.
HUGUES IV, duc de Bourgogne, 61, 91, 95. — Cat. 254, 269, 270.
HUGUES, comte de Brienne et de Lecce. — Cat. 503.
HUGUES DE BROUTHIÈRES. — Cat. 145.
HUGUES DE BROYES, 33, 34. — Cat. 70, 73, 74, 75, 78, 79, 81.
HUGUES DE CHALON. Voir HUGUES, comte de Bourgogne.
HUGUES, vidame de Châlons. — Cat. 373.
HUGUES Ier, comte de Champagne et de Bar-sur-Aube, 25. — Cat. 14, 16.
HUGUES DE CHATONRUPT, chevalier. — Cat. 134.
HUGUES DE CHATONRUPT, chevalier. — Cat. 525, 549, 588.
HUGUES CHAUDRON, chevalier, s. de Brioncourt. — Cat. 274.
HUGUES DE CHEVILLON, commandeur de Ruetz. ○ — Cat. 502 ter.
HUGUES DE COLOMBEY, 36.
HUGUES DE CONFLANS, maréchal de Champagne. — Cat. 522.
HUGUES D'ÉCOT, 90, 119.
HUGUES D'EFFINCOURT. — Cat. 346, 758.
HUGUES DE LA FAUCHE. — Cat. 194, 199, 240, 367, 614.
HUGUES DE FAUCIGNY, fils d'Humbert, dauphin. — Cat. 712.
HUGUES DE FRONVILLE. — Cat. 179, 272, 291, 294, 321, 350.
HUGUES, s. de Gex, 231. — Cat. 902, 903, 918.

HUGUES GRÉA. — Cat. 33.
HUGUES DE LACY. — Cat. 762.
HUGUES DE LANDRICOURT, chevalier, 36, 93. — Cat. 118.
HUGUES DE LUSIGNAN, comte de la Marche, 73, 74.
HUGUES, évêque de Meath, justicier d'Irlande. — Cat. 436.
HUGUES DE NONCOURT, clerc. — Cat. 287.
HUGUES, comte de Rethel. — Cat. 113, 264.
HUGUES, fils du comte de Rethel, 56. — Cat. 218.
HUGUES IV, comte de Saint-Pol, 60.
HUGUES DE SAINT-POL, s. de Leuzes. — Cat. 808.
HUGUES DE SORCY. — Cat. 414.
HUGUES DE THIL-CHÂTEL, chevalier, 89.
HUGUES TRIPONTS, s. de Neufchâteau. — Cat. 505.
HUGUES DE VAUCOULEURS, écuyer, 82.
HUGUES II, comte de Vaudémont. — Cat. 1004.
HUGUES DE VIENNE, s. de Jonvelle, 158-159.
HUGUES DE VITRY. — Cat. 86.
HUMBERT ALEMAN, s. d'Aubonne et de Coppet, 231.
HUMBERT DE BEAUFFREMONT, seigneur de Bulgnéville, 210, 211.
HUMBERT DE BEAUJEU, connétable de France, 85, 92, 93.
HUMBERT, dauphin de Viennois, s. de la Tour-du-Pin. — Cat. 527, 597, 640, 712.
HUMFROY DE TORON, 40.
HUSY. — Cat. 884.
HYÈRES (Var, arr. Toulon), 125.

I

IBELIN. Voir JEAN D' —, comte de Jaffa.
ILARIA DE JOINVILLE, femme de Loffredo Filomarino, 234.
ILARIA DE JOINVILLE, mariée à Jean Filangieri, s. de Lapigio, 235.
ILARIA DE JOINVILLE, dame de Nusco, Ponte et San-Giorgio, 236.

ILARIA DE SUS, comtesse de Sant-Angelo, 235. — Cat. 782.
ÎLE-DE-FRANCE, 194.
IOLANDE. Voir YOLAND.
IRLANDE. — Cat. 338, 436, 591.
IRLANDE (Justiciers d'). Étienne Longuépée, Jean Wogan.

TABLE ALPHABÉTIQUE DES NOMS. 511

Irsch (Prusse rhénane, circonscription de Trèves). — Cat. 180.
Is-en-Bassigny (Isabelle de Joinville, dame d').
Isabelle d'Angoulême, reine d'Angleterre, puis comtesse de la Marche, 73.
Isabelle d'Aragon, femme de Philippe le Hardi, 137.
Isabelle, dame de Bonney, 177.
Isabelle, femme de Hugues de Chatonrupt. — Cat. 525, 549, 588.
Isabelle de Cirey, dame de Vaucouleurs et d'Aulnay, 228. — Cat. 768, 841.
Isabelle, femme de Gui de Joinville, s. de Donjeux. — Cat. 684.
Isabelle, fille d'Érard de Doulevant. — Cat. 853.
Isabelle d'Étrépy, dame de Donjeux, 222. — Cat. 893.
Isabellle Filangieri, dame de Venafro, 234.
Isabelle la Fourrée. — Cat. 786.
Isabelle de France, comtesse de Champagne, 127, 128, 137.

Isabelle ou Élisabeth de Joinville, femme de Simon de Clefmont, puis dame d'Is-en-Bassigny, 66. — Cat. 178.
Isabelle de Joinville, dame d'Étrelles, 229. — Cat. 1056.
Isabelle de Joinville, dame d'Is-en-Bassigny. — Cat. 332, 462.
Isabelle de Joinville, dame de Vergy, puis de Mirebeau, 187.
Isabelle, duchesse de Lorraine. — Cat. 738.
Isabelle de Lusignan, reine de Jérusalem, comtesse de Champagne, 39, 40.
Isabelle d'Osne. — Cat. 105.
Isabelle, fille de Wiard de Vaucouleurs. — Cat. 843, 884.
Ischitella (Italie, prov. de Foggia), 234.
Isembard, abbé de Molesme. — Cat. 288.
Isembard de Broyes, 34.
Isembart (Messire). — Cat. 206.
Isembart de Laheycourt. — Cat. 261.
Isembart de Suzémont, chevalier. — Cat. 275.
Is-en-Bassigny. Voir Isabelle de Joinville, dame d'—.

J

Jacquemotte, femme de Gautier de Vignes. — Cat. 802.
Jacquerie (La), 194. — Cat. 955.
Jacques, abbé de la Crête. — Cat. 407.
Jacques de Faucigny, 135.
Jacques de Gingins, 231.
Jacques de Hans, s. de Doulevant. — Cat. 1051.
Jacques Machon. — Cat. 1016, 1034.
Jacquette, femme de Jean de Vy. — Cat. 540.
Jacquette de Jaulon, femme de Guyot de Paroy. — Cat. 874.
Jaffa, 115, 116, 117, 121. — Cat. 341.
—— (Comte de) : Jean d'Ibelin.
Jannon de Buny, Lombard. — Cat. 972, 974.
Jaquet, fils de Perrin, prévôt de la Fauche. — Cat. 820.
Jardins (Jean des).

Jaulon (Jacquette de).
Jean XXII, pape. — Cat. 785.
Jean d'Acre, bouteiller de France, 139.
Jean d'Arcis et de Chacenay, 177.
Jean, s. d'Arrentières. — Cat. 799, 863.
Jean de Bar. — Cat. 651.
Jean des Barres, 178.
Jean de Beaumont, chambrier de France, 82, 85, 104.
Jean II, archevêque de Besançon. — Cat. 299.
Jean de Bézennes, bourgeois de Reims. — Cat. 728.
Jean, roi de Bohême, comte de Luxembourg, 185. — Cat. 755, 807, 808.
Jean Bonnet. — Cat. 1055.
Jean de Bourgogne. — Cat. 670.
Jean de Bourgogne, s. de Montaigu et d'Arc, comte de Vaudémont, 214. — Cat. 998, 1001 à 1003, 1008, 1009, 1012.

JEAN DE BOURGOGNE, s. de Salins. — Cat. 360, 363, 368.

JEAN III, duc de Brabant, 183. — Cat. 868, 883.

JEAN BRAQUE, évêque de Troyes. — Cat. 1006.

JEAN Ier, comte de Bretagne, 127-128.

JEAN DE BRIENNE, roi de Jérusalem, 50, 56, 80. — Cat. 129.

JEAN DE BUSSY, 119.

JEAN CAYM, de Sainte-Menehould, 102.

JEAN CHALEMART, maître des requêtes, 201. — Cat. 964.

JEAN, comte de Chalon, 57, 61, 74, 127, 128. — Cat. 245, 254, 463, 860.

JEAN DE CHALON, s. d'Arlay. — Cat. 554, 670.

JEAN DE CHALON-ARLAY, comte d'Auxerre et de Tonnerre, 182, 184. — Cat. 860, 880.

JEAN DE CHAPPES. — Cat. 584.

JEAN DE CHARNY, 176.

JEAN DU CHÂTEL. — Cat. 604.

JEAN CHAUDRON, 222.

JEAN III, s. de Choiseul. — Cat. 867.

JEAN CHRYSOSTOME (Reliques de saint). — Cat. 519.

JEAN DE COMMERCY. — Cat. 676.

JEAN DE DAMPIERRE, s. de Saint-Dizier. — Cat. 578.

JEAN DE DINTEVILLE, 222.

JEAN Ier, s. de Doulevant et de Villiers-aux-Chênes, 229. — Cat. 853, 949, 956.

JEAN II, s. de Doulevant et de Villiers-aux-Chênes, 230. — Cat. 991, 994, 1042.

JEAN, s. de Durnay. — Cat. 443.

JEAN, s. d'Échenay, 222.

JEAN Ier, s. de la Fauche. — Cat. 484.

JEAN II, s. de la Fauche. — Cat. 796.

JEAN DE FAUCOGNEY, vicomte de Vesoul, 67. — Cat. 650, 737.

JEAN FILANGIERI, s. de Lapigio, 235.

JEAN LE FILS, boucher à Méry-sur-Seine. — Cat. 1015, 1033.

JEAN DE FLAMMERÉCOURT. — Cat. 412.

JEAN FOURRÉ, chevalier. — Cat. 786.

JEAN Ier, roi de France, 161.

JEAN II, roi de France, 192, 193, 194, 203, 204, 211. — Cat. 895, 975, 977, 978.

JEAN-GALÉAS VISCONTI, comte de Vertus, seigneur de Milan. — Cat. 1018, 1021.

JEAN, s. de Gingins et de Divonne, 231.

JEAN, s. de Gondrecourt. — Cat. 381.

JEAN GOUJON. — Cat. 1014, 1032.

JEAN DE GRAILLY. — Cat. 539.

JEAN, s. de Gronnay, écuyer. — Cat. 1023.

JEAN DE HAMONT. — Cat. 649.

JEAN DE HANGEST, chevalier. — Cat. 894.

JEAN D'IBELIN, comte de Jaffa, 83.

JEAN DES JARDINS, sergent de Jean de Joinville. — Cat. 376, 471.

JEAN DE JOINVILLE, cousin de Henri de Joinville, comte de Vaudémont. — Cat. 946.

JEAN DE JOINVILLE, prétendu grand connétable de Sicile, 232.

JEAN DE JOINVILLE, conseiller du roi de Sicile, 232, 237.

JEAN, sire DE JOINVILLE, 45, 57, 62, 67, 68 à 177. — Cat. 266, 295 à 758 *passim*, 774, 775, 780, 784, 788, 798, Apostilles autographes de — : cat. 603, 614, 644, 679 *bis*, 742. *Chambellan de* — : Anseau. *Chanson attribuée à* — : 105. *Chapelains de* — : Guillaume, Jean de Voisey. *Clerc de* — : Lambert. *Credo de* — : 110 à 112. *Mémoires de* — : 146 à 151, et 166 à 174. *Tombeau de* — : 69. *Valet de* — : Guillemin d'Oisclay.

JEAN DE JOINVILLE, s. d'Ancerville, 75, 145, 176. — Cat. 425, 446, 497, 601, 660, 662, 672, 681, 688, 688 *bis*.

JEAN DE JOINVILLE, sire d'Ancerville, ou Jean de Joinville, sire de Reynel, 153.

JEAN DE JOINVILLE, s. de Jully, 223. — Cat. 649, 735, 743, 777, 778, 788.

JEAN DE JOINVILLE, s. de Mailly, 237. — Cat. 474 *bis*, 479 *bis*.

JEAN DE JOINVILLE, s. de Reynel, 176. — Cat. 524 *bis*, 541, 564, 571, 577, 585, 646, 652, 671.

JEAN Ier DE JOINVILLE, s. de Vaucouleurs, 228. — Cat. 573, 739, 751, 753, 772, 839, 843.

JEAN II DE JOINVILLE, s. de Vaucouleurs, puis de Méry et de Lachy, 183, 228. — Cat. 857, 875, 877, 878, 884, 887, 897.

JEAN DE JOINVILLE, s. de Venafro, dit *Trouillard*, maréchal de Sicile. — Cat. 688 *bis*, 709.

JEAN DE LANCASTRE, s. de Beaufort, 177. — Cat. 733.

JEAN DE LANGETON, chancelier d'Angleterre. — Cat. 648.

JEAN DE LANQUES, lieutenant de Jean de Bourgogne. — Cat. 1003, 1039.

JEAN LEBER. — Cat. 1056.

JEAN Ier, duc de Lorraine, 206 à 209. — Cat. 945, 969, 986, 989.

JEAN LOVEL, clerc. — Cat. 653, 645.

JEAN DE LUXEMBOURG, châtelain de Lille, 188.

JEAN DE LUXEMBOURG, fils de Waleran, s. de Ligny. — Cat. 939.

JEAN, comte de Luxembourg. Voir JEAN, roi de Bohême.

JEAN DE MAILLE. — Cat. 403.

JEAN MAUBERT. — Cat. 963.

JEAN, évêque de Metz. — Cat. 239.

JEAN DE MILON, garde de la prévôté de Paris. — Cat. 859, 860.

JEAN DE MIMERY, abbé de Saint-Urbain, 129.

JEAN DE MONT. — Cat. 554, 699.

JEAN DE MONTIGNY. — Cat. 522.

JEAN DE MONTSON, 124.

JEAN II DE NESLE, comte de Soissons, 92.

JEAN DE NEUFCHÂTEL, s. de Montaigu. — Cat. 1059, 1061.

JEAN, comte de Nevers, 137.

JEAN-NICOLAS, comte de Sant-Angelo, vice-roi des Abruzzes ultérieures, 235.

JEAN-NICOLAS DE JOINVILLE, 236.

JEAN DE NOYERS, comte de Joigny, 187, 197, 198.

JEAN DE NOYERS, s. de Rimaucourt. — Cat. 1039.

JEAN, s. de Nully, 56. — Cat. 213.

JEAN D'OISY, bailli de Sens. — Cat. 845.

JEAN PAUTIANT, écuyer. — Cat. 995.

JEAN PETITFILS DE MUTIGNY. — Cat. 864.

JEAN PIDOE, grenetier à sel à Châlons. — Cat. 1011.

JEAN DU PLESSIS, s. de Dercourt en partie. — Cat. 904.

JEAN DE RAGECOURT-SUR-BLAISE. — Cat. 529.

JEAN, comte de Rethel. — Cat. 314.

JEAN DE LA ROCHE. — Cat. 682.

JEAN ROGER, curé de Coligny. — Cat. 982.

JEAN ROIDET (Maître). — Cat. 350.

JEAN III, s. de Saint-Dizier et de Vignory, queux de France, 201, 210. — Cat. 964.

JEAN, abbé de Saint-Urbain. — Cat. 794.

JEAN II, comte de Salm. — Cat. 740, 741.

JEAN III, comte de Salm. — Cat. 899.

JEAN IV, comte de Salm. — Cat. 967, 1017.

JEAN V, comte de Salm, 237. — Cat. 1060.

JEAN DE SAMOIS (Frère), 142.

JEAN SARRASIN, 106, 108.

JEAN Ier, comte de Sarrebrück. — Cat. 816, 842.

JEAN DE SARREBRÜCK, deuxième seigneur de Commercy, s. de Venizy et de Briquenay, 234. — Cat. 842.

JEAN DE SARREBRÜCK, troisième seigneur de Commercy, s. de Venizy, 229. — Cat. 1018.

JEAN DE SÉGUR, chef de bande, 199.

JEAN DE SOMMEVILLE, doyen de Joinville. — Cat. 1039.

JEAN, s. de Thélod et de Vaubexy. — Cat. 998, 1002, 1039.

JEAN, sire de Thil-Châtel, 67. — Cat. 317, 320, 358.

JEAN DE THOROTE, châtelain de Noyon. — Cat. 373.

JEAN TROUILLARD, s. de Venafro, maréchal de Sicile, 233.

JEAN DE VALENCIENNES, 114.

JEAN DE VASSY. — Cat. 655.

JEAN, bâtard de Vaudémont, 213. — Cat. 1053, 1057.

JEAN DE VERGY, seigneur de Fouvent, 190.

JEAN DE VERGY, s. de Mirebeau, 187.

JEAN DE VIENNE, s. de Mirebeau. — Cat. 669, 670.

JEAN, dauphin de Viennois. — Cat. 523.

JEAN DE VOISEY, chapelain de Joinville, 94, 95, 97.

JEAN DE VY. — Cat. 540.

Jean Wogan, justicier d'Irlande. — Cat. 624, 626, 668, 674, 679.
Jeanne d'Arc, 175, 183, 214.
Jeanne, femme de Renaut d'Ay.— Cat. 1021.
Jeanne des Baux, comtesse de Saint-Angelo, 235.
Jeanne de Beaupré, dame de Pulligny, 236.
Jeanne de Boesse. — Cat. 771.
Jeanne de Bonney, 237.
Jeanne de Bourgogne, reine de France. — Cat. 840.
Jeanne, femme d'Eudes IV, duc de Bourgogne. — Cat. 880.
Jeanne, femme de Pierre de Bourlémont. — Cat. 505.
Jeanne de Charny, dame de la Fauche. — Cat. 821.
Jeanne de Châteauvillain, 206.
Jeanne, femme de Hébert, s. en partie de Coulmiers. — Cat. 849.
Jeanne de Curel. — Cat. 327.
Jeanne Fitzlyon, 226.
Jeanne de France, fille de Louis X, 161.
Jeanne, femme de Guillaume de Gex, 230. — Cat. 606.
Jeanne de Grancey, dame de Boulancourt. — Cat. 887.
Jeanne de Joinville, dame de Doulevant, 230. — Cat. 1051.
Jeanne de Joinville, dame de Genlis, puis comtesse de Joigny, 180, 181, 187, 188. — Cat. 817, 818, 825, 894, 909.
Jeanne de Joinville, dame de Meath, 226.
Jeanne de Joinville, comtesse de Salm, 227.
Jeanne de Joinville, femme de Louis de Sabran, comte d'Ariano, 235.
Jeanne de Lautrec, vicomtesse de Paulin, femme de Nicolas de Joinville, s. de Miglionico, 227. — Cat. 878, 890, 899.
Jeanne de la Marche, femme de Pierre de Joinville, 226. — Cat. 685.
Jeanne, femme de Nicolas de Joinville, s. de Morancourt. — Cat. 781.
Jeanne de Navarre, comtesse de Champagne, reine de France, 138 à 140, 143, 148, 149. — Cat. 548.

Jeanne, femme d'Aubert de Poissons. — Cat. 478 bis.
Jeanne, comtesse de Salm. — Cat. 616.
Jeanne de Sully, dame de Plancy et de Viâpres. — Cat. 999.
Jeanne de Tiercelieue, femme de Geoffroy de Crespy. — Cat. 1024.
Jeannet de Donjeux. — Cat. 556.
Jeannette de Courdaon, femme de Guillaume Le Brun, s. du Tronchoy. — Cat. 1036.
Jeannette, femme de Michaut Grandjean. — Cat. 1038.
Jenel (Thierry).
Jenion dis Buny. Voir Jannon de Buny.
Jérusalem (Le royaume de), 115. Roi de — : Jean de Brienne.
Joachim de Flores, 125.
Joigny (Adélaïde, Geoffroy, Jean de Noyers, Jeanne de Joinville, Renard, comtes et comtesses de).
Joinville (Haute-Marne, arr. Vassy, ch.-l. c^{on}), 77, 128, 193, 217, 218. — Cat. 151, 165, 211, 318, 323, 331, 382, 397, 698, 742, 847, 870, 946, 967. Baillis de — : Pernet des Bourdes, Thibaut de Vignory. Bourgeois de — : 156. — Cat. 288, 827, 830, 832. Chapelle de Saint-Michel à — : cat. 1066. Château de — : 4, 6, 55, 60, 77, 209, 210. — Cat. 3, 19, 185, 189, 191, 192, 309, 721, 811, 978, 993, 1042. Châtellenie de — : 181. — Cat. 482. Commune de — : cat. 829, 831, 834. Doyen de — : Jean de Sommeville. Fours de — : cat. 236. Justice de — : cat. 576. Maison d'Eudes (La) à — : cat. 329. Maison-Dieu de — : 38. — Cat. 385. Péage de — : cat. 454. Pré Saint-Laurent à — : cat. 524. Pressoirs de — : cat. 120, 133. Prieurés de — : Sainte-Ame, Saint-Jacques. Principauté de — : 216, 217. Terre de — : cat. 1068.
Joinville (Maison de). Voir l'appendice 1, p. 219-237, et le tableau généalogique.
Joinville (Personnages dits de — et n'appartenant pas à la maison de ce nom). Amaury, Étienne, Gilbert, Morel, Romier.
Jonvelle (Hugues de Vienne, s. de).

TABLE ALPHABÉTIQUE DES NOMS.

JOSEPH (Ceinture de saint), 122.
JOSSERAND DE BRANCION, 74, 224.
JOVILLIERS (Meuse, c^{ne} Stainville). — Cat. 29, 65. *Abbaye de* — : 28. — Cat. 58.
JULLY-SUR-SARCE (Aube, arr. et c^{on} Bar-sur-Seine). — Cat. 225, 778, 780. *Seigneurs et dames de* — : Guillaume Ier, Guillaume II, Jean, Marie de Tanlay, Perrenelle de Chappes, Philippe.
JUVIGNY-EN-PERTHOIS (Meuse, arr. Bar-le-Duc, c^{on} Ancerville), 57, 131. — Cat. 221, 415, 502 *ter*, 508, 508 *bis*, 517 *bis*.
—— (Wiard de).

K

KRAK DES HOSPITALIERS (Le), auj. Kalaat-el-Hosn, 44, 45, 122. — Cat. 127, 128.

L

LACHY (Marne, arr. Épernay, c^{on} Sézanne), 183, 228. — Cat. 875, 886.
—— (Jean de).
LACY (Gautier, Hugues, Mahaut de).
LAHEYCOURT (Isembard de).
LAMBERT, clerc de Jean de Joinville. — Cat. 716.
LAMBERT DE COURCELLES. — Cat. 307.
LAMPÉDOUSE (Île de), 125.
LANCASTRE (Jean de —, s. de Beaufort).
LANDÉVILLE (Haute-Marne, arr. de Vassy, c^{on} de Doulaincourt), 36. — Cat. 24, 84, 90, 140.
LANDRICOURT (Aubert, Hugues de).
LANGETON (Jean de).
LANGRES (Haute-Marne), 61. — Cat. 167. *Archidiacre de* — : Gui de Joinville. *Évêques de* — : Garnier, Geoffroy, Gui, Guillaume.
LAPIGIO (Jean Filangieri, s. de).
LARREY (Le seigneur de). — Cat. 858.
LASSART-EN-QUATRE-VAUX (Bois de), entre Vaucouleurs et Toul. — Cat. 730.
LASSICOURT (Aube, arr. Bar-sur-Aube, c^{on} Brienne). — Cat. 4.
LAUNAY (Commanderie de). — Cat. 423.
LAUNIER (Étang de). — Cat. 363.
LAURE, dame d'Échenay, 222.
LAURE DE SARREBRÜCK, femme d'Anseau, s. de Joinville, 178, 180, 187. — Cat. 720, 754, 775, 814, 823.

LAURENCE, femme de Ponce de Choiseul. — Cat. 232.
LAURENT BOUQUANTIN DE MARTIGNY, veneur d'Anseau, s. de Joinville. — Cat. 876.
LAURENT DE LESCHIÈRES. — Cat. 1060.
LAUSANNE (Diocèse de). — Cat. 523. *Évêque de* — : Guillaume.
LAUTREC (Jeanne, Sicard de).
LEBER (Jean).
LECCE (Italie). Comté de —, 43.
LECCE (Hugues, comte de Brienne et de).
LÉON IX, pape, 15, 16. — Cat. 6. (Voir BRUNON, évêque de Toul.)
LÉONÈTE, dame de Gex, 230. — Cat. 337, 375, 393, 419, 435, 453, 470, 513, 523, 526, 527, 534, 547, 561, 562, 580, 593, 594, 597, 606, 613, 621, 622, 628, 640, 658, 683, 726.
LESCHIÈRES (Laurent de).
LETTERE (Italie, prov. de Naples, arr. Castellamare), 235.
LETTRECOURT (Colin de).
LEUROUX (Arnaud de Cervole, s. de — et de Châteauvillain).
LEUZES (Hugues de Saint-Pol, s. de).
LÉVESQUE DE LA RAVALIÈRE, 69.
LEWELLYN, prince des Gallois, 225. — Cat. 391, 457, 515.
LÉZEVILLE (Haute-Marne, arr. Vassy, c^{on} Poissons). — Cat. 433, 586.
LÉZINNES (Pierre, s. de).

33.

LIFFOL-LE-PETIT (Haute-Marne, arr. Chaumont, c^on Saint-Blin). — Cat. 874.
LIGNIVILLE (Guillaume, Marguerite de).
LIGNY (Girard, prévôt de —; Ourry de —; Ourry, chanoine de —; Waleran de Luxembourg, s. de).
LILLE (Jean de Luxembourg, châtelain de).
LIMÉVILLE (Moulin de). — Cat. 396.
LIMISSO, ville de l'île de Chypre, 80, 81.
LOFFREDO FILOMARINO, 234.
LOGORE (Thomas).
LONGECOMBE (Pierre de).
LONGÉVILLE (Haute-Marne, arr. Vassy, c^on Montiérender), 20, 29. — Cat. 39.
—— (Thomas de).
LONGON. — Cat. 739.
LONGUÉPÉE (Étienne).
LONGWY (Meurthe-et-Moselle, arr. Briey). — Cat. 755.
LORIA (Roger, Marguerite de).
LORRAINE (Ferry de —, s. de Rumigny et de Boucq, comte de Vaudémont; Antoine de —, comte de Vaudémont. *Ducs et duchesses de —*: Catherine, Ferry, Isabelle, Mathieu, Raoul, Thibaut).
LORRIS (Coutume de). — Cat. 896.
LOUIS DE BAVIÈRE, 185.
LOUIS, seigneur de Divonne, bailli de Vaud, 231.
LOUIS DE FLANDRE, comte de Nevers. — Cat. 785.
LOUIS Ier, comte de Flandre, 182, 183. — Cat. 868, 883.
LOUIS IV D'OUTREMER, roi de France, 3.
LOUIS VII, roi de France, 27, 30, 31. — Cat. 46, 47, 50, 51.
LOUIS VIII, roi de France, 59.

LOUIS IX, roi de France, 60, 61, 68, 73, 74, 77, 79, 80, 81, 84 à 86, 88, 91 à 93, 100, 101, 103 à 110, 113 à 115, 117, 120 à 125, 127 à 130, 132 à 134, 136, 142, 173. — Cat. 341, 441. — Chapelle dédiée à — par Joinville. — Cat. 714.
LOUIS X HUTIN, roi de France et comte de Champagne, 149, 151, 160, 161, 163, 178, 179. — Cat. 724, 729, 735, 746, 748, 756, 757, 759, 765, 798, 835.
LOUIS DE FRANCE, fils de Philippe le Hardi, 138.
LOUIS-JOSEPH, duc de Guise, 216.
LOUIS Ier, roi de Hongrie, 213.
LOUIS DE JOINVILLE, justicier de Calabre, 235.
LOUIS DE SABRAN, comte d'Ariano, 235.
LOUIS DE SAVOIE, baron de Vaud, 230. — Cat. 606, 699, 703.
LOUISE DE SAVOIE. — Cat. 633.
LOUPPY. Voir FERRY DE —.
LOUVAIN (Geoffroy de).
LOUVE (Mahaut de Vienne, *dite* la).
LOUVRE (Le). — Cat. 785.
LOVEL (Jean).
LOYSON DE SOMMERMONT. — Cat. 488.
LUCIUS III, pape, 28. — Cat. 65.
LUDLOW (Angleterre, comté de Salop, *hundred* de Munslow), 226.
LUSIGNAN (Gui, Hugues, Isabelle de).
LUXEMBOURG (Comté de), 133. — Voir JEAN, roi de Bohême; MARIE, MARGUERITE, WALERAN, WENCESLAS Ier.
LUXEUIL (Abbaye de), 128, 178. — Cat. 756, 765.
—— (Thiébaut, abbé de).
LYON (Henri de Villars, archevêque de).

M

MABILLE DE VILLEHARDOUIN, dame de Nanteuil et de Briquenay, 46, 138, 176, 233. — Cat. 501, 536.
MACHER, évêque déposé de Toul, 52.
MACHON (Jacques).
MÂCON (Aube, arr. et c^on Nogent-sur-Seine). — Cat. 129.

MACONCOURT (Haute-Marne, arr. Vassy, c^on Doulaincourt). — Cat. 88, 797.
MAGNEUX (Haute-Marne, arr. et c^on Vassy), 227. — Cat. 751, 1044. *Four de* — : cat. 119.
MAGNIÈRES (Meurthe-et-Moselle, arr. Lunéville, c^on Gerbéviller). — Cat. 567.

TABLE ALPHABÉTIQUE DES NOMS.   517

MAHAUT D'APREMONT, femme de Jean, comte de Sarrebrück. — Cat. 842.
MAHAUT, comtesse d'Artois, 179, 180.
MAHAUT, dame de Beaupré, 236.
MAHAUT DE JOINVILLE, religieuse à Acornbury, 226.
MAHAUT DE LACY, femme de Geoffroy de Vaucouleurs, 224, 226. — Cat. 339, 340, 347, 348, 399, 450, 451, 552, 575, 596, 612, 616, 635, 665, 679, 704.
MAHAUT DE NOYERS. — Cat. 858.
MAHAUT DE VIENNE, *dite* la Louve. — Cat. 65.
MAHON (Aubert).
MAILLE (Jean de).
MAILLY (Jean de Joinville, s. de —; Renarde, dame de).
MAISIÈRES (Adam de).
MAISIÈRES. Voir MAIZIÈRES.
MAISON PEINTE (*La*), dans le château de Joinville. — Cat. 252.
MAIZIÈRES (Haute-Marne, arr. Vassy, c^{on} Chevillon), 29. — Cat. 24, 64, 226.
MALENUIT (Héluis de).
MALINES (Belgique), 183. — Cat. 868.
MALMESHULL (Angleterre), 226.
MANDRES-EN-ORNOIS (Meuse, arr. Bar-le-Duc, c^{on} Montiers-sur-Saulx). — Cat. 414, 502 *bis*, 564, 826.
MANISSIER, chanoine de Saint-Laurent de Joinville. — Cat. 384.
MANOIS (Haute-Marne, arr. Chaumont, c^{on} Saint-Blin). — Cat. 652.
MANSOURAH, 86, 92, 93, 95, 97. *Bataille de* — : 89 à 93.
MARALFI (Italie), 235.
MARCHEVAL (aujourd'hui Haninville, écart de Rupt). — Cat. 80.
MARCEL (Étienne).
MARCHE (Guyard, comte de la —; Hugues de Lusignan, comte de la —; Isabelle d'Angoulême, Jeanne de la —).
MARCILLY (Guillaume de).
MARGUERITE, femme d'Anseau, chambellan de Jean de Joinville. — Cat. 323.
MARGUERITE, dame de Beaumont, 221. — Cat. 364, 388.

MARGUERITE DE BEAUPRÉ, dame d'Effincourt et de la Fauche, 223.
MARGUERITE DE BOURGOGNE. — Cat. 1010.
MARGUERITE DE BOURGOGNE, reine de France, 161.
MARGUERITE DE CUREL, religieuse au Val-d'Osne. — Cat. 327.
MARGUERITE DE DONJEUX, femme d'Eudes de Savoisy, s. du Fossé. — Cat. 1027. (Voir MARGUERITE, dame de la Fauche.)
MARGUERITE, dame de la Fauche, 211, 223.
MARGUERITE, dame de Gex, 230. — Cat. 526.
MARGUERITE DE GEX, femme de Humbert Aleman, 231.
MARGUERITE, femme d'Ogier de Joinville, s. d'Effincourt et de la Fauche. — Cat. 941.
MARGUERITE DE JOINVILLE, dame de Charny, 176. — Cat. 708.
MARGUERITE DE JOINVILLE, dame de Méry et de Culan, puis de Saint-Vrain et de Chaumont, 187, 229. — Cat. 1028 à 1030, 1069.
MARGUERITE DE JOINVILLE, dame de Méry, veuve d'Eudes de Culan, femme de Hugues d'Amboise. — Cat. 1028, 1029, 1030, 1069.
MARGUERITE, dame de Joinville, comtesse de Vaudémont, 213 à 216. — Cat. 998 à 1071 *passim*.
MARGUERITE DE LIGNIVILLE, 237.
MARGUERITE DE LORIA, comtesse de Terranova, 234.
MARGUERITE, comtesse de Luxembourg. — Cat. 474.
MARGUERITE DE PLANCY, dame de Vaucouleurs puis de Méry-sur-Seine, 228. — Cat. 857, 897.
MARGUERITE DE PROVENCE, reine de France, 117, 121, 123, 124, 147.
MARGUERITE, dame de Sailly, 222. — Cat. 570.
MARGUERITE DE VAUDÉMONT, dame d'Ancerville, 176.
MARGUERITE DE VAUDÉMONT, femme d'Anseau, s. de Joinville, 180, 187. — Cat. 810,

811, 812, 818, 821, 822, 825, 828, 830, 847, 859, 865, 870.

MARGUERITE, sœur de Henri, comte de Vaudémont. — Cat. 688.

MARIE D'AUDENARDE, femme de Geoffroy de Louvain. — Cat. 314.

MARIE DE BRIENNE, impératrice de Constantinople, 80.

MARIE DE CHAMPAGNE, 39, 41, 42.

MARIE DE CHÂTEAUVILLAIN, dame d'Arc-en-Barrois, 214.

MARIE, dame d'Échenay. — Cat. 716.

MARIE DE FRANCE, comtesse de Champagne, 49.

MARIE DE GARLANDE, 61, 62.

MARIE, femme de Wiart de Germay. — Cat. 852.

MARIE, comtesse de Grandpré, femme de Geoffroy de J., s. de Montclair, 66. — Cat. 265, 266, 267.

MARIE, duchesse de Guise, 216, 217.

MARIE DE HARCOURT, comtesse de Vaudémont, 215. — Cat. 1070.

MARIE DE JOINVILLE, dite Simonette, dame de Thil-Châtel, 67. — Cat. 317, 320.

MARIE DE LUXEMBOURG, dame de Joinville et de Chaligny, comtesse de Vaudémont, 188, 191, 213, 214. — Cat. 939, 944, 975, 976, 998, 1004, 1017, 1022, 1026.

MARIE, dame de Quiévrain et d'Ancerville, 176. — Cat. 601.

MARIE DE TANLAY, dame de Jully, 223.

MARNAY (Haute-Saône, arr. Gray, ch.-l. c^{on}), 57, 61. — Cat. 245, 254, 269, 270, 335, 360, 361, 368, 398, 416, 419, 526. Seigneurs et dames de — : Aimée de Coligny, Amé Ier, Amé II, Béraud, Louis, Pierre; Simon, s. de Gex.

MARNE (La), rivière. — Cat. 35, 118, 494, 520, 578, 905, 1058.

MARSEILLE, 77.

MARTIGNY (Laurent Bouquantin de).

MARTIN (Pierre).

MARVAL, aujourd'hui MALVAL (Suisse, c^{on} de Genève, c^{ne} de Dardagny). — Cat. 699-703.

MARZANO (Geoffroy de —, comte d'Alife).

MATHIEU DE BRUCK, chevalier. — Cat. 180.

MATHIEU II, duc de Lorraine, 57, 60, 61. — Cat. 217 bis, 222.

MATHIEU DE MONTMORENCY, 43.

MATHIEU DE NOVIANT. — Cat. 643.

MATHIEU, fils de Clémencet de Saint-Loup. — Cat. 428.

MATHIEU DE TREMBLECOURT, chevalier. — Cat. 380.

MATHIEU DE TRIE, comte de Dammartin, 133.

MATHIEU DE TRIE, maréchal de France. — Cat. 808.

MATHONS (Haute-Marne, arr. Vassy, c^{on} Joinville), 28, 63, 65, 136. — Cat. 142, 207, 824, 1017, 1026, 1039, 1057. Bois de — : cat. 118, 260, 425, 467, 757, 798, 801, 832, 899.

MAUBERT (Jean).

MAURICE DE CRAON. — Cat. 538.

MAURICE FITZ GERALD. — Cat. 552.

MAURON (Morbihan, arr. Ploermel), 190.

MAURUPT (Le doyen de), 79, 86.

MAUVAGES (Meuse, arr. Commercy, c^{on} Gondrecourt). — Cat. 485, 602.

MAUVILLY (Côte-d'Or, arr. Châtillon-sur-Seine, c^{on} Aignay-le-Duc). — Cat. 146, 158.

MAXEY-SUR-VAISE (Meuse, arr. Commercy, c^{on} Vaucouleurs). — Cat. 413.

MEATH (Irlande), 224. — Cat. 339, 347, 399, 436, 550, 600, 635, 704.

—— (Hugues, évêque de).

MEAUX, 23. — Cat. 246.

—— (Philippe de).

MEIX BONVALLET (Le). — Cat. 428.

MELEIR. — Cat. 570.

MELLO (Gui de), évêque d'Auxerre.

MELUN (Siège de), 197.

—— (Simon de).

MENEDUC, capitaine d'aventuriers, 210.

MENONCOURT. — Cat. 63.

—— (Renaud de).

MENOU (Simon de).

MÉRANIE (Alix de), comtesse de Bourgogne.

MERSCH (Luxembourg). — Cat. 217 bis.

TABLE ALPHABÉTIQUE DES NOMS. 519

Mertrud (Haute-Marne, arr. Vassy, c^{on} Doulevant). — Cat. 230, 235, 721.

Méry-sur-Seine (Aube, arr. Arcis-sur-Aube), 183, 228. — Cat. 875, 886, 897. *Seigneurs et dames de* — : Amé, Anseau ; Jean II, s. de Vaucouleurs ; Marguerite.

Mesnil-lès-Vertus, aujourd'hui Mesnil-sur-Oger (Marne, arr. Épernay, c^{on} d'Avize). — Cat. 997, 1000, 1005.

Mète, femme de Gui de Fronville.

Mettlach (Abbaye de). — Cat. 198, 220.

Metz, 76, 208. — Cat. 239, 978. *Bourgeois de* — : Michel de la Cour. *Échevin de* — : Philippe le Grouaix. *Évêques de* — : Adhémar, Bertrand.

Meuse (La). — Cat. 672.

Michaut Grandjean, pelletier. — Cat. 1038.

Michel de la Cour, bourgeois de Metz. — Cat. 770.

Miglionico, 227. — Cat. 663.

—— Nicolas de Joinville, s. de — et de Morancourt.

Milan (Jean Galéas Visconti, comte de Vertus, s. de).

Miles, comte de Bar-sur-Seine. — Cat. 232.

Miles le Breton, 43.

Miles de Haironville, chevalier. — Cat. 224, 234.

Miles de Moëlain, 38. — Cat. 94, 96.

Miles de Montbard. — Cat. 18.

Miles de Neuville, chevalier. — Cat. 243.

Miles IX, s. de Noyers. — Cat. 495.

Miles X, s. de Noyers. — Cat. 858, 872, 873.

Miles O'Connor, archidiacre de Clonmacnois, évêque d'Elphin. — Cat. 389, 390.

Miles de Saint-Amand, 133. — Cat. 474, 866.

Miles de Saint-Martin. — Cat. 304.

Milet de Breuil. — Cat. 309.

Millet de Sorcy. — Cat. 816.

Milon, abbé de Montiérender, 15, 16.

Milon (Jean de).

Milonique. Voir Miglionico.

Mimery (Jean de).

Minières (Bois des). — Cat. 306.

Mirebeau (Jean de Vergy, Jean de Vienne, Isabelle de Joinville, s. et dame de).

Mirecourt (Vosges), 181. — Cat. 828.

Moëlain (Miles de).

Mognières. Voir Magnières.

Moine de Balle (Huguenin le).

Molesme (Abbaye de), 24, 25, 28, 65. — Cat. 13, 16, 18, 28, 242, 244, 288, 379. *Abbés de* — : Gérard, Isembard.

Monceaux. Voir Montceaux.

Mondragone (Italie, prov. de Caserte, arr. de Gaëte), 234.

Monmouth (Angleterre, cap. du comté de ce nom). — Cat. 569.

Mons-en-Puelle (Bataille de), 146.

Mont (Jean de).

Montaigu (Gui de —, évêque de Châlons ; Jean de Bourgogne, s. de — et de Joinville).

Montbard (Miles de).

Montbéliard (Amédée, Eschive, Renaud, Richard, Simon de).

Montceaux (Aube, arr. Troyes, c^{on} Bouilly) — Cat. 250.

Mont Cenis (Le), 43.

Montclair (Prusse rhénane), château près de Merzig, 48, 52, 57, 67. — Cat. 281, 332.

—— (Ermengard, Geoffroy de Joinville, Simon de Joinville, s. et dame de).

Montdoré (Haute-Saône, arr. Lure, c^{on} Vauvillers), 158.

Montéclair (Château ruiné, près d'Andelot, Haute-Marne), 200. — Cat. 364, 369, 964.

Monteuil. Voir Monthoil.

Montfaucon (Amédée de Montbéliard ; Barthélemy, bâtard du s. de — ; Gautier, s. de).

Montferrat (Boniface, Conrad de).

Montfort (Simon de).

Monthoil, près d'Éclaron (Haute-Marne). — Cat. 423, 710.

Montiéramey (Pierre de Renel, abbé de).

Montiérender (Abbaye de), 4, 6, 19, 23, 25, 36, 37, 64, 65, 76, 201. — Cat. 4, 6 à 9, 19, 21, 23, 64, 67, 85, 169, 170, 175, 210, 213, 230, 235, 247, 248, 251, 258, 273, 306, 307, 328, 411, 420, 426, 720, 721, 765,

779, 881, 901. *Abbés de* — : Brunon, Dudon Ier, Dudon II, Milon, Roger.

MONTIERS-SUR-SAULX, 60, 131, 181. — Cat. 179, 206, 248, 261, 319, 415, 444, 446, 679 *bis*, 697, 732, 754, 811, 967, 992, 1046, 1050.

MONTIGNY (Jean de).

MONTIGNY-AUX-ORMES, 227. — Cat. 751.

MONTIGNY-LE-ROI (Haute-Marne, arr. Langres, ch.-l. c^on), 190. — Cat. 460.

MONTIGNY-LÈS-VESOUL (Haute-Saône). — Cat. 428, 540, 884.

—— (Héluis de Joinville, dame de Faucogney, vicomtesse de Vesoul, dame de).

—— (Sainte-Claire de), 67. — Cat. 563, 566, 718, 737.

MONTMÉLIAN (Savoie, arr. Chambéry, ch.-l. c^on). — Cat. 712.

MONTMORENCY (Aube). Voir BEAUFORT.

MONTMORENCY (Mathieu de).

MONTOT (Haute-Marne, arr. Chaumont, c^on Andelot). — Cat. 404, 652, 819.

MONTPENSIER (Mademoiselle de). Voir ANNE-MARIE-LOUISE D'ORLÉANS.

MONTREUIL (Adam, Guillaume et Renard de).

MONTREUIL (Traité de), 225. — Cat. 651.

MONTREUIL-SUR-BLAISE (Haute-Marne, arr. et c^on Vassy). — Cat. 799.

MONTROND (Simon de Montbéliard, s. de).

MONTSON (Jean de), 124.

MORANCOURT (Haute-Marne, arr. et c^on Vassy). — Cat. 89, 148, 156, 197, 706, 751, 899, 1017, 1026, 1039, 1057.

MORANCOURT (Nicolas de Joinville, s. de Miglionico et de).

MOREL DE JOINVILLE. — Cat. 236.

MOREUIL (Eustache de Conflans, seigneur de).

MORGES (Suisse, c^on de Vaud). — Cat. 702.

MORIMOND (Abbaye de), 222. — Cat. 978.

MORTIER (Suisse, c^on de Genève, territoire comprenant les communes genevoises de Satigny, Russin et Dardagny). — Cat. 393.

MORTIMER (Roger).

MOSSIER (Bois de). — Cat. 133.

MOTHE-EN-BLÉZY (La) (Haute-Marne, arr. Chaumont, c^on Juzennecourt), 208.

MOULINS-SUR-SAULX. — Cat. 672.

MOUSSEY (Vosges, arr. Saint-Dié, c^on Senones). — Cat. 959.

MOYENMONT (Vosges, arr. Épinal, c^on Rambervillers). — Cat. 994.

MOYTONVAL, lieu près de Doulevant. — Cat. 150.

MUREAU (Abbaye de). — Cat. 301, 356, 476.

MUSSEY (Haute-Marne, arr. Vassy, c^on Doulaincourt), 27, 34. — Cat. 78, 118, 187, 708, 758, 775, 776, 781, 784, 899, 1017, 1026, 1039. *Four de* — : cat. 558. *Moulin de* — : cat. 747, 751.

—— (Nicolas de Joinville, s. de Miglionico, de Morancourt et de).

—— (Thomas de).

MUTET DE TIL (Geoffroy).

MUTIGNY (Jean Petitfils de).

N

NANGIS. Voir GUILLAUME DE —.

NANTEUIL (Érard, Geoffroy, s. de Briquenay et de —, Mobille de Villehardouin, dame de).

NANTUA (Prieuré de). — Cat. 513.

NARBONNE (Aude), 228.

NANCY (Pierre de).

NAVARRE, 179.

—— Blanche, Charles le Mauvais, Philippe.

NEMOURS (Philippe de).

NESLE (Gui, Jean, Raoul de).

NEUFCHÂTEAU (Vosges), 12, 157.

NEUFCHÂTEAU (Hugues Triponts, s. de).

NEUFCHÂTEL (Alix de Joinville, Jean, Thibaut de).

NEUFMARCHÉ (Seine-Inférieure, arr. Neufchâtel-en-Bray, c^on Gournay), 27.

NEUVE-GRANGE (La) de Boulancourt. — Cat. 89, 106, 121 *bis*, 291.

NEUVILLE. — Cat. 114, 121 *bis*.

NEUVILLE (Miles de).
NEUVILLE (La). — Cat. 884.
NEUVILLE-À-BAYARD (La) (Haute-Marne, arr. Vassy, c^{on} Chevillon). — Cat. 851.
NEUVILLE-À-MATHONS (La), peut-être ancien nom de Mathons (Haute-Marne), 227. — Cat. 751.
NEVERS (Jean, Louis de Flandre, comtes de).
NICOLAS IV, pape. — Cat. 587.
NICOLAS BACON. — Cat. 620.
NICOLAS DE JOINVILLE, dominicain à Trim, 226.
NICOLAS DE JOINVILLE, chanoine de Saint-Patrick de Dublin, recteur de Trim, 227. — Cat. 550, 600, 609, 616, 617.
NICOLAS DE JOINVILLE, s. d'Aulnay-le-Châtel, mari de Philippe Fourrée. — Cat. 786, 848, 849, 864, 904, 910.
NICOLAS DE JOINVILLE. s. de Miglionico, de Morancourt, de Mussey et de Beauregard, 226. — Cat. 663, 713, 747, 751, 758, 775, 776, 781, 784, 792, 878, 890.
NICOLAS DE JOINVILLE, comte de Sant-Angelo, 235. — Cat. 782.
NICOLAS DE JOINVILLE, seigneur du fief de Thérouenne, à Paris, 228.
NICOLAS DE RAIGECOURT, moine de Saint Urbain, 154.
NICOLAS, comte de Terranova, vice-roi d'Otrante, 234.
NICOLAS DE SALM, s. de Puttelange. — Cat. 878, 890.
NICOLAS LE TÉLERON. — Cat. 848.
NICOLAS DE VOIGNEY. — Cat. 713.

NICOLE (Frère), commandeur de Thors. — Cat. 524 bis.
NICOLE BÉHUCHET, trésorier du roi. — Cat. 872, 873.
NICOLETTE D'OSNE. — Cat. 105.
NIUCHAN (Le pré de). — Cat. 133.
NOGENT (Viennet de).
NOGENT (Wiard de).
NOGENT-EN-BASSIGNY. Voir NOGENT-LE-ROI.
NOGENT-LE-ROI (Haute-Marne, arr. Chaumont), 190. — Cat. 460.
NOGENT-SUR-SEINE (Aube), 197.
NOMÉCOURT (Haute-Marne, arr. Vassy, c^{on} Joinville). — Cat. 293, 502 ter, 792, 794.
NONCOURT (Haute-Marne, arr. Vassy, c^{on} Poissons). — Cat. 402.
—— (Haymon, Hugues de).
NONSARD (Meuse, arr. Commercy, c^{on} Vigneulles), 192.
NOUVEAU-CHÂTEAU (Novum Castellum). Nom primitif du château de Joinville, 5.
NOVIANT (Mathieu de).
NOVO CASTELLO (Étienne, Geoffroy de).
NOYERS (Yonne, arr. Tonnerre, ch.-l. de c^{on}). — Cat. 495. Jean, Mahaut, Miles IX, Miles X.
NOYON (Châtelain de), Jean de Thorote.
NUISEMENT (Moulin de). — Cat. 81.
NULLY (Haute-Marne, arr. Vassy, c^{on} Doulevant), 17.
—— (Hesceline, Hondouin, Gautier, Jean, Witier de).
NUSCO (Ilaria de Joinville, dame de —, Ponte et San-Giorgio).
NYON (Suisse, c^{on} de Vaud). — Cat. 701.

O

ODE, femme de corps de Simon de Joinville. — Cat. 187.
ODETTE DE JOINVILLE. — Cat. 675.
ODON ALAMAN, 230. — Cat. 526.
OFLAINCOURT au finage de Rimaucourt. — Cat. 524 ter.
OGÉVILLER (Henri d').
OGIER DE DONJEUX. Voir OGIER, sire d'Effincourt et de la Fauche.

OGIER DE JOINVILLE, s. d'Effincourt et de la Fauche, dit de Donjeux, 210, 211, 223. — Cat. 941, 942, 979, 993.
OISELAY (Haute-Saône, arr. Gray, c^{on} Gy), 101. Voir ÉTIENNE D'—, s. de Villeneuve; GUILLEMIN D'—.
OISY (Jean d'), bailli de Sens.
OLIVIER, évêque de Chalon. — Cat. 1058.
OLIVIER DE TERMES, 119, 124.

ORIGNY (Bois d'). — Cat. 235.
ORLÉANS, 140.
—— Anne-Marie-Louise d'—, Mademoiselle de Montpensier; Philippe, duc d'—, Monsieur; Philippe, duc d'—, régent; Philippe-Égalité, duc d'—.
ORLY (Hélie d').
ORVAUX. — Cat. 669.
ORVIETO (Italie, province de Pérouse). — Cat. 542.
OSNE-LE-VAL (Haute-Marne, arr. Vassy, c^{on} Chevillon). — Cat. 101, 105, 135, 136, 279, 351, 508, 629, 675, 837, 1042.
OSNE-LE-VAL (Alleu d'). — Cat. 62.
—— (Église Saint-Cyr d'). — Cat. 59. (Voir AUBERT, GUI, HATON, HÉLUIS, HODIERNE, ISABEAU, NICOLETTE, PHILIPPE D' —.)
OTHON IV, comte de Bourgogne. — Cat. 566.
OUDET DE GERMINY. — Cat. 1002.
OUDINET DE SORCY. — Cat. 816.
OURRY, juif. — Cat. 206.
OURRY DE LIGNY, chanoine. — Cat. 179, 248.

P

PAILLY (Le seigneur de), gruyer de Champagne et de Brie. — Cat. 996.
PANTELLARIA (Île), 125.
PAPES. Alexandre III, Boniface VIII, Clément VII, Damase II, Honorius III, Jean XXII, Léon IX, Lucius III, Nicolas IV.
PAPHOS, ville de l'île de Chypre, 80.
PÂQUE, femme de Jean Petitfils de Montigny. — Cat. 864.
PARC-DU-BOIS (Le). — Cat. 886.
PARIS. — Cat. 45. *Bourgeois de* —: Guillaume l'Estillour. — Fief de Thérouenne à —, 228. — Cat. 786. Hôpital Saint-Jacques à —, Cat. 786. Rue Saint-Nicolas-du-Chardonnet à —, 180. — Cat. 787. Le Petit-Pont à —, 84. Sainte-Chapelle de —, 134.
PASOY (Haute-Marne, arr. Vassy, c^{on} Poissons). — Cat. 212, 261, 309, 315, 319, 430, 690, 942.
—— (Guyot, Robert de).
PASSAVANT-EN-ARGONNE (Marne, arr. et c^{on} Sainte-Menehould), 200.
PASSAVANT-EN-VOSGES (Haute-Saône, arr. Vesoul, c^{on} Jussey), 158, 200. — Cat. 964.
PAULIN (Jeanne de Lautrec, vicomtesse de —; Sicard de Lautrec, vicomte de).
PAUTIANT (Jean).
PAVILLON (Forêt du). — Cat. 162.
PÈLERINE, fille de Wille de Chevillon. — Cat. 72.
PEMBROKE (Guillaume de Valence, comte de).

PERCEY (Haute-Marne, arr. Langres). — Cat. 60.
PERNET DES BORDES, bailli de Joinville. — Cat. 994.
PÉRON (Ain, arr. Gex, c^{on} Collonges). — Cat. 547, 621.
PERRARD DE BÉZENNES. — Cat. 728.
PERRENELLE DE CHAPPES, dame de Sailly et de Sully, 221. — Cat. 225.
PERRIN, prévôt du s. de la Fauche. — Cat. 796, 820.
PERRIN D'ABIENVILLE. — Cat. 546.
PERRIN, s. de Pulligny en partie, 237.
PERRIN, fils de Sébille de Saulxures. — Cat. 476.
PERRINET DE BONNEY. — Cat. 844.
PERTHES-LÈS-HURLUS (Marne, arr. Sainte-Menehould, c^{on} Ville-sur-Tourbe). — Cat. 292.
PERTHOIS (Le), 195.
PETITFILS DE MUTIGNY (Jean).
PETIT-PONT de Paris (Le), 84.
PHILIPPE DE BEAUMONT, femme de Goffreduccio, s. de Sant-Angelo, 205.
PHILIPPE, duc de Bourgogne, 207, 213. — Cat. 996.
PHILIPPE DE CHAMPAGNE, fille du comte Henri III, 50, 60.
PHILIPPE DE CHAUVEREY. — Cat. 570.
PHILIPPE FOURRÉE, 228. — Cat. 786.
PHILIPPE AUGUSTE, roi de France, 39, 40, 49, 50. — Cat. 115, 226.

PHILIPPE III LE HARDI, roi de France, 130, 135, 139, 146, 233. — Cat. 461, 491, 538.

PHILIPPE IV LE BEL, roi de France, 138, 140, 143 à 145, 160, 173, 228. — Cat. 589, 618, 636, 641, 645, 647, 651, 653, 669, 670, 672.

PHILIPPE V LE LONG, roi de France, 161, 179, 180. — Cat. 760, 765, 766, 767, 769, 772, 773, 774, 777, 778, 780, 783, 785, 787, 790, 791.

PHILIPPE VI, roi de France, 181, 183 à 185, 228. — Cat. 846, 851, 856, 857, 859, 869, 875, 876, 882, 883, 886, 889, 894, 896, 902, 907, 916.

PHILIPPE LE GROUAIX, échevin de Metz. — Cat. 676.

PHILIPPE HUREPEL, comte de Boulogne, 60.

PHILIPPE DE JOINVILLE, 235.

PHILIPPE DE JULLY, 223.

PHILIPPE, archevêque de Lyon. — Cat. 337.

PHILIPPE DE MEAUX. — Cat. 808.

PHILIPPE DE NAVARRE, 192, 193.

PHILIPPE DE NEMOURS, 100, 104.

PHILIPPE, duc d'Orléans (Monsieur), 217.

PHILIPPE, duc d'Orléans, régent, 217.

PHILIPPE, duc d'Orléans (Égalité), 218.

PHILIPPE D'OSNE. — Cat. 686.

PHILIPPE, comte de Sant-Angelo, vice-roi de Labour, 235.

PHILIPPE, comte de Savoie. — Cat. 466, 469, 555.

PHILIPPE SIGINOLFO, 235.

PHILIPPE DE SORCY. — Cat. 544.

PHILIPPE DE TOUCY, 115.

PHILIPPE, évêque de Troyes. — Cat. 19, 20.

PHILIPPE, évêque de Troyes, 20.

PHYSICIEN (Girard le).

PIBON, évêque de Toul, 20. — Cat. 15.

PICARD (Le P. Benoît), 13.

PICART (Guillaume le).

PIDOE (Jean).

PIERRE, comte d'Alençon, 137, 148.

PIERRE AUDLEY, chef de bande, 197, 199.

PIERRE D'AVALLON, 87.

PIERRE BARBET, archevêque de Reims, 142.

PIERRE DE BOURBONNE, chevalier, 102.

PIERRE, s. de Bourlémont, 37, 103, 104, 108. — Cat. 505, 557.

PIERRE DE BRACHEY. — Cat. 1041.

PIERRE DE BRIXEY, évêque de Toul, 28.

PIERRE CHACEPORC. — Cat. 342.

PIERRE II, évêque de Châlons. — Cat. 800.

PIERRE DE CHÂTILLON. — Cat. 526, 527.

PIERRE FARNOT. — Cat. 60.

PIERRE FLOTTE. — Cat. 653.

PIERRE DE GENÈVE, 224.

PIERRE, comte de Genève et de Vaudémont, 215. — Cat. 1010, 1012, 1013, 1022, 1025, 1026, 1042, 1043, 1045, 1049, 1054.

PIERRE DE GEX, seigneur de Marnay, 230. — Cat. 523, 526, 534, 547, 554, 561, 562, 572, 579, 607, 618, 636, 641, 669, 670.

PIERRE HOSE DE LA FORÊT. — Cat. 586.

PIERRE HUGUENIN. — Cat. 1020.

PIERRE DE JOINVILLE, fils aîné de Geoffroy de Vaucouleurs, 226. — Cat. 552, 567, 568, 575, 591, 685.

PIERRE DE JOINVILLE, autre fils de Geoffroy de Vaucouleurs, 227. — Cat. 616.

PIERRE DE JOINVILLE, vice-roi de Capitanate, 232, 237.

PIERRE, s. de Lézinnes, 233.

PIERRE DE LONGECOMBE, maître des engins du roi. — Cat. 872.

PIERRE MARTIN, licencié ès lois, étudiant à Orléans. — Cat. 981.

PIERRE, s. de Marnay. Voir PIERRE DE GEX, s. de Marnay.

PIERRE MAUCLERC, comte de Bretagne, 92, 99.

PIERRE DE NARCY, chevalier. — Cat. 424.

PIERRE DE PONTMOLIN, chevalier, 108.

PIERRE DE RENEL, abbé de Montiéramey. — Cat. 906.

PIERRE, abbé de Saint-Urbain. — Cat. 32.

PIERRE, comte de Savoie, dit *le Petit Charlemagne*, 224. — Cat. 337, 368, 387, 393, 478, 498, 534.

PIERRE, évêque de Toul. — Cat. 53.

PIERRE DE TRIGNICOURT. — Cat. 36.

PIERRE DE TROYES, talemelier. — Cat. 1037.

PIERRE DE VILLORCEL. — Cat. 356.
PIERRECOURT (Haute-Saône, arr. Gray, c^{on} Champlitte), 189.
PIERREFORT (Meurthe, c^{ne} Martincourt), 192.
PIERREPONT (Érard de Bar, Eudes de Grancey, Renaud de Bar, seigneurs de).
PIETRA (peut-être Pietra-Pertosa), 227. — Cat. 663.
PIETRAMOLA (Agnès de).
PINCELAY (Moulin de). — Cat. 473.
PLAISANCE (Italie), 44.
PLANCY (Jeanne de Sully, dame de — et de Viâpres; Marguerite de).
PLESSIS (Gui du —; Jean du —, s. de Dercourt).
POINCE, veuve de Michel de la Cour. — Cat. 770.
POINCE, curé de Roche-sur-Rognon. — Cat. 962, 963.
POINCE DE SAINT-AMANT. — Cat. 866.
POINT DE VESANCY. — Cat. 658.
POISSONS (Haute-Marne, arr. Vassy, ch.-l. c^{on}). — Cat. 24, 287, 303, 321, 500, 623, 822, 865. Aubert, Gui de —.
POISSY (Seine-et-Oise), 152.
POITIERS, 73. Bataille de —, 192, 193. — Cat. 979. Comte de — : Alfonse.
POITIERS (Henri de —, évêque de Troyes).
POLIGNY (Jura, ch.-l. arr.). — Cat. 435.
POLISOT (Aube, arr. Bar-sur-Seine, c^{on} Mussy-sur-Seine). — Cat. 735.
POLISY (Aube, arr. Bar-sur-Seine, c^{on} Mussy-sur-Seine). — Cat. 735.
POMMERN (Gautier, voué de).
PONCE D'ARNAY. — Cat. 304.
PONCE DE CHOISEUL. — Cat. 232.
PONT-À-MOUSSON (Archidiacre de).—Cat. 571.

PONT-SUR-SEINE (Aube, arr. et c^{on} Nogent-sur-Seine), 197, 199.
PONTE (Ilaria de Joinville, dame de Nusco, — et San-Giorgio).
PONTHIEU (Comté de). — Cat. 589.
PONTHION (Renard de Dampierre, s. du Bois et de).
PONTMOLIN (Pierre de).
PONTOISE (Paix de), 196.
PORCIEN (Gaucher de Châtillon, comte de).
PORTSMOUTH (Angleterre). — Cat. 611.
PORT-SUR-SAÔNE (Haute-Saône, arr. Vesoul, ch.-l. c^{on}), 184. — Cat. 880.
POSSESSE (Marne, arr. Vitry-le-François, c^{on} Heiltz-le-Maurupt), 183. — Cat. 869.
POUAN (Seigneurie de). — Cat. 999.
POUILLY (Côte-d'Or, arr. Beaune). — Cat. 18.
PRÉ-LES-PRÊTRES (Le), lieu-dit entre Tournay et Brusson. — Cat. 479 bis.
PRÉGNY (Suisse, c^{on} de Genève). — Cat. 493. Gérard de —.
PRÉVÔT (Anseau le).
PRIMAT, 148.
PRINCE, belle-mère de Raoul de Ragecourt. — Cat. 392.
PROFONDE-FONTAINE. — Cat. 24.
PROVINS (Seine-et-Marne), 60, 103, 128, 137. — Cat. 41, 42, 111, 160, 560. La Chapelle-le-Comte à — : cat. 517. Hôtel-Dieu de — : cat. 517. Saint-Jacques de —. Saint-Quiriace de —.
PULLIGNY (Agnès de —, dame de Bonney; Gérard IV, s. de —; Jeanne de Beaupré, dame de —; Perrin, s. de — en partie).
PUTTELANGE (Nicolas de Salm, seigneur de).

Q

QUIÉVRAIN (Marie, dame de — et d'Ancerville).

R

RAGECOURT-SUR-BLAISE (Haute-Marne, arr. et c^{on} Vassy), 6, 17. — Cat. 4, 5, 7, 93, 779.

RAGECOURT-SUR-BLAISE (Aubert, Jean, Raoul de).
RAGECOURT-SUR-MARNE (Haute-Marne, arr. Vassy, c^{on} Chevillon). — Cat. 313, 533.

TABLE ALPHABÉTIQUE DES NOMS.

Ragecourt-sur-Marne (Prieuré de). — Cat. 531.
Ragot (Eudes).
Raigecourt (Nicolas de).
Raimbaud d'Apremont. — Cat. 289.
Ramerupt (Aube, arr. Arcis-sur-Aube, ch.-l. c^{on}), 60. — Cat. 216.
—— (André de —; Érard de Brienne, s. de).
Raoul de Chevillon. — Cat. 122.
Raoul de Dommartin, 36.
Raoul, comte d'Eu. — Cat. 808.
Raoul de Ragecourt. — Cat. 392.
Raoul de Trivière. — Cat. 420.
Raoul de Vanault, 89.
Ray (Guillemette, dame de).
Raymond VI, comte de Toulouse, 40.
Rebecca Marramaldo, 235.
Reims, 7, 15, 156. — Cat. 4. *Archevêques de* — : Henri Ier, Guillaume aux blanches mains, Guillaume de Joinville, Henri de France, Pierre Barbet, Thomas de Beaumetz., Beaudouin de —. *Bourgeois de* — : Jean de Bézennes. — Saint-Remy de Reims.
Reliques de saint Étienne, 122. — Cat. 722.
—— de saint Jean Chrysostome. — Cat. 519.
—— de saint Joseph, 122.
Remiremont (Abbaye de). — Cat. 352.
Rémond (Frère), templier, 124.
Rémonvaux (Frères de). — Cat. 367, 614.
Renard de Choiseul, 52, 53. — Cat. 184, 196.
Renard de Choiseul, seigneur de Bourbonne, 222.
Renard, comte de Dampierre, 38, 44. — Cat. 95.
Renard de Dampierre, s. du Bois et de Ponthion, 237.
Renard, comte de Joigny, 4, 9.
Renard de Joinville, comte, 19, 20, 21, 22, 24. — Cat. 15, 20, 21, 37.
Renard de Montreuil, chevalier. — Cat. 284.
Renarde, dame de Mailly, 237. — Cat. 479 *bis*.
Renaud d'Ay, chevalier. — Cat. 1021.

Renaud de Bar, *dit* le Borgne, comte épiscopal de Verdun, 22.
Renaud de Bar, seigneur de Pierrepont, 176.
Renaud, abbé de Charlieu. — Cat. 840.
Renaud de Corcondray, chevalier. — Cat. 737.
Renaud de Dammartin, comte de Boulogne, 40.
Renaud, comte de Dampierre. — Voir Renard, comte de Dampierre.
Renaud de Menoncourt, 90.
Renaud de Montbéliard. — Cat. 670.
Renaud, s. de Romont. — Cat. 568.
Renaud de Vichiers, maréchal du Temple, 100.
Renée de Curel. — Cat. 327.
Renel (Pierre de), abbé de Montiéramey. — Cat. 906.
Renier de Curel, chevalier. — Cat. 271, 283, 285.
Renier, curé de Vaucouleurs. — Cat. 480.
Renoncourt (Moulin de). — Cat. 20.
Réole (La), Gironde, 225. — Cat. 357.
Rethel (Gaucher, Hugues, Jean, Manissier de).
Reygate (Gilbert de).
Reynel (Haute-Marne, arr. Chaumont, c^{on} Andelot), 131, 143, 191, 200, 211. — Cat. 407, 577, 851, 944, 950, 963, 998. *Archidiacre de* — : cat. 571. *Maladrerie de* — : cat. 603. *Moulins de* — : cat. 541. (Voir Alix de —, dame de Joinville; Anseau de Joinville, s. de —; Arnoul, comte de —; Arnoul, chanoine de Verdun; Blanche de —, dame de Joinville; Gautier, s. de —; Henri, s. de Joinville et de —, comte de Vaudémont; Henriot de Reynel.)
Ribeaucourt (Meuse, arr. Bar-le-Duc, c^{on} Montiers-sur-Saulx), 131. — Cat. 221, 257, 415, 687, 1049, 1067.
Riccardi de Lucques (Maison). — Cat. 575, 600.
Richard Bonifazio. — Cat. 600.
Richard Cœur de lion, roi d'Angleterre, 39, 40.

TABLE ALPHABÉTIQUE DES NOMS.

RICHARD, comte de Montbéliard, 54. — Cat. 188.

RICHECOURT (Meuse, arr. Commercy, c^{on} Saint-Mihiel). — Cat. 564.

—— (Prieuré de). — Cat. 826.

RIENCOURT (Anseau de).

RIÉVAL (Abbaye de). — Cat. 29, 451.

—— (Herbert, abbé de).

RIGNY (Achardin, Thibaut de).

RIMAUCOURT (Haute-Marne, arr. Chaumont, c^{on} Andelot). — Cat. 524 *bis*, 851. — *Moulins de* —: cat. 452. *Seigneurs de* —: Anseau de Joinville, Jean de Noyers.

RINELLO (Basilicate), 234.

RIPPES (Bois des — au finage de Juvigny). — Cat. 517 *bis*.

RIQUIN, évêque de Toul. — Cat. 17.

RODÉCOURT (Vosges, arr. Neufchâteau, c^{on} Lamarche), 57.

ROBERT Ier, comte d'Artois, 87, 89, 91 à 93, 101.

ROBERT II, comte d'Artois, 235.

ROBERT, comte puis duc de Bar, 192, 205, 206, 208, 209, 212. — Cat. 969, 984, 985, 987, 992, 1046, 1050.

ROBERT, évêque de Bath. — Cat. 565.

ROBERT BERTRAN, s. de Briquebec. — Cat. 872, 873.

ROBERT III, comte de Braisne et de Dreux. — Cat. 246.

ROBERT, roi de France, 7. — Cat. 4.

ROBERT DE JOINVILLE, fils de Roger, 26, 28, 29. — Cat. 28, 29, 58.

ROBERT DE JOINVILLE, premier s. de Sailly, fils de Geoffroy IV, 34, 36, 38, 43, 221. — Cat. 74, 78, 88, 89, 100, 104, 109, 112, 121.

ROBERT DE JOINVILLE, sire de Sailly, fils de Gui Ier, 221. — Cat. 346, 359, 364, 369, 370, 372, 378, 386, 388, 402, 403, 413, 417, 434, 438, 473, 489, 716.

ROBERT DE PAROY. — Cat. 551.

ROBERT DE RUPT, chevalier. — Cat. 57.

ROBERT DE SAINT-DIZIER, commandeur de Ruetz. — Cat. 905.

ROBERT DE SORBON. 130.

ROBERT, comte de Tonnerre. — Cat. 836.

ROBERT WALERAND. — Cat. 457.

ROCHE (Henri de Saint-Dizier, seigneur de la).

ROCHE-DE-GLUN (La) (Drôme, arr. Valence, c^{on} Tain), 77.

ROCHE DE MARSEILLE (La), 79.

ROCHE-SUR-FORON (La) (Haute-Savoie, arr. Bonneville, ch.-l. c^{on}). — Cat. 1054.

RODOLPHE, duc d'Autriche, 143.

RODOLPHE, comte de Génevois. — Cat. 368.

ROGER, homme de Saint-Urbain, à Mussey. — Cat. 187.

ROGER (Jean).

ROGER, évêque de Châlons, 15. — Cat. 9.

ROGER DE CHATONRUPT, frère de Gautier de Brouthières. — Cat. 324, 362.

ROGER DE CHATONRUPT, fils de Hugues. — Cat. 549, 588.

ROGER DE FRONVILLE. — Cat. 98, 99.

ROGER, s. de Joinville, 19 à 21, 24, 25 à 27. — Cat. 14 à 22, 24, 26, 37.

ROGER DE LORIA, 235.

ROGER, abbé de Montiérender. — Cat. 19.

ROGER MORTIMER, 226.

ROGER DE RUPT. — Cat. 71.

ROIDET (Maître Jean).

ROMAIN-MOTIER (Couvent de). — Cat. 453.

ROME. — Cat. 583, 654, 656, 657, 663, 666.

ROMIER DE JOINVILLE. — Cat. 130.

ROMONT (Château de). — Cat. 568.

—— (Renaud, s. de).

ROSIÈRES-AUX-SALINES (Meurthe-et-Moselle, arr. Nancy, c^{on} Saint-Nicolas-du-Port). — Cat. 739, 1043.

ROSIÈRES-EN-BLOIS (Meuse, arr. Commercy, c^{on} Gondrecourt). — Cat. 413.

ROTROU, évêque de Châlons, 38. — Cat. 94, 96.

ROUCY (Aisne, arr. Laon, c^{on} Neufchâtel-sur-Aisne), 199.

ROUVROY (Haute-Marne, arr. Vassy, c^{on} Doulaincourt). — Cat. 423.

ROZIÈRES (Haute-Marne, arr. Vassy, c^{on} Montiérender). — Cat. 27, 100, 109.

RUETZ (Haute-Marne, arr. Vassy, c^{on} Chevillon, c^{ne} Gourzon). — Cat. 1003. *Com-*

manderie de — 65. — Cat. 26, 82, 83, 108, 135, 154, 243, 300, 396 *bis*, 423, 494, 502 *ter*, 508 *bis*, 517 *bis*, 520, 530, 533, 631, 861, 905, 980.

Ruffo (Be'ladonna —, dame de Venafro).

Ruffum pratum, près de Dommartin-le-Franc. — Cat. 210.

Rumigny (Ferry de Lorraine, s. de — et de Boucq, comte de Vaudémont).

Rumilly-les-Vaudes (arr. et c^{on} Bar-sur-Seine). — Cat. 16.

Rupt (Haute-Marne, arr. Vassy [ou Joinville]). — Cat. 601.

—— (Robert de).

S

Sabran (Louis de —, comte d'Ariano), 235.

Sailly (Haute-Marne, arr. Vassy, c^{on} Poissons). — Cat. 386. Alix et Béatrix de —, religieuses à Foissy. *Branche de* — : Voir les seigneurs de Sailly, d'Échenay, de Donjeux et de Jully. *Châtellenie de* — : cat. 369. *Seigneurs et dames de* — : Alix, Aufélis, Gui Ier, Gui II, Marguerite, Robert, fils de Geoffroy IV; Robert, fils de Gui Ier; Simon, plus tard s. de Joinville.

Saint-Aignan-sur-Cher (Loir-et-Cher, arr. Blois, ch.-l. c^{on}), 27.

Saint-Amand (Marne, arr. et c^{on} Vitry-le-François). — Cat. 848.

Saint-Amand (Miles, Poince de).

Sainte-Ame (Prieuré de), près de Joinville, 38, 39, 155. — Cat. 102, 126, 153.

Saint-Bénigne (Abbaye de), à Dijon, 5.

Saint-Benoît (Henri de).

Saint-Blin (Prieuré de), 5, 177, 208. — Cat. 1, 2, 652.

Sainte-Catherine (D. Pierre de), 10.

Saint-Cergues (Guillaume de Vienne, s. de).

Saint-Christophe (Aube, arr. Bar-sur-Aube, c^{on} Brienne), 7. — Cat. 4.

Saint-Cyr d'Osne. — Cat. 59.

Saint-Denis (Abbaye de), 137, 142, 147.

Saint-Dié (Chapitre de). — Cat. 994.

Saint-Dizier (Haute-Marne, arr. Vassy, ch.-l. c^{on}). — Cat. 364, 369. *Curé de* — : Guerry. *Seigneurs de* — : Jean III, s. de — et de Vignory; Jean de Dampierre. (Voir Henri de —, s. de la Roche; Robert de —.)

Saint-Esprit de Rome (Ordre de l'hôpital du). — Cat. 486.

Saint-Esprit (Hôpital du), à Vaucouleurs, 35. — Cat. 77.

Saint-Étienne de Châlons, 38, 65, 122. — Cat. 94, 157, 722, 723.

Saint-Florentin (Un sergent de). — Cat. 900.

Saint-Gengoul de Toul (Chapitre de). — Cat. 1052.

Saint-Germain-le-Rocheux (Côte-d'Or, arr. Châtillon-sur-Seine, c^{on} Aignay-le-Duc). — Cat. 146, 158.

Saint-Gervais, près de Genève. — Cat. 393, 493.

Saint-Jacques (Hôpital), à Paris. — Cat. 786.

Saint-Jacques de Compostelle, 90.

Saint-Jacques de Joinville (Prieuré de), 35, 38, 64, 155. — Cat. 74, 87, 128, 954.

Saint-Jacques de Provins (Abbaye de). — Cat. 42.

Saint-Jean-de-Gonville (Ain, arr. Gex, c^{on} Collonges). — Cat. 547, 582, 604, 621, 693, 726.

Saint-Jean de Laon (Abbaye de). — Cat. 531, 564. (Voir Richecourt [Prieuré de]).

Saint-Jean-des-Vignes (Abbaye de). — Cat. 209.

Saint-Jean-sur-Tourbe (Marne, arr. et c^{on} Sainte-Menehould). — Cat. 842.

Saint-Juvin (Ardennes, arr. Vouziers, c^{on} Grandpré). — Cat. 497.

Saint-Laurent de Joinville (Collégiale de), 28, 34, 35, 45, 63, 64, 76, 122, 162, 186, 187. — Cat. 59, 73, 74, 76, 80,

119, 121, 127, 130, 138, 139, 148, 197, 201, 217, 252, 276, 278, 291, 317, 320, 323, 329, 350, 376, 377, 384, 385, 395, 421, 437, 440, 448, 449, 472, 480, 490, 492, 499, 510, 514, 516, 519, 524, 543, 598, 601, 706, 708, 714, 715, 717, 815, 870, 947, 993, 1039, 1064, 1065. *Chanoines de* — : Acelin, Boniface, Girard le Physicien, Manissier. *Chapelain de* — : constant. *Chapelle de Saint-Louis à* — : Cat. 714. *Doyen de* — : Étienne.

SAINT-LAURENT (Chapelle de), à Vaucouleurs, 65.

SAINTE-LIVIÈRE (Aubert de).

SAINT-LOUP (Suisse, c^{on} de Genève, hameau voisin de Versoix). — Cat. 523.

SAINT-LOUP (Clément de).

SAINT-LOUP-SUR-SEMOUSE (Haute-Saône, arr. Lure, ch.-l. c^{on}). — Cat. 667.

SAINT-MAUSUY DE TOUL (Abbaye de), 20. — Cat. 15, 44, 401, 427, 432, 677, 730, 966.

SAINT-MARTIN (Miles de).

SAINT-MARTIN-ÈS-AIRES (Abbaye de). — Cat. 43.

SAINT-MARTIN DE TRÈVES (Abbaye de) — Cat. 180.

SAINT-MAURICE (Vosges, arr. Épinal, c^{on} Rambervillers). — Cat. 567.

SAINTE-MENEHOULD (Marne), 102.

SAINT-MIHIEL (Hélie de).

SAINT-MIHIEL (Abbaye de), 131. — Cat. 257, 378, 415, 438, 511, 637, 1067.

SAINT-NICOLAS-DU-CHARDONNET (Rue), à Paris, 180. — Cat. 787.

SAINT-NICOLAS DE SAINT-LOUP (Hôpital). — Cat. 667.

SAINT-NICOLAS-DE-VARANGÉVILLE. Voir SAINT-NICOLAS-DU-PORT.

SAINT-NICOLAS-DU-PORT, 124, 127, 143.

SAINT-OMER (Thomas de).

SAINT-OYEN-DE-JOUX (auj. Saint-Claude-sur-Bienne, Jura), abbaye de —, 25. — Cat. 561, 693.

SAINT-PIERREMONT (Vosges, arr. Épinal, c^{on} Rambervillers). — Cat. 567.

SAINT-POL (Hugues IV, Waleran de Luxembourg, comtes de).

SAINT-POL (Hugues de —, s. de Leuzes).

SAINT-QUIRIACE DE PROVINS. — Cat. 41.

SAINT-REMY DE CEFFONDS. — Cat. 19.

SAINT-REMY DE REIMS (Abbaye de), 30, 129. — Cat. 22, 35, 56, 144.

SAINT-SÉPULCRE (Le). — Cat. 946.

SAINT-TAURIN D'ÉVREUX (Abbaye de). — Cat. 615.

SAINT-THIÉBAUT DE VAUCOULEURS (Prieuré de). — Cat. 137, 753.

SAINT-URBAIN (Haute-Marne, arr. Vassy, c^{on} Doulaincourt). — Cat. 24, 98, 943. *Abbaye de* — : 4, 5, 26, 29, 34, 36, 53, 63, 64, 77, 129, 132, 141, 151, 152, 154 à 156. — Cat. 24, 32, 34, 66, 78, 84, 87, 88, 90, 93, 98, 99, 118, 140, 141, 153, 162, 164, 176, 182, 185, 187, 208, 236, 262, 287, 293, 294, 304, 311, 313, 321, 362, 380, 412, 418, 425, 429, 434, 441, 442, 447, 458, 467, 479, 482, 500, 506, 507, 520, 525, 528, 529, 537, 556, 558, 574, 605, 627, 630, 643, 711, 713, 724, 725, 729, 757, 792, 797, 798, 822, 852, 865, 867, 893, 898, 988. *Abbés de* — : B., Gautier, Geoffroy, Jean, Jean de Mimery, Pierre.

SAINT-URBAIN (Viard de).

SAINT-VENANT (Le sire de). — Cat. 787.

SAINT-VICTOR DE GENÈVE (Abbaye de). — Cat. 375.

SAINT-VINNEMER (Yonne, arr. Tonnerre, c^{on} Cruzy). — Cat. 586.

SAINT-VRAIN (Hugues d'Amboise, s. de Chaumont et de).

SAINTE-COLOMBE (Rhône, arr. Lyon, c^{on} Condrieu), 184. — Cat. 873.

SALADIN, sultan d'Égypte, 35.

SALINS (Guillaume de Joinville, archidiacre de).

SALINS (Jean de Bourgogne, s. de).

SALM (Jean, comte de —; Jeanne de Joinville, comtesse de —; Nicolas de —, s. de Puttelange).

SAMOIS (Jean de).

TABLE ALPHABÉTIQUE DES NOMS.

Sancerre (Étienne II, comte de).
Santa-Agata di Puglia (Italie, prov. de Foggia, arr. de Bovino), 235.
Sant-Angelo de Lombardi (Italie, prov. d'Avellino, ch.-l. d'arr.), 235.
Sant-Angelo (Goffreduccio, s. de —; Amelio, Jean-Nicolas, Ilaria de Sus, Philippe, comtes et comtesse de).
San-Giorgio (Ilaria de Joinville, dame de Nusco, Ponte et).
Sarrasin (Jean).
Sarrebrück (Amé de —; Geoffroy d'Apremont, Jean, comtes de —; Jean de —, s. de Commercy et de Venizy; Laure de —, dame de Joinville; Simon, comte de).
Satigny (Prieuré de). — Cat. 547, 604, 621.
Satriano (Ursuline-Julie, comtesse de), 235.
Saulx (Moulins de la), 64.
Saulx (Colart de).
Saulxures (Geoffroy, Perrin, Sébille de).
Saumur (Maine-et-Loire), 73.
Saux (Guillaume de).
Savoie (Aube, arr. Troyes, c^{on} Bouilly, c^{ne} Moussey). — Cat. 735.
Savoie (Amédée, Louis de —, baron de Vaud, Louise, Philippe, Pierre, Thomas de).
Savoisy (Eudes de).
Sébille, femme de Geoffroy de Bourlémont.
Sébille de Saulxures. — Cat. 476.
Ségur (Jean de).
Sellier (Avendon dou).
Sens (Yonne), 196. — Cat. 115. Archevêque de — : Gédouin. Bailli de — : Jean d'Oisy.
Septfontaines (Abbaye de). — Cat. 103.
Sévrimont (Héluis de).
Sézanne (Marne, arr. Épernay, ch.-l. c^{on}), 25, 59. — Cat. 116.
Sicard de Lautrec, vicomte de Paulin, 227.
Sidon, ville de Syrie, 116, 117, 120, 121, 122.
Siginolfo (Philippe).
Simon, comte. — Cat. 14.
Simon de Bianges. — Cat. 358.

Simon de Broyes, mari de Félicité de Brienne, 33.
Simon de Châteauvillain, 55. — Cat. 192, 210.
Simon, s. de Clefmont, 66. — Cat. 290, 305, 462.
Simon de Harméville. — Cat. 372.
Simon de Joinville, fils de Geoffroy, s. de Vaucouleurs, 226. — Cat. 596, 616, 762.
Simon de Joinville, s. de Beaupré, 236. — Cat. 968, 1019, 1035.
Simon de Joinville, s. de Donjeux, 222. — Cat. 402, 440, 510, 571.
Simon de Joinville, s. d'Échenay, 222. — Cat. 716, 806.
Simon de Joinville, s. de Marnay et de Gex, 57, 67, 71, 224, 225, 230. — Cat. 335, 337, 342 à 345, 360, 361, 363, 368, 375, 387, 393, 398, 416, 419, 431, 435, 453, 463, 464, 466, 469, 470, 483, 502, 513, 526.
Simon, s. de Joinville et de Montclair, d'abord s. de Sailly, 36, 38, 43, 44, 46 à 67, 221. — Cat. 89, 100, 104, 109, 117, 119, 121 *bis* à 123, 116 à 281 *passim*, 289 à 291, 302, 595, 687, 710 *bis*, 722.
Simon de Melun, 225. — Cat. 639, 653.
Simon de Menou, 157, 158, 178.
Simon de Montbéliard, s. de Montrond. — Cat. 669, 670.
Simon de Montfort, 43.
Simon de Sailly. Voir Simon de Joinville, s. de Donjeux, et Simon de Joinville, s. d'Échenay.
Simon, comte de Sarrebrück. — Cat. 676.
Simonnet (J.), 12-13.
Simonette, surnom de Marie de Joinville, femme de Jean de Til-Châtel. — Cat. 317, 320.
Sion (Notre-Dame de) (Meurthe-et-Moselle, arr. Nancy, c^{on} Vézelise, c^{ne} Saxon-Sion). — Cat. 1053, 1063.
Sivry (Érard de).
Soissons (Aisne). *Assemblée de* — : 44. *Comtes et comtesse de* — : Jean II de Nesle, Raoul

de Nesle, Yoland de Joinville. *Évêque de —* : Aimard.

Sommermont (Haute-Marne, arr. Vassy, c^on Joinville), 233.

—— (Gautier, Loyson de).

Sommetourbe (Marne, arr. et c^on Sainte-Menehould). — Cat. 842.

Sommeville (Garnier, Haton, Jean, Thierrion de).

Sommevoire (Haute-Marne, arr. Vassy, c^on Montiérender). — Cat. 213, 230, 328.

Sommoncourt. — Cat. 138.

Sombon (Robert de).

Sorcy (Hugues, Millet, Oudinet, Philippe de).

Souain (Colain, Garnier de).

Soudé (Marne, arr. Vitry-le-François, c^on Sompuis). 38.

Soudron (Marne, arr. Châlons-sur-Marne, c^on Écury-sur-Coole). — Cat. 34, 1018.

—— (Amé, s. de Méry et de).

Soulaincourt (Haute-Marne, arr. Vassy, c^on Poissons). — Cat. 806.

Soulanges (Marne, arr. et c^on Vitry-le-François). — Cat. 904.

Soyecourt (Gilles de).

Soyz le Peletier, bois. — Cat. 599.

Staunton-Lacy (Angleterre, comté d'Hereford), 226.

Sully (Jeanne de).

Sus (Ilaria de —, comtesse de Sant-Angelo).

Suzannecourt (Haute-Marne, arr. Vassy, c^on Joinville), 56. — Cat. 202, 214, 1058.

Suzémont (Haute-Marne, arr. et c^on Vassy). — Cat. 275, 307.

—— (Isembard de).

T

Taillebourg (Charente-Inférieure, arr. Saint-Jean-d'Angely, c^on Saint-Savinien), 74.

Tampillon (Haute-Marne, territoire de Ragecourt). — Cat. 779.

Tanis (Le fleuve de) ou branche d'Aschmoun du Nil, 86, 87.

Tanlay (Marie de —, dame de Jully).

Tantonville (Meurthe, arr. Nancy, c^on Haroné), 205.

Tarente (Principauté de), 43.

Tarforst (Prusse rhénane). — Cat. 180.

Téceline de Chevillon. — Cat. 114.

Téleron (Nicolas Le).

Templiers, 116, 118, 119. — Cat. 213, 259. *Commandeur du Temple*: Étienne d'Autricourt. *Maréchal du Temple*: Renaud de Vichiers. Voir Couvertpuits, Ruetz, Thons.

Tergona, en Navarre. — Cat. 766.

Termes (Olivier de).

Terranova (Nicolas, comte de).

Terre-Sainte (La). — Cat. 16, 19, 118, 119, 122, 326, 583.

Teutoniques (Chevaliers) de Beauvoir. — Cat. 240.

Thélod (Jean, s. de — et de Vaubexy).

Thérouenne (Le fief de) à Paris, 228. — Cat. 786.

Thibaut Ier, comte de Bar, 43, 48. — Cat. 143.

Thibaut II, comte de Bar, 131. — Cat. 322, 366, 381, 398, 413 à 415, 417, 455, 471, 477, 508 à 510, 517 *bis*, 518, 544, 546, 570.

Thibaut de Breuil, chevalier. — Cat. 88.

Thibaut Ier, comte de Champagne, 23. — Cat. 11, 13.

Thibaut II, comte de Champagne, 25, 27.

Thibaut III, comte de Champagne, 42, 49. — Cat. 110, 116, 129.

Thibaut IV, comte de Champagne, 49, 50, 55, 58 à 61, 66, 71, 73, 74. — Cat. 165, 166, 167, 172, 173, 184, 189, 190, 193, 199, 225, 226, 227, 229, 233, 237, 238, 239, 241, 246, 249, 254, 259, 264, 265, 266, 267, 268, 273, 280, 297, 336.

Thibaut V, comte de Champagne, 127, 130 à 132, 134 à 137. — Cat. 383, 404,

408, 410, 432, 441, 458, 460, 461, 465, 468, 517.

Thibaut Ier, duc de Lorraine, 52, 53. — Cat. 186, 188.

Thibaut II, duc de Lorraine, 157.

Thibaut, abbé de Luxeuil. — Cat. 607, 650.

Thibaut de Rigny. — Cat. 201, 312.

Thibaut de Vignory, bailli de Joinville. — Cat. 1044.

Thiébaut de Neufchâtel, 215. — Cat. 1007, 1008, 1009, 1010, 1022, 1025, 1026.

Thierrion de Sommeville. — Cat. 690.

Thierrion, frère de Pierre de Villorcel. — Cat. 356.

Thierry d'Amèle, chevalier, 132. — Cat. 425.

Thierry Jehel, prévôt de Virton. — Cat. 961.

Thierry, archevêque de Trèves. — Cat. 280, 281.

Thil-Châtel (Hugues, Jean, Marie de Joinville).

Thionville, 206.

Thoire et Villars (Béatrix, dame de).

Thomas d'Arzillières, moine de Saint-Urbain, 154, 155.

Thomas de Beaumetz, archevêque de Reims, 129.

Thomas de Braz. — Cat. 286.

Thomas Logore. — Cat. 645.

Thomas de Longéville. — Cat. 260.

Thomas de Mussey. — Cat. 781.

Thomas de Saint-Omer, chevalier. — Cat. 648.

Thomas de Savoie. — Cat. 840.

Thonnance-lès-Joinville (Haute-Marne, arr. Vassy, c^{on} Joinville), 19, 56. — Cat. 9, 24, 202, 214, 1058.

Thonnance-les-Moulins (Haute-Marne, arr. Vassy, c^{on} Poissons). — Cat. 145.

Thorey (Meurthe-et-Moselle, arr. Nancy, c^{on} Vézelise): — Cat. 1062.

Thorote (Jean de).

Thors (Commanderie de). — Cat. 92, 524 bis.

Thouars (Deux-Sèvres, arr. Bressuire), 59.

Tiercelieue (Jeanne de).

Til (Geoffroy Mutet de).

Tonnerre (Jean de Châlon-Arlay, comte d'Auxerre et de —; Robert, comte de —).

Toron (Humfroy de).

Tortose (Notre-Dame de), 122.

Toucy (Philippe de).

Toul (Meurthe-et-Moselle). — Cat. 974. *Chanoine de* — : Étienne de Courcelles. *Chapitre de* — : 39. *Comtes épiscopaux de* — : Ferry, Renard. *Doyen de* — : Gautier. *Évêques de* — : Amédée, Bertold, Drunon, Gilles, Guérin, Henri, Hermann, Macher, Pibon, Pierre de Brixey, Riquin, Udon. *Official de* — : Cat. 567, 568. *Saint-Gengoul de* —.

Toulouse (Raymond VI, comte de).

Touran-Schah, soudan d'Égypte, 99, 100.

Tour du Pin (Albert de la).

Tournay. — Cat. 479 bis.

Tournon (Guillaume, s. de).

Tout-le-Monde (Gautier).

Trainel (Anseau de).

Tremblecourt (Mathieu de).

Trémilly (Haute-Marne, arr. Vassy, c^{on} Doulevant), 6, 17, 18. — Cat. 4, 7.

Trèves, 52. *Archevêque de* — : Thierry. *Église de* — : cat. 281. *Saint-Martin de* —.

Trie (Mathieu de —, maréchal de France).

Tricnicourt (Pierre de).

Trim (Irlande), 227. — Cat. 348, 550, 600, 610, 615, 620, 638, 665, 678. *Couvent de* — : 226.

Tripoli, 122.

—— (Boémond VI, prince d'Antioche et comte de).

Triponts (Hugues — de Neufchâteau).

Trivière (Raoul de).

Tronchoy (Guillaume le Brun, s. du).

Trouillard, surnom de Geoffroy V de Joinville, 45; — de Jean de Joinville, maréchal de Sicile, 46.

Troyes (Aube), 60, 61, 140, 196, 197. — Cat. 43, 167, 957. *Bailli de* — : cat. 560, 809. *Évêques de* — : Henri de Carinthie, Henri de Poitiers, Jean Braque.

34.

Philippe. *Garenne à lièvres de* — : cat. 876. *La petite tannerie à* — : cat. 788.
Tunis, 225.

Tusey (Meuse, arr. Commercy, c^{on} et c^{ne} Vaucouleurs). — Cat. 12.
Tyr, 40, 117, 120, 123.

U

Utigny, maison de l'abbaye de Riéval à Broussey-en-Blois. — Cat. 451.

Udon, évêque de Toul, 14, 18.
Ursuline-Julie, comtesse de Satriano, 235.

V

Val-de-Cologne, près de Sarrebrück. — Cat. 676.
Val des Écoliers (Prieuré de). — Cat. 502 bis.
Val d'Osne (Prieuré du), 28, 32, 35, 38, 76. — Cat. 28, 32, 33, 40, 54, 57, 60, 62, 63, 70, 71, 72, 81, 86, 101, 105, 120, 124, 136, 212, 279, 282, 283, 288, 325, 327, 330, 346, 351, 365, 379, 454, 532, 599, 686, 689, 823, 942, 979.
Valence (Guillaume de).
Valenciennes (Jean de).
Valognes (Traité de), 193.
Valois (Charles, comte de).
Vanault (Raoul de), 89, 90.
Vandelainville (Meurthe, arr. Toul, c^{on} Colombey-les-Belles). — Cat. 1071.
Varangéville (Saint-Nicolas-de-).
Varey (Hugues de Genève, s. d'Anthon et de —; Éléonore de Gex, dame d'Anthon et de).
Vassy (Haute-Marne), 8, 9, 19, 56, 200, 201, 202. — Cat. 364, 369, 964, 965. Jean de —. *Moulin à* — : cat. 92. *Notaire de* — : cat. 688 bis. *Notre-Dame de* — : cat. 9. *Prévôt de* — : cat. 811, 821.
Vaubexy (Jean, s. de Thélod et de).
Vaucouleurs (Meuse, arr. Commercy), 13, 14, 18, 19, 24, 35, 143, 183, 210, 212, 214. — Cat. 10, 12, 77, 857, 875, 884, 886, 952. *Bois de* — : cat. 69, 451. *Chapelle de Saint-Laurent à* — :

65. — Cat. 242. *Château de* — : cat. 990. *Châtellenie de* — : 195, 228. *Collégiale de* — : cat. 450, 990. *Curé de* — : Renier. Cat. 480. *Grange et bouverie de* — : cat. 242. *Hôpital du Saint-Esprit à* — : 35. — cat. 77. *Maison-Dieu de* — : 29. — Cat. 48, 486. *Prieuré de Saint-Thiébaut à* — : Cat. 137, 481, 753.
—— (*Seigneurs et dames de*) : Béatrix d'Auxonne, Gautier, Geoffroy, Isabeau de Cirey, Jean Ier; Jean II, plus tard s. de Méry; Mahaut de Lacy. Voir les seigneurs de Doulevant.
—— (*Personnages dits de*) : Eudes, Ferry, Hugues, Wiard.
Vaud (Jeanne; Louis de Savoie, baron de).
Vaudémont (Meurthe-et-Moselle, arr. Nancy, c^{on} Vézelise). — Cat. 1001, 1013, 1048. *Comté de* — : cat. 1046, 1050. *Église castrale de* — : cat. 1063. *Fief de* — : cat. 740, 859.
—— (*Comtes et comtesses de*) : Antoine de Lorraine, Ferry de Lorraine, Gertrude de Joinville, Henri III; Henri, s. de Joinville; Hugues II, Jean de Bourgogne, Marguerite de Joinville, Marie de Harcourt, Pierre de Genève.
—— (Jean, bâtard de).
—— (Marguerite de), femme d'Anseau, s. de Joinville.
Vaudeville (Meuse, arr. Commercy, c^{on} Gondrecourt). — Cat. 274.
Vaul-Bernouart (Étang de). — Cat. 779.
Vautrin, dit Baulemar, de Ferrières, écuyer

de Henri de Joinville, comte de Vaudémont. — Cat. 957.

VAUX-EN-ORNOIS (Abbaye de), 29, 32, 35, 177. — Cat. 25, 69, 77, 123, 396, 445, 511 bis, 688, 696.

VAUX-SUR-BLAISE (Haute-Marne, arr. et c^{on} Vassy), 6. — Cat. 5, 171, 306.

VAUX-SUR-SAINT-URBAIN (Haute-Marne, arr. Vassy, c^{on} de Doulaincourt), 4. — Cat. 208.

—— (Étienne de).

VÉLINE (Aubert de).

VENAFRO (Italie, Campobasso), 234. — Belladonna Ruffo, Geoffroy, Isabella Filangieri, Jean de Joinville, dit Trouillard, s. et dames de —.

VENDÔME (Loir-et-Cher), 60.

VENDUE-OURRI (La). — Cat. 678.

VENISE, 43.

VENIZY (Yonne, arr. Joigny, c^{on} Brienon-l'Archevêque). — Cat. 900. Alix, dame de — et de Briquenay; Amé de Sarrebrück, s. de Commercy et de —; Érard de Brienne, s. de —; Jean de Sarrebrück, s. de Commercy et de —.

VENTURI (Frédéric).

VERDUN (Meuse). — Cat. 888, 891. Église de — : cat. 793. Arnould, chanoine de —; Henri, évêque de —; Renaud de Bar, comte épiscopal de —.

VERGY (Henri Ier, s. de —; Jean de —, s. de Mirebeau; Isabelle de Joinville).

VERMANDOIS (Bailli de). — Cat. 522.

VERPEL (Ardennes, arr. Vouziers, c^{on} Buzancy). — Cat. 497.

VERSOIX (Suisse, c^{on} Genève). — Cat. 464, 523, 526.

VERTUS (Marne, arr. Châlons-sur-Marne, ch.-l. c^{on}). — Cat. 981. Comte de — : Jean-Galéas Visconti. Prévôté de — : cat. 875.

VESANCY (Guillaume, Point de).

VESOUL (Héluis de Joinville, vicomtesse de —; Jean de Faucogney, vicomte de).

VÉZELISE (Meurthe-et-Moselle, arr. Nancy), 207. — Cat. 948, 972, 1062, 1071.

VIÂPRES (Aube, arr. Arcis-sur-Aube, c^{on} Méry-sur-Seine). — Cat. 999.

VÉZELISE (Jeanne de Sully, dame de Plancy et de).

VIARD DE SAINT-URBAIN. — Cat. 98.

VICHEREY (Vosges, arr. Neufchâteau, c^{on} Châtenois). — Cat. 82, 83.

VICHIERS (Renaud de).

VICO EQUENSE (Italie, prov. Naples, arr. Castellamare), 234.

VIENNE (Guillaume de —, s. de Saint-Cergues; Mahaut de).

VIENNET DE NOGENT, bailli de Chaumont. — Cat. 410.

VIENNOIS (Guigues VIII, Humbert, Jean, dauphins de).

VIEUX DE LA MONTAGNE (Le), 120.

VIGNES (Haute-Marne, arr. Chaumont, c^{on} Andelot). — Cat. 652, 819.

VIGNORY (Haute-Marne, arr. Chaumont, ch.-l. c^{on}), 210.

—— Audiard de —, dame de Joinville; Gautier, s. de —; Gui, s. de —; Thibaut de —, bailli de Joinville.

VILLARS (Amédée; Henri, archevêque de Lyon).

VILLE (Androuin, s. de).

VILLE-EN-BLAISOIS (Haute-Marne, arr. et c^{on} Vassy). — Cat. 251, 306.

VILLEHARDOUIN (Aube, arr. Troyes, c^{on} Piney), 234.

—— (Geoffroy, Mabille de).

VILLENEUVE (Étienne d'Oiselay, s. de).

VILLENEUVE-LÈS-VERTUS (Marne, arr. Châlons-sur-Marne, c^{on} Vertus, lieu disparu). — Cat. 1021.

VILLE-SUR-ARCE (Aube, arr. et c^{on} Bar-sur-Seine). — Cat. 443.

VILLE-SUR-TERRE (Aube, arr. Bar-sur-Aube, c^{on} Soulaines), 6. — Cat. 4.

VILLIERS-AUX-CHÊNES (Haute-Marne, arr. Vassy, c^{on} Doulevant). — Cat. 81, 117, 1042.

—— (Jean Ier, Jean II, Jeanne, s. et dame de Doulevant et de).

VINCENNES (Traité de). — Cat. 760.

VIRTON (Thierry Jéhel, prévôt de).

VISCONTI (Jean-Galéas).

VITRY-EN-PERTHOIS (Marne, arr. et c^{on} Vitry-le-François), 210. — Cat. 36. *Baillis de —* : Colard de Saulx, Érard de Doulevant. *Bailliage de —* : 207.

VITRY-EN-PERTHOIS (Aubert, Élisabeth, Geoffroy, Hugues de).

VOIGNEY (Nicolas de).

VOIRE, lieu détruit, sans doute sur la rivière du même nom (Haute-Marne, arr. Vassy, c^{on} Montiérender). — Cat. 27.

VOISEY (Jean de).

VOSGE (Bailli de) : Androuin, s. de Ville.

VOUTHON (Meuse, arr. Commercy, c^{on} Goudrecourt), 208.

VROIL-EN-PERTHOIS (Marne, arr. Vitry-le-François, c^{on} Heiltz-le-Maurupt). — Cat. 955.

VROXCOURT (Meurthe-et-Moselle, arr. Nancy, c^{on} Vézelise). — Cat. 1009.

VY (Jean de).

W

WALERAN DE LUXEMBOURG, s. de Ligny. — Cat. 939.

WALERAN DE LUXEMBOURG, comte de Saint-Pol. — Cat. 1039.

WALERAND (Robert).

WALTERSTONE (Angleterre, comté d'Hereford, *hundred* d'Ewyas Lacy), 226.

WANDREGER. Voir BRUNON, abbé de Montiérender.

WASSEBOURG (Richard de), 9.

WATRIGNÉVILLE (Haute-Marne, c^{on} Saint-Urbain). — Cat. 98, 118, 208, 529.

WENCESLAS Ier, duc de Luxembourg, roi de Bohême. — Cat. 961, 969.

WERRY DE FLÉVILLE, écuyer. — Cat. 2071.

WHITEHAVEN (Angleterre, comté de Cumberland). — Cat. 626.

WIARD DE JUVIGNY. — Cat. 861.

WIARD DE NOGENT, bailli de Chaumont. — Cat. 420.

WIARD DE VAUCOULEURS. — Cat. 843, 884.

WIART DE GERMAY. — Cat. 852.

WIDRIC, comte de Clefmont, 13.

WILLE DE CHEVILLON. — Cat. 72.

WITIER DE NULLY, 17, 19, 24. — Cat. 21.

WOGAN (Jean).

WOIGNY (Gui de).

WULFERLOWE (Angleterre), 226.

Y

YOLAND DE FLANDRE, comtesse de Bar, 192.

YOLAND DE JOINVILLE, comtesse de Soissons, 37, 38.

Z

ZUNGOLI (Italie, prov. Avellino, arr. Ariano), 235.

TABLE DES CHAPITRES.

PREMIÈRE PARTIE.
JEAN DE JOINVILLE ET LES SEIGNEURS DE JOINVILLE.

I. LES ANCÊTRES DE JEAN DE JOINVILLE.

	Pages.
Étienne	3
Geoffroy Ier	15
Geoffroy II	23
Roger	25
Geoffroy III	27
Geoffroy IV	33
Geoffroy V	37
Simon	46

II. JEAN DE JOINVILLE.

Jean de Joinville et saint Louis	68
Jean de Joinville après la mort de saint Louis	137

III. LES SUCCESSEURS DE JEAN DE JOINVILLE.

Anseau	178
Henri, comte de Vaudémont	188

APPENDICES.

I. Les branches secondaires de la maison de Joinville	221
II. Tableau généalogique des sires de Joinville........ *après la page*	238

DEUXIÈME PARTIE.
CATALOGUE DES ACTES DES SEIGNEURS DE JOINVILLE.

Pièces n°s 1 à 1071	242
Table alphabétique des noms	489

ERRATA ET CORRIGENDA.

Page 104, ligne 4, *au lieu de* : le sire de Châtenay, *lisez* : le sire de Chacenay.

Pages 146-151. Au moment où parut dans la *Romania* (XXIII, p. 508) l'étude de M. Gaston Paris sur *La composition du livre de Joinville*, l'impression du présent volume était trop avancée pour me permettre de donner, ailleurs qu'ici, les conclusions très neuves et, croyons-nous, très sûrement démontrées de cet important travail.

Le livre de Joinville a pour noyau les souvenirs de la croisade rédigés par le sénéchal très peu de temps après 1272. C'est autour de ces souvenirs, formant à eux seuls les trois quarts de l'ouvrage que nous connaissons (§ 106 à 662), que Joinville, prié par la reine Jeanne de faire une histoire complète de saint Louis, a groupé, tant bien que mal, dans les premiers mois de 1305, d'abord un recueil des paroles de Louis IX (§ 19 à 67), puis ce qu'il avait appris par ouï-dire des faits du même roi antérieurs à la croisade (§ 68 à 105); et pour finir, un mélange assez maladroit de souvenirs personnels, de répétitions de faits déjà rapportés dans la première partie et d'extraits d'une rédaction française des *Chroniques de France* (§ 663 à 765). Quant à la date d'octobre 1309, qui se lit au § 769, à la suite de quelques paragraphes ajoutés après coup, elle indique seulement l'époque où fut achevé le beau manuscrit destiné à Louis de Navarre.

Page 222, ligne 19, *au lieu de* : 1262-1276, *lisez* : 1262-1287.

Page 222, note 15, *au lieu de* : Cat. n° 510, *lisez* : Cat. n° 571.

Page 228, ligne 20, *à l'article de* Nicolas, mari de Philippe Fourrée, *ajoutez d'après* Cat. n° 848 : s. d'Aulnay-le-Châtel.

Page 229, ligne 1, *à l'article d'*Anseau, s. de Méry, *ajoutez* : En 1346, il avait cependant un fils nommé *Jean* (Cat. 914).

Page 229, ligne 19, *au lieu de* : sa femme s'appelait *Héluis*. Son fils était *Jean*, qui suit, *lisez* : Sa femme s'appelait *Alix* (Cat. 853). Il eut une fille nommée *Isabeau* (Cat. 853) et un fils *Jean*, qui suit.

ERRATA ET CORRIGENDA.

Page 231, ligne 4, *au lieu de* : N....., femme de Humbert Aleman, *lisez* : Agnès, femme de Humbert Aleman.

Après la page 238, dans le tableau généalogique, article de Geoffroy III, au lieu de : N., veuve de Simon de Broyes, *lisez* : Félicité de Brienne, veuve de Simon de Broyes.

Page 269, n° 121 *bis*. Bien que cet acte soit ainsi daté : «Anno gratie m° cc° secundo» dans le texte qu'en a donné M. Roserot (n° XIV, p. 15), il ne peut être antérieur à 1204, puisque Simon s'y qualifie «dominus Joniville et senescallus Campanie».

Page 318, n° 337, *au lieu de* : Philippe, évêque élu de Lyon, *lisez* : Philippe, archevêque élu de Lyon.

Page 370, n° 564, *au lieu de* : Manelles, *lisez* : Mandres.

Page 371, n° 567, *au lieu de* : Moguières, *lisez* : Magnières.

Page 415, n° 755, *au lieu de* : Henri, comte de Bar, *lisez* : Édouard, comte de Bar.

Page 469, n° 997, *au lieu de* : Charles VI, *lisez* : Charles V.

www.ingramcontent.com/pod-product-compliance
Lightning Source LLC
Chambersburg PA
CBHW070832230426
43667CB00011B/1773